本书系国家社会科学基金重大项目"中国古代美学命题整理与研究"（项目号：21&ZD068）阶段性成果

中国古代美学命题论

主编 张晶

副主编 王永 唐萌

时代出版传媒股份有限公司
安徽教育出版社

图书在版编目（CIP）数据

中国古代美学命题论/张晶主编.—合肥:安徽教育出版社,2023.12

ISBN 978-7-5336-9897-3

Ⅰ.①中… Ⅱ.①张… Ⅲ.①美学—研究—中国—古代 Ⅳ.①B83

中国版本图书馆CIP数据核字（2022）第240290号

中国古代美学命题论

ZHONGGUO GUDAI MEIXUE MINGTI LUN

出 版 人:费世平
策划编辑:何 客 黄晓宇
责任编辑:黄晓宇
装帧设计:吴亢宗
责任印制:陈善军

出版发行:安徽教育出版社
地　　址:合肥市经开区繁华大道西路398号　邮编:230601
网　　址:http://www.ahep.com.cn
营销电话:(0551)63683012,63683013
排　　版:安徽时代华印出版服务有限责任公司
印　　刷:安徽联众印刷有限公司

开　　本:710 mm×1010 mm　1/16
印　　张:35
字　　数:498千字
版　　次:2023年12月第1版　2023年12月第1次印刷
定　　价:98.00元

(如发现印装质量问题,影响阅读,请与本社营销部联系调换)

目 录

命题在中国美学研究中的建构性价值（代前言）   张　晶　1

导　言

上编　中国古代美学命题的基本理论

理论提出

从范畴到命题
　　——从文艺美学回望中国古代文艺理论 　　张　晶　7
中国古代美学命题有待于突破的空间指向 　　张　晶　25
中国古代美学命题的文献甄别与意义阐释 　　张庆利　35
中国古代美学命题之本体、结构与应用 　　吴建民　45
中国古代美学命题功能的理论与方法建构 　　王　永　51
美学命题经典化研究需要注意的几个问题 　　李昌舒　66
中国古代美学命题研究的意义何在？ 　　张　晶　78

基本问题

作为思想文化术语的中国美学命题 　　张　晶　95
命题：中华美学的核心基因 　　吴建民　98

论古代美学象喻式命题	吴建民 106
《孟子》中的美学命题	张庆利 124
中国思想文化术语的审美之维	张　晶 139
命题与古代美学理论之建构	吴建民 157
古代美学理论命题之性质、形式及功能	吴建民 177
古代文论之"命题"与"范畴"	吴建民 194
中国古代文论命题的思维学考察	唐　萌 203

下编　中国古代美学命题研究举隅

六朝

入兴贵闲
　　——关于审美创造心态的一个重要命题　　张　晶 229

"自得"：创造性的审美思维命题　　张　晶 238

"如在目前"与"见于言外"
　　——中国诗学中的内视美追求及其审美功能　　张　晶 248

情与气偕，辞共体并
　　——《文心雕龙·风骨》赞的美学命题意义　　张　晶 265

"凡象，皆气也"
　　——诗学意象观念与气论哲学　　张　晶 286

"鸢飞鱼跃"与中国诗学中的审美理性　　张　晶 302

澄怀味象与山水有灵
　　——宗炳《画山水序》评析　　张　晶 320

以一管之笔，拟太虚之体
　　——王微《叙画》评析　　　　　　　　　　张　晶　329

"以形传神"与"迁想妙得"
　　——顾恺之画论撷要评析　　　　　　　　张　晶　337

"气韵生动"与绘画"六法"
　　——谢赫《古画品录》评析　　　　　　　　张　晶　348

立万象于胸怀，传千祀于毫翰
　　——姚最《续画品》评析　　　　　　　　　张　晶　361

格高思逸，笔妙墨精
　　——旧题萧绎《山水松石格》评析　　　　　张　晶　374

唐五代

肇自然之性，成造化之功
　　——王维《山水诀》（传）、《山水论》（传）评析　张　晶　385

咫尺万里，元气淋漓
　　——杜甫题画诗评析（上）　　　　　　　　张　晶　395

咫尺万里，元气淋漓
　　——杜甫题画诗评析（下）　　　　　　　　张　晶　405

外师造化，中得心源
　　——张璪绘画美学思想述要　　　　　　　　张　晶　417

"自然为上"与"名价品第"
　　——《历代名画记》评析之三　　　　　　　张　晶　425

"度象取真"与"画有六要"
　　——五代荆浩《笔法记》解析（上）　　　　张　晶　436

宋及今

"画之逸格"与"笔简形具"
　　——北宋黄休复《益州名画录》解析　　　　张　晶　449

"气韵非师"与"用笔得失"
　　——北宋郭若虚《图画见闻志》评析（一）　　张　晶　460

"天机自张"与"遇物兴怀"
　　——董逌《广川画跋》撷要评析（下）　　　　张　晶　470

"画以适意"与"随物赋形"
　　——苏轼画论撷要评析　　　　　　　　　　　张　晶　479

"万物一体"思想与中华诗学的审美特征　　　　　　张　晶　488

苏轼"诗画一律"命题立论的三个维度　　吴建民　郁薇薇　506

"理一分殊"思想及其诗学价值　　　　　　　　　　张　晶　515

三个"讲求"：中华美学精神的精髓　　　　　　　　张　晶　530

后　记　　　　　　　　　　　　　　　　　　　　　　540

命题在中国美学研究中的建构性价值(代前言)

张 晶

美学命题可以认为是中国特色美学学术体系和话语体系的重要元素,也是具有蓬勃生命力的理论资源。对于现今的文艺批评,美学命题可以充分发挥其价值尺度的功能。文艺批评不应该是随意褒贬,而应有正确的、深厚的美学理论作为基础和标准,很多命题在其中能够起到切中要害的作用。

习近平总书记对中华美学精神的基本内涵做了这样的说明:"中华美学讲求托物言志、寓理于情,讲求言简意赅、凝练节制,讲求形神兼备、意境深远。"这三个"讲求",其实也是在传统美学理论的基础上提炼出来的命题。无论是对中国美学史的学术研究,对中国特色的美学学术体系、话语体系的构建,还是对当代的文艺批评,命题都是"大有用武之地"的。

美学命题:基于范畴的提升与转换

从自觉的意义上来讲,命题研究是近年来才兴起的话题。这并不是说之前就没有过命题研究,关于命题的个案、命题与范畴在中国美学发展中的功能、古代文论命题等,都是有成果问世的。然而时至今日,中国美学研究的现状提出了更为迫切的要求,构建中国特色哲学社会学科体系、学术体系、话语体系,需要从具体的学科角度扎实推进,命题研究的重要意义就凸显了出来。

与命题关联最为密切的是范畴。改革开放以来的美学领域,范畴研究扮演了非常重要的角色。很多学者在范畴研究上获得了丰硕的成果，无论是文论还是美学，范畴研究都是相当深入且进入体系化的层面了。如陈良运的《中国诗学体系论》就是以"志""情""象""境""神"这五个重要范畴作为整个体系建构的支点的。难以计数的关于范畴研究的论文，见诸各种学术刊物。专著如蔡锺翔《美在自然》、袁济喜《和：审美理想之维》成为中国美学研究的标志性成果。汪涌豪《范畴论》《中国文学批评范畴及体系》等著作，是范畴研究之研究，也是范畴研究的本体论研究成果。中国古代的美学范畴，举例来说，有意境、意象、味、气韵、赋比兴、形神、虚实、势、冲淡，等等。纵览近三十年来的中国美学研究，可知范畴研究已是"蔚为大邦"，成绩斐然。

谈命题问题为什么要谈范畴？因为命题与范畴的关系实在是太密切了，很多范畴研究的成果是与命题重合在一起的。郁沅《心物感应与情景交融》谈到两个命题，但它其中包含了心和物、情和景这两对范畴，"心物感应"和"情景交融"这两个命题是由范畴"生长"出来的。成复旺主编的《中国美学范畴辞典》中有为数众多的美学命题，如"言之无文，行而不远""大象无形""知人论世""境生于象外""不是此诗，恰是此诗""目击道存""澄怀味象""收视反听""课虚无以责有，叩寂寞而求音""迁想妙得""不平则鸣""超以象外，得其环中""知者乐水，仁者乐山""外师造化，中得心源""意存笔先，画尽意在""不著一字，尽得风流""气韵非师""胸有成竹""不涉理路，不落言筌""舍筏登岸""大巧若拙""宁拙毋巧""因情成梦，因梦成戏""独抒性灵，不拘格套""读万卷书，行万里路""咫尺有万里之势"，等等。所举这些，都是典型的命题而非范畴。

为什么会产生这种情况？一是如前所述，命题中包含着范畴或其由范畴扩展而来；二是当时的美学研究以范畴为主要范式而将很多命题也视为范畴了。韩林德所著中国美学研究著作《境生象外：华夏审美与艺术特征考察》，就以"华夏美学的主要范畴、命题和论说"为首章，并且指出："在中国古典美学形成和发展的历史长河中，一代代美学思想家和文艺理论家，在探索审美和艺术活动的一般规律时，创造性地运用了一系列范畴和命题，如'道'、'气'、'象'、'神'、'妙'、'逸'、'意'、'和'、'味'、'赋'、'比'、'兴'、'意象'、'意境'、'境界'、'神思'、'妙悟'、'一画'、'法度'、'美'与'善'、'礼'与'乐'、'文'与'质'、'有'与'无'、'虚'与'实'、'形'与'神'、'情'与'景'、'言'与'意'、'阳刚之美'与'阴柔之美'、'立象尽意'、'得意忘象'、'涤除玄鉴'、'澄怀味象'、'传神写照'、'迁想妙得'、'气韵生动'，等等。这些范畴和命题，既相互区别，又相互联系和相互转化，彼此形成一种关系结构，共同建构起中国古典美学的宏大理论体系。一定意义上讲，中国古典美学史，也就是上述一系列范畴、命题的形成、发展和转化的历史。"[1] 从这里可知，韩林德对范畴与命题是有了较为明确的区分的。

著名哲学家汤一介在《文艺争鸣》上发表的《"命题"的意义——浅说中国文学艺术理论的某些"命题"》一文提出："中西文化的表述形式或常有不同，而这些特殊的表现形式往往包含在'命题'（proposition）表述之中，从中西文化'命题'表现的不同，或可有益于我们对两种文化的某些特点有所了解。"[2] 王元化的《文心雕龙创作论》这部"龙学"名著，多是从命题研究入手的。叶朗的《中国美学史大纲》中关于魏晋南北朝美学部分，都是以命题如"得意忘象""声无哀乐""传神写照""澄怀味象""气韵生动"为节目的。成复旺《神与物游：中国传统审美之路》一书，也是关于美学命题的个案研究的名著。吴建民的专著《中国古代文论命题研究》，从本体的意义上对古代文论的命题进行了全面系统的研究。

由此可知，范畴是命题的基础，是构成命题的基本要素，命题则是在此基础之上进一步的思想表述。所谓"命题"，通常指具有判断性的短语或短句。范畴则往往是一个单词或复合词，如感兴、意象、味、中

---

[1] 韩林德：《境生象外：华夏审美与艺术特征考察》，生活·读书·新知三联书店，1995年，第1页。
[2] 汤一介：《"命题"的意义——浅说中国文学艺术理论的某些"命题"》，《文艺争鸣》，2010年第2期。

和、法度、本色、逸，等等；从语言学的意义上讲，命题不同于一个单词或并列性的复合词，而是一个有意义的短语，在这个短语内部，已经有了相对复杂的语法关系。命题可以更为明确地显示主体的美学观念，成为美学学科体系和话语体系的标志性元素。试想一下，很多命题是不是可以代表某位思想家、文艺家的美学观念的核心内容，如蔡邕的"书肇自然"，嵇康的"声无哀乐"，宗炳的"澄怀味象"，顾恺之的"传神写照""迁想妙得"，张璪的"外师造化，中得心源"，韩愈的"不平则鸣"，刘禹锡的"境生于象外"，梅尧臣的"状难写之景，如在目前；含不尽之意，见于言外"，苏轼的"论画以形似，见与儿童邻""诗中有画，画中有诗"，吕本中的"学诗当识活法"，严羽的"诗有别材，非关书也；诗有别趣，非关理也""不涉理路，不落言筌者，上也"，袁宏道的"独抒性灵，不拘格套"，笪重光的"虚实相生，无画处皆成妙境"，王夫之的"经生之理，不关诗理"，叶燮的"诗之基，其人之胸襟是也"，王国维的"词以境界为上"，等等。我们通过这些命题，可以明晰地了解题的提出者的核心美学思想观念。

美学命题的三个特性

作为一种重要的思想表达方式，命题至少有这样三个特点：一是它的客观真理性，也即是它的有效性；二是它的意向性；还有就是它的自明性。

如果所言不实，没有客观内涵，那么这种命题可以视为"伪命题"。作为判断句的命题，客观性是其最为基本的、最为重要的品格。

与客观性相联系而又不可缺少的是命题的意向性，或者称之为价值取向性，也就是主体通过命题明确地表述了自己的思想观点。没有自己观点的命题，算不上什么命题，至少是没什么价值的命题。想一想，中国古代的美学命题，是不是都包含着主体的思想观点呢？应该说是的！如孟子所说的"充实之谓美"，认为美的意思首在于内容充实，对美的概念，其观点是非常明确的。荀子讲的"虚壹而静"，王元化的阐释是：

倘要以心知道,那么就必须由臧而虚,由异而壹,由动而静。玄学家王弼提出的"得意忘言",主张超越语言的束缚而获得本体意义。杜甫的"咫尺应须论万里",认为绘画应在尺幅之间表现出阔大的境界。这些命题都提出了明确的美学观点,与范畴相比,命题的特点从内涵上说,正是在于它的意向性或价值取向性。

中国古代美学命题还有一个特点,在于它的自明性。简洁明快,意义显豁,这是中国的美学命题的突出特征。西方的美学命题,因其以思想家的哲学体系为背景,对它的理解,往往要通过思辨和逻辑推论方能理解其基本内涵。而中国古代美学命题,则是以其自明性为特征。在简明扼要的语言中,已将主体的意向呈现于人了。如"知人论世""以形写神""神用象通""意在笔先""陈言务去"等,使人马上可以直接理解其意向所在。

召唤中国古代美学的时代风貌

命题有深刻的逻辑学基础,命题研究可以从逻辑学的维度进行,而在美学领域又有着学科自身的特点,应主要从美学理论的路向上进行研究和提升。

因此,中国古代美学命题的系统化研究,目前可以有这样几方面的工作要做。

一是关于命题的本体研究。何为"本体"?就是"是什么"的问题。这个当然不能预先设定,不能形而上学,而是要在中国古代美学命题的大量案例中进行分析,最后确立出它的理论模型。命题是一种什么样的样态?命题的基本构成及其构成范式,命题与范畴的联系与区别,等等,都属于本体研究。从语言表述特点来看,古代美学命题大致可以分为"直述式"和"象喻式"。前者就是直接的判断句,如"诗言志""以形写神""文从字顺"之类;后者则是以形象的比拟,来表达美学观点,如"水停以鉴,火静而朗""舍筏登岸""鸢飞鱼跃""成竹在胸"之类。

二是美学命题的功能研究,也就是"做什么"的问题。在中国美学的理论体系形成过程中,美学命题起了什么作用?现在可以想到的是,运思功能、对话功能和实践功能这三个方面。所谓"运思功能",是以命题作为学术运思的核心要素进行理论思考,从而形成自己的独特审美观点。如苏轼在评王维画时提出了"诗中有画,画中有诗"的美学命题,从而表述其文人画应该有诗性内涵在其中的观念;所谓"对话功能",指论者以命题作为自己的核心观点,与直接或间接的对象进行对话,从而使自己的观点与逻辑更为鲜明突出,也更能在美学思想史上留下深刻的印记。如魏晋时期的玄学家王弼,提出了"圣人有情"的命题,这是针对另一位著名玄学家何晏提出的"圣人无喜怒哀乐"的命题而进行的对话与讨论,从而广泛地影响了魏晋南北朝时期文艺理论的"重情"倾向。所谓"实践功能",是指理论家以命题进行文艺批评或在美学著述中运用的实践效应。如唐代诗人白居易以"文章合为时而著,歌诗合为事而作"的重要命题,概括了他对文学本质的基本认识。再如宋代诗论家严羽以"诗有别材,非关书也;诗有别趣,非关理也"的诗歌美学命题,系统批评宋诗中存在的"以文字为诗,以才学为诗,以议论为诗"的倾向。在当下的文艺批评实践中,命题的实践功能应该得到充分的重视与发挥。中国古代的美学命题,大多是经过了中国文学批评史和文艺理论史的检验与积淀的经典性命题,它们对一些普遍性的文艺现象及审美现实,具有深刻的透视作用,同时具有思辨的高度与抽象的深度,对于一些负面的审美现象,也具有强烈的针砭效应,凭借这些美学命题在当下的文艺批评和美学建构中可以产生更为鲜明、更为透辟的思想冲击力。

三是美学命题的经典化过程研究。中国古代的美学命题,在其发生阶段,未必是有意为之的,很多时候是在古代作家或艺术家的对话、作品批评乃至书信、序跋等形式中存在的,但随着后来人们的不断使用,形成了大家公认的命题。如唐代画家张璪提出的"外师造化,中得心源"的命题,就是他在回答友人毕宏的问题时谈到的,后来成为颇具美学理论含量的重要命题。当然,也有很多命题出自于理论家的有意提倡。如刘勰在《文心雕龙·神思》篇赞语中所说的"神用象通,情变所孕",《物色》篇赞语中所说的"情往似赠,兴来如答",等等,都是理论家的思想凝结。无论是"有意栽花",还是"无心插柳",都有一个经典化的过程。

从范式转换的角度来认识中国古代美学命题研究,或可使目前这种同质化的研究现状有所突破。注入当代的思想动力,从研究方法上有所更新,或可使现有的理论资源得到系统化的整合,召唤出中国古代美学领域的时代风貌!

导　言

　　这是"中国古代美学命题整理与研究"研究团队为学界和社会倾力奉献的第一部论著，也是本项目的第一个重要研究成果，倾注了本课题组全体成员的心血。我们致力于开拓"命题研究"这一重要领域，建构"命题研究"的新范式，全面推进中国古代文学理论研究的实质性进展。本书分为上、下编，上编集中探讨基础理论，下编分别研究具体领域的美学命题。力求理论与实践相结合，用真正的问题回应学术的设想，用精微的考辨钩沉思想的理路。

上编　中国古代美学命题的基本理论

理论提出

导　语

　　提出"命题"研究，这本身就是一种学术创见，是对现有的美学研究、文学理论研究在研究范式与学术思想上的重大突破。我们有必要关注"命题在中国美学研究中的建构性价值"，也必须探索基于"范畴"拓展而来的"命题"具有哪些基本特征。我们谈研究范式的创新，遗憾的是，我们没有找到更新的材料。但是，如何让旧材料焕发新生机，这也是学术创新的重要一步。所以，我们谈论了如何从文献中甄别命题，如何从功能角度重新认识命题。这些问题的提出与解答无疑是对命题研究的意义与指向的有力回应。

从范畴到命题
——从文艺美学回望中国古代文艺理论

张 晶

党的十九届五中全会,审议通过了《中共中央关于制定国民经济和社会发展第十四个五年规划和二〇三五年远景目标的建议》,建成文化强国是这个远景目标的重要内容。

文化强国战略中的一个主要元素是国家文化软实力,而国家文化软实力的基本资源在于中华优秀传统文化。

如何传承和弘扬中华优秀传统文化?习近平总书记提出的"创造性转化"和"创新性发展"是传承与弘扬中华优秀传统文化的基本原则,这对于中国古代文艺理论的研究来说,也是完全适用的。[1] 中国古代文艺理论的研究,一方面要融入中华民族伟大复兴的事业中,成为文化强国的重要元素;另一方面,又不要采取功利主义的态度,简单地以今释古。本文的思路在于:以中国古代文艺理论为资源,通过研究范式的转换,使当代的文艺美学突破时下的僵局,成为具有鲜明时代色彩的文艺美学话语体系。实现这种突破的入手之处在哪里呢?笔者以为,中国古代文艺理论的研究推进,可以使文艺美学的现状产生质和量的飞跃;而以文艺美学为着眼点,也会使中国古代文艺理论更为顺畅、更为自如地进入当代文艺批评,成为中国特色哲学社会科学学术体系和话语体系的有机部分。

---

[1] 笔者以为"中国古代文艺理论"这个核心概念,内涵要比古代文论更为宽泛,包含诗歌、小说、绘画、书法、音乐等方面的理论资源。

一、文艺美学以"弘扬中华美学精神"实现自身发展

当下的美学研究，呈现出多元并存、异彩纷呈的格局，一方面是对以李泽厚先生为代表的实践美学的反思，另一方面是生活美学、生态美学及身体美学等美学流派的崛起与活跃。但是，值得注意的是，已成为学科体系的、成果颇丰的文艺美学，却在近年来罕见突破性的成果问世，也缺少学理性的进展。从已有的论著来看，文艺美学基本上完成了学术体系和学科体系的建构，关于文艺美学的学科定位、研究对象等基本问题，都有了充分的研究，关于文艺美学的本体研究，关于文学艺术的一般性审美特征，都有了较为深入的考察。然而，从目前的状态而言，文艺美学似乎具有了"自足"的色彩，而少见开放式的拓展。而从笔者的角度来认识的话，文艺美学以文学艺术的审美特征与规律为研究对象，这是其他美学分支所无法取代的，同时，也有突破原来的"文艺学"学科内涵的重要意义。文艺美学自身的突破和提升，是中国美学发展的重要途径。而文艺美学的突破性进展，与中国古代文艺理论是密切相关的。文艺美学对于世界意义的美学研究而言，具有鲜明的中华民族色彩。著名文艺理论家杜书瀛先生有一个人们熟知的命题，那就是："文艺美学诞生在中国！"这个命题的含义不仅是指提出文艺美学概念和建构文艺美学者，都是中国学者，如李长之、王梦鸥、胡经之、周来祥、杜书瀛、王世德、曾繁仁等，正如杜书瀛先生所提出的那样，"中国学者拿出了文艺美学，文艺美学这一学科的提出和理论建构，是具有原创意义的。虽然它还很不完备，但它毕竟是由中国学者首先提出来的，首先进行理论建构思考的。这可以算得上是中国当代学者对世界学术的贡献"[1]；更在于文艺美学虽是以西方美学原理作为基础和骨架，但从文艺美学的经验内核来看，中国古代文艺理论则是文艺美学最重要和最切近的资源。哲学美学或一般美学，侧重于对人类的审美心理、审

---

[1] 杜书瀛：《文艺美学诞生在中国》，《求索》，2002年第3期。

美现象、美的本质的研究,而文艺美学则是对文学艺术的审美特征和审美规律的研究,必然以文学艺术的审美经验作为反思的对象。而中国古代文艺理论具有突出的经验色彩,从这个意义上说,它与文艺美学有着天然的血缘联系。

文艺美学研究在现阶段大致上处于停滞状态,在很大程度上是由文艺美学现有体系的封闭性造成的。由于对文艺美学学科化的追求,几位对文艺美学作出杰出贡献的著名美学家,如胡经之、周来祥、杜书瀛、曾繁仁等,都以体系建构的形态出版了文艺美学的著作,还有一些学者,就文艺美学的对象和学科定位等问题进行了辨析,使文艺美学在学科化的道路上得到了长足的发展。但在这个阶段之后,文艺美学似乎缺少了充沛的活力。如果暂且先放下学科化的思维,而以文艺美学作为一种方法论,可能会使文艺美学的生命力得到很大的释放。中国古代文艺理论的活性存在,如果以范畴和命题的形式进入文艺美学,可以大大丰富和深化它的内在结构。

习近平总书记在2014年10月15日召开的文艺工作座谈会上的讲话中所提出的"中华美学精神",对于文艺美学的发展,是一个具有重要意义的契机。习近平总书记指出:"我们要结合新的时代条件传承和弘扬中华优秀传统文化,传承和弘扬中华美学精神。中华美学讲求托物言志、寓理于情,讲求言简意赅、凝练节制,讲求形神兼备、意境深远,强调知、情、意、行相统一。"[1]"中华美学精神"的内涵与外延,应该是大于文艺美学的研究对象的,而这里所提出的三个"讲求",却完全是以文学艺术的审美特征为对象的。笔者曾经这样尝试着对这三个"讲求"作了文艺美学方式的初步阐释,认为托物言志、寓理于情,属于审美运思的独特方式;言简意赅、凝练节制,属于审美表现的独特方式;形神兼备、意境深远,属于作品审美存在的独特方式。[2]这三个"讲求",正是文艺美学的命题,对于我们从审美角度理解文学艺术,进

---

[1] 习近平:《在文艺工作座谈会上的讲话》,见《论党的宣传思想工作》,中央文献出版社,2020年,第114页。
[2] 拙文《三个"讲求":中华美学精神的精髓》,《文学评论》,2016年第3期。

行了新的凝练和升华。"中华美学精神"当然不是既往的历史形态,而是活在当下的美学灵魂。习近平总书记提出"传承和弘扬中华美学精神",并且以文学艺术的三个"讲求"作为标志性的命题,这就给我们提升和发展文艺美学以深刻的启示。"中华美学精神"是在中华民族的审美生活中传承着的和发展着的内在精髓,同时,也勃发在当下的文学艺术的审美经验中。三个"讲求",当然是从三个向度所显示的价值取向。它们不仅是在文学活动中的,也是在其他门类的艺术中的,这就为我们深入考察文学与艺术之间的内在审美关系,提供了观照的路径。

二、从范畴到命题:中国古代文艺理论研究中的范式转换

关于中国古代文论,近几十年来范畴研究成为成果卓著的领域。在中国古代文学批评史上,范畴不仅是大量存在的,而且它们是有着内在的发展变化脉络和逻辑关系的。中国古代文论中的范畴研究,是将研究提升到前所未有的水平的。在这方面,汪涌豪先生的《中国文学批评范畴及体系》,陈良运先生的《中国诗学体系论》,蔡锺翔先生主持的"中国美学范畴丛书"计20种著作,都是颇具代表性的成果。一部中国文学批评史,在某种意义上,也可以视为范畴的发展演变史。中国古代文论的范畴,与中国哲学史上的范畴,有很多渊源和联系,如言意、形神、理、气象、自然、妙悟、动静、自得,等等。所谓范畴,如张岱年先生所指出的:"简单说来,表示存在的统一性、普遍联系和普遍准则的可以称为范畴,而一些常识的概念,如山、水、日、月、牛、马等等,不能叫做范畴。"[1] 张先生的这个界说,也可以移之理解文论范畴的本质性特征。而中国文论范畴还有很多是生长于文学创作的自身土壤中,以诗人、作家或鉴赏者的审美经验作为基础而升华出来的。如感兴、意象、物色、中和、风骨、体性、平淡、典雅、含蓄、韵味、神韵、格调、体物、化境、活法、兴寄、精微等。如果从文艺美学建构的

---

[1] 张岱年:《中国古典哲学概念范畴要论》,中华书局,2017年,第5页。

意义上来看,这些古代文论的范畴,是进入文艺美学构架的一个重要的途径。如意象、意境、风骨、形神、神韵等范畴,已在文艺美学的学术体系中成为有机的元素。中国古代文论的范畴,数量众多,因其产生于不同文体、不同时代等原因,彼此交集、相互缠绕者颇多,正如党圣元先生所指出的那样:"有些文论概念范畴之间往往可以互释,如'志'与'情'、'象'与'境'、'兴寄'与'比兴'、'趣'与'味'、'韵'与'味'、'气'与'神'与'韵',等等。当然,这并非是说它们在定义上完全等同。作为不同的概念范畴,它们有各自的形成过程,亦有各自的内涵界定,在理论诠释和指述上也有不同的向度。但是,当一些文论家使用它们来描述创作或阅读接受过程中的美感体验,或指述作品内在之审美意蕴时,往往又不加区分,在此一批评语境中使用这个,在彼一批评语境中使用那个,但所指述和论释的对象却是同一个,这就使得一些概念范畴在一定的理论界域内意义等同,互通互用,这种情况在唐宋以来的文论著作中是相当普遍的。"[1]这里所指涉的文论范畴现象是一种客观的存在,如果从文艺美学的角度来考虑,这种范畴的存在样态,也呈现了中国古代文论范畴的经验属性。文论范畴之所以蕴含着这样的交集与纠葛,在很大程度上,与使用范畴的文论家并非是那些以思辨和抽象著称的哲学家,往往本身就兼具诗人和文学家的身份有关。如欲使这些范畴进入文艺美学的系统,就必须对现有的文论范畴进行选择和整合,并对若干基本范畴的内涵,进行较为准确的阐释与界定。这一点,在陈良运和汪涌豪的范畴研究中已有充分的体现,就是将很多范畴纳入到有机的结构之中。

尤为值得关注的是,胡经之先生主编的《中国古典美学丛编》,其实正是从文艺美学的格局,将诸多中国古代文艺理论的范畴纳入到了"作品""创作""鉴赏"这三大板块之中。现在看来,这也许是将中国古代文论范畴引入文艺美学最为切实的路径。《丛编》的第一编"作品",包含了"美丑""情志""形象""形神""气韵""文质""虚实"

---

[1] 党圣元:《中国古代文论的范畴和体系》,《文学评论》,1997年第1期。

"真幻""文气""情景""意境（境界）""动静""中和""比兴"等诸多范畴，这些范畴都属于作品存在这个领域的；胡经之先生又将若干重要的范畴纳入到"创作论"，如"感物""感兴""愤书""情理""神思""凝虑""虚静""养气""立身""积学""法度"等，这些都是属于创作论领域的；胡经之先生还将几个范畴纳入"鉴赏论"，如"兴会""体味""教化""意趣"等。胡经之先生将这些文艺理论范畴纳入"作品""创作""鉴赏"这三大板块，这也正是文艺美学通行的基本格局。胡经之先生自道其编选宗旨时如是说："全书分为三编，围绕着创作—作品—鉴赏这三个环节展开。每一范畴之下，先作一提要说明，略说此一范畴的基本涵义及历史发展，然后按历史顺序罗列理论资料。在创作—作品—鉴赏这个系统中，艺术作品是最中心环节，所以把它列为第一编，第二编为创作，第三编为鉴赏。"〔1〕《中国古典美学丛编》看似只是一种编选，实际上是开创了一个以文艺美学的现有格局吸纳中国古代文艺理论范畴的先例，具有深刻的方法论意义。胡经之先生与李健先生合著的《中国古典文艺学》一书，也是以更具整合性、代表性的范畴为其基本骨架的。而这个"古典文艺学"，也还是文艺美学的内在模式。其中的顺序，仍是作品—创作—鉴赏的结构，且看其各章目录：第一章，绪论；第二章，文与道：形而上观念与文艺本体理念；第三章，言志与缘情：文艺本质的双重规定；第四章，形与神：艺术形象的审美创造；第五章，言与意：言尽意与言不尽意；第六章，文气：文学艺术创造的内驱力；第七章，神思："文之思也，其神远矣"；第八章，应感：不以力构，风飞电起；第九章，物化：审美创造的最高境界；第十章，比兴：称名也小，取类也大；第十一章，法无定法：艺术法度之魅力；第十二章，知音：文学艺术的审美接受；第十三章，境、象、意：艺术意境的美学品格；第十四章，风骨：古典艺术的美学风范；第十五章，趣味：艺术的审美评判。〔2〕胡经之先生精选了这些古代文论范畴，进入其古

---

〔1〕 胡经之：《中国古典美学丛编》，凤凰出版社，2009年，"前言"第3页。
〔2〕 胡经之：《中国古典文艺学》，见《胡经之文集》，第2卷，海天出版社，2015年。

典文艺学（其实是文艺美学）的框架之中。

从文艺美学的视角来看，还有一个问题，就是古代文论的范畴与其他艺术门类的通约和贯通问题。文艺美学以文学艺术的审美特征与规律为研究对象，这个基本的共识，却是停留在教科书的定义层面，而笔者以为，文学与其他门类的艺术，是在哪个层面、什么途径上有着共同的审美规律的，这个问题，恰恰是文艺美学可以深化、向前推进的突破口。以"感兴"这个范畴为例。感兴这个范畴源于诗学，这是毋庸置疑的。感兴源自先秦诗学中赋比兴之"兴"，却在中国诗学的发展中，形成了一个关于文学艺术的审美发生的基本范畴。关于"感兴"，看似是一个颇为古旧的话题，却是可以揭示中华民族审美创造机制的根本理念。以比兴而论，有各种定义，这里不一一辨析，兴的主要含义在于唤起情感，《毛诗正义》在《大雅·大明》的"维予侯兴"句下注曰："兴，起也。"[1]"起"的内容是什么？是主体的情感。故刘勰对"兴"有了更明确的定义："兴者，起也"，"起情故兴体以立"[2]。"兴"又是如何引发的呢？答曰：触物。从物我关系上来阐明比兴者颇有人在，如汉代大儒郑玄所说"比者，比方于物也；兴者，托事于物也"[3]，朱熹的"先言他物以引起所咏之词也"[4]，宋人李仲蒙对兴的界定是"触物以起情，谓之兴，物动情也"[5]。笔者则认为，如以"感兴"作为一个基本范畴，那么，李仲蒙对它的阐释是最为准确的，因为感兴就是以触物为前提的。刘勰在《文心雕龙·比兴》的赞语中以"诗人比兴，触物圆览"为其基调。刘勰虽是通论比兴，却是以兴为落脚点的。在《比

---

[1] 李学勤主编，十三经注疏整理委员会整理：《十三经注疏》，第 6 册，北京大学出版社，2000 年，第 1142 页。
[2] 刘勰著，范文澜注：《文心雕龙注》，人民文学出版社，1958 年，第 601 页。
[3] 郑玄注，贾公彦疏：《周礼注疏》，见李学勤主编，十三经注疏整理委员会整理：《十三经注疏》，第 8 册，北京大学出版社，2000 年，第 718 页。
[4] 朱熹《诗集传》卷一，见朱熹撰，朱杰人、严佐之、刘永翔主编：《朱子全书》，第 1 册，上海古籍出版社、安徽教育出版社，2010 年，第 402 页。
[5] 胡寅《斐然集》卷一八《致李叔易》，见胡寅撰，容肇祖点校：《崇正辩·斐然集》，下册，中华书局，1993 年，第 386 页。

兴》中，刘勰指出："若斯之类，辞赋所先，日用乎比，月忘乎兴，习小而弃大，所以文谢于周人也。"刘勰是更为看重兴的功能。触物圆览，也主要是指兴的本质特征。触物起情，是中国美学关于文学艺术创作冲动产生的根本观念，"感物""天机"等范畴，都应包含于其中。关于感兴状态的描述，是与西方美学中的灵感状态非常类似的，都是指文学创作发生时那种不可控御、倏然来去的情形。正如陆机《文赋》中所描述的："若夫应感之会，通塞之纪，来不可遏，去不可止。藏若景灭，行犹响起。方天机之骏利，夫何纷而不理？"[1] 这种触物兴情所获致的，往往是不可重复的独创性作品。苏轼论陶诗之妙，就是从这个意义着眼："陶潜诗：'采菊东篱下，悠然见南山。'采菊之次，偶然见山，初不用意，而境与意会，故可喜也。"[2] 西方的文论传统中，对于灵感现象，对于独创性的作品，或归之于神赐的迷狂，或归之于天才，或归之于无意识。中国的诗学，主张的是受外物的触发而唤起审美情感，引发创作冲动。把这种不可重复的审美创造情境，归之于诗人与外物偶然的触发。如明代诗论家谢榛所说的那样："诗有天机，待时而发，触物而成，虽幽寻苦索，不易得也。如戴石屏'春水渡傍渡，夕阳山外山'，属对精确，工非一朝，所谓'尽日觅不得，有时还自来'。"[3] 触物兴情，感于物而动，这在中国古代诗学中是非常普遍的观念。

这种感兴论的创作观，不仅是存在于诗学中的，而且也是存在于其他艺术门类中的。《礼记·乐记》中有名言："凡音之起，由人心生也。人心之动，物使之然也。感于物而动，故形于声。"[4] 这是以感兴的观念来讲音乐的发生。所谓"感于物而动"，在中国古代的艺术批评中经常是以"触""遇"来表达触物起情的感兴创作观。"触物"并非以身体

---

[1] 李壮鹰主编：《中华古文论释林·魏晋南北朝卷》，北京大学出版社，2011年，第63页。
[2] 苏轼：《书诸集改字》，见苏轼撰，孔凡礼点校：《苏轼文集》，第5册，中华书局，1986年，第2098页。
[3] 谢榛：《四溟诗话》卷二，见丁福保辑：《历代诗话续编》，下册，中华书局，1983年，第1161页。
[4] 郑玄注，孔颖达疏：《礼记·乐记》，见李学勤主编，十三经注疏整理委员会整理：《十三经注疏》，第14册，北京大学出版社，2000年，第1251页。

与外物相触碰，而是以耳目直接感知外物；外物不仅是指自然事物，也包括社会事物。关于这点，钟嵘在《诗品序》中是有明确的表述的，兹不赘述。"触物"是主体以何种方式与外物的触遇？这是直接关系到感兴论审美创造性质的理解的。笔者曾有这样的表述："触物一是诗人以耳目的感官直接感知、把握外物，使物的那种带着鲜活生命力的形态，作为物象进入诗人的心灵；同时，诗人又以其独特的情志和语言造诣，生成诗的审美意象。"[1]不唯在文学创作过程中，感兴的审美创造观念处处可见；而且，其他艺术门类的批评中，也多有这种感兴的创作论。如唐代书论家张怀瓘评大书法家王献之时说："人有求书，罕能得者，虽权贵所逼，了不介怀，偶其兴会，则触遇造笔，皆发于衷，不从于外，亦由或默或语，即铜鞮伯华之行也。"[2]"触遇"，也即是书法家与外物的偶然遇合。宋代著名画论家董逌以"天机"论画，所指都是一流的画家和作品。所谓"天机"，仍是感兴论的一种特殊的说法。如其评李伯时画时所说："伯时于画，天得也。常以笔墨为游戏，不立度数，放情荡意，遇物则画，初不计其妍蚩得失。至其成功，则无毫发遗恨。此殆进技于道，而天机自张者耶？"[3]所谓"遇物则画"，是说画家在与外物偶遇时即发画兴。又评燕肃画时说："山水在于位置，其于远近阔狭，工者增减，在其天机。务得收敛众景，发之图素。惟不失自然，使气象全得，无笔墨辙迹，然后尽其妙。故前人谓画无真山活水，岂此意也哉？燕仲穆以画自嬉，而山水尤妙于真形。然平生不妄落笔，登临探索，遇物兴怀。胸中磊落，自成丘壑。"[4]在中国古代文艺理论的创作论思想中，感兴是非常普遍的。它不止于文学的创作发生观念，而且在乐论、画论、书论等领域，也是基本的观念存在。如果说西方的创作

---

[1] 见拙文《触遇：中国诗学感兴论的核心要素》，《复旦学报》（社会科学版），2016年第6期。
[2] 张怀瓘：《书断》，见张彦远辑录：《法书要录》卷八，人民美术出版社，1964年，第267页。
[3] 董逌：《书李伯时县雷山图》，见于安澜编：《画品丛书》，上海人民美术出版社，1982年，第290页。
[4] 董逌：《广川画跋》卷五，见于安澜编：《画品丛书》，上海人民美术出版社，1982年，第297页。

灵感是以"神赐""回忆""天才""无意识"等为其内涵,那么中国的感兴论,则离不开"触物"。西方文论中的灵感说,都没有谈到这种发生的契机问题,而中国的感兴论,以外物触发主体心灵,作为灵感发生契机的基本解释。文学艺术的创作发生,以"情"的唤起为决定性的契机,感兴论都是落实在主体的情感发动上。刘勰在谈到诗歌创作起因时便说:"人禀七情,应物斯感,感物吟志,莫非自然。"明代徐祯卿也说:"情者,心之精也。情无定位,触感而兴,既动于中,必形于声。"[1] 触物感兴的落脚点在于主体情感的唤起与形式化,这是中国的感兴论的普遍认识。

三、进入命题研究的自觉状态

现在要说的是超越于范畴研究的另一个问题,那就是命题研究。范畴研究既久,且有很多高水平的成果,但是目前的中国古代文论研究尚可向前推阐一步,那就是进入命题研究的自觉阶段。命题与范畴当然是密切相关,但并非可以等同。对于范畴研究而言,进入命题研究决非否定范畴的价值,而是一种"升级版"。中国古代文论中有相当多的命题,可以梳理、阐释、归类,从而也可以使当代的文艺美学得到更多的充实。

命题研究当然并非起于今日,而是久已有之。王元化先生的名著《文心雕龙创作论》,可以认为是古代文论命题研究的典范之作。如其中的"释《神思篇》杼轴献功说""释《比兴篇》拟容取心说""释《附会篇》杂而不越说""释《养气篇》率志委和说"等专论,都是剖析建构《文心雕龙》提出的若干重要命题的研究论述。韩林德先生曾概括性地论述范畴与命题在中国美学中的功能,他说:"在中国古典美学形成和发展的历史长河中,一代代美学思想家和文艺理论家,在探索审美和艺术活动的一般规律时,创造性地运用了一系列范畴和命题,如'道'、'气'、'象'、'神'、'妙'、'逸'、'意'、'和'、'味'、'赋'、'比'、

---

[1] 徐祯卿:《谈艺录》,见何文焕辑:《历代诗话》,下册,中华书局,1981年,第765页。

'兴'、'意象'、'意境'、'境界'、'神思'、'妙悟'、'一画'、'法度'、'美'与'善'、'礼'与'乐'、'文'与'质'、'有'与'无'、'虚'与'实'、'形'与'神'、'情'与'景'、'言'与'意'、'阳刚之美'与'阴柔之美'、'立象尽意'、'得意忘象'、'涤除玄鉴'、'澄怀味象'、'传神写照'、'迁想妙得'、'气韵生动',等等。这些范畴和命题,既相互区别,又相互联系和相互转化,彼此形成一种关系结构,共同建构起中国古典美学的宏大理论体系。一定意义上讲,中国古典美学史,也就是上述一系列范畴、命题的形成、发展和转化的历史。可以说,如果我们把握了这些范畴、命题的形成、发展和转化的历史,把握了这些范畴、命题的主旨,也就大体了解中国古典美学的基本面貌了。"[1]韩林德先生对范畴与命题在中国古典美学理论体系中的地位和功能作了概括性的说明。在他所举的例子中,从"立象尽意"之后便都是命题了。范畴往往是一个单词,如自然、沉郁、天机、家数、意象、格调、味、逸、文气、法度等,有些是复合性的或相对的,如虚实、形神、动静、雅俗、隐显,等等;而命题的字数更多,内部的语法关系更为复杂,它们所表达的含义更为明确,往往能够代表着某一文论家的核心观念。命题必须是具有陈述性的,如金岳霖先生对于命题的界定:"命题的定义就是思议内容之有真或假者,或意思内容中之肯定事实或道理者,或一句陈述句子之所表示而又断定事实或道理,因此而为有真假的思议底内容者。此处之所谓陈述句子相当于英文中的 declarative sentence。不是陈述句子不能表示一命题。"[2]从哲学和美学的意义上看,陈述与价值判断,应该是命题的核心性质。

中国古代文艺理论中命题的大量存在,给文艺美学研究提供了广阔的空间。金岳霖先生曾将命题分为三类:一、特殊命题,"特殊的命题要求这句子底主词指示一特殊的东西或事体","表示特殊命题不在谓词而在主词"。二、有时代或地域的限制的普遍命题,指的是"主词不容

---

[1] 韩林德:《境生象外:华夏审美与艺术特征考察》,生活·读书·新知三联书店,1995年,第1页。
[2] 金岳霖:《知识论》,商务印书馆,1983年,第831页。

易视为普遍名词",如"清朝人";限于时地的命题,如"清朝人有发辫"。三、普遍命题。金岳霖先生的解释是:"普遍的命题既不肯定或否定特殊的事实,也不肯定或否定限于时地的普遍情形。表示普遍命题的句子底主词之所表示的是抽象的,就所思的内容说,它是意念,或概念,就所思的对象说,它是种类或共相。我们要懂这类的命题,我们可以从意念底图案或结构去懂它,而不必求助于手指目视。"[1] 我们所说的古代文艺理论的命题,则是从文艺美学的层面,提取出普遍的理论价值,而且这些命题也都是经过了很多理论家的使用,经过了历史的淘炼凝结而成的。它们虽然出自于不同的文体或艺术门类,出自于不同文学家或艺术家的具体创作或评论背景,但经过了不同时代、不同地域的人运用之后,隐含了它的特殊的具体的含义,凝结成具有普遍理论价值的命题。

举一些例子来看。陆机《文赋》中提出的"诗缘情而绮靡"的命题,"强调诗是'缘情'而发,有情而有诗,无情则无诗,'情是诗之本体'。绮靡即绮艳靡丽之美,是诗之审美特征,诗之特征在于美,不美亦非诗,就此而言,美对于诗来说,也具有本体意义"[2]。"陶钧文思,贵在虚静",出于《文心雕龙·神思》,是关于创作心态的经典命题,指排除琐屑的日常功利干扰,使心灵处在一种莹澈空明的状态,以利于审美意象的产生。"神用象通,情变所孕",也是出于《文心雕龙·神思》,是对艺术运思的基本性质的规定,意谓艺术构思的整个过程,都是以意象作为连接的要素的,而这种意象的结构与链条,则是情感变化所孕育的。"各师成心,其异如面",出于《文心雕龙·体性》,指作家因其个性与内心世界的差异,呈现的风格各异,如同人的不同形貌。"隐也者,文外之重旨者也;秀也者,篇中之独拔者也",出于《文心雕龙·隐秀》,意谓"隐"是蕴含在文字表层之下的深层含义,"秀"是文本中风标独拔的警策之句。"思与境偕",出于司空图的《与王驾评诗书》,说

---

[1] 金岳霖:《知识论》,商务印书馆,1983年,第834—838页。
[2] 吴建民:《中国古代文论命题研究》,南京大学出版社,2017年,第32页。

的是诗人的艺术灵感与想象,不能脱离客观之境。"境生于象外",出于刘禹锡的《董氏武陵集纪》,是说意境的生成是在意象的整体关系中。"以俗为雅,以故为新",出于黄庭坚的《再次韵杨明叔并序》,是江西诗派的诗学理念,以俗为雅,是指诗歌创作中把原本带有市民文化色彩的题材或话语加以诗化或雅化,以造成"陌生化"的审美效果。"以故为新"则是以古人陈言作为原料,用以抒写诗人自我的艺术感受。"夫诗有别材,非关书也;诗有别趣,非关理也。然非多读书,多穷理,则不能极其至。"[1]出于严羽《沧浪诗话·诗辨》,是说诗有独特的审美性质,非书本知识堆砌出来的;"别趣"是说诗的特殊趣味,并非逻辑理性所能呈现。但如欲达到诗之极致,又要多读书,多穷理。这是一个复合型的命题。中国古代文艺理论的命题,有一个重要的特征,那就是因其具有深刻的美学内涵,而与其他艺术门类的相通性。比如,古代文论中的很多命题,可以为书论、画论所借鉴,反之亦然。如文学创作论中的"气之动物,物之感人,故摇荡性情,形诸舞咏"[2]所提出的感兴观念,不仅适合于诗歌创作的发生,也同样适合于其他门类艺术创作的发生。"入兴贵闲"是刘勰在《文心雕龙·物色》中所主张的文学创作心态,而同时又适合于解释其他门类艺术的创作契机之产生,指出皆在于心态的闲适安恬。有的学者以"规矩法度"来训释"闲",认为这是说:"因此,一年四季的景色虽然多变,但写到文章中去要有规则。"[3]这个训释放在《物色》的语境中,是扦格不通的。联系《文心雕龙·养气》中所说的"是以吐纳文艺,务在节宣,清和其心,调畅其气,烦而即舍,勿使壅滞;意得则舒怀以命笔,理伏则投笔以卷怀,逍遥以针劳,谈笑以药倦,常弄闲于才锋,贾余于文勇,使刃发如新,凑理无滞,虽非胎息之迈术,斯亦卫气之一方也",很明显,这里所说的"闲",就是心态的闲适优游。这对诗书画等艺术的创作都是大有道理的。关于艺术鉴赏,刘勰提

---

[1] 严羽著,郭绍虞校释:《沧浪诗话校释》,人民文学出版社,1983年,第26页。
[2] 钟嵘著,陈延杰注:《诗品注》,人民文学出版社,1961年,第1页。
[3] 刘勰著,陆侃如、牟世金译注:《文心雕龙译注》,齐鲁书社,1995年,第554页。

出:"凡操千曲而后晓声,观千剑而后识器。故圆照之象,务先博观。"〔1〕这里关于鉴赏的命题,是在文学范围内提出来的,但显而易见的是,这对所有的艺术门类的鉴赏,都是具有指导意义的。

反过来亦是如此。在其他艺术门类中的很多理论命题,虽是起于特定的艺术背景,但因其所包含着的美学因素,可以成为普遍性的美学命题。举例来说,如南朝著名画家宗炳提出的"应会感神",是出于山水画论,却超越了山水画,而对艺术创作是非常重要的命题。《画山水序》中,宗炳开篇便说:"圣人含道应物,贤者澄怀味像,至于山水,质有而趋灵。"〔2〕"含道应物"和"澄怀味像"可以视为互文,而后者主张画家以澄明的心境品味山水之象。谢赫作《古画品录》,提出"绘画六法":"六法者何? 一、气韵生动是也;二、骨法用笔是也;三、应物象形是也;四、随类赋彩是也;五、经营位置是也;六、传移模写是也。"〔3〕"六法"皆为画论之命题,而其排在首位的"气韵生动"的理论价值,已越出了一般的绘画理论的层面,而成为最具美学内涵的普遍性命题。著名的美术史家王世襄先生曾这样指出:"是则气韵生动,诚为最名贵而卓然独立之一法,乃画家之极诣。气韵为读者只可以精神灵感领会画中所流露之活跃动态,超越五法之上,而不可与之排比者。"〔4〕作为中国古代文艺理论中最具代表性的命题,"气韵生动"已成为文学艺术创作的最重要的价值尺度。大画家顾恺之提出的"传神写照"的命题,也是超越了一般绘画的局限。它的本义是通过人物画的"点睛之笔",表现人物的精神气韵,洞烛人的灵魂。而它已经具有了普遍的美学意义。苏轼对于诗画的内在审美特征的一致性提出了"诗画本一律,天工与清新"(《书鄢陵王主簿所画折枝》)的命题,也是不拘泥于特定的艺术门类的。关于书论,杜甫在诗中提出"书贵瘦硬方通神"(《李潮八分小篆歌》)的命题,表达了特定的书法审美风格的取向,其

---

〔1〕 刘勰著,范文澜注:《文心雕龙注》,人民文学出版社,1958年,第714页。
〔2〕 沈子丞编:《历代论画名著汇编》,文物出版社,1982年,第14页。
〔3〕 谢赫:《古画品录》,见于安澜编:《画品丛书》,上海人民美术出版社,1982年,第6页。
〔4〕 王世襄:《中国画论研究》,上册,生活·读书·新知三联书店,2013年,第25页。

实这也不仅是关于书法的,杜甫在题画时也同样明确地表现这种审美观念。在他的《丹青引赠曹将军霸》诗中,嘲讽当时画马名家韩幹"幹惟画肉不画骨,忍使骅骝气凋丧"。杜甫还在评画中有这样的名句"尤工远势古莫比,咫尺应须论万里"(《戏题王宰画山水图歌》),于是产生了"咫尺万里"的美学命题,成为中国艺术的理想审美追求。王夫之以此命题论诗道:"论画者曰:'咫尺有万里之势。'一'势'字宜着眼。若不论势,则缩万里于咫尺,直是《广舆记》前一'天下图'耳。五言绝句,以此为落想时第一义,唯盛唐人能得其妙。如:'君家住何处?妾住在横塘。停船暂借问,或恐是同乡。'墨气四射,四表无穷,无字处皆其意也。"[1] 王国维以"境界"作为词的最高审美标准,他提出这样的命题:"词以境界为最上。有境界则自成高格,自有名句。"[2] 这不仅是静安先生论词的审美标准,也是评价所有文学艺术创作,如小说、戏曲的最高审美标准。

不唯是能够贯通于其他艺术门类的命题才有重要的美学理论价值,很多仅是在本门艺术中提出的命题,仍然有着非常丰富的理论蕴含,存在着渊深的美学阐释空间。如刘勰在《文心雕龙·物色》中提出的"目既往还,心亦吐纳"的命题,深刻地揭示了审美主客体之间彼此往还的关系。情与物之间,主体与客体之间,吐纳往还,似同赠答,也类似于现象学所说的"互为主体性"。《文心雕龙·神思》中提出的"独照之匠,窥意象而运斤",是尤为值得深入探研的命题。这个命题,不仅将"意象"凝结成为一个稳定的成熟的审美范畴,而且也使"意象"这个范畴有了明确的渊源与内涵。这个命题昭示了意象的内在性,作家通过反观内心生成的形象也即"意象"进行"郢人运斤"般的艺术表现。

对于文学艺术的创作心理的论说,是最为核心的命题。杜甫的"别裁伪体亲风雅,转益多师是汝师"(《戏为六绝句》之六)指出在诗史领域"别裁伪体"正本清源的必要性,同时,要求学诗者应该"转益多师"。沈括在其名著《梦溪笔谈》中提出的"书画之妙当以神会,难可以形器求也"的命题,具有深刻的时代因素,包含着超越形似的审美要求。中国绘画发

---

[1] 王夫之:《姜斋诗话》卷下,见丁福保辑:《清诗话》,上海古籍出版社,2015年,第19页。
[2] 王国维撰,黄霖等导读:《人间词话》,上海古籍出版社,1998年,第1页。

展到北宋时期,以文人画的价值观为导向,主张在形似之外,蕴含更为微妙的旨意。沈括阐发道:"世之观画者多能指摘其间形象位置、彩色瑕疵而已,至于奥理冥造者罕见其人。如彦远《画评》言:'王维画物,多不问四时,如画花,往往以桃、杏、芙蓉、莲花同画一景。'予家所藏摩诘画《袁安卧雪图》,有雪中芭蕉,此乃得心应手,意到便成,故造理入神,迥得天意,此难可与俗人论也。"〔1〕苏轼也提出"论画以形似,见与儿童邻"的命题,其意与此相近。欧阳修《六一诗话》中记载诗人梅尧臣之语谓:"必能状难写之景,如在目前,含不尽之意,见于言外,然后为至矣。"〔2〕这是具有丰富美学意蕴的命题。梅氏将"如在目前"和"见于言外"的结合,作为诗歌创造的最高境界。词学家周济提出"夫词,非寄托不入,专寄托不出"〔3〕的命题,要求词人将自己特定的内心幽思通过一物一事作出具体而微的表现。叶昼评点《水浒传》,提出了"天下文章当以趣为第一"〔4〕,揭示了小说美感的核心内涵所在。

四、命题的双重属性及美学功能

在笔者看来,美学命题是陈述的客观性和价值的取向性的双重属性的合体。命题的陈述必须是客观真实的,否则就成了虚假命题,也就不可能经受时间的考验而成为文艺理论史或美学史上的经典之论。海德格尔谈到命题时说:"真实的东西,无论是真实的事情还是真实的命题,就是相符、一致的东西。在这里,真实和真理就意味着符合(Stimmen),而且是双重意义上的符合:一方面是事情与关于事情的先行意谓的符合;另一方面则是陈述的意思与事情的符合。"海德格尔认为"命题真理"应该是建立在"事情真理"的基础之上的,然而,他也同时谈到命题的取向性,尤为值得我们在讨论命题研究时参考。海氏认

---

〔1〕 沈括:《梦溪笔谈》卷一七,见朱易安、傅璇琮等主编:《全宋笔记》(第二编),第2册,大象出版社,2017年,第126页。
〔2〕 欧阳修:《六一诗话》,见何文焕辑:《历代诗话》,上册,中华书局,1981年,第267页。
〔3〕 周济:《宋四家词选目录序论》,见李壮鹰主编:《中华古文论释林·清代下卷》,北京大学出版社,2012年,第443页。
〔4〕 转引自叶朗:《中国小说美学》,北京大学出版社,1982年,第31页。

为："传统的真理定义表明了符合的这一双重特性：veritas est adaequatio rei et intellectus。这个定义的意思可以是：真理是物（事情）对知的适合。但它也可以表示：真理是知对物（事情）的适合。诚然，人们往往喜欢把上述本质界定仅仅表达为如下公式：veritas est adaequatio intellectus ad rem［真理是知与物的符合］。不过，这样被理解的真理，即命题真理，却只有在事情真理（Sachwahrheit）的基础上，亦即在 adequatio rei ad intellectum［物与知的符合］的基础上，才是可能的。真理的两个本质概念始终就意指一种'以……为取向'，因此它们所思的就是作为正确性（Richtigkeit）的真理。"[1] 海德格尔对命题的这种"双重特性"的论述，笔者认为是适合我们用来讨论中国的美学命题的。"命题真理"建立在"事情真理"的基础之上，这是对命题的基本规定。"在己为情，情动为志，情志一也"（《春秋左传正义·昭公二十五年》孔颖达疏）、"文以气为主"（曹丕《典论·论文》）、"两重意以上，皆文外之旨"（皎然《诗式》）、"言有尽而意无穷"（严羽《沧浪诗话·诗辨》）、"文章自得方为贵"（王若虚《山谷于诗，每与东坡相抗，门人亲党遂有言文首东坡，论诗右山谷之语。今之学者亦多以为然，漫赋四诗为商略之云》）、"凡画山水，意在笔先"（王维《山水论》）、"画之逸格，最难其俦"（黄休复《益州名画录》）等文学艺术的命题，都是具有充分的客观性的，也是可以证实的。

  命题的另一面的特性在于它的价值取向性，也就是说，很多命题具有颇为鲜明的价值取向，包含着主体的意志，为文学艺术的创作设立了某种标准。借用现象学的基本概念来说就是所谓"意向性"。命题是精神活动的意向对象。这种意向性，在我们所探讨的古代文艺理论的命题中，其实就是一种价值取向，乃至一种理想化的标准。美国哲学家斯托特主张，"它是一个与某种现实性有关的、在事物的本性固有的真正的可能性。在判断中，心灵知道某种确定的事实，这一事实可进一步加以确定，心灵则从这些真正的可能性中选择一个与确定的事实相关联的真正的可能性，它并且作为判断的独立对象起作用"[2]。斯托特的论述解决了命题的客观性与价值取向性的统一问题。这对于我们理解中国古代

---

[1] 海德格尔：《路标》，孙周兴译，商务印书馆，2000年，第208页。
[2] 孙小礼等主编：《科学方法》，知识出版社，1990年，第224页。

文艺理论的命题性质,是颇有借鉴意义的。如钟嵘《诗品序》中所提出的"使味之者无极,闻之者动心,是诗之至也",这既是符合诗歌的创作实践的,又表达了作者关于诗的理想形态。严羽提出"盛唐诸人惟在兴趣"(《沧浪诗话》)的命题,以盛唐时期的诗歌作为"透彻之悟"的典范,既有对唐宋诗的优劣判断,又有其对诗的理想预设。李渔论词,提出了"文字莫不贵新"[1]的命题,这既是对文学创作规律的概括,同时,体现了李渔的文学价值观。宋代画家郭若虚提出了"气韵非师"[2]的命题,一方面是对"气韵生动"命题的阐发,另一方面更是体现了他的文人画价值观。有些命题,带有颇具个性化的审美取向,如元代画家倪瓒所提出的"仆之所谓画者,不过逸笔草草,不求形似,聊以自娱耳"[3];还有汤显祖提出的"因情成梦,因梦成戏"[4]的命题,带有典型的汤显祖的色彩。这类命题的审美价值取向是十分鲜明的,成为文学艺术中特有的价值形态。

超越于一般逻辑学层面的命题涵义,而就中国古代文艺理论大量客观存在的命题作形态化的分析,这是从文艺美学角度所进行的理论尝试。范畴研究已经有了卓越的成就,向前一步,就到了命题研究。我们以往也有过相关研究,但从整体上讲,还是自在的,而非自觉的。命题研究当然离不开范畴分析,但从建构中国特色的哲学社会科学话语体系的意义上看,仅仅是范畴研究,还是远远不够的。之所以借助文艺美学的框架和视角,是因为文艺美学有明显的当代性和民族性。从文艺美学的角度来观照,命题研究是可以将中国古代文艺理论作整合性的建构的。这又是有助于文艺美学的突破的。一举两得,何乐而不为!

原文发表于《文学遗产》2021年第2期

---

[1] 李渔:《窥词管见》,见唐圭璋编:《词话丛编》,第1册,中华书局,1986年,第551页。
[2] 郭若虚撰,邓白注:《图画见闻志》卷一,四川美术出版社,1986年,第49页。
[3] 倪瓒:《答张仲藻书》,见倪瓒著,江兴祐点校:《清閟阁集》,西泠印社出版社,2010年,第319页。
[4] 汤显祖:《复甘义麓》,见汤显祖著,徐朔方笺校:《汤显祖集全编》,第4册,上海古籍出版社,2015年,第1941页。

中国古代美学命题有待于突破的空间指向

张 晶

中国古代美学的命题研究，是近几年国内学术界兴起的研究领域。中国古代美学领域有大量的"理论命题"，这些"命题"需要进行学理性、综合性、实践性的全面整理与研究。当前，以"范畴"为范式的研究业已硕果累累。与范畴相比，命题无疑是更为复杂也更为深刻的研究范式。作为中国古人表述美学观点的基本话语方式，美学命题凝聚着古代美学思想的精华。我们目前的美学命题研究，基本是个案和例证性研究，缺少整体的、量化的、统计性的研究。基于此，当下需超越范畴研究的范式，提升命题研究的自觉意识，通过对命题本体、形态、功能、文献整理以及经典化生成等方面作全方位、深入性研究，为中国美学学术体系和话语体系填充进结构性元素和时代性意义，使之不流于空洞和抽象，进而从整体上切实推进中国美学学理化、系统化、持续化发展。

一、新时期以来的中国古代美学命题回顾

在中国新时期以来的文论和美学研究中，范畴研究作为新的研究方法或范式，在20世纪八九十年代呈崛起之势。新时期以来的文论研究，经历了一个方法论热阶段，很多学者用西方哲学、美学及其他学科的方法来研究中国文学和文论，取得一些令人耳目一新的成果，但也带来了很多问题，如宏观研究方法往往在缺少前期研究的前提下，轻率地提出"几大规律"，这很难称为真正的研究。加强文学史理论研究，是学术界呼唤中国古代文论或美学资源现代转化的基本路径，在文论界和美学界，范畴研究亦随之成为有效范式。范畴是反映事物本质和普遍联系的

基本概念，在文论和美学文献中大量存在，很多文论或艺术理论中客观存在的范畴，具有丰富的美学理论内蕴，而且在其历史发展中就不断地被赋予了新的美学内涵。新时期以来的文论和美学研究，与中国哲学研究密不可分，而中国哲学界对范畴的重视成为美学范畴研究的重要资源，如张岱年的《中国古典哲学概念范畴要论》《论中国古代哲学的范畴体系》，方克立的《开展哲学史范畴的研究》，张立文的《中国哲学范畴发展史（天道篇）》《中国哲学范畴发展史（人道篇）》等，皆对美学范畴研究有着深刻影响，起到重要的推动作用。

20世纪后期及21世纪初期，很多学者从范畴切入中国古代美学或文论研究，涌现了很多具有当代理论价值的成果，如汪涌豪的博士学位论文《中国古典美学风骨论》就以"风骨"范畴作为课题；陈良运的《中国诗学体系论》则以几大主要范畴作为体系框架支点；蔡锺翔、涂光社和汪涌豪在《文学遗产》2001年第1期的头题位置发表《范畴研究三人谈》，成为范畴研究的重要文献；著名文艺理论家蔡锺翔从20世纪八九十年代开始策划组织"中国美学范畴丛书"的编写与出版工作，所选范畴为中国美学之经典，所邀作者皆国内著名中青年美学家。该丛书原计划出版30种，已由百花洲文艺出版社出版前20种两辑，并多次再版，其中有《美在自然》（蔡锺翔）、《文质彬彬》《美的考索》（陈良运）、《和：审美理想之维》《兴：艺术生命的激活》（袁济喜）、《原创在气》《因动成势》（涂光社）、《意象范畴的流变》（胡雪冈）、《意境探微》（古风）、《雄浑与沉郁》（曹顺庆、王南）、《志情理：艺术的基元》（胡家祥）、《正变·通变·新变》（刘文忠）、《心物感应与情景交融》（郁沅）、《神思：艺术的精灵》（张晶）、《虚实掩映之间》（张方）、《清淡美论辨析》（韩经太）、《雅论与雅俗之辨》（曹顺庆、李天道）、《艺味说》（陶礼天）等。汪涌豪还撰写出版了《范畴论》《中国文学批评范畴及体系》两部重要著作，使范畴研究进入更为学理化、自觉化阶段。关于虚静、意象、意境、感兴、形神、妙悟、风骨、活法、自得、本色、家数、清淡等古代美学范畴的研究论文，在各个重要学术刊物上不断刊出，难以计数。

命题研究是在范畴研究基础之上的范式创新，也是当前中国美学研究向前发展的重要路径。范畴是命题的基础，是构成命题的基本要素，命题则在此基础上更进一步。所谓"命题"，通常指具有判断性的短语或短句。范畴往往是一个单词，如感兴、含蓄、意象、中和、意境、文气、味、法度、妙、逸、本色、空灵等。从语言学的意义来看，命题不同于一个单词或并列性的复合词，而是一个有意义的短语，在这个短语内部，已经有了相对复杂的语法关系。命题更为明确地表述主体的思想观点，成为美学学科体系和话语体系的标志性元素，如"诗言志""观物取象""修辞立诚""窥意象而运斤""言有尽而意无穷""外师造化，中得心源"等皆为经典美学命题。中国美学命题研究起步虽早，但目前尚处于自在阶段。著名思想家王元化《文心雕龙创作论》中的若干篇章乃命题研究，如《释〈物色篇〉心物交融说》《释〈神思篇〉杼轴献功说》《释〈比兴篇〉拟容取心说》《释〈附会篇〉杂而不越说》《释〈养气篇〉率志委和说》等，都是对《文心雕龙》中的命题的理论阐释。著名文艺理论家童庆炳在研究中国古代心理诗学时，也是以美学意义上的命题作为研究对象，其《中国古代心理诗学与美学》一书中的《从物理境转入心理场——"随物宛转，与心徘徊"的心理学解》《苦心危虑而极于精思——"穷者而后工"说的心理学内涵》《寻找艺术情感的快适度——"乐而不淫，哀而不伤"新解》等篇章，皆从命题角度进行心理学、美学诠释。著名美学家叶朗的《中国美学史大纲》一书中多处以命题立题，如第二篇"中国古典美学的展开"部分的第一节就以"得意忘象""声无哀乐""传神写照""澄怀味象""气韵生动"标立题目，第十一章"唐五代书画美学"部分也以命题立题，如"同自然之妙有""度物象而取其真""外师造化，中得心源""删拨大要，凝想形物""凝神遐想，妙悟自然，物我两忘，离形去智"等。早在20世纪90年代就有李天道的《中国古代审美体验论命题析》，以及后来汤一介的《"命题"的意义——浅说中国文学艺术理论的某些"命题"》等文章表明，一些学者开始自觉提倡命题研究。

　　成复旺的专著《神与物游：中国传统审美之路》就是命题研究的专

门之作。张晶自 20 世纪 90 年代以来，也发表了若干命题研究个案论文，如《朱熹诗境与"理一分殊"》《入兴贵闲——关于审美创造心态的一个重要命题》《"万物一体"思想与中华诗学的审美特征》《"凡象，皆气也"——诗学意象观念与气论哲学》等。近年来，吴建民开始明确中国古代文论和美学命题的学理意义，其专著《中国古代文论命题研究》和论文《古代美学理论命题之性质、形式及功能》全面系统地论述了中国古代文论命题特征、功能等，对《文心雕龙》中的众多命题进行阐释，并对诸多经典文学、艺术的命题进行诠解，全面系统地推进了命题的学理性研究，成为目前正面而系统研究中国古代文论与美学命题的代表性成果。张晶把中国古代美学命题作为一种新的研究范式大力倡导，积极推进，2020 年，他在《社会科学辑刊》2020 年第 1 期刊发《中国古代美学命题研究的意义何在?》一文，深入讨论作为"新范式"的命题研究在构建中国特色哲学社会科学知识体系中的历史使命，把中国古代美学命题研究推向深入，引起学术界广泛关注，《新华文摘》2020 年第 12 期、《高等学校文科文摘》2020 年第 3 全文转载了该文。为推进中国古代美学命题研究的深入，张晶还在 2020 年 2 月 28 日的《中国社会科学报》上组织"命题与范畴：中国优秀传统文化术语研究"专栏文章，刊登了九位学者的文章，如吴建民的《命题：中华美学的核心基因》、张晶的《作为思想文化术语的中国美学命题》等，为推进中国古代美学命题研究做出重要贡献。"中国思想文化术语"作为一项国家重点工程，已出版至第九辑，收入中国思想文化术语近千条，其中包括许多范畴与命题，但混杂在多种学科中，因此，张晶撰写了《中国思想文化术语的审美之维》一文，刊发在《暨南学报》2020 年第 7 期头题位置，指出从审美维度进入中国思想文化术语的内在结构，就必须以范畴与命题为主要形态。如何从文艺美学的发展层面上进入命题的自觉研究呢？张晶教授刊发在《文学遗产》2021 年第 2 期头题位置的长篇文章《从范畴到命题——从文艺美学回望中国古代文艺理论》作了解答。2021 年，张晶、唐萌又在《南京大学学报》第 3 期刊发《中国古代文论命题的思维学考察》文章，对于命题的定义、形式与构成作了进一步明确说明，在此基础上，张晶又在 2021 年 8 月 18 日的《文艺报》上刊发《作为研究范式的中国古代美学命题研究》文章积极呼吁：以中国美学研究来说，超越范畴研究的范式，提升命题研究的自觉意识，将现在的命题研究进一步学理化、系统化，是一条可行的路径。

二、中国古代美学命题研究的空间突破

中国美学研究在当下面临着范式转换这一重要问题，要解决这一问题，需要从范畴研究转换为命题研究。关于文论或美学范畴，国内学术界已经有了自觉的理论建构，对于范畴的本体研究和个案研究，也已取得丰硕成果。但在以往的研究中，范畴和命题之间的界限经常被混淆，成为当下诸多相关研究难以突破的症结。我们主张将命题从范畴研究的"笼统提法"中提取出来。早年间，著名哲学家汤一介的《"命题"的意义——浅说中国文学艺术理论的某些"命题"》一文，便提醒我们要对文学艺术中的理论命题及其重要意义予以高度重视，可惜该文未能展开详细论述。而后来吴建民的《中国古代文论命题研究》将命题研究上升到自觉、自为的层级，开始有意识地解决这一问题。如果说 20 世纪 90 年代至 21 世纪初命题研究还处在自在状态，那么吴建民的这部专著，则对文论命题的特征和形态等作了理性建构和历史分析，其中包括很多个案研究。特别是其刊发在《社会科学辑刊》2020 年第 1 期的《命题与古代美学理论之建构》一文进一步从古代美学视角论述命题对古代美学体系建构的作用。目前关于命题研究存在的问题很多，须在厘清基础上进行学理性建构。这些问题主要表现在：（一）范畴与命题的混杂言说。很多论著将范畴与命题混在一起论述，仅指出范畴与命题的作用，未加细致区分，如韩林德的《境生象外：华夏审美与艺术特征考察》等。（二）文论与美学不加区分，如吴建民的《中国古代文论命题研究》即是关于"文论命题"的研究。文论与美学联系密切，但不能等同，我们需要明晰两者的交集和边界。（三）从美学角度审视命题的本体论研究，既缺少边界又不完整；做好美学命题研究，需要全局的眼光和完整的视

野。(四)从中西美学命题比较中描述中国美学命题独特形态的研究尚付阙如,但又不得不做。

在当下阶段,中国古代命题研究对于建构中国特色哲学社会科学的学术体系和话语体系,具有重要的理论和方法论意义。习近平总书记《在文艺工作座谈会上的讲话》指出:"我们要结合新的时代条件传承和弘扬中华优秀传统文化,传承和弘扬中华美学精神。中华美学讲求托物言志、寓理于情,讲求言简意赅、凝练节制,讲求形神兼备、意境深远,强调知、情、意、行相统一。"弘扬中华美学精神,对于文艺理论工作者及美学研究工作者来说,就是要从对中国美学的研究中,发挥其当代价值,从原有的文献中阐发出活在当下的中华美学精神。习近平总书记又在哲学社会科学工作座谈会上的讲话中提出:"着力构建中国特色哲学社会科学,在指导思想、学科体系、学术体系、话语体系等方面充分体现中国特色、中国风格、中国气派。"可见,从美学角度建构中国特色学术体系和话语体系需要突破性工作进展。20世纪末,文论界提出古代文论的现代转换命题,引起了广泛关注和积极讨论。那么,中国古代文论也好,中国美学也好,如何焕发它们的理论价值,在构建中国特色的学术体系、话语体系中发挥作用呢?我们认为,范畴研究和命题研究,都是切实的路径。而命题应该是以范畴为基础而又能够包容范畴的。命题的构成形式更为复杂多样,灵活多变,具有理论性强、表述透彻、语言简明、易于把握等特点,在美学思想体系构建中,其作用是无可取代的。

美学命题研究的自觉状态才刚刚开启,需要做的工作实在太多。面对这样一个复杂工程,我们需要平心静气,系统而全面地进行建构。已有的命题研究成果已为这一工程提供了良好基础,但还是远远不够的。

首先,命题的语言学结构远比范畴复杂,要从语法形态上对命题进行全面梳理和彻查,对命题的语法形态进行规范性描述。这是命题研究的基础工作,关系到命题的形式特征。我们的研究,就是要将这个问题说清楚。

其次,中国美学原来并无"美学"之名,命题也是包含在诗文、戏曲小说、绘画书法、音乐舞蹈等文学艺术的批评话语之中。要想真正将中国美学中的命题摸排清楚，实非易事！然而，很多命题在长期的文学艺术创作实践和评论中已经得到经典化提升。选择历史发展进程中已经经典化的美学命题，发现它们之间的内在联系，构建中国美学学术体系和话语体系，不仅是可能的，也是可以做到的。

中国美学文献中存在着大量的命题，学术界对此已有一定的研究，并初步形成了自觉的研究意识，产出了若干研究成果。但目前学术界的认识还远未到位，主要表现在对于美学命题的形式特征、形态属性、历史沿革等尚无科学的说明，有些问题还需要更为专业的进一步论证。学术界就有必要组织学术实力强大、务实精干的团队，对这些问题展开深入系统的探索，提出具有很高学术认可度的观点，产出高水平的研究成果。

三、中国古代美学命题研究的未来走向

（一）亟需为学术界进行古代美学命题研究提供一个资料汇编。当下应该从文献整理的角度，对存在于不同文学艺术门类中的美学命题加以整理，并按照本选题提出的命题标准进行甄选，做成资料汇编，使学术界对命题问题有一个清晰的认识，范畴与命题概念也可以得到进一步厘清，改变之前美学范畴与美学命题混杂难辨的状态。命题存在于不同门类的文献中，有很多经过了经典化过程，在中国人的审美意识发展史上起到重要作用，如"充实之谓美""传神写照""气韵生动""诗中有画，画中有诗"等，但还有很多经典命题及其内涵有待于进一步阐发和探究。有些命题出自"理论家"之手，如老子的"涤除玄鉴"，荀子的"虚壹而静"，刘勰的"窥意象而运斤""入兴贵闲"，钟嵘的"文已尽而意有余，兴也"，严羽的"言有尽而意无穷"等，这些命题皆在表述某种审美观念；还有一些命题在文艺批评中被论者偶然提出后逐渐被学界认同，资料汇编就是将这些命题的现存状况全面呈现。

（二）大力推进古典美学命题、功能研究的整体突破。关于命题的

本体研究（即中国古代美学命题的本质属性、形式特征、思维类型等本体问题）已有一定基础，吴建民的文论命题研究对此已有相应界定。但从美学角度确定命题的形式特征、本质属性等，还需进行更具学理性的深入研究。命题与范畴的区别和联系虽有相关描述，但缺少公众认可的科学界说。本选题以美学命题的本体特征与本质属性作为命题本体研究的主要内容，进行突破性研究。作为整个项目基础工程的本体研究，经过团队学人的集体讨论和反复论证后，以阶段性成果形式广泛收集意见，形成权威观点，为学术界提供一个立得住的范畴命题学理依据。中国美学的发展是动态的，也是历史的，命题在其中起到重要作用。如果说范畴是美学体系框架上的纽结，那命题则是构成框架的栋梁。可以说，命题是古人表述美学思想的基本方式。著名的美学思想家，往往以若干或系列命题成一家之言，吴建民曾举老子、庄子、孔子等思想家提出的命题为例，认为它们是先秦诸子表述美学观念的基本形式，也是先秦美学理论建构的关键因素。中国美学发展史，其实也是不同时期诸多论者提出的美学命题发展史。而这些命题，往往经过了一个经典化历程。

（三）探讨美学命题的经典化进程也是当下研究的重要学术任务所在。当下研究应以经典"范畴"的确立为标志，围绕文学、艺术两大领域的经典范畴、经典命题展开立体式考察，阐发其理论价值与思想意义，打通文学、艺术、美学命题界别，汇总具有共通性的文艺命题，凝练文艺理论命题中所蕴含的中国古代美学思想。文学领域，从本体论、创作论、典型论、审美论四个维度展开。本体论继续分解为情志论、文道论，创作论分解为作家心胸论、文学构成论，典型论分解为形神论、意境论，审美论选取"美在自然""美在风骨""美在中和"等命题，在此基础上从古代典籍文献中整理出每一论题的相关原始命题，还原命题产生的历史语境，整合"文献""理论"，梳理出美学命题发生、发展、因革的历史线索，完成对文学命题的经典化考察。艺术领域同样从本体论、创作论、典型论和审美论四个方面展开，选取其中"美在自然""中和为美""传神写照""君子比德""气韵生动""境生象外""虚实相生""大巧若拙"八个美学命题进行具体分析。在对文学、艺术两大领域的美学命题经典化考察过程中,着意于呈现中国古代美学发展的生动面貌。

中国的美学命题,与西方的美学命题有共同之处,但中国命题因语言上的中华传统文化基因而具有了独特形态。进行中西美学经典命题的比较研究就成为本选题的应用价值之一。在建构中国学术话语体系、思想体系、理论体系的宏观目标引领下,要实现跨文化理论对话与理论融通,彰显不同文化背景下的不同美学理论的思想特质,就必须把中国古代美学命题置于更加广阔的思想沃土之上,选取东西方美学、文学、艺术领域的经典命题进行比较,发掘各自的理论优势,彰显各自的理论特质,以"古今融合"的理论姿态与"中西对话"的理论胸怀,共同丰富当代人类社会的文化建设。

中国美学命题研究以"基源问题研究法"为基础,结合检索考据法、观察实验法、归纳演绎法、多学科交叉研究法等多种方法展开论述。"基源问题研究法"由著名哲学史家劳思光提出,他在《新编中国哲学史》中指出此法"以逻辑意义的理论还原为始点,而以史学考证工作为助力,以统摄个别哲学活动于一定设准之下为归宿"。这一方法对于中国美学命题研究亦多启发:研究中国美学由"范畴"到"命题"的历史动态变化,必须对中国美学史上的重要问题进行梳理。历史语境下的美学"范畴"与"命题"皆围绕当时"重要美学问题"应运而生,且意义不断经过历史的积淀而更加丰富和深湛,具有强大的生命力,至今依然保持着对审美现象的解释力。从史学维度厘清中国美学问题线索,考察美学范畴与命题的生成流变极其重要。这是"基源问题研究法"应用于中国美学命题研究的一个层面。另外,历史意义上的美学命题溯源工作,可为当代中国美学理论的发展提供助力:推动现代汉语语境下中国美学理论范式的发展,为建构中国特色学术体系、话语体系贡献力量。就语言层面来说,我们生活在现代汉语语境。现代汉语就其建构理论的缜密性而言,显然比古代汉语更具优势;但现代汉语乃古代汉语的继承与发展,建构中国特色美学话语体系,实现中国古代文艺理论与美学的创造性转化和创新性发展，既要对以古代汉语为载体的中国古代美学命题开展研究，又要推动以现代汉语为载体的当代中国美学命题研究的范式更新，使得当代中国美学既具有理论缜密深刻性，又具有鲜明的民族性与时代性。当下中国古代美学命题研究的意义也正在于此。

对中国古代美学命题的研究仍然任重道远，需要一代一代学人的团队合作与协同研究，如此一定会使中国美学命题研究得到全面发展和总体提升，美学命题在建构中国特色学术体系、话语体系中的重要作用也因此得以突显，美学命题的本体特征、形式特征和功能等一系列问题，也会取得科学而具共识性的学理依据，美学界、文论界以及艺术理论界，也将兴起美学研究范式的转换热潮。此前，关于古代文论的现代转换论争更多停留在一般性理论表述上，而建立在超越范畴研究基础上的命题研究，可以高效推动学术研究的范式革命和思维创新，使"美学命题"成为中国美学研究的一个热点，从而带动一批命题研究（包括学理性研究和个案研究）成果问世，学术界的很多中青年学者便会从命题角度切入新的美学研究，推动美学研究和文艺理论研究进入一个新阶段。在批评观念和批评话语方面，命题研究成果连接古今美学，其意甚大。文艺批评工作者将把命题作为理论批评依据，文艺批评便更具理论色彩，从而有力推动文艺批评的健康、持续发展。

原文发表于《河北学刊》2022年第2期，原题为
《中国古代美学命题研究有待突破的空间指向》

中国古代美学命题的文献甄别与意义阐释

张庆利

资料整理是整个研究的文献基础与逻辑起点,对中国古代美学命题进行全面的普查、爬梳、整理、考辨、汇集与学术研究,使之同行共进,是本文的初衷与原则,也是本文希望达到的学术目标与理想境界,其路径与方法如下。

一、全面清理中国古代有关文献,甄选出代表中国古代美学命题的话语与片段。中国上古文献虽然十不存一,但相对于一个选题来说,从先秦到清末的传世文献仍然可称汗牛充栋,近些年出土文献又不断有所发现,这就需要对所有传世文献与出土文献做一次甄别、研读、爬梳、识别、选录等一系列细致工作,把那些具有美学命题意义的话语和片段钩稽出来。比如,"立象尽意"是一个美学命题,出自《周易·系辞》:"子曰:'书不尽言,言不尽意。'然则圣人之意,其不可见乎?子曰:'圣人立象以尽意,设卦以尽情伪,系辞焉以尽其言。变而通之以尽利,鼓之舞之以尽神。'"一句话就是一个命题,但这句话的命题需要结合其语言环境加以理解。再如,"尽善尽美"是一个美学命题,出自《论语·八佾》:"子谓《韶》:'尽美矣,又尽善也。'谓《武》:'尽美矣,未尽善也。'"这是在一段话语中总结出命题。哪些属于美学命题?如何选录?需要确立统一的原则、标准和尺度,要把或散落、或集中的这些命题,尽量一网打尽式悉数搜集,经过研究,确定中国美学命题的边界。

二、对中国古代美学命题的资料进行考辨、简释与解说。上述搜集出来的文献资料,因为传播的时间较为久远、空间较为辽广,会存在版本优劣、异文异形等问题,需要对文本进行细致的校勘和考辨工作;古今语言在运用与演变过程有许多特殊性，出现了许多差异，需要对选文中的人物、典籍、典故、术语、生僻词、方言等作出简注；其美学命题的意义何在、内涵如何、产生了什么影响等，需要进行基本判断和初步的价值评估。比如，对上述两段话语，均要标注采信的版本；《周易》一段文字中的"象""设卦以尽情伪"四句，《论语》一段文字中的《韶》《武》均需做出注释；而《周易·系辞》中的这段文字，实际包含着"书不尽言""言不尽意""立象尽意"三个美学命题。因此，对上述搜集出来并拟列入"资料汇编"的每一则资料，均要进行必要的考辨、简释与解说，力求做到考辨有理有据、简释扼要明确、解说科学恰切。

三、确定出每则文献资料涉及的美学命题，做出客观、合理的阐释。基于上述文献整理，对现有的古代文艺理论文献中的美学命题进行清理、整合、概括，并结合一定的历史文化和语言审美，做出科学的解释。中国古代的美学命题既包含在古人谈诗论艺的著作之中，比如中国古代的诗话、词话、赋话、文话、画论、书论、乐论等，也散见于哲学著作、史学著作、随笔、杂论、序跋之中，在文学创作上也随处可见，这些都需要做一番清理工作。比如"文约意广"命题出自钟嵘《诗品》，"文以明道"命题出自刘勰《文心雕龙》，"清空"（"词要清空"）、"意趣"（"词以意趣为主"）命题出自张炎《词源》，"成竹于胸"命题出自苏轼《文与可画筼筜谷偃竹记》，"乐与政通"命题出自《礼记·乐记》；而"诗言志"命题则出自历史著作《尚书》，"修辞立诚"命题出自《周易》，"绘事后素"命题出自上古著作《论语》，"美言不信"命题出自《老子》；"发愤抒情"命题则出自屈原的《九章·惜诵》，"诗者，根情，苗言，华声，实义"命题出自白居易的《与元九书》，"意与境浑"出自苏轼的《东坡志林》。因此，必须把这些美学命题从众多的史料中清理出来。

这些命题，有的原话高度概括，本身就是一个规范化的命题，如"诗无达诂""神与物游""意在笔先""气盛言宜"等；而有些则包含在论述问题的话语中，需要做一番概括工作。如"观物取象"是一个重要的美学命题，但在《周易·系辞》中则是这样一段话："古者包牺氏之王天下也，仰则观象于天，俯则观法于地，观鸟兽之文与地之宜，近取诸身，远取诸物，于是始作八卦，以通神明之德，以类万物之情。""圣人有以见天下之赜，而拟诸其形容，象其物宜，是故谓之象。""心斋、坐忘"是《庄子》美学的重要命题，但这是在《庄子·人间世》和《庄子·大宗师》两则寓言的基础上概括出来的。原文为："回曰：'敢问心斋。'仲尼曰：'若一志，无听之以耳而听之以心，无听之以心而听之以气！听止于耳，心止于符。气也者，虚而待物者也。唯道集虚，虚者，心斋也。'"（《庄子·人间世》）"他日，复见，曰：'回益矣。'曰：'何谓也？'曰：'回坐忘矣。'仲尼蹴然曰：'何谓坐忘？'颜回曰：'堕肢体，黜聪明，离形去智，同于大通，此谓坐忘。'仲尼曰：'同则无好也，化则无常也。而果其贤乎！丘也请从而后也。'"（《庄子·大宗师》）

四、梳理中国古代每个历史时代的美学命题，探讨其形成演变历程，并力求寻绎其规律。将上述文献呈现出来的美学命题归纳分类，进行类型化研究。从横向来说，这些命题涉及美的本质、审美意识、艺术创作、作品评价、艺术欣赏等许多方面。如在先秦，关于美的本质，道家提出"道法自然"（《老子》二十五章）、"法天贵真"（《庄子·渔父》），儒家提出"里仁为美"（《论语·里仁》）、"充实之谓美"（《孟子·尽心下》），法家提出"以功用为之彀"（《韩非子·问辩》）。同样是艺术评价，孔子讲究"尽善尽美"，孟子强调"知人论世"，老子认为"美言不信"，庄子则赞美"不辩之辩"。同样是"言"与"意"，老子提出"道可道，非常道"，强调"道"的无以名状、不可言说；孔子提出"言以足志"，强调语言要足以表达自己的思想；庄子则提出"道不可言"，强调道的只可意会不可言说，庄子还提出"得意忘言"，强调只有忘言才是"言"的最高境界。这种分类归纳，透过一个时代人们所关注的话题及其阐释，既可看出这个时代的历史文化特点，也从中可见这个时代的理论思维特点。

从纵向来说，这些命题都有不同的发生、发展、变化以及完成的阶段，有的是某时代特有，有的则是贯穿古今。看到某人、某书、某时代美学命题的独特性与创造性,又将之放在历史发展的脉络中,看到其历史的演变与意义,这将是本项子课题的用心之处。如董仲舒提出的"天人交感""同类相动"命题,从理论上阐述审美感应。他认为,之所以音乐能产生共鸣,美丑亦能有相应的感受,关键是"物固以类相召";"物以类相召"便"以类相动",互相产生感应,原因是有"使之然者",其实就是有其内在的规律。这是建立在"天人感应"基础上的美学命题。但这个命题显然与先秦时期的"天人合一"思想密切相关,而后代对审美活动的认识,如钟嵘"若乃春风春鸟,秋月秋蝉,夏云暑雨,冬月祁寒,斯四候之感诸诗者也",刘勰"春秋代序,阴阳惨舒,物色之动,心亦摇焉","岁有其物,物有其容;情以物迁,辞以情发",强调人对物的感应引起情感激荡,进而形诸艺术作品,凡此皆可见出董仲舒感应理论的直接影响。再如屈原在创作中提出了"发愤抒情"的命题:"惜诵以致愍兮,发愤以抒情。"但这一命题,无论是《诗经·魏风·葛屦》中的"维是褊心,是以为刺",《诗经·小雅·四月》中的"君子作歌,维以告哀",还是《诗经·小雅·节南山》中的"家父作诵,以究王讻",皆可找到其思想与创作的基础。而司马迁提出的"发愤著书",李白提出的"哀怨起骚人",韩愈提出的"不平则鸣",欧阳修提出的"诗穷而后工",等等,都是这个理论的直承。

五、对专题资料进行汇集,专门术语进行阐释。如有必要,可以有计划地组织专家学者编纂"中国古代美学命题资料汇编""中国古代美学命题大辞典",将上述工作与成果呈现出来。"资料汇编"侧重以历史发展为序,将各时期的美学命题文献资料汇集在一起,并加以简释和解说;"大辞典"则以话题为中心,或著作,或作者,或命题,从不同角度解读有关词语。这样,史事交织,纵横交错,以不同的方式将有关中国古代美学命题的文献资料整理成果展示给学界,其中需要重点关注以下几项内容。

(一)明确范畴、命题、思想等不同层面学术术语的范围与内涵。从众多纷杂的传世文献与出土文献中,要准确而无所遗漏地筛选出中国古代美学命题,并非易事。首先必须对命题的概念有着明确的认识,能够从理论上区分范畴、命题、思想等不同层面学术术语的范围与内涵。范畴、命题、思想都是中国古代美学的理论形态,它们彼此联系,又处于不同层面。范畴是反映美学本质和普遍联系的基本概念,命题是对范畴的审美判断和语义联系,思想是基于对范畴的阐释、命题的思考从而形成的综合观念。其中,尤其应该明晰范畴与命题的联系与区别,准确把握命题的意义。从中国古代美学的角度来看,范畴往往是一个单词,如感兴、意象、意境、风骨、文气、法度、意、妙、味、韵、冲淡、精微、家数、空灵、格调等;也有一些复合性的范畴,如形神、虚实、雅俗、真幻、文质、情景、动静、巧拙、正变、奇正、隐显等。命题则往往是一个有意义的短语,在这个短语内部,反映出一定的审美判断,比如"观物取象""文以气为主""澄怀味象""诗言志""修辞立诚""诗无达诂""文质彬彬""气韵生动""神与物游""言有尽而意无穷""意与境浑"等。张晶教授称:"命题表达了主体的思想观念,命题是精神活动的意向对象。"吴建民教授指出:"古代文论命题作为判断性、陈述性的短句、短语,具有简明判断、客观陈述的特征。""古代文论家的思想观点通常来源于自己的切身经验,他们对自己的思想观点一般不作逻辑论证,而是直接陈说或做出判断,这种情况也容易使他们乐于运用命题来表达自己的思想观点。"张晶教授提出了美学命题的三个特点:"客观性是其最为基本、最为重要的品格";"在作为真实有效的判断基础之上,有着明确的意向性";"命题的不可重复性或唯一性"。

(二)从传世文献和出土文献中筛选出涉及中国古代美学命题的所有资料。从对中国古代美学命题的规定性及其发展脉络出发,对现有的包括传世文献和出土文献中存在于各个艺术门类的美学命题资料,进行全面而系统的排查、爬梳、选录、整理。中国古代美学命题较多地集中在古人谈诗论艺的著作之中,比如中国古代文艺理论的专门论著中,就包括诗话、词话、赋话、文话、画论、书论、乐论等。据有学者统计,出自《文心雕龙》的美学命题就有230多个。在曹丕的《典论·论文》中,就出现了"文人相轻""文非一体,鲜能备善""贵远贱近,向声背实""奏议宜雅""书论宜理""铭诔尚实""诗赋欲丽""文以气为主"

"盖文章，经国之大业，不朽之盛事"等美学命题。而在哲学著作、史学著作、随笔、杂论、序跋、文学创作中的美学命题，虽分散而多有。《国语》是一部先秦时代的国别体历史著作，但其中提出了不少美学命题，如"宣之使言"，"文章比象"，"言有必及"，"能文则得天地"，"政象乐，乐从和，和从平"，"乐昭令德"，"诗所以合意，歌所以咏诗"，"务和同"（"声一无听，物一无文，味一无果，物一不讲"），"美者无害"等。出自先秦诸子的命题就更多了，比如仅出自《论语》的就有"思无邪""绘事后素""乐而不淫，哀而不伤""尽善尽美""讷言敏行""斐然成章""文质彬彬""兴于诗""焕乎文章""文质彬彬""非礼勿言""一言兴邦""言必信""和而不同""修饰润色""郑声淫""巧言乱德""辞达而已""兴观群怨"等。另外，还有真实出土文献，如上博竹简《孔子诗论》中就有"诗亡隐志，乐亡隐情，文亡隐意"这样的理论命题。只有将这些或集中或分散的资料搜集出来，方可见中国古代美学命题之大观。资料的搜集，一是要全，只有收集的材料相对齐备，对命题的认识阐释才能全面；二是要真，只有通过考辨确信无疑，对命题的认识阐释才能准确。

（三）对上述资料进行客观、合理、科学的解读与阐释。中国古代的美学命题，依附于古代语言，存在于古典文献，而且有些还有着形成、演变的过程。要认识这些命题，理解中国古代美学的话语方式，进而打造中国当代的美学话语体系，必须对其语言材料进行注释，对其意义内涵进行阐发。詹杭伦教授曾举例《庄子·田子方》中的"目击道存"这一命题，说它原来的意思是眼光一接触便知"道"之所在，形容为人悟性好，善于体道识人。后来这一命题进入文艺领域，在姜夔的《白石道人诗说》中用为"辞意俱不尽"的事例。再如《论语·雍也》中的"文质彬彬"这一命题，原文是："质胜文则野，文胜质则史。文质彬彬，然后君子。"其中，有些词语需要注释：野，粗野，粗鄙，《礼记·仲尼燕居》中曰："敬而不中礼，谓之野。"史，虚浮。彬彬，相融而兼备的样子。"文质"是一对范畴，"文质彬彬"则是一个命题。作为命题，需要阐释的是，从《论语》中的本义上说，"文质彬彬"谈的是君子风范。"质"强调的是内在的品格,"文"强调的是外在的修养。到了汉代的时候,这一命题开始成为文学的标准。再如,苏轼曾提出了三个影响深远的美学命题:"身与竹化""成竹于胸""空且静"。"身与竹化"的命题出自《书晁补之所藏与可画竹三首》中的"与可画竹时"一首,"成竹于胸"的命题出自《文与可画篔筜谷偃竹记》一文,"空且静"的命题出自《送参寥师》一诗。吴建民教授解释道:"身与竹化"作为审美体验论命题,是审美体验的最高境界;"成竹于胸"作为审美意象论命题,揭示了审美意象的基本特征;"空且静"作为审美心态论命题,强调空静心态对于艺术创造的重要性。像这样的命题若不经过阐释,今天的大部分读者就会有阅读理解的困难;而只有准确地予以注释和解读,才能使后续的研究切实可信,中其肯綮。

对中国古代美学命题进行文献资料的搜集、整理需要遵循以下几项原则。

第一,学习、研究理论问题,形成理论认识,并指导文献整理工作。

中国古代美学命题研究是一个以范畴研究为基础,又超越范畴研究的重要问题,它通过对命题的梳理、归类、阐释,切实推进中国古代美学研究的拓新与前进,也可以使当代的文艺美学得到更多的充实和发展,具有重要的理论意义。这项内容的研究,虽然可称"久已有之",如王元化先生的《文心雕龙创作论》剖析建构《文心雕龙》提出的若干重要命题,韩林德先生曾概括性地论述范畴与命题在中国美学中的功能,成复旺先生、汤一介先生的论著也涉及这一论题。但对于美学命题研究来说,毕竟由自发阶段刚刚开始进入"自觉状态",一些理论问题尚待进一步阐发与深入研究,一些古代的美学命题尚待进一步挖掘与整理,这就要求我们有意识地自觉组成团队集合性地开展工作。而对于本子课题来说,课题组成员首先需要全面学习、深入领会并积极研究有关美学命题的理论问题,掌握其形态,明确其内涵,在中西方美学史视野中理解其意义,提高理论认识,并以此指导自己文献整理及解读的整个过程。

第二，确定选录原则、工作条例、"资料汇编"编纂体例，做到有法可依。

本子项目课题承担的工作是文献整理，由于涉及的历史时间久长、承载的古典文献繁杂，因而需要较大团队的集体作战，也需要其他子课题组的理论支持和有效配合。这就要求课题组首先要制定原则，提出条例，确定体例，从而使研究具有共同的理念和一致的步调。制定资料的选录原则，要基于对美学命题的理论认识：一是美学命题的特征，二是注意不能泛命题化。关于命题的特征，张晶教授概括为"一是自明性；二是客观性；三是意向性"，詹杭伦教授认为是"具体性、直观性和经验性"，吴建民教授强调了命题与范畴在用语形态上的差异。综合来看，本项目所谓的美学命题强调的是，一个美学命题应该具有意向性的价值判断。因此，它是关于文艺美学的，或为直接相关，如"神与物游""气韵生动"等，或是在演变中有明确指向的，如"文质彬彬"等。提出的工作条例，主要是就本子项目具体工作中的要求。一是强调工作纪律，以保障文献整理按时高质量完成。二是强调工作态度，要求实求真，要守正出新。三是强调工作方法，尊重版本学、校勘学、考据学的成果，遵守各门学科的学术规范。确定"资料汇编"的编纂体例，要在涉及资料选录的原则（如把握美学命题的特征等）、资料汇编的内容（如原文、注释、简说等）、对各项内容的要求（如注释的音、义、典等方面的把握等）、资料排列的顺序（如总体以时代为序、具体以论题为序等）等方面，做出明确、具体的说明与要求。

第三，全面研读文献，鉴别意义，选录资料。

需研读的文献首先是传世文献，重点研读古人谈诗论艺的专门论著，如刘勰的《文心雕龙》、何文焕的《历代诗话》、丁福保的《历代诗话续编》、王夫之的《清诗话》、郭绍虞的《清诗话续编》、张璋等人的《历代词话》、浦铣的《历代赋话》、王水照的《历代文话》，以及一些画论、书论、乐论等。其次是中国古代的哲学著作如历代诸子著作，史学著作如二十五史及史学理论著作，历代笔记如唐宋元明笔记，总集别集等。再次是其他著作。我们力求开放式全面研读，以免挂一漏万。在研读的基础上，根据美学命题的有关理论及本项目的原则，鉴别其美学意义与史学价值，确定选录的话语和片段，一句不惜其短，千字不厌其长。

第四，注释文字，简说内涵。

对选录资料进行简释和解说。对选录资料正文的【注释】，使用页下脚注，注释序号用①②③……标识，在正文中所释词句右上角以"①""②"标示，每页单独排序。注释内容包括：①资料出处与版本；②生僻字的现代汉语注音；③疑难字词的简要释义；④用典的简单还原和意义。【简说】包括：①所选正文内容主旨的概括说明；②作为一个命题的美学意义；③价值影响。资料的注释与解说，根据具体情况斟酌必要项与篇幅。

第五，提炼命题，提炼词条。

通过对每则选录资料的分析，明确其主要观点，并上升到理性认识，提炼出美学命题；将这些资料涉及的美学命题进行归纳、分类、概括、梳理，综合评价其意义价值和史学影响，划分出不同的层级，为进一步进行命题研究打下基础、提供支撑。

第六，最后完成"中国古代美学命题资料汇编"的编纂。

"资料汇编"以时代为序，汇集中国古代美学命题的经典文献和重要资料；各时代中，以作者或著作为序；各作者或著作中，以所包含的美学命题提出的先后为序；各命题中，以原文、注释、简说为序。

★"中国古代美学命题资料汇编"示例：

子谓《韶》[①]："尽美矣，又尽善也。"谓《武》[②]："尽美矣，未尽善也。"

（朱熹《论语集注》，新编诸子集成《四书章句集注》本，中华书局，1983年版）

【注释】

① 《韶》：歌颂舜的乐曲。

② 《武》：歌颂周武王的乐曲。

【简说】

春秋以来，美与善已有渐分的趋势，特别是春秋中期以后，这种分工已经趋于明显：美，主要指形式的因素，如服饰的得体、容貌的姣好、声音的悦耳等；善，主要是指内容的要素，即是否符合德的要求。古代帝王建国功成，必作乐以歌颂之，《韶》乐是歌颂舜建国的乐曲，《武》乐是歌颂周武王建国的乐曲。舜以文德接受尧的禅让称帝，是儒家向往的理想社会，因而孔子认为无论乐舞的含蕴还是乐舞的韵律，《韶》乐都堪称完美；周武王以武力翦商建周，虽有开国之功，却无文德之美，因而歌颂武王的乐舞虽然韵律美好，内蕴却有所缺憾。追求内容与形式的融合统一，达到艺术的尽善尽美，是孔子追求的艺术境界，"尽善尽美"也成为中国古代美学的重要命题。

原文发表于《河北学刊》2022年第3期

中国古代美学命题之本体、结构与应用

吴建民

从本体论角度对古代美学命题进行阐释,目的在于解决古代美学命题的基本理论问题,阐述命题在古代审美应用中的本体意义。主要包括五方面内容:一是阐释古代美学命题的本质属性,对古代美学命题之本体内涵及其独特性进行辨析,解决"何为古代美学""有何功能、价值、意义"等问题。二是从语言学角度分析古代美学命题的基本类型、构成要素、结构模式等,把握其多样化存在形态。三是从本体论角度分析古代美学命题与范畴的本质区别与密切联系,解决古代美学命题与范畴的关系问题。四是对古代艺术的本体论命题进行分析阐释。中国古代美学以各门类的艺术理论为基础。古人对各门类艺术本体提出了很多重要命题,如文学本体论命题"诗言志""诗缘情""诗达意""文,心学也"等,艺术本体论命题"乐者,乐也""画者,笔也;斯用心运也""夫画者,从于心者也""画者,画也""书,心画也""书者,散也。欲书先散怀抱""书者,法象也""夫书者,心之迹也""书者,如也。……如其人而已"等。这些本体论命题对于古代美学建构意义重大,体现着古代美学的核心思想。研究古代各门类艺术本体论命题是探索古代美学思想精髓的重要途径。五是探索古代美学命题的生成机制,揭示中国古代审美文化中出现大量命题的原因。解决如上五个方面的主要问题,有助于从理论层面认识古代美学命题的"本体",同时也将成为美学命题功能、经典化研究及当下古代美学理论研究的理论基础。为解决上述问题,当下需从八个方面展开研究。

一、古代美学命题的本体阐释。美学命题本体阐释是研究的基础和起点,只有对古代美学命题的本体属性阐释清楚,才能准确把握其性质特点,也才能展开全面整体的研究。这部分主要包括三方面内容:其一,参照逻辑学、哲学、数学等不同学科中关于"命题"的定义,推敲、阐明"何谓命题""何谓美学命题",分析命题的诗学逻辑与哲学义涵。然后分析古代美学命题的本体属性,阐释其内涵、外延等。其二,分析与古代美学命题本体属性相关联的一系列问题,如命题与非命题、正命题与负命题、元命题与衍生性命题、核心命题与一般性命题之关系等,概括古代美学命题的独特性。其三,分析古代美学命题的互渗、吸收、利用等情况,如古代哲学命题向美学命题的演化,诗文书画命题的互渗、互用、相互影响等。

二、从语言本体的角度分析古代美学命题的基本类型及构成范式。命题是一种话语形式、言说方式。命题离不开语言,需要以语言为其存在形式,因而语言对于命题存在具有本体意义,语言本体决定着命题的基本类型及构成范式。对于古代美学命题形式特征、存在形态、结构模式的研究,必须要从语言本体的角度展开。这部分主要包括两方面内容:其一,研究古代美学命题的基本类型。从语言表述特点的角度看,古代美学命题可分为"直述式"和"象喻式"两大类型。其二,研究古代美学命题的构成范式。从语言结构特点的角度看,古代美学命题可分为"单句式"和"复句式"两大范式。

三、从本体论角度透视古代美学命题与范畴之关系。研究古代美学命题离不开对审美范畴的研究,虽然二者都是古代美学的基本构成因素和话语方式,且相互关联,关系密切,但由于二者本体不同,因而内涵、功能、形式等亦各不相同。一方面命题包含范畴,范畴是构成命题的基本要素;另一方面范畴又引发命题的提出,促进命题的发展。如"神思"这一范畴引发了"神与物游""陶钧文思,贵在虚静""神用象通"等命题的提出。这部分研究将从两方面开展:一是对命题与范畴的区别进行细微透视,特别是对容易与范畴混淆的命题如"原道""感物""味象"等进行辨析。二是对二者的联系、影响等进行深入探索。

四、对古代文学艺术本体论命题的分析。中国古代美学以诗、文、词、赋、小说、戏曲等各体文学理论及书画乐舞等各体艺术理论为基础。古人对于各体文学、艺术之本体都提出了经典性命题，如"诗言志""诗缘情""文，心学也""乐者，乐也""夫画者，从于心者也""夫书者，心之迹也"等。这些命题蕴含着古人对文学艺术本体的看法。作为古代美学的核心命题，它们对于古代美学研究至关重要。开展这方面的研究也更能彰显美学命题本体论研究的价值意义。

五、分析命题对于古代美学经典文献理论建构的本体意义。古代美学经典文献之所以重要，关键在于提出了经典性的美学思想。而美学思想的表达，主要通过命题来完成。《乐记》《毛诗序》《文心雕龙》《诗品》《林泉高致》《艺概》等莫不如此。命题作为体现经典论著美学思想的话语方式，既有方法论意义，也有本体论意义。古代美学名著众多，《文心雕龙》尤为典型，故本课题以《文心雕龙》为例展开论述。具体而言，主要以《文心雕龙》文学本体论、文体论、创作论及批评论四部分为基础，以本课题提出的命题的内涵本义、形式特征为标准，甄别、归类、整理出《文心雕龙》中的理论命题，并对这些命题的内涵本义、功能作用、价值意义、历史因革等方面进行系统论述。具体做法包括：首先整理出相关理论的命题序列，其次进行定性分析，再次确立这些命题的逻辑层次，其四明确各命题在系统中的逻辑位置，其五分析命题对于各层面理论建构的作用，最后概括命题对于《文心雕龙》理论建构的本体意义。如《文心雕龙》创作论包括审美感情发生论命题系列（如"应物斯感""情以物兴"）、想象构思论命题系列（如"神与物游""陶钧文思，贵在虚静"）、艺术表现论命题系列（如"窥意象而运斤""神用象通"）等，这些系列命题构成了《文心雕龙》的创作论系统，也是《文心雕龙》创作论之本体所在。以《文心雕龙》为案例，通过对命题的本体论研究，我们力图找到古代美学论著研究的新范式。

六、分析命题对于古代理论家美学思想建构的本体意义。古代理论家运用命题表达美学思想，命题作为理论家美学思想的表达，对于理论家的美学思想建构也就具有了本体意义。苏轼是运用命题表达美学思想的典型人物，他在诗文书画等领域提出了众多命题，有些成为经典，如"诗画一律""美以数取""身与竹化""无意于佳乃佳"等。这部分主要从三个方面展开：一是论述命题对于苏轼诗文美学建构的本体意义，二是论述命题对于苏轼绘画美学建构的本体意义，三是论述命题对于苏轼书法美学本体建构的本体意义。

七、从本体论角度分析古代美学命题的生成原因。古代美学产生了大量命题，原因何在？从本体论角度回答这个不可回避的问题最有说服力。此部分研究从三个方面展开：其一，美学思想的表达与命题生成；其二，古汉语特点及古人语用习尚与命题生成；其三，古代理论家的文学素养对象喻式命题生成的影响。从各类典籍文献中，考察美学命题生成的历史语境与运用场景，聚焦美学命题生成的理论机制，钩沉美学命题生成的历史渊源。

八、对古代美学命题的思维学考察。命题是思维的结晶，古代美学命题是中国古人思维的产物，是基于对中国古代文学、艺术创作与批评实践的感性体悟与理性思辨而创成的一种复合型语言表达形式。古代美学命题结构复杂、形式多样，不同类型的命题不仅服务于美学思想的表达，更反映着古人的思维特征。从思维学角度考察命题，着眼于命题生成的内部机制，包括命题的思维类型与思维程序；落脚于命题的外部功能，包括美学理论体系的建构与美学思想的阐释。这也是对古代美学命题进行的根本性、整体性与宏观性学理考察。

观照中国古代美学命题的"本体属性"，必须以中国古代美学、哲学、文学、艺术等人文领域的基本文献为主要研究对象与资料来源，提炼、整理其中的美学命题，总结美学命题的基本特点，同时参阅西方哲学、逻辑学等平行学科关于"范畴""定义""概念""公理""定理""公式""原理"的研究成果，来确定中国古代美学"命题"的基本概念，提出中国古代美学研究的新范式。一方面注重从西方哲学、美学、文艺学等领域摄取不同学科、不同背景的相关理论，如英国文艺理论家马林诺夫斯基"文化功能论"、法国哲学家福柯"话语与权力"理论，以及索绪尔、维特根斯坦的"语言理论"，以赛亚·柏林的"概念与范畴"理论等，将重要的西方文化理论作为命题本体论研究的方法论，拓宽理论视域，拓展命题研究的理论畛域。另一方面，立足于当下的古代美学、古代文艺学理论研究，注重从传统文化中摄取思想理论，从当代美学、文艺学、文化学等学科的理论高度对古代美学命题的本体属性、功能作用、价值意义、应用效果等进行透视剖析、概括整理，开拓新的古代美学研究领域和范式。当下研究可从三个方面展开。

一、收集整理文献资料是研究的基础和起点。一是收集、整理有关古代美学命题的文献资料。首先，要收集、整理论证命题本体论所需资料，收集具有典型意义的美学命题与非命题、正命题与负命题、元命题与衍生性命题、核心命题与一般性命题等；还要收集具有典型意义的直述式命题、象喻式命题、各类单句式命题、复句式命题等。其次，要收集、整理、论证古代美学命题实践应用及其本体意义的相关资料，如古代文论中的文学本体论命题及古代艺术理论中的书画乐舞本体论命题等。最后，要收集学术界对古代美学命题、范畴研究的相关成果，以备参考、借鉴。这三方面资料的收集整理是撰写本课题前四章的基础。二是全面收集整理《文心雕龙》中的命题，并进行分类。首先钩沉出全书五十篇中的全部命题，在此基础上进行分类，对其中的直述式命题与象喻式命题、单句式命题与复句式命题进行分类；其次按照不同的理论域面进行分类，如本体论命题、创作论命题、文体论命题、鉴赏论命题、通变论命题等。这方面资料的整理是撰写本课题第五章的基础。三是全面收集整理苏轼的美学命题。苏轼在诗文、绘画、书法等领域提出了大量命题，很多命题体现了古代美学的经典思想。苏轼的美学命题散见于诗歌、专论、书函、题序、杂札等各体文献中。虽然全面收集整理稍有难度，但这是撰写第六章的基础。

二、对古代美学命题的基本理论问题进行论证。在收集整理文献资料的基础上，展开对古代美学命题基本理论的论证。首先，阐释古代美学命题之本体，剖析其内涵本义，揭示其基本特征，分析其基本属性，如判断性、客观性、意向性等，论述命题的变化性、灵活性等。然后论述命题与非命题、正命题与负命题、元命题与衍生性命题、核心命题与一般性命题之关系，进而分析古代哲学命题向美学命题的演化、诗文书画命题的互渗影响及利用等相关问题。其次，分析古代美学命题的基本类型与构成范式。本课题将古代美学命题分为"直述式命题""象喻式命题"两大基本类型，并概括其定义，总结其特点。对于古代美学命题的构成范式，本课题将其分为"单句式""复句式"两种，并对不同的构成范式进行分析、论证。再次，论述古代美学命题与范畴的关系。二者的关系不可回避，必须从学理层面界定范畴与命题，澄清既往研究中将范畴混同为命题，或将命题混同为范畴的情况。对范畴如何构成命题、如何促进命题的提出，命题如何涵盖范畴、如何运用范畴等复杂情况进行全面论证。

三、对古代美学命题实际应用的本体意义进行论证。古代美学命题的全部价值意义在于实际应用。古代理论家运用命题进行美学思想的表达和理论体系的创建，从而使命题对于古代美学具有了本体意义。这种本体意义首先体现在古代各门类艺术理论中本体论命题的提出方面，如"诗言志""文，心学也""乐者，乐也""书者，心之迹也"等。这些命题体现了古代理论家对各门类艺术本体的认识和态度，也是古代美学的核心思想。其次，命题是古代文学与其他艺术理论的核心话语方式，凝聚着经典文献中的核心思想，对于经典文献的理论建构具有本体意义。这方面《文心雕龙》最为典型。因此，本课题以《文心雕龙》为案例进行论述。最后，命题也是古代经典理论家最常用的话语方式，集中体现着他们的美学思想。因而，命题对于经典理论家的理论建构也具有本体意义。这方面最有代表性的人物是苏轼，因而本课题以苏轼为案例进行论证。

总之，对古代美学命题之内涵、外延、基本特征、存在形态、构成因素、生成机制、功能作用、价值意义等基本理论问题进行系统的研究，力争使古代美学命题的基本理论问题得到清晰的诠释，让古代美学命题的本体实质与表征形貌得以真实地呈现，相信将为古代美学命题及古代美学的深度研究打下坚实基础。

原文发表于《河北学刊》2022年第3期

中国古代美学命题功能的理论与方法建构

王　永

对于"功能"的定义,《现代汉语词典》(第7版)解释为:"事物或方法所发挥的有利的作用;效能。"可见功能是事物偏于正向意义的作用。《辞源》对于"功能"的解释更富学理性:"研究系统的结构和功能,既可根据已知对象的内部结构,来推测对象的功能;也可根据已知对象的功能,来推测对象的结构。功能与'结构'相对。指有特定结构的事物或系统在内部和外部的联系和关系中表现出来的特性和能力。"功能根植于结构,结构与功能之间构成内外关联的关系,但功能的作用不仅限于语法意义的命题结构中,更多是在事物所处语境及其关联反应中体现。张晶认为:"美学命题的基本功能都有哪些,对于传承和弘扬'中华美学精神'的价值何在?这些问题都是美学命题研究所应提供的答案。"[1]吴建民指出:"命题的全部价值意义就在于具有重要的功能,若无功能,命题便毫无价值。命题有何功能?简言之,就是便捷有效地表达理论家的思想观点。理论家通过运用命题而将思想观点表达出来,就是命题的功能所在。所以,古代理论家一旦产生了成熟的美学思想观点,总是设法运用命题进行表达,特别是那些做出了重要贡献的理论家,通常都是把命题作为表达美学思想观点的基本方法和有效手段。"[2]对于中国古代美学命题的研究,首先需要解决如下几个问题。

一、以逻辑学为基础,在命题的多元应用语境下确立命题功能的基本定义,确定其内涵、外延,明确其对象、任务、方法、意义等前提性

---

[1] 张晶:《作为研究范式的中国古代美学命题研究》,《文艺报》,2021年8月18日第3版。
[2] 吴建民:《古代美学理论命题之性质、形式及功能》,《中国美学研究》,2020年第2期。

理论问题。逻辑学为命题功能的深化研究提供了学理支持。逻辑学是研究区分正确推理与不正确推理的方法和原理的学问。逻辑学认为,命题是推理的建筑基块,每个命题都是或真或假的,但一个命题如果没有断定任何东西,则不成为一个命题。从逻辑学来看,每一个关于美的命题,都有一个真假辨别的前提性问题。美学命题功能的逻辑学考察,重点在于将每一个命题既看成是前提,也看成是结论,而命题之间的关系则是由此及彼的,这帮助我们以一个新的思路审视命题之间的关系,确定核心命题及其生成路径。据此,命题功能研究是命题研究最具直观性、实践性和交叉性的一个环节。命题研究的要点在于命题的判断功能、话题功能、推论功能及其参与美学理论体系构建与社会文化发展的实践功能。美学命题功能研究对象是美学命题提出的原始文献语境材料、接受历程中直接文献材料及相关美学实践史的间接文献材料,研究方法以理论上的定性研究为主,以文献考据和逻辑思辨为核心。美学命题功能研究的任务是建立美学命题功能史,这对于新时代美学研究范式、述学形态、实践发展都具有重要的意义。

二、基于功能分析,对美学命题功能进行具体研究,梳理各思想流派体系、各艺术门类体系命题功能的交叉演进。功能分析亦称"脉络分析",是功能学派社会学的研究方法,由迪尔克姆提出。该方法认为:作为分析对象的社会和文化,是各部分、各要素在功能上互相联系、互相作用的一个完整系统,故应从部分与部分之间、部分与整体之间的功能关系上予以说明。功能与社会有机体论有着不可分割的联系。"功能"一词被赋予社会学意义始自英国的斯宾塞,代表人物有马林诺夫斯基等。其学说特点是:认为社会是由其结构的各个部分相互联系而组成的统一有机体;社会生活现象之所以存在,是因为每一现象都各有社会功能;只有从社会统一有机体的相互联系中,才能了解各个现象的特定意义。落实到命题功能研究上,张晶、唐萌从古代文论命题的文化功能角度指出:"形式秩序、思想秩序、价值秩序所导向的体系建构、理论阐发、文化引领,可以说是古代文论命题三种独特的文化功能。……文论命题不满足于对文学现象的描述、对事实的认定,而是以精湛的语言、鲜明的观点、理性的思辨揭示着文学现象背后的内在机理,阐释着文学发展的深层秩序,以此不断强化着文学批评的话语地位,最终建构了文学批评在中国文学史上的绝对话语权。"[1]

以章辉《"虚构的悖论":科林·拉德福德的美学命题及其效果史》[2]为例,文中提到,英国学者科林·拉德福德提出的"虚构的悖论"这一美学命题指出了人们的情感和认知不一致的现象,这一难题引发了四个方面的讨论:人们面对虚构之物的情感反应是否合理、情感客体所指为何、情感类型如何界定、情感矛盾如何解释。"虚构的悖论"涉及对情感认知理论的反思、现实情感和艺术情感的差异、艺术情感的界定和价值等问题。在此基础上,章辉又提出:面对虚构,人们的意识在现实和虚构之间来回转换;虚构情感的产生,基于各种认知性因素、人们所持何种态度和投入何种想象。"虚构的悖论"引发了众多美学问题,需要从多种理论角度来阐释这一复杂现象。这是一个典型的美学命题功能研究范例。元命题"虚构的悖论"引发了四个方面的回应,乃至于章辉本人的深化讨论,这些隔空对话,主要依赖命题的逻辑延展实现。

三、在多学科视野下探讨美学命题功能研究的各种可能向度,丰富美学命题功能批评的话语体系。在命题功能研究的本体研究、分体研究之外,基于命题本身作为多学科范畴和方法术语的本质,多学科的视域自然应被纳入考察范围,而考察的旨归还在于命题功效的诠释空间拓展。还原命题的发生语境(包括文本语境和时代语境),准确判断其命题原初话语功能,评估命题的实践效应,从美学实践的成果反观命题的实践功能,这些任务都是美学命题功能研究延展的必要维度。从语言文字学科的视角来看,中国古代的字书多以命题的形式表达字义。如《说文解字》释"美"曰:"美,甘也。从羊从大。羊在六畜,主给膳也。

---

[1] 张晶、唐萌:《中国古代文论命题的思维学考察》,《南京大学学报》(哲学·人文科学·社会科学),2021年第3期。
[2] 章辉:《"虚构的悖论":科林·拉德福德的美学命题及其效果史》,《山东社会科学》,2020年第12期。

美与善同义。""美,甘也"既包含着味觉转义的功能,也提供了本义考据学空间。"美与善同义"则为推论性命题。宋代徐铉的补注在"从羊从大"基础上生发出"羊大则美"这个命题,影响很大。萧兵又在现代文字学研究基础上提出了"羊人为美"的训释,认为"美"字表达的是一个人顶着羊头在跳舞的场面,可见这一命题仍具有美学史探讨价值。再如"郑声淫"经常被理解为郑风淫,一字之别,却体现出音乐与文学的视域之别。明杨慎《升庵经说·淫声》即提出异议:"郑声淫者,郑国作乐之声过于淫,非谓郑诗皆淫也。"对此当代学者也有深入讨论,这个命题对于深化地域文化认知具有重要意义。从传播学学科的视角来看,在范畴运思和学术脉络之外,命题传播的社会学视野被充分展开,这是命题功能方式与功能实效的真实展现。从逻辑学、符号学等其他学科的视角也可以深化和更新对命题功能研究的认识。

未来对中国古代美学命题功能属性的研究需要从三个方面展开。

一、美学命题运思功能研究

一般认为范畴、命题和体系是学术思想研究的三个基本理论范式。三维范式中,范畴是基石,体系是形态,命题居于其间,起到桥梁、纽带和自足的负载功能。张晶、唐萌认为:"作为思维的产物,命题具有思维的功能属性。思维所具有的重要功能特性就在于通过对深层秩序的梳理来解释各个层次的秩序,最终把客观世界中各种可观察感知的秩序以及相关的事象解释清楚。如前所述,审美—艺术思维借助形象梳理秩序;思辨—分析思维以思辨析理表现秩序;体悟—直觉思维通过喻理言说表达秩序。尽管运用的思维方式不同,但它们在更高层次上实现了共同的旨归———推进了文学秩序的建立。"[1]吴建民认为,命题功能在于能够便捷有效地表达理论家丰富复杂的美学思想。这种有效的表达功

---

[1] 张晶、唐萌:《中国古代文论命题的思维学考察》,《南京大学学报》(哲学·人文科学·社会科学),2021年第3期。

能主要体现在两个方面：一是充分透彻的表达效果，二是便捷有效地表达丰富复杂的思想观点。[1] 这些多着眼于命题运思的观点。

范畴、命题和体系均具有运思功能，然而亦有差异。相对而言，范畴的运思功能更为内在，理论内涵更为丰富。作为范畴的语词，往往从日常的指称、抽象的概念中提取升华而来，范畴运思更多地具有自我思辨性。中国古代虽然不乏专门探讨某一范畴的论文，但范畴更多隐含于凝练的语句和对话形式的语段中。在范畴的生成过程中，命题起到了选择、对话、传播、深化作用。比如《论语·八佾》："子谓《韶》：'尽美矣，又尽善也。'谓《武》：'尽美矣，未尽善也。'"就体现出孔子在评价乐舞时，围绕"美""善"范畴进行内在美学思辨。再如《论语·雍也》中"质胜文则野，文胜质则史。文质彬彬，然后君子"一句也是针对人格评价运用"文""质"概念进行的辩证思考。这样的思考也引出了"质犹文也，文犹质也"（子贡与棘子成的对话主题）的演绎性人格命题。从运思角度来说，命题有三个特征。一是命题运思强化了理论思辨色彩。命题大多围绕范畴而来，或是对单一范畴的思考，或是对范畴关系的辨析，或是在语词关系中将概念提升为范畴。命题自然而然地扎根于范畴所植根的理论体系做综合的思考，并且潜在地与和范畴交叉的其他体系进行对话，从而树立或发展原有的范畴。二是命题运思具有鲜明的问题意识。命题多存在于讨论具体对象的篇章之中，命题的提供者正是在范畴的演绎立场上发挥命题的理论价值。三是命题运思开放了范畴的学术对话空间。基于中国古代诗性哲学的形象思维特质，范畴的生成更多来自于观物体思，也来自辩证思维，甚至具备一定程度的形式逻辑成分。这既是对命题者的思维锻炼，也是对接受者的思维启示，而命题则展开了更为细致、公开的讨论。

对美学命题的运思功能研究，主要着眼于三个维度。一是命题自身的词汇、语法、句法组织中的思维性功能。这需要借助文字学、语法学和修辞学的有关理论与方法，对命题的内在结构与功能之间的关系进行

---

[1] 吴建民：《中国古代文论命题研究》，南京大学出版社，2017年，第16—22页。

研究。二是命题在范畴、体系之间的结构性功能。这需要建立在美学思想流派之间的比较观察基础上，分析不同命题方式的生成语境、效应差别与关联机制。三是命题在理论与实践、抽象与具体之间的互动性功能。这需要基于创作和批评实践来分析命题传播史和接受史材料，在多重视野中观察命题的行为功能。

二、美学命题对话功能研究

命题是判断式的陈述，未含态度和立场的陈述不成为命题。与范畴和体系相比，命题的对话功能最为显著。范畴的对话是潜在的，体系的对话是深层的，而命题是学术对话的直接触点。从"对话"的角度考察命题的历史生成，在"接受视野"中考察历代学者、批评家对命题的讨论、深化和发展，以及在"经典化"历程中实现命题的学术功能，皆为十分必要的研究维度。

美学命题对话功能是有内在理据的。首先，命题对话具有必然性，正如巴赫金所强调的："在每一句话、每一个手语、每一次感受中，都有对话的回响。"其次，命题对话具有平等性趋向，马丁·布伯指出个体"我"不应当把他者视为客体而形成"我—它"关系，而是应当建构平等的"我—你"关系，使人与世界、人与他人之间构成平等的相遇，这种敞开心怀的"我—你"关系便被称为"对话"。最后，命题对话具有创造性，如英国物理学家、思想家戴维·伯姆言："对话仿佛是一种流淌于人们之间的意义溪流，它使所有对话者都能参与和分享这一意义之溪，并因此在群体中萌生新的理解和共识。"

中国古代美学命题对话功能的互动形态十分丰富。中国古代美学命题经常基于语录、序跋、题记、书信等对话文体而提出，专论性文章、著作中的对话论辩以及场景交流记录中的命题也很突出。中国古代美学命题对话功能经常发生在师生、朋友之间，并通过"纸上对话"不断沿承。命题的经典化过程即是在学术对话过程中完成，许多论文将经典命题作为标题进行探讨，正是命题由一般陈述性判断向经典性学术论断抉择转变的必要路径。时至今日，古代美学命题经典化的方式之一便是以理论论据的方式进入当代学术论著的论证环节之中。在中国古代美学命题的讨论中，"尚友古人"的态度受到广泛认可。范畴的提出，经常是在师友间进行，多以语录体理论形式"发出"；而命题更具平等性和公开性，无论是发展还是批判，命题提供了相应的语词和语法条件。命题对话经常激发新命题或适应命题新场域的生成。

美学命题对话的创新驱动功能，可以基于流派、学派、时代等视角来研究。基于传承创变功能，进行思想流派命题范式、各学派之间命题方式的比较，以及相应的美学功能、美学效能比较，也是值得我们深入研究的。在美学命题的对话功能方面，各思想流派美学命题表达的有效性成为重点。春秋时代思想命题表达主要基于立论形式，范畴与命题并重。作为哲学家的老子，其独白式的思想命题主要"隐含"诸侯和贵族等对话对象，而非其他哲人，但在整个封建时代，其对话关系经常被统治者有意扭曲和转移，从而影响了功能的完整和持续实现。相对来说，孔子美学命题的对话功能实现得更为顺畅和稳定。《论语》的对话方主要为士人和学子，其自身的对话体言说方式，有助于命题对范畴的培植和命题自身的创变，如《论语》中"诗，可以兴，可以观，可以群，可以怨"，则是以排比的方式直接提出诸多命题，拓展了诗学的功能。战国时代，独白（隔空对话）和对话方式为论辩和寓言所取代，内在的思辨发展为论辩，对话意味更加鲜明；简单的象喻发展为寓言，对话的意味却相对减弱。从命题生成的角度来说，墨子、孟子、荀子、韩非子的一些论证文更具逻辑力量和探索精神。当然，寓言式命题的提出多以历史背景、感性内蕴和形象趣味为依托，文学意味大大增强，也有助于命题的大众传播。

范畴群的拓展和命题群的发散历程也是研究命题对话功能的角度。春秋时期《论语》《道德经》《孙子兵法》等都是元范畴、元命题的主要提出者，先秦时期是范畴创变最为活跃的时期。至战国时代，范畴提出的进程开始减速，而诠释范畴、讨论范畴的命题范式持续发展。汉代以后，玄学、禅宗、理学、心学则主要以命题的方式实现思想的表达，更着力于命题的创新。各家思想主要以"得意忘言""明心见性，顿悟成佛""存天理，灭人欲""心外无物"等经典命题为表征。这样的命题"关注点"并不在范畴溯源的向度，而是在整个思想体系，而其与读者的"对话"效应，也往往是宏观的、体系的、结构性的，我们无法离开体系去谈论命题之间的比较。如上，从命题功能发展史进行总结也是一个有效的角度。

三、美学命题实践功能研究

习近平总书记2015年1月23日在十八届中央政治局第二十次集体学习时的讲话中强调："学习掌握认识和实践辩证关系的原理，坚持实践第一的观点，不断推进实践基础上的理论创新。"在美学领域中，运用命题表达美学思想，命题成为理论家美学思想的凝聚。凝聚着美学思想的命题，对古代美学的性质内涵具有制约作用。[1] 概言之，就是美学命题对美学思想的内涵制约功能、思想凝聚功能。相比范畴与体系，命题的实践功能也是最直观的。命题的实践，是意识中的实践，是意识对物质的反作用。命题的实践功能直接发生于命题传播过程，也存在于命题在思维和意识中的内化实践。

命题的实践功能来源于其传播属性。第一，命题作为词组或短句，往往是警策辞格的结果，易于记诵。孔子"诗三百，一言以蔽之，曰：'思无邪'"即是主动的命题创造。一部分命题会落实为成语，作用于大众传播；一部分命题会成为学术命题，被专文、专著讨论，这是命题最主要的功能，即学术体系构建功能。第二，命题作为判断性的陈述，自身带有情态色彩，具有明确的实践导向。孔子经常用"郁郁乎""洋洋乎"这样的描绘性语辞来表达命题，颇具感染力。第三，命题的载体多为附着于艺术作品或文艺专书的题跋、序跋和题记等，便于搭载传播，实现其导读功能。也有一些命题是在书信往来探讨中提出来的，也

---

[1] 吴建民：《命题：中华美学的核心基因》，《中国社会科学报》，2020年2月28日。

会得力于名人效应而发挥理论功能。第四，命题便于在论证过程中起到"道理论据"的征引作用。命题征引，有益于增强文章的典雅性，强化对作者观点的理解，实际上，论据相对于论点的"喧宾夺主"现象非常普遍。

命题的实践功能研究，主要落实于理论命题与艺术创造的互动关系研究。比如《论语·八佾》篇孔子提出"周监于二代，郁郁乎文哉，吾从周"就是一个典型的实践性命题。正因周在损益夏商基础上形成"郁郁乎文"的礼乐文化，使得从宋国流亡到鲁国的殷商后裔孔子在礼崩乐坏的春秋时期选择了绍述西周初期的文化理想。再如基于文论提出的"观千剑而后识器，操千曲而后晓声"，基于画论提出的"成竹在胸"，都具有明确的实践指向。

学者、作家以外，政治家的美学命题大众实践效应不可忽视。课题首席专家张晶曾就《诗刊》1978年第1期刊载的《毛泽东给陈毅同志谈诗的一封信》进行深入研究，认为"毛泽东将比兴纳入形象思维问题的内涵之中，使这个莫衷一是的理论命题，有了中国美学的阐释"，"从美学的角度上，习近平总书记在讲话中提出'中华美学精神'的理论命题，对于美学与文艺理论研究以及对于文艺创作实践，都具有全面而深刻的指导意义"，"从毛泽东的'诗要用形象思维''比兴两法不能不用'，到习近平总书记提出的'中华美学精神'，跨越了不同的时代，却是中国美学最具代表性的重要命题"。[1] 对于富于实践功能的美学命题研究，还可从美学实践史角度反观和作理论深化。

关于命题的实践功能，笔者特别强调其作为述学形态功能的研究。吴建民认为，命题是古人表述美学思想的基本方式。[2] 实际上，命题乃学术表达的终结性形态之一，尤其是在中国古代，命题是常态和主要的述学手段。命题除了作用于范畴和体系之外，还有思想表达的自足性。比如，从中国古代"语录"体述学形态的总类来看，中国古代的

---

[1] 张晶：《从"诗用比兴"到"弘扬中华美学精神"——毛泽东、习近平提出的重要美学命题》，《中国艺术报》，2021年5月24日第3版。
[2] 吴建民：《命题与古代美学理论之建构》，《社会科学辑刊》，2020年第1期。

"话"体论著，无论是诗话、词话、文话、曲话、小说话还是其他，都包含着丰富的命题化表达，在形式不拘的短章长段中，命题的提出是核心目的。刘熙载的《艺概》和王国维的《人间词话》即为典型代表，其中蕴含着极为丰富的命题资源。其他著述形式如刘勰的《文心雕龙》、鲁迅的《中国小说史略》等，也是将描述和判断综合在一起表达，精彩命题随处生发，且不乏终结性的论断。

四、美学艺术门类下命题功能研究

美学的艺术门类划分经历了一个不断发展的过程。启蒙主义时代美学家阿贝·巴托率先建立了轮廓清晰的"美的艺术"划分体系：音乐、诗、绘画、雕塑和舞蹈。黑格尔对各门艺术的划分体系是建筑、雕刻、绘画、音乐、诗。美国现代美学家奥尔德里奇《艺术哲学》对各种艺术的划分则为建筑和雕塑、绘画和摄影、舞蹈、戏剧、表演和哑剧、音乐、文学。卢庆善《门类艺术探美》将艺术分为十二门类：诗歌、小说、散文、音乐、建筑、绘画、摄影、雕塑、舞蹈、戏剧、影视、书法等。朱立元先生主编的《美学大辞典》将艺术分为文学、绘画雕塑、音乐舞蹈、建筑园林、戏剧戏曲、电影电视、书法篆刻等。其中电影电视属于现当代美学门类，不在本课题研究范围内。其他门类基本符合中国古代美学的实际。在此基础上，将美学门类划分为诗学、赋学、骈文学、古文学、词曲学、戏剧学、小说学、音乐学、书法学、绘画学及其他造型与表演艺术门类。

（一）命题在美学各艺术门类体式建构中的功能研究。在美学门类艺术由混沌到析分的过程中，命题以其判断性的学术表达，起着最为核心的界定作用。相对而言，关于中国古代诗歌与散文的体性范畴较为丰富，它们经由命题的深化，理论体系性最强。比如"诗言志"这一命题，在不同出处就有不同的功能，如在《尚书·尧典》中，尧帝以"诗言志"命题对夔完成了命令式的语气表达，以"诗言志，歌永言，声依永，律和声"这一命题群，强调了诗作为内在心志的初始赋形意义，确定了诗体的人格修养和人格表达功能。在《左传·襄公二十七年》中，赵武用"诗以言志"命题作为判断伯有恐将受戮的理论依据。这里以命题的方式提出了诗体的人格观察功能。以上两例均与人格有关，而《毛诗序·大序》"诗者，志之所之也，在心为志，发言为诗"则是讨论诗体发生的命题，强调了诗体的信、诚属性，处于篇首，作为诗学研究的政治学、历史学、文化学诸命题的前提。在诗学发展过程中，不同时代也有不同时代的命题使命。先秦两汉的诗体发生学功能之后，随着诗体的不断衍化、细化，古、律之别，诗、词之别，唐、宋之别等皆成为不同时代诗学的核心命题。来自于哲学、文章学、音韵学等学科的话语也不断被丰富进诗学命题之中，当然，优势的诗学命题体系也哺育着诸如戏曲、小说等门类的命题发展。

（二）命题对美学艺术门类内涵和外延构建的功能研究。从艺术门类视角对美学命题进行功能研究，不必仅仅限于范畴、命题和体系的不同功能。命题本身的辨体功能即是主要研究内容，如古文之学建构之初，韩愈《答李秀才书》云："然愈之所志于古者，不惟其辞之好，好其道焉尔。"《答陈生书》云："愈之志在古道，又甚好其言辞。"在《题欧阳生哀辞后》中说："思古人而不得见，学古道则欲兼通其辞；通其辞者，本志乎古道者也。"这些命题皆围绕"文以明道"这个总命题，提出了古文区别于带有强烈骈俪特征的"时文"的根本之处就在于"古道"。其他各门艺术与之相比，命题的"尊体"功能及"破体"（交叉创新）的推动作用更为显著，如李清照论词"别是一家"，在词体的发展过程中，既提升了词体，又区别于诗体，是词体自觉的重要里程碑。王国维论戏剧为"以歌舞演故事"，则说清了戏剧作为一门综合艺术对音乐、歌舞和文学的整合交融与创新性质。

（三）命题对艺术门类发展史书写新视角的功能研究。命题是判断性陈述，陈述本身也是具有史料属性的。各艺术门类发展史的构建，离不开命题史的累积。从命题史的角度来看，不同门类命题史构建过程中的相互借鉴、自觉区分本身就是一个重要课题。以命题为核心书写艺术史，应该从个别著述中已经存在的自发行为发展到有意为之的自觉行为。

五、多学科视野下中国古代美学命题功能研究

（一）语言文字学视角下命题功能批评的话语发展。功能语法是强调整个语言或语言某个方面功能的语言理论的统称，大致可分为以自然语言的功能观为基础、着重语言在交际中的作用的语法和以语言成分在结构中的功能关系为基础的语法两类。其中第一类通常可区分为三种不同的功能层次：语义功能层次、句法功能层次和语用功能层次。英国学者韩礼德的《功能语法导论》提出小句有概念功能、交际功能和话语功能。这与命题研究在形式结构上有交叉重合之处。除此之外，文字学方面，前面已述及的释义与命题的关联等，也是中国古代美学命题功能研究需要展开的领域。

（二）修辞学视角下命题功能批评的话语发展。命题是介于词语和句子之间的、以短语形式为核心的表述形态，主要是陈述和判断性语气。从词组的角度来看，作为修辞手段成品的成语和熟语是包含命题的词汇形态。运用成语的过程，实际上也是民族文化的继承和发扬过程。成语运用得当，可以起到言简意赅、增强文势、丰富话语文化内涵的功效。熟语中的格言是高度凝练而富有哲理的话语成品，美学命题多出自经典典籍或名人著作，更具有启思和教育功能。格言多用于正式、雅致的交际领域，适当运用格言，可以增强话语的说服力，发人深省。从陈述句的角度来说，陈汝东《修辞学教程》（北京大学出版社2014年版）说："陈述句主要是对事物、情况、情感等进行描述的句子，根据陈述句内部各成分之间的关系，陈述句可进一步划分，比如肯定句、否定句、主动句、被动句等。"陈汝东提出陈述句的修辞功能包括表述、祈使和警示等，具有判断属性的陈述，即属命题，中国古代美学命题功能研究以此为理论起点。

（三）逻辑学视角下命题功能批评的话语发展。"我们用命题（proposition）这一术语指谓人们通常使用陈述句所断定的东西"，"在任

何一个论证中,我们都是在其他某些命题的基础之上断定一命题,这样做就形成一个推论。推论是一个能够将一组命题结合起来的过程。有些推论是保真的(或正确的),有些不是。逻辑学家分析这些命题簇,考察这种推论过程的起始命题与结束命题以及它们之间的关系。这样的一个命题簇就构成一个论证","在逻辑学中,论证严格地指谓任一这样的命题组:一个命题从其他命题推出,后者给前者之为真提供支持","一个论证不只是一组命题的汇集,而是包含一定结构的命题簇,正是由于这种结构,才可把捉或显示推论。我们用'前提'和'结论'来描述这种结构。一个论证的结论,就是以论证中的其他命题为根据所得出的那个命题,而这些其他命题,即被肯定(或假定)为接受结论的根据或理由的命题,则是该论证的前提"。(欧文·M·柯匹、卡尔·科恩《逻辑学原理》,中国人民大学出版社 2014 年版)命题提供了推论的前提,没有前提就无法生成推理和结论,而推理过程往往又包含着命题比较,立论与驳论环节也经常包含命题,结论本身就是一个新的命题的生成。所以,命题或者被读者接受,转换为学术和生活中的实践原则,或者被深化讨论,推动命题群落的发展,指向体系性的建构。这些均是逻辑学为中国古代美学命题功能研究提供的理论基础。

(四)符号学视角下命题功能批评的话语发展。根据瑞士语言学家索绪尔的语言符号学理论,语言作为符号的表达,有两种必要的作用,一种是语序轴,一种是联想轴。联想轴使符号成为一种语码,看到这个语码,读者会联想起这种语言所赖以生存的文化传统赋予它的丰富含义,从而取得丰富多义的表达效果。叶嘉莹先生曾据此支持了张惠言的温庭筠词"比兴寄托"论。这为本课题的研究提供了个案先例。

(五)传播学视角下命题功能批评的话语发展。在美国传播学家哈罗德·拉斯韦尔所说著名的传播过程五要素中,命题与传播效果(with what effect)关系最为紧密。传播学基于社会学,大众传播乃其主要视野。命题作用于大众传播,激起社会文化反应。美国学者沃纳·赛佛林和小詹姆斯·坦卡德的《传播理论:起源、方法与应用》引述了塞缪尔·早川的观点,将陈述方式分为三种:报道、推论和判断,命题显然从属于后两者。这就给命题的研究带来了开放性前提空间，也就是说，命题作为推论的前提和判断性表述，本身就缺乏报道的必然属性，命题背后的事实背景需要经得起考证。一个命题引发了多义复杂的推论和大相径庭的判断，则是大众传播领域的现象。中国古代美学命题功能研究将借此理论前提展开。

对于中国古代命题功能属性的研究需要坚持三个原则。

（一）理论构建与堡垒攻坚的优先原则。中国古代美学命题功能研究的理论前提有两个，一个是命题研究，一个是命题功能研究。命题批评作为美学方法论、命题研究作为美学范式，都是美学命题功能研究所要推动实现的创新目的，美学命题功能研究要从哲学层面"命题学"的整体高度，解决所应担负的局部任务。本子课题主体部分，即美学命题对各艺术门类体性生成发展的功能研究，则以诗学命题的体性功能为重点和难点的，这也是本子课题的科研攻坚堡垒所在，多学科视角下美学命题功能方式和功能发展理论话语构建成为破解这一攻坚堡垒的"利剑"。

（二）坚持从核心命题到相关命题的实施路径。中国古代美学在其发展过程中，提出了许多富含理论内涵的命题，涉及社会各个领域，中国古代美学命题功能研究，自然不可能面面俱到、全面铺开，需要体现出由核心命题到相关命题的层次和步骤。所谓由核心命题到相关命题，就是在整体把握中国古代美学命题体系的前提下，从最重要的总体命题出发，延展到不同门类的相关命题，立足于当下进行结构性思考，整体构建中国古代美学命题的功能体系和研究路径。

（三）文献意识与科学精神相结合的完成理念。任何一个命题的功能解读，都离不开文字的训诂、文本的还原和资料的比较，这些都要求子课题承担者在文献获取和解读上拥有强烈的求真求是意识。不可否认，中国古代美学命题大多源于感性、直觉、体悟式论断或含有这些成分的推论。但新时代的命题功能研究，需要在逻辑的、系统的科学精神指导下完成，尤其是对于本子课题主体部分的体性区分中的命题功能作用研究，更是科学研究前沿水平的体现。观察法将成为本子课题研究的主要方法。

总之，当下中国古代美学命题的功能研究需要把不同艺术门类的美学命题置入成熟的文体学理论框架之下，观察命题在文学文体及不同艺术形式中的发生溯源、尊体与辨体、风格、流派区分、分体批评话语发展中的理论功能和实践效应。并且从语言学、文字学、修辞学、逻辑学、符号学、传播学等多学科视角展开研究，具体从字源、词语、句法、句式、语法、语气、语序、论证、符号、信息等内在"结构"联系释义、判断、推理、表征、效果等外在"功能"，将中国古代美学命题功能的多学科交叉性及效应进一步呈现出来，推动命题功能研究的进一步发展。

原文发表于《河北学刊》2022年第3期

美学命题经典化研究需要注意的几个问题

李昌舒

经典（Classic）意味着悠久的时间性，只有经过较长时间的筛选、淘汰，对后世产生重要影响的命题才被称为"经典命题"。中国古代美学命题很多，需要甄别选取最能反映中国古代美学特征的若干命题，对其进行古代美学门类意义上的文学与艺术命题经典的双向考察，其中需要注意以下研究事项。

一、根植于美学范畴的文学命题：概念、方法、体例、分类及经典化路径

美学命题与文学息息相关，进行中国古代美学命题的整理与研究，文学命题不可或缺。范畴乃命题的基本单位，考察命题的经典化过程需以范畴分类为基础。学术界对于文学范畴体系的研究较多，成复旺《中国美学范畴辞典》把中国美学分为美论、审美论、形态论、创作论、作品论与功能论；张皓《中国美学范畴与传统文化》分为"人""气""道""心""感""美""意""象""情""景""势""境""兴""游""味""趣""韵""和""悟""神"，共二十章。可见，美学范畴及其中命题，多以文学批评理论为体系。但是范畴的细化，其不足性亦显而易见。尤其当文学范畴分类越加精细时，范畴概念内涵的模糊性和不稳定性就被简单化，其历史的连贯性亦难掌握。而且名词和理论的模糊性并不完全是一个缺点，特别是理论概念和名词术语具有多重含义，文学理论和艺术理论往往互为补充且高度融合。因此，建立具有中国民族特色的文艺学和美学，必须减少过多的定义式概括，而以具体的艺术现象为

思维主线。在此,周振甫《文心雕龙今译》将刘勰的《文心雕龙》归纳为四个范畴,形成早期美学范畴理论体系:"总论"(文学是什么)、"文体论"(文学有哪种)、"创作论"(如何创作)和"文学评论"(如何评论)。后来的美学研究其实离不开以上范畴,美学命题的经典化研究亦应从文学的"本体论""创作论""典型论""审美论"四个方面对概念、体例、方法及分类做进一步分析梳理,考察美学命题的经典化路径,以及继承与发展的有效脉络。

二、艺术命题的开拓性方向与本体学术建构:中国哲学社会科学的话语体系突破

与范畴相比,命题无疑是更具体更深刻表达观点的短语。从语言学意义来看,命题是一个主谓结构词组或意义短语。要在中国美学理论上有所突破性地构建中国哲学社会科学话语体系,命题研究无疑是一种开拓性方向。因此,中国艺术美学的命题研究,需要对中国美学文献中所蕴含的艺术类命题进行梳理,并对美学命题的本体进行学术建构研究。在艺术领域,中国的美学命题往往具有深广的哲学背景,如"气韵生动""中和为美"等,这就需要寻找艺术美学命题的哲学渊源,揭示其发展演变的经典化过程,脉络化由文学艺术创作而形成的审美内涵的观点学说。很多美学命题具有普遍性的美学价值,同时又兼具某一艺术门类的特殊背景,这就需要我们在命题研究中"理实一体"地深入和系统考察。中国的艺术是为人生而艺术,所谓"流美者人也",流淌出美的原点是这个人,起点也决定着终点。中国的古典美学要求艺术家不限于表现单个对象,而是要表现人类创造的生机活力,要胸怀宇宙,思接千古,"游于艺"再由"艺"及"道",完善自身的人格,洞悉整个宇宙、历史和人生的奥秘。命题的经典化研究需以艺术的视角,从本体论、创作论、经典论和审美论四个方面探讨中国美学命题,并选取"美在自然""中和为美""传神写照""君子比德""气韵生动""境生象外""虚实相生""大巧若拙"八个美学命题进行具体分析。

三、文学与艺术相关命题挖掘整理、分析考辨的学科追问：衍变视角和文献疏证

以本体论、创作论、典型论和审美论为纵向脉络，梳理古代美学命题文献资料，挖掘范畴基础上的相关命题内容，梳理其学理意义上的衍变逻辑规律亦是本子课题需解决的主要问题。如关于"本体论""情志"范畴中的"诗缘情"命题在传统经史子集及诗话文论文献中很多：《毛诗序》提出"伤人伦之废，哀刑政之苛，吟咏情性，以风其上"；《汉书·翼奉传》"诗之为学，情性而已"；《诗纬》"诗者，持也"；班固《汉书·艺文志·诗赋略论》"感于哀乐，缘事而发"；何休《公羊传解诂》"饥者歌其食，劳者歌其事"；陆机《文赋》"诗缘情而绮靡"；钟嵘《诗品序》"气之动物，物之感人，故摇荡性情，形诸舞咏"，"嘉会寄事以亲，离群托诗以怨"；皎然《秋日遥和卢使君游何山寺宿敠上人房论涅槃经义》"诗情缘境发，法性寄筌空"；司空图《二十四诗品·自然》"薄言情悟，悠悠天钧"，《二十四诗品·实境》"情性所至，妙不自寻"；严羽《沧浪诗话·诗辨》"诗者，吟咏情性也"；汤显祖《耳伯麻姑游诗序》"世总为情，情生诗歌"；王夫之《古诗评传》"诗以道情，道之为言路也"，"情之所至，诗以之至"；《明诗评传》"诗以道性情，道性之情也"。这些说明，进行文献学意义上的文学与艺术双向"美学命题"的疏证考辨，可为我们进一步研究美学命题的经典化打下扎实基础。

四、文学和艺术美学命题话语判断的历时态演变性传承审视：以历史的维度

中国古代体现在文学和艺术层面的美学命题，其概念内涵的话语判断具有历史维度的演变传承性和联系性，本子课题即梳理清楚这些美学命题的"规律性"传承和对历史涵义作动态考察。如关于艺术的"大巧若拙"美学命题。最先提出巧拙之辨的是老子，他认为"大成若缺"，

"大巧若拙",巧、拙是一对辩证的哲学概念,真正的巧是大巧,往往以拙的形式呈现。至于庄子的思想中,美的范围更加广泛,"拙"的极端化"丑"也被纳入美学领域。任何事物不管形貌如何,皆可成为美学客体(审美对象)。魏晋以来,巧与拙的问题在文艺领域开始得到关注。刘勰《文心雕龙》认为"务在允当","巧言易标,拙辞难隐",此时文人对巧拙的关注主要在技巧的优劣上,且普遍重巧轻拙。隋唐时代,文艺创作领域轻"拙"重"巧"(表现在技术和能力上),艺术界过于追求工巧精美的形式。宋代"巧拙论"开始形成,通过不断发展,到了明清时期逐渐走向成熟。这一时期的"巧拙"不再是对艺术技巧的褒贬,而是指代两种不同的艺术风格,开始转向以"拙"为"美",如苏轼的《古木怪石图》一反常态,以"怪"和"枯"来写意,陈师道所说的"宁拙毋巧"也在追求一种以"拙朴为宗"的诗艺。当然,"巧拙论"虽然以"拙"为"美",但并非否认"巧"的作用,而是一种"大巧若拙",超越了单纯的巧和单纯的拙,是巧拙基础上的升华,如王若虚强调"巧拙相济"的辩证关系。这里的"巧拙"相辅相成,是一个有机的整体,两者可以相互转化,如果刻意求巧,往往弄巧成拙。到了明代,"拙"开始有"古拙""天真"的涵义。王世贞认为"愈巧愈拙",即艺术可由巧入拙。当然,"拙"也可以入"巧",如胡应麟强调"愈朴愈巧",此处的"愈朴愈巧",自然不是指那种在巧之下的拙,而是一种胜于拙之上的"大巧若拙",它是自然纯朴的,蕴含着天人合一的自由境界。在书法理论中也有类似观点,如黄庭坚论书法要"拙多于巧",明末清初的傅山提倡"宁拙毋巧"等,皆将"巧""拙"纳入辩证关系之中。

五、民族文化与中国古代美学命题的影响机制再发现:儒释道和社会历史等

中国古代美学命题的书写深受中国传统民族文化的影响,其概念的生成发展与中国历史文化的特殊语境息息相关。本子课题需要解决的问

题是，深入发现中国传统思想与社会历史文化对中国传统美学命题影响的机制与肌理。其中中国"儒释道"思想对中国传统美学命题影响至为深刻。比如，文学美学命题体系"典型论"中的"形神"命题。文艺理论中的形神论源于哲学上的形神关系。佛教也有形神论，在言意关系上，佛教和玄学是完全一致的，都是把"言"看作是象征"意"的一种工具。再比如艺术命题体系"本体论"中的"美在自然"命题。老子的"道法自然"将"自然"提至至高地位，并贯穿其全部学说，探索自然规律，强调顺应自然。在老子看来，"道"的自然支配着宇宙万物，这同样是美与艺术创造所必须遵循的根本。庄子也曾曰："天地有大美而不言。""游心于物之初。"庄子主要的审美对象是无限的大美。老子显现出年迈长者的虚静淡泊智慧，而庄子则表现出诗人般天性烂漫的生命力。儒家孔子也曾说："天何言哉，四时行焉，百物兴焉。"强调人类要崇尚造化自然。因此，太过刻意地表现美，雕琢修饰过多，反而会失去"自然"气韵。民族文化对中国古代美学命题的影响是多方面的，如音乐、书法对艺术命题"中和之美"的影响，《尚书》记载："八音克谐，无相夺伦，神人以和。"古代乐教之初，人们已开始重视五行相和之美了，在五味、五色和五行观念的萌始阶段，中国艺术中的"中和之美"命题从一开始就架设在天地、宇宙、人生这几大因素之间的宏伟结构上。中国书法承载着中国文化的大量讯息。唐代孙过庭曾言："初谓未及，中则过之，后乃通会。"指明习练书法达到"中和"的老练纯熟之前，应有一段追求险绝的阶段，这是指需要习书者去探寻自己的边界和可能性，然后再沿途走回来，找到"中和"位置，这才是最后完成的风格。再如李世民论王羲之书法为"神气冲和为妙"，白居易赏画强调"神和而全"，这些品鉴观点充分表明"中和为美"的思想。明代书学家项穆论书，曾以"中和"为书法美的最高标准，将"中和一致，位育可期"的儒家思想引进了书法，使得书法的章法结构等形式语言有了哲学理念的支撑。至清代，沈宗骞论画"神恬气静，和雅也"，方薰标举"和以天倪"，"中和"达到极致便是穷变化、集大成。因此，"中和"虽无奇，但却丰富异常，就像阳光看似无色，却包含了一切色彩。因此，

"中和之美"体现为艺术各要素之间的协调统一、刚柔相济。这反映了中国人对自然谐美的天和的崇尚,对怡神静气的心和的注重。究其根由,乃中国文化以儒家"中庸"之道为信念,以人生和善为基调的生命结构在中国美学上的集中体现。发现这些民族文化与中国古代美学命题的影响机制就成为当下需要解决的又一问题。

中国古代美学命题的衍变及其经典化研究,需要从"文学"和"艺术"的双向层面进行拓展,重点应关注以下内容。

一、文学层面美学命题研究的纵深展开

(一)本体论。中国古代对文学本质的认识大体有三:一为"诗缘情"和"诗言志";二为"不虚美,不隐恶,故谓之实录";三为"文以载道"。"诗缘情""诗言志""文以载道"对美学的影响较之"实录论"更为深刻,本课题只对以上命题作具体的分析。"诗言志"和"诗缘情"乃文学中的情志论。从广义来说,"情""志"表现的是作家的主观感情。虽然情中有志,志中有情,言志和缘情还是可以分而论其历史进程的。情志论还有"止乎礼义"的争议,这个争论渊源大多本于"质胜文则野,文胜质则史"的问题。中国文学的"情""志"非关现实世界描写,而是着重于作家的主体意识。作为文学中的世界描写,更多体现在文学批评理论中的"文道论"中。在以往的论述中,学术界普遍认为"诗言志"类似于"文以载道"内涵,只是前者多论"诗"之内涵,后者多论"文"之内涵。有学者甚至认为中国古代的"文以载道"偏重于儒家的道,但在美学命题视野下,此种想法狭隘而无利于整理与研究。因为就整个文学批评理论视野下的文道论来说,其既能分为"以自然之道为中心"和"以社会政治之道为中心",那么在奉行折中的价值判断下,也可以统合出"主观与客观合一"的文道论。为方便行文,本课题将从三部分进行梳理:第一,按照叶朗《中国美学史大纲》的历史顺序,中国美学发端于老子,以此表达万物乃道之体现。第二,学术界普遍认为"道"是判断一切言论是非的标准,很多学人把文学看作是作家主体意识的体现。第三,"道"有儒家和道家、主观和客观的差别。

(二)创作论。有关中国古代文艺的创作理论有很多,主要集中在以下几点:作家主体精神境界的培养,创作灵感的归纳,文艺想象和构思,艺术意象的构成与特点,作家个性,文艺作品的形式,文艺创作的继承和创新。关于以上七点的命题很多,皆能找到命题的渊源所在,本课题将从"人心"和"文心"两点分而论之。人心即作家心胸,也就是"作家撰写文学"问题。作家投入创作以前必须达到"虚静"的精神境界,文学创作的首要条件是"涤除玄览",文人从虚静体道,且从体道中感兴,此即庄子《达生论》所言"指与物化,而不以心稽","物化"即庄子《齐物论》所言"庄周梦蝶"境界。从作家精神境界的"虚静",至作家得到灵感的"感兴论",再到"物化论",皆可看出中国文论家虽然发现主客二分的世界,却致力于达到"天人合一"的境界,其目的是为了构建实际的创作思维,中国文论称之为"神思"。"神思"并非凭概念、判断和推理来进行的抽象思维,而是一种具体感性的形象思维活动。再看文心,文心指"文学构成及其特征"。"文者,物象之本",许慎的《说文解字叙》说明初期象形文字是以物象为本而创造的,易象和文学同样具有比喻、象征方法模拟客观物象的特点,文学要"拟诸形容",而方法则是对客观环境作观察。这样下来,相关命题当很多,从《系辞》的"观物取象"到朱熹《答何叔京》的"立象以尽意",皆为一脉相承。中国文学既追求"温柔敦厚",又追求"微言大义",所以古代文学往往以深远取胜,此乃《文心雕龙·隐秀》所言"文之英蕤,有秀有隐","隐秀"的提出,其实和"得意忘言""意在言外""文已尽而意有余"的观点相一致。

(三)典型论。文学典型创造是文学创作论的核心和关键,而中国古代对文学典型创造的看法主要有三:第一,重在形神统一,但主张以传神为主,一如张九龄所言:"意得神传,笔精形似。"从中可见形神论的核心是要创造一个个性极其鲜明的特殊个体。第二,为了全面展示文学典型的个性特征,还需特别强调,在真实描写的同时,能让读者从真实描写中体会到很多并未直言的虚的部分,这些需要读者通过想象获得,但又在作者真实描写的启发、象征和暗示下才能感觉到。中国古典文学往往追求虚实结合。第三,由于中国古代大量诗词是抒情诗,并没有过多的篇幅谈人物和情节,故在形神并茂和虚实结合的基础上,注重意境之塑造,因此构成了极具中国特色的意境论。文艺理论中的形神论源于哲学上的形神关系,只有当"形神论"下放到"言意关系"中才真正成为文学中的形神论。无论是诗文、绘画、书法,都要以传神为上。文学意境论是探讨"意"和"境"的问题,"意"乃"情志"问题,"境"乃"景物"问题。

(四)审美论。古代文论对艺术美的要求很高,有关审美理想的内容极其丰富。而这些审美理想的提出,皆受儒、道、佛三家思想影响,道家和佛学影响最深,与形成具有中国特色的审美体系,有着不可忽视的重大关系。为方便行文,此处只把文学中的"自然论""风骨论""阴阳中和论"三大范畴作为命题的整理对象。简单来说,中国文学中的审美观,或偏重人工雕饰,或偏重天工自然,前者乃儒家的"文质彬彬",后者乃道家的"毁绝钩绳,而弃规矩"。唯刘勰《文心雕龙》所言"心生而言立,言立而文明,自然之道也"才真正探讨文学自然论。文学中的"自然美论"要把合乎自然并与自然同化作为最高精神境界,亦即王国维所言"不隔"。苏轼《书蒲永昇画后》所阐述的"尽水之变",唐顺之《与洪方洲书》的"直写胸臆",皆为与文学自然美相关的命题。文学中的风骨论是中国美学不得不提的范畴,近代对刘勰"风清骨峻"的争议不断。但最起码能够确认的是,现在的"风骨"含义多指人格精神,因此,"为民请命""不平则鸣""发愤著书"都是这一命题的延伸。无论是哲学、文学和美学,阴阳都是学术上的一大范畴,阴阳可以演绎为"阳刚"和"阴柔","雄浑"和"冲淡",曹丕《典论·论文》的"文以气为主,气之清浊有体",刘勰《文心雕龙·体性》的"风趣刚柔,宁或改其气",严羽《沧浪诗话》的"优游不迫"和"沉着痛快"皆与此相关。唯时间所限,对此的整理留待后期呈现。

二、艺术层面美学命题研究的纵深发展

（一）本体论。中国美学的底层是哲学，和人的生命安顿之学有关，游于艺的终极目的是为人生而艺术。因此，本课题将从中国哲学的儒、释、道精神出发，选取其中具有典型性的道家的"美在自然"和儒家的"中和为美"为例开展美学命题的分析。美在自然，意即以崇尚自然为美，以矫揉造作为丑，这是一个经典的中国美学命题，源自古老的道家思想。道家将"自然"归结为"道"的本体品格，此处亦将"美在自然"命题归入本体论框架。中国艺术中的书法每每以生机勃勃，充满动感的人情物态为比拟，也就是原天地之美，类万物之情。东汉时期的蔡邕等就有关于书之势和书之形的论述，如"夫书肇于自然"，"为书之体，须入其形"，王微"以一管之笔，拟太虚之体"。唐代之后，"自然"已成为普遍的审美意识，如李白的"雕虫丧天真"，"清水出芙蓉，天然去雕饰"。人类对美的概念的认识是从观察自然一点一点积累起来的，孙过庭认为，书法乃"自然物"之存在，每个字皆与日月山河具有同样的客观性、实在性和存在价值。"中和为美"乃中国美学史上源远流长的重要命题。"中和"是儒家思想核心，"中和为美"理念源于《尚书》，经孔子和荀子的阐释和发挥，于《礼记》《乐记》趋于成熟。由此，儒家崇尚"中和"的中庸之道在中国古代文化思想领域逐渐占据核心地位，"中和为美"亦归本体论框架。

（二）创作论。艺术创作中不乏中国美学命题，主要涉及创作的主客体、创作的内容、创作的形式语言、创作的技法等。中国书画史上的艺术家不仅是技艺高超的书画家，更是学而优则仕的文人，他们在艺术创作中更多表现出"积累到一定厚度"后的自然流露，为后人留下诸多经典美学命题，是一座值得深入探究的美学宝库。本子课题主要选取与创作技法和创作内容有关的"传神写照"和"君子比德"两个命题进行分析。"传神写照"乃艺术创作的目的和技法，是艺术领域的经典论断，也是艺术品评的重要法则，此处将其置于创作论框架下进行研究。"传

神写照"命题的形成,首先来自先秦和两汉哲学,关于形神关系的探讨深受老庄、荀子和《淮南子》等思想影响,同时与魏晋玄学和魏晋风尚也有很大关系。比如,老庄认为有形之万物产自无形之道,在庄子看来,美在于神,而不在于形,《庄子·德充符》记载了好几位形残而神全、体畸而德充者的故事,这是中国美学史上"传神"论的初端。荀子说"形具而神生",形是人生命活动的物质基础,神是统率形的"天君"。自汉代起,"神"被认为是人的生命的主导因素,因而有"得神者昌""以神为主"之说。中国书画艺术的发展从魏晋开始,经历了"重形似""形神并重""忘形得意""直抒胸臆"四个阶段,这也正是"传神写照"的要旨,即突破法度,写胸中意气,用艺术来表达真心。在修辞学上,有一种手法叫作"比德","君子比德"明确了艺术家在创作中所取用的对象,这种观念影响着艺术创作的内容和旨趣,因此这里将"君子比德"归于创作论框架来分析。"君子比德"的美学命题,是一种从自然界体悟生命的思维方式,亦即中国哲学所讲"天人合一",古代艺术家能从山水、草木、玉石等自然物中感受生命,获取智慧,即如孔子所言"智者乐水,仁者乐山",还可以比德于玉,比德花木,如"岁寒三友"的松、梅、竹,有"四君子"之称的梅、兰、竹、菊等。

(三)经典论。经典论乃艺术创作领域的美学研究所涉典型,也是艺术家最为关注的核心命题之一。在艺术中,无论创作还是鉴赏,始终离不开经典命题的论述和研究。本课题选取其中较有典型性的"气韵生动"和"境生象外"两个美学命题进行分析。"气韵生动"乃中国美学的经典命题,起到提纲挈领的作用。古典美学中的"气韵"概念,源于老子美学之"气"。汉代哲学比较注重"气"概念,音乐注重"韵"概念,到了魏晋,"气"和"韵"才开始运用在艺术和审美领域,及至魏晋南北朝,"气韵"成为独立词语,成为各门艺术所推崇的美学法则。自秦汉元气论,魏晋六朝"风神气度",唐宋"格物传神",至元明清的"笔墨气韵"等诸命题的发展,皆为"气韵生动"命题增添了更为丰富的内涵,也使其成为美学经典命题之一。"境生象外"是最能彰显中国美学民族特质的经典命题之一。"境生象外"的思想起源于秦汉,多出现在道家学说之中，仍属哲学范畴，到了魏晋时期，玄学兴起，"象"的问题得到了广泛讨论，逐渐被引入到艺术领域，唐宋以降，随着禅学兴盛，"境生象外"命题在明清时期得以发展为中国美学的一大经典命题。在哲学上，老庄的"道""气"，王弼对"无"的超越，郭象对"有"的发现，魏晋玄学的"心"之自由，佛教禅宗的"空"之意味等皆成为"意境"的哲学基础。"意境"表达的是"以有限的物象表现宇宙人生无限"之意，蕴含着超越有限物象而窥见无限世界的观点，在魏晋南北朝时期已经产生。到了唐代，意境理论才大体形成。刘禹锡《董氏武陵集纪》认为"境生于象外"，意与象的关系彰显。其后，司空图的"离形得似"等无不在表达意境的妙处。清代王夫之的"现量说"更是在阐明审美活动对于世界的本真性把握，其后清布颜图的"情景者境界也"，张式的"书画之理，纯是化机"等，皆属类似命题。

（四）审美论。从审美角度而言，美之所以多变，关键在于观察者，而非美本身。美一直在那儿，观察者不同，对美的感觉亦不同，美也呈现出不同的面貌。这两者相互交织，才有"容易察觉的美"和"逐渐体味才能发现的美"。人对美的观念会发生变化，但美本身是不变的，只是人们的感觉能力有所不同。中国人的喜好随时代而变，中国美学具有时代性。本课题选取了其中具有代表性的"虚实相生""大巧若拙"两个命题进行分析。"虚实相生"是中国古典美学的一个重要命题。天地万物以及一切艺术和审美活动都是虚与实的统一，只有虚实相生才能达到完满的境界。中国古典美学的虚实论，最早源于老庄的道论和《周易》的阴阳学说。老子云："天下万物生于有，有生于无。"认为道作为宇宙万物的根本，包含了有无，天地万物是有无虚实的统一。《周易》中有"一阴一阳之谓道"，"刚柔相推，变在其中"，这里的"道"乃阴阳、刚柔、虚实的统一，万物依此塑造而成。首先，艺术的虚实体现在创作中的"化景物为情思"。宋代范晞文论画"以实为虚"，就认为艺术创作并不是要把现实中的事物直接"搬"到纸上，而是在描绘这些事物时，将事物化为自己的情思，化实为虚，这样才能创作出美的、有生命力的艺术。然后，艺术的虚实体现在创作对象的形式美上。要表现虚之妙理，不妨从实处着手，就像"踏花归来马蹄香"这个画题，"香"字的虚景在艺术家的笔下，是通过逐舞马蹄的蝴蝶来体现的，因此，"虚""实"之间是可以相互转化的。再者，艺术的虚体现在创作技法的笔墨有无间。我们知道，中国书画只有借助笔墨线条的流动圆转，才能产生审美效果。笔墨的虚实营造之法尤为重要。在创作中，艺术家如果想让空白获得生机，就需要把白底唤醒为活的空阔，利用"有"和"无"的相容纳、相辉映、相渗透，造成一片秘境与空阔。在书法中，黑与白不断变化相生，恰恰体现了中国美学中虚实相生的特点。最后看大巧若拙。"拙"之美与"巧"之美看似巧高于拙，但实际未必如此。有些美容易使人察觉到，而有些美却需要更多的训练才能发现。中国古典美学往往主张"大巧若拙"的美，这种美已无法单纯归为"巧"或"拙"的范畴之内了。

最后，笔者需要强调的是，对美学命题衍变历史的研究要从美学史本身出发，按照文学、艺术门类加以梳理，经过甄别、筛选，提炼出若干能代表中国古代美学整体风貌的命题。然后通过核心范畴引出命题。命题由范畴发展而来，是范畴的扩展，因此，应该在学术界有关范畴研究的基础上整理出相关命题。明清后随着诗话、词话及其他点评数量的不断增加，需要寻找命题内在的逻辑关联，从命题经典化的角度进行选择收录，其中涉及命题的归类及变异问题。在阐释各个命题时，应参照民族文化的内在机制。美学是民族的，中国古代美学是中国古代灿烂文明的结晶之一，因此，研究中国古代美学命题，不能脱离中国古代文化，主要考虑以下四个因素：儒释道思想根源，农业社会基础，家国天下的情怀，士人精英阶层。考虑到很多命题并不局限于某一门类，而是具有普遍性，因此，在进行各命题单个研究的同时，需注重相互之间的内在联系，既进行专门的独立的命题个案研究，又注重不同命题之间的共通性研究。

原文发表于《河北学刊》2022年第2期

中国古代美学命题研究的意义何在?

张 晶

> 各门科学的认识通常用命题表达出来,并且被当作触手可及的成果端给人类,供人类使用。
>
> ——海德格尔

习近平总书记在 2014 年 10 月 15 日召开的文艺工作座谈会上的讲话中提出,"我们要结合新的时代条件传承和弘扬中华优秀传统文化,传承和弘扬中华美学精神",并且对"中华美学精神"的内涵作了概括。"中华美学精神"成为新时代美学研究的核心内容,也成为当代美学发展的指南。如何弘扬中华美学精神,这是中国美学界的重要课题;同时,也为美学研究的发展提供了突破性的契机。作为中国古代美学的研究者,我们在这个问题上更责无旁贷。在习近平新时代中国特色社会主义思想的指导下,构建具有自身特质的学科体系、学术体系、话语体系,是我们每一个从事社会科学研究者的使命,在中国美学研究领域,以命题研究的推进,实现研究范式的转换,可谓恰逢其时。

一

中国美学研究应当以切实的整体性推进使中华美学精神得到进一步的彰显。笔者以为,改革开放 40 余年来,中国美学研究赶上了一个最好的时代,取得了举世瞩目的成就,在世界美学舞台上充分展示了中国美学的独特魅力。在方法论上,范畴研究取得的成果是尤为显著的,不仅数量庞大、思维层次得到提升,而且使中国美学研究进入了一个理论自觉的新时期。当然，中国美学范畴研究是与中国古代文论的范畴研究联袂而行的，甚至很多学者的古代文论范畴研究也是从美学的角度进行的。例如蔡锺翔先生主持的"中国美学范畴丛书"，已经出版第一、二辑计20种，成为中国美学范畴研究的标志性成果。丛书中各专著的作者，都是中国美学研究界的核心人物，这些著作也代表了美学范畴研究的当代水准。"中国美学范畴丛书"中的每一种，都是以一个美学范畴或两三个互相密切相关的范畴构成的范畴群为研究对象，如蔡锺翔《美在自然》中的"自然"，涂光社《原创在气》中的"气"，袁济喜《兴：艺术生命的激活》中的"兴"，古风《意境探微》中的"意境"，胡雪冈《意象范畴的流变》中的"意象"，张晶《神思：艺术的精灵》中的"神思"，张方《虚实掩映之间》中的"虚""实"，曹顺庆、王南《雄浑与沉郁》中的"雄浑""沉郁"，陶礼天《艺味说》中的"艺味"，胡家祥《志情理：艺术的基元》中的"志""情""理"等。中国美学范畴当然远不止于这些，"中国美学范畴丛书"的第三辑本来已经组稿，而且若干书稿已近完成，遗憾的是随着蔡先生的辞世，第三辑被搁置下来。而范畴研究作为中国美学研究的主流方式，则是显见的事实。

与范畴研究同时并已有所成就的还有命题研究。与范畴相比，命题无疑是更为复杂也更为深刻地表达思想观念的短语。从中国古代美学的角度来看，范畴往往是一个单词，如感兴、含蓄、意象、意境、中和、风骨、文气、法度、意、逸、妙、味、韵、简、化境、天机、冲淡、广大、精微、本色、家数、空灵、格调，等等。也有许多是相对的单个范畴合体为一个复合性的范畴，如形神、虚实、雅俗、真幻、文质、情景、动静、巧拙、正变、奇正、隐显、真伪，等等。至于中国美学的命题，习近平总书记《在文艺工作座谈会上的讲话》中对于"中华美学精神"的系统表述，给了笔者深刻的启示，他指出："我们要结合新的时代条件传承和弘扬中华优秀传统文化，传承和弘扬中华美学精神。中华美学讲求托物言志、寓理于情，讲求言简意赅、凝练节制，讲求形神兼备、意境深远，强调知、情、意、行相统一。我们要坚守中华文化立场，传承中华文化基因，展现中华审美风范。"无疑地，这段论述是对中华美学精神最为集中的表述。而三个"讲求",是最为核心的内涵。这三个"讲求",可以认为是由美学命题组成的,而且有着深刻的内在逻辑联系。笔者曾尝试着对这三个"讲求"进行美学意义上的诠解,认为:托物言志、寓理于情,属于审美运思的独特方式;言简意赅、凝练节制,属于审美表现的独特方式;形神兼备、意境深远,属于作品审美存在的独特方式。习总书记以这样一组为人们所熟知的美学命题,彰显了中华美学精神的内核,这对当前的中国美学研究来说,真是一个再好不过的示例。我们是可以用美学命题来进行当代美学理论体系的建构的。美学研究当然不止一种路径或方法,但命题表达是可以作为开拓性的进路的。

命题从语言学的意义来看,就不再是一个单词或并列性的词组,而是一个有意义的短语,在这个短语内部,已经有了相对复杂一些的语法关系。我们不妨从中国美学的层面上举一些例子,如:"观物取象""绘事后素""澄怀味象""以形传神""感物吟志""诗言志""修辞立诚""诗无达诂""外师造化,中得心源""气韵生动""神与物游""窥意象而运斤""拟容取心""率志委和""执正驭奇""以少总多""入兴贵闲""言有尽而意无穷""超以象外,得其环中""意与境浑""宁拙勿巧""意在笔先""美不自美,因人而彰""气盛言宜""文以载道""立主脑""有境界最上"等。命题表达了主体的思想观念,命题是精神活动的意向对象。率先从古代文论的框架明确提倡命题研究的吴建民对于命题的概括指出:"古代文论命题作为判断性、陈述性的短句、短语,具有简明判断、客观陈述的特征,文论家一旦产生了较为成熟的思想观点,就非常适合使用这种简明的判断性陈述性的短句、短语来表达,并且古代文论家的思想观点通常来源于自己的切身经验,他们对自己的思想观点一般不作逻辑论证,而是直接陈说或做出判断,这种情况也容易使他们乐于运用命题来表达自己的思想观点。"[1]这种言说,同样适合于我们对古代美学命题的认知。

---

[1] 吴建民:《中国古代文论命题研究》,南京大学出版社,2017年,第18页。

要在中国美学理论建设上有突破性进展，构建中国哲学社会科学话语体系，仅停留在范畴研究的层面上已经难以充分发挥古代文艺理论的资源功能，难以承载这样的历史使命了。对于古代美学命题的梳理与研究，就在这种时代背景下提到了我们的面前。在中国古代的文艺理论资源中，存在着大量的命题，而且它们在美学思想的发展中起着极为重要的传承作用。我们的古代文论或美学研究，并非没有关于具体命题的研究，著作如成复旺的《神与物游》，论文如汤一介的《"命题"的意义——浅说中国文学艺术理论的某些"命题"》、笔者的《入兴贵闲——关于审美创造心态的一个重要命题》等。但与范畴研究相比，命题研究的成果数量远远少于前者，而且处于自在的状态，也就是并未对命题进行具有明确自觉意识的研究。在很大程度上，还存在着将范畴与命题相混同的问题。"中国美学范畴丛书"中的《文质彬彬》（陈良运著）、《心物感应与情景交融》（郁沉著）研究对象就是命题而非范畴。在很多学者的研究中，都存在着将命题作为范畴研究的现象。这说明了命题研究还处在附庸于范畴研究的阶段，对于命题研究也还没有自觉的意识。

中国古代美学文献中命题的大量客观存在，以及之前关于美学命题研究的众多成果，为当下将命题研究作为自觉的、建构性的美学研究范式提供了坚实的基础；而传承和弘扬优秀中华传统文化，构建中国特色的学科体系、学术体系、话语体系的时代需求，又为命题研究提供了千载难逢的契机；中国美学发展的自身要求，同样是命题研究的内生动力。对于中国美学来说，范畴研究当然也还没有完全地、充分地展开，还有许多范畴的理论内涵并未得到全面的解析，范畴之间的逻辑关系也没有得到全面的梳理与建构，这本身就是一个很大的难题。这也是当代研究中国美学的学者应担负的历史使命。中国古代并没有"美学"之名，当然也不存在这样的学科意识，然而，不能说中国古代的文艺理论文献及文艺作品中没有审美意识和美学思想。事实上，中国古代的文艺理论（如诗论、画论、词论、曲论、乐论、书论等）及文学艺术作品中蕴含着非常丰富且颇有民族特色的审美观念和美学思想。中国美学研究的丰硕成果及其在当代所生发的绚丽光彩，明白无误地昭示了这种情形。如果缺少了中国文艺理论中的美学建构，当代中国美学也就没有了格局，不成其为中国美学。

二

"命题"源于逻辑学，指判断性的句子，如果句中无判断，就无法构成命题。命题虽然是处于概念与推理的中间环节，但很多命题因其在哲学史或美学史上内涵丰富、影响深远而具有了独立的意义。苏格拉底说："我们经常用一个理式来统摄杂多的同名的个别事物，每一类的杂多的个别事物各有一个理式。"[1] 谢林说："通过自我意识的活动，自我使自己成为自己的对象。"[2] 黑格尔说："美就是理念的感性显现。"[3] 席勒说："只有当人是完整意义上的人时，他才游戏；而只有当人在游戏的时候，他才是完整的人。"[4] 康德说："一个关于美的判断，只要夹杂着极少的利害感在里面，就会有偏爱而不是纯粹的欣赏判断了。"[5] 马克思说："人的本质的全部异化不过是自我意识的异化。"[6] "关于艺术，大家知道，它的一定的繁盛时期决不是同社会的一般发展成比例的，因而也决不是同仿佛是客座的骨骼的物质基础的一般发展成比例的。"[7] 克罗齐说："直觉是表现，而且只是表现。"[8] 克莱夫·贝尔说，艺术"是有意味的形式"[9]。苏珊·朗格说："每一

---

[1] 柏拉图：《柏拉图文艺对话集》，朱光潜译，人民文学出版社，1959年，第64页。
[2] 谢林：《先验唯心论体系》，梁志学、石泉译，商务印书馆，1976年，第45页。
[3] 黑格尔：《美学》，朱光潜译，第1卷，商务印书馆，1979年，第142页。
[4] 席勒：《审美教育书简》，张玉能译，译林出版社，2009年，第48页。
[5] 康德：《判断力批判》，宗白华译，上卷，商务印书馆，1964年，第41页。
[6] 马克思：《1844年经济学哲学手稿》，人民出版社，2000年，第103页。
[7] 马克思：《政治经济学批判导言》，见《马克思恩格斯选集》，第2卷，人民出版社，1995年，第28页。
[8] 克罗齐：《美学原理 美学纲要》，朱光潜等译，外国文学出版社，1983年，第18页。
[9] 克莱夫·贝尔：《艺术》，周金环、马钟元译，中国文艺联合出版公司，1984年，第6页。

门艺术都有它自己特有的基本幻象。"[1]等等，都是为人所熟知的哲学美学命题。这些命题都已经不再囿于形式逻辑的范围，而是由于在人类思想史上受到人们的广泛关注和反复阐发，而成为哲学史或美学史的重要纽结。

从这个层面来看中国美学的命题，也可以作如是观。由于美学命题的大量存在，也由于汉语传统所形成的简洁而完整的命题形式，中国美学史上的命题对于中国美学研究来说，意义更为重要，辐射的延展性更强。无论是在西方抑或是在中国，哲学、美学的命题探讨和研究的空间都相当之大，由命题所涵盖的理论系统可以得到尤为清晰的呈现。对于中国美学而言，命题研究的时代意义以及对美学研究的提升功能，是值得我们高度重视并且深入思考的。20世纪八九十年代，在中国古代文论及美学研究中，范畴研究异军突起，涌现了一大批范畴研究的论著，大大提升了研究层次，更新了研究方法，成为改革开放以来学术界一个突出的"景观"。范畴研究不仅使很多中国美学范畴得到系统的梳理与建构，同时，也深刻改观了文论史和美学史的研究模式。陈良运的《中国诗学体系论》（中国社会科学出版社1992年版），就是以"志""情""境""神"四个主要范畴来构筑他的诗学体系；由黄霖主持的"马克思主义理论研究和建设工程"教材之《中国文学理论批评史》（高等教育出版社2016年版），通过史的脉络与范畴研究相结合，开创了文学批评史写作新的模式，这是课题组反复思考后的创获。

从命题研究的角度来看，最有典范意义的是著名文艺理论家王元化先生。元化先生所著《文心雕龙创作论》（上海古籍出版社1984年版），可以视为命题研究的经典之作。是书下篇中的"释《物色篇》心物交融说""释《神思篇》杼轴献功说""释《比兴篇》拟容取心说""'离方遁圆'补释""再释《比兴篇》拟容取心说""释《养气篇》率志委和说"诸篇，都是我们所说的命题研究之作。元化先生既有精深的理论见解，又有坚实的文献功力，因此，在对这些命题进行阐释时，都是以文献辨

---

[1] 苏珊·朗格：《艺术问题》，滕守尧、朱疆源译，中国社会科学出版社，1983年，第82页。

析为基础提出令人信服的理论观点。

中国美学研究如何突破,如何提升,如何在研究范式上有一个富有实效的改观?由范畴到命题,也是研究范式的转换的路径。中国美学文献中的命题资源非常丰富,而且也体现了不同的思想流派以及不同艺术门类的背景。如"以意逆志"有着儒家文艺思想的色彩,而"不著一字,尽得风流"就在感觉上具有道家的意味;"诗缘情而绮靡"源自于诗学,"以形写神"则带有明显的画论痕迹。与我们前面举过的西方哲学美学的命题相比,其共同之处在于:一是它们都在长期的阐释与评价中成为思想史、美学史上的亮点,也因其学术根源的渊深而具有广阔的阐释空间;二是无论是西方命题,还是中国命题,都兼具客观性和意向性。

作为判断句的命题,客观性是其最为基本、最为重要的品格。如果失去了客观性,命题也就失去了真实性,也即"伪命题"。对于一个有效的命题而言,它的客观性也就是它的含义。海德格尔曾指出命题的真实与客观性。他说:"现在相符的不是事情(Sache),而是命题(Satz)。真实的东西,无论是真实的事情还是真实的命题,就是相符、一致的东西。在这里,真实和真理就意味着符合(Stimmen),而且是双重意义上的符合:一方面是事情与关于事情的先行意谓的符合;另一方面则是陈述的意思与事情的符合。"[1]在这个意义上,命题又是与直观想象难以分开的。美国《哲学百科全书》认为:"事实无非是一个真命题,是真理,这真理是某些命题具有而别的命题不具有的简单的、不可分析的和可直观想象的性质。一切知识,甚至感官知觉得来的知识,都无非是命题的被认识的东西。"[2]中国美学命题,基本上都是源自于一些著名的文学家或艺术家的切身审美经验,有的属创作论,有的属作品论,也有的属鉴赏论。一经提出,便受到人们的广泛认同,因而在文艺理论发展史上成为亮点。它们的客观性是真实无误的。

---

[1] 海德格尔:《路标》,孙周兴译,商务印书馆,2000年,第208页。
[2] 孙小礼等主编:《科学方法》,知识出版社,1990年,第220页。

与客观性相联系而又不可缺少的是它的意向性特征。"意向性"是现象学哲学最为基本的观念。现象学的一个基本命题就是"意识总是关于某物的意识"。现象学的先驱、著名哲学家布伦塔诺主张：所有的意识活动都针对一个对象，这种针对性称作意向关系（intentional relation），命题本身是精神活动的意向对象。命题必然针对某个内容，同时，它又在表述中显示了某种统一的指向。现象学的鼻祖胡塞尔指出了表述与其内容之间的矛盾："每个表述都不仅仅是表述某物（etwas），而且它也在言说某物（Etwas），它不仅具有其含义，而且也与某些对象发生关系。这种关系在一定的情况下是多层次的关系。但对象永远不会与含义完全一致。当然，含义与对象这两者只是因为给予表述以意义的心理行为的缘故才同属于表述。如果人们在这些'表象'方面区分'内容'和'对象'，那么这指的也就是在表述方面区分：表述所意指的或'所陈述的'和表述所言说的。"[1]命题的意向性则必然地表现为表述的选择性和同一性上。含糊不清的表述是不能成为命题的。"含义的观念统一"，这是胡塞尔所明确主张的。命题应该具有胡塞尔所揭示的这种性质："在我们看来，意指的本质并不在于那个赋予意义的体验，而在于这种体验的'内容'，相对于说者和思者的现实体验和可能体验的散乱杂多性而言，这个体验内容是一种同一的、意向的统一。"[2]任何一个命题都应该有着同一的含义，而不应是歧义纷呈的。对于命题的理论价值而言，意向性是尤为重要的品格。美学命题在客观有效的基础之上，表达着主体的取向。如果只是事实陈述，那么，命题就是缺少理论内涵的。哲学家斯托特（G. F. Stout）这样阐述命题的客观性与意向性："在判断中，心灵有一个在它之前的真实的对象，这个对象是由具有并非在一个对象的纯粹集合中找到的特殊统一性的复合物构成的。……心灵则从这些真正的可能性中选择一个作为现实的。选择的取舍是一个与确定的事实相关联的真正的可能性，它并且作为判断的独立

---

[1] 胡塞尔：《逻辑研究》，倪梁康译，第2卷，上海译文出版社，1998年，第48页。
[2] 胡塞尔：《逻辑研究》，倪梁康译，第2卷，上海译文出版社，1998年，第102页。

对象起作用。"[1]罗素则强调命题是一个复合统一体。他认为:"通过判断的多元关系形成一个复合统一体(判断复合句)。如果存在一个实际的复合物,在如下意义上与判断复合句相对应,即那些作为判断复合句中对象的东西是以它们自己内部的统一性以及有着同一次序的判断复合句之外的统一性而存在的,那么这个判断就是真的。"[2]我们所举出的美学命题之所以称为"命题",就是因它们都是在作为真实有效的判断基础之上,有着明确的意向性。如刘勰的"陶钧文思,贵在虚静"(《文心雕龙·神思》)以主体的心灵澄明虚静,作为创作的根本条件,其意向性是明确的。再如王国维《人间词话》中提出的"有境界则自成高格"的命题,在诸多的词学价值中唯选境界为其根本,也是一种鲜明的意向性。

三是命题的不可重复性或唯一性。我们这里指的是在中外思想史上经过长期积淀而成为具有很强辐射力的重要命题。它们经过了多层次、多角度的阐释与淬炼,倘若有人"克隆"或模仿它们,不仅不能成为有效的命题,反倒只能成为笑柄。

三

对于中国美学的特性的探讨,也许会被人视为大而无当或者是已陈刍狗的,然而,如欲谈论中国美学命题之于中国美学研究的意义,却又不能不连带涉及这个问题。欲使中国美学的研究得到实质性的进展,则必须对中国美学的特性有一个基本的判断。与西方的美学比较,中国美学自有其独特的形态与结构,自有其特殊的话语方式。那么,命题在其中究竟充当了何种角色?

一种普遍性的看法是,西方美学是以思辨的严密性和系统性为其思维特色,其体系非常完整,范畴的内涵与外延都颇为严密。在哲学史和

---

[1] 苏珊·朗格:《艺术问题》,滕守尧、朱疆源译,中国社会科学出版社,1983年,第224页。
[2] 苏珊·朗格:《艺术问题》,滕守尧、朱疆源译,中国社会科学出版社,1983年,第225页。

美学史上占有重要地位的思想家，大多数都有体系严密的著作，而他们的论证，也多是围绕着核心命题展开的。对于中国美学，我们认为是经验的、直观感悟的性质居于主导。如在范畴体现方面，则多是描述性的、比喻性的，内涵与外延都缺少明确的规定性。这在某种意义上是客观存在的，中国古代的美学资源，大多出于文学家、艺术家之手，而以思辨见长的理论家所著述的文艺理论和美学著述，如刘勰的《文心雕龙》、刘熙载的《艺概》、章学诚的《文史通义》等，则是很少的。从范畴的方面来看，提出和使用各种范畴的人非常之多，却又处在较为随性的状态之下；同一范畴在不同使用者那里有不尽相同的内涵，不同的范畴却也许有相同相近的内涵。

在笔者看来，中国美学自有其独特形态的体系，这种体系不能以形式逻辑的眼光来衡量。西方的美学家大都有系统的哲学观点，如柏拉图、亚里士多德，德国古典哲学时期的康德、黑格尔以及谢林，乃至20世纪的海德格尔、德里达、伽达默尔等，都是以其独树一帜的哲学体系见称的。这种体系，是以逻辑严密、思辨力强见长的。那么，中国美学就没有特性了吗？其实不然。中国的哲学美学，并非不存在体系，而是有着属于自己的特殊体系性，这种体系显现以中国文化背景为其根基的、贯穿的、流变的特性。从个体来看，这种体系并不明显，而从整体看来，中国美学的体系性却是包含在中国文艺史上的诸家论述及其流变之中的。这种体系的个人色彩也许并不突出，甚至是很淡化的，但若沿着历史的轨迹来看，这种体系的脉络还是颇为清楚的。如儒家文艺思想的体系、道家文艺思想的体系、佛家文艺思想的体系，都是一脉相承的。从范畴的角度来看，中国美学更有着贯穿的、流变的体系性质。具体的范畴往往从经验中提升出来，却并无论证的过程。如感兴、情志、形神、风骨、意象等，而通过文学家、艺术家的反复运用，踵事增华，这些范畴的内涵不断深化，从而形成了一以贯之的范畴，当然也不乏产生某些变异。

对于中国美学来说，命题的特性与功能尤能为之增添独特的风采。中国美学命题的普遍特性一是命题自身的完整自足，使之深入文学家、艺术家的创作观念，而且具有明晰而丰富的理论内涵。这些命题也已经由人们反复运用，并从原来的语境中脱颖而出，在语法和句式上都经过了淬炼，从而形成了简洁而完整的命题形式，如"诗言志""诗无达诂""大象无形""心斋坐忘""观物取象""涤除玄鉴""澄怀味象""思与境偕""发愤著书""神与物游""应物斯感""窥意象而运斤""吐纳英华，莫非情性""各师成心，其异如面""写气图貌，随物宛转；属采附声，与心徘徊""以少总多""入兴贵闲""得意忘言""质有趣灵""气韵生动""以形传神""迁想妙得""外师造化，中得心源""咫尺万里""虚实相生""计白当黑""境生象外""不著一字，尽得风流""不平则鸣""言有尽而意无穷""以俗为雅，以故为新""气韵非师"等等。这些命题在语法上都是相对完整的，其价值判断是颇为明确的。与古代文论与美学的范畴相比，其主体性与意向性都是昭然可见的。这里所说的美学命题，往往揭示着完整、系统的美学观念，具有了范畴所不能完整表达的美学意蕴。这些命题已经经过了历代艺术家或理论家们的运用，经过整合与熔炼，在原典的语境中突出了出来，并在中国人的审美意识史上得到了内涵上的统一与确定。如"涤除玄鉴""心斋坐忘"分别出自《老子》《庄子》，有着明显的道家哲学思想的底色，其本来义主要是对于道本体的体认，但在人们的审美认知中，已经成为人们对审美态度的确定性的命题，认为审美主体的形成及审美对象的呈现，应该是去除内心的种种私欲杂念，使自己的内在世界无欲无求，心无挂碍，这是进入审美过程的主体条件。"澄怀味象"与之意思接近，但使动的意思更为鲜明，同时，又将这个命题框定在山水画的创作前提上。味象，是品味并呈现于内心的山水之象，它来源于作为客体的山水对象，但又是呈现在心灵屏幕上的意象。"以形写神"源自于南朝著名画家顾恺之的画论《魏晋胜流画赞》，明确地表述了画家关于绘画领域中如何处理形神关系的观点，另一个与之非常相近的命题就是"传神写照"，揭示了人物画的美学旨归。而这其中的佛学意蕴也是很容易领悟出来的。这些美学命题在表达主体的审美观念和美学思想方面，都是完整自足的。对它们的理解，当然要更为全面地把握其思想系统的背景，但这些经过了人们反复运用和淬炼的命题，在语言方式上更加整饬，而其语法关系因其完整性而给人以强烈、深刻的印象。

与西方的哲学、美学命题相比，中国美学命题有着一个突出的特征，那就是它的自明性。前者以某一命题为其核心展开阐述与认证，它的思辨性和阐发性就显得十分鲜明。往往一位思想家的一部经典名著，其实就是围绕着一个核心命题展开，终其全书都在阐明这个命题。如克罗齐的《美学原理》，如果概括来看，就是认证他的"直觉即表现"的核心命题。杜威的《艺术即经验》，也是以整部著作都来认证"艺术即经验"这个核心命题。这样说当然不免有些简单化或以偏概全，但笔者是在与中国美学命题的比较中来考察其特征的。中国美学的命题，如我们上述那些，是从艺术家或理论家的文章及作品中突显生发出来的。其原本并非全是为阐发此一命题而为，也不会全文乃至全书专为阐发此一命题，往往只是最能表述作者思想的一个亮点；而经过了读者或艺术家们的反复运用与阐发之后，其内涵愈加明晰，一读之下，令人心智顿开。与西方的命题相比，它的自明性特征非常显豁。如"各师成心，其异如面"（《文心雕龙·体性》）这个命题，是说作家的主体因素是决定风格的根本原因，主体因素的丰富多样，导致了风格特征的多姿多彩。这是一读之下就能明白它的意思的。"神与物游"（《文心雕龙·神思》）是讲作家的内在运思是与外在物象相伴而行的。"咫尺万里"出于杜甫的题画诗《戏题王宰画山水图歌》："尤工远势古莫比，咫尺应须论万里。"经过读者的认同过程之后，"咫尺万里"成为人们在审美价值方面的重要尺度，就是在非常有限的篇幅内，蕴含着特别大的审美张力。这个意思也是不言自明的。"不平则鸣"源于韩愈《师说》中的"大凡物不得其平则鸣"，是说诗人、作家创作的动因是因其遭遇不平，"发愤著书"的意思与之相近。"境生象外"源自于唐代诗人刘禹锡的《董氏武陵集序》："诗者，其文章之蕴邪！义得而言丧，故微而难能。境生于象外，故精而寡和。"而作为美学命题的"境生象外"，其意蕴就是指意境的整体性是由意象生成的。这个理论内涵是非常确定的。这种自明性，是中国美学命题的一个鲜明特征，也是贯通中国美学发展史的一个重要条件。

四

在中国美学研究中，如何发挥命题研究的作用，以推进中国美学的开拓进展？中国美学已有若干重要著作问世，如李泽厚的《美的历程》、敏泽的《中国美学思想史》、叶朗的《中国美学史大纲》、李泽厚和刘纲纪的《中国美学史》（第一、二卷）、张法的《中国美学史》、陈望衡的《中国古典美学史》、祁志祥的《中国美学通史》等；此外相关的还有曾繁仁主编的《中国美育思想通史》、朱志荣主编的《中国审美意识通史》等。还有许多研究中国美学的著作，如宗白华的《美学散步》、梁宗岱的《诗与真》、韩林德的《境生象外》等等。研究文章就更可以说是汗牛充栋。胡经之主编的《中国古典美学丛编》，以"作品""创作""鉴赏"三大编，汇集了中国美学的经典论述，基本是以美学范畴为主题，如"情志""形象""形神""比兴""中和"等等。蔡锺翔主编的"中国美学范畴丛书"两辑共20种，大大推动了中国美学范畴的梳理与研究。时至今日，我们认为，中国美学从命题研究的范式进行切入，或可以为中国美学研究开掘出新的层面。美学命题在中国美学文献中比比皆是，处处可见。而且也有一些从命题的角度进行研究的论著，如汤一介的《"命题"的意义——浅说中国文学艺术理论的某些"命题"》[1]等，都体现出自觉的命题研究意识。韩林德的《境生象外：华夏审美与艺术特征考察》（生活·读书·新知三联书店1995年版）作为"三联哈佛·燕京学术丛书"之一种，其中多有对华夏美学主要范畴、命题的研究。如第一章"华夏美学的主要范畴命题和论说"，其中的"言志与缘情说""气韵生动论""外师造化，中得心源说"，都是美学命题研究的重要成果。笔者近年来有多篇从哲学命题切入美学的文章，如《"万物一体"

---

[1] 汤一介：《"命题"的意义——浅说中国文学艺术理论的某些"命题"》，《文艺争鸣》，2010年第2期。

思想与中华诗学的审美特征》《"理一分殊"思想及其诗学价值》《"如在目前"与"见于言外"——中国诗学中的内视美追求及其审美功能》《"凡象，皆气也"——诗学意象观念与气论哲学》《"鸢飞鱼跃"与中国诗学中的审美理性》等，这些文章都是自觉地以命题研究为其方法论的。吴建民近年出版的《中国古代文论命题研究》一书，是对命题研究最为系统的专著，对于古代文论的命题之特征、功能都作了明确阐述，并将命题与范畴之间作了区别。这是迄今为止第一部系统论述命题的学术专著，虽则是就古代文论的命题进行理论建构，但相当大程度上也是契合美学命题的。吴建民的《古代文论"命题"之特征、功能与价值》，也是一篇倡导命题研究的重要论文。詹杭伦在《文章理论命题四论》中，举"文如其人""文无常体""文章本色""文章之妙"等四个文章学命题为个案进行探讨。上举研究例证，说明美学命题研究开始进入一种理论自觉阶段。相关美学和文论的学者，不仅具有鲜明的命题意识，而且已经有若干美学命题的重要成果问世。这对中国美学研究来说，不啻为一股强劲的推动力。

如果作为一种研究范式转换来看待命题研究，并欲以此为契机推动中国美学的整体性进展，依笔者之见，对于命题研究的现状，还应进一步梳理与反思，以便在后面的研究工作中进一步彰显作为研究范式的独特性和规范性。对于如何使命题研究提升到更高的水准，从而推出一批标志性的成果，笔者也有一二浅见。

从现有的命题研究成果来看，首先是具有强烈而明确的方法论的关于命题的本体研究还是相当匮乏的。现有的命题本体研究的论著寥若晨星，而且对于人生为美学命题的自身规律也还缺少正面研究；二是当代学者关于命题的研究成果整体看数量颇少，基本上处于起步阶段，还是"小邦"，未成"大国"。

从建设性的意义上，笔者认为可以从这样几个方向上推进美学命题研究，使其提升到一个新的局面。一是对中国美学文献中蕴含着的大量命题进行整理性研究。对于那些普及程度不够高而具有丰富理论价值的命题，进一步在句式上进行提炼，使之上升为经典形态的美学命题。如能以《中国美学命题辞典》的研究方式进行梳理并加以严谨的阐释，会大大提升美学命题研究的规范性，并使其理论成就得以进一步彰显。二是对美学命题的本体研究进行学术建构。命题本来是逻辑学的专业术语，在哲学和美学中又是大量的客观存在。美学命题在西方多数脱胎于哲学体系，研究其命题当然要从其哲学体系的"母体"中把握其美学内涵；中国的美学命题也有一部分具有深广的哲学背景，如"大巧若拙""大象无形""言不尽意""以意逆志""万物一体"等，因之也要寻找哲学母体，使之渊源脉络清晰，同时还要揭示其由文学艺术创作而形成的审美内涵。很多美学命题具有普遍性的美学理论价值，但同时又兼具某一门类艺术的专业背景，如"思与境偕""言有尽而意无穷"的诗学根基，"传神写照""笔妙墨精"的绘画源头，这些都是在命题研究中可以寻绎的学术线索。三是借助当前国家人文社科研究体制机制推进美学命题研究。如在国家社会科学基金立项及教育部、各省市社会科学基金立项上设置美学命题研究选题，相关专业的博士论文和硕士论文以中国美学命题个案为研究选题，以立项、立题的方式使美学命题研究本体及个案成为深入研究的对象，同时也推出、培育一批年轻的学者进入美学命题研究领域。

中国古代美学命题，其积也厚，其理也深，有待于在新时代的人文科学视野中加以发掘与理论建构。习近平总书记《在哲学社会科学工作座谈会上的讲话》中明确提出："只有以我国实际为研究起点，提出具有主体性、原创性的理论观点，构建具有自身特质的学科体系、学术体系、话语体系，我国哲学社会科学才能形成自己的特色和优势。"构建"三个体系"，中国美学命题研究是一个具体可行的突破口。期待有更多的学者以自觉的命题意识投入中国美学命题研究，可使中国美学的研究开创一个新局面，上升到一个新的境界。

原文发表于《社会科学辑刊》2020年第1期

基本问题

导 语

  提出问题之后，如何展开研究，这是我们面临的第一个挑战。幸有前贤与同道，我们通力协作，尝试从"作为思想文化术语的美学命题""命题的审美之维""命题的思维学理据"，以及"命题与美学理论建构""命题与范畴的关系"等具体角度展开，正式拉开命题研究的序幕。

作为思想文化术语的中国美学命题

张 晶

中华思想文化术语传播工程经过许多专家学者的共同努力,现已取得体量宏大的成果。"中华思想文化术语"丛书,已出版到第 7 辑,经整理与翻译的术语词条有 700 条左右。这为中华思想文化术语的传播提供了坚实的基础。日前由北京外国语大学与中国传媒大学联合主办的"中国文化,国际共享——2019 中华思想文化国际传播研讨会"又为中华思想文化核心词的梳理阐释、翻译传播、交流互鉴等增添了许多新材料和方法论启示。

作为超越传统的研究方法,范畴研究成为近年来文论和美学研究的新趋势。《文学遗产》2001 年第 1 期曾发表蔡锺翔、涂光社和汪涌豪的《范畴研究三人谈》。汪涌豪出版了《范畴论》。蔡锺翔主持编辑了"中国美学范畴丛书",约请国内十几位美学研究者,撰写和出版(分两辑)范畴研究的专著,有《美在自然》《文质彬彬》《和:审美理想之维》《原创在气》《因动成势》《兴:艺术生命的激活》《意象范畴的流变》《意境探微》《雄浑与沉郁》《美的考索》《志情理:艺术的基元》《正变·通变·新变》《心物感应与情景交融》《神思:艺术的精灵》《虚实掩映之间》《清淡美论辨析》《雅论与雅俗之辨》《艺味说》等共计 20 种中国美学范畴著作,成为该领域最集中的成果群。

实际上,除了范畴,还有一种非常重要的理论形式就是命题。范畴与命题有很大区别,而它们的关联互动,是构成中国美学体系的最基本框架。关于命题研究,汤一介、韩林德、张晶、吴建民等学者早已明确提倡并率先开展。汤一介《"命题"的意义——浅说中国文学艺术理论的某些"命题"》(《文艺争鸣》2010 年第 1 期),明确阐发了在文学艺术理论研究中命题的意义。张晶发表有《入兴贵闲——关于审美创造心态的一个重要命题》(《吉林大学社会科学学报》2000年第1期)。

韩林德在《境生象外：华夏审美与艺术特征考察》中论及范畴与命题在中国美学发展中的作用时认为："在中国古典美学形成和发展的历史长河中，一代代美学思想家和文艺理论家，在探索审美和艺术活动的一般规律时，创造性地运用了一系列范畴和命题，如'道'、'气'、'象'、'神'、'妙'、'逸'、'意'、'和'、'味'、'赋'、'比'、'兴'、'意象'、'意境'、'境界'、'神思'、'妙悟'、'一画'、'法度'、'美'与'善'、'礼'与'乐'、'文'与'质'、'有'与'无'、'虚'与'实'、'形'与'神'、'情'与'景'、'言'与'意'、'阳刚之美'与'阴柔之美'、'立象尽意'、'得意忘言'、'涤除玄鉴'、'澄怀味象'、'传神写照'、'迁想妙得'、'气韵生动'，等等。这些范畴和命题，既相互区别，又相互联系和相互转化，彼此形成一种关系结构，共同建构起中国古典美学的宏大理论体系。"[1]近年来古代文论学者吴建民力倡中国古代命题研究，先后出版了《中国古代文论命题研究》等专著及相关论文。

吴建民首先指出命题与范畴的不同："'命题'的基本形式是'句子'，'把判断叫做命题'，也就是判断性的短语。命题的这一特征，使之与'范畴'有了根本性的区别，因为范畴'是各个知识领域中的基本概念'，在形式上类似'名词'，如风骨、韵味、意象、义法、含蓄、道、趣、丽、神等，这些范畴都是古代文论的基本概念。古代文论的'命题'通常表现为陈述句、判断句，或者表现为陈述文论观点、判断文论思想的短语。如'诗言志'、'情以物兴'、'文已尽而意有余'、'境生于象外'、'独抒性灵，不拘格套'、'文，心学也'、'诗品出于人品'等皆为句子，而'文质彬彬'、'知人论世'、'发愤著书'、'化下刺上'、'感物吟志'等则为短语，这些句子或短语都是古代文论的典型命题。"[2]吴建民将范畴与命题在形式上作了一目了然的区分，使我们可

---

[1] 韩林德：《境生象外：华夏审美与艺术特征考察》，生活·读书·新知三联书店，1995年，第1页。
[2] 吴建民：《"命题"与古代文论之建构》，《中国文学研究》(辑刊)，2012年第1期。

以对命题研究的起点有一个相对明晰的认识。

对于中国特色哲学社会科学话语体系建设而言，命题研究是一个重要的切入点。曾有观点认为中国文论或中国美学缺少体系和思辨，只有直观的、经验的形态。笔者对这种观点持否定意见。无论是中国古代文论还是中华古典美学，并不缺少体系，也不缺少抽象思辨，只是这种体系性和抽象性在很多时候是以生机勃勃的面貌存在于各种不同的文体形式中，如序跋、书信、论诗诗、题画诗等。其实，也有相当数量的文论或美学体系存在于某一文论家或思想家的系统论著中，如陆机的《文赋》、刘勰的《文心雕龙》、张彦远的《历代名画记》、郭若虚的《图画见闻志》、元好问的《论诗绝句三十首》、董其昌的《画禅室随笔》、李渔的《闲情偶寄》、叶燮的《原诗》、沈宗骞的《芥舟学画编》、刘熙载的《艺概》等。有的人认为中国文论或美学缺少体系性，无非是以形式逻辑的角度来框定这些古典文献的产物。这些经典非但不缺乏体系与思辨，而且与艺术批评结合紧密，大多都基于丰富的艺术审美经验。有的人认为中国文论或美学缺少抽象提炼没有体系，这种观点是以西方话语方式作为标准的。中国文论或美学的抽象程度并不低于西方美学的抽象程度，其理论产物正是经由审美抽象凝结而成的命题。如"诗缘情而绮靡""澄怀味象""入兴贵闲""各师成心，其异如面""以形传神""气韵生动""外师造化，中得心源""触物起情"，等等。这些命题，具有相对完整的语法形式，同时又具有内涵上的自明性。

中国美学命题，一方面具有客观性，另一方面又具有鲜明的意向性特征，同时又在具体的判断过程中阐明主体立场。中国美学体系的梳理与建构，既需要范畴作为单元，更需要命题作为基本的组成部分。无论是从中国文化术语的角度，还是在中国美学思想体系的层面，命题研究都应该得到系统化梳理，这将为构建中国特色哲学社会科学话语体系提供极大助力。

原文发表于《中国社会科学报》2020年2月28日

命题：中华美学的核心基因

吴建民

"命题"是中国古代美学思想的核心基因之一，对于古代美学思想的表达、理论体系的筑构及思想理论的传承发展等都具有举足轻重之作用。"基因"本是生物遗传学的概念，遗传学认为："基因是生命的密码，是生物生长发育、遗传变异、新陈代谢的物质基础和功能核心。"[1] "它可以从上一个世代传递给下一个世代，并能够稳定保持物种的种属特性。"[2] 基因的功能在于能够控制生物之性状如高矮、肤色、形状等，其特点在于具有遗传性，能将生物之性状"从上一个世代传递给下一个世代"，所以又叫"遗传基因"。"命题"对于古代美学之意义正如"基因"对于生物生存、生命遗传之意义：既具有控制古代美学之性质性状的功能，又具有使古代美学思想能够一代代遗传于后世的特点。基于此，借用生物遗传学"基因"这一概念来诠释"命题"对于古代美学的功能作用、价值意义，应该是非常合适的。所谓"命题"，通常是指具有判断性的短句或短语，以"判断"为本体属性，以"语句"为存在形态和表现模式，具有思想表达、理论判断、观念陈述等功能。如"游于艺""立象尽意""充实之谓美""澄怀味象""外师造化，中得心源""文以载道""诗画一律""文，心学也"等，都是古代美学史上的著名命题。命题之所以是古代美学的核心基因，可从三方面诠释。

其一，命题对于古代美学之性质内涵具有制约性作用。命题是中国古人表述美学思想的常用方式，古代理论家一旦产生了某种美学思想观

---

[1] 陈火英主编：《遗传学与社会》，上海交通大学出版社，2015年，第63页。
[2] 李学宝、董妍玲主编：《遗传学教程》，科学出版社，2011年，第1页。

念，一般都采取提出命题的方式来进行表述。因为命题作为语言简明、表述便捷并且表达透彻明确的短句、短语，非常适合用于美学思想观点的表达。由于中国古人有着以简为尚的语言运用习惯，理论家总是习惯于将思考成熟的美学观念凝缩为言简意赅的命题。当理论家运用命题进行美学思想的表达时，命题也就成为古代理论家美学思想的凝聚。凝聚着美学思想的命题，对于古代美学之性质内涵必然具有制约性作用。以孔子美学为例，他所提出的"游于艺""兴于诗""成于乐""思无邪""文质彬彬""尽善尽美""诗可以兴，可以观，可以群，可以怨""迩之事父，远之事君""多识于鸟兽草木之名""绘事后素""乐而不淫，哀而不伤"等命题构成了孔子美学的核心内容，孔子美学的核心思想也就凝聚在这些命题之中。分析这些命题可得出如下结论：孔子美学一方面强调诗乐艺术应有为于社会的实用功能："可以观，可以群，可以怨""事父事君"；另一方面又强调艺术的娱乐审美功能："游于艺""可以兴"。一方面重视"文质"双美，内容形式和谐配合，做到"文质彬彬"；另一方面又要求"美善"兼具，形式之美和内容之善不可或缺，做到"尽善尽美"。一方面强调文学艺术必须以"无邪"为本，坚决拒斥邪思邪念，坚守"思无邪"的思想原则；另一方面又强调应以中和为美，不取偏至，不走极端，以"乐而不淫，哀而不伤"为审美取向。这些命题一方面体现了孔子美学丰富多彩、精妙深刻的理论内涵，另一方面也体现了孔子美学注重实用、讲求中和的性质特征。这些命题将孔子美学的思想理论、内涵本义、性质特征、形态模式等都清晰明确地展示了出来。透过这些命题，后人就能对孔子美学的思想理论、性质特征等进行认知、解读、把握。研究孔子美学，这些命题是最重要的研究对象和内容，如果撇开这些命题，孔子美学的性质内涵便不复存在了。上述命题之所以对孔子美学之性质内涵具有制约作用，根本原因就在于上述命题是孔子美学思想之凝聚，孔子美学思想主要就是通过这些命题而体现出来。再如老子美学也是以命题为基本表述方式，提出了一系列影响深远的美学命题，如"道法自然""无为而无不为""以身观身""味无味""涤除玄鉴""致虚极，守静笃""见素抱朴""有无相生""信言不美，美言不信""五色令人目盲，五音令人耳聋，五味令人口爽，……是以圣人为腹不为目"等，这些命题体现了老子美学的基本性质特点：以"道"为核心，强调自然无为的美学观；审美活动包括"观""味""玄鉴"等；审美主体要"涤除"其心，"致虚守静"；美与真应统一，"不信"的"美言"不可取；艺术审美要以不损害人的生命为本；等等。老子美学思想的性质内涵也通过这一系列命题而体现出来。美学史上其他理论家如庄子、刘勰、郭熙、苏轼、徐渭、金圣叹、李渔、刘熙载等人，其美学思想之性质内涵莫不与其所提出的命题密切相关，这里不必一一论证。从宏观角度看，儒、道诸家美学之建构都离不开命题的提出和运用，命题对于儒、道诸家美学思想之性质内涵同样具有制约作用。

其二，命题构成了古代美学的核心内容。中国古代美学以乐舞、书画、诗文、小说、戏曲等艺术理论为主体，在古代各体艺术理论中，命题都是核心内容。以诗歌美学为例，"诗言志""兴于诗""诗可以兴，可以观，可以群，可以怨""以意逆志""知人论世"等命题构成了先秦诗歌美学的核心内容。"诗无达诂""诗者，志之所之""吟咏情性""情动于中而形于言""化下刺上""主文谲谏""发乎情，民之性""止乎礼义""感于哀乐，缘事而发""哀乐之心感，而歌咏之声发"等命题体现了汉代诗歌美学的核心思想。"诗缘情而绮靡""人禀七情，应物斯感，感物吟志，莫非自然""歌谣文理，与世推移""入兴贵闲""江山之助""文已尽而意有余""干之以风力，润之以丹彩""味之者无极，闻之者动心，是诗之至""穷贱易安，幽居靡闷，莫尚于诗"等命题是六朝诗歌美学的思想精华。"诗者，根情，苗言，华声，实义""境生于象外""但见情性，不睹文字""可以意冥，难以言状""思与境偕""不著一字，尽得风流""诗中有画，画中有诗""诗画一律""工夫在诗外""诗道亦在妙悟""诗有别材，非关书""诗有别趣，非关理""非多读书，多穷理，则不能极其至"等命题凝聚了唐宋诗歌美学之精髓。明清诗学的命题更多，聚集了两代诗歌美学的核心思想。再如音乐美学，先秦理论家提出了"尽善尽美""与民同乐""乐者乐也，人情之所必不免也""君子乐得其道，小人乐得其欲""美善相乐""心不乐，五音在前弗听"

"乐之务在于和心"等命题。《乐记》作为古代音乐美学的集大成著作，提出了大量经典命题，如"凡音之起，由人心生也""人心之动，物使之然也""情动于中故形于声""声成文谓之音""治世之音安以乐，其政和""乐者，通伦理者也""声音之道与政通"等。这些命题构成了古代音乐美学的核心内容，对于古代音乐美学理论之筑构创建具有举足轻重之作用。若无这些命题，古代音乐美学就不知为何种面目了。又如古代戏剧美学也是以命题为核心内容的。以元代戏剧美学为例：胡祗遹提出著名的演员"九美"论，"九美"之内涵主要就是以命题进行表述的，如"姿质浓粹，光彩动人""举止娴雅，无尘俗气""语言辩利，字句真明""盼咐顾盼，使人解悟""关键词藻，时出新奇"等，这些命题即便在今天都是具有切实应用性的戏剧美学观点。燕南芝庵在《唱论》中提出的"取来歌里唱，胜向笛中吹""声要圆熟，腔要彻满""声音不等，各有所长……皆合被箫管"等戏剧演唱美学命题，是该书戏剧美学的核心思想所在。周德清《中原音韵》也主要是通过提出命题而表达其戏剧美学观的，如针对戏剧创作字音混乱的现象，提出了"欲作乐府，必正言语""韵共守自然之音，字能通天下之语"两个重要命题；对于戏剧创作，提出"未造其语，先立其意；语意俱高为上"的命题，强调戏剧创作必须立意为先，要求以"语意俱高"为原则；对于戏剧结构，提出"腰腹饱满，首尾相救"这一命题，体现了戏剧结构应完整匀称的美学要求；对于戏剧语言，提出"造语必俊，用字必熟""文而不文，俗而不俗""要耸观，又耸听，格调高，韵律好，衬字无，平仄稳"等命题，这些命题都是针对戏剧语言的实际运用而提出来的，具有很强的应用性，体现了戏剧语言的美学特征。高明的戏剧美学观不多，主要是表述了对于戏剧功能的两点看法：一是认为"乐人易，动人难"，二是强调"不关风化体，纵好也徒然"，这两个观点都是以命题的形式提出来的。上述诸命题构成了元代戏剧美学的核心内容。明清戏剧美学的核心思想也同样聚集在命题中。古代书画、散文、小说等美学理论的筑构创建同样也都离不开命题的提出，不必一一论证。正是通过命题的大量提出和运用，古代美学丰富多彩的思想理论才得以阐释、论证和表达。

大量的命题筑构了古代美学的思想体系、理论框架，也构成了古代美学的核心基因。

其三，命题是古代美学思想传承发展的重要载体。生物基因的一个重要性质就是"具有遗传效应"，"基因是生物体中位于染色体上、具有遗传效应的特定核苷酸序列组成的基本功能单位"。[1] 命题作为古代美学的核心基因，也"具有遗传效应"这一性质，不但能够使古代美学思想"从上一个世代传递给下一个世代"，而且在传递过程中还能够使前代产生的美学思想不断地得到发展、壮大、丰富和完善，使之变得更加丰满、完备和富于生命活力。"发愤著书"就是一个很好的例证，这一命题自司马迁提出后，为历代理论家所接受、运用，并在接受、运用过程中进行了新的阐释、发挥和拓展，提出了诸多相关性命题，使"发愤著书"这一命题的思想内涵不断地得以丰富、完善和深化。如刘勰以"发愤以托志""发愤以表志"评论作家作品，韩愈提出"不平则鸣"之论，欧阳修以"穷而后工"论诗，李贽指出小说家"不愤不作"，"《水浒传》者，发愤之所作也"，金圣叹强调"怨毒著书"是《水浒传》的创作原因，张竹坡认为《金瓶梅》是"悲愤呜咽，而作秽言以泄其愤"的作品，蒲松龄自言《聊斋志异》是"孤愤之书"等。由此可见，"发愤著书"这一命题在古代美学史上一直处于不断传承、发展、拓展、深化的过程中。一方面其基本思想为后人所接受继承，另一方面其理论内涵也不断地得以拓展、深化。"发愤著书"本为创作论命题，刘勰将其运用到了文学批评领域，韩愈强调作家"不平"遭遇对于创作的重要性，欧阳修申明"穷"是诗"工"之因，李贽指出"愤"是作家创作的动力，金圣叹的"怨毒"说强调"发愤著书"具有强烈的现实批判性，张竹坡的"泄愤"说侧重于著书的感情宣泄功能等。"发愤著书"说的发展历程表明，命题不但具有基因"遗传效应"的特点，而且具有在发展过程中其思想内涵不断得到丰富、开拓、深化的特点。这种"遗传效

---

[1] 梁前进、张根发主编：《遗传学——关于基因的科学》，北京师范大学出版社，2017年，第2页。

应"特点在古代美学中是普遍存在的,如在绘画美学中,南朝姚最提出"心师造化"之后,唐代张璪提出"外师造化,中得心源"之论,明代袁宏道提出"师物不师人,师心不师道"及王履提出"吾师心,心师目,目师华山"之论,清代郑板桥提出"胸中之竹并不是眼中之竹……手中之竹又不是胸中之竹"之论,这些命题的思想内涵基本相同,"心师造化"说的传承发展也充分体现着命题"具有遗传效应"的性质特点。此外,书法美学中的"意在笔先"说,诗文美学中的"文尽意余"说、"文以载道"说等自其提出后,都为后人所反复解读、接受、阐释、运用、拓展、深化。应该指出的是,命题的"遗传效应"又有自身的独特特点,命题在传承过程中,不但会有思想内涵的拓展,而且在更大程度上会有语言形式上的新变。如"发愤著书"说之后产生的诸多命题,在语言形式上都是全新的。"心师造化"后出现的诸多命题在语言形式上也都是新异变化的。形式的变异并不影响思想内涵的传承,基因的"遗传效应"特征完全适用于阐释古代美学命题的性质特点,正是这种"遗传效应"特点,使命题成为美学思想的重要载体,古代美学的核心思想、理论精髓、民族特点等借此而能够得以存活、发扬。

命题对于古代美学虽然具有核心基因之意义,但却一直未为学界所重视,对它的研究一直处于严重的缺失状态,主要表现在两个方面。

其一,研究成果严重不足。命题几乎是当下古代美学研究的一个"盲区",研究成果极为不足。虽然偶尔能看到零星的相关文章,如《入兴贵闲——关于审美创造心态的一个重要命题》《"心哉美矣"——〈文心雕龙〉美学思想的一个重要命题》《宗炳"澄怀味象"画论命题之内涵与意义》等,但零星的文章同难以胜数的古代美学命题相比,不但显得极为微弱衰萎,甚至可以说几乎是微不足道。古代美学命题在思想内涵、语言特点、构成模式、功能作用等方面都独具特征,彰显着古代美学的深刻思想、民族特色和独特魅力,迄今却没有一本对命题之本体性质、内涵特征、功能作用、价值意义、结构形式等展开系统研究的专著,无论如何都是说不过去的,也是非常不正常的。对古代美学命题进行个案研究的著作也有零星出版,如成复旺著《神与物游——论中国传统审美方式》(中国人民大学出版社 1989 年版)、韩林德著《境生象外：华夏审美与艺术特征考察》(生活·读书·新知三联书店 1995 年版)、彭锋著《诗可以兴——古代宗教、伦理、哲学与艺术的美学阐释》(安徽教育出版社 2003 年版)、胡建次著《归趣难求——中国古代文论"趣"范畴研究》(百花洲文艺出版社 2005 年版)等，都是享誉学界的重要著作。但是，这几部对古代美学命题进行个案研究的著作，其研究重点是阐释所选命题的理论内涵、思想精神及其与古代艺术审美的关系，都不能说是立足于"命题"的立场而展开的研究。只有《境生象外：华夏审美与艺术特征考察》一书较多提及"命题"这一概念，屡屡将"命题"与"范畴"并列，体现出了较为明确的命题意识，但书中对"命题"并未展开专门论述。《神与物游——论中国传统审美方式》一书对"神与物游"这一重要美学命题展开了深及骨髓的探索，但亦未明确意识到"神与物游"就是一个美学命题。《归趣难求——中国古代文论"趣"范畴研究》一书的书名就已明确表示此书就是"范畴研究"，而非"命题研究"。由此足见，在对美学命题进行个案研究的学术专著中，很少涉及命题问题。总之，目前学界对古代美学命题的研究仍处于严重缺失的状态，从而研究成果的严重不足也就不足为怪了。

其二，自觉研究意识不强。研究严重缺失、成果严重不足的深层原因在于研究者的自觉研究意识不强。对命题研究的严重不足并不能说明古代美学命题的价值不大，而只能说明当下学人对于古代美学命题的重要性尚未充分认识。未能充分认识到命题的重要性，当然就没有自觉的研究意识，也就不会进行自觉研究。虽然在一些文章中能看到命题概念的使用，如"'诗可以怨'这一理论命题潜藏着春秋诗学的特殊意味""'诗言志'和'诗缘情'是中国文学史和中国文论史上的重要命题""《易传》的'观物取象'的命题，在美学史上形成了一个极其重要的传统思想"等；有的文章即是以命题为题目，如《从"文以载道"到"文以自娱"：论晚明戏剧艺术功用观念之嬗变》《诗可以群——中国古代友情诗探论》《论"以文为戏"》等；有的论著以命题为章节标题，如叶朗《中国小说美学》、韩林德《境生象外：华夏审美与艺术特征考察》

等书部分章节的标题就是命题，但这些成果对命题的偶尔使用或以命题为标题并不意味着对命题的自觉研究，因为其研究不是立足于命题的立场，不是把研究对象看作命题，而是看作一个美学观点或美学话题，未能体现出自觉的命题研究意识。更严重的是有的学者把命题看作范畴，如《中国美学范畴辞典》所收录的"迁想妙得""离形得似""澄怀味象""思与境偕"及《中国美学范畴丛书》收录的"文质彬彬""心物感应与情景交融""大音希声"等，都是命题，而不是范畴。命题研究的自觉意识不强正是当下古代美学研究问题的症结所在，缺乏对美学命题价值意义的正确认识，对其研究只能被疏远化、边缘化，而这正是影响古代美学研究深入展开的一个严重障碍。

原文发表于《中国社会科学报》2020年2月28日

论古代美学象喻式命题

吴建民

中国美学史上的一个重要现象就是理论家提出大量命题,并借助于命题来表述自己的美学思想,从而使命题研究成为当代学人研究古代美学的一个重要内容。命题也是古代诗文美学批评中的一个重要概念,古代理论家经常使用这一概念进行诗文美学批评。在古代诗文美学批评中,"命题"这一概念主要指诗文创作中的立题或作品主旨。如清代夏大霖《屈骚心印》云:"予思命题为文,焉有无次者乎?省其章法,犹今策问之体,杂是非去取之意。""命题为文"即设立题目进行文章写作。又如明代颜廷榘《杜律意笺》笺注杜甫《雨不绝》云:"此篇因雨而寓忧时之意,故以两(雨)不绝命题。"此"命题"也是指确立题目,为诗文题目命名。命题又有诗文主旨之义,如郑板桥云:"作诗非难,命题为难。题高则意高,题矮则诗矮,不可不慎也。"[1]"命题为难"的原因,在于命题关系到诗的"高""矮",影响到诗的价值,此"命题"实为诗文主旨。清代仇兆鳌《杜少陵集详注》注杜甫《散愁二首》云:"以散愁命题,深旨可见。"是说"散愁"既是杜甫此诗之题,又是此诗之旨,"命题"兼有诗之题目和诗之主旨二义。

古代诗文美学批评中的"命题"与当代学术中的"命题"是内涵完全不同的概念。在当代学术中,"命题"是一个逻辑学术语,以"判断"为根本内涵,以"表达判断的句子"或"陈述性的语句"为存在形式,以"表达判断"或"陈述意义"为基本功能,具有陈述性、说明性特点。逻辑学认为:"命题是具有真假意义的陈述性的语句。……所谓陈

---

[1] 郑板桥:《郑板桥集》,上海古籍出版社,1962年,第13页。

述,就是对事物情况的断定、叙述和说明。"[1]《辞海》对"命题"的阐释是:"逻辑名词,表达判断的句子。……一说凡陈述句所表达的意义为命题,被断定了的命题为判断。也有对命题和判断不作区别,把判断叫做命题的。"[2] 这些阐释表明,命题以"表达判断"为内容,"判断"是构成命题的根本内涵,甚至可以"把判断叫做命题"。"判断"对于命题来说,具有本体意义。正如张晶所说:"如果句中无判断,就无法构成命题。"[3] 命题又以"语句"为存在形式,若无语句,也同样"无法构成命题"。就此来说,"语句"对于命题来说,也同样具有本体意义,语句是命题的形式本体。不管是"表达判断的句子",还是表达"真假意义""事物情况"的句子,都具有陈述性。《普通形式逻辑》一书说"命题是具有真假意义的陈述性的语句"。命题作为"陈述性的语句",必然具有"陈述性"特点,是对"判断""真假意义""事物情况"的陈述。

命题以陈述"判断"或陈述"真假意义""事物情况"的语句为形式,其陈述方式可分为"象喻式"和"直述式"两种类型。基于此,古代美学命题也可分为"象喻式命题"和"直述式命题"两种类型。"直述式命题"就是运用简明的理论化语言直接表述美学思想观点而构成的命题,如"立象尽意""充实之谓美""声成文谓之音""澄怀味象""心师造化""境生象外""美不自美,因人而彰""诗画一律""乐人易,动人难""文,心学也"等皆属此类。"象喻式命题"是指运用形象的审美化语言通过取譬比喻的方式来表达美学思想观点而形成的命题,如"金相玉质""踵事增华""陶钧文思,贵在虚静""遗貌取神""景媒情胚""骨丰肉润""立主脑""密针线"等皆属此类。这两种命题的差异主要在于所运用的语言各有不同的特点:前者运用直接表述式语言,后者运用形象譬喻式语言。直接表述和形象描述作为不同的语言类型和不同的表达方式,导致了这两种类型命题的生成。

---

[1] 关老健主编:《普通形式逻辑》,中山大学出版社,2002年,第58页。
[2] 《辞海》编辑委员会编:《辞海》(缩印本),上海辞书出版社,1980年,第322页。
[3] 张晶:《中国古代美学命题研究的意义何在》,《社会科学辑刊》,2020年第1期。

在中国古代美学中，绝大多数命题都是直述式命题，因为此类命题能够更直接便捷和更充分透彻地表达理论家的思想观点，并且具有更好的表达效果，故为古代理论家所乐于运用，从而导致直述式命题在古代美学史上始终处于主流之地位。象喻式命题虽然数量不多，表达效果不如直述式命题直截了当、清晰明确、充分透彻，但作为古代美学理论命题中的重要一类，不但表达着古代理论家的重要美学思想，是中国古代美学的重要载体之一，而且也以其独特之特点彰显着中国古代美学的民族特色，赋予了中国古代美学鲜明的理论风采及学术品格，因而也具有极其重要的价值及意义。由于学界多年来一直疏于对命题的关注，对直述式命题的研究尚且不多，对于象喻式命题的研究更是鲜有人问津，有关此类命题的一些基本理论问题如构成类型、功能作用、价值意义、生成原因等，迄今尚未有明确的诠释、自觉的研究及深入的探索。扭转学界多年来忽视命题研究的学术偏见，提高当下学人的命题研究意识，必将有助于推进中国古代美学理论研究的开拓、发展和深化。而强化对于象喻式命题的研究，是推进古代美学理论研究向更高的层次开拓、更广的方向发展的有效手段之一。因为象喻式命题蕴藏着丰富深刻的美学思想，是构成古代美学理论不可缺少的重要因素，在语言特点、表述方法、构成模式、思想内涵、价值意义等方面都独具特色，并且学界对其研究尚未真正展开。对其研究不但有助于深入挖掘古代美学的思想理论，而且有助于彰显中国古代美学的民族特征、理论风采及学术品格。

一、象喻式命题之基本类型

辨析象喻式命题的基本类型是研究的起点，只有对其基本类型辨析清楚，才能对其特点有准确的认识把握，对其研究才能全面顺利地展开。象喻式命题的构成类型较直述式命题更为复杂，一方面涉及句式构成的不同特点，另一方面涉及取象譬喻的不同情况，对其类型的分析亦可从这两方面展开。

（一）句式特点与象喻式命题类型

命题以语句为基本形式，句式不同，所构成的命题形式也不同。从句式特点的角度看，象喻式命题包括单句式和多句式两种类型。

单句式象喻命题就是由单一语句构成的命题。最简单的单句式象喻命题由两个字构成，如"卧游""养气""炼骨"等。由于古代汉语有省略主语的语言特点，这几个命题都省略了主语。"卧游"（即"卧以游之"的压缩，命题具有灵活性、变通性特点，可删节变动原文文字而保留文意，以便语言简洁精练。如"发愤著书"的原文是"大抵贤圣发愤之所为作也"。"文以载道"的原文是"文所以载道也"等。古代美学范畴则不可删节改动原文文字，没有这种灵活性、变通性特点。这种灵活性、变通性也是中国古代美学命题与范畴的重要区别之一）是由省略主语的连动结构所构成的短句，是用卧游山水比喻观赏山水画的审美愉悦。"养气""炼骨"也都是省略了主语的动宾结构构成的短句，"气"和"骨"都是以人喻艺，"养气"要求审美主体要注重精神品格的培养（此"气"指艺术家的精神之气，与刘勰《养气》篇所说的颐养生命元气之气及曹丕《典论·论文》所说的"文以气为主"的或清或浊之气都不同），"炼骨"要求艺术家要注重对作品内在力量的锤炼和强化。此类命题虽然只有两个字，在形式上与范畴非常相似，但实质上都是命题，因为它们都是对某种美学观念的判断，表达了理论家的某种美学观点，是对某种美学观念的陈述。用两个字形象地表达一种审美判断，难度非常大，因而在古代美学史上此类命题很少。由三个字构成的单句式象喻命题如"有滋味""尚气骨""立主脑""减头绪""密针线"等，也都是无主语的动宾结构，以形象的比喻表达了一种审美判断。如"主脑"比喻戏剧的中心主旨："主脑非他，即作者立言之本意也。"[1] "头绪"比喻戏剧的情节线索："头绪繁多，传奇之大病也……一线到底，并无旁见、侧出之情。"[2] 用三个字形象地表达一种审美判断也非常困难，因

---

[1] 中国戏曲研究院编：《中国古典戏曲论著集成》（七），中国戏剧出版社，1959年，第14页。
[2] 中国戏曲研究院编：《中国古典戏曲论著集成》（七），中国戏剧出版社，1959年，第18页。

而美学史上此类命题也为数不多。四个字构成的单句式象喻命题最为常见，如"金相玉质""踵事增华""风清骨峻""骨丰肉润""外枯中膏""胸有成竹""遗貌取神""景媒情胚""舍筏登岸"等，都是古代美学史上的著名命题。用四个字表达一种审美判断相对较为容易，因而此类象喻式命题数量较多。五个字以上的单句式象喻命题也较为常见，如"贱形而贵神""窥意象而运斤""善笔力者多骨""画皮画骨难画神""诗有肌肤血脉骨格精神""制词须布置停匀血脉贯穿"等，都是以形象化比喻表达了理论家的美学观念。此类命题由于字数较多，理论家表达观点也就更为自由方便。

多句式象喻命题是由两个或两个以上单句构成的命题，又称"复合式象喻命题"。如"谢朝华于已披，启夕秀于未振""陶钧文思，贵在虚静""辞为肌肤，志实骨髓""不下堂筵，坐穷泉壑""学不师古，如夜行无火"等命题皆由两个单句构成。"令筋脉相连，意在笔前，然后作字"[1]"书之妙道，神彩为上，形质次之"[2]"美锦制衣，修短有度，虽玩其采，不倍领袖"[3]"善笔力者多骨，不善笔力者多肉。多骨微肉者谓之筋书，多肉微骨者谓之墨猪。多力丰筋者圣，无力无筋者病"[4]等命题皆由两个以上的单句构成。此类命题中的有些单句也可以自成命题，如"善笔力者多骨"与"不善笔力者多肉"，"谢朝华于已披"与"启夕秀于未振"，"辞为肌肤"与"志实骨髓"都是独立的命题，都有独立的意义，但两个单句合起来意义更加丰满完整。而"陶钧文思，贵在虚静""不下堂筵，坐穷泉壑""学不师古，如夜行无火"等命题中的单句则不是独立的命题，因为一个单句的意义不明，无法构成判断，两个单句必须合起来意义才完整。古代美学中的多句式象喻命题也十分常见，因为当理论家的思想观点较为复杂，一个单句不足以表达时，就必须运用多句式命题来表达，从而导致此类命题的产生。正因如此，多句

---

[1] 杨素芳、后东生：《中国书法理论经典》，河北人民出版社，1998年，第14页。
[2] 杨素芳、后东生：《中国书法理论经典》，河北人民出版社，1998年，第39页。
[3] 刘勰著，王运熙、周锋撰：《文心雕龙译注》，上海古籍出版社，1998年，第295页。
[4] 杨素芳、后东生：《中国书法理论经典》，河北人民出版社，1998年，第12页。

式象喻命题所蕴含的美学思想也更为丰富复杂。

(二) 取象特点与象喻式命题类型

象喻式命题是理论家运用取象喻义的方式而产生的,古人取象喻义的方式主要有二:一是全象比喻,二是半象比喻。这两种不同的取象喻义方式,使象喻式命题形成了"全象比喻式"和"半象比喻式"两种类型。

"全象比喻式命题"是指整个命题使用的都是形象化比喻性文字,如"谢朝华于已披,启夕秀于未振""卧游""踵事增华""操千曲而后晓声,观千剑而后识器""胸有成竹""减头绪""密针线"等。此类命题的思想内涵与所使用的文字并没有直接的关系,从文字的表面根本看不到任何美学思想内涵,命题的全部思想内涵都隐藏在形象的比喻中,"比喻"是理解此类命题思想内涵的根本所在。由于使用"全象比喻式"语言,从而使此类命题的构成与范畴毫无关系。如果说直述式命题的构成一般都以范畴为基础,如"立象尽意"中的"象"与"意","境生象外"中的"境"与"象","体物得神"中的"物"与"神"等都是审美范畴;那么在全象比喻式命题中,是没有任何审美范畴的参与的。如"胸有成竹""密针线""卧游"等全象比喻式命题就没有使用任何审美范畴,其构成与审美范畴没有任何关系,也就是说,此类命题的生成不需要运用任何审美范畴。"全象比喻式"的语言特点使接受者在把握此类命题的思想内涵时,就产生了较大的难度。因为接受者无法从字面上理解命题的思想内涵,命题的思想内涵全在语言之外的"喻义"中。这就必须联系命题使用时的相关语境,结合文本中上下文的语意脉络,透过喻象而对喻义进行分析理解,才能把握到命题的内涵本义、思想观点。如萧统在《文选序》中提出"踵事增华"这一命题:"盖踵其事而增华,变其本而加厉;物既有之,文亦宜然。"[1] 此命题的内涵就是强调文章体制、作品形式的发展是一个由粗简向精美、由质朴向华丽的不断升华过程。对于这一内涵必须联系《文选序》上下文的语脉文义才能认知明白。再如刘勰在《神思》篇提出"视布于麻,虽云未费,杼轴献

---

[1] 萧统编,李善注:《文选》,上海古籍出版社,1986年,第1页。

功,焕然乃珍"[1]这一复合全象比喻式命题,其内涵是强调神思具有巨大而奇妙的审美创造功能,是说作家通过神思而能够使平凡无奇的生活素材变为精美动人的文艺作品,就像织布机通过做功而能够把平淡无奇的麻缕材料变成焕然珍贵的布匹一样。这些丰富深刻的思想内涵完全隐藏在巧妙的比喻中,只有联系《神思》篇上下文的相关论述,厘清语义脉络后才能把握到刘勰的观点,若离开文本语境,是难以理解命题的思想内涵的。由于全部使用形象化比喻性文字,读者必须联系文本语境,结合上下文的语脉,挖掘出深藏于喻体中的喻义,才能真正理解其内涵本义,所以此类命题是古代美学史上理解难度最大的命题,甚至会产生见仁见智的歧义。

"半象比喻式命题"是指命题中只有部分形象化比喻性的文字,如"善笔力者多骨,不善笔力者多肉""陶钧文思,贵在虚静""窥意象而运斤""景媒情胚""学不师古,如夜行无火""观画者,如口察味"等,皆属此类。此类命题都是由形象化比喻性文字与语义明确的陈述性文字相配合而构成的,与直述式命题较为接近。如"多骨""多肉"是形象化比喻,"善笔力""不善笔力"则是阐释理论的陈述性文字;"媒""胚"是形象化比喻,"景""情"则是理论内涵十分明确的陈述性文字;"夜行无火"是形象化比喻,"学不师古"则是表达观点的陈述性文字等。半象比喻式命题的这种取象譬喻的语言特点,使此类命题的内涵本义较容易理解把握。因为命题中有一半文字是语义明确的陈述性文字,接受者很自然地就会把形象化比喻与意义明确的陈述性文字联系起来思考,通过意义明确的陈述性文字而推断出形象化比喻的喻义,从而就能够较容易地把握到命题的思想内涵。此类命题实际是象喻式命题与直述式命题的结合:既有象喻式命题形象化比喻之特点,又有直述式命题表述意义明确之特点;形象化比喻与陈述性文字共同表达出命题的全部思想内涵,二者缺一不可。如"学不师古"与"如夜行无火","窥意象"与"运斤"都不可或缺。在半象比喻式命题中,形象化比喻赋予命题审

---

[1] 刘勰著,王运熙、周锋撰:《文心雕龙译注》,上海古籍出版社,1998年,第250页。

美化品格,陈述性文字则使命题的思想内涵明确清晰。这种审美化品格与内涵明确相结合的双重特点,使半象比喻式命题成为自古迄今人们最为乐意接受和运用的命题。

二、象喻式命题之功能价值

古代美学史上之所以不断地出现象喻式命题,根本原因在于此类命题具有重要的功能与价值。对于任何命题来说,功能都是其全部价值所在,若无功能作用,命题也就没有任何价值意义。实际上命题的功能与价值是不可分割的:一方面功能决定着价值,有功能才有价值,无功能便无价值可言;另一方面价值体现着功能,价值之大小标志着功能之大小,功能与价值实际上是同一事物的两个方面,两者是不可分割的。对于象喻式命题而言,其功能主要有二:一是复杂美学思想观点的巧妙表达,二是丰富审美效果的巧妙实现。这两方面功能不但使象喻式命题具有了重要的美学思想之价值和艺术审美之价值,而且也使理论家获得了相应的理论话语权,从而使他们在美学史上具有相应之地位。

(一)象喻式命题的理论表达功能及理论价值

巧妙地表达丰富复杂、深刻精辟的美学思想是象喻式命题的根本功能所在。命题作为"表达判断的句子",其功能就是"表达判断",也就是表达理论家的思想观点。象喻式命题作为命题之一类,也是以"表达判断"为基本功能,以表达理论家的美学思想为使命。若没有或不能有效地表达理论家的美学思想观点,象喻式命题则不能成立,亦不复存在。对于中国古代理论家而言,当他们产生了成熟的美学思想观点后,通常都是通过提出命题来进行表达的,因为运用命题表达思想观点最为便捷有效。就此而言,可以说命题凝聚着中国古代美学的思想精华。需要说明的是,古代美学史上绝大多数理论家都是运用直述式命题来表达思想观点的,特别是在先秦两汉时期,鲜有象喻式命题的运用。魏晋以降,随着文学的蓬勃发展及理论家文学素养的提高,运用象喻式命题表达思想观点的现象才逐渐增多起来。如陆机提出"谢朝华于已披,启夕秀于未振""理扶质以立干，文垂条而结繁"[1]等诗文美学命题；王羲之提出"筋脉相连，意在笔前，然后作字""倘一点失所，若美人之病一目；一画失节，如壮士之折一肱"[2]等书法美学命题；宗炳提出"卧游"、姚最提出"摈落蹄筌，方穷致理"等绘画美学命题。刘勰在《文心雕龙》中更是大规模地提出和运用了象喻式命题，几乎篇篇都有，各种类型的象喻式命题多达一百余个，可谓是象喻式美学命题大全。唐至清代，象喻式命题在诗文、书画、小说、戏曲等美学理论领域层出不穷。如诗文美学有"不著一字，尽得风流""身历目见是铁门限""诗之基，其人之胸襟是也""景媒情胚"等，书画美学有"书必有神、气、骨、肉、血""胸有成竹""贱形而贵神""观画者，如口察味"等，小说美学有"写得真情出，天地相始终""天下之文心少而里耳多""其书细如牛毛，千万根共具一体，血脉贯通"等，戏曲美学有"立主脑""减头绪""密针线"等，这些都是古代美学史上思想深刻的经典性象喻式命题。

　　古代理论家提出和运用象喻式命题的根本目的，就在于巧妙地表达思考成熟的美学思想观点。虽然象喻式命题的表达功能不如直述式命题那样表达得直截了当、明晰透彻，但"表达判断"作为象喻式命题的基本功能，使理论家仍然能够使用此类命题巧妙地完成表达美学思想观点的使命。如宗炳提出"卧游"说，其本义是"凡所游履，皆图之于室"，从而"澄怀观道，卧以游之"[3]。卧于室而游于画，以清澄纯美之胸怀观赏山水画之审美趣味，从而获得"观道"而怡情、赏画而悦心的审美享受，实现"畅神"的审美效果。宗炳这些丰富的美学思想就通过"卧以游之"这一形象的比喻而巧妙地表达了出来。再如苏轼提出"书必有神、气、骨、肉、血，五者阙一，不为成书也"[4]之论，此命题以人

---

[1] 陆机著，张少康集释：《文赋集释》，人民文学出版社，2002年，第36、60页。
[2] 上海书画出版社、华东师范大学古籍整理研究室选编、校点：《历代书法论文选》，上海书画出版社，1979年，第26、36页。
[3] 沈约：《宋书》，上海古籍出版社，1986年，第1886页。
[4] 苏轼著，傅成、穆俦标点：《苏轼全集》，下册，上海古籍出版社，2000年，第2172页。

之"神、气、骨、肉、血"比喻书法构成的基本因素:书亦如人,既要有高雅不俗的精神气质,又要有匀称坚挺的骨骼结构,还要有丰满鲜活的肌肤血肉。这一象喻式命题表达了苏轼对于书法作品构成的审美要求:书法作品亦如鲜活完整之人,精神气质之高尚优雅美、骨骼结构之匀称和谐美、坚挺刚韧之力量美,以及肌肤血肉形式之鲜活丰满美,这些因素不可"阙一"。苏轼将这些书法美学思想寓于形象化描写中,通过形象的比喻而巧妙地表现了出来。又如王夫之提出"身之所历,目之所见,是铁门限"[1]这一文学创作的美学命题,认为作家的亲身经历、目睹见闻是创作的前提条件。"铁门限"即作家创作必须经过的门坎和关口,也就是必须恪守的创作原则。王夫之以"铁门限"这一形象的比喻强调"身历目见"的生活阅历对于创作的重要性,巧妙地表达了对于文学创作的美学态度:作家必须率先"身历目见",有切实的生活经历,然后才能创作出优秀之作。上述诸例表明,象喻式命题使用的虽然是形象描述性语言,却具有"表达判断"的基本功能,完全胜任表达美学思想观点之使命。只不过不是像直述式命题那样表达得简洁明晰、直截了当,而是借助于形象的比喻,通过取象譬喻、以象喻义的方式来间接、曲折、婉转地表达理论家的美学思想。而这种表达方式正是象喻式命题在"表达判断"上的独特之处。

"表达判断"这一功能使每个象喻式命题实质上都是一个美学思想观点的有效表达,美学思想观点的有效表达也使每个象喻式命题都具有一定的理论价值。换言之,每个象喻式命题都蕴含着一定的美学思想,因而也都具有一定的理论价值,并且该命题的理论价值与所蕴含的美学思想之价值密切相关。如对于"书法"性质特点的阐释,古代书法美学中有"书,心画也""书者,散也。欲书先散怀抱""书者,法象也""夫书者,心之迹也""书者,如也。……如其人而已"等直述式命题,又有"书必有神、气、骨、肉、血""书有筋骨血肉"等象喻式命题,这些命题都表达着古代理论家对于书法艺术的审美判断。直述式命题或

---

[1] 王夫之著,戴鸿森笺注:《姜斋诗话笺注》,人民文学出版社,1981年,第55页。

强调书法本于人心,是"心画""心之迹";或强调书法体现着情怀个性,"散怀抱""如其人";或强调书法是形象描写,"法象也"。这些命题都有重要的理论价值,都从某一方面阐释了书法艺术的性质特点。而理论价值最大者,当属苏轼的象喻式命题。苏轼以人喻书,既强调了书法与人心、情怀、个性的关系:书"有神、气",必是书家之"心画""心迹",亦必有情怀个性;又强调了书法艺术的"法象"特点,书有"骨、肉、血",是通过形象书写而形成的血肉丰满的鲜活生命体。苏轼的这一命题既囊括了上述诸直述式命题之基本内涵,又有独特独创之新意,因而这一象喻式命题所蕴含的美学思想更为丰富、深刻,其理论价值当然也更为重要。再如古代诗歌美学中有"诗言志""诗缘情""诗达意"等直述式命题,表达了古代诗论家对于诗歌本体、功能、特征等重大诗歌美学理论的看法:诗以志、情、意为本体,以言为媒介,具有"言志""表情""达意"之功能等,其理论价值不言而喻。而白居易提出"诗者,根情、苗言、华声、实义"[1]这一象喻式命题,其理论价值更为重要。此命题以花株果实为喻,用形象描述、巧妙比喻之法,从情、言、声、义四个方面概括了诗歌的美学特点:审美感情之于诗犹如花株之根,语言文辞之于诗犹如花株之苗,声韵音律之于诗犹如株枝之花,义理道理之于诗犹如果树之实。白居易此论中的"情""义"涵盖了直述式命题中的"志""情""意","根情"这一比喻将审美感情上升到了诗之"根"的高度,更清楚地阐明了情志、情意对于诗的本体意义。"苗言"这一比喻表明,"言"这一媒介对于诗就像"苗"对于花株,具有实体意义,是诗得以存在或诗歌作品得以生成的物质实体。这一诗学思想在各直述式命题中是没有的,因为"诗言志"之"言"表明"言"具有志、情、意的表达功能;而"苗言"之"言"则具有双重内涵:"言"不但具有志、情、意的表达功能,又具有诗歌作品的构成功能,有"言",诗才能存在,作品才能呈现,读者才能看到,就像有"苗",花株才能出现、人们才能看到一样。这一比喻仅两个字,内涵却

---

[1] 白居易著,顾学颉校点:《白居易集》,中华书局,1999年,第960页。

极其丰富、极为深刻。"华声"这一比喻强调声律音韵美是诗歌的基本审美特征,声律美对于诗的重要性犹如开放的花朵对于花株的重要性。"实义"以果实比喻诗中义理,白居易的这一诗歌美学思想尤为深刻:果实可食,具有现实功用性;诗中义理能针砭现实,亦具有现实功用性。"实义"这一比喻巧妙地强调了诗歌义理的现实功用性,高度肯定了诗之义理的社会功用价值,明确将义理纳入了诗歌的构成要素,是对以志、情、意论诗的完善和超越,也是对古代诗歌本体论的重构和创新。这些分析表明,白居易的这一象喻式命题具有更加丰富、深刻的思想内涵,因而也具有比"诗言志""诗缘情""诗达意"等命题更重要的理论价值。但在古代诗歌美学史上,白居易之论的影响却远逊于"诗言志""诗缘情"诸命题,这是因为白居易之论中的形象性比喻未能直述其思想观点,其思想观点虽丰富深刻,却未能直接地呈现出来,而是借助于形象优美的比喻,曲折、委婉地表达了出来。曲折的比喻、形象的描写淡化了其中的理论内涵,影响了人们对于其思想内涵、理论价值的认识;使人徜徉于形象的比喻,沉浸于优美的描写,形式因素影响了接受者对命题中深刻思想内涵的深入思考。所以象喻式命题虽然具有丰富复杂、深刻精辟的美学思想,但在一定程度上受其"象喻"形式、审美化语言的干扰,遮蔽了内在的精美思想,削弱了其在美学史上的影响力度,使其价值意义未能得到全部展现,而有待人们深入挖掘开发。这也表明,强化象喻式命题研究,挖掘"象喻"形式下的深刻美学思想,彰显其理论价值意义,进而深化当下的古代美学研究,对于学界来说,确为意义重大且非常紧迫的任务。

象喻式命题的另一理论价值就是理论话语权。当理论家提出了思想深刻丰富的象喻式美学命题时,也就获得了一定的理论话语权。因为思想深刻的命题具有深远的影响力,容易为人们接受,在美学史上能够产生影响。如萧统提出"踵事增华"这一象喻式命题,强调文学发展是一个踵其事而增其华,不断提高升华的过程。实际上此命题还具有更广泛的意义,即由粗简走向精致华丽、由浅俗走向高雅优美,是古代诗文书画各门艺术发展的共同规律。这一深刻美学思想使萧统在古代文学艺术发展理论方面具有了高度的话语权,因为萧统此论能够为人们所普遍认可、接受和运用。再如李渔提出"立主脑""减头绪""密针线"[1]等戏曲美学的象喻式命题,对于戏曲创作如何确立主题、安排剧情、做到逻辑严密等重大问题具有原则性指导意义,能够用来解决戏曲创作中的诸多实际问题。正是这些命题的提出,使李渔在戏曲创作方面具有了高度的理论话语权。一般来说,命题蕴含的理论愈深、价值愈大,理论家的话语权也就愈多、愈强。所以古代美学史上那些影响较大的理论家,如刘勰、钟嵘、张彦远、郭熙、苏轼、严羽、王骥德、王夫之、金圣叹、李渔、刘熙载等,都是因为提出了较多影响深远的重要命题,才获得了较大的理论话语权,从而在美学史上具有了重要的地位。反过来说,美学史上那些地位重要、影响深远的理论家之所以具有较大话语权,与他们所提出的美学命题都是密切相关的。

(二)象喻式命题的审美特征及审美价值

审美价值为象喻式命题所独具,直述式命题是没有审美价值可言的,因为直述式命题没有形式美因素。如"金相玉质""采百花自成佳味""骨丰肉润""清水芙蓉,天然无饰""自然妙会,譬卉木之耀英华;润色取美,譬缯帛之染朱绿"等命题都能给人以一定的美感,也都有一定的审美价值。

象喻式命题以富于美感的形式来表达理论家的美学思想观点,形式的审美特征让接受者能够产生相应的美感,从而使此类命题具有了相应的审美价值。象喻式命题的形式构成以"象"为核心,古代理论家运用审美化语言对其精妙的美学观念进行形象性描写,将深妙的美学思想寓于形象化比喻中,通过"以象喻义"的方式创造出象喻式命题,"象"是构成命题形式的核心要素。以"象"为形式的核心要素,象喻式命题的审美价值也就应运而生。因为"象"具有鲜活生动、形象可视的特点,能够在接受者面前展现出一个鲜活生动、形象优美的画面、场景,从而使接受者产生美感。如"谢朝华于已披,启夕秀于未振""采百花

---

[1] 李渔著,江巨荣、卢寿荣校注:《闲情偶寄》,上海古籍出版社,2000年,第23、28、26页。

自成佳味"中的"朝华""夕秀""百花"都是鲜活生动的花朵,形象可视,都能给人以美的感受。又如"学不师古,如夜行无火""不下堂筵,坐穷泉壑"都呈现出一个形象具体的画面、场景。再如"倘一点失所,若美人之病一目;一画失节,如壮士之折一肱"中的"美人""壮士""病目""折肱"都是具体可感的形象。当形象画面、具体场景展现在接受者面前时,愉悦的美感也就随之而生。接受者通过对形象画面、具体场景的感受而体悟到命题中美学思想的过程,也是一个审美欣赏、审美感受的过程,审美愉悦不可避免地也会伴随其中。接受者通过对"象"的审美感受而把握命题中的美学思想,在审美愉悦中领悟命题的理论观点,"象"是接受者美感生成的关键因素,也是象喻式命题具有审美价值的关键因素。

此外,象喻式命题对称的句式、巧妙的比喻等形式因素也具有一定的审美价值。对称的句式具有良好的审美效果,如"多骨微肉者谓之筋书,多肉微骨者谓之墨猪""一点失所,若美人之病一目;一画失节,如壮士之折一肱""操千曲而后晓声,观千剑而后识器"等复合式象喻式命题都是由偶句构成,偶对的句式体现出对称美和节奏美,产生让人愉悦的视觉和听觉审美效果,也使此类命题具有了一定的审美价值。巧妙的比喻也有良好的审美效果,如"视布与麻,虽云未费;杼轴献功,焕然乃珍",以"麻"比喻创作素材,以"布"比喻艺术作品,以"杼轴献功"比喻艺术想象的神奇作用,这些巧妙的比喻引发接受者展开富于审美趣味的联想、思考,通过感受鲜活生动的形象,品味巧妙有趣的比喻,而领悟其中抽象的思想内涵,由形象的喻体而联想到深刻的喻义,在此过程中既有理论判断的思索,也有审美愉悦的感受。又如刘勰以"卉木之耀英华"譬喻"自然妙会"之美,以"缯帛之染朱绿"譬喻人工"润色"之美,这些巧妙的譬喻引导接受者展开丰富活跃的联想思考,在体悟出自然美与润色美不同特点的同时,也能够从活跃的联想思考中获得审美的愉悦。刘勰曾说:"数逢其极,机入其巧,则义味腾跃而生。"[1]此论认为,艺术方法具有一定的审美效应,巧妙的比喻使"义味腾跃而生",丰富的审美"义味"让接受者产生回味无穷的审美愉悦,"比喻"产生的审美效果而使此类命题具有一定的审美价值,是毋庸置疑的。

象喻式命题使美学思想以美的形式呈现出来,展现了中国古代美学的民族特征、独特风貌和学术品格。象喻式命题表明,中国古代美学既有深刻的思想、精妙的理论,又有愉悦动人的优美形式和富于趣味的巧妙方法。但是,美的形式及审美价值固然重要,同时也带来了不可忽视的负面影响。因为"象喻"之法影响着思想观点的表达,特别是全象式命题,表面文字与所表述的思想观点无涉,必须联系文本语境、语义脉络才能领悟其内涵本义,非常不利于接受者的理解把握,严重影响着此类命题的接受、传播及应用。这也是历来人们疏于关注此类命题的原因所在。

三、象喻式命题之生成原因

象喻式命题都是古代理论家"以象喻义"表达美学思想的结晶,"义"的表达与"象"的运用是象喻式命题生成的主要原因。此外,古代理论家的文学素养、用语习尚、思维方式等也是影响象喻式命题生成的重要因素。

(一)思想观点表达之需要

任何命题的提出都是出于表达思想观点的需要,象喻式命题的生成亦不例外。表达理论家思考成熟的美学思想,是象喻式命题生成的根本原因。简单地说,只有当理论家有了思考成熟的美学思想观点需要表达时,象喻式命题的提出才有可能。反之,理论家若无美学思想观点需要表达,也就不可能有象喻式命题的提出。象喻式命题作为"以象喻义"的结果,理论家必须率先产生一定的"义",然后才能取"象"喻之。

---

[1] 刘勰著,王运熙、周锋撰:《文心雕龙译注》,上海古籍出版社,1998年,第391页。

所以,"义"是象喻式命题生成的根本前提,"象喻"只是其生成的手段、方法。如"踵事增华""陶钧文思,贵在虚静""诗者,根情、苗言、华声、实义""书必有神、气、骨、肉、血,五者阙一,不为成书也""立主脑""减头绪"等象喻式命题,都是理论家产生了成熟的美学思想之后才提出来的。需要表达的美学思想是象喻式命题生成的根本原因,也是此类命题的核心价值所在。每个象喻式命题都蕴含着一定的美学思想,象喻式命题都以表达美学思想为基本使命。如果说"立象尽意"是审美创造的基本原则和表意方法——艺术家为"尽意"而"立象",由此创造出艺术作品,这一原则和方法同样适用于象喻式命题——理论家为"尽意"(表达美学观念)而"立象",由此而生成象喻式命题。理论家通过提出象喻式命题而具有了一定的理论话语权,根本原因也就在于所提之命题蕴含着深刻丰富的美学思想。

(二)取类譬喻的表义方法

象喻式命题生成的又一重要原因是"取类譬喻"的表义方法。"取类譬喻"即选取类似的景物、事物通过比附比拟而喻明意义,也就是人们所常说的"比喻"。刘勰云:"比者,附也;……附理者,切类以指事。"又云:"何谓为比?盖写物以附意,扬言以切事者也。"[1]"切类以指事""写物以附意"的意义表达,是中国古人常用的表义方法。此法之所以为古人常用,主要是因为受《周易》"取物类情"的思维模式和表义方法的影响。《系辞下》云:"古者包羲氏之王天下也,仰则观象于天,俯则观法于地,观鸟兽之文,与地之宜,近取诸身,远取诸物,于是始作八卦,以通神明之德,以类万物之情。"[2]圣人通过取用身边远近之物之事而作八卦,"以通神明之德,以类万物之情",使诸事之德、诸物之情得以彰显表达。这种"取诸身""取诸物"来"通德""类情"的思维模式和表义方法启发后人通过"写物""切类"来"附理""附意",从而形成了"取类譬喻"的意义表达方法,并被广泛应用。因

---

[1] 刘勰著,王运熙、周锋撰:《文心雕龙译注》,上海古籍出版社,1998年,第323、324页。
[2] 阮元校刻:《十三经注疏》,中华书局,1980年,第86页。

为《周易》作为中华民族的智慧之源,所构筑的思维模式、表义方法对于整个中华民族的思维模式、表义方法都具有一种"规范"和"定格"的作用,故而,始于《周易》"近取诸身,远取诸物"的取物类情的思维模式和取类譬喻的表义方法也就成为后人表达思想意义的重要模式和方法,广泛用于诗文、书画、小说、戏曲各美学理论领域中。可以说,所有象喻式命题都是取物类情、取类譬喻、以象喻义的产物,都是理论家"近取诸身,远取诸物",选用相类的景物、事物来譬喻其美学思想而生成的,都是"立象尽意"的结晶。离开取物类情的思维模式和取类譬喻的表义方法,象喻式命题也就无法生成。如果说诗的构成是"根情、苗言、华声、实义",则象喻式命题的构成也颇为类似:思考成熟的美学思想观念是象喻式命题的根与实,用作喻体的物象、事象是象喻式命题的苗与华。作为喻体的物象、事象或"近取诸身",如"书之妙道,神彩为上,形质次之,……骨丰肉润""书必有神、气、骨、肉、血""其书血脉贯通""以情志为神明,事义为骨髓,辞采为肌肤,宫商为声气"等都是近取人体而构成譬喻。"远取诸物"者,或取自然山水,如"知者乐水,仁者乐山""登山则情满于山,观海则意溢于海""山林皋壤,实文思之奥府""不下堂筵,坐穷泉壑"等;或取动植花鸟,如"凤头、猪肚、豹尾六字是也。大概起要美丽,中要浩荡,尾要响亮"[1]"羊质虎皮""诗者,根情、苗言、华声、实义""清水芙蓉,天然无饰"等;或取日常生活器物,如"视布于麻,虽云未费;杼轴献功,焕然乃珍""身历目见是铁门限""密针线""不守绳墨"等;或取事物行为,如"驷牡异力,而六辔如琴;驭文之法,有似于此。……齐其步骤,总辔而已"[2]"执术驭篇,似善弈之穷数;弃术任心,如博塞之邀遇"等;甚至取典用事也能够构成象喻式命题,如"寿陵匍匐,非复邯郸之步;里丑捧心,不关西施之颦""若文浮于理,末胜其本,则秦女楚珠,复存于兹矣"等。总之,远近的"万物"皆可为理论家取用,成为表达美学思想的喻体。只有通过取象喻义之法,象喻式命题才

---

[1] 谭令仰编:《古代文论萃编》,上册,书目文献出版社,1986年,第336页。
[2] 刘勰著,王运熙、周锋撰:《文心雕龙译注》,上海古籍出版社,1998年,第382页。

能生成。否则，亦无象喻式命题可言。所以，取类譬喻的表义方法是象喻式命题生成的基本途径。

（三）文学修养、用语习尚等因素的影响

古代理论家的文学修养、用语习尚等也是影响象喻式命题生成的重要因素。秦汉时期很少有象喻式命题的提出，因为这一时期的文学尚不够繁盛发达，理论家为文学修养所限，运用审美化语言通过文学描写来表达思想观点的意识不强，未能形成运用形象化语言表达美学思想观点的用语习尚。自魏晋以来，文学发达繁盛，理论家往往都有深厚的文学修养，善于形象思维，喜欢运用形象化比喻来表达美学思想。特别是一些理论家本来就是文学家，如陆机、白居易、司空图、苏轼、李渔等都兼具文学家、理论家的多重身份，善于将抽象的美学思想寓于形象化比喻中，从而能够提出众多的象喻式命题。即便一些书画理论家如王羲之、宗炳、王僧虔、张彦远、郭熙、董其昌等，以及一些以理论创建著称的人物如刘勰、钟嵘、严羽、金圣叹、王夫之、刘熙载等，其文学修养也都是极其深厚的。他们运用审美化文学语言进行形象化譬喻而表达其美学思想，创建出精彩美妙的象喻式命题，都是很正常的。理论家的深厚文学修养以及运用文学性语言表达抽象思想的用语习尚，是象喻式命题生成的又一重要因素。

原文发表于《中国美学研究》第 19 辑，2022 年，原题为《论中国古代美学"象喻式命题"》

《孟子》中的美学命题

张庆利

《孟子》中的美学思想非常丰富,涉及美的本质、形态、内涵、接受等许多问题。但这些思想是从《孟子》一书的论理中钩稽、分析出来的,而命题则不然,它往往是一个反映出一定的审美判断的有意义的短语,或是源自孟子的理论概括,或是由孟子的明确表述进行抽绎。张晶教授说:"命题表达了主体的思想观念,命题是精神活动的意向对象。"[1] 正是从这个意义上,本文梳理出《孟子》的如下主要美学命题。

一、与民同乐

《孟子·梁惠王上》记载,孟子去拜见梁惠王,梁惠王正站在池沼边欣赏美景,他看着飞翔的鸿鸟、漫游的野雁、吃草的麋鹿,兴奋地向孟子问道:"贤者亦乐此乎?"孟子提出"贤者而后乐此,不贤者虽有此,不乐也""古之人与民偕乐,故能乐也"的观点。《梁惠王下》还记载,孟子去拜见齐宣王,齐宣王向他提出在音乐的欣赏上"独乐乐,与人乐乐,孰乐"等问题,他正告齐宣王:"不与民同乐"百姓就会"疾首蹙頞","与民同乐"百姓就会"欣欣然有喜色"。本篇还记载,孟子针对齐宣王在雪宫别墅提出的与梁惠王的相同问题,说:"乐民之乐者,民亦乐其乐;忧民之忧者,民亦忧其忧。乐以天下,忧以天下。"

在这些载录中,孟子用民众对君王游乐的不同反应,让梁惠王和齐宣王从思想上认识到,只有把个人的快乐与百姓的快乐结合起来,才能

---

[1] 张晶:《中国古代美学命题研究的意义何在》,《社会科学辑刊》,2020年第1期。

得到真正的快乐。儒家主张以礼乐治国，用礼来区分彼此的等级，用乐来融合彼此的情感，礼乐之治是儒家的理想。只有与民同乐，才能得到最大的快乐，道理则是相同的。

在中国古代思想家中，孟子的民本思想是极为突出的。他曾坦言："土地、政事、人民"乃君王之三宝。朝代频繁更替、君主时常变换、土地交相占有，唯有百姓未能更易，此亘古不变之大理。因而孟子常常以此为出发点，成为百姓的代言人。为政选贤时，他告知君王多听民意："左右皆曰贤，未可也；诸大夫皆曰贤，未可也；国人皆曰贤，然后察之；见贤焉，然后用之。"（《梁惠王下》）对外征战时，他亦告诫君王要考虑到百姓的利益："取之而燕民悦，则取之。……取之而燕民不悦，则勿取。"（《梁惠王下》）在孟子看来，正义之战乃是解救民众脱离苦难的有效形式，倘使虐民如初，则不如不取也。孟子心系民众，思之甚微。他希望国君"乐民之乐""与民同乐"，这样，百姓才会为之分忧；孟子还多次劝说君王给予百姓更多的优惠政策，如"制民之产""使民以时""易其田畴，薄其赋税"等等，使他们"仰足以事父母，俯足以畜妻子，乐岁终身饱，凶年免于死亡"；改善了人民的生活，才会得到人民的拥护和爱戴。最为可贵的是孟子提出"民贵君轻"的思想："民为贵，社稷次之，君为轻。"（《尽心下》）他认为天亦有意，但天意视"民意"而定："尧荐舜于天，而天受之；暴之于民，而民受之……天不言，以行与事示之而已矣。"（《万章上》）行与事之主体乃是人，舜的美德展露无遗，让人民去检验，故天之选择在人。

"与民同乐"强调了音乐欣赏的社会意义，突出了审美活动的社会性。《礼记·乐记》中说："乐者乐也。君子乐得其道，小人乐得其欲。以道制欲，则乐而不乱；以欲忘道，则惑而不乐。是故君子反情以和其志，广乐以成其教，乐行而民乡方，可以观德矣。"在儒家看来，虽然通过音乐，君子之人因从中获得思想的启迪而快乐，众庶之人因从中获得欲望的满足而快乐，但音乐的本质是让人快乐的。它可以感化民心，"合和父子君臣，附亲万民"，"移风易俗"，所以先王才重视音乐，设立乐教。张九成《孟子传》说："先王之乐自天理中来，郑卫之乐自人欲中起。""孟子知乐之作以天理为主,而乐之本以人和为先,天理难见,人和易明。故孟子之谈王道,则以衣帛食肉、不饥不寒为言;言好勇,则以安天下为言;言好色、好货,则以与百姓同之为言;言好麋鹿、鱼鳖,好今之乐,则以与百姓同乐为言。其意专欲实效及于民,而以人和为本意。"而从审美活动来说,审美主体共同欣赏,可以进行情感的交流,并容易产生感情共鸣,可以大大加强审美愉悦,产生美感的共通性。

二、知言养气

《孟子·公孙丑上》记载,学生公孙丑曾向孟子请教有关"志"与"气"的问题,公孙丑问道:"敢问夫子恶乎长?"孟子则非常自信地回答:"我知言,我善养吾浩然之气。""知言"是外在的本领,"养气"则是内在的功夫,内外应该是一致的,在逻辑上二者应是一种因果关系。所以后人把"知言养气"看作是一个有机的整体。

对于"知言",孟子作了这样的解释:"诐辞知其所蔽,淫辞知其所陷,邪辞知其所离,遁辞知其所穷。"这四种言辞都是指错误的言论,而要知其所蔽、所陷、所离、所穷,没有高度的辨识能力则是不可能的。而不能仅仅把辨识能力看作是对错误言辞的辨识,它应是建立在对一切"言"的辨识之上的。所以,孟子的"知言"虽是特指的,但实际上应该是泛指的,它是指对一切言论包括正确的和错误的、口头的和书面的、文学的和非文学的"言"在内的辨识和判断能力。孟子的时代,尚没有"文笔"之分,"言"的含义还很宽泛,它实际上是一切文化学术的总称,因此,"言"也必须包括着文学在内,"知言养气"说对于古代文学批评理论的影响也就是把"言"与文学联系在一起而引发的。

那么如何提高自己的辨识能力呢?这就必须提高自己的品格修养。关于"养气",孟子曾说:"夫志,气之帅也;气,体之充也。夫志至焉,气次焉。故曰:持其志,无暴其气。""气"本来是物质性的,是一种自然凝结之物,常态之下它存在于人们体内,运动时会产生一种推动身体活动的力量。孟子认为，思想意志是意气感情的主帅，感情是充满体内的力量。思想意志到了哪里，意气感情也就会在哪里表现出来。所以说，要坚定自己的思想意志，而不要滥用自己的意气感情。[1]孟子同时赋予了"气"人格化的内涵，注重对"气"的养成，提出了"养气说"："我善养吾浩然之气"，而且这"浩然之气"是"至大至刚"的。

那么什么是"浩然之气"？为什么它"至大至刚"呢？孟子曾解释过"大"，认为"充实而有光辉之谓大"（《孟子·尽心下》），可以理解为"伟大""雄浑"，学识的渊博、心胸的豁达、德行的高尚等儒家所认为的美德都包括其中。"刚"则与人的意志、性格有关，但它还不仅是一种外在的东西，而且也与人内在的操守、道德的修养有关。要达到这样一个境界，一是要"配义与道"，就是儒家讲的以"仁义"为中心的伦理道德；二是要"集义所生"，什么事情都要以"义"为标准，还要虚怀若谷，持之以恒。由此可见，孟子的"浩然之气"内涵丰富，非同寻常。它是指一个人对仁义道德经久不懈进行自我修养，久而久之，这种修养升华出一种至大至刚、充塞于天地之间的力量，它贯注于个体生命之中，形成一种正气凛然的精神和气质。有了这种"浩然之气"，个体就会刚正不阿，无私无畏。孟子不仅把"气"作为人的一种精神状态来看待，而且把蓄养"浩然之气"当作毕生追求的理想目标。

"知言"包含着一种对文学形象进行艺术把握的意味，用今天的语言来表述，也可以看作是文学批评的能力。把"养气"与"知言"并提，从批评论的角度看，体现了文学批评的基本规律。重视主体的道德修养是孟子的一贯主张，他特别强调"内充"，曾提出"充实之谓美"（《尽心下》），他的"至大至刚"的"浩然之气"实则就是这种"充实之美"的最高体现，就是要求通过"气"的存养，达到"充实"之美的境界，"知言"就应建立在这种基础之上。开展文学批评，"内充"是个前提，批评主体只有达到具有丰富的阅历、渊博的学识以及高尚的品德这样的完整人格，才能对批评对象进行高层次的艺术把握和准确的艺术

---

[1] 参考杨伯峻：《孟子译注》，上册，中华书局，1960年，第65页。

判断。否则，学养不足，内气不充，就难以开展正确的文学批评。孟子在说诗论诗的文学批评实践中，既能"以意逆志"，又能"知人论世"，与他主张并实行的"善养吾浩然之气"不无关系。由此可见，"养气"而后"知言"，"知言"的能力植根于"养气"就是很有价值的理论见解了。

三、王者之迹熄而诗亡

《孟子·离娄下》记载：

> 孟子曰："王者之迹熄而《诗》亡，《诗》亡然后《春秋》作。晋之《乘》，楚之《梼杌》，鲁之《春秋》，一也。其事则齐桓、晋文，其文则史。孔子曰：'其义则丘窃取之矣。'"

孟子在这里，意在说明圣人善取人之所长。孔子作《春秋》是为了警示乱臣贼子，取材历史是最好的方式，因而学习了各国史书的体例，使用了鲁国史书的素材和名称；而其中必须体现自己的思想与评价，于是学习了诗歌褒善贬恶的大义。正是由于善取人之所长，并把它们融会贯通起来，才成就了《春秋》，也成就了圣人。

本章主要是谈对《春秋》类史书的看法，其中也透露出孟子的诗学观。

首先，在孟子看来，《诗》是王道政治的反映。东汉赵岐注本章云："太平道衰，王迹止熄，颂声不作，故诗亡。"史籍记载，周代有"采诗之官"和献诗之制。朝廷派"行人"之官专于民间采诗，献诸朝廷，以考察民情，作为治政的参考。而公卿列士、贵族官员和文人作诗以献于朝廷，表达对政治的评价。《国语·周语上》就说："故天子听政，使公卿至于列士献诗，瞽献曲，史献书，师箴，瞍赋，矇诵，百工谏，庶人传语，近臣尽规，亲戚补察，瞽史教诲，耆艾修之，而后王斟酌焉，是以事行而不悖。"春秋后期，礼崩乐坏，王道不存，采诗、献诗的制度也便废止，诗歌也就无人收集了。"王者之迹"不只用来颂美，也表示讽谏。

其次，《春秋》类各国史书是应运而生的，特点是用实录之笔记述春秋霸业之事。春秋时期，各诸侯国兴起，各国都设史官，记述本国的历史，如晋之《乘》、楚之《梼杌》之类，而且不少国家的史书都叫"春秋"，《墨子·明鬼》篇曾说墨子曾见到过"周春秋、燕春秋、宋春秋、齐春秋"等"百国春秋"。所谓"春秋"，是取春秋代序为一年之意。但大多数诸侯国的"春秋"已经亡佚，保存下来的只有鲁《春秋》和晋代出土的《竹书纪年》。它们的性质都是一样的，记载的不过是齐桓公、晋文公之类人物称霸的事，所使用的笔法也是一般史书的写作手法。宋代张九成《孟子传》说这些书"虽立意不同，然皆记事之史也，其事则齐桓晋文，其文则实录之书耳"。

最后，突出孔子所作鲁国《春秋》的不同。一方面明确其与晋之《乘》、楚之《梼杌》同样的史书性质，另一方面用孔子的话强调了其特点。这种不同根本在于"其义"，指的就是"诗"的王者之义，以及将之融会于历史记述中的微言大义。论及《春秋》的作意，孟子曾说："世衰道微，邪说暴行有作，臣弑其君者有之，子弑其父者有之。孔子惧，作《春秋》。《春秋》，天子之事也。"（《孟子·滕文公下》）又说："孔子成《春秋》而乱臣贼子惧。"他是在尊王的旗帜下，笔则笔削则削，惩恶扬善的。孙奭说："假史记之文，孔子正之，以匡邪也。"张九成说："夫《春秋》将以明王道，岂止褒贬而已矣！"都说到了根本之处。

四、以意逆志

《孟子·万章上》记载了孟子与学生咸丘蒙的一段对话，涉及如何认识理解"诗"的重要问题，原文如下：

> 咸丘蒙问曰："语云：'盛德之士，君不得而臣，父不得而子。'

舜南面而立，尧帅诸侯北面而朝之，瞽瞍亦北面而朝之。舜见瞽瞍，其容有蹙。孔子曰：'于斯时也，天下殆哉，岌岌乎！'不识此语诚然乎哉？"

孟子曰："否。此非君子之言，齐东野人之语也。尧老而舜摄也。尧典曰：'二十有八载，放勋乃徂落，百姓如丧考妣，三年，四海遏密八音。'孔子曰：'天无二日，民无二王。'舜既为天子矣，又帅天下诸侯以为尧三年丧，是二天子矣。"

咸丘蒙曰："舜之不臣尧，则吾既得闻命矣。诗云：'普天之下，莫非王土；率土之滨，莫非王臣。'而舜既为天子矣，敢问瞽瞍之非臣，如何？"

曰："是诗也，非是之谓也；劳于王事，而不得养父母也。曰：'此莫非王事，我独贤劳也。'故说诗者，不以文害辞，不以辞害志。以意逆志，是为得之。如以辞而已矣，云汉之诗曰：'周余黎民，靡有孑遗。'信斯言也，是周无遗民也。孝子之至，莫大乎尊亲；尊亲之至，莫大乎以天下养。为天子父，尊之至也；以天下养，养之至也。诗曰：'永言孝思，孝思维则。'此之谓也。书曰：'祗载见瞽瞍，夔夔齐栗，瞽瞍亦允若。'是为父不得而子也。"

这一篇所讨论的，实质上是儒家推崇的"忠"与"孝"问题。咸丘蒙的第一个问题是君臣之道，实为"忠"；第二个问题是父子之道，实为"孝"。孟子认为舜代尧摄政并未取而代之，已经尽"忠"；对父亲谨慎恭敬，而且以天下奉善，应该算是最大的"孝"。

这段对话中，孟子对如何理解"诗"的观点，却提出了"以意逆志"的重要美学命题，具有重要的美学意义。

"以意逆志"就是要求解诗"不以文害辞，不以辞害志"。这里的"文"是指文字，它是语言的基本单位，是文学的重要载体；"辞"从下文的联系中看，应指修辞，它是对语言的修饰，是文学之称为文学的重要标志；"意"是指整篇作品中表现出的基本内容，它是文学的基本内涵；"志"则指的是作者的思想、志意，它是文学的灵魂。这里的"意"

和"志"虽有联系,但又有所不同。"意"是作品的基本内容,要从作品的全篇加以理解;"志"是诗的主题,是作者通过全篇描写表达的思想感情。咸丘蒙对"普天之下,莫非王土;率土之滨,莫非王臣"只从文字上作了断章取义式的解释,不符合诗的基本内涵,孟子认为《诗经·北山》中"大夫不均,我从事独贤"是作品揭示的基本现实,是"意";而"劳于王事而不得养父母"才是作品表达的主题,是"志"。透过作品的主要内容,结合自己的经历与认识,揭示作者写作的初衷与作品的主题,是欣赏作品的正确方法。南宋学者王应麟说:"以意逆志,一言而说尽诗之要,学诗必自孟子始。"(《困学纪闻》卷三)

与此相关,"以意逆志"要求解诗通观全篇。孟子认为,咸丘蒙引诗为据时,没有考虑《诗经·小雅·北山》的主题是表达"劳于王事而不得养父母"的忧伤和"大夫不均,我从事独贤"的悲愤,而是断章取义地理解诗意,仅以"普天之下,莫非王土;率土之滨,莫非王臣"四句来说明舜必然以父为臣,这是错误的。必须顾及全篇,体会作品的主旨,才能够明确各诗句承载的内容,从而合理地加以运用,否则就会出现偏颇。说诗者把握诗的全部含义,而不是断章取义,这是鉴赏诗歌的重要原则,也是分析其他作品的重要原则。

另外,"以意逆志"还要求,读诗要懂得修辞。修辞,是文学表现的重要手法,是文学语言的重要标志,使用它的目的是为了突出事物的本质。《诗经·大雅·云汉》是一首记述周宣王遭旱祈雨的诗,诗中以宣王的口吻描述了当时遭遇的"大甚"的旱情。诗第三章云:"旱既大甚,则不可推。兢兢业业,如霆如雷。周余黎民,靡有孑遗。昊天上帝,则不我遗。胡不相畏?先祖于摧。"意思是旱灾无可消除,已经无以复加,整天像防霹雳与雷电一样恐惧旱灾不断加剧;周地的百姓,饥馑丧亡,无所剩余,先祖为什么不担心子孙殆尽无法祭祀!诗中充满了对灾难的恐惧、对百姓的担忧、对神灵的敬畏和对祖先的求助。毫无疑问,"周余黎民,靡有孑遗"使用了夸张的修辞手法,目的是为了突出旱灾给人们带来毁灭性打击的严重程度,非常传神,具有强烈的艺术作用。刘勰《文心雕龙·夸饰》所谓"辞虽已甚,其义无害也"。同样,

《小雅·北山》中的"普天之下，莫非王土；率土之滨，莫非王臣"也是虚夸，一种夸张的手法，并不是实指，不是以实言之。懂得了文学的修辞手法，才能更好地理解作品、欣赏文学。

五、知人论世

《孟子·万章下》记载了孟子对学生万章的一段教诲："孟子谓万章曰：一乡之善士，斯友一乡之善士；一国之善士，斯友一国之善士；天下之善士，斯友天下之善士。以友天下之善士为未足，又尚论古之人。颂其诗，读其书，不知其人，可乎？是以论其世也，是尚友也。"本章的主旨谈的是交友之道，孟子主张结交善士，与有德之人相处，时时学习别人的长处；他还主张通过诵诗、读书，与古人交朋友，研究他们的时代，学习他们的为人。这里提出的"知人论世"，是孟子对于现实问题的理性认识，是由现实到历史的逻辑推演，也是其人性论的哲学思考，而从文学的审美批评角度来说，这也是一个影响深远的美学命题。

"知人论世"本来是就士的修养来说的，说善士应该同善士做朋友，互相切磋砥砺，但不限于一乡、一国和天下所有的善士，还要同古代的善士做朋友。那么怎样与古人为友呢？只能通过颂古人的诗，读古人的书，以获得帮助，吸取教益；而要正确地掌握诗、书的精神实质，还必然论其世，知其人，也就是了解古人生活的时代和他的思想生平。孟子在这里虽然不是专门论述文艺问题，但却在客观上提出了文学阅读与鉴赏的一条重要原则：分析作品必须联系作者的生平思想及其所处的环境和时代背景。它要求把人放到当时的社会环境中去观察、理解，从而成为后代文学批评的重要方法。

与古人为友，既要"颂其诗，读其书"，又要"知其人""论其世"，因为"颂其诗，读其书"是知其所言，而"知其人""论其世"则是知其所行，这样才能真正了解一个人。由此可见，孟子的"知人论世"说与孔子的"知人"说是十分接近的。孔子的"知人"说要"听其言而观其行"，孟子的"颂其诗，读其书"即"听其言"，而"知其人""论其世"则是"观其行",同样都是对人的完整考察。尽管孟子的"知人论世"说是针对"尚友"问题提出来的,但此处的"尚友"关键在于"尚论古之人","古之人"已不复存在,要了解"古之人",首先要阅读其留下来的作品,即"颂其诗,读其书",但这还不够,要真正理解古人著作,还要"知其人""论其世",了解其思想品格、道德修养,以及艺术才能和风格,方能深入地"论古之人"。这实际上已经提出了鉴赏、批评的程序与方法问题,"颂诗""读书"是第一层次的鉴赏与批评,"知人论世"是第二层次的鉴赏批评。只有第一层次的鉴赏批评是远远不够的,还要进入到第二层次的鉴赏批评,才能真正把握古人文章的底蕴与境界。而"颂诗""读书"与"知人论世"的关系是十分密切的,孟子说:"颂其诗,读其书,不知其人,可乎?是以论其世也。"这里,孟子将两者的关系说得十分明确,"颂其诗,读其书"是目的,"知其人""论其世"是方法,只有深入了解作者的身世、品行、思想,才能更好地理解其作品。

孟子"知人论世"的理论基础是"性善论"。他认为人的本性为善,正如水之趋下,是一种自然的本质:"人性之善也,犹水之就下也。人无有不善,水无有不下。"(《告子上》)也正如人的口对于味的感觉、目对于色的辨识、耳对于声的反应、鼻对于气的感受、四肢对于安逸的追求,"仁""义""礼""知(智)""圣"也是先天赋予人类的与生俱来的本能:"口之于味也,目之于色也,耳之于声也,鼻之于臭也,四肢之于安佚也,性也。有命焉,君子不谓性也。仁之于父子也,义之于君臣也,礼之于宾主也,知之于贤者也,圣人之于天道也,命也。有性焉,君子不谓命也。""性善论"的哲学思想,使得孟子十分尊重人性。一方面,他对人平等相看,认为不仅自己没有"异于人",即使尧、舜也"与人同耳"[1],而且人人"皆可以为尧、舜"(《告子下》);因此他面对各色人等,才会坦然应对,即使"说大人",也是"则藐之,勿

---

[1]《孟子·离娄下》:"储子曰:'王使人瞯夫子,果有以异于人乎?'孟子曰:'何以异于人哉?尧、舜与人同耳。'"

视其巍巍然"(《尽心下》)。另一方面,他强调个性意识,张扬个性的精神和气节,从而提升了个人的主体地位。《孟子》中表现的"富贵不能淫,贫贱不能移,威武不能屈"(《滕文公下》)的大丈夫之气,"仰不愧于天,俯不怍于人"(《尽心上》)的豪迈胸襟,"如欲平治天下,当今之世,舍我其谁也?"(《公孙丑下》)的自觉使命感等等,都彰显了人的主体精神,突出了人的个性意识。"知人论世"正是这种主体意识在孟子美学思想上的反映。

六、目之于色也有同美焉

《孟子·告子上》中记载:

> 孟子曰:"富岁,子弟多赖;凶岁,子弟多暴。非天之降才尔殊也,其所以陷溺其心者然也。今夫麰麦,播种而耰之,其地同,树之时又同,浡然而生,至于日至之时,皆熟矣。虽有不同,则地有肥硗,雨露之养、人事之不齐也。故凡同类者,举相似也,何独至于人而疑之?圣人,与我同类者。故龙子曰:'不知足而为屦,我知其不为蒉也。'屦之相似,天下之足同也。口之于味有同耆也,易牙先得我口之所耆者也。如使口之于味也,其性与人殊,若犬马之与我不同类也,则天下何耆皆从易牙之于味也?至于味,天下期于易牙,是天下之口相似也;惟耳亦然,至于声,天下期于师旷,是天下之耳相似也;惟目亦然,至于子都,天下莫不知其姣也,不知子都之姣者,无目者也。故曰:口之于味也,有同耆焉;耳之于声也,有同听焉;目之于色也,有同美焉。至于心,独无所同然乎?心之所同然者何也?谓理也,义也,圣人先得我心之所同然耳。故理义之悦我心,犹刍豢之悦我口。"

孟子认为,正像人们有共同喜欢的美味、共同欣赏的美声和共同迷恋的美色一样,内心也具有共同的本质,这就是善良的"理"与"义"。

在这里，孟子谈的是人性本善，却揭示了文艺美学中美感的共同性和差异性问题。

一方面，在进行形象推理的过程中，他提出人是不同于动物的族类，人类的生理感官具有共同的机能，所以对滋味、声音、色貌有着共同的味觉、听觉和美感，否则就是异类："凡同类者，举相似也。"因此，族类的共同性决定了人类美感的共同性，人们在审美感受上往往存在着某些共同点。他进而用人类口、耳、目生理感官的共同性说明美感的共同性。由此，在中国美学史上，孟子第一次明确地提出了美感的共同性问题。这种美感的共同性是人类区别于动物的共同特征，同时由于人类是在不断继承和传播中生活发展的，所以这种共同美感也是超越时代、超越阶级、超越民族的特征。

另一方面，人类的美感还存在着个性差异。孟子擅长形象说理，他以大麦的种植为例，说因为播种、耕锄、土地、农时都相同，所以它们届时而同熟；但是由于地力的肥沃程度、雨露的滋润与否、人力的投入大小等等的不同，成熟时期的大麦也会结出不同的果实。于是"富岁，子弟多赖；凶岁，子弟多暴"，人们与生俱来的善良本性也会走向不同的结果；而其最后不同的原因正在于环境的影响。孟子十分重视环境的影响，有一次他在与戴不胜讨论执政时，强调要行善政，必须多用贤才，只有创造一个"善士"济济的大环境才能达到"欲王之善"的目的。他以语言学习为例，说让楚人学习齐语，必须有两个条件，一是拜齐国人为师，二是将楚人放在齐国的环境中。有了齐国人的教育，在齐国的环境中，体会齐国的生活，熟悉齐国人的表达方式，与齐国人直接交流与沟通，在生活与交流的必需中，语言的习惯成为自然的事情。因此，本来"圣人与我同类"，但是由于"圣人先得我心之所同然"，因环境不同而圣人先进了一步，才成为"先知先觉"。

七、尽信书不如无书

《孟子·尽心下》载："孟子曰：'尽信书，则不如无书。吾于《武成》，取二三策而已矣。仁人无敌于天下，以至仁伐至不仁，而何其血之流杵也？"这是说完全相信《尚书》中所记载的事情或宣扬的道理，还不如没有《书》的好。在孟子的思想中，他强调主体意识，突出个体的主观能动性，张扬个性的精神和气节。孟子认为民贵君轻："民为贵，社稷次之，君为轻。"（《尽心下》）因而在与君、卿的交流中，他认为要保持不卑不亢："彼，丈夫也；我，丈夫也；吾何畏彼哉！"（《滕文公上》）并说："说大人则藐之，勿视其巍巍然。"（《尽心下》）他认为君臣在权力上虽有差别，人格上却是平等独立的，所以"君之视臣如手足，则臣视君如腹心；君之视臣如犬马，则臣视君如国人；君之视臣如土芥，则臣视君如寇雠"（《离娄下》），这是十分自然的。在孟子看来，人人都有向善的本性，而且"人皆可以为尧、舜"（《告子下》）；而如果"君有大过"，亦可"易位"（《万章下》）。孟子高扬主体人格，主张要充分发挥主观能动性，对审美对象进行合理取舍与解读，并独立思考后加以审美判断和审美接受。由此，它也逐渐成为一般意义上的美学命题，宋代陆九渊在《政之宽猛孰先论》中就说："呜呼，尽信书不如无书！"

另外，文献记载有时可能夸大其实，如《武成》一篇对武王伐纣的记述，其中说周武王伐纣的军队"会于牧野，罔有敌于我师；前徒倒戈，攻于后以北，血流漂杵"。在孟子看来，武王是王者之师，以至仁伐至不仁，殷人应该箪食壶浆而迎其王师，怎么会至于血流漂杵呢！据《武成》所记，周武王会集诸侯具有无可阻挡之势，而商纣王的军队离心离德，前军倒戈，攻其后军，"血流漂杵"虽有些夸张，却也突出了周军的气势和战争的残酷。孟子从弘扬王道精神上认为不应如此描写，这却给我们以有益启示，一是读书要"知言"，要善于辨析；二是要不以文害辞、不以辞害意，正如张栻所说："学者读书，要当默会其理，若执辞以害意，则失之远矣！"（《孟子传》）即读书需透过语言的表层，需沿着作者描述的内容，去体验与挖掘作者内蕴的深意，体悟隐含其中的大"道"。

八、充实之谓美

《孟子·尽心下》载：

> 浩生不害问曰："乐正子何人也？"孟子曰："善人也，信人也。""何谓善？何谓信？"曰："可欲之谓善，有诸己之谓信；充实之谓美，充实而有光辉之谓大，大而化之之谓圣，圣而不可知之之谓神。乐正子，二之中、四之下也。"

在这段话中，孟子提出了著名的"充实之谓美"的美学命题。对于其涵义，学界的观点基本一致，没有歧义。汉代的赵岐在注释中就说："己之可欲，乃使人欲之，是为善人。己所不欲，勿施于人也。有之于己，乃谓人有之，是为信人，不意不信也。充实善信，使之不虚，是为美人，美德之人也。充实善信而宣扬之，使有光辉，是为大人。大行其道，天下化之，是为圣人。有圣知之明，其道不可得知，是为神人。"施昌东还说："焦循《孟子正义》解释道：'充满其所有，以貌好于外，故容貌硕大而为美。美，指其容也。'这样，美这种品质，不仅要有善、信的充实内容，还要具有'貌好于外'的形式。""这里就有'真''善''美'统一的观点的萌芽。"[1] 李泽厚、刘纲纪主编的《中国美学史》说："'美'则是'充实'的意思。这就是说，个体不但遵循着'善人''信人'所履行信守的仁义等等道德原则，而且把它扩展贯注于自己的全人格之中，使自己外在的容错、应对，进退等等，处处都自然而然地体现了仁义等道德原则。所以，美是在个体的全人格中完满地实现了的善，并且它自身就具有同善相融洽统一的外在形式。它包含着善，但又超越了善。"[2]

---

[1] 施昌东：《先秦诸子美学思想述评》，中华书局，1979年，第74—75页。
[2] 李泽厚、刘纲纪主编：《中国美学史》，第1卷，中国社会科学出版社，1984年，第183页。

这里涉及三个问题。首先，这里的"充实"主要指"善"，是"浩然之气"所配的"道"与"义"。这样的人具有"富贵不能淫，贫贱不能移，威武不能屈"的"大丈夫"品格，他们面对现实诱惑时不出卖自己的节操，面对贫贱不改变自己的志向，面对武力的淫威不低头屈服，无论面对怎样的矛盾与困难，始终保持着不卑不亢、刚强不屈的人格形象。而这种刚强不屈的人格正来源于对美好道德情操的追求，源于对"道"的追求。

其次，这里的"美"包括"貌好于外"的形式。春秋以来，"美"与"善"已有渐分的趋势，特别是春秋中期以后，这种分工已经趋于明显：美，主要指形式的因素，如服饰的得体、容貌的姣好、声音的悦耳等；善，主要是指内容的要素，即是否符合德的要求。从《左传·襄公二十九年》记载的吴公子季札对周乐的评论中，我们已经看得很清楚。而孔子不仅明确了美的独立价值，而且鲜明地提出了"尽善尽美"的美学命题。

最后，孟子在这里还区分了美的形态和等级。孟子在这里对人的六个层次的划分，实际上也是对美的形态和等级的划分。人的客观的言行是基本内容，美、大是外在表现形式，圣则是善、信、美、大境界的重要表现，神则是这一表现的至极效果。这样，孟子所描述的道德境界就是由内容、形式、作用、功效构成的，由低级向高级发展的和谐统一的有机整体。他既给人以道德上的激励和鼓舞，又使人得到美的愉悦和享受，因而又是真善美和谐统一的境界。[1]

以上梳理，只是对《孟子》中的重要美学命题做了初步的罗列式研究。一些美学命题尚需要进一步挖掘，如"言近旨远"等；一些命题包含在上述命题之中，需要进一步剥离，如"理义之悦我心，犹刍豢之悦我口"等。因此，中国古代美学命题的文献整理工作仍任重道远。

作者信息：珠海科技学院文学院教授、博士生导师

---

[1] 参见王其俊：《孟子解读》，泰山出版社，2004年，第358页。

中国思想文化术语的审美之维

张 晶

中华思想文化术语研究与传播,是近年来学术界参与程度很高的一项重大学术工程,现已举办了4次国际性的学术研讨会,出版了7辑图书,梳理、阐释、翻译了中国思想文化术语700余条,在海内外产生了广泛的影响,为构建中国特色哲学社会科学学科体系、学术体系、话语体系,提供了资深保证。然而,综观已有的相关成果,我们发现它还停留在草创阶段和自在状态;相关术语的整理与研究,还缺少学科及形态的分类。从某种意义上说,这个大型学术工程,目前正处于"瓶颈"时期。

习近平总书记在哲学社会科学工作座谈会上的讲话,为中国思想文化术语的学术工程建设提供了方法论上的重要指导和强大动力。习近平总书记提出的"我国广大哲学社会科学工作者要自觉坚持以马克思主义为指导,自觉把中国特色社会主义理论体系贯穿研究和教学全过程,转化为清醒的理论自觉、坚定的政治信念、科学的思维方法"[1],对于中国思想文化术语的研究是有深刻的启示意义的。以马克思主义的历史唯物主义和辩证唯物主义作为思想方法,进一步厘清中国思想文化术语的学科分野,并对之进行形态分析,我以为,这是中国思想文化术语研究进入更高阶段的任务与契机。

一

关于"中国思想文化术语",相关的定义表述为:"由中华民族主体

---

[1] 习近平:《在哲学社会科学工作座谈会上的讲话》,人民出版社,2016年,第11页。

所创造或构建、凝聚、浓缩了中华哲学思想、人文精神、思维方式、价值观念，以词或短语形式固化的概念和文化核心词。它们是中华民族几千年来对自然与社会进行探索和理性思索的成果，积淀着中华民族的历史智慧，反映中华民族最深沉的精神追求以及理性思索的深度与广度；其所蕴含的人文思想、思维方式、价值观念已经作为一种'生命基因'深深融于中华子孙的血液，内化为中华民族共同的性格和信仰，并由此支撑起中华数千年的学术传统、思想文化和精神世界。它是当代中国人理解中国古代哲学思想、人文精神、思维方式、价值观念之变化乃至文学艺术、历史等各领域发展的核心关键，也是世界其他国家和民族了解当代中国、中华民族和海外华人之精神世界的钥匙。"[1] 这里的定义和阐述，较为清晰地揭示了"中国思想文化术语"的内涵与边界，也指出了中国思想文化术语研究与传播的意义所在。中华思想文化术语是中华民族数千年积淀下来的理性和智慧的结晶体，凝聚着这个古老而伟大的民族的历史经验和价值取向，可以认为是中国特色学科体系、学术体系、话语体系的基本资源，是中华民族优秀传统文化的语言表现。

应该看到，中华思想文化术语并不能简单地被视为中华文化的历史遗存物，或者说"非物质文化遗产"，因为，它们在当下仍然还有着强大的生命力，在人们的政治、外交、经济、文化、学术、军事等领域中都仍有着非常重要的表意功能。这些思想文化术语，与生俱来地透射出中华民族的精神底色，也蕴含着历史变迁的痕迹；它们对于当代中国的社会主义核心价值观的建设来说，不仅是不可或缺的，而且起着重要的承载作用。说到这里，我们可以申明的是，所谓"中国思想文化术语"，在我们的语言系统中，是经过了提纯和固化之后，淘汰了那些芜杂的、低俗的内容，积淀下来的辞语精华。我们现在经常使用"关键词"的概念，同时也有关于不同学科、不同领域的"关键词"研究。"关键词"与我们所说的"思想文化术语"有相当的重合部分，但它们是从不同角

---

[1]《中华思想文化术语》编委会：《中华思想文化术语》（第一辑），外语教学与研究出版社，2015年，"前言"第5页。

度提出的。一般来说,"关键词"更多地运用于学术范围,而"思想文化术语"的外延要远远大于前者。

笔者之所以对"中国思想文化术语"作这样的辨析,是因为目前的研究状况尚处在较为初期的阶段,而其主要标志是缺少学科和形态的分类。笔者在此前并未涉足这个论域,因为在2019年10月与外研社合作主办了"中国文化,国际共享———2019中华思想文化国际传播研讨会",方才产生了有所深化的学术执念。本文试图从审美方面来探讨中国思想文化术语的形态,以期对中国美学研究和思想文化术语研究有一点双重的推动。

二

从审美维度来看中国思想文化术语,这是思想文化术语研究的一个可以纵深推进的理论空间,对于中国美学,也是打开了一个新的界面。目前这种尚处在无序状态的术语研究,如果从审美维度进行建构,有可能建立起一种大致的分析模型。虽然审美方面的术语与其他领域如哲学、政治学、伦理学等会有很多交叉,但对我们洞察中华民族审美意识的一些元素及其历史发展,会产生某种范式转换的意义。美学研究在国内的学术界蔚成气象,从20世纪的两次美学大讨论,到现在美学研究的热度不减,美学方面的论著也是峰峦迭起。然而,研究方法、思维模式的同质化现象也是普遍存在的。如果以思想文化术语的追问方式,或许能够建立一种新的联系;审美方面的术语,是以国人的审美经验作为底蕴,以中华民族审美意识的发展作为脉络的(当然其他方面如哲学、史学等也是如此),如在术语的框架内,进行形态分析,并且探索它们的功能、价值方面的不同,可能会提供某种范式的创新意义。

审美维度的术语,是在中华民族的审美意识中产生的,故此首要的特征在于民族审美意识的标识性。审美意识的民族特性,对于今天的研究者而言,只能从留存于今的术语中窥见。审美意识典型地存在于文学艺术的经典作品和理论遗产之中,但这并不全面。这是因为人们的审美活动,除了文学艺术以外,还存在于自然审美、生活审美及其他方面。现有的中国美学史已经对文学艺术中审美观念的理论遗存,作了历史性的梳理与建构,而经典性的范畴和命题,大都得到了现代意义的阐释。这些当然都是审美方面术语的重要内容。在不同的审美领域遗存的术语,也许并未完全在美学史的体系中充分展现。同样,那些经典的范畴和命题,也并未从术语的框架内呈现其不同的联系与功能。之所以从审美角度提出问题,则因为美学理论是从西方引入而在近代建立起来的学科体系;虽然中国古代是没有"美学"之目的,但是审美意识在中华民族的精神生活中却是尤为重要的部分。这种审美意识,通过在文学艺术的创作和鉴赏中,通过在自然和社会生活的审美过程中体现出来;这种体现,在今天的考察中,只能是在相关文献里得以呈现或还原。作为一脉相承的审美意识发展史,或者作为中华美学精神的表征,相关文献都是以术语的方式存在的。术语本身就有一个发展嬗变的过程,因此,术语有着经久不衰的生命力。我们现在整理、研究、翻译、阐释这些术语,首先是因其在当代人的审美生活中仍然是且主要是我们的审美观念系统中的活性元素,而且在它们的内里蕴含着源远流长的历史文化基因。以习近平总书记2014年10月15日在文艺工作座谈会上的讲话中提出的"中华美学精神"为例,习近平总书记指出:"我们要结合新的时代条件传承和弘扬中华优秀传统文化,传承和弘扬中华美学精神。中华美学讲求托物言志、寓理于情,讲求言简意赅、凝练节制,讲求形神兼备、意境深远,强调知、情、意、行相统一。"[1]习近平总书记阐述"中华美学精神"所用的这些话语,都是对传统的审美维度的术语的发挥、熔炼。"中华美学精神"是一个具有强烈现实意义的概念,而它的内涵却都是由传统的美学术语所构成的。将历史性与时代性冶于一炉而生成的审美意识标识性,正是审美维度的术语的重要特征。

审美维度的术语的另一个特征,可以表述为直觉观照性和抽象性的统一。审美植根于人们的审美经验,而它的感性观照则是一个基本的、

---

[1] 习近平:《在文艺工作座谈会上的讲话》,《人民日报》,2015年10月15日。

起码的特性。与人类的其他活动相比,这种感性的直观尤为突出。审美是以表象为对象的。这在美学的创始人鲍姆嘉通和大思想家康德那里是说得非常清楚的。审美的术语,是对审美经验的提炼与概括,而那种认为中国美学以直观见长而缺少抽象的观点是不客观的。比如"兴、观、群、怨",作为审美的术语,既是早期对《诗》的审美感受,也是具有很高抽象程度的观念术语。《论语·阳货》:"子曰:小子何莫学夫诗?诗可以兴,可以观,可以群,可以怨。迩之事父,远之事君。多识于鸟兽草木之名。"[1]"兴观群怨"由是而成为留存至今的审美术语。朱熹解释说,兴为"感发意志",观为"考见得失",群为"和而不流",怨为"怨而不怒"。"兴观群怨"是从诗的审美效用出发而形成的术语,是关于诗歌审美功能的最集中的表达。正如清初大思想家王夫之所说:"'诗可以兴,可以观,可以群,可以怨'尽矣。辨汉、魏、唐、宋之雅俗得失以此,读《三百篇》者必此也。'可以'云者,随所'以'而皆'可'也。于所兴而可观,其兴也深;于所观而可兴,其观也审。以其群者而怨,怨愈不忘;以其怨者而群,群乃益挚。出于四情之外,以生起四情;游于四情之中,情无所窒。作者用一致之思,读者各以其情而自得。"[2] 王夫之颇为深刻地阐述了"兴观群怨"这四种诗歌审美的不同功能,并论述这四者作为一个互相联系整体的互动效应。再如刘勰《文心雕龙·物色》中的"物色",是一个具有充分的感性观照性质而又高度抽象的审美术语。"物色"指的是诗人作为审美主体与自然之间审美关系所摄取的物象。

《物色》篇非常生动形象地铺陈了人与四时景物之间互相映发感应的情形:"春秋代序,阴阳惨舒,物色之动,心亦摇焉。盖阳气萌而玄驹步,阴律凝而丹鸟羞,微虫犹或入感,四时之动物深矣。若夫珪璋挺其惠心,英华秀其清气,物色相召,人谁获安!是以献岁发春,悦豫之情畅;滔滔孟夏,郁陶之心凝;天高气清,阴沉之志远;霰雪无垠,矜

---

[1] 朱熹:《四书章句集注》,中华书局,1983年,第178页。
[2] 王夫之:《姜斋诗话》卷一《诗绎》,见王夫之著,戴鸿森笺注:《姜斋诗话笺注》,人民文学出版社,1981年,第4页。

肃之虑深；岁有其物，物有其容；情以物迁，辞以情发。一叶且或迎意，虫声有足引心。况清风与明月同夜，白日与春林共朝哉！"[1] 这里将诗人面对自然景色时所产生的审美感受，描写得何等生动细致，四时变化对诗人心灵的感发又是何等微妙。又当指出的是，"物色"作为一个审美术语具有独特的内涵。"物色"并非仅是指自然景物的实体，还指自然景物的形态。魏晋南北朝时佛学思想影响深远，而刘勰本人又与佛门关系甚深，故以"物色"作为自然审美的对象。佛经里所谓"色不异空，空不异色；色即是空，空即是色"（《般若波罗蜜多心经》）最能说明"色"的性质，即与本体相对应的现象界。刘勰以此作为自然审美的对象性术语，有相当高的思维层次。画论中宋代画家郭熙提出的"三远"，作为绘画的审美术语，既是画家面对山水时的感性体验，又上升到透视学的学理层面。郭熙、郭思的《林泉高致》中说："山有三远：自山下而仰山巅谓之高远，自山前而窥山后谓之深远，自近山而望远山谓之平远。高远之色清明，深远之色重晦，平远之色有明有暗。高远之势突兀，深远之意重叠，平远之意冲融而缥缥缈缈。其人物之在三远也，高远者明瞭，深远者细碎，平远者冲澹。明瞭者不短，细碎者不长，冲澹者不大。此三远也。"[2] 无疑，"三远"是中国绘画理论史上非常著名的术语，它是作者郭熙以其画家的眼光，从不同角度对山水进行观照得到的不同感受，同时，"三远"又是画家进行艺术创作时所应把握的不同角度。这一点，对于中国的山水画家有着特殊的影响。美学大师宗白华先生揭示了"三远"作为中国人山水审美尤其是在山水画上的独特之处，他说："西洋画法上的透视法是在画面上依几何学的测算构造一个三进向的空间的幻景。一切视线集结于一个焦点（或消失点），正如邹一桂所说：'布影由阔而狭，以三角量之。画宫室于墙壁，令人几欲走进。'而中国'三远'之法，则对于同此一片山景'仰山巅，窥

---

[1] 刘勰：《文心雕龙·物色》，见刘勰著，范文澜注：《文心雕龙注》，人民文学出版社，1958年，第693页。

[2] 郭熙、郭思：《林泉高致·山水训》，见俞剑华编著：《中国古代画论类编》，人民美术出版社，1957年，第639页。

山后，望远山'，我们的视线是流动的，转折的。由高转深，由深转近，再横向于平远，成了一个节奏化的行动。郭熙又说：'正面溪山林木，盘折委曲，铺设其景而来，不厌其详，所以足人目之近寻也。傍边平远，峤岭重叠，钩连缥缈而去，不厌其远，所以极人目之旷望也。'他对于高远、深远、平远，用俯仰往还的视线，抚摩之，眷恋之，一视同仁，处处流连。这与西洋透视法从一固定角度把握'一远'，大相径庭，而正是宗炳所说的'目所绸缪，身所盘桓'的境界。苏东坡诗云：'赖有高楼能聚远，一时收拾与闲人。'真能说出中国诗人、画家对空间的吐纳与表现。"[1] 宗白华先生是从空间意识的角度道出了郭熙"三远"说的中华审美特色。无疑，在中国绘画史或者中国美学史上，"三远"都是具有深刻普遍意义的术语。

在音乐审美方面，"和"是一个从先秦以来就非常流行的术语。"和"在哲学领域、政治领域也都是重要的术语，而在音乐审美方面，尤能体现出当时音乐的风格倾向及审美功能。著名美学家蒋孔阳先生指出："《乐记》的音乐美学思想是'礼乐'思想，因此，强调音乐的社会作用，成了它的一个重要特点。这一作用，归结起来，可以说就是一个'和'字。'乐和民性'、'乐者天地之和也'，从个人以至天下国家，从天下国家以至整个宇宙，音乐都能起到'和'的作用。""我国早在春秋时，也已提出了'和'的音乐美学思想。晏子指出了'和'与'同'的不同，史伯也说：'夫和实生物，同则不继。以他平他谓之和，故能丰长而物归之。'以后从孔丘开始，儒家都把'和'当成是最高的音乐美学理想。《国语·周语下》中，'乐从和'这句话，可说是儒家音乐美学思想中经典不刊之论。《乐记》正是继承了儒家'和'的音乐美学思想，来阐述音乐的作用的。"[2] 在《礼记·乐记》里，"乐"多是和"礼"合在一起论述的，礼乐文明在中国文明史上是非常重要的源头。《礼

---

[1] 宗白华：《中国诗画中所表现的空间意识》，见宗白华：《美学散步》，上海人民出版社，1981年，第107页。

[2] 蒋孔阳：《先秦音乐美学思想论稿》，安徽教育出版社，2007年，第248页。

记·乐记》中反复说:"大乐与天地同和,大礼与天地同节。"[1] "乐者,天地之和也;礼者,天地之序也。和,故百物皆化;序,故群物皆别。"[2] 从大的方面来讲,"和"体现着天地万物的和谐;从音乐本身来说,"和"又是不同的表现形式、不同的乐器所形成的美好乐曲。"异文合爱",就是以不同的音乐形式合成一个令人喜悦的作品。《乐记》中说:"故钟鼓管磬羽籥干戚,乐之器也,屈伸俯仰缀兆舒疾,乐之文也。"[3] "和"并不相同,而是各种器乐、各种乐舞的姿态,合而为音乐美的形式(乐之文也)。故又有"和而不同"的术语,更表现了先秦时期从音乐出发到社会秩序的基本价值观念。"和"一方面是音乐本身给人的审美感受,另一方面又鲜明揭示了音乐和合人心的社会功能。如《乐记》中所说的"论伦无患,乐之情也;欣喜欢爱,乐之官也。中正无邪,礼之质也;庄敬恭顺,礼之制也。若夫礼乐之施于金石,越于声音,用于宗庙社稷,事乎山川鬼神,则此所与民同也"[4]。在音乐风格及形式上,"和"表现为"平",如《国语》中所说的"声以和乐,律以平声",但音乐之"和"的落脚点,更在于人伦与社会关系的和谐。《乐化》篇所论,正在于此:"是故,乐在宗庙之中,君臣上下同听之,则莫不和敬;在族长乡里之中,长幼同听之,则莫不和顺;在闺门之内,父子兄弟同听之,则莫不和亲。故乐者,审一以定和。比物以饰节,节奏合以成文,所以合和父子君臣,附亲万民,是先王立乐之方也。"[5] 后来魏晋时期的著名思想家嵇康有著名的音乐论文《声无哀乐论》,也认为音乐精神在于"和"。著名音乐史家杨荫浏先生在深层意义上谈到嵇康论乐:"这种音乐,是一种精神,就是所谓'无声之乐',它本身是从另一个最初自在的体(存在)产生出来的,这个体,就是所谓'德',所谓'元化'。这种音乐精神,有怎样的性质呢?嵇康认为它的性质是

---

[1] 于民、孙通海:《中国古典美学举要》,安徽教育出版社,2000年,第166页。
[2] 于民、孙通海:《中国古典美学举要》,安徽教育出版社,2000年,第167页。
[3] 于民、孙通海:《中国古典美学举要》,安徽教育出版社,2000年,第166页。
[4] 于民、孙通海:《中国古典美学举要》,安徽教育出版社,2000年,第167页。
[5] 于民、孙通海:《中国古典美学举要》,安徽教育出版社,2000年,第179页。

'和'、'平和'、'太和'、'至和'。他说：'音声有自然之和。''声音以平和为体。'它又是神秘而不可捉摸的，是广涵一切而不受任何限制的，他说：'和声无象。''若资不固之音，含一致之声。'讲到这种音乐精神的作用，他以为并不是音乐精神本身有什么具体内容可以使人感染；它并不能用一定的内容去感化人；它与人的情感，并无直接关系，它只能用它拢统而抽象的和的性质，起出诱导作用，使人心中所原来已有的互相殊异的哀乐情感各自表现出来。"[1] 可见，"和"在音乐审美中是具有非常重要地位的术语。

除文艺审美之外，人文审美方面的术语也是特别鲜活有生命力的。如先秦时孔子提出的"文质彬彬""温柔敦厚"，孟子所说的"浩然之气""充实之谓美"，魏晋时期形成的"魏晋风度"等，都是在人文审美方面源远流长的术语。《论语》中说："质胜文则野，文胜质则史。文质彬彬，然后君子。"（《论语·雍也》）这是对于君子人格最为经典的表述。当然，"文质彬彬"后来也延伸到对于文艺的评价标准，而其原始以及最广泛的含义，还是在于表示人格之美。这是形容文质兼备的完美人格。文是人的外在风神气度，质是人的内在品格。朱熹释之云："野，野人，言鄙略也。史，掌文书，多闻习事，而诚或不足也。彬彬，犹班班，物相杂而适均之貌。言学者当损有余，补不足，至于成德，则不期然而然矣。"[2] 颇能道其意。一个人如果内在的品质超过外在的文饰就会显得粗野，而如果外在文采超过内在品格就会显得浮华。只有外在与内在相结合而且适宜，才是完美的君子。"温柔敦厚"本来是指诗教的要求，《礼记》中说："入其国，其教可知也。其为人也，温柔敦厚，诗教也；疏通知远，书教也；广博易良，乐教也；絜静精微，易教也；恭俭庄敬，礼教也；属辞比事，春秋教也。"[3] 人们往往以"温柔敦厚"作为诗教规范，其实它更是一种人格修养的气象。孟子所提出的"浩然之气""充实之谓美"，在中国美学史上都是关于人格美的最具普遍性的

---

[1] 杨荫浏：《中国古代音乐史稿》，人民音乐出版社，1981年，第175—176页。
[2] 朱熹：《四书章句集注》，中华书局，1983年，第89页。
[3] 《礼记·经解》，见阮元校刻：《十三经注疏》，中华书局，1980年，第1609页。

术语，它们不仅具有理性内涵，更具有感性性状。《孟子》言："敢问夫子恶乎长？曰：我知言，我善养吾浩然之气。敢问何谓浩然之气？曰：难言也。其为气也，至大至刚，以直养而无害，则塞于天地之间。其为气也，配义与道，无是，馁也。"[1]孟子所说的"浩然之气"，对于中华民族的苦难历程来说，是一种战胜一切困难和敌人的民族正气，是民族自强自立的强大精神力量。李泽厚先生认为："所以，'浩然之气'不单只是一个理性的道德范畴，而且还同时具有感性的品德。这才是关键所在。从而，感性与超感性、自然生命与道德主体在这里是重叠交融的。道德主体的理性即凝聚在自然的生理中，而成为'至大至刚'、无比坚强的感性力量和物质生命。这就把由'美'而'大'而'圣'、'神'的个体人格的可能性过程更加深化了，他们作为道德主体，不只是外观，不只是感受，也不只是品德，而且还是一种感性生成和感性力量。'浩然之气'身兼感性与超感性、生命与道德的双重性质。道德的理性即在此感性存在的'气'中，这正是孔、孟'内圣'不同宗教神学之所在，是儒家哲学、伦理学、美学的基本特征。"[2]魏晋风韵（亦称"魏晋风度"）也是人格审美的重要术语，并带有明显的时代色彩，是指魏晋时期由人物品藻与玄谈风气形成的人格气象。它在很大程度上超越了魏晋时期的特定背景，而成为形容某一类人格的特定术语。在人格审美上，魏晋风韵又是有着典型的意义的。于民先生认为："中国古代人物的审美到了魏晋，便由才性转入风韵。风韵或谓风度、风神、韵度等等，是晋宋时一种人物审美的专门用语，而区别于才性，区别于道德。风韵，它不为先天的人性，不指内在的精神，不重所禀之气，也不是纯粹外形体态之美，而是一定内在精神的外在表现，一种形式与内容的统一，外与中的结合。从概念的内涵来讲，它与文艺之风格相似。中国古代只有到了'风韵'的出现，人的审美才算真正发展成熟，获得了真正的审美意义。"[3]从审美观念发展的角度，于民先生颇为透辟地论

---

[1] 朱熹：《四书章句集注》，中华书局，1983年，第232页。
[2] 李泽厚：《华夏美学》，广西师范大学出版社，2001年，第85页。
[3] 于民：《中国美学思想史》，复旦大学出版社，2010年，第258—259页。

述了魏晋风韵（风度）作为人格审美的重要术语的意义。魏晋风韵（风度）这个术语，对于人格审美而言，是一个重要的标志。

三

这里要从形态分析的角度来看一下中国思想文化术语，我以为这是推动中国思想文化术语进入新阶段、进行研究范式转换的一个重要切入点。

目前已经问世的七辑《中华思想文化术语》，编选了涉及哲学、文学、历史、政治、经济等多方面的思想文化术语，并作了简明扼要的阐释性界定，每条术语下面又都有引例和英文翻译。由此而为这个重大的学术工程打下了宽厚的基础。但是很显明的是，关于这些术语的学术工作，还都停留在一个初期的状态，即缺少学科的和形态的分类。在笔者看来，现在是应该进入到更加学理化的研究层次的时候了。所谓"更加学理化"，目前看来应该主要是以分类为主，笔者能想到的，一是学科的分类，二是形态的分类。关于"分类"，德国 F. Richter 的《哲学和自然科学词典》有这样的阐述："在现代科学产生的过程中，分类曾是非常重要的方法性的辅助手段之一。通过对经验因素的大规模的汇总和整理，创造了克服繁琐哲学的思辨前提，同时也创造了过渡到以解释和认识规律为主导的科学发展阶段的条件。时至今日，尽管认识不能简化为分类，分类仍然是任何一种认识活动的基本因素（比如鉴别、比较、系统化、观察、测量、标准化、概念化、信息贮存和询问）。分类的进行要按照一定的特征，要运用排列的原则，即并列和从属。因此从哲学上看，它是一般和个别、本质和现象的辩证法的特殊形式。按照这一观点，那种通常二区分自然（比如元素周期表）和人工的（比如将一组人按照字母来分类）分类的做法是无意义的；分类只能按照本质的特征，也就是说，按照那些邻近类有显著界限的特征来进行。一个事物的本质取决于该事物的关系系统（Bezugssystem），因此一个或同一事物可以在不同的分类中出现。"[1] 这对我们考虑中国思想文化术语的分类研究，是很有借鉴意义的。关于学科分类，本文不拟多加涉及，因为这个问题较为明确，相关学者可以从这个角度进行分类研究，比如文学艺术类、哲学类、政治类、心理类、伦理类、历史类等；本文拟就关于审美维度的术语，谈一下形态方面的分类。

关于"形态"，《辞源》的词条说是"形状神态"，很显然，这并非科学意义的界定。形态指事物存在的样貌，或在一定条件下的表现形式。关于中国思想文化术语的形态，应该有很多种类，当然不同种类之间的交叉是普遍存在的。从审美维度来看术语，我们认为主要有两类，即范畴和命题。关于范畴，学术界并不觉得陌生，从20世纪后期，在美学领域就出现了很多范畴研究的成果。从范畴的本体来说，如列宁所界定的，范畴"是区分过程中的一些小阶段，即认识世界的过程中的一些小阶段，是帮助我们认识和掌握自然现象的网上纽结"[2]。我们对中华民族审美意识的发展，也多从范畴中得到相关的理解。如蔡锺翔、陈良运先生在"中国美学范畴丛书"的总序中所说："美学范畴，同哲学范畴一样，是理论思维的结晶和支点。一部美学史，在一定意义上也可以说是一部美学范畴发展史，新范畴的出现，旧范畴的衰歇，范畴含义的传承、更新、嬗变，以及范畴体系的形成和演化，构成了美学史的基本内容。"[3] 在中国美学研究领域，范畴研究已有非常丰富的成果积淀。如由蔡锺翔主编的"中国美学范畴丛书"，前后有二十种之多。另如汪涌豪先生的《范畴论》等都是美学、文论范畴研究的卓越成果。遍览中国美学的文献，有关审美的范畴很多，如"赋比兴""和""气韵""气象""形神""感兴""意境""兴寄""意象""风骨""神思""自然""天然""物化""势""性情""清""逸""文质""丽""童心""虚静""妙""工拙""含蓄""质直""豪放""神理"等。这里还是以举例的方

---

[1] 孙小礼等主编：《科学方法》，知识出版社，1990年，第397页。
[2] 列宁：《哲学笔记》，人民出版社，中共中央马克思恩格斯列宁斯大林著作编译局译，1958年，第90页。
[3] 张晶：《神思：艺术的精灵》，百花洲文艺出版社，2017年，第5页。

式，将这些范畴杂陈在一起，实际上，从范畴角度进行美学或文论研究的学者，已经将范畴进行了体系性的梳理，如胡经之的《中国古典美学丛编》、汪涌豪的《范畴论》与《中国文学批评范畴及体系》、陈良运的《中国诗学体系论》及葛路的《中国绘画美学范畴体系》等著作，都对中国美学范畴进行了体系性建构。

中国美学中的范畴，从术语的意义上看，是术语中非常重要的、比重甚大的一类。术语的内涵大于范畴，范畴当然是术语，而术语却不一定都是范畴。在这里有必要引述一下汪涌豪先生对于术语、概念与范畴加以区别的论述，他认为："术语是指各门学科中的专门用语，上述'格律'、'章法'属此，其情形正同'色彩'之于绘画，'飞白'之于书法。概念和范畴则不同，概念指那些反映事物属性的特殊称名，与术语一旦形成必能稳定下来不同，它有不断加确自己的冲动，它的规范现实的标准越准确，意味着思维对客体的理性抽象越精确。术语作为它的物质载体或语言用料，是其形成过程中的重要因素，参与其形成的全过程，但就根本性上说，有赖其内涵的确立，至于它本身则是静凝的、稳定的。"关于范畴和概念的区别，涌豪先生的相关论述尤为深刻："简而言之，概念是对各类事物性质和关系的反映，是关于一个对象的单一名言，而范畴则是反映事物本质属性和普遍联系的基本名言，是关于一类对象的那种概念，它的外延对前者更宽，概括性更大，统摄一连串层次不同的概念，具有最普遍的认识意义。"[1] 笔者非常赞同涌豪先生对范畴与术语、概念所作的区分，这种区分具有精深的思辨性质，也使范畴的属性得到了明确的规定。从中华民族的审美实践来看，从现有的术语研究基础来看，范畴当然不能等同于术语，但二者又是无法剥离的。中国思想文化术语，当然还在陆续地进入研究者的视野，从而得到阐释与界定，而经过漫长的历史过程留存下来的审美方面的术语，基本上都在我们常见的审美范畴之列。汪涌豪先生指出中国古代文论范畴的"实践性品格"，这一点极有见地。质而言之，中国美学或文论的范畴，并非

---

[1] 汪涌豪：《范畴论》，复旦大学出版社，1999年，第4—5页。

如西方哲学家或美学家那样，是严密的逻辑体系中的一环，并不是产生在封闭的思辨圆圈中，而是产生在审美实践的沃土之中。它们本身有着明显的经验色彩，是某种审美体验的语言晶体。当然也有在范畴之外的术语，但这些范畴应该都在术语之列。笔者对此有这样的阐述："我们更应看到，中国古代美学的范畴虽然较为松散，较为直观，却又有着无可比拟的丰富性与审美理论价值。西方的美学范畴，很多是从哲学家的哲学体系中派生出来的，是其哲学体系中很严密的有机部分，而与具体的艺术创造、鉴赏，却较为疏远；而中国古典美学则不然，它们是与具体的文学艺术创作、批评共生的，水乳交融的。大多数范畴都是在具体的艺术评论中产生的，因此，带着浓郁的艺术气质和经验性状。"[1]因为这个情形，中国美学范畴具有本体论性质的并不是很多，而具有审美性质的却数量很大。从某种意义上来说，这就直接催生了本文的立题。在中国思想文化术语中，涉及文学艺术的，虽然丰富多姿，却都具有审美的意味。当然，有很多术语是既关涉审美，又有哲学的或伦理的内容，却仍是因为审美的纽带而使文学艺术的术语与范畴相互重叠，或者说，范畴成为审美方面的术语的主要形态。

关于中国古代的审美范畴的构成特点，或者说它的基本语言形式，笔者觉得吴建民教授对古代文论范畴的分析是适用的，他认为："古代文论范畴一般都是类似名词的概念，从构成模式上看，最简单的范畴由一个字构成，如兴、味、气、神、志、清、淡、雅、野、远、体、格、势、才、美、物、景、趣等。大多数范畴都是由两个字构成，如意境、意象、比兴、兴会、风骨、神韵、韵味、妙悟、平淡、含蓄、义法、飘逸、虚静等，这是最典型最常见的古代文论范畴构成模式。也有三字甚至四字构成的范畴，如'味外味''象外象''有我之境''无我之境'等，但此类貌似命题的范畴非常少。这些范畴看似命题，实质上仍是范畴。'味外味'是指诗歌语言之外的审美趣味，'味外'二字只是一个定语，起修饰限制的作用，'味外味'实质上仍是一种'味'，所以，它不

---

[1] 张晶：《神思：艺术的精灵》，百花洲文艺出版社，2017年，第3页。

是命题,而是范畴。'象外象'也同样如此。"[1] 这种对文论范畴的归纳是很客观确切的,其他如绘画、书法、音乐等领域的范畴也都是如此。如画论中的"形""神""骨""肉""气韵""笔墨"等,都是超出了本门类艺术的局限,而具有普遍性的审美意义的。

作为思想文化术语的审美范畴,概括了审美主体的某种特定的审美经验,一般都是由名词担当,也有个别的是动词或形容词,如"妙悟""含蓄"等。审美范畴的运用具有一定的专业性,因此与术语的重合是顺理成章的。不同时代、不同主体在这些范畴的使用上会有一些差异,但其基本意涵是一直贯穿过来的。无论是批评家,还是一般的欣赏者,在评价和阐释文学艺术作品时使用这些范畴,都要遵循其基本含义,而在一定程度上注入自己的个性化理解,这也形成了范畴内涵的发展嬗变。如果在评价和阐释作品时完全无视这些范畴,或在不相干的意思上使用之,那是不可能为同行乃至社会所接受的。在这个意义上,范畴当然属于术语之列。

思想文化术语在审美方面的另一种主要形态是命题。这在中国古代的审美理论与实践中,都是普遍存在的。在已有的《中国思想文化术语》系列著作中,就有很多条目属于审美方面的命题,如"诗言志""发愤著书""解衣盘礴""神与物游""虚壹而静""诗无达诂""八音克谐""传神写照""绘事后素""迁想妙得""大巧若拙""以形写神""以形媚道""写气图貌""转益多师""思与境偕""诗穷而后工""随物赋形""外师造化,中得心源""以意逆志"等。命题是一种重要的、普遍的思维形式,无论在哲学、美学,还是其他学科领域,命题都是构成其理论体系的基本元素。在中国美学的研究领域,范畴研究已经成为一个重要的方法论,并已涌现出了很多成果,且具有了自觉的研究理念;命题还是往往和范畴混同在一起,很少得到充分的关注和自觉的建构。蔡锺翔先生主持的"中国美学范畴丛书"的研究对象中,绝大多数都是范畴,个别的著作内容其实是命题,如郁沅先生的《心物感应与情景交

---

[1] 吴建民:《中国古代文论命题研究》,南京大学出版社,2017年,第13—14页。

融》，就不是范畴而是命题。在笔者看来，命题必然是表达判断的，如果句中无判断，就无法构成命题。因此，命题的语言形式与范畴就可以明显加以区别，前者是句子或短语，后者则是单一词性的概念。命题具有客观真理性，命题的陈述，应该是符合事实的。正如海德格尔所指出的："命题真理的本质在于陈述的正确性，这一点用不着特别的论证。"[1] 审美方面的命题也同样要有客观真理性，但这些命题，又处处体现出审美体验的品格。如"陶钧文思，贵在虚静"，既有道家哲学的渊源，更有作家的创作体验。"诗无达诂"，也是从诗歌鉴赏的切身体验中总结出来的命题。

命题与范畴有区别的地方，更在于其判断的意向性。意向性是现象学的基本概念，指的是意识活动都会朝向一个对象。范畴可以只有一个名词或形容词，而命题就要有"命题动词"，如我们所讨论的审美方面的命题"神与物游""境生象外"，其中的动词都是命题动词。Richard M. Gale 在《哲学百科全书》中这样论述命题的特质："命题是精神活动的意向对象。弗朗兹·布伦塔诺（胡塞尔的老师——笔者按）主张：所有的意识活动都针对一个对象，这种针对性称作意向关系（intentional relation），想、害怕、怀疑，就是想、害怕、怀疑某个东西。我们将把'想''相信''判断''猜测''希望''期待''害怕'等诸如此类的动词称作命题动词，把这些动词在想象上所表示的精神活动称作命题活动（propositional acts）或命题样态（attitudes）。这些动词常常能够把一个代词或适当的名词作为它们的宾语，这是一个语法事实。用这些动词所表示的命题活动或命题样态是一些牵涉两种成为之间的二元关系的精神活动。这两种成分，一种是构成主体意识的主观成分，一种是构成用名词性'that'从句命名的复合实体的客观成分。我们将这个客观的成分叫做一个命题，它是命题活动的宾语而不是命题活动。"[2] 笔者觉得，这里对命题性质的阐述，还是颇为清晰而中肯的。命题作为具有判断属

---

[1] 海德格尔：《路标》，孙周兴译，商务印书馆，2000年，第210页。
[2] 孙小礼等主编：《科学方法》，知识出版社，1990年，第216页。

性的短语，是要有命题动词的，这恰恰是区别命题与范畴最具标志性的特征。

中国审美命题的意向性，还表现在它们不仅是一种客观表述，更是一种价值取向，它们表达着主体的审美理想，同时还表征着主体对艺术创作和艺术表现、艺术鉴赏的应然状态。如"外师造化，中得心源"，表达了画家那种既师法造化自然，又从内心汲取动力的创作观念；"思与境偕"，是诗人意境创造的最佳理想，等等。

范畴与命题，是从审美维度来观照中国思想文化术语的两种主要形态。也许论及形态未必只有这两种，但它们是目前所及的主要形态。这两种形态对于中国审美文化的发展而言，应该是最重要的理论元素了。恰如韩林德先生所说的那样："在中国古典美学形成和发展的历史长河中，一代代美学思想家和文艺理论家，在探索审美和艺术活动的一般规律时，创造性地运用了一系列范畴和命题。如：'道'、'气'、'象'、'神'、'妙'、'逸'、'意'、'和'、'味'、'赋'、'比'、'兴'、'意象'、'意境'、'境界'、'神思'、'妙悟'、'一画'、'法度'、'美'与'善'、'礼'与'乐'、'文'与'质'、'有'与'无'、'虚'与'实'、'形'与'神'、'情'与'景'、'言'与'意'、'阳刚之美'与'阴柔之美'、'立象尽意'、'得意忘象'、'涤除玄鉴'、'澄怀味象'、'传神写照'、'迁想妙得'、'气韵生动'，等等。这些范畴和命题，既相互区别，又相互联系和相互转化，彼此形成一种关系结构，共同建构起中国古典美学的宏大理论体系。一定意义上讲，中国古典美学史，也就是上述一系列范畴、命题的形成、发展和转化的历史。可以说，如果我们把握了这些范畴、命题的主旨，也就大体了解中国古典美学的基本面貌了。"[1] 韩林德列举了中国美学的一些重要范畴与命题，并且全面地论述了范畴与命题在中国美学发展中的重要价值。这种看法，我们是可以完全认同的。可以不夸张地说，如果抽去了这些范畴与命题，中国美学史也就不

---

[1] 韩林德：《境生象外：华夏审美与艺术特征考察》，生活·读书·新知三联书店，1995年，第1页。

复存在了。

还要说明的是，中国的审美范畴与命题，是数千年以来中华民族的审美实践中产生出来并且留存至今的，经过历代许多文学家、艺术家及理论家的运用与整合，其理论价值得到多次的淬炼与熔冶，在我们的美学史、文论史、艺术理论史中得到具有现代意义的阐释，并且建构成体系性的状态，但它们仍然不是用西方的形式逻辑和思辨理性所能完全"对标"的，它们的边界仍然有相当大的模糊性。在这个意义上，我们以中华思想文化术语的大体框架来进行分析，更是要尊重中国美学发展的丰富样态。

我们大致以范畴与命题为术语进行形态分类，意图在于使中华思想文化术语研究进入一个分析的阶段，从而提升到一个新的境界。这项学术工程规模宏大，现在看来也只是一个奠基性的层次。本文的分析也还非常粗略，只是刚刚入门而已。就形态分析本身而言，还有更多的研究话题，如不同的形态在中华思想术语中的不同功能，就是值得我们接下来考察的，其学术含量远非本文所可容纳。然而，中华思想文化术语的学理化深入，对于这个大型学术工程而言，是需要学者们以相关的研究成果务实推动的。

原文发表于《暨南学报》（哲学社会科学版）2020年第7期

命题与古代美学理论之建构

吴建民

中国古代美学在两千多年的历史发展过程中不但形成了一套独具民族特色的思想理论系统,而且形成了一套独具民族特色的话语表述系统。构成话语表述系统的基本因素主要有二:一是范畴,二是命题。张岱年先生在一篇题序中谈中国古代哲学的理论体系的构成时说:"哲学的理论体系是由命题组成的,而命题是藉名词概念来表达的。基本的名词概念,称为范畴。"[1]此论表明,中国古代哲学理论体系是由命题组成的,而命题是借助于名词概念即范畴来表达的。三者的关系是,范畴构成命题,命题组成体系,命题与范畴是构成中国古代哲学理论体系的两个基本因素。在由范畴到命题再到理论体系的逻辑关系中,范畴虽然是构成理论体系的最基本因素,却不能直接构成理论体系。因为范畴作为"基本的名词概念",不具备思想观念的阐释性和陈述性,而理论体系作为众多思想观点的有序整合,是需要对各种思想观点进行陈述和阐释的。对思想观点的陈述和阐释只能由命题来完成,因为命题具有阐释性和陈述性,每个命题都是一个思想观点的阐释或陈述。所以理论体系虽然离不开范畴,却不是由范畴直接构成的,而只能"由命题组成"。范畴作为"基本的名词概念",在表述思想观点的语句中,只能是构成语句的基本因素,成为表述思想观念语句的句子成分,也就是可以构成命题,因为命题就是表达判断或陈述观念的句子。所谓"命题藉名词概念来表达",说的就是以句子为语言形式的命题,离不开"基本的名词概念",即离不开范畴。若无范畴,没有"基本的名词概念",命题的生

---

[1] 葛荣晋:《中国哲学范畴史》,黑龙江人民出版社,1987年,"前言"第1页。

成也就非常困难[1]。

命题作为表达判断的语句,是表达思想观念的话语形式。每个命题都是一个思想观念的有效表达,"理论体系是由命题组成的"根本原因也就在这里。所以,在理论体系的构成上,范畴与命题各有功能,各司其职。在古代哲学理论体系的框架上,如果说范畴是联结框架的纽结,命题则是构成框架的柱梁。古代哲学理论的这种构成特点完全能够用来阐释古代美学理论的构成特点。因为以乐舞、书画、诗文、小说、戏曲理论为核心的中国古代美学也是以命题与范畴为基本因素而构成的,其构成模式与基本因素亦如哲学理论体系,也是由范畴构成命题、由命题构成体系,在美学体系的理论框架上,也是以范畴为纽结、以命题为柱梁的。所谓"命题",通常是指具有判断性的短句或短语,如"游于艺""充实之谓美""淡然无极而众美从之""澄怀味象""外师造化,中得心源""美不自美,因人而彰""文以载道""无画处皆成妙境""乐人易,动人难""文,心学也"等,都是古代美学史上的著名命题。应该说明的是,张岱年先生把"基本的名词概念,称为范畴"未必恰当,因为"范畴是比概念更高级的形式"[2]。特别是在中国古代美学理论中,并非命题中的每个名词概念都能称为范畴,如"诗穷后工"中的"工"是范畴,"诗"则是指文体概念的名词,不是范畴。"书也者,心学也"中的"书"指艺术类型的名词,"心"才是范畴,此类情况很多。虽然范畴与名词在形式上具有共同特点:词素单纯,结构简单,通常由一个或两个字构成,所以从词汇学的角度看,很多范畴如"气""味""趣""意象""神韵""格调"等亦可称为名词。但是,二者又有本质的区别:名词表示事物的名称,而范畴"是作为人类思维对客观事物本质联系的概括反映",体现着"人类思维对客观事物本质联系"的认识。这一深刻内涵使范畴具有重要的理论内容和思想意义,故学界常把"范畴"与"理论"联系起来,称为"理论范畴"。而名词则没有范畴的这层深刻的

---

[1] 虽然全象式命题不需要范畴,但此类命题只是极少数。可参拙文《论中国古代美学象喻式命题》。
[2] 汪涌豪:《范畴论》,复旦大学出版社,1999年,第4页。

理论内涵和思想意义,因而并非所有的名词都能称为范畴,二者不能完全画上等号。与具有名词特点的范畴相比较,命题的构成形式丰富多样、灵活多变,语言结构也更为复杂,具有理论性强、表述透彻、语言简明、易于把握运用等特点[1],是古代理论家表述思想观点非常便捷而有效的手段。因此,美学史上历代理论家都有大量命题的提出,并形成了运用命题表述思想观点的理论表达模式和以命题为美学系统框架之柱梁的理论建构模式,从而使命题成为古代美学史上一道亮丽的风景线。

  但是,多年来美学范畴一直是学界研究的热点,研究专著不断出版,文章汗牛充栋。相对而言,对于大量的美学命题展开自觉研究者不多,成果寥若晨星。虽然偶有文章,如《入兴贵闲——关于审美创造心态的一个重要命题》《"心哉美矣"——〈文心雕龙〉美学思想的一个重要命题》《浅析"澄怀味象"画论命题之内涵与意义》等,但迄今未见专门的著作问世。零星的文章一方面表明当下对于美学命题尚未达到"自觉研究"的阶段,只是处于起步状态,学界尚未把美学命题当作研究对象进行自觉的研究;另一方面表明命题研究是一片肥沃诱人的处女地,这一广阔的学术领域有着大量亟待开发的资源,是有志者驰骋才艺的宽广用武之地。[学术期刊上常有研究古代美学命题的文章,如童庆炳《〈文心雕龙〉镕意裁辞说》(《陕西师范大学学报》2010年第3期)、颜研生《"以形写神"说与"天人合一"观》(《山西高等学校社会科学报》2006年第2期)等。一些美学史著作中也有对命题的论述,如叶朗《中国美学史大纲》第九章共六节,其中五节都以命题为标题:"得意忘象""声无哀乐""传神写照""澄怀味象""气韵生动"。第十一章共四节,四节的标题全为命题:"度物象而取其真""外师造化,中得心源""删拨大要,凝想形物""凝神遐想,妙悟自然,物质两忘,离形去智"。在各体艺术美学史著作如叶朗《中国小说美学》,陈传席《中国绘画美学史》,姚文放《中国戏剧美学的文化阐释》,修海林《中国古代音乐美

---

[1] 参拙著《中国古代文论命题研究》,南京大学出版社,2017年,第8—13页。

学》,陈方既、雷志雄《书法美学思想史》,徐志兴《中国书画美学概论》等书中,或以命题为章节标题,或围绕命题展开论述。虽然这些成果的研究对象都是古代美学命题,令人欣慰,但问题在于这些成果都不是对命题的自觉研究,也就是未把研究对象看作命题。缺乏自觉的命题研究意识,未能从古代美学表述话语方式及构成因素的角度去认识命题之价值意义,这是当下古代美学理论命题研究的症结所在。]学界对美学范畴一直持以过度热衷之态度,如有学者说:中国古代美学是"范畴美学","美学体系仅需范畴的勾勒就足以完成"[1]。这种态度表明有些学者对于命题的重要性缺乏足够的认识,甚至没有意识到古代美学中还有命题的存在。所以此话还应加上"命题"二字才算稳妥,应该这样说:中国古代美学是"命题与范畴美学",古代"美学体系需由命题与范畴共同完成"。因为命题是古代美学的基本构成因素,每个命题都是理论家思想观点的表达,理论家就是通过命题而将自己的美学思想观念表达出来。单纯的范畴很难表达理论家的美学观念,只有通过一定的语言形式将范畴联结起来而构成命题,理论家的美学思想观念才能有效表达出来。若无命题,理论家的美学思想观念是很难表达的。试想,若把命题删除,中国古代美学将是何等状况?以孔子美学为例,"游于艺""兴于诗""思无邪""文质彬彬""尽善尽美""诗可以兴,可以观,可以群,可以怨"这些命题是孔子美学的核心内容,若去除这些命题,孔子美学将是何等情状?游、艺、兴、思、文、质、观、怨等都是孔子美学的重要范畴,通过一定的语言形式将这些范畴安排到相应的结构中,形成命题,孔子的美学思想才清晰可见。所以,单纯的范畴还不足以完成对中国古代美学体系的勾勒。

对于古代美学命题研究的严重疏视、关注的极度淡漠、成果的格外稀缺,确实是学界多年来一直存在的一个不小的失误,这一失误严重阻碍古代美学理论研究的深入展开。导致这一失误的原因主要在于对命题之性质、特点、价值、意义等未有明确的认识,未认识到命题是构成古

---

[1] 程琦琳:《中国美学是范畴美学》,《学术月刊》,1992年第3期。

代美学理论的基本因素。因而，探索命题的性质、特点、价值、意义及在古代美学理论建构中的作用，对于推进当下古代美学研究向更深的层次展开、开拓更新更广的研究领域及解读古代美学的民族特色、学术特点、构成模式等，都具有重要意义。对于命题在古代美学理论建构中的作用，本文试从如下四方面进行解读。

一、"命题"：古人表述美学思想的基本方式

命题对于古代美学理论建构之所以非常重要，主要原因在于命题是古代理论家表述美学思想的基本方式。运用命题进行美学思想的阐释、表述，也必然使命题成为古代美学理论建构的基本因素。

中国古代美学理论自其诞生，命题便成为历代理论家表述美学思想的基本方式。早在先秦时期，诸子美学的主要形式之一就是命题。老子的美学思想主要就是通过一系列命题而体现出来的，如"大音希声""大象无形""信言不美""美言不信""天下皆知美之为美，斯恶矣"等影响深远的命题，集中体现了老子的美学思想。老子还有一些哲学命题，如"味无味""以身观身""无为而无不为""大巧若拙""涤除玄鉴""见素抱朴"等，也都为后人所吸收并运用于美学理论的阐释，最终成为美学命题。命题也是庄子美学的重要形式，"天地有大美而不言""素朴而天下莫能与之争美""淡然无极而众美从之""法天贵真，不拘于俗""得意忘言""以天合天""自适其适""以神遇而不以目视""无听之以耳而听之以心"等命题在庄子美学中具有举足轻重之意义。老、庄的这些命题集中体现了道家的美学观念，凝聚了道家美学的思想精髓，对于道家美学理论建构及古代美学理论发展，都具有不可替代的作用。儒家美学也是如此。孔子提出"游于艺""兴于诗""成于乐""尽善尽美""文质彬彬""绘事后素""思无邪""诗可以兴，可以观，可以群，可以怨"，孟子提出"充实之谓美""目之于色也，有同美焉""知言养气""以意逆志""知人论世""与民同乐"等，这些命题都凝聚着儒家美学的核心思想。可以说，命题是先秦诸子表述美学观念的基本形

式,也是先秦美学理论建构的关键因素。若舍弃这些命题,先秦美学的表述将是难以想象的。

汉代以降,命题作为表述美学思想的重要手段而被普遍运用。需要说明的是,中国古代鲜有纯粹的美学家,美学理论家主要由乐舞、书画、诗文、小说、戏曲理论家如曹丕、嵇康、谢赫、刘勰、钟嵘、孙过庭、司空图、荆浩、郭熙、苏轼、严羽、徐渭、董其昌、李渔、金圣叹、叶燮、刘熙载等及哲学家如董仲舒、邵雍、朱熹、王夫之等组成。因而,古代美学理论命题或与乐舞、书画、诗文、小说、戏曲理论命题相通,如"以形写神""神与物游""境生象外""文以载道""意在笔先""无画处皆为妙境""因文生事"等;或与哲学命题相通,如"感物化生""天人感应""天人合一""以物观物""象中有理"等。中国美学史上无论是自成体系的理论家如刘勰、郭熙、苏轼、刘熙载等,还是仅提出个别重要观点的理论家如顾恺之、谢赫、司空图、周敦颐等,命题都是他们表述美学思想的主要手段。

自成体系的理论家通过提出大量命题来建构其美学理论系统,最有代表性的人物就是苏轼,他在诗文、书画各理论领域都提出了大量内涵深刻、影响深远的命题。如"有为而作""言必中当世之过""与耳目所接,有触于中而发于咏叹"(此命题是对原文的删节,苏轼《南行前集序》的原文是:"与凡耳目之所接者,杂然有触于中,而发于咏叹。"命题具有灵活性,可删节原文文字而保留文意以便语言简洁精练。这种情况在古代美学中很多,如"发愤著书""文以载道""诗画一律"等命题都有对原文文字的改动。文字的删节改动并不影响人们对命题的理解,反而使命题更为简洁明晰,也更容易理解和接受),以及"随物赋形""行于所当行,止于所不可不止""文理自然,姿态横生""赋诗必此诗,定非知诗人""欲令诗语妙,无厌空且静""不能不为之为工""反复不已,乃识其奇趣""渐老渐熟悉,乃造平淡"等都是诗文美学的著名命题。"寓意于物""留意于物""成竹于胸""外枯中膏""神与物交""论画以形似,见与儿童邻""取其意气所到""出新意于法度之中,寄妙理于豪放之外""身与竹化""务学而好问"等,都是绘画美学的著名命题。"忘笔而后能书""妙在笔画之外""技道两进""无意于佳乃佳""意造本无法""把笔无定法""听笔之所之而不失法度""笔墨之迹，聊寓其心""心手相应，变态无穷""凡书象其为人""博观而约取，厚积而薄发""体兼众妙""自出新意"等，都是书法美学的著名命题。这些诗文、书画命题集中体现了苏轼美学的核心思想，涉及审美创作论、审美体验论、审美特征论、审美批评论及审美主体论等内容，在苏轼美学思想的理论框架中，这些命题都是具有支撑性作用的栋梁。再如韩愈，虽无专门的美学著述，但通过"文以明道""不平则鸣""穷言易好""陈言务去""文从字顺""气盛言宜""闳中肆外""以文为戏"等一系列著名命题的提出，而形成了他颇具系统的文艺美学思想。欧阳修在诗文、书画、音乐理论方面都提出了重要命题，如"诗穷后工""感激发愤，寓于文辞""事信言文""心得意会""不尽之意见于言外"等是其诗文美学命题，"学书为乐""书似其人""笔画有法""书当自成一家之体""笔画道美，玩之忘倦""自适而已""画意不画形""趣远之心难形"等是其书画美学命题，"弹虽在指声在意""乐其心""欲平其心，以养其疾，于琴亦将有得焉"等是其音乐美学命题。这些命题表达了欧阳修关于诗文、书画、音乐美学的主要观点，也是构成他美学思想系统的关键因素。刘勰、郭熙、李渔、金圣叹、王夫之、刘熙载等人在不同的领域创建了各具特色的美学理论系统，他们创建美学理论系统的一个共同特点，就是大量地运用命题。

中国古代美学史上大多数理论家都没有系统的理论，而只是提出了为数不多的精彩深刻的美学观点，如扬雄、蔡邕、曹丕、陆机、顾恺之、谢赫、司空图、周敦颐、王履等。他们的美学观虽然不多，但在美学史上具有非常重要的地位。如"言，心声也；书，心画也""文以气为主""诗缘情""以形传神""气韵生动""心师造化""思与境偕""文以载道"等，都是影响深远的经典美学观。这些美学观的一个共同特点，就是都以命题的形式出现在美学史上。对于此类理论家而言，命题更是表述美学思想的根本手段。因为他们的美学观不多，更需要通过反复雕琢、精心锤炼而熔铸出深刻醒人的命题，这样才能更好地为人们所接受,并在社会上传播流行。

古代哲学家如老子、庄子、董仲舒、朱熹、王夫之等人都是对于古代美学具有重大影响的人物,他们影响古代美学的原因之一,就是提出了与美学密切相关的重要哲学命题。如老子的"无为而无不为""味无味""涤除玄鉴"之论,庄子的"以天合天""以神遇而不以目视"之论,王弼的"尽意莫若象"之论,邵雍的"以物观物""人善赏花,观花之妙"之论,朱熹的"体用一源""理为体,象为用""理中有象""象中有理"之论等,这些对古代美学产生了深远影响的哲学观点,都是以命题的形式出现的。哲学家提出命题来表述其哲学思想,命题中的哲学思想若与美学理论具有融通一致性,就能对美学产生影响。董仲舒的"天人感应"说是哲学命题影响古代美学的典型例证,这一哲学命题与美学中的主客审美感应具有融通一致性,即"天人感应"的哲学观念与主客感应的美学观念相通不悖,这样,"天人感应"也就构成了审美感应论的哲学基石。李泽厚、刘纲纪说:"天人感应是审美和艺术创造中普遍存在的事实,虽然董仲舒并非针对审美和艺术而提出他的观点,其中还包含大量神秘唯心的东西,但它的合理的地方也不应抹煞。几千年来,'天人合一'、'天人相通',实际上是中国历代艺术家所遵循的一个根本原则。"[1] 此论诠释了为何古代哲学家通过命题而能影响古代美学的奥秘。

为何命题能够成为古代理论家表述思想观点的主要方式?原因主要有如下几个方面。

其一,命题的结构特点使理论家能够便捷而有效地表达复杂的思想观点。命题一般是表示判断的短句、短语,包含着更多的语言成分,或者是一个完整的句子,如"诗言志"虽只有三个字,却有主、谓、宾语;或者是一个短语,如"文质彬彬""知言养气"等,其中有名词、动词、副词等。不同的语言成分之间构成不同的逻辑关系,从而能够便捷有效地表达出丰富复杂的内容。如宗炳的"澄怀味象"这一短句式命

---

[1] 李泽厚、刘纲纪主编:《中国美学史》,第1卷,中国社会科学出版社,1984年,第489页。

题就是由"澄怀"和"味象"两个动宾结构组成的,"澄怀"就是要求审美主体澄清内心情怀,培养出纯洁无瑕的审美心胸;"味象"就是品味对象,对审美对象进行品味、体味、体验、感受。在这一命题中,一方面"澄"与"怀","味"与"象"之间具有一定的逻辑关系,审美主体展开了一定的审美活动;另一方面"澄怀"与"味象"之间也有一定的逻辑关系:"味象"以"澄怀"为前提,即审美主体只有率先澄清胸怀,营造出纯洁无瑕的审美心胸,才能展开品味、体验对象的审美活动。由此可知,命题中不同语言成分之间的逻辑关系,蕴含着丰富的思想内容,表达着深刻的理论观点。命题的这一特点,使理论家能够便捷地表达丰富复杂的思想观点,因而为古代理论家所乐于使用。这种语言结构的丰富性和逻辑关系的复杂性是范畴所不具备的。

其二,古代汉语具有文字简洁精练的特点,容易形成命题。古代理论家都是以古代汉语为书写语言的,当他们运用文字简洁精练的古代汉语表达思想观点时,总是想方设法将精妙的思想观点高度浓缩在简短的语句中,这样就很容易形成命题。并且古代理论家的美学思想通常来源于自己切实的审美活动经验,他们善于从丰富的审美经验中提炼理论,形成观点,他们对于思考成熟的美学观点通常不去进行详细的分析和充分的论证,而是高度概括为简明扼要的命题之后,便直截了当地陈说表述,直接应用于审美批评活动中。因为他们对于以自己大量的审美经验为基础而形成的命题是确信不疑的(如苏轼以自己的审美经验为基础评价王维之诗画而提出"诗中有画""画中有诗"两个命题,他并不需要对为何"诗中有画""画中有诗"进行论证。后人接受这样的命题,也毫不怀疑其正确性和可靠性),是不需要分析论证的。所以,古代美学命题的大量形成、运用,与古代汉语的语言特点及古代理论家以审美经验为基础的思维方式不无关系。

其三,命题作为判断性的短句、短语,具有鲜明的理论化语言特点,能够更加有效地表达理论家的思想观点。古代理论家主要是运用内涵明晰的理论化语言进行命题的创造,而不像创造美学范畴那样主要运用审美化、比喻性语言,如"风骨""体性""滋味""神韵""肥瘦"等都是比喻性语言。古代理论家创造和运用命题的目的,在于明晰透彻地表述自己的理论观点。为了更好地达到这一目的,只能运用明晰透彻的理论化语言进行命题的创造。所以,古代美学命题具有清晰明确、直截了当的语言特点,如"立象尽意""写形传神""境生象外""意存笔先""文以载道"等,都是内涵明确、内容清晰、易于理解、让人一目了然的理论化话语,一般不会产生见仁见智的歧义。为了更好地表达理论观点,是古人大量提出、运用命题的又一原因。深而言之,命题的理论化语言特点也使古代美学更容易与当代美学接轨,因为使用理论化语言是当代美学的学术规范,命题使当代美学在接受古代美学时所遇到的语言障碍更少。需要指出的是,古代美学中也有形象比喻性命题,但是此类命题不占多数。

二、"命题":古代美学论著核心内容之体现

古代理论家以命题作为表述美学思想的基本方式,其著述中不可避免地会出现大量命题。命题作为理论家思想精华的凝聚,论著中最精彩的理论也不可避免地要通过命题而体现出来。美学史上影响深远的论著如《乐记》《古画品录》《文心雕龙》《书谱》《林泉高致》《沧浪诗话》《闲情偶寄·词曲部》《第五才子书施耐庵水浒传评点》《艺概》等,书中的核心思想主要都是通过命题而体现出来的。下面试析几例。

《乐记》作为古代第一部影响深远的音乐美学著作,就是运用命题表述核心思想的经典范例。如《乐本》篇提出的命题就有十多个:"凡音之起,由人心生也""人心之动,物使之然也""感于物而动,故形于声""其本在人心之感于物""情动于中,故形于声""声成文,谓之音""治世之音安以乐,其政和""乐者,通伦理者也""声音之道,与政通""审乐以知政""人生而静,天之性也;感于物而动,性之欲也"等。《乐象》篇提出"正声感人,顺气应之,顺气成象,而和乐兴""乐行而移风易俗""君子乐得其道""以道制欲,乐而不乱""诗言其志,歌咏其声,舞动其容。三者本于心""唯乐不可以为伪""乐者,心之动也"

"声者,乐之象也""文采节奏,声之饰也"等。《乐化》篇提出"致乐以治心""乐则安,安则久""乐也者,动于内者也""乐者乐也,人情之所不能免也""乐必发于声音,形于动静,人之道也""人不能无乐"等。《乐论》《乐施》《乐情》篇也都有重要命题的提出。这些命题涉及音乐本体、音乐创作、音乐审美特征、音乐功能等理论,也是《乐记》最有价值的美学理论,《乐记》的音乐美学理论主要就是通过各篇的命题而表述出来的。

在古代书画美学论著中,命题也是表达核心思想的关键因素。如南朝宗炳的《画山水叙》作为古代第一篇山水画论论著,虽然规模不大,却提出了在绘画美学史上具有深远影响的一系列命题,如"澄怀味象""山水质有而趣灵""山水以形媚道""旨微于言象之外""以形写形""应目会心""类之成巧""应会感神,神超理得""万趣融其神思""畅神而已"(本文认为,"畅神"是一个动宾结构的美学命题,而非范畴。可参拙著《中国古代文论命题研究》,南京大学出版社 2017 年版,第 8—9 页。类似的命题还有"神遇""物化""原道"等)等,这些命题对于山水画创作、审美特点、审美价值、审美鉴赏等都具有原则性意义,《山水画叙》的核心思想也主要集中在这些命题中。再如谢赫的《古画品录》,此著虽然开创了以品评画的品第批评模式,但因品评多有不当(如将顾恺之定为三品)而深受后人诟病。而书中的"六法"所包含的命题如"气韵生动""骨法用笔""应物象形""经营位置""随类赋彩"等,却代表了此著最重要的绘画美学思想。《四库全书总目提要》肯定"六法"为"千载不易"之法,实际就是对"六法"诸命题的肯定。古代书法美学论著亦然,如孙过庭《书谱》提出"书达情性,形其哀乐""神恬务闲""规矩谙于胸襟""意先笔后""务存骨气"等,张怀瓘《书断》提出"书者法象""法本无体,贵乎会通""文章之为用,必假乎书""书之为用,施于竹帛,千载不朽"等,都是书法美学史上的著名命题,体现了他们对书法本体、书法创作、书法审美特征及审美风格等书法美学重大问题的看法,凝聚着书中的理论精华。

在古代诗文、小说、戏剧美学论著中,命题对于核心内容的表述同样具有举足轻重之作用。如《文心雕龙》作为古代文艺美学最重要的名著之一,所提出的命题多达三百余个,影响深远的核心命题也不下百个。《明诗》《诠赋》《神思》《通变》《情采》《知音》等篇中的命题都多达十几个。在各篇目中,命题都是最突出的理论闪光点。《神思》篇命题就有"文之思也,其神远矣""神与物游""寂然凝虑,思接千载""陶钧文思,贵在虚静""积学以储宝""酌理以富才""研阅以穷照""规矩虚位,刻镂无形""窥意象而运斤""秉心养术,无务苦虑""文之制体,大小殊功""视布于麻,虽云未费,杼轴献功,焕然乃珍""神用象通""物以貌求,心以理应"等十多个,涉及神思想象之性质、特点、功能、所需心理条件及艺术虚构、审美意象、方法培养、艺术表现、心物感应等问题,这些命题不但体现了本篇的核心思想,而且对于古代文艺美学创作论来说,都具有十分重大的意义。《情采》篇提出"文章,非采而何""文附质,质待文""文质附乎性情""文采所以饰言,而辨丽本于情性""情者文之经,辞者理之纬""经正而后纬成,理定而后辞畅,此立文之本源""为情而造文""心定而后结音,理正而后摛藻""文不灭质,博不溺心""述志为本,言与志反,文岂足征""言以文远""繁采寡情,味之必厌"等,这些命题作为《情采》篇的核心思想,表达了刘勰对于文学作品之构成因素、作品审美特点、情辞关系、"立文"原则、审美接受等问题的看法,也都是古代文艺美学中的核心理论。再如钟嵘《诗品》提出"文已尽而意有余""干之以风力,润之以丹采""使味之者无极,闻之者动心,是诗之至""使穷贱易安,幽居靡闷,莫尚于诗"等,严羽《沧浪诗话》提出"学诗者以识为主""诗而入神,至矣尽矣""诗道亦在妙悟""诗有别材,非关书也;诗有别趣,非关理也。然非多读书,多穷理,则不能极其至"等,这些命题既展示了书中的最重要思想,也展示了古代诗歌美学的核心理论。命题也是古代戏曲小说美学论著中的理论闪光点。戏曲美学论著如周德清的《中原音韵》提出"未造其语,先立其意""语、意俱高为上""腰腹饱满,首尾相救""文而不文,俗而不俗"等,王骥德《曲律》提出"不在快人,而在动人""剧戏之道,出之贵实,而用之贵虚""以自己之肾肠,代他人之口吻""情意宛转,音调铿锵"等,李渔《闲情偶寄·词曲部》"结构第一""词采第二""宾白第四""科诨第五"等节的小标题全都是由命题构成,如"立主脑""脱窠臼""密针线""减头绪""审虚实""贵浅显""重机趣""声务铿锵""语求肖似"等,这些命题既体现了书中最重要的美学思想,也体现了古代戏剧美学的核心理论。以李贽、金圣叹、毛宗岗、张竹坡、脂砚斋等人的小说评点为代表的古代小说美学论著,也都是通过提出大量命题而表述其小说美学观的。如金圣叹《第五才子书施耐庵水浒传评点》所提出的"怨毒著书""庶人之议""因文生事""以文运事""十年格物,一朝物格""因缘生法""写出一百八人性格,百读不厌""妙手所写,纯是妙眼所见""不险则不快,险极则快极"等命题,凝聚了此书中最重要的小说美学思想。既然命题体现着古代文艺美学论著的核心思想,对于研究古代文艺美学论著者而言,命题就不失为打开古代文艺美学众妙之门的一把钥匙。

三、"命题"在古代各体艺术理论中的运用

从古代美学理论构成的角度看,中国古代美学是以乐舞、书画、诗文、小说、戏曲等艺术理论为主体而筑构创建起来的。而在古代各体艺术理论的创建、发展过程中,都离不开命题的提出、传承和运用。

中国美学史上较早成熟的是音乐美学,古代音乐美学既有大量的范畴,又有大量的命题。先秦时期就有"和""乐""美""声""律"等重要音乐美学范畴,明末清初徐上瀛《溪山琴况》以范畴立论,论及静、清、远、澹、逸、雅、圆等二十多个音乐美学范畴。范畴主要体现了音乐的审美境界、审美风格及古人对音乐审美理想的追求等。比较而言,命题对于音乐美学理论的表述更为重要,因为名词概念性的范畴难以胜任复杂理论观点的表述,只有命题才能清晰透彻地表述出理论家的思想观点。早在先秦时期,理论家就已开始运用命题进行音乐美学观念的表述了,如孔子论《韶》提出"尽善尽美"之论,就是一个命题,反对"尽美未尽善",因为这是一个负命题。《荀子·乐论》提出"乐者,乐

也,人情之所必不免也""君子乐得其道,小人乐得其欲""美善相乐"之论;孟子提出"与民同乐"之论,《吕氏春秋·适音》提出"心不乐,五音在前弗听""心必和平然后乐""乐之务在于和心"之论,《尚书》提出"律和声"之论等,这些命题表述了先秦音乐美学的核心思想。《乐记》作为古代音乐美学的最重要著作,对音乐本体、音乐创作、作品构成、音乐的功能价值及审美特征等一系列重大问题的论述,主要就是通过一系列命题的提出来完成的。

古代绘画美学也是以命题为表述理论观点的主要话语形式和基本手段。在绘画美学渐入成熟期的魏晋南北朝,命题就已成为画论家表述绘画美学观的主要手段。如顾恺之提出"以形写神""迁想妙得"之论,就是古代绘画美学最早的经典命题。宗炳提出"澄怀味象""应目会心""神超理得""畅神而已"等一系列命题,谢赫的"六法"说实际就是六个命题,姚最提出"心师造化"说等,可以说,命题体现了这一时期绘画美学的核心思想。再如唐五代画论,朱景玄《唐朝名画录》提出"画者,圣也""万类由心""有象因之以立,无形因之以生"等。张彦远《历代名画记》提出"画者……与六籍同功""意在笔先,画尽意在""守其神,专其一""意不在于画,故得于画""笔不周而意周"以及引述张璪"外师造化,中得心源"之论等。荆浩《笔法记》提出"画者,华也""度物象而取其真""删拨大要,凝想形物"等,唐五代绘画美学的主流观念主要也是由命题而体现出来的。宋至清代绘画美学命题不计其数,不必一一列举。

运用命题进行思想观点的表达也是古代书法美学的显著特色。早在汉代就已有重要书法命题的提出,如扬雄的"书,心画"说、蔡邕的"书者,散也。欲书先散怀抱"说等,对后世书论都具有深远影响。魏晋南北朝书法美学迅猛发展,"在整个魏晋南北朝书法理论中,'意'是头等重要的范畴"[1]。而重"意"的书法美学观主要就是通过一系列命

---

[1] 中国教育学会书法教育专业委员会编:《中国书法批评史》,天津古籍出版社,2010年,第26页。

题而体现的，如成公绥提出"工巧难传……必由意晓"之论，卫铄提出"心手如一，意在笔前""意后笔前者败""意前笔后者胜"之论，王羲之提出"意在笔先，然后作字""点画之间，皆有意""字字意别，勿使相同"之论，庾肩吾提出"敏思藏于胸中，巧意发于毫铦"之论等，"对于'意'的成功捕捉正是魏晋南北朝书学家们的一项功绩"。而书论家"成功捕捉"书意的方法正是上述诸命题。唐至清代书法美学命题层出不穷，虞世南、孙过庭、张怀瓘、欧阳修、米芾、姜夔、徐渭、董其昌、傅山、刘熙载等重要书论家都有经典命题的提出。苏轼最为典型，他所提出的"出新意于法度之中，寄妙理于豪放之外""把笔无定法""无意于佳乃佳""直抒胸臆，尽意适兴""心手相应，变态无穷""凡书象其为人""心正则笔正""天资既高，辅以笃学"等命题，涉及书法创作、审美特点、审美风格、创作主体等书法美学理论。由此足见，命题对于古代书法美学的理论表述是无可替代的。可以说，命题是表述古代书法美学思想观点的最重要话语方式。

古代诗文、小说、戏曲美学对命题的运用尤为突出。先秦两汉时期，就产生了"诗言志""兴于诗""文质彬彬""诗可以兴，可以观，可以群，可以怨""思无邪""乐而不淫，哀而不伤""知人论世""以意逆志""诗无达诂""发愤著书""言，心声也""吟咏情性""发乎情，民之性""上以风化下，下以风刺上""主文谲谏"等诗文美学的经典命题。至魏晋南北朝诗文理论完全成熟，仅《文心雕龙》就提出了三百多个命题。之后，历代诗文理论家都有大量重要命题的提出，如唐代诗文美学的经典命题就有"诗者，根情，苗言，华声，实义"[1]"境生于象外""但见性情，不睹文字""思与境偕""穷言易好""以文为戏""气盛言宜""文从字顺""不平则鸣"等。宋至清代诗文美学命题不计其数，难以枚举。古代小说美学对于命题的广泛应用，以叶朗所著《中国小说美学》为例就足以说明。该书各章的内容基本都是围绕命题而展开的。如第三章论金圣叹的小说美学，由三十个标题组成，涉及三十多个

---

[1] 郭绍虞主编：《中国历代文论选》，第2册，上海古籍出版社，1979年，第96页。

命题，包括"怨毒著书""庶人之议""因文生事""以文运事""十年格物""因缘生法""不险则不快，险极则快极""极力摇曳，使读者心痒无挠处""正文之外，旁作余文""一笔作百十来笔用"等，这些命题基本涵盖了金圣叹小说美学的主要思想。书中论李贽、冯梦龙、毛宗岗、张竹坡、脂砚斋等人的小说美学观，基本也都是以命题为标题而展开论述的。这种情况表明，数量众多的命题是表述古代小说美学理论的最关键因素。古代戏剧美学同样以命题为表达理论观点的基本手段，如前所述，戏剧美学史上影响深远的理论家及其著作都是以命题的提出和运用为其特点。梳理戏剧美学史上经典理论家及其著作中的命题，几乎就能整理出古代戏剧美学理论的发展线索。以元代戏剧美学为例，胡祗遹提出的著名"九美"说就包含"举止闲雅，无尘俗态""心思聪慧，洞达事物之情状""时出新意""使观听者如在目前，谛听忘倦""一唱一说，轻重疾徐中节合度"等命题，对于古今戏剧表演艺术家来说，这些命题都具有原则性指导意义。燕南芝庵的《唱论》虽然规模不大，提出的"取来歌里唱，胜向笛中吹""声要圆熟，腔要彻满""人声音不等，各有所长。……皆合被箫管"等都是古代戏曲美学的精彩命题。乔吉提出"起要美丽，中要浩荡，结要响亮""首尾贯穿，意思清新"之论，是戏剧结构美学的两个重要命题。高明提出"不关风化体，纵好也徒然""论传奇，乐人易，动人难"两命题，在古今戏剧美学理论中都堪称经典。周德清《中原音韵》提出"必以中原之音为正""欲作乐府，必正言语""韵共守自然之音，字能通天下之语，字畅语俊""审音而作""造语必俊""未造其语，先立其意""语、意俱高为上""文而不文，俗而不俗"等，这些命题在戏剧美学史上都影响深远。元代戏曲理论家所提出的这些命题，展现了这一时期戏剧美学理论的主体框架，也构成了元代戏剧美学发展的历史线索。在明清戏剧美学的创建、发展进程中，命题同样是举足轻重的关键因素。只要看看王骥德、吕天成、李渔、刘熙载等人对于戏剧的论述，就会发现命题是他们表述戏剧美学观的最重要话语形式。

命题具有强大的理论表达功能和无可比拟的表达效果，理论家用简明精练的语言将深刻的思想高度浓缩在命题中，从而使精妙的思想通过命题的提出而淋漓尽致地表达出来。命题既体现了古人辞达尚简的语言表述习惯，又因内涵容易理解而为后人所乐于接受，而且简洁明晰的语言也非常有利于理论的传播。这或许就是古代各体艺术理论大量运用命题的原因所在吧。

四、"命题"与古代美学各层面理论之阐释

中国古代美学在长期发展过程中所形成的理论系统主要包括美论、审美创作论、审美形态论、审美体验论、审美价值论、审美风格论、审美主体论、审美鉴赏论等理论层面。虽然各理论层面都有大量的范畴，但对于各层面理论内容的表述、阐释来说，命题的作用更为重要。因为名词概念性的范畴不但不具备阐释性，而且本身就需要阐释。而作为短句短语的命题则具有阐释性，或者说命题本身就是阐释。"阐释性"是区别二者的一个重要标志。如"神思"是审美范畴，而何谓"神思"？这就需要阐释。"形在江海之上，心存魏阙之下，神思之谓也"[1]，就是对此范畴的阐释。"文之思也，其神远矣""思理为妙，神与物游"都是阐释"神思"内涵的命题，意思清晰明白。这两个命题本身都具有阐释性，对"神思"这一范畴的基本特点作了较为清晰的阐释。由于命题具有独特的阐释功能，因而被广泛运用于古代美学各理论层面中。命题的阐释功能体现得最充分、最典型的例证，就是审美创作论。下面以此为例试作分析。

审美创作论作为古代美学的核心理论，主要就是由一系列命题构成并通过命题而进行阐释的。中国古人认为，审美创作始于主体的审美感应，主体感应外物而产生一定的审美感情，情兴勃发，意趣涌动，然后才能展开艺术构思、艺术表达的审美创作活动。审美感应论作为审美创作论的基础和起点，正式生成于《乐记》。《乐本》篇通过一系列命题表

---

[1] 刘勰著，范文澜注：《文心雕龙注》，人民文学出版社，1958年，第493页。

述了审美感应论的基本思想，云："凡音之起，由人心生也。人心之动，物使之然也。感于物而动，故形于声。声相应，故生变，变成方，谓之音。"[1]这段话包含四个命题，第一个命题说明了音乐艺术"由人心生"。实际上古今中外所有的文学艺术都是"由人心生"的，离开"人心"，就谈不上任何审美创作。第二个命题说明了音乐艺术创造的关键在于"人心之动"，而"人心之动"又是"物使之然"即外物作用的结果。事实上各种艺术的创造都是以"人心之动"为本，若无"人心之动"，一切艺术创作皆为虚谈。而"人心之动"的原因，只能是"物使之然也"。因此，使"人心之动"的那个"物"，才是审美创作的根本本源。第三个命题说明了"感于物"必然"人心动"，"人心动"又必然"形于声"，创作主体通过一定的声音形式而将动于心的审美情感表达出来，艺术作品由此而生。第四个命题说明"形于声"的"声"蕴含着创作主体的审美情感，"声"与"情"是"相应"关系，不同的审美情感需用不同的声音形式来表达，"情"的变化，必然使"声"发生对应的变化。所以，"生变"是一种必然。"变成方，谓之音"，是说声音形式的变化必须"成方"，这才叫"音"。"方"者，文采也。"成方"就是创造出文采之美、艺术形式之美，赋予声音形式文采之美。"谓之音"的"音"，就是具有形式美的艺术品。能否成为艺术品，关键还要看声音形式的变化是否"成方"。所以，形式美的创造是艺术创造中的又一关键。由此可知，《乐本》篇通过提出这四个命题而表述和阐释了审美创造的基本原理、顺序流程。这四个命题又包含五个范畴：音、心、物、声、方。"物"是审美创造之本源，"心"是审美创造之关键，"声"是审美创造所必需的艺术语言、媒介材料、物质载体，"方"即文采是审美创造的中心任务之一，"音"是艺术作品。五个范畴构成四个命题，四个命题所包含的丰富内容构成了古代审美创作论的基本框架，体现了古代各体艺术创作的基本规律，可用于阐释古代各体艺术的创作。后人论诗文书画的审美创造，皆与《乐记》之论相合不悖。如绘画创作论有"外

---

[1] 阮元校刻：《十三经注疏》，中华书局，1980年，第1527页。

师造化，中得心源""吾师心，心师目，目师华山"等命题，书法创作论有"书，心画""写字者，写志也"等命题，诗文创作论有"人禀七情，应物斯感，感物吟志，莫非自然"[1]"人之感于事，则必动于情，然后兴于嗟叹，发于吟咏，而形于歌诗"[2]等命题，这些命题所表述的内容都没有超出《乐记》的理论框架。这些论述充分表明，古代各体艺术创作论的表述、阐释都离不开命题的运用。

审美创作论之所以需要运用大量的命题，主要是因为表达丰富复杂、深刻精辟的思想理论离不开语句的使用，运用语句这种语言形式才能清晰地表达出思想观念。审美创造论的思想深刻，内涵复杂，单纯使用范畴是无法将丰富深刻的审美创作思想充分透彻地表达出来的。也就是说，范畴在表达丰富复杂的思想理论时，具有较大的局限性。原因就在于类似于名词概念的范畴本身不具备阐释性和论证性，无法表达更多相互关联的思想。虽然范畴也蕴含着丰富深刻的理论内涵，如意境、意象、风骨、神韵、格调、道、兴、悟、势、趣等，但本身内涵的深刻丰富未必就能有效地表达诸多相互关联的思想理论。而审美创作论作为一个系统性理论，包含着多层次相互关联的思想：感物而生情，是第一层思想；情生而形于声或形于诗文书画，即艺术家运用不同的媒介材料、艺术语言进行审美情感的表达，是第二层思想；声音形式、艺术语言必须"成方"，艺术家必须设法创造出美的形式，才能产生诗乐书画等艺术品，是第三层思想。这些丰富复杂、层次多重、相互关联的思想理论单纯依靠名词性质的范畴去表达，是无法完成的。而以短句、短语为语言形式的命题，则完全胜任这些复杂理论的表达。因为命题具有阐释性、陈述性，在表达丰富复杂的思想理论时，具有独特的表述优势和极佳的表述效果。当名词性质的范畴无法胜任丰富复杂思想理论的充分表达时，就必须使用语句性质的命题来完成这一任务。语言表达的优越性，或许是古代理论家阐释审美创作论时大量运用命题的一个重要

---

[1] 刘勰著，范文澜注：《文心雕龙注》，人民文学出版社，1958年，第65页。
[2] 郭绍虞主编：《中国历代文论选》，第2册，上海古籍出版社，1979年，第110页。

原因。

　　与审美创作论一样，古代美学其他层面的理论内涵主要也是通过命题而进行表述、阐释的。如关于美论即"何谓美"的看法，《论语·学而》提出"先王之道斯为美"之论，《孟子·尽心下》提出"充实之谓美"之论，《庄子·刻意》提出"淡然无极而众美从之""素朴而天下莫能与之争美"之论，《荀子·劝学》提出"不全不粹之不足以为美"之论，《国语·楚语》提出"夫美也者，上下、内外、小大、远近皆无害焉，故曰美"之论等，这些命题直接表达了先秦人对于"何谓美"的看法。或者说，对于美的本质的看法，先秦人主要就是运用一系列命题而进行表述、阐释的。再如审美鉴赏论，古代理论家提出"心得意会""以意逆志""知人论世""得象忘言，得意忘象""畅神而已"等；对于审美体验论，古代理论家提出"涤除玄鉴""神遇""物化""澄怀味象""以物观物""体物而得神"等；对于审美特征论，古代理论家提出"画尽意在""无画处皆成妙境""文已尽而意有余""境生于象外""但见性情，不睹文字""含不尽之意，见于言外"等；各层面理论的思想内涵借助于命题而得到了清晰透彻的表达和阐释。

　　古代美学各理论层面都有丰富复杂的思想需要充分透彻地表达，命题是完成这一任务的最佳手段。命题对于古代美学理论的建构具有框架梁柱之作用，因此完全可以说，中国古代美学"理论体系是由命题组成"的。这应为不争之论，其原因并不难解读。命题大量存在于古代美学的各理论领域、各理论层面，蕴含着古代美学的思想精华，就此而言，命题完全可以作为当下学界重新认识、评价、研究古代美学的新视点、新角度，也可以作为研究中国古代美学的新方法、新领域。通过命题研究而探索古代美学的深层奥秘，也完全可以成为当下学人研究古代美学的一条新路径。

　　　　　　　　　　　　原文发表于《社会科学辑刊》2020年第1期

古代美学理论命题之性质、形式及功能

吴建民

"命题"是中国古人表述美学思想最常用的话语方式,这种话语方式对于美学思想观念的表达最为便捷,也最为有效,故为历代理论家所乐于使用,从而使美学史上出现了大量的美学理论命题,诸如"立象尽意""以物观物""涤除玄鉴""法天贵真""尽善尽美""发乎情,民之性也""以形写神""外师造化,中得心源""美不自美,因人而彰""诗画一律""文,心学也"等。命题作为古代理论家表述美学思想的重要话语形式,本应成为当代学人研究古代美学的核心内容,但实际情况完全相反。多年来学界一直存在着美学命题研究严重缺失的现象,主要表现为研究成果极其稀缺,相关论文极为罕见,迄今仍未见研究古代美学命题的著作问世。导致这种情况出现的原因并不复杂,究其根本,在于研究者对于命题的重要性缺乏足够的认识,不少人甚至根本就没有"美学命题"的概念,根本意识不到"古代美学命题"的存在。对于命题的本质属性、基本特征、功能作用、价值意义等基本问题没有明确的了解,让研究者对命题产生浓厚的研究兴趣和热情,是根本不可能的。命题研究因研究者的疏远化、冷漠化甚至成为古代美学研究的"盲区",命题一直未能进入古代美学研究领域的中心地带,都在情理之中。需要指出的是,当下命题研究的疏远化、冷漠化甚至成为研究的"盲区"并不能说明命题对于古代美学的价值意义是无足轻重的,恰恰相反,命题对于古代美学研究来说不但至关重要,甚至是研究者不可回避的问题。因为命题作为古人表述美学观点的基本话语方式,凝聚着古代美学思想的精华。命题研究的严重缺乏,不但意味着古代美学研究的不完整,而且意味着研究领域的狭窄和研究层次的亟待提升。大量的古代美学理论命题亟待整理、研究，并由此推进古代美学研究向更高的层次和更广的领域展开，这对于当下的中国古代美学研究来说，是一项非常重要也非常紧迫的任务。而研究古代美学理论命题，首先必须弄清楚其性质特征、构成形式及功能价值等基本理论问题，因为这是研究的前提、基础和起点。这些问题不解决，不但难以引起人们对于命题重要性的认识，难以改变学界对于命题的漠然态度，难以扭转持续多年的向范畴研究一边倒的不正常现象，而且也难以保证对命题的研究不会偏离方向甚至出现混乱。

一、古代美学理论命题之性质特征

"命题"本是古代诗文美学的一个常用概念，古人常将其用于诗文美学批评。如清代张溍《读书堂杜诗批注》云："古人吟诗命题皆有深意。"是说杜甫诗歌在选题、立题方面具有高远的"深意"。清代陈本礼在《协律钩玄序》中引姚文燮语云："贺之命辞命意命题，皆深刺当世之弊。"是说李贺的诗歌在"命辞命意命题"诸方面都有深刻的现实批判性。此二例所说的"命题"，就是选题、立题之意。明代陈懋仁在《文章缘起》补注中说："唐以前文章未有名引者，汉班固虽作《典引》，然实为符命之文，如杂著命题，各以己意耳，非以引为文之一体也。""杂著命题"即著文写作确立题目，作者"以己意"而命名文章题目，"命题"也是指确立文章题目、为文章命名之义。以上诸例表明，古人所用"命题"这一概念与当代学术中"命题"概念的内涵相去甚远。古人所使用的命题，其内涵主要有三：一是指诗文主旨。如宋初王禹偁《赠别鲍秀才序》云："公出文数十章，即进士鲍生之作也。命题立意，殆非常人。"这是说鲍进士所作之文"立意"高远，其主旨非一般人所能达到，"命题立意"就是指作品主旨。主旨高远的作品才有价值，正如郑板桥所说："作诗非难，命题为难。题高则诗高，题矮则诗矮，不可不慎也。"[1]"命题"作为诗文主旨,直接影响着作品或高或矮之价值。所以古人要求诗文"命题"一定要"皆有深意"。二是指拟题、制题、立题或出题目。如严羽《沧浪诗话·诗评》云:"唐人命题,言语亦自不同。"明代王鏊《震泽长语·经传》云:"古人作诗,必自命题。"清人冒春荣《葚园诗说》卷二云:"唐人命题,便自不苟。"他们所说的"命题"是一个动宾结构,就是拟题、出题之意,也就是对诗文题目进行命名。与今天人们常说的"命题作文"即拟定作文题目,意思相同。三是指作品题目。如清人孙枝蔚《赋得东渚雨今足呈潞安司理李吉六》诗序云:"司理公下车后分题试各邑士之能诗者,余适在家兄署中,欣闻体恤属吏及惠爱农民之意,正图形诸歌咏,因见命题,辄不揣荒陋,勉作二律,附邑士之末。"郑板桥《范县署中寄舍弟墨第五书》云:"少陵诗高绝千古,自不必言;即其命题,已早据百尺楼上矣。通体不能悉举,且就一二言之:《哀江头》《哀王孙》,伤亡国也;《新婚别》《无家别》《垂老别》《前后出塞》诸篇,悲戍役也;《兵车行》《丽人行》,乱之始也;《达行在所》三首,庆中兴也。"孙、郑二人所说的"命题"都是指诗文创作的题目,如《哀江头》《新婚别》《兵车行》等。清代佚名《杜诗言志》注杜甫《春日江村五首》云:"命题四字寓有二义:以春日而在江村,则春日之可惜者也;以江村而遇春日,则江村之可乐者也。""命题四字"即"春日江村",也就是此诗的题目。古代诗文美学中"命题"的这三个内涵都与当代学术中命题的内涵不相关联,不适于用来研究古代美学命题。

在当代学术中,"命题"是一个逻辑学概念。逻辑学认为:"命题是具有真假意义的陈述性的语句。……所谓陈述,就是对事物情况的断定、叙述和说明。"[2]《辞海》的解释较为规范,云:"逻辑名词,表达判断的句子。……一说凡陈述句所表达的意义为命题,被断定了的命题为判断。也有对命题和判断不作区别,把判断叫做命题的。"[3] 从这些

---

[1] 郑板桥:《郑板桥集》,上海古籍出版社,1962年,第13页。
[2] 关老健主编:《普通形式逻辑》,中山大学出版社,2002年,第58页。
[3] 《辞海》编辑委员会编:《辞海》(缩印本),上海辞书出版社,1980年,第322页。

解释可知，命题通常是指表示判断的句子或短语，"判断"是命题的本体属性，若无"判断"，命题就无法成立。正如张晶先生所说："如果句中无判断，就无法构成命题。"[1]"语句"是命题的语言形式或存在形态，"判断"或所"表达的意义"是命题的内容。中国古代美学中的命题就是表达判断的句子或短语，以"判断"为根本属性，以"语句"为存在形式。如"立象尽意""诗可以怨""素朴而天下莫能与之争美""以形写神""神与物游""文已尽而意有余""心师造化""境生象外""思与境偕""文以载道""诗画一律""文，心学也"等美学史上的著名命题，都是古代理论家对某种审美现象的判断或对某一审美观念的陈述，都鲜明地体现着以"判断"为本的性质特征和以语句为形式的形态特点。实际上西方美学中的命题也是如此，如"美是理性的感性显现"[2]、艺术"是有意味的形式"[3]、布封的"风格即人"及车尔尼雪夫斯基的"美是生活"等著名命题，也都是对某种审美现象的判断或对某一审美观念的陈述，也都以语句为存在形式。

命题以"判断"为根本属性，这一属性导致了美学命题具有"客观性""意向性""规律性""应用性"等方面特点。"客观性"是指命题以客观对象为基础，对客观对象做出判断的性质特点。"意向性"是指命题以理论家的审美意向、审美态度为主导，对客观对象做出判断的性质特点。"规律性"是指命题做出的判断符合客观实际，能够体现客观规律的性质特点。"应用性"是指命题能够应用于各种审美创造、审美批评活动中，具有切实可用的性质特点。张晶曾指出："无论是西方命题，还是中国命题，都兼具客观性和意向性。"[4] 这是因为任何审美"判断"都是理论家对研究对象所做出的判断，都体现着理论家思考成熟的美学观念、审美意向、审美态度。也就是说，一方面"判断"是对客观对象的判断，以客观对象的现实存在为基础，因而必然具有客观性；另

---

[1] 张晶：《中国古代美学命题研究的意义何在》，《社会科学辑刊》，2020年第1期。
[2] 黑格尔：《美学》，朱光潜译，第1卷，商务印书馆，1979年，第45页。
[3] 克莱夫·贝尔：《艺术》，周金环、马钟元译，中国文艺联合出版公司，1984年，第6页。
[4] 张晶：《中国古代美学命题研究的意义何在》，《社会科学辑刊》，2020年第1期。

一方面,"判断"又是由主体做出来的,体现着理论家的意向、态度、看法,因而必然具有主体意向性。当主体的审美意向与客体对象的实际情况相一致,做出了正确的"判断",所形成的命题就包含了一定的审美规律,就能够应用于实际审美活动中。

命题的"客观性"本于判断对象所固有的客观关系。如"以形写神"这一命题,其客观性就是此命题所体现的绘画创作中形与神之间的客观关系:绘画创作就是通过对对象之形的描绘而表现出对象之神。绘画创作的形神关系是客观存在的,画家创作就是要率先描绘客观对象之形,同时又要表现出所画对象之神,通过对对象之形的描绘而表现出对象之神即"以形写神",就是顾恺之对于绘画创作形神关系所做出的审美判断。顾恺之提出这一命题是以绘画创作客观存在的形神关系为基础的,客观存在的形神关系是提出"以形写神"这一命题的客观基础,在此客观基础上提出"以形写神",此命题必然具有客观性。再如刘勰的"心生而言立,言立而文明"这一命题,其客观性就是此命题所体现的文章写作由心到言再到文三者之间的客观关系:文章写作就是始于"心生",经过"言立"的写作过程,最终导致"文明"即作品的出现。刘勰将文章写作客观存在的这种关系概括为"心生而言立,言立而文明",是对文章写作做出的审美判断。刘勰的审美判断以文章写作中的心、言、文三者之间的客观关系为基础,心、言、文之间的关系是客观存在的,这种客观存在的关系是刘勰提出这一命题的客观基础,也是此命题具有客观性的原因所在。

命题的"意向性"本于判断主体的主观意向、态度。"判断"作为命题的根本属性,是"对事物的情况有所断定的思维形式",其实质在于主体必须"对事物的情况"做出"辨别"或"断定"[1]。在主体的"辨别"或"断定"中,必然包含着一定的主观意向、倾向或态度。特别是在美学理论中,审美判断的意向性、倾向性更是十分突出,审美判断是一种具有鲜明意向性的判断,理论家的审美意向、态度不同,所做

---

[1]《辞海》编辑委员会编:《辞海》(缩印本),上海辞书出版社,1980年,第184页。

出的审美判断也不同,理论家的审美观念、审美价值、审美态度总是要在审美判断中体现出来。如"以形写神"作为顾恺之对于人物画创作形神关系的审美判断,十分鲜明地体现着顾氏的审美观念、审美态度及审美意向。顾恺之对于绘画创作的审美观念、态度及意向是做出这一审美判断的内在原因,也是构成此命题意向性的根本原因。再如"心生而言立,言立而文明"作为刘勰对于文章写作过程中心、言、文三者关系的审美判断,十分鲜明地体现了刘勰的审美观念、审美意向。刘勰对于文章写作的审美观念、态度是做出"心生而言立,言立而文明"这一审美判断的内在原因,也是构成此命题意向性的根本因素。美学史上一些引起争论的命题,如对"论画以形似,见与儿童邻"的争论,对"以形写神""以似为工""离形得似"等命题的争论,实际上都是由于理论家审美意向、态度的不同而引起的。

美学命题作为理论家对于客观审美现象做出的判断,有"对"与"错"两种情况,所判断的意义也会出现"真"或"假"两种情况,因而命题也就有了真假之分。"有真假是命题的逻辑特征。凡是反映的对象情况符合客观实际,命题就是真的;凡是不符合客观实际,命题就是假的。"[1] 命题的真或假主要受意向性的影响,因为"意向性"作为主体审美观念的体现,是审美判断生成的主观原因,对于命题的正确性具有直接性影响。命题作为一种判断,只有真与假两种可能。若判断与真实情况相符,体现了对象的客观真实性,就是真命题,否则就是假命题。也就是说,由正确意向性做出的审美判断而产生的命题就是真命题,反之则为假命题。真命题的意向性与客观性相一致,假命题则相反。

假命题是由错误的审美意向做出的审美判断,"反映的情况"不"符合客观实际",不符合审美活动规律,也就谈不上"应用性"。只有真命题才具有"规律性"和"应用性"特征,如孔子所提"诗可以兴,可以观,可以群,可以怨"四个命题陈述了诗的四方面功能,这四方面

---

[1] 樊亚明主编:《形式逻辑》,高等教育出版社,2009年,第17页。

功能都有应用价值,既可应用于个体,产生"感发志意"的审美效应;又可应用于社会,产生"观风俗之盛衰""怨刺上政"等时政批评效应。这组命题包含着诗歌功能的四个方面,体现了诗歌功能的四方面规律,其"规律性"是十分鲜明的;这四方面功能都能够践行于世,产生切实的应用效应,其"应用性"也是十分鲜明的。又如曹丕提出"文非一体"这一命题,强调古代文体的多样性,"反映的对象情况符合客观实际",体现了古代文体多样化的规律,此命题的"规律性"是毋庸置疑的。这一命题完全可用于研究古代文学文体问题,具有切实的"应用性",也是毋庸置疑的。再如王夫之提出"体物而得神"这一命题,强调作家的审美体验是通过"体物"而达到"得神"的目的,由"体物"到"得神"是审美体验的基本过程。这一命题对于审美体验的判断完全正确,"反映的对象情况符合客观实际",阐释了审美体验的一般规律,其"规律性"不言而喻。这一命题对于艺术家如何展开审美体验,具有切实的指导意义,艺术家完全可将此命题应用于创作实践过程中,其"应用性"也是不言而喻的。正是由于命题具有"规律性",才使古代美学的各方面规律借助于各种命题而得以阐释、表述、展示。"规律性"而使命题具有"应用性",能够用来解决古代美学的各方面理论问题。"应用性"又使命题具有重要的价值,或者说,命题的价值就在于"应用性",若失去"应用性",命题也就失去了价值。就此而言,"规律性"和"应用性"是古代美学命题的生命所在。

  古代美学史上绝大多数命题都是真命题,体现了理论家们正确的审美意向。但也出现了极少数的假命题,体现了错误的审美判断和审美意向。如战国时期士人用《诗》普遍存在着"断章取义""以文害辞""以辞害志"的现象,这些都是假命题。因为无论是"断章取义"还是"以文害辞"或"以辞害志",都是对正确"说诗""用诗""解诗"的误判,不符合"说诗""解诗"之道,都与"说诗""解诗"的客观实际相悖。对此,孟子提出了"以意逆志"这一命题进行纠谬拨正。美学史上的假命题虽然不多,但屡有出现,如"文人相轻""贵远贱近""向声背实""崇己抑人""信伪迷真""为文而造情""文贵形似""作文害道""文必秦汉"等诗文美学命题,"画以摹形,故先质后文""画无常工,以似为工""惟贵象形,用为写图,以资考核"等绘画美学命题,"有肉无骨""意后笔前"等书法美学命题,都是假命题。这些美学命题都是由错误的审美观念而做出的错误判断,体现着错误的审美意向性,在古代美学史上始终是人们所批判的对象。

在当代学术研究中,"假命题"也经常成为人们探讨的对象,但一般是在讨论具有争议性重要学术问题时才使用它,并且常常把真假命题合起来进行分析论证。例如对于古代文论的现代转化问题,有人认为"古代文论的现代转型是一个虚假的命题"[1];有人指出古代文论的现代转换是"一个误导性命题"[2];有人则不同意这种观点,提出"古代文论的转换是虚假命题吗?"[3]之论进行反驳等;这些都是对古代文论的现代"转型""转换"是否可能的问题进行的探讨。探讨中产生了不同的观点,也就产生了命题的真或假之说。再如詹福瑞先生曾在2015年11月26日《光明日报》主持讨论"'文学的自觉'是不是伪命题?"李炳海、程水金等学者就魏晋"文学的自觉"这一命题的真伪展开对话、讨论。对话的观点不同,魏晋"文学的自觉"这一命题也就有了真假之说。总之,当代学术所讨论的问题都是具有争议性的,学者所持的态度不同,所形成的命题也必然会有真假之别。这也表明,古代美学理论命题要比范畴复杂得多,因为美学范畴是不存在真假之说的。

二、古代美学理论命题之构成形式

古代美学理论命题的构成形式十分复杂,美学史上一些命题如"感物""畅神""原道""自娱"等,其形式很像范畴,实际上都是命题;而一些范畴如"象外之象""味外之味""有我之境""无法之法"等,

---

[1] 尹奇岭:《伪命题:中国古代文论的现代转型》,《理论与创作》,2003年第3期。
[2] 赵玉:《古代文论的现代转换:一个误导性命题——对十年来"转换"讨论的冷思考》,《求索》,2005年第12期。
[3] 陈良运:《古代文论的转换是虚假命题吗?》,《粤海风》,2003年第1期。

其形式很像命题，实际上却是范畴。由此可知，形式对于命题的确认非常重要，若在构成形式上不符合命题的要求，就不能称之为命题，亦不能将其作为命题来使用和研究。由于对命题形式缺乏正确的认识，出现了一些学人常常把命题当作范畴或者把范畴当作命题进行研究的现象。[如《中国美学范畴辞典》（中国人民大学出版社1995年版）收录"兴于诗""澄怀味象"等条目，就是把命题当作了范畴，因为这些条目都是命题，而不是范畴。《浅谈中国古代文论中关于"象"的命题》（载《现代语文》2014年10月号）一文就把范畴当作了命题，因为"象"是范畴，不是命题。]所以，结构形式是古代美学理论命题研究中的一个十分关键的问题，必须细加辨析，弄清楚到底命题有何种形式，以便准确把握，正确使用。对于古代美学理论命题的结构形式，可从句式结构和语言特点两个角度进行分析。

（一）从句式结构的角度看，古代美学理论命题可分为单句式和多句式两种类型。"单句式命题"是指由单个短句、短语构成的命题。最简单的单句式命题由两个字构成，如"感物""原道""自娱""畅神"等。由于此类命题只有两个字，从形式上看颇似范畴，但实际上这种由动宾结构或主谓结构构成的命题是短句的压缩。"感物"实为"诗人感于物而动"，"原道"实为"文章本原于道"，"畅神"实为"山水画可舒畅人之精神"等。三字构成的单句式命题较为普遍，如"游于艺""诗言志""律和声""味无味""立主脑"等，虽然只有三个字，却都是意义完整的判断，并且都有深刻的美学内涵。四字构成的命题最为规范，如"诗可以兴""知人论世""以形写神""澄怀味象""诗画一律"等，此类命题数量最多，是最为常见的命题。四字以上的单句式命题，如"感于物而动""境生于象外""充实之谓美""声成文谓之音""文已尽而意有余""情动于中而形于言""淡然无极而众美从之""素朴而天下莫能与之争美"等。此类命题虽然由多字构成，但仍是一个简单句。此外，还有一些简单的判断句也属于单句式命题，如"乐者，乐也""言，心声也""书，心画也""画者，画也""写字者，写志也""文，心学也"等，此类命题是由于古代汉语判断句的语法特点而形成的。

"多句式命题"是由两个以上简单句构成的命题。最简单的多句式命题由两个单句构成,如"凡音之起,由人心生也""陶钧文思,贵在虚静""外师造化,中得心源""但见情性,不睹文字"等。此类命题由两个单句表达一个完整的意义,而一个单句的意义是不完整的。如"凡音之起,由人心生也"就必须两句配合起来意义才完整。"陶钧文思"也必须与"贵在虚静"配合才能构成完整的意义。否则,意义不完整,也就不是命题。大多数多句式命题中的单句都具有独立的意义,单句本身就是一个命题,如"心生而言立,言立而文明""诗中有画,画中有诗""乐人易,动人难"等,这种包含着两个以上命题的多句式命题又叫"复合命题"。复合命题中的每个单句都是单独的命题,单句合起来的意义才更为完整。由于复合命题中包含着多个命题,其内涵也更为丰富复杂,如"诗可以兴,可以观,可以群,可以怨""人禀七情,应物斯感,感物吟志,莫非自然""情动而言形,理发而文见,盖沿隐以至显,因内而符外"等,都有着非常丰富复杂的理论内涵。复合命题的形成是由于命题的内涵非常丰富而单句不足以表达,必须使用更多的句子才能将复杂的思想内涵完整地表达出来。所以,由多句构成的复合命题具有更丰富复杂的思想内涵。

不管是单句式命题还是多句式命题,其文字都是非常简明精练的。即便是多句式命题,句子的文字也不多,体现了古代美学命题具有短小精悍、言简意赅的特点。这种特点使命题易识易记、便于运用,为人们所乐于接受和运用。

命题在文字上的简明精练性,使其具有灵活变化性特点。灵活变化性是指古代美学命题与古人的原始话语并不完全一致,后人通过对古人的原始话语进行文字上的压缩删节、改动变化,从而形成命题,如"发愤著书"的原文是"大抵贤圣发愤之所为作也","文以载道"的原文是"文所以载道也","诗画一律"的原文是"诗画本一律"等。通过删节改动原始话语的文字而保留文意,以便语言简洁精练,但文字的删节改动不能影响句子的判断性,否则就不是命题了。大多数古代美学命题并不需要对原文字删节改动,因为古人用语本来就以简为尚,力求简洁。

灵活变化性是命题独有的特点，范畴无此特点，因为古代美学范畴是不可能进行任何文字上的删节改动的。

（二）从语言特点的角度看，古代美学理论命题可分为直述式和象喻式两种类型。

"直述式命题"用简明精练的语言对命题的思想内涵进行直接陈述，通过直接陈述的方式将命题的本义内涵直接表达出来，如"立象尽意""诗可以兴""诗言志""凡音之起，由人心生也""化下刺上""以形写神""外师造化，中得心源""诗画一律""无画处皆成妙境""文，心学也"等都是直述式命题。直述式命题是古代美学理论命题的主要类型，因为绝大多数古代美学理论命题都属于这种类型。

直述式命题的特点主要有二：一是内涵清晰明确，易于理解把握，不会出现见仁见智的歧义现象。如上面所列举的命题，其内涵都非常清晰，表述都非常明白透彻，让人能够一目了然。因为直述式命题都是运用简洁明确的直陈式语言来表达的，都以理论观点的清晰表述为根本要旨。二是具有鲜明的理论化色彩。理论家用最简洁精练的语言将自己的美学观点直接陈述出来，命题中的每个字都是理论观点的有效承载体，直述式命题实际是古代美学家理论观点的高度浓缩和直接表达，因而必然具有鲜明突出的理论化色彩。而这一特点的形成，与直陈式语言的使用密切相关。

直述式命题鲜明的理论化特点，表明中国古代美学具有思想性强的理论品格和观点明确的学术风范。美学作为一门思辨性极强的科学，体现着理论家对于美的理性思考，是理论家对于美的各种思想观点的凝聚与呈现。深刻的思想观点、鲜明的理论主张是美学应有的理论品格和学术风范。直述式命题作为各种美学思想观点的直接陈述和明确呈现，实际是由于古代理论家丰富深刻的美学思想的表达需要而产生的。当理论家产生了丰富深刻的美学观念之后，必然需要表达于外。以简明的语言进行直接表述最为便捷，效果最佳，这样就产生了直述式命题。因此可以说直述式命题生成的根本原因在于中国古代美学中本来就有着丰富、深刻的思想理论。以丰富深刻的美学思想为根源而生成的直述式命题，作为古代美学理论精华的凝聚，在直陈表达各种理论观点的同时，也必然体现出中国古代美学思想性强的理论品格和观点明确的学术风范。

"象喻式命题"是指用形象化比喻性语言构成的命题，中国古代理论家喜欢运用形象化比喻来表达美学观点，将思想观点蕴藏于形象化比喻中，命题以形象化比喻的形式呈现，从而就形成了象喻式命题。如"金相玉质""谢朝华于已披，启夕秀于未振""踵事增华""陶钧文思，贵在虚静""视布于麻，虽云未费；杼轴献功，焕然乃珍""诗者，根情，苗言，华声，实义""胸有成竹""景媒情胚""立主脑""减头绪""密针线"等都是象喻式命题。象喻式命题不是古代美学命题的主要类型，因为同直述式命题相较，数量不多。象喻式命题又可分为全象比喻式和半象比喻式两种。"全象比喻式"是指整个命题全部都是形象化比喻，如"金相玉质""谢朝华于已披，启夕秀于未振""踵事增华""立主脑"等，所有文字与命题的思想内涵都没有直接关系，命题的全部思想内涵都隐藏在比喻中。"半象比喻式"是指命题中只有部分形象化比喻的文字，如"陶钧文思，贵在虚静""窥意象而运斤""诗者，根情，苗言，华声，实义"等皆属此类，这些命题都是由形象化比喻与非形象化比喻性文字相配合而构成的。如"陶钧文思"是形象化比喻，"贵在虚静"则是非形象化比喻性文字。再如根、苗、华、实是形象化比喻，情、言、声、义则是非形象化比喻性文字。此类命题很容易理解，因为命题中有一半意义明晰的陈述式文字，读者很自然地会把形象化比喻与意义明确的陈述式文字联系起来思考，从而把握到其中的思想内涵。

象喻式命题的突出特点是具有鲜明的审美属性和显著的审美效果。形象化比喻具有深厚悠远的审美意味，能给读者带来丰富的审美感受。如"诗者，根情，苗言，华声，实义"这一命题以花为喻，从情、言、声、义四个方面对诗歌的本体特征做出判断，以花株之根、苗、花、实比喻诗歌之情、言、声、义，通过恰当的形象化比喻，不但将情、言、声、义四因素在诗中的地位、作用、价值、意义阐释得清楚明白，而且判断得准确精辟：情对于诗，犹如花株之根，情为诗之根，无情，诗如无根之花；言对于诗，犹如花株之苗，言为诗之苗，无言，诗如无苗之花，花亦无存；声对于诗，犹如花株绽放出的花朵，声为诗之花，声律美对于诗犹如花朵对于花株那样重要，无声律之美，诗如无花之株；义对于诗，犹如花株结出的果实，义为诗之实，义理思想对于诗犹如切实可用的果实那样重要，无实，诗如无果之木。情如根、言如苗、声如花、义如实是此命题的语言形式，诗以情为根、以言为体、以声为美、以义为用是此命题的思想内涵，语言形式以形象化比喻将诗之本体特征表达了出来。语言形式中的根、苗、华、实都是美感性非常强的文字，在读者面前呈现出了鲜活的花株，可视的花朵、可闻的声韵、可食的果实，让读者能够产生视觉美、听觉美、味觉美，丰富的美感让人乐于玩味，趣味无穷。读者在接受过程中将这四个审美对象与诗歌的四个构成因素紧密联系起来，一方面产生了丰富的审美意味，另一方面获得了对诗歌本体特征的认识。审美感受与理性认知兼具，是此类命题的独特效果所在。

象喻式命题突出的审美化特点，表明中国古代美学的表述形式具有鲜明的审美化品格，读者在获得命题所蕴藏的理论意义的同时，又能获得丰富的审美意味和深切的审美感受。虽然美学是一门运用理性思考的科学，以理论家对于美的各种思想观点、理论主张为核心内容，但象喻式命题却赋予了中国古代美学美的形式，从而使美学本身具有了美的属性和特点，能让读者获得理论意义和审美愉悦的双重享受。如果说美学本来就应以美的形式呈现，美学之本色在于美学本身就是美的，那么，只有中国古代美学才真正具备和彰显了美学的这一本色。或者说，中国古代美学既是理论丰富、思想深刻的，又是形式优美、意味深远的，是理论之思与形式之美的完美结合与深度凝聚。而古代美学这一特点的产生，与象喻式命题的运用是密不可分的。

象喻式命题的优美形式虽然能产生良好的审美效果，但其缺点也十分明显，即命题思想内涵的表达不够明确清晰，不利于读者的理解把握。这一缺点主要表现在全象比喻式命题中，因为此类命题的思想内涵全在形象的比喻中。如陆机《文赋》提出"谢朝华于已披，启夕秀于未振"之论，这一命题的本义内涵是强调文学创作必须创新。前句是说对于前人的陈言旧意应像辞谢已开之花一样弃而不用，后句是说作家致力于文词文意的创新应像园丁致力于开启未开之花一样努力培育。此命题的思想内涵确实十分隐晦，不易理解把握。再如刘勰《神思》篇提出"视布于麻，虽云未费；杼轴献功，焕然乃珍"这一全象比喻式命题，此命题的核心思想是说神思想象具有巨大的审美创造性，平凡的素材经过作家的神思想象加工创造而能成为优美的作品，就像乱麻碎丝经过织布机的加工而能成为焕然珍贵的布匹一样。这一命题的思想极为深刻，内涵极为丰富，全部运用形象化语言，运用的比喻非常恰当。深刻的思想蕴藏于优美的形象化比喻中，非常富于审美意味。但是，整体的比喻非常不利于读者理解命题中的思想内涵，读者一方面要借助于注释疏解才能理解其理论观点，另一方面还要联系文章文本才能清晰透彻地理解命题本义。美的形式影响了内涵的表达，也影响了读者的理解接受。命题以"判断"或"表达意义"为本，用形象化比喻性语言来表达判断或意义，表达效果当然不如直述式语言那样表述得清晰明白、充分透彻。表达效果严重受限，可能是此类命题为数不多的原因之一。

三、古代美学理论命题之功能作用

命题的全部价值意义就在于具有重要的功能，若无功能，命题便毫无价值可言。命题的功能何在？简单地说，就是能够便捷有效地表达理论家的思想观点。理论家通过运用命题而将思想观点表达出来，就是命题的全部功能所在。所以，古代理论家一旦产生了成熟的美学思想观点，总是设法运用命题进行表达，特别是那些做出了重要贡献的理论家，通常都是把命题作为表达美学思想观点的基本方法和有效手段。早在古代美学处于萌芽状态的先秦时期，理论家就是主要通过提出命题来表达自己的美学思想的。如老子提出"美言不信，信言不美""大音希声""大象无形""大巧若拙""道法自然"等，孔子提出"尽善尽美""文质彬彬""游于艺""兴于诗"等，孟子提出"知言养气""以意逆志""充实之谓美"等，庄子提出"淡然无极而众美从之""素朴而天下莫能与之争美""法天贵真，不拘于俗""自适其适"等，这些著名命题都以简洁的语言形式表达了理论家的深刻美学思想。实际上，历代理论家都是以命题作为美学思想观点的主要表达方式，所提出的美学命题不胜枚举。

古代理论家乐于运用命题的根本原因在于命题具有非常有效的思想表达功能，这种有效的表达功能主要体现在两个方面：一是充分透彻的表达效果，二是便捷有效地表达丰富复杂的思想观点。

充分透彻的表达效果是命题表达功能的最基本特点，特别是直述式命题，这一特点尤为显著。命题作为"表达判断的句子"，一旦形成，也就意味着"表达判断"的完成。古代理论家提出命题而"表达判断"，实际上就是通过命题而有效地表达了自己的美学思想观点。命题以"判断句"或表达意义的"陈述句"为基本形式，作为"句子"，命题所表达的思想意义不但是独立完整的，而且是充分透彻的。古希腊斯多葛学派认为："任何一个完整的思想由词表达出来，必然是真的或假的，这就是命题。"[1] 只有表达出"一个完整的思想"才能构成命题，如果表达的思想意义不完整不充分，则无法构成命题。可以说，"一个完整的思想"的充分表达是命题的基本功能和重要使命。对于中国古代美学而言，每个命题作为一个判断性或陈述意义的"句子"，都蕴含着一个完整的美学思想观点，也都是一个完整意义的充分表达。如"凡音之起，由人心生也""声成文，谓之音""声音之道，与政通"等音乐美学命题，"以形写神""心师造化""无画处皆成妙境"等绘画美学命题，"意在笔先""点画有意""妙在笔画之外""无意于佳乃佳"等书法美学命题，"诗言志""诗缘情""诗述义""诗达意""诗者心声""诗出本心"等诗歌美学命题，"乐人易，动人难""立主脑""密针线"等戏剧美学命题，都分别是一个美学思想观点的充分表达和完整呈现。正是由于命题具有充分透彻的表达效果，思想观点能够通过命题而得以充分有效地表达，古代理论家才乐于运用。

---

[1] 张起建编著：《新编形式逻辑》，山东大学出版社，2008年，第32页。

便捷有效地表达丰富复杂的思想观点，是命题表达功能的又一显著特点。因为命题以"句子"为语言形式，"句子"包含着更多的语言成分，丰富的语言成分不但容纳着丰富的思想观点，而且能构成复杂的逻辑关系，丰富复杂的思想观点借助于丰富的语言成分以及复杂的逻辑关系得以充分地表达。如"立象尽意"这一美学命题，其中"象""意"是两个审美范畴，与"立""尽"两个动词配合后，构成了"立象"与"尽意"两个并列的动宾结构；两个动宾结构又产生了"象之创立"与"意之表达"两层意思；而两层意思之间又构成了因果逻辑关系：前者为因，后者为果；只有"立象"，才能"尽意"；要想"尽意"，必须"立象"。此命题虽然只有四个字，但由于丰富的语言成分和多层的逻辑关系，故而表达了丰富复杂、深刻精辟的美学观念：只有通过审美意象的创立才能使审美意蕴得以充分地表达。再如"心师造化"这一命题，所包含的思想内涵也是非常丰富深刻的：一是强调自然造化是绘画创作之根源，二是表明自然万物是绘画艺术表现之对象，三是指出了绘画创作是画家之心的活动，四是要求画家必须以自然造化为师法对象等等。又如"诗言志"这一命题就包括诗以"志"为本体、以"志"的表达为使命、以"言"为媒介等多层次思想内涵。特别是复合式命题，包含着多个句子，所表达的思想也更丰富复杂。如"人禀七情，应物斯感，感物吟志，莫非自然""诗者，根情，苗言，华声，实义""外师造化，中得心源""欲令诗语妙，无厌空且静""诗中有画，画中有诗"等命题所包含的美学思想都是十分丰富复杂的，并且都得到了有效的表达。

以简洁的语言形式表达出丰富深刻的美学思想，既是命题的功能所在，也是命题的价值所在。从功能论角度看，对于中国古代美学而言，命题不但不可或缺，而且无可替代。因为理论家只要有美学思想需要表达，就离不开命题的提出和运用。实际上对于中国古人来说，命题是表达美学思想最有效的手段和方法；而作为有效手段和基本方法，命题具有美学方法论之性质。从价值论角度看，命题所表达的思想观点之价值也就决定了该命题的价值。如刘勰在《情采》篇提出"为情而造文"和"为文而造情"两个命题，前者对于文学创作具有原则性指导意义；后者则体现了完全错误的创作思想，实际是一个假命题，两个命题的价值意义是不言而喻的。再如"以意逆志"与"断章取义"，"文以载道"与"作文害道"，"以形写神"与"惟贵象形"等，其价值都是不言而喻的。命题之价值如何，要看所表达的思想观点的价值如何。

强大的思想表达功能不但使命题凝聚了古代美学的思想精华，而且也使其成为古代美学思想世代传承的有效载体。对于古代美学的历史传承，命题的作用是无可替代的。特别是美学史上的经典性命题，一旦提出，总能为后人所接受，如"尽善尽美""立象尽意""以形写神""言尽意余""外师造化，中得心源""境生象外""文以载道""诗画一律"等，都是美学史上影响深远的命题，在今天仍为人们所接受、运用。古代美学理论命题以简短的语言形式高度浓缩了丰富深刻的美学思想，易于理解，便于运用，不但对于古代美学的理论筑构创建具有重大意义，而且对于当代美学的创建发展也具有重大意义。对于中国当代美学而言，古代美学命题既是可以吸收的重要思想资源，又是可资利用的重要话语方式。

原文发表于《中国美学研究》2020年第2期

古代文论之"命题"与"范畴"

吴建民

"命题"与"范畴"是构成古代文论思想原理的两大基本要素，凝聚着古代文论的思想精华，对于古代文论之理论建构具有不可替代之作用。因此，对命题与范畴的研究是把握古代文论思想精神、基本原理的关键。但是，在近百年来的古代文论研究中，却出现了向范畴研究一边倒的现象，研究范畴的文章、著作纷纷出现，同一范畴的研究文章多达数百篇者并不罕见。如对"意境"范畴的研究，据不完全统计，自1978年至2000年"20多年来，约有1452位学者，发表了1543篇'意境'研究论文"[1]，而研究意境的专著亦有十来部。这势必导致重复的研究成果不可避免和不断出现，以及研究资源的巨大浪费，并且这种状况迄今毫无消减之迹象。而对命题的研究几乎没有起步，迄今仍然很难找到专门的研究成果。虽然偶尔能看到个别古代文论的研究文章或著作提及"命题"这一概念，如"'诗可以怨'这一理论命题潜藏着春秋诗学的特殊意味"[2]，"'得意忘象'……是一个哲学命题，也是一个美学命题"[3]等，但是"命题"概念的偶尔使用并不意味着自觉的专门研究。学界对古代文论范畴研究的过热与对命题研究的过冷形成了巨大反差，在古代文论研究领域亟需突破的今天，这种不正常的现象确实不应再持续下去了。研究者应把更多的目光和热情转向对古代文论命题的研究，因为一方面古代文论中有大量的命题存在，孔子、孟子作为中国古代最早且影响深远的文论家，其文论思想主要就是通过命题的提出而表现出

---

[1] 古风：《意境探微》，上册，百花洲文艺出版社，2009年，第16页。
[2] 傅道彬：《"诗可以观"》，《文学评论》，2004年第5期。
[3] 叶朗：《中国美学史大纲》，上海人民出版社，1985年，第190页。

来的,如"文质彬彬""诗可以怨""尽善尽美""知人论世""知言养气"等都是经典性文论命题。之后历代文论家都有大量命题的提出,仅《文心雕龙》一书就有200多个命题。另一方面,命题对于古代文论之建构具有举足轻重的作用,"诗言志"这一命题作为古代文论"开山的纲领"[1]表明,中国古代文论之创建就是以命题为始端的。之后文论家论创作、作品、作家、风格、批评等古代文学基本理论都离不开命题的提出。文论史上的大量命题为当代学人提供了广阔的用武之地,从对文论范畴的过热研究转向对文论命题新领域的开拓,既是当下古代文论研究的迫切需要,也是研究者的一项重要使命。而实现这种研究的转向,必须率先把命题与范畴之基本特征、区别与联系、功能作用、价值意义及二者在古代文论中的地位等基础性问题弄清楚。因为只有通过比较二者的异同,辨析二者的关系,才能正确地把握和运用命题与范畴,从而避免认识的混乱,避开研究的误区。

一、古代文论"命题"与"范畴"之构成模式及内涵性质

古代文论"命题"与"范畴"在构成模式及内涵性质方面都有显著的区别。按照《辞海》的解释,"范畴"是指"反映事物的本质联系的思维形式,是各个知识领域的基本概念"[2]。当代学者也持类似的看法,认为"范畴是关于客观事物特性和关系的基本概念,是作为人类思维对客观事物本质联系的概括反映"[3]。"命题"是"表达判断的句子……一说凡陈述句所表达的意义为命题,被断定了的命题为判断。也有对命题和判断不作区别,把判断叫做命题的"[4]。这表明"范畴"之性质是"各个知识领域的基本概念",而"命题"之性质是用句子表示的"判断"或"陈述"。或者说,范畴与命题在内涵性质上的根本区别

---

[1] 朱自清:《诗言志辨》,华东师范大学出版社,1996年,第4页。
[2] 《辞海》编辑委员会编:《辞海》(缩印本),上海辞书出版社,1980年,第573页。
[3] 汪涌豪:《范畴论》,复旦大学出版社,1999年,第1页。
[4] 《辞海》编辑委员会编:《辞海》(缩印本),上海辞书出版社,1980年,第332页。

就在于前者是"概念"而后者是"句子"。这种阐释基本符合古代文论范畴与命题的实际情况。

在古代文论中,"范畴"一般是指类似名词的概念。从构成模式上看,最简单的古代文论范畴由一个字构成,如兴、味、气、神、志、清、淡、雅、野、远、体、格、势、才、美、物、景、趣等。大多数古代文论范畴都是由两个字构成,如意境、意象、比兴、兴会、风骨、神韵、物化、神思、韵味、妙悟、平淡、含蓄、义法、飘逸、虚静等,这是古代文论范畴最典型、最常见的构成模式。也有三个字甚至四个字构成的范畴,如"味外味""象外象""有我之境""无我之境"等,但此类范畴较少。而"命题"作为判断或陈述的句子,在构成模式上要比范畴复杂得多。单个字是无法构成命题的,最简单的命题是由两个字构成的简缩式句子,如"畅神""养气""自娱"等。从表面上看,此类命题只是一种动宾或主谓结构,但实质上是一种短句的压缩,"畅神"实为(山水画可)畅神,"自娱"实为(诗文可)自娱等。所以它们虽然只有两个字,但仍是短句式命题。三个字构成的命题较多,如"诗言志""味无味""诗缘情""兴于诗""思无邪""辞欲巧"等,虽然只有三字,却是一个完整的句子,表示一种理论判断或观点的陈述,包含着复杂深刻的理论观点。四个字构成的命题最为常见,如"诗可以兴""知人论世""诗无达诂""发愤著书""化下刺上""立象尽意""神与物游""文以载道"等,此类是最典型和最常见的古代文论命题。还有一类是由复合句构成的命题,如"心生而言立,言立而文明""时运交移,质文代变""外师造化,中得心源""独抒性灵,不拘格套""文,心学也""华章藻蔚,非矇瞍所玩;英逸之才,非浅短所识"等,这种复合句也都是表示一种理论判断或观点陈述。古代文论中还有一类特殊模式的命题,既不是判断句,也不是陈述句,而是一个短语,如"文质彬彬""尽善尽美""温柔敦厚""主文谲谏""气韵生动"等。这种短语式命题实际上也是表示一种判断或陈述一种观点,其功能与短句相近。因为此类命题可看作短句的简缩,能转化为短句,如"文质彬彬"可转换为"文与质要彬彬和谐","温柔敦厚"可说成"诗歌可使人温柔敦厚","主文谲谏"可展开为"诗歌应注重文采,劝谏应讲究委婉"等。由此可知,古代文论之范畴与命题在构成模式上的区别是十分显著的。

"命题"与"范畴"在构成模式上不同的根本原因,在于二者内涵性质上的不同。从内涵性质的角度看,命题作为一种判断或陈述,实质上体现了文论家对一种成熟的思想理论或基本规律的认定,因而,它包含着更丰富深刻的思想内涵,必须用句子或短语才能将其丰富的内涵表述出来。范畴作为一种概念,反映了"事物的本质联系",体现了事物的本质特点,对于认识事物是不可缺少的。虽然古代文论的很多范畴也都具有丰富深刻的思想内涵,如意境、虚静、比兴、义法、韵味、格调等,但比较而言,大多数命题的思想内涵都比范畴更为丰富和深刻。原因就在于古代文论的很多命题都包含着范畴,如在"陶钧文思,贵在虚静"这一命题中,"虚静"范畴只是构成此命题的一个因素;再如"神用象通"这一命题就包含"神"与"象"两个范畴;"文质彬彬"包含"文"与"质"两个范畴等。在古代文论的很多命题中,范畴只是构成命题的基本因素,如"神与物游""立象尽意""文以载道""思与境偕"等都包含两个范畴。由此可以得出这样的结论:命题可以包容范畴,而范畴则不能包容命题。"命题"作为句子,在构成模式上需要使用名词概念,因而可以吸纳范畴参与其中。而"范畴"作为反映事物本质联系的概念,只能为命题所运用,从而成为其中的一个构成因素。由于范畴只是构成命题的具体因素,因而命题之内涵通常要比范畴更为复杂丰富。

二、古代文论"命题"与"范畴"之功能作用

"命题"与"范畴"对于古代文论来说之所以非常重要,是因为二者都具有显著的功能。古代文论的很多思想原理、理论观点主要就是靠命题与范畴来表达的,若无命题与范畴的大量使用,古代文论的理论建构将是不可想象的。命题与范畴的功能作用主要体现在两个方面。

其一,理论表达功能。"命题"与"范畴"都是古代文论家用来表

述思想观点的基本形式,古代文论中的任何命题与范畴都表达着文论家的思想观点,表达思想观点是古代文论命题与范畴的基本使命,二者都是为表达一定的思想观点而被提出来的,内在的思想观点也是古代文论命题与范畴的根本价值所在。但是,由于命题与范畴在形式特点、表述方式等方面存在差异,因而在表达功能方面也就各有特色。一般来说,"范畴"所表达的是古代文论某种概念的理论内涵,如"神思"这一范畴所表达的思想观点就是古代文论家关于艺术想象的基本看法,体现了艺术想象这一概念的基本内涵。"意象"这一范畴所表达的思想观点就是古代文论家对于审美意象基本特征的看法,体现了审美意象这一概念的基本内涵。而"命题"所表达的则是古代文论某一理论层面的思想观点。如"发愤著书"这一命题表达的是古代文论家关于怨愤之情与文学创作之关系的看法,揭示了作家一旦萌发怨愤之情则必然进行创作的一般规律。"文质彬彬"表达了文论家对"文"与"质"即作品内容与形式之关系的看法,体现了文与质应和谐统一的作品构成论思想。"神用象通"这一命题表达了艺术思维的基本特征,即作家之思想精神必须用艺术表象来表达,同时也表达了艺术表象是表现作家思想精神的根本途径这一艺术表现原则。由此可以看出,命题所表达的思想观点体现了古代文论的某方面规律。如果说范畴所表达的是古代文论某一概念的理论内涵的话,命题表达的则是某一层面的基本理论,或者说范畴表达的是一个"点"的思想观点,命题表达的是一个"面"的思想观点。

"命题"与"范畴"在表达理论观点时,存在着语言方式的区别。在语言方式的运用上,古代文论的范畴主要有两种情况:一种是使用明晰的理论化语言,如"虚静""文质""意象""通变""义法""美刺"等,这些范畴的内涵都十分清晰,容易理解,一般不会产生见仁见智的现象。但这种范畴在古代文论中不占多数,古代文论家更喜欢使用的是第二种语言方式,即审美的描述性语言,如"风骨""神韵""格调""韵味""飘逸""枯淡""圆润""文气""隐秀"等,这些比喻性语言构成的范畴,虽然具有很高的审美价值,但其缺点也十分明显,即内涵模糊多义,不易理解把握,很容易产生见仁见智的现象。而古代文论的命题鲜有使用审美的描述性语言的情况，一般都是使用明晰的理论化语言，如"劝善惩恶""发愤著书""化下刺上""神用象通""文以载道""文，心学也""诗品出于人品"等等。由于命题的表述语言具有明晰性特点，其内涵清楚明白，一般不会产生见仁见智的歧义现象，从而使接受者容易理解、把握和运用。就此而言，命题在表达功能方面，比范畴特别是那些由描述性语言构成的范畴具有更好的效果。

其二，理论建构功能。"范畴"与"命题"是古代文论理论建构不可缺少的基本因素，或者说古代文论的理论建构既离不开范畴，也离不开命题。通过大量范畴、命题的提出来表述文论思想，从而建构理论系统，是古代文论的一个显著特征。在古代文论的各个层面，如文学本体论、创作论、作品论、作家论、风格论、通变论、鉴赏批评论等当中，都有大量的范畴和命题。从学理角度看，理论建构首先需要表述理论、思想观点的基本概念，这就需要提出"范畴"，古代文论的大量范畴就是根据表述基本理论观点的需要而提出来的。如关于风格理论，古代文论家围绕风格问题而提出一系列相关的范畴，来表述风格理论方面的基本概念，如体、气、性、文品、人品、风骨、含蓄、典雅等，有了这些范畴，风格理论所涉及的一些基本概念就能得以表述了。风格理论的建构离不开这些范畴，没有这些范畴，古代风格理论难以形成。由于风格方面的范畴主要表述风格基本概念的内涵，而对风格基本理论的表达则要依靠命题，因而，古代文论家又提出了一系列风格理论的命题，如"因内而符外""各师成心，其异如面""文品出于人品""不主一格"等。这些命题揭示了风格的成因、风格的多样化、风格与人格之关系等。范畴与命题共同参与风格理论的建构，若无这些范畴和命题，古代文学风格论的建构是不可想象的。再如文学创作论，古代文论家首先需要提出与创作相关的一些基本范畴，如物、心、情、志、文、言等，没有这些范畴，也就不可能建立起古代文学创作论。在此基础上，文论家又提出了一系列创作论命题，如"感于物而动""心生而言立，言立而文明""感物吟志""情以物兴""辞以情发"等，这些命题阐释了文学创作的基本原理、规律。所以，对于古代文论的理论建构而言，范畴和命题缺一不可。当然，由于二者的构成模式及内涵性质不同，对于古代文论体系建构的作用也有所不同，如果说"'范畴'是古代文论体系上的'纽结'，'命题'则是体系上的'栋梁'"[1]，二者必须相互配合，才是建构古代文论体系的根本途径。

三、古代文论"命题"与"范畴"之关联互动

虽然古代文论之"命题"与"范畴"在构成模式、内涵性质、功能作用等方面都有所不同，但二者又相互关联，存在着依存互动、相与促进的密切关系。

"范畴"对于"命题"之意义主要有二。其一，对于命题之构成具有重要作用。很多古代文论的命题都是通过范畴的运用而创立生成的，如"神与物游""立象尽意""澄怀味象""文已尽而意有余""境生象外""文以载道"等命题中都包含着至少两个范畴，范畴是构成这些命题的核心要素，如果没有范畴的运用，这些命题是难以构成的。因此，命题之生成对于范畴具有一定的依赖性，范畴是命题生成的基础。对于大部分命题而言，范畴都是必不可少的构成因素，可以说，范畴是促进命题生成与发展的基本条件。其二，范畴之价值意义对于命题之价值意义具有一定影响。由于很多命题都是以范畴为基本构成因素，范畴之价值意义在一定程度上必然影响甚至决定着这些命题的价值意义。如"味无味"这一审美体验论命题，"味"为动词即审美体验，"无味"为名词即平淡之味、平淡之美，"味"和"无味"都是范畴，这两个范畴的价值意义决定了"味无味"这一命题的价值意义。再如"陶钧文思，贵在虚静"，此命题强调"虚静"对于艺术构思的重要性，"虚静"范畴是此命题的核心，它的价值意义也是此命题的关键所在。需要指出的是，并非所有命题都需要运用范畴才能创立。如"诗无达诂""发愤著书""审己以度人""踵事增华""各师成心，其异如面"等。这些命题的构成受

---

[1] 拙文《经学与古代文论命题》，《徐州师范大学学报》，2012年第6期。

范畴的影响并不大，其价值意义亦不受范畴的影响。但是古代文论中的此类命题不多。

"命题"对于"范畴"之意义主要也有两方面。其一，对范畴的研究探索离不开命题的提出。范畴具有独特的特点、内涵、功能、价值，要揭示范畴的特点、内涵、功能、价值等，就必须借助于命题。如刘勰在论述"通变"这一范畴时，提出了"文律周运，日新其业""变则其久，通则不乏""望今制奇，参古定法"等命题。再如王昌龄提出"意境"范畴之后，后人对此范畴展开研究而提出了"思与境偕""情景交融""借景抒情""境生象外"等一系列命题。类似的情况还有很多。就此而言，范畴离不开命题。范畴研究之所以需要提出一定的命题，是因为范畴本身包含着规律性的东西，文论家研究范畴而发现了其中具有规律性的思想观点，为阐释这些具有规律性的思想观点，就必须提出一定的命题。如刘勰为揭示"神思"的特点、内涵、功能等，而提出"神与物游""神用象通""陶钧文思，贵在虚静"等命题，这些命题揭示了"神思"范畴所包含的规律性的思想观点。论述"通变""意境"等范畴而提出的相关命题，情况也都类似。为研究范畴而提出命题，也促进了命题的丰富、发展。其二，命题深化了范畴研究。为阐释范畴而提出来的命题，从不同角度、不同层面揭示了范畴的特征、内涵、功能等，这必然能够推动范畴研究的深化发展。如"思与境偕""情景交融""借景抒情""境生象外"等命题的提出，对于"意境"范畴特征的揭示、内涵的解读、功能的阐释等，都是必不可少的。这些命题不但深化了"意境"研究的发展，而且也有助于人们对"意境"范畴的进一步了解、把握和运用。

在古代文论源远流长的历史发展过程中，文论家提出了大量的命题与范畴，这些命题与范畴不但出色地表述了各种深刻复杂的思想观点，揭示了古代文论的各方面规律，共同完成了建构博大精深的古代文学理论思想体系的重大使命，而且其中很多命题与范畴已经走进了当代，成为当代文论的重要组成部分。有学者曾说中国古代美学是"范畴美学"，

"美学体系仅需范畴的勾勒就足以完成"[1],此话还应加上"命题"二字,即"中国古代美学是范畴与命题美学","中国古代美学体系是由范畴与命题共同完成"。古代文论也同样如此,古代文论的思想体系也是由范畴与命题共同完成的,二者缺一不可。当下面临的严重的问题是,虽然命题在文论史上大量存在,并且对古代文论之建构具有举足轻重之作用,但当代学人对于它的重要性仍然缺乏足够的认识,从而导致研究的异常薄弱。强化对古代文论命题重要性的认识,厘清命题与范畴的异同区别,展开对命题的深入研究,从而开拓古代文论研究的新领域,是摆在文论界学人面前的迫切任务。

原文发表于《古代文学理论研究(第四十辑)——中国文论的思想与智慧》,2015年

---

[1] 程琦琳:《中国美学是范畴美学》,《学术月刊》,1992年第3期。

中国古代文论命题的思维学考察

唐 萌

命题研究是中国古代文论研究的一项开创性工作，由吴建民、张晶等发起，渐为学界所重。近年来，在大量范畴研究、命题个案研究的基础上，学界开始展开深层次的命题研究。相比范畴研究而言，命题研究对于探索古代文论思想系统、开发古代文艺思想资源、创建中华思想文化的话语体系等都具有重要意义，张晶教授曾提出："要在中国美学理论建设上有突破性进展，构建中国哲学社会科学话语体系，仅停留在范畴研究的层面上已经难以充分发挥古代文艺理论的资源功能，难以承载这样的历史使命了。"[1]现有的范畴研究在理论阐发方面已经取得了丰硕的成果，要进行命题研究，不应驻足于"命题"的理论阐释层面，而需要对"命题"生成的内部机制，包括命题的思维类型与思维程序，命题的外部功能，包括文论体系的建构功能、文论思想的阐释功能以及文化风俗的引领功能等深层机理性问题有更为自觉的认识。从现有研究论著看，学界对"命题"本身已经做了基本辨析，涉及命题的内涵与外延以及范畴与命题之间的关系等。在此基础上，研究应进一步向纵深拓展。在举出经典命题范例之后，还应继续总结命题的一般性特征；认识命题的发展与流变之后，更要了解命题的生成过程；注意到命题与范畴的形式区别之后，还应关注命题相对于范畴的独特功能。作为意识的模型、思维的外显，命题深受中国传统思维的影响，不同类型的命题反映着不同的思维模式，不同表述形式的命题背后是不同的思维形态。鉴于此，本文拟从思维学角度对古代文论命题进行综合考察，以揭示古代文

---

[1] 张晶：《中国古代美学命题研究的意义何在？》，《社会科学辑刊》，2020年第1期。

论命题深层的学理依据。

一、古代文论命题的定义、形式与构成

吴建民提出，中国古代文学理论体系"由命题构成，命题借助于名词概念即范畴来表达。三者的关系是，范畴构成命题，命题组成体系，命题与范畴是构成古代哲学理论体系的两个基本因素"[1]。这其中涉及两个基本问题：一是命题的表达形式，二是命题与范畴的关系。这两个问题是认识古代文论命题的关键。

要认识命题，必先了解"范畴"，因为命题与范畴关系密切。何为范畴？

从"范畴"一词的起源看，最早使用"范畴"概念的是亚里士多德，其《范畴篇》对范畴的语言形式进行界定。亚氏称："所说的东西中一些是按复合说的，一些则无复合。因此，那些按复合说的例如人跑、人赢；而那些无复合的例如人、牛、跑、赢。……不按任何复合方式说的东西中的每一个，或者表示实体，或者表示数量，或者表示性质，或者表示关系，或者表示何处，或者表示何时，或者表示姿态，或者表示具有，或者表示施为，或者表示遭受。"[2]质言之，亚氏将范畴的语言表达形式分为"复合"与"非复合"两类。姚爱斌说："根据亚理士多德的理解，范畴应该是'非复合词'（即词），而不应是'复合的'语言表达（即句子）。""按照现在的说法，'复合的'表达相当于或长或短的句子，'简单的'表达则相当于词。"[3]我们可以确认，从语言表达的形式来看，"范畴"是非复合概念，相当于语词，而非或长或短的句子。

汪涌豪著作《中国文学批评范畴及体系》对范畴进行了全面研究。

---

[1] 吴建民：《命题与古代美学理论之建构》，《社会科学辑刊》，2020第1期。
[2] 亚里士多德：《范畴篇　解释篇》，方书春译，商务印书馆，2017年，第4—6页。
[3] 姚爱斌：《"范畴"内涵重析与中国古代文论范畴研究对象的确定》，《文艺理论研究》，2008第5期。

他总结了"范畴"的定义:"范畴是英文 category 的汉译,指反映认识对象性质、范围和种类的思维形式,它揭示的是客观世界和客观事物中合乎规律的联系,在具有逻辑意义的同时,作为存在的最一般规定,还有本体论意义。正是基于这种特性,它被人用作精神操作的工具,进而确认为思维特有的逻辑形式。"[1] 简单说,范畴是关于事物特征与关系的基本概念,它能够揭示事物之间的合乎规律的联系,具有逻辑意义、本体论意义及特有的逻辑形式。在古代文论范畴中,有"道""气""象"这样的元范畴,有"神思""妙悟"等创作范畴,有"风骨""雄浑""冲淡"等风格范畴,还有"体势""意脉""格律""肌理"等体式范畴等。从内涵上看,范畴从不同侧面揭示了众体文学的特征及规律;从形式上看,范畴则表现为不同概念的集合。[2]

这里延伸出"概念"一词。"概念"是人类从感性认识上升到理性认识的过程中,对所感知事物的共同本质特点进行抽象概括的一种语词表达,它是反映对象的本质属性的思维形式。一般认为,从感性认识到理性认识的过程靠的是逻辑思维。事实上,人的思维不只有逻辑思维这一种类型,也有非逻辑思维,感性认识即偏重于非逻辑思维或称前逻辑思维。这就是说,概念是思维的产物,既含有逻辑思维,也不乏非逻辑思维的参与。概念的集合又以某种形式组成了范畴,所以,范畴具有比概念更高一级的思维属性。汪涌豪说:"范畴是比概念更高级的形式。""概念是对各类事物的性质和关系的一种反映,是关于一个对象的单一名言,而范畴则是反映事物本质属性和普遍联系的基本名言,是关于一类对象的综合性名言,它的外延比前者更宽,概括性也更大,在许多时候能统摄一连串层次不同的概念展开事理的推演和论列,故最具有普遍

---

[1] 汪涌豪:《中国文学批评范畴及体系》,复旦大学出版社,2017年,第4—5页。
[2] 关于"概念"与"范畴"的关系问题,张岱年认为:在概念之中,有些可以称为范畴,有些不是范畴。如表示存在的统一性、普遍联系和普遍准则的可以称为范畴,而一些常识性的概念如山、水、日、月、牛、马等等,不能叫作范畴。参见张岱年:《中国古典哲学概念范畴要论》,中国社会科学出版社,1987年,第4页。张岱年从哲学范畴立论,与本文所探讨的文学理论范畴仍有区别,故作参考。

的认识意义。"[1]

在对"范畴"的形式和内涵进行一番简要梳理后,回到本文的核心议题"命题"。既然范畴是命题的基本单位,命题由范畴所构成,那么,命题的形式是什么?古代文论中哪些形式可称为命题?吴建民认为:"'命题'本是一个逻辑学概念,其基本形式是'判断的句子'或'陈述句',也可以是一种单纯的'判断';其基本内涵是'判断'或'陈述'一种道理、观点。这种解释基本适用于解读古代文论中的命题。按照'命题'的这些特点,古代文论中的'诗言志''知人论世''立象尽意''诗无达诂''发愤著书''神用象通''文已尽而意有余''不平则鸣''以文为戏''不著一字,尽得风流''思与境偕''文以载道''独抒性灵,不拘格套''体物而得神''文,心学也'等都是典型的命题。"[2]通过以上列举的命题范例可以看到,所谓"范畴构成命题"的形式特征即命题包含范畴。具体而言,命题是以某种特定的逻辑位序进行的范畴串联,它表达对某些范畴的经验性或逻辑性的体认以及范畴之间的诸种联系。比如,明末公安派袁宏道提出的"独抒性灵,不拘格套"命题,其中,"性灵""格套"作为基本的文论范畴,一属风格,一属体制,常见于古代文论。在这里,袁宏道对性灵、格套两个范畴提出了具体要求,即"独抒"性灵、"不拘"格套。这种要求与明代文坛拟古风气有关,明代文坛复古之风大盛,文学创作受格式套路的束缚甚剧。对此,袁宏道提出这一命题,饱含着袁氏追求独创的文学观念。显然,袁氏重自由抒发、追求独创的思想观点是通过对"性灵"与"格套"的态度表达出来的,而表达这一态度的语言形式就是命题。可见,命题与旨在描述、体现、反映某种事物的本质属性的"范畴"不同,它还肩负着表达某种意向(包括思想、观点等)的话语职能。关于古代文论命题的这些特点,我们可以借助近代英国哲学家、观念史学家以赛亚·柏林(Sir Isaiah Berlin)在《概念与范畴》一书中对作为哲学概念的"命题"定义

---

[1] 汪涌豪:《中国文学批评范畴及体系》,复旦大学出版社,2017年,第7—8页。
[2] 吴建民:《中国古代文论命题研究》,南京大学出版社,2017年,第8页。

参照理解，柏林对"命题"的定义是："命题指的是向人表达某事是或不是怎么回事的句子。""句子指的是遵守一定语法规则的词语组合。"[1]柏林对哲学命题的定义直观地阐述了命题的三个基本特征：其一，命题表达是非判断；其二，句子是命题的表述形式；其三，表述命题的句子遵循一定的语法规则。

无论是作为哲学概念的命题，还是作为逻辑学概念的命题，二者对"命题"这一概念的内容与形式特征的论述基本一致。根据这些论述以及与范畴定义的比较，我们可以对中国古代文论命题作出基本的界定：中国古代文论命题是指能够表达文学观点、阐发文学思想的复合型长短句，它体现着是非判断或对事实的认定，具有阐释文学思想与指导创作实践的意义，比如"诗言志""文以载道""外师造化，中得心源"等。

二、古代文论命题的思维特质与思维类型

从整个文学批评理论的大系统与中国古代文学创作的实际情况来看，术语、概念、范畴、命题何其之多，不可历数，但它们始终离不开古人的知觉活动、想象活动、情感活动和思维活动。无论是术语、概念、范畴抑或命题，都是对古代文学创作、批评经验的特定视角的言说，本质上都是一种话语形态。而不同的言说方式、多元的话语形态，归根到底是思维问题。语言与思维的关系甚为密切，一方面，语言是思维的工具，思维需要借助语言来表达；另一方面，思维方式决定着言说方式，有什么样的思维就有相应的言说方式与之配合。中国文学文论的诗性表达反映着中国传统的思维特征，此例即为明证。正如袁行霈在《中国诗学通论》中强调的，要研究中国诗学，"也就是要了解中国诗学的特殊思维方式和表达方式"[2]。的确，思维是开启中国诗学、中国文论研究的门径，因此，研究古代文论命题也须从思维入手。

---

[1] 以赛亚·柏林著，亨利·哈代编：《概念与范畴：哲学论文集》，凌建娥译，译林出版社，2019年，第19页。

[2] 袁行霈、孟二冬、丁放：《中国诗学通论》，安徽教育出版社，1994年，第13—14页。

思维学是一门周延广泛的学科,哲学、逻辑学、语言学、心理学、脑生理学、符号学等都有从本学科视角对"思维"进行界定及建构的相关理论。然而,这些界说大多遵循逻辑思辨的分析方式,难以涵盖前逻辑思维阶段即原始宗教思维类型。为此,思维学家赵仲牧提出新的思维界说,今从之。赵仲牧提出:"思维是运用符号系统、遵循一定的运作程序,从不同的领域去发现或构造各种秩序和规范的意识活动。"思维具有符号、程序、秩序三个基本要素。他根据思维的构成要素与整体结构对思维进行了分类,即原始—神话思维、审美—艺术思维、思辨—分析思维、体悟—直觉思维、计量—运算思维、日常—综合思维六类。[1]应当承认,中国古人的思维方式以直觉、感性为主,相比西方的辩证思维、逻辑思维而言,直观性和整体性确乎是中国传统思维的显著特征。但是,这并不意味着中国古人没有抽象化、概括性、思辨性的理性思维。从"命题"这一特殊视角统观整个中国古代文学理论著述,就能够非常清楚地看到,中国古代文学、文论并非只有感性直觉的体认、诗性的表达,除感性直觉的体认、诗性的表达之外,审美—艺术思维、思辨—分析思维、体悟—直觉思维三种思维并驾齐驱,诗性言说、理性论述、体悟式表达迭相而出,共同构成了中国古代文论的思维模式和理论表达模式。

(一)审美—艺术思维类命题

审美—艺术思维类命题是基于审美—艺术思维而创设的文论命题。此类命题是由作为思维主体的人和心所具有的"情"与作为思维客体的天与物表现出的"景",二者相磨激荡而生成。物与天呈现出的"景"寄寓着人心之中的"情",天人之间、心物之间的关系借由情景相融予以呈现,这是审美—艺术思维创作审美意象的实质。有研究认为,文论范畴、命题具有逻辑思辨性,是逻辑思维的产物。此论只揭示了范畴、命题的一种特征或言某一类范畴、命题的特征。如"机趣""韵致""通

---

[1] 赵仲牧:《赵仲牧文集》,第1卷《思维学、元理论和哲学卷》,云南大学出版社,2014年,第176—186页。

变""阴阳"一类范畴是古人对客观现象、文学规律的抽象概括，确实富于思辨性。但是，诸如"文""诗""人""心"这类范畴则是一种文体或本体的概念指称，并未体现出明显的思辨意识。范畴如此，命题亦是如此。我们应该看到，并非所有范畴都是逻辑思维的产物，也不是所有的命题都只有逻辑思维的参与。审美—艺术类思维是建构文论命题的重要思维类型，它广泛运用于文学批评之中，让抽象的规律呈现出形象的言说形态，从而使得文学理论既有"理性地"说，也有"诗性地"说，如"陶钧文思，贵在虚静""神用象通""杼轴献功"等。

此类命题给人的第一印象是形象化的语言面貌。从语言表达方式与人对世界的感知方式来看，中国古代语言往往带有一种泛化的诗性色彩。古人善于运用形象化、感性的、直观的语言来表情达意，而这种语言形态所表征的正是"审美—艺术思维"的基本程序。赵仲牧说："审美—艺术思维的思维程序是通过形象去表现情意的思维程序，这是一种运用想象、移情和触景生情、寓情于景等方式去创造审美意象和表现感情意念，并着力梳理和描述与此相关的深层秩序的思维程序。"[1] 以"杼轴献功"说为例，《文心雕龙·神思》云：

> 拙辞或孕于巧义，庸事或萌于新意，视布于麻，虽云未贵，杼轴献功，焕然乃珍。[2]

"杼轴献功"是刘勰针对文学构思而创设的理论命题，理解这一命题需联系上下语境。首先，"杼轴献功"说是一种隐喻。刘勰将文学创作喻为织布，将文章构思喻为织布的经营组织。所谓"杼轴"，亦作"杼柚"，是指织布机上的两个部件，即用来持纬（横线）的梭子和用来承经（竖线）的筘。织布的经营组织与文章的构思具有内在思理的相通相似，这是刘勰以前者隐喻后者的前提。以织布隐喻文章构思在《文心

---

[1] 赵仲牧：《赵仲牧文集》，第1卷《思维学、元理论和哲学卷》，云南大学出版社，2014年，第181页。
[2] 周振甫：《文心雕龙今译》，中华书局，2013年，第253页。

雕龙》中很常见，如"故情者，文之经，辞者，理之纬，经正而后纬成"（《文心雕龙·情采》），"盖纬之成经，其犹织综，丝麻不杂，布帛乃成"（《文心雕龙·正纬》）等，都是以经纬经营隐喻文学创作。对此，古风、闫月珍等人总结过《文心雕龙》乃至中国古代文论所具有的"以器物隐喻文学"的特点。从表面上看，器物喻文是一种话语言说形态。而进一步从语言背后的思维角度看，器物喻文在本质上反映的是借助形象表达事理的思维程序。就"杼轴献功"而言，其中，既有刘勰对"织布"过程中的杼轴、丝麻等织布器物、织工程序的形象认识，也有对文学中情辞关系与创作规律的深层体会，更为重要的是，还有对于二者之间共通性的大胆联想。基于此，刘勰才能够以艺术化的语言来描述文学构思的深层秩序。此说之意为拙辞、庸事常蕴含着巧义与新意，犹如布出于麻。文章构思与织布经营一样，只有善于经纬相配、精心加工才能制造珍品。可见，"杼轴献功"命题以具有隐喻意义的艺术性语言为思维符号，展开于"文学"与"器物"的类比联想的思维程序，最终表达了文章构思、语言加工的深层秩序。

如"神用象通""衔华佩实""谢朝华于已披，启夕秀于未振""理扶质以立干，文垂条而结繁"等命题大抵如此，都是以形象化的语言（思维符号）、类比式的想象联想（思维程序）来表达文学创作的某种规律（秩序）。从这个意义上说，这些命题都是审美—艺术思维作用下的文论命题。尽管这些命题未脱离感性的语言形式，甚至还粘连于具体的物象描述，"取一种纯描画的姿态"（汪涌豪语），但它们的感性形式以及所勾勒的经验世界，最终指向了某种客观理性的秩序，这是作为文论命题的真正价值所在。理性的规律诗性的表达，个中展示着中国古代文化最生动鲜活、最具人文色彩的文化品格。无疑，此类命题是最具中国传统思维特色的一类文论命题。

（二）思辨—分析思维类命题

19世纪以来，西方的实证主义（positivism）与非实证主义论者提出两种认知路径，因而形成两种哲学命题：关于可能经验的直接陈述的"经验命题"与用理性把握材料的"逻辑命题"。前者忠实于直接经验，以直接经验的获得作为认知真理的途径；后者强调逻辑推理，以间接经验的获得作为认知真理的途径。两者各具优势，分别适用于不同的认知对象、不同的认知条件。两种认知途径代表着两种思维类型，如果说此前所论审美—艺术思维类命题接近于哲学上的经验论，那么这里要谈的思辨—分析思维类命题则近似于唯理论。

思维学对思辨—分析思维程序的定义是："这是一种运用演绎、归纳或假设、求证等方式并根据形式逻辑的规则，去推导或解析自然、社会和心理领域中的深层秩序的思维程序。"[1] 这一思维程序与我们通常理解的逻辑思维甚为接近而有别于形象思维。[2] 随着人的思维能力的提升，对客观世界认识的深化，人们不再满足于对客观世界的形象化的描述，而开始尝试以现象作为基础，通过演绎、归纳、推断的方式进一步解释某一领域的深层秩序。这时，思辨—分析思维开始走向成熟，在文学批评领域即表现为从经验范畴向逻辑范畴，从经验命题到逻辑命题的转变。

"外师造化，中得心源"是颇具代表性的思辨—分析思维类命题。若按现代学科分类看，这并不是文学理论命题，而是艺术学领域的绘画理论命题。但以古代大文艺观视之，画论与文论同属于古代文艺范畴，同样能够反映古人的思维方式与文化观念。这一命题载录于《历代名画记》，由唐代画家张璪提出：

> 张璪，字文通。吴郡人。……尤工树石山水，自撰《绘境》一篇，言画之要诀，词多不载。初，毕庶子宏擅名于代，一见惊叹之，异其唯用秃毫，或以手摸绢素。因问璪所受。璪曰："外师造

---

[1] 赵仲牧：《赵仲牧文集》，第1卷《思维学、元理论和哲学卷》，云南大学出版社，2014年，第182页。
[2] 关于思维分类方法，现有三分法即"形象思维、逻辑思维、灵感思维"。赵仲牧反驳此说，认为形象思维的确定以是否有"象"为分类标准，逻辑思维以是否具有逻辑分析为标准，二者标准不同，不足以区分不同的思维模式，故提出思维的六分法。

化，中得心源。"毕宏于是阁笔。[1]

"外师造化，中得心源"命题中包含三组具有辩证关系的范畴，分别是：外与中，师与得，造化与心源。在张璪看来，绘画应有所师法而非闭门自悟。究竟师法于何人何处？他提出师法"造化"。事实上，"师造化"这一观念早在魏晋南北朝时期已由画论家姚最提出，其云："天挺命世，幼禀生知，学穷性表，心师造化，非复景行，所能希涉。"[2] 所谓"师造化"就是取材于自然。姚最强调"心"师造化，"心"即是师法的主体。在心师造化的过程中，画家之心被造化所化，从这个意义上说，"心"也是师法造化的客体。所以在姚最这里，心与造化的分际尚不明显，心物之间的辩证关系亦不突出。到了张璪，他将造化界定为外部条件，"外"可以理解为"向外"。既然有"外"，势必有"内"，"内"又指什么呢？答案就在这个命题的后半部分——中得心源。向外，师法造化；向内，求诸内心的情思营构。姚最的"心师造化"强调"心"对"造化"的师法，忽略了"心"对"造化"的改造。而张璪的"外师造化，中得心源"，一方面承认了向外"师造化"的必要性；另一方面，更强调艺术家内心的情思营构之关键。毕竟，自然造化不能自觉地成为艺术美，由自然到艺术还需要人"心"之源。所以，"外师造化，中得心源"命题，从创作过程看，有"求诸于外"与"得之于中"的分际；从艺术构思看，有师法与自得之别；从主客关系看，有造化与心源之分。应该说，张璪对艺术创作过程中的艺术构思、主客关系、心物关系的思考与分析已经越过了实践经验层面，走向理性思辨的境域。

中国古代文论命题的思辨性取式于中国传统哲学的辩证思维。先秦哲学系统中的"有无""阴阳""动静""神理"等大量的哲学范畴无不体现着辩证统一的思想，沾溉于此，古代文论的很多范畴、命题亦表现出同样的思辨性。从"心""造化""师法"的单一范畴到"心师造化"

---

[1] 张彦远著，俞剑华注释：《历代名画记》，上海人民美术出版社，1964年，第201页。
[2] 姚最：《续画品》，中华书局，1985年，第5页。

的独立命题，再到"外师造化，中得心源"命题的生成，这一过程经历了由心物不分到物我之别、由主客一体到主客分际、由单一到辩证、由粗朴到精细的多重转变。究其实质，是古代文论思维由实践的直观经验向抽象的理性思辨的进步。这一进步，决定着命题相对于范畴在创作实践方面的普遍指导作用，奠定了命题作为成熟的理论话语的自在品质，并孕育出贯穿整个中国文学理论发展史的精神活力。

（三）体悟—直觉思维类命题

直觉体悟作为把握外部世界的一种方式，历来为古人所重。先秦儒家的"思通"、道家的"玄览"、宋代理学家的"静观"以及禅宗讲求的"顿悟"，都是体悟—直觉思维的映现。与审美—艺术思维和思辨—分析思维有所不同，这一思维具有更强的内向性，更注重体验性，也更具有心灵化和个性化特征。受其影响，古代文论家在对文学现象的思考与阐发中也善于运用体悟—直觉思维并创设了一系列体悟—直觉思维类命题。

"体悟—直觉思维的思维程序主要是比喻说理的程序。这是一种运用体察、内省或领悟、直觉等方式，选择特定的事象作为比喻，去说明或论证心物之间和天人之间以及相关领域中的深层秩序的思维程序。"[1]文学出于人心巧思，描绘大千世界众生图景，常有"言所不追，笔固知止"的精微之处。刘勰说"伊挚不能言鼎，轮扁不能语斤"，即言精微境界中不可言说之妙。这一"妙"，不能直接感知，亦不能用概念表述，只能借助比喻加以描摹。南宋严羽《沧浪诗话》提出："大抵禅道惟在妙悟，诗道亦在妙悟。且孟襄阳学力下韩退之远甚，而其诗独出退之上者，一味妙悟而已。惟悟乃为当行，乃为本色。"[2]严羽以参悟禅法的方式领悟诗道，在他看来，诗道与禅道一样都有不可说破之妙处。诗道如何妙？严羽这样说：

---

[1] 赵仲牧：《赵仲牧文集》，第1卷《思维学、元理论和哲学卷》，云南大学出版社，2014年，第183页。

[2] 严羽著，郭绍虞校释：《沧浪诗话校释》，人民文学出版社，1983年，第12页。

> 夫诗有别材，非关书也；诗有别趣，非关理也。然非多读书，多穷理，则不能极其至。所谓不涉理路，不落言筌者，上也。诗者，吟咏情性也。盛唐诸人惟在兴趣，羚羊挂角，无迹可求。故其妙处透彻玲珑，不可凑泊，如空中之音，相中之色，水中之月，镜中之象，言有尽而意无穷。[1]

诗有别材之妙，有别趣之妙，这些妙处与读书论理无关，但是不读书不论理又难以达到至妙之境。不沉耽于论理，不落于语言之束缚，才是诗之上等之妙。盛唐人的妙，妙在兴趣，有如羚羊挂角，无迹可求。这种妙，透彻玲珑，不可凑泊，像空中的声音、形貌中的色彩、水中的月亮、镜中的成象，言有尽而意无穷。

既然诗之妙不可凑泊，又以不涉理路、不落言筌为上，那么，对诗之妙的刻意言说注定徒劳无功。所以严羽并没有对"妙"进行过多的理论辨析，而是采用了"比喻"式的描摹。他说："其妙处透彻玲珑，不可凑泊，如空中之音，相中之色，水中之月，镜中之象。"这段描摹诗之"妙"的文字，在形式上构成了一个命题。这一命题正是严羽以"体察、内省、领悟、直觉"的方式，以音、色、月、象为喻体，去描摹"妙"这一深层秩序。由于这种深层秩序——精微之妙的特殊性与复杂性，在叙述中严羽即借助了象喻的方式，通过象喻的形象性来悟解义理的精微。这也说明，体悟—直觉思维是一种形象与理辨相互关联、交替而行的思维模式。

体悟此类"不著痕迹""不可说破""不立文字"的精微妙境，需要实现两重超越：其一，超越感性经验；其二，超越理性思辨。一旦陷入事物的有形之象或个别事物的殊相，必然很难上升到"体道"的层面。道家讲"无状无象，无声无响，故能无所不通，无所不往"[2]，这既是对"道"的特征的概括，也有对体道方式的提示。禅宗讲"教外别传，

---

[1] 严羽著，郭绍虞校释：《沧浪诗话校释》，人民文学出版社，1983年，第26页。
[2] 王弼注，楼宇烈校释：《老子道德经注校释》，中华书局，2016年，第31页。

不立文字。直指人心，见性成佛"，也是讲求不依经卷、不涉文字，唯以心灵契合之"心传"为参禅之法。沾溉于斯，古代文论很多范畴直接得益于传统哲学。严羽"以禅喻诗"就是极为典型的一例。由此可见中国传统哲学思维与文学思维的迭相参照。也正因为此，中国古代文学批评与中国传统哲学在形式上极为相似，都少有完备的逻辑推衍系统，缺乏严整的推理体系，并呈现出零散化、个性化、心灵化的理论面貌。当然，从另一角度说，这些特征也为体悟—直觉思维的诞育与发展开辟了天地。

综上可知，思维并非一个不可解构的笼统概念，思维分有不同的类型，思维对象互有分界，不同类型的命题有不同的思维特质。审美—艺术思维重"象"，此类命题以文学形象的观察、想象、联想为出发点，以再现、描绘、刻画形象的规律为落脚点；思辨—分析思维重"概念"，此类命题以演绎、归纳、求证文学活动的本质规律为出发点，以思辨析理为旨归；体悟—直觉思维重"喻理"，此类命题以体察、内省文学思想的精微之理为出发点，以喻理言说为要义。很明显，不同类型的思维创设着不同的命题，用于解决不同层面的问题。

从魏晋南北朝时期的审美—艺术思维类命题"杼轴献功"，到唐代思辨—分析思维类命题"外师造化，中得心源"，再到宋代体悟—直觉思维类命题"其妙处透彻玲珑，不可凑泊，如空中之音，相中之色，水中之月，镜中之象"，有两条甚为清晰的线索呈现于前：一是中国古代思维发展的脉络，一是中国古代文论命题演进的理路。思维作为命题生成的智能基础，决定了命题生成的思维程序与结构形式；命题这一语言形式作为思维的工具，展示了不同类型的思维在人类认识客观世界、解析事理规律、建构天人秩序过程中的独特魅力。思维对于文字、语词、范畴、命题的组创，开拓了古代文论饶有意味的表现形式与无穷的理论空间，使其得以长久地照鉴着中国文学的发展演进。

三、古代文论命题与文学秩序的建立

作为思维的产物，命题具有思维的功能属性。思维所具有的重要功能特性就在于通过对深层秩序的梳理去解释各个层次的秩序，最终把客观世界中各种可观察感知的秩序以及相关的事象解释清楚。如前所述，审美—艺术思维借助形象梳理秩序，思辨—分析思维以思辨析理表现秩序，体悟—直觉思维通过喻理言说表达秩序。尽管运用的思维方式不同，但它们在更高层次上实现了共同的旨归——推进了文学秩序的建立。对于古代文论命题而言，其所论广涉古代文学的各个层面，但总其归途，文论命题建立文学秩序分别由形式秩序、思想秩序、价值秩序三个层面推进。

（一）形式秩序

自20世纪二三十年代始，受西方文学理论影响，中国古代文论学界一直试图解答这样一个问题：中国古代文论有无体系？学术界形成两种基本观点：一种认为，古代文论有以《文心雕龙》为代表的体系完备的论著，因而具有体系性；另一种认为，古代文论多零散性、自发性、点评性表达，缺乏严整的理论体系。[1] 应该说，这两种观点都如实地反映出了中国古代文论的某些特征，因论者视角不同，加之对于"系统"一词的标准各异，故两种观点各有其道理。但若从命题视角重新审视古代文论，不难发现，文论命题所具有的衍生性与系列性，在形式层面建构了中国古代文论的内在体系。

从前文分析可知，命题的基本单位是范畴，作为范畴的组合体，命题与范畴具有某些共同属性，如衍生力及统序性。尤其是单体范畴，具有极强的衍生力，它能与其他范畴搭配组合，形成若干新范畴。比如，

---

[1] 梁实秋《近年来中国之文艺批评》说道："中国文学里，本来有文学批评这一类的作品，但大半不过是些断简残篇，没有系统的叙述，亦没有明确的主张，例如诗话一类的作品，里面也不是没有一点半点的批评的材料，但未经整理与总述之前，简直不能算作正式的批评。"郭绍虞《中国文学批评史》说道："中国的文学批评史并无特殊可以论述之处，一些文论、诗话以及词话、曲论之著，大都是些零星不成系统的材料，不是记述闻见近于史料，便是讲论作法偏于修辞；否则讲得虚无缥缈，玄之又玄，令人不可捉摸。"蒋寅《关于中国古代文章学理论体系——从文心雕龙谈起》说道："中国古代有系统的文学理论吗？或者说有一个文学理论体系吗？……我的回答是否定的，理由是中国古代没有产生一部真正成体系的文学理论著作。"承认古代文论具有体系的论者众多，故不列举。

"韵"这一单体范畴,可与"神"范畴组合生成"神韵",还可与"气"范畴组合生成"气韵",还能进行内涵更丰富的组创,衍生出"气韵生动""神韵冲简"等涵容更大的范畴或命题。与范畴一样,命题也具有这种衍生性与序列性,在不同的逻辑位序串联组合下,单个命题衍生出命题组序。比如,由"诗"到"诗言志",再到"诗缘情",再到"诗者,根情,苗言,华声,实义"等,这就是一个关于"诗"文体范畴的命题组序:

> 诗言志。(《尚书·尧典》)
> 诗,可以兴,可以观,可以群,可以怨。(《论语·阳货》)
> 诗所以合意。(《国语·鲁语》)
> 诗无达诂。(《春秋繁露·精华》)
> 诗者,志之所之也。(《毛诗序》)
> 诗缘情。(《文赋》)
> 诗者,持也,持人情性。(《文心雕龙·明诗》)
> 诗者,根情,苗言,华声,实义。(《与元九书》)

这些命题都围绕某个范畴衍生而成,正是这种衍生性形成了命题组序。从历史的角度看,古代文论命题组序纵贯于中国古代文学发展的历程之中,反映着历代文人的文学思想而意脉相连。如上所列,自上古至近代对"诗"的理解,形成了一个内在体系。《尚书·尧典》提出"诗言志",认为诗是用来表达情志的。春秋之际,孔子提出"诗可以兴,可以观,可以群,可以怨",总结了诗的四种功能。战国时期,《国语》又提出"诗所以合意"。汉代以降,董仲舒又对解诗有新的看法,提出"诗无达诂"。《毛诗序》作者继承"诗言志"说,强调诗的情感意志属性。魏晋南北朝,伴随文学的自觉,文论家对诗的认识得到空前解放。陆机别开生面,提出"缘情"说,一改此前对诗的传统认识。《文心雕龙》中,刘勰也认同了"诗能表达情性"的观点,提出"持人情性"一说。唐宋以后,对"诗"的讨论渐多,亦渐成熟。白居易在《与元九书》中提出"诗者,根情,苗言,华声,实义",这一命题已有总结前人成说之功。以"诗"为中心,在历代文论家的思想加持下,众多讨论"诗"的命题形成了一个清晰的组序,呈现出"诗"这一文体在中国文论史上的发展流变脉络。若将视域继续扩大,古代文论史上不仅有"诗",还有"象""清""韵""气""体""神"等文体序列、创作序列、审美序列的相关范畴,这些范畴所衍生的命题汇聚成一个庞大而完备的体系,这个体系就是古代文学理论体系。由此而言,以古代文论命题的衍生性与系列性所决定的这一形式秩序,最终指向了古代文学理论体系的建构。

(二)思想秩序

如果说命题的形式秩序是一种呈现于"外"的秩序,那么,命题的思想秩序则是一种归属于"内"的秩序。对于古代文论家而言,或许他们还没有自觉建构文学的形式秩序的明确意识,但他们却怀有建构文学思想秩序的强烈愿望。在古代文论史上,没有哪一位论者的论述是凭空而论、为论而论的,所论必定基于对文学现象的切实体悟与深刻理解,甚至很多古代文论家都是一流的文学家,其论皆为亲历创作的甘苦之言。应该说,无论是理论著述,还是零散点评,甚或不同编选意图的选本,无不寄寓着古人的文学思想与文学理想。

就文论命题的内容而言,它们是某种观点的表达或理论的阐发。表达观点、阐发理论的过程无异于思想秩序的建构过程。赵仲牧说:"各种解释活动和解释模式均在不同程度上可以观察感知的秩序为根据,用不同的方式去梳理和描述不可观察感知的秩序,并力图用后者去解释前者。"[1] 面对纷繁复杂的文学现象与既有的观点,文论家渴望以其独到的理解树立某种新的理念。比如,"象"范畴的发展流变。

  观物取象。(《周易·系辞》)

---

[1] 赵仲牧:《赵仲牧文集》,第1卷《思维学、元理论和哲学卷》,云南大学出版社,2014年,第113页。

大象无形。(《老子·四十一章》)

铸鼎象物。(《左传·宣公三年》)

澄怀味象。(《画山水序》)

神用象通。(《文心雕龙·神思》)

超以象外,得其环中。(《二十四诗品·雄浑》)

"象"范畴最早作为哲学范畴出现于《周易》,意为对物的模拟,"象也者,像此者也"(《周易·系辞》),其意义在于反映古人对宇宙运行规律的思考。《老子》继承了"象"概念并提出"大象"的新概念,以象喻道,赋予"象"本体论意义。《左传》中也出现了"象","铸鼎象物,百物而为之备,使民知神奸",此处"象"有模拟之意,仍作为手段而言。及至魏晋,画论家宗炳从艺术鉴赏的角度提出"澄怀味象"命题,刘勰以"象"作为贯通精神与物象的方式,提出"神用象通"命题。从"物象""取象"到"大象""象物",再至"味象""意象","象"作为一个基本范畴表现出了多面性,从哲学拓展至文学、艺术、美学众多领域,从方法意涵演变为本体论,再变为艺术鉴赏范畴。这种多面性反映出古人借助"象"表达对世界本原、文学创作、艺术鉴赏等不同领域的深层秩序的自觉体认。

规律的总结一方面植根于可观察的、已有的秩序,另一方面,总结规律的目的更在于呈现新的秩序。如前所列与"诗"有关的系列命题,所呈现的就是一个不断变化、不断更新的文学思想的发展轨迹。先秦时期的"诗言志"是对"诗"的内容界定;孔子的"兴观群怨"说是对"诗"的社会功能的综合说明;"诗无达诂"是对"诗"义理解的一种观点;"诗者,持也,持人情性"是从文体角度出发,对"诗"的文体性质进行的定义;"诗者,根情,苗言,华声,实义"则是根据创作实践,对"诗"体裁内容的全面概括。后者往往以前人的观点为基础,或继承之,或反驳之,或另辟视角提出新的论说。总之,不会完全因袭前人之言,而是试图革新陈说或集前人之大成。因此,对"诗"的理解才有了历时的发展。从内容到功用,到意义,到性质,到体裁,从不同的方面,对"诗"进行界定、说明、论证、定义、概括,从而创成新说,由此成就了系列的文论命题。这其中无不体现着论者对于建构"诗"这一文体秩序的努力。

共时地看,每一种观点、每一个命题都反映着论者以个体视角建构的思想秩序;历时地看,每个时代、每个时期的主流思想则代表着某个时代的思想秩序。"诗言志""兴观群怨""诗所以合意"是先秦时期重功用的文学观念的体现;"诗无达诂""诗者,志之所之也"是汉代儒家诗教观念的体现;"诗缘情""诗者,持也,持人情性"是魏晋南北朝重艺术特征、重情性的体现;"诗者,根情,苗言,华声,实义"则是中唐写实尚俗文学观念的体现。通而观之,这些命题所揭示的某种秩序都烙印着论者的思想,各自呈现出鲜明的学术特点。作为古代文论发展的历史性成果,它们更是时代思想的印记。

(三)价值秩序

在形式秩序与思想秩序之外,古代文论家还着意于价值秩序的建构。价值秩序广涉于作品、作家、鉴赏各个领域,是与事物的好坏、是非、对错、真假、善恶、美丑等价值相关的秩序。价值秩序更能体现古代文论家的个性化观点。

纵观古代文论发展史,历代都有论者"热议"的话题,都有各自推崇的风尚,如汉魏"风骨"说,南朝"声律"说、"滋味"说,唐代的"兴寄"说,宋代的"法度"说,等等。当论者或以客观陈述,或以褒贬态度高频地评说某一现象时,预示这一现象即将成为"现象级"的焦点。尤其在当世文坛宗主的引领之下,声浪更甚。比如,清初诗坛的叶燮在《原诗》中所提的一系列诗学命题,颇具价值导向。

> 大约才、识、胆、力,四者交相为济。
> 四者无缓急,而要在先之以识。
> 无识而有胆,则为妄、为卤莽、为无知,其言背理、叛道,蔑如也。
> 无识而有才,虽议论纵横,思致挥霍,而是非淆乱,黑白颠

倒，才反为累矣。

> 无识而有力，则坚僻、妄诞之辞，足以误人而惑世，为害甚烈。[1]

叶燮是明清易代之际的诗人、诗论家，晚年隐居于太湖横山，开坛设教，弟子甚众，沈德潜、薛雪皆从其学。清初诗坛，叶燮主张破除明人"诗必盛唐"的偏窄诗论观念，有意拓展诗歌的多元化取向，重视诗人的主体性，渐开风气之先。叶燮提出，创作主体应具有"才、胆、识、力"四种质素，指出四者之中当以"识"为先。他还进一步论述了"有胆无识""有才无识""有力无识"三种弊端。很明显，叶燮从"才、胆、识、力"四个方面对创作主体进行考察，无论对于"学诗者"还是"诗作者"来说，都是十分明确的要求。换言之，在叶燮看来，"才、胆、识、力"是衡量当世诗人的"价值标准"。叶燮之后，门人沈德潜、薛雪等人继承其诗论主张，宣扬成说，也提倡以诗人的"胸襟、人品、才思、学力"作为考察诗人诗作的标准。

不唯叶燮在诗学领域的主张，历代诗文流派的创作主张、文坛口号、审美风尚无不体现着鲜明的价值导向。殷璠《河岳英灵集》中主张的"神来，气来，情来"，元白诗派宣扬的"文章合为时而著，歌诗合为事而作""写实、尚俗、务尽"，韩愈主张的"以文为诗"，西昆体标榜的"雕润密丽"的形式美，江西诗派讲求的"无一字无来处"，明代复古派主张的"文必秦汉，诗必盛唐"，以及清代的"肌理"说、"神韵"说、"性灵"说，等等，都是以不同的形式表达各自流派或个体的理论主张，具有明显的价值导向意味。

与一般的理论观点不同，具有价值导向的观点往往裹挟着论者尖锐的批评立场与鲜明的褒贬态度，对作品、作家的品评影响更大，使得这些导向甚至冲破文学的界域，走向更高层次的文化形态。刘熙载所提"诗品出于人品"（《艺概·诗概》）已由诗歌品级上升到人之德性，反

---

[1] 叶燮、沈德潜著，孙之梅、周芳批注：《原诗 说诗晬语》，凤凰出版社，2010年，第34页。

映了对品德的崇尚。世传司空图所提"落花无言,人淡如菊"(《二十四诗品·典雅》)由诗风之雅丽引向了对典雅人格的追求。刘勰指出"风末气衰"(《文心雕龙·通变》)的文坛风尚已经内在地透射着社会与时代的衰颓。诸如此类,文学批评之于人生、社会、时代的功用已不止于"再现",更在于超前的洞悉与价值的引领,这无疑是某种价值秩序的内在建构。

综上,古代文论命题为文学秩序的建立开示了门径。文论命题的形式秩序决定着古代文论体系之建构,有力地回应了中国古代文论是否具有体系这一重大论题。文论命题的思想秩序折合于文学规律的总结及理论的阐发,昭示着古代文论并未停留在文学现象的描述,而是进阶到思辨论理的思想秩序的建设层面,即从所谓"从事象立言"发展到"从事理立言"的高度。文论命题的价值秩序呈现于文风、人格、世风、时风的文化引领,绾结着各个时代的人文精神与世相风貌。形式秩序、思想秩序、价值秩序所导向的体系建构、理论阐发、文化引领,可以说是古代文论命题三种独特的文化功能。当我们跳脱于古代文论本身的理论内涵,着眼于文论命题的外部功能来考量,对古代文论命题独立的理论品格与高标之理论地位方有更为清醒的认识。

四、结语

文论命题的生成与发展反映了文学内外诸要素的矛盾运动,同时也折射出中国古代思维的发展与嬗变。作为思维的产物,命题的生成与思维的演变息息相关。不同的思维方式组创着不同类型的命题,不同类型的命题阐释着不同视域、不同层面的理论问题。丰富的思维类型决定了文论命题多元而丰富的理论形态,由取象到析理、由个体到整体、由局部到统观、由感性直观到理性思辨的多重转变,既符合人类思维进化的规律,也同样适用于命题发展过程的描述。在中国古代文学漫长的历史进程中,我们看到,文论命题不满于对文学现象的描述、对事实的认定,而是以精谨的语言、鲜明的观点、理性的思辨揭示着文学现象背后的内在机理，阐释着文学发展的深层秩序。以此不断强化着文学批评的话语地位，最终建构了文学批评在中国文学史上的绝对话语权。

　　法国启蒙思想家、哲学家狄德罗（Denis Diderot）在《科学、美术与工艺百科全书》中说道："语言和词语永远同经验、意涵和联想相关联，并以此塑造人的思想。毫无疑问，语言能够展现传统，否则便不可能领会历史。语言展示一个语言共同体的共同经验，同时又是集体知识的基础和工具。语言还能生成意义，是描述新经验的手段，并将之纳入已有知识库。"命题就是这样一种语言形式，这一形式在理论的确定性与言说的不定性之间形成了一种内在张力。一面是语言对理论的把控，一面是理论对语言的挣脱，两相作用之下使得语言对理论的言说总有着或多或少的失落。也正因此，被言说着的理论将永不褪色。

> 原文发表于《南京大学学报》（哲学·人文科学·社会科学）
> 2021年第3期

下编　中国古代美学命题研究举隅

导　语

　　承续上编的理论构想，我们着手对一些代表性的美学命题展开细致的解读，关注命题本身的理论意义，关注命题的美学特质，关注命题的诗学价值、审美价值等。我们发现，不少美学命题源出古代艺术界域，涉及书论、画论、诗论等，其中，亦有不少相通相合之处。理论的创新与进阶总是基于创作实践的探究，从创作实践上看，在中国古代文学、艺术、思想领域，命题都是纲领性的存在，借用刘勰的话即是"骨鲠所树，肌肤所附"。

六　朝

导　语

　　伴随着文学的自觉，六朝涌现了大量饱含意蕴的美学命题。它们以深刻的生命和创作体验，对审美创造心态、审美思维、审美理性等诸多方面作出提炼和言说，对后世产生了深远影响。于此，我们选取了"入兴贵闲""自得""鸢飞鱼跃"等命题展开论述，作为挖掘古代美学资源的探索。

入兴贵闲
——关于审美创造心态的一个重要命题

张 晶

一

"入兴贵闲"这一说法并未受到古代文论界的重视,但在我看来,它却是一个关于审美心理的重要命题。它与"虚静"说有密切关联,十分相近,而又有着深刻的差异。如果说"虚静"是一种自觉进入的空明澄静的精神世界,那么,"入兴贵闲"则是指以无意为之的闲适心态进入审美感兴。

"入兴贵闲"一语出于刘勰《文心雕龙》的《物色》篇,其云:"然物有恒姿,而思无定检,或率而造极,或精思愈疏。且诗骚所标,并具要害,故后进锐笔,怯于争锋。莫不因方以借巧,即势以会奇,善于适要,则虽旧弥新矣。是以四序纷回,而入兴贵闲,物色虽繁,而析辞尚简,使味飘飘而轻举,情晔晔而更新。"这段话的主要意思是说作家应该把握描写对象的特征,使作品产生历久弥新的审美情味。而"入兴贵闲"则是主张在一种闲适优游的心态下才能产生创作上的感兴。有的论者以规矩法度训释"闲"字,这样译解"四序纷回,而入兴贵闲":"因此,一年四季的景色虽然多变,但写到文章中去要有规则。"[1] 释"闲"为"法度"固然并非全无依据,但通观《文心雕龙》的整体来看,

---
[1] 陆侃如、牟世金译注:《文心雕龙选译》,山东人民出版社,1963年,第119页。

这种解释却是扞格不通的。

"闲"在这里无须曲为之释,就是闲适心态。纪昀的评价颇为中肯,他说:"四序纷回四语尤精。凡流传佳句都是有意无意之中,偶然得一二语,无累牍连篇苦心力造之事。"[1]纪昀显然是认为此中之"闲"即闲适无意的心态。联系《文心雕龙》的其他篇章,可以看到纪昀的阐发是符合刘勰原意的。

刘勰在《文心雕龙》有关创作论的一些篇章的论述中,提倡作家平素的陶养文气,以优游闲适的心境获致诗文创作的灵机,而不主张临纸苦吟,强刮硬搜。较为集中地表达这种思想的是《养气》篇,其中的论述颇为值得我们注意:"昔王充著述,制养气之篇,验己而作,岂虚造哉!夫耳目鼻口,生之役也;心虑言辞,神之用也。率志委和,则理融而情畅;钻砺过分,则神疲而气衰。此性情之数也。……夫学业在勤,功庸弗怠,故有锥股自厉,和熊以苦之人。志于文也,则申写郁滞,故宜从容率情,优柔适会。若销铄精胆,蹙迫和气,秉牍以驱龄,洒翰以伐性,岂圣贤之素心,会文之直理哉?且夫思有利钝,时有通塞,沐则心覆,且或反常,神之方昏,再三愈黩。是以吐纳文艺,务在节宣,清和其心,调畅其气,烦而即舍,勿使壅滞;意得则舒怀以命笔,理伏则投笔以卷怀,逍遥以针劳,谈笑以药倦,常弄闲于才锋,贾余于文勇,使刃发如新,凑理无滞,虽非胎息之迈术,斯亦卫气之一方也。"《养气》通篇都可以视为"入兴贵闲"这个理论命题的系统阐释,而刘勰是从"养气"的角度来谈创作心态之"闲"的,易言之,"闲"的含义就是指作者"清和其心,调畅其气"的身心状态。黄侃《文心雕龙札记》中认为:"此篇之作,所以补《神思篇》之未备,而求文思之常利也。"这样来看此篇之旨是对的。《养气》所论,与《神思》篇中"陶钧文思,贵在虚静"联系非常密切,但又是"虚静"说所不能全然包括的。刘勰主张,为了更好地进行诗文创作,不能过于劳累,以致气衰神疲,即所谓"销铄精胆,蹙迫和气",而应该颐养精气,使自己神完气足,"从容

---

[1] 陆侃如、牟世金译注:《文心雕龙选译》,山东人民出版社,1963年,第120页。

率情,优柔适会"。"弄闲"也就是"率志委和",其反面则是"钻砺过分"。范文澜先生这样阐述"养气"之旨:"彦和论文以循自然为原则,本篇大意,即基于此。盖精神寓于形体之中,用思过剧,则心神昏迷。故必逍遥针劳,谈笑药倦,使形与神常有余闲,始能用之不竭,发之常新,所谓游刃有余者是也。"此言极是。也正回答了什么是"入兴贵闲"的问题,把"养气"与"闲"的关系揭示得非常清晰。刘勰最早把"养气"概念引进艺术理论之中,并作专章论述,把养气同感兴、神思等相联系起来,强调养气对于艺术构思的重要作用。而且,在刘勰这里,"养气"是使作家呈现身心闲逸状态的根本途径。

二

为了更准确地理解"入兴贵闲"这个命题,我们不能不对刘勰的"养气"说的理论意义作一点必要的探讨。"气"的概念,在中国哲学发展中有这样几个主要含义:一是指自然万物的本原或本体,二是指客观存在的质料或元素,三是指具有动态功能的客观实体,四是指人生性命,五是指道德境界,等等。可以说,气是一个有着多重内涵的范畴。"养气"也是中国哲学中的一个重要命题。最早提出"养气"的便是孟子所说的"我善养吾浩然之气"(《孟子·公孙丑上》)。而孟子所说的"浩然之气",并非自然界的天地之气,也不是人体中的阴阳之气,而是一种道德精神。孟子回答什么是"浩然之气"时说:"难言也。其为气也,至大至刚,以直养而无害,则塞于天地之间。其为气也,配义与道,无是,馁也。是集义所生者,非义袭而取之也。"(同上)孟子所说的"养气",是纳入其主体心性之中的。荀子也提出"治气养心"的理论,他说:"治气养心之术;血气刚强,则柔之以调和;知虑渐深,则一之以易良;勇毅猛戾,则辅之以道顺;齐给便利,则节之以动止;狭隘偏小,则廓之以广大;卑湿、重迟、贪利,则抗之以高志;庸众驽散,则劫之以师友;怠慢僄弃,则昭之以祸灾;愚款端悫,则合之以礼乐,通之以思索。凡治气养心之术,莫径由礼,莫要得师,莫神一好。

夫是之谓治气养心之术也。"(《荀子·修身》)"治气"与"养心",其实是互文见义。可以认为,荀子所谓"治气养心",是以气质涵养为主的。孟、荀的"养气",更多的是一种道德境界和气质涵养,属于主体心性的范畴,这与刘勰所说的"养气",还是有很大差别的。刘勰的"养气",是为了更好地进行文学创作,而颐养自己体内的"精气"或云"元气",在这一点上,刘勰主要是发挥了《管子》、《白虎通》、王充和葛洪关于"气"的思想,并引入到文学创作论中。

中国气论哲学中关于"气"的一种重要阐释是人禀受天地阴阳之气而充于体内和精神中的"精气"。《管子》把气规定为"精气",即指不断运动变化的精微的气。精气是形成天地万物和人类的精微物质,赋予人生命和智慧,又赋予人的形体,这比《易传》"精气为物"的命题更为明确深刻。汉代思想家王充以元气为天地万物之本原,构建元气自然论的哲学体系。他认为天地万物都是禀受元气而生,随元气运动而发展变化。元气是天地万物的本原,同时,也是智慧生灵的本原。在王充看来,人是最有灵性、最高级的有智慧的生命,构成人体及其道德精神的气是最精的。"人之所以生者,精气也。"(《论衡·论死》)刘勰作《养气》,是颇受王充影响的,其在开篇即云:"昔王充著述,制养气之篇,验己而作,岂虚造哉?"这里所说王充的"养气之篇",是指其《养性》一书。王充在《论衡·自纪》中说:"章和二年(88年),罢州家居,年渐七十,时可悬舆。仕路隔绝,志穷无如。事有否然,身有利害,发白齿落,日月蹉迈,俦伦弥索,鲜所恃赖,贫无供养,志不娱快,历数冉冉,庚辛域际,虽惧终徂,愚犹沛沛,乃作养性之书,凡十六篇。养气自守,适食则酒,闭明塞聪,爱精自保,适辅服药引导,庶冀性命可延,斯须不老。"《养性》一书已佚,但从这篇《自纪》中可以得知这是作者晚年所作的一部关于"养气自守""爱精自保"的书。东晋道教大师葛洪从道教养生之学的角度论气,提出"人与气互涵"的思想。他说:"夫人在气中,气在人中,自天地至于万物,无不须气以生者也。"(《抱朴子·内篇·至理》)葛洪把气作为生命的本原,所以他论气与命说:"夫有因无而生焉,形须神而立焉。有者,无之宫也。形者,神之宅也。故譬之于堤，堤坏则水不留矣。方之于烛，烛糜则火不居矣。身劳则神散，气竭则命终。根竭枝繁，则青青去木矣。气疲欲胜，则精灵离身矣。"（同上）葛洪主张养性保命，其中关键在于养气。命受气的制约，气决定生命力的盛衰。气盈则精力充沛，气竭则生命终结。

应该说，刘勰所谓的"养气"，更多的是沿用王充与葛洪"养气"说的含义，颐养体内精气，保持旺盛的生命力。但刘勰最先把它引入到文学创作论中，指出作家在创作时不宜"钻砺过分"，否则不但不能创作出艺术精品，反而会"神疲气衰"；而如果能"率志委和"，则会使作品"理融而情畅"。通过养气而使自己精力充沛，在一种闲逸充盈的心境中进行创作，方可使文思灵动，如新发之刃，无往不利。刘勰从葛洪的"宝精行气"之说得到深刻启示，移之以说明作家创作时所应具有的充盈闲逸的心态。这就不仅具有创作心理学的意义，而且是将生理和心理联系在一起来揭示审美创造的奥秘。"闲"的创作心态，是"清和其心，调畅其气"的结果。

三

如果说刘勰的"入兴贵闲"说还是在诗文创作的范围内提出来的命题，那么，无独有偶的是，著名的画论家宗炳也在其山水画论的开山之作《画山水序》中论及"闲"的心态在审美过程中重要作用，他说："夫以应目会心为理者，类之成巧，则目亦同应，心亦俱会，应会感神，神超理得。虽复虚求幽岩，何以加焉。又神本亡端，栖形感类，理入影迹，诚能妙写，亦诚尽矣。于是闲居理气，拂觞鸣琴，披图幽对，坐究四荒，不违天励之丛，独应无人之野，峰岫峣嶷，云林森渺，圣贤映于绝代，万趣融于神思。余复何为哉？畅神而已。神之所畅，孰有先焉？"这段话当然不如刘勰的"入兴贵闲"那样具有高度概括的理论价值，但在绘画领域中提出了以"闲居理气"而进入审美过程的观点，反映出当时的理论家对于"闲"的审美心态的共同认识。"畅神"是宗炳在《画山水序》中提出的一种理想的审美境界，而欲得"畅神"的体验，则必以"闲居理气"为其心理前提。

这种闲逸的心态对于艺术创作来说,可以使创作主体在面对最普通的日常事物时进入感兴状态,以一种浓厚的审美兴趣来观照生活,从而使再平凡不过的景物或生活场景闪烁着美的光辉。不妨举人们非常熟悉的大诗人陶渊明的诗歌创作来说明这种情形。像大家都相当谙熟的《归园田居》(少无适俗韵)、《移居》(春秋多佳日)、《饮酒》(结庐在人境)这几首名诗,都是诗人辞官归田以后不久所作。诗人脱离官场污浊,忘却世事营营,心境闲适恬淡,也就是诗人所说的"心远"。在这种心境中,本来是非常普通的乡村景色与农家风物,进入诗人笔下,则变成了十分优美的诗意境界,成为中国文学宝库中的艺术精品。诗人所谓"虚室有余闲",并非仅是身体之休闲,更主要的则是从官场中抽身时的心境之闲。没有这种"余闲""心远",就不会写出如此富有审美韵味的诗境。用德国大哲学家海德格尔的话来说,这是一种"敞开"。海德格尔这样来表述艺术的真理:"真理从来不是现存和一般对象的聚集,不如说,它是敞开的敞开,是所是的澄明。是作为投射描划出的敞开的发生。这使它在投射中出现。真理,作为所是的澄明和遮蔽,在被创造中产生,如同一诗人创造诗歌。所有艺术作为让所是的真理出现的产生,在本质上是诗意的。艺术的本性,艺术品和艺术家所依靠的,是真理的自身投入作品。这由于艺术的诗意本性。在所是之中,万物是不同于日常的另外之物。……诗作为澄明的投射,在敞开性中所相互重垒和在形态的间隙中所预先投下的,正是敞开。诗意让敞开发生,并且以这种方式,现在敞开在存在物中间才使存在物发光和鸣响。"[1] 这段看上去颇为晦涩的论述,却深刻地道出了"存在物"与艺术品或诗之间的关系。正如海德格尔在同一篇文章所举的凡·高所画的农鞋的例子,作为具体存在物的农妇劳动时穿的鞋子,是一种被遮蔽的存在,而当它进入了凡·高的画中,就得到了"敞开"。"一个存在者,一双农鞋,进入作品,处于其存在的光亮之中,存在者的存在的显现恒定下来。"这对于

―――――――――
[1] 海德格尔:《诗·语言·思》,彭富春译,文化艺术出版社,1991年,第67—68页。

我们理解日常的、普遍的景物与事物何以在进入真正的艺术品中时,具有了浓郁的审美韵味,是颇富启示意义的。而中国美学中的这个"入兴贵闲",正说明了在审美创造主体方面的重要条件。"闲"其实也正是一种"澄明"。在无意的闲逸心态之中,世俗的功利杂念都已消遁了,隐逝了,充盈调畅的精神气息,使诗人在观照日常的、普通的景物和事物时都感受到了充沛的诗意,而使其笔下创造出的意象或意境焕发出美的光彩,甚至具有一种审美"乌托邦"的性质。

四

我们再来看一下唐宋时期一些诗人、艺术家在这种"闲"的心态下所创造的诗歌意境有着怎样的特点。

在唐宋一些著名诗人那里,"闲"的心态也许潜藏着颇为丰富的内蕴,大概可以说是一种饱谙人生况味而后的心灵恬适。"闲"主要不是指身体的休闲,而是指安恬的心境。这又多半是与诗人们的禅学濡染很有关系的。王维、孟浩然、裴迪、白居易、柳宗元、苏轼、王安石等,都是与佛禅有很深的因缘,而又在其诗歌创作中流露出"闲"的心态的。禅学中所说的"不应住色生心"(《金刚经》),"无心之心","于一切上,念念不住,即无缚也"(《坛经》),等等,对唐宋时期的诗人们的人生观是有很大影响的。值得注意的是,唐宋诗人大多是在经历了仕途的失意、政治上的打击以及人生的磨难之后,对禅理有了更深的体悟,进入一种萧散闲淡的心境的。这种心境又使其诗歌创作在从容纡徐之中有着更为渊深的含蕴。

在这方面,王维是相当典型的。王维经历了安史之乱的磨难后,虽然仍在朝中挂职,却更为栖心释梵。他中年以后卜居辋川,游心禅悦,心境闲淡,如他在诗中写的:"终南有茅屋,前对终南山。终年无客长闭关,终日无心长自闲。不妨饮酒复垂钓,君但能来相往还。"(《答张五弟》)"端居不出户,满目望云山。落日鸟边下,秋原人外闲。遥知远林际,不见此檐间。好客多乘月,应门莫上关。"(《登裴迪秀才小台作》)"井邑傅岩上,客亭云雾间。高城眺落日,极浦映苍山。岸火孤舟宿,渔家夕鸟还。寂寥天地暮,心与广川闲。"(《登河北城楼作》)"寒更传晓箭,清镜览衰颜。隔牖风惊竹,开门雪满山。洒空深巷静,积素广庭闲。借问袁安舍,翛然尚闭关。"(《冬晚对雪忆胡居士家》)等等。这些篇什,意境空明玲珑,神韵悠远天然,而且,很明显都是出自于"闲"的心态而创作的。裴迪是王维的"法侣"(禅友)与诗友,在辋川时常与王维唱和,也在诗中不断表露出这种"闲"的心态:"不远灞陵边,安居向十年。入门穿竹径,留客听山泉。鸟啭深林里,心闲落照前。滔名竟何益,从此愿栖禅。"(《同王维过感化寺昙兴上人山院》)其诗中的心境、风格,与上述摩诘诗可谓同调。白居易晚居洛阳、分司东都之后,最典型的心态便是"闲"。"闲适诗"是其为自己诗集编类的重要一类。白居易的后期诗歌创作,就多有以"闲"为题者,如《闲乐》《夏日闲放》《闲坐》《闲咏》《闲居》《春池闲泛》《闲卧,寄刘同州》《闲园独赏》《唤起闲行》《晓上天津桥闲望》《初夏闲吟》《喜闲》《池上闲吟二首》《闲出》等,约有数十首之多。这种情形并非偶然。饱经宦海浮沉后的闲逸中潜藏着很深的感慨。这种感慨遇到外物的触发便转而为诗之感兴。可以举白居易的《闲咏》一诗以见其一斑:"步月怜清景,眠松爱绿阴。早年诗思苦,晚岁道情深。夜学禅多坐,秋牵兴暂吟。悠然两事外,无处更留心。"从这首诗中可以看出,白居易晚年的闲逸之情与其佛学濡染是颇有关系的,而这又牵动着诗兴。柳宗元在政治斗争失败之后被贬永州,在永州期间,他也是以一种"闲安"的态度来面对自然山水,从而写出了许多著名的诗文佳篇。柳宗元对佛教的态度与韩愈不同,韩愈排佛甚力,而柳宗元虽颇为嗜佛,但他在很大程度上是推崇"为其道者"那种不入名利场中、"乐山水而嗜闲安"的人生态度,他在《送僧浩初序》中说:"且凡为其道者,不爱官,不争能,乐山水而嗜闲安者为多。吾病世之逐逐然唯印组为务以相轧也,则舍是其焉从?吾之好与浮图游以此。"他认为这些佛徒禅僧远离政治斗争的旋涡,不争权位,有着"乐山水而嗜闲安"的恬淡超脱,这正是他所向往的,如他称许僧浩初所说:"今浩初闲其性,安其情,读其书,通《易》《论语》,唯山水之乐,有文而文之,又父子咸为其道,以养而居,泊焉而无求,则其贤于为庄、墨、申、韩之言,而逐逐然唯印组为务以相轧者,其亦远矣。"(同上)这也正是他所说的"忘机"。在其诗歌创作之中,诗人一再抒写"忘机"的体验:"发地结菁茆,团团抱虚白。山光落幽户,中有忘机客。涉有本非取,照空不待析。万籁俱缘生,自然喧中寂。心境本同如,鸟飞无遗迹。"(《禅堂》)"自谐尘外意,况与幽人行。霞散众山迥,天高数雁鸣。机心付当路,聊适羲皇情。"(《旦携谢山人至愚池》)诗人在其中忘却了朋党倾轧的险恶,在"忘机"的闲逸中得到心灵的宁静与愉悦。王安石晚居钟山,诗人的心态也是一种摆脱政争纷扰的闲适,其诗作多有一种闲适之趣与宁静之美。如他在诗中写道:"屋绕湾溪竹绕山,溪山却在白云间。临溪放杖依山坐,溪鸟山花共我闲。"(《定林所居》)"乌石冈边缭绕山,柴荆细路水云间。吹花嚼蕊长来往,只有春风似我闲。"(《乌石》)这类诗的风格与其表现出的诗人心境都不脱一个"闲"字。由上面所举的几位诗人可以看出,唐宋诗人创作中的"闲",又大都是与禅学有关的,易言之,唐宋时期诗中的"闲",多有佛禅因素在其中。禅家以心为本体,而其所谓"心",乃是一种"无心之心",也就是不造作,不染著,无拘无缚。这种观念对唐宋诗人们是有很深影响的。

"入兴贵闲"是关于审美创造心理的一个有价值的命题,它与"虚静"说有密切联系,但又有着独特的内涵。对于诗歌创作来说,"闲"这种创作心态给诗作带来的是纡徐从容的气度和悠远空灵的意境。我们在对中国古典美学的探颐中,应该充分认识"入兴贵闲"作为理论命题的意义。

原文发表于《吉林大学社会科学学报》2000年第1期

"自得"：创造性的审美思维命题

张 晶

在中国古代思想家和文学艺术家的言论中，"自得"是一个并不罕见的命题，自先秦以来典籍中多处可见"自得"的说法。虽然它并未得到学理层面的提炼与升华，却在思想家的理性思辨与艺术家的艺术评论及创作实践中成为创造之源。可以这样说，在中国的学术传统中，"自得"是一个具有鲜明的体验性和直觉思维色彩的重要命题。而且，"自得"在审美创造上有突出的价值。我认为，无论从方法论还是从价值论的角度看，"自得"都有支撑中国美学特色的深刻意义。

一、"自得"的哲学渊源

从中国哲学史上看，"自得"思想有深远的渊源。儒家、道家、玄学、理学等不同的思想支派都在不断明晰、丰富着"自得"这个命题的内涵。

"自得"在中国哲学中是一种以直觉和体验而"体道"的方式。这种方式不是语言可以传授和说明的，也不是逻辑思维可以获致的，而是超越于名言概念之上的亲身体验。"自得"有鲜明的价值论色彩，体现着主体对宇宙和人生的能动的诉求和掌握世界的欲望。"自得"的对象不是具体的存在物，而是"道"与"大化"。

《庄子·知北游》中已有了"自得"思想的初萌，其中有言："夫体道者，天下之君子所系焉。今于道，秋毫之端万分未得处一焉，而犹知藏其狂言而死，又况夫体道者乎！""体道"即以主体的直觉体验而通于大道。魏晋著名玄学家郭象释之云："明夫至道非言之所以得也，唯在乎自得耳!"[1] 郭象在这里说得言简意赅,认为"至道"不是通过语言概念可得,只有主体的亲在体验即"自得"才能真正"体道"。

《孟子·离娄章句下》篇明确提出"自得"的概念:"君子深造之以道,欲其自得之也。自得之,则居之安;居之安,则资之深;资之深,则取之左右逢其原,故君子欲其自得之也。"杨伯峻先生通过译文对孟子的"自得"阐释云:"君子依循正确的方法来得到高深的造诣,就是要求他自觉地有所得。"[2] 很明显,杨伯峻先生是将"自得"作为一种方法论提出来的,但将"自得"说成是"自觉地有所得",未知何据。与孟子的整体思想联系来看,"自得"应是自然而然地得之于己心,恰与外在的安排、传授相左。在人性论上,孟子以"性善"论而著称,"性善"的内涵首先是道德的天赋性,同时,也包含了智慧的天赋性。孟子所提出的"诚"的范畴,涵容了"仁义礼智"。孟子认为仁义礼智之"四端"是内在地包含在人性之中的,如其所言:"仁义礼智,非由外铄我也,我固有之也,弗思耳矣。"[3] 我以为,朱熹对孟子"自得"的阐释是较近本意的:"深造之者,进而不已之意。道,则其进为之方也。……言君子务于深造而必以其道者,欲其有所持循,以俟夫默识心通,自然而得之于己也。自得于己,则所以处之者安固而不摇;处之安固,则所藉者深远而无尽;所藉者深,则日用之间取之至近,无所往而不值其所资之本也。"[4] 朱熹又引程子之言:"学不言而自得者,乃自得也。有安排布置者,皆非自得也。"[5] 程朱虽然在阐释孟子的"自得"思想中加入了他们自己对"自得"的理解,但其对孟子"自得"命题的阐释是颇为符合孟子之意的。

理学家"二程"在讲治学时尤为重视"自得"。二程云:"'致知在

---

[1] 郭象注,成玄英疏,曹础基、黄兰发点校:《南华真经注疏》,中华书局,1998年,第431页。
[2] 杨伯峻:《孟子译注》,中华书局,1960年,第189页。
[3] 杨伯峻:《孟子译注》,中华书局,2010年,第239页。
[4] 朱熹:《四书章句集注》,中华书局,1983年,第292页。
[5] 朱熹:《四书章句集注》,中华书局,1983年,第292页。

格物',非由外铄我也,我固有之也。因物而迁,迷而不知,则天理灭矣,故圣人欲格之。""学莫贵于自得,得非外也,故曰自得。""自其外者学之,而得之于内者,谓之明。自其内者得之,而兼于外者,谓之诚。诚与明一也。"[1] 由此可见,二程所说的"自得",正是发挥了孟子"非由外铄"的含义,而得之于主体之内,也即内在的体验。

二程的"自得"观念与他们的"万物一体"思想有深刻的联系,二程中又以明道(程颢)最著。恰如蒙培元教授所揭示的:"程颢是理学中最善于言'仁'的思想家,他把儒家'仁'的境界提升为普遍的宇宙关怀,其中既有道德和美学意义,又有宗教意义,他的'浑然与物同体说'、'天地万物一体说',就是这种境界的最好的表述。"[2] 而程子所谓的"自得"思想,正是与这种"浑然与物同体"的宇宙精神共生的,前者以后者为其渊薮。

大程子云:"'鸢飞戾天,鱼跃于渊,言其上下察也。'此一段子思吃紧为人处,与'必有事焉而勿正心'之意同,活泼泼地。会得时,活泼泼地;不会得时,只是弄精神。"[3] "万物一体"充满着这种"活泼泼"的宇宙生机。他又有一首名诗云:"闲来无事不从容,睡觉东方日已红。万物静观皆自得,四时佳兴与人同。道通天地有形外,思入风云变态中。富贵不淫贫贱乐,男儿至此是豪雄。"(《秋日偶成》)其中尤能见出"自得"与"万物一体"境界的关系。

宋代心学(亦可视为理学一脉)的开创者陆九渊(象山),把"自得"作为治学的正确门径。象山以心为本体,上承孟子,加以发展,又将禅学之思运入理学。他所理解的"心",是万物根源性的实体。在他看来,充塞宇宙的万物之理即在心中,发自于心中,因而提出"心即理"的命题。在本体论的基础上,他又以"自得"为其方法论原则。

象山心学中,"自得"意味着不傍人门户,充分发挥主体意志,有独立不倚的学术个性。象山云:"君子无入而不自得焉,所谓自得者,

---

[1] 程颢、程颐著,王孝鱼点校:《二程集》,中华书局,2004年,第317页。
[2] 蒙培元:《心灵超越与境界》,人民出版社,1998年,第136页。
[3] 程颢、程颐著,王孝鱼点校:《二程集》,中华书局,2004年,第59页。

得其道也。"[1]"自得"即反身内省,在自我体验中发明本心。"或问先生之学,当来自何处入?曰:不过切己自反,改过从善。"[2]而象山的"自得",又与"万物一体"的思想相通。他提出的最有名命题是:"宇宙即是吾心,吾心即是宇宙。""自得"是得于"吾心",也即通于宇宙。

明代前期的著名理学家、思想家陈献章(白沙)是中国近古思想史上一个举足轻重的人物。他上承陆九渊,下启王阳明,对心学的发展建树良多。陈献章为学,以"自得"为第一要著。《年谱》记载:"自临川归,足不至城市。朱英时为参议造庐求见,卒避不见。闭户读书,益穷古今载籍。彻夜不寐,少困则以水沃其足。久之叹曰:夫学贵自得也。自得之,然后博之以载籍。"[3]他对"自得"有正面的阐述:"自得者,不累于万物,不累于耳目,不累于造次颠沛,鸢飞鱼跃,其机在我,知此者谓之善学,不知此者虽学无益也。"[4]他又批评当时的治学风气说:"今之学者各标榜门墙,不求自得,诵说虽多,影响而已,无可告语者。"[5]陈白沙的"自得",突出地强调了主体性特征,反对随人作计,人云亦云,而以亲身体验为"致知"的唯一良途。

陈氏学术有强烈的主体性色彩,在"万物一体"的观念中又强化了"我"的主导作用。他提出了"天地我立,万化我出,而宇宙在我"[6]的著名命题。这一命题把主体之"我"作为宇宙万化的本体,使"天人合一"这个中国哲学的根本命题产生了根本性的变化。他又在诗中写道:"朽生何所营,东坐复西坐。搔头白发少,滩地青鬖破。千卷万卷书,全功用在我。吾心内自得,糟粕安用那!"(《藤蓑》)"糟粕"用《庄子·天道》篇之意:"然则君之所读书,古人之糟粕已夫!"即指古人之陈言。所谓"吾心内自得",也就是指内在的自我体验。"自得"在

---

[1] 陆九渊:《陆九渊集》,中华书局,1980年,第158页。
[2] 陆九渊:《陆九渊集》,中华书局,1980年,第400页。
[3] 陈献章著,孙通海点校:《陈献章集》,中华书局,1987年,第702页。
[4] 陈献章著,孙通海点校:《陈献章集》,中华书局,1987年,第825页。
[5] 陈献章著,孙通海点校:《陈献章集》,中华书局,1987年,第193页。
[6] 陈献章著,孙通海点校:《陈献章集》,中华书局,1987年,第217页。

陈白沙那里更强调了主体对世界的能动把握。他又在诗中吟道："古人弃糟粕，糟粕非真传。眇哉一勺水，积累成大川。吾亦非积累，源泉自涓涓。至无有至动，至近至神焉。发用兹不穷，缄藏极渊泉。吾能握其机，何必窥陈编？"（《答张内翰廷祥书，括而成诗，呈胡希仁提学》）这里明显是主张他的"自得"之说不为"陈编"所累。

作为背景或渊源，中国哲学中的"自得"说大致有这样的内涵：一是"反身"的直观体验性。"自得"不是向外的知识觅求，而是超越于语言层面的直接领会。二是以"万物一体"的观念为背景的主体性。既强调"浑然与物一体"，又突出了主体对客体的主导与把握。三是"鸢飞鱼跃"的自由性。摒弃刻意的安排，而是于"优游厌饫之间"自然而然地获致。在某种意义上，"自得"可以代表着中国哲学的方法论的独到特色。而正是这些哲学品格，直接造就了中国古代美学理论中的"自得"说的创造性思维特质。

二、"自得"作为美学的创造性思维

在中国古代的文学艺术理论中，关于"自得"的论述与哲学中的"自得"有着内在的相关性，同时也有特殊的美学内蕴。综而观之，"自得"在美学层面意味着创作的审美体验的生成方式，意味着与宇宙自然相通的勃勃生命力，意味着摆脱前人窠臼的艺术个性，更意味着审美创造主体对于客体的意向性把握。

宋人魏庆之编纂的《诗人玉屑》中说到诗歌创作中的"自得"："诗吟函得到自有得处，如化工生物，千花万草……若模勒前人，无自得，只如世间剪裁诸花，见一件样，只做得一件也。"此处所讲的"自得"，是一种相当高的审美境界。"如化工生物，千花万草"，指的是诗歌与宇宙万物相关联的内在生命力。中国美学从发生的角度尤为重视艺术与宇宙大化相通所产生的生命感，如钟嵘《诗品》中所说"气之动物，物之感人，故摇荡性情，形诸舞咏"，陆机在《文赋》中所说"伫中区以玄览，颐情志于典坟。遵四时以叹逝，瞻万物而思纷。悲落叶于劲秋，喜柔条于芳春",萧子显在《自序》中所说"若夫登高目极,临水送归,风动春朝,月明秋夜,早雁初莺,开花落叶,有来斯应,每不能已也",又如司空图《诗品》中"雄浑"类所说"大用外腓,真体内充。返虚入浑,积健为雄。备具万物,横绝太空。荒荒油云,寥寥长风。超以象外,得其环中。持之匪强,来之无穷",等等,都包含了这种意蕴。诗到"自得",如同千花万草,生自于大千世界,各具生态,充满生机。如果没有"自得",只知模拟前人,便会像剪裁的纸花一样,徒有形状,了无生意,当然也就谈不到艺术个性。"自得"的艺术个性,是审美创造的主体与生生不息的宇宙大化相融通而产生的,充满了内在的生命力。

金代著名诗论家、诗人王若虚论诗以"自得"为最重要的价值尺度。他在《滹南诗话》中指出:"古之诗人,虽趣尚不同,体制不一,要皆出于自得。至其辞达理顺,皆足以名家,何尝有以句法绳人者!鲁直开口论句法,此便是不及古人处。而门徒亲党,以衣钵相传,号称法嗣,岂诗之真理也哉!"这里所说的"自得",指审美创造的主体与客体的直接交融。诗人的亲身体验,只要出于"自得",都足以成为佳作。王若虚对于宋代诗人黄庭坚的诗风相当排斥,攻评最力,其理由就是以"句法"绳人,不是出于自得。王若虚又有论诗诗云:"文章自得方为贵,衣钵相传岂是真。已觉祖师低一著,纷纷法嗣复何人。"(《山谷于诗,每与东坡相抗,门人亲党遂有言文首东坡,论诗右山谷之语。今之学者亦多以为然,漫赋四诗为商略之云》其四)"自得"是与"衣钵相传"相对的,指的是诗人从自己亲身体验出发的独创性。王若虚的"自得",也有发于情性、出于造化的内涵。"郊寒白俗",往往为诗人所鄙薄,却为若虚视为"诗之正理"。他说:"郊寒白俗,诗人类鄙薄之。然郑厚评诗,荆公、苏、黄辈,曾不比数,而云:'乐天如柳荫春莺,东野如草根秋虫,皆造化中一妙。'何哉?哀乐之真,发乎情性,此诗之正理也。"[1]他推崇白居易诗说:"乐天之诗,情致曲尽,入人肝脾,

---

[1] 丁福保辑:《历代诗话续编》,中华书局,2006年,第512页。

随物赋形，所在充满，殆与元气相侔。"[1] 这也正是"自得"的境界。

明代著名文学家徐渭论艺以"自得"为一种至高境界。他评诗的创作，以"自得自鸣"为贵，其云："人有学为鸟言者，其音则鸟也，而性则人也。鸟有学为人言者，其音则人也，而性则鸟也。此可以定人与鸟之衡哉。今之为诗者，何以异于是。不出于己之自得，而徒窃于人之所尝言，曰某篇是某体，某篇则否，某句似某人，某句则否，此虽极工逼肖，而已不免于鸟之为人言矣。"他赞赏友人叶子肃之诗云："若吾友子肃之诗则不然，其情坦以直，故语无晦，其情散以博，故语无拘，其情多喜而少忧，故语虽苦而能遣其情，好高而耻下，故语虽俭而实丰，盖所谓出于己之所自得，而不窃于人之所尝言者也。就其所自得，以论其所自鸣，规其微疵而约于至纯，此则渭之所献于子肃者也。"（《叶子肃诗序》）徐渭以"自得""自鸣"为创作的价值标准，其含义是诗人自己的独特体验，而不是人云亦云，拾人牙慧。

明代著名诗论家谢榛论诗，主张创作灵感的发生应是"得我之得"，亦即"自得"，同时又推崇得之天然、"忽然有得"的感兴。他说："今人作诗，忽立许大意思，束之以句则窘，辞不能达，意不能悉。譬如凿池贮青天，则所得不多；举杯收甘露，则被泽不广。此乃内出者有限，所谓'辞前意'也。或造句弗就，勿令疲其神思，且阅书醒心，忽然有得，意随笔生，而兴不可遏，入乎神化，殆非思虑所及。或因字得句，句由韵成，出乎天然，句意双美。若接竹引泉而潺湲之声在耳，登城望海而浩荡之色盈目。此乃外来者无穷，所谓'辞后意'也。"[2] 又说："予虽历举唐诗引证，毕竟难晓。况尔心非我心，焉知我心之有得也？以我之心，置于尔心，俾其得我之得，虽两而一矣。"[3] 谢榛在这里的"得我之得"，是一种"内出者"，即内在的创作冲动，表现为"兴不可遏，入乎神化"的审美感兴。而这种"自得"，是在与自然造化的相接相融中获得的，而非苦吟穷思可致，谢榛也称之为"天机"，他说："诗

---

[1] 丁福保辑：《历代诗话续编》，中华书局，2006年，第511页。
[2] 丁福保辑：《历代诗话续编》，中华书局，2006年，第1219页。
[3] 丁福保辑：《历代诗话续编》，中华书局，2006年，第1219页。

有天机，待时而发。触物而成。虽幽寻苦索，不易得也。如戴石屏'春水渡傍渡，夕阳山外山'，属对精确，工非一朝，所谓'尽日觅不得，有时还自来'。"[1]"自得"意味着审美创造主体与客体的直接相融，谢榛对此有具体的论述："作诗本乎情景，孤不自成，两不相背。凡登高致思，则神交古人，穷乎遐迩，系乎忧乐，此相因偶然，著形于绝迹，振响于无声也。夫情景有异同，模写有难易，诗有二要，莫切于斯者。观则同于外，感则异于内，当自用其力，使内外如一，出入此心而无间也。景乃诗之媒，情乃诗之胚，合而为诗，以数言而统万形，元气浑成，其浩无涯矣。"[2] 面对同样的观照对象，却得出不同的感受，生出不同的立意，这正是"自得"。

画论中也颇多"自得"之说。明代画论家沈灏反对因袭流弊，倡导独立不倚的"自得"精神。他说："董北苑之精神在云间，赵承旨之风韵在金闾，已而交相非，非非赵也、董也。非因袭之流弊，流弊既极，遂有矫枉，至习矫枉，转为因袭，共成流弊。其中机棁循迁，去古愈远，自立愈赢。何不寻宗觅派，打成冷局。非北苑，非承旨，非云间，非金闾，非因袭，非矫枉，孤踪独响，夐然自得。"[3] 沈灏所提倡的"夐然自得"，是一种独立不倚、破除因袭的艺术个性。"孤踪独响"，在艺术史上是卓然自成一家的，沈氏亦称之为"自家面目"："古来豪杰不得志于时，则渔耶、樵耶，隐而不出。然尝托意于柔管、有韵语、无声诗，借以送日。故伸毫构景，无非拈出自家面目。今人画渔樵耕牧题，不达此意，作个秽夫伧父，伛偻于钓丝，戚施于樵斧，略无坦适自得之致，令识者绝倒。"[4]

清代著名画家沈宗骞论画特重"自得"，而其主要的内涵则是"无意求合而自无不合"的自然感兴。他说："行笔之际有一字诀曰便。便

---

[1] 丁福保辑：《历代诗话续编》，中华书局，2006年，第1161页。
[2] 丁福保辑：《历代诗话续编》，中华书局，2006年，第1180页。
[3] 沈灏：《画麈·定格》，见俞剑华编著：《中国古代画论类编》，人民美术出版社，1957年，第773页。
[4] 引自李来源、林木编：《中国古代画论发展史实》，上海人民美术出版社，1997年，第249页。

者无矫揉涩滞之弊，有流通自得之神。风行水面，自然成文；云出岩间，无心有态。趣以触而生笔，笔以动而合趣。相生相触。辄合天妙，能合天妙，不必言条理脉络，而条理脉络自无之而不在。惟其平日能步步不离，时时在手，故得趣合天随自然而出，无意求合而自无不合也。"[1]在沈氏看来，画家的"自得"，是"风行水面，自然成文"的微妙之境。他反感于那种"今人既自揣无以出众，乃故作狂态以惑众，若俗目喜之，便矜自得"[2]的伪"自得"，而认为"自得"乃是出于自然、天然的"天机"："不徇时好，不流异学，静以会其神，动以观其变，久之而有得焉，则如丝之吐，自然成茧，如蕉之展，自然成荫。风蹙水而成文，泉出山而任势。到此地位虽笔所未到而意无不足，有意无意之间，乃是微妙之境矣。"[3]这也是沈宗骞所论"自得"的本质属性。

三、从哲学到美学："自得"的意义

在中国美学中，"自得"是一个有丰富意蕴的重要命题。它在许多艺术理论家的批评实践中得到较为普遍的运用，因而也产生了不尽一致却又相关相生的意义。可是，在当今的美学史研究中却未见一篇论文、一部专著对此作过理论的剖析，也就无从谈及它作为美学范畴的内涵及学理性建构。在我看来，"自得"是中国古典美学中关于审美主体的创造性思维的颇具特色的命题。它基于哲学思想中的"自得"命题，艺术理论与之有深刻的渊源关系，又有植根于艺术实践的变异。从哲学的角度讲，"自得"所呈现的意义主要有这样几点：一是拆除名言概念之障壁的亲身体验性，二是高扬自我的主体性，三是"反身而诚"的反思性，四是"与万物浑然一体"而又洞照其间的意向性。

---

[1] 沈宗骞：《芥舟学画编》，见俞剑华编著：《中国古代画论类编》，人民美术出版社，1957年，第889页。

[2] 沈宗骞：《芥舟学画编》，见俞剑华编著：《中国古代画论类编》，人民美术出版社，1957年，第889页。

[3] 沈宗骞：《芥舟学画编》，见俞剑华编著：《中国古代画论类编》，人民美术出版社，1957年，第892页。

迨至美学领域,"自得"这个命题有着更多的创造性特征,也可以视其为一种审美创造的思维方式。它所包含的意蕴是相当丰富的,也是其他的范畴所难以涵容的。从审美发生的角度来说,它包含了"感兴"论的内涵,指的是审美主体与客体的偶然兴发,而非仅是指主体方面的思维。换言之,"自得"不是审美主体单方面的灵感获得,而是审美主体与宇宙大化参融所获的创作冲动,张璪所说的"外师造化,中得心源"恰是对此的最好概括。从思维的形态来说,"自得"是一种自然而然的生成,而非刻意的苦思觅求。苏轼所说的"风行水上,自然成文",董迪所说的"登临探索,遇物兴怀。胸中磊落,自成丘壑"[1],谢榛评杜诗所说的"此语宛然入画,情景适会,与造物同其妙,非沉思苦索而得之也"[2]等,都是很好的说明。"自得"是一种审美主体与客体之间无所障蔽的亲在体验,进而形成"化机在手,元气淋漓"的审美体验高峰,苏轼所说的"与可画竹时,见竹不见人;岂独不见人,嗒然遗其身"最能道其仿佛。"自得"又是突破前人窠臼、挺立自我艺术个性的标示,王若虚的"文章自得方为贵,衣钵相传岂是真",可谓破的之语。

"自得"是中国哲学和美学中的一个独特的命题,在很深的层次上体现着民族思维的特色。不同的思想派别作为背景的存在,并不妨碍其进入美学领域中创造性意蕴的生发。它是方法论的,也是价值论的。作为方法论,它有着强烈的主体性质,排斥外在的既成模式;作为价值论,它有充盈的创造力,而且体现为主体对客体的意向性投射。就其作为一种艺术思维而言,与西方的长于逻辑分析的审美思维理论相比,有着判然两途的特色,彰显了中华美学的气质。

原文发表于《哲学研究》2003年第1期

---

[1] 董迪:《广川画跋》,见于安澜编:《画品丛书》,上海人民美术出版社,1982年,第297页。
[2] 丁福保辑:《历代诗话续编》,中华书局,2006年,第1171页。

"如在目前"与"见于言外"
——中国诗学中的内视美追求及其审美功能

张 晶

意象也好,意境也好,在中国文学批评史或中国诗学研究中都是成果最为丰厚的领域,也是最能体现中国美学特色的领域。笔者无意置喙其间。然而,作为中国诗学最为基本的审美价值取向,"言外之意"或"韵外之致"的获得,则是以诗的审美意境为其前提的。本文所要解决的理论问题是,诗歌意境之所以产生"言外之意"的根本因素是什么。我所设定的回答是:在于意象和意境所具有的内视之美。笔者从大量的诗学文献中产生了这样的认知:中国诗学中意象或意境都是以内视之美作为基本的审美特征的,而这种内视之美才是诗歌中"言外之意""韵外之致"等审美效应产生的根基所在。

一

何谓"内视之美"?在诗学范围里,所谓"内视之美",就是读者作审美主体在鉴赏诗词作品时所产生的"如在目前"的内在画面感。尽管它是处于观念形态的,却是文学作品之区别于其他文字写作的基本标志,也是诗词审美属性的根本体现。意象和意境虽有密切关系,但毕竟并非完全是一回事,那么为何又将意象和意境搅在一起谈论?笔者是以这样的粗浅理解作为出发点的:在诗词作品里,意象是意境的单元要素,而意境则是意象聚合而成的整体审美效应。没有意象成为诗词审美的亮点，就不能产生整体的审美意境；反之，如果不能形成意境的整体效应，即便有个别的意象也很难成为佳作。而形成这种关系的基础，恰在于诗词作品的内视之美。

所谓"内视之美"的说法，自有其渊源所系，然而笔者移之以说明诗的审美特征，却是站在文艺美学的立场上，把握文学与其他艺术相通的审美规律的祈向。著名艺术理论家斯坦尼斯拉夫斯基从戏剧表演的角度提出"内心视象"，他说："我们的视象从我们的内心，从我们的想象中、记忆中迸发出来之后，就无形地重现在我们的身外，供我们观看。不过对于这些来自内心的假想对象，我们不是用外在的眼睛，而是用内心的眼睛（视觉）去观看的。"[1] 斯坦尼斯拉夫斯基是以"内心视象"作为一个演员在角色创造时的审美修养的。多年之前，张德林教授借鉴斯坦尼斯拉夫斯基的理论，提出作家的"内心视象"命题，他说："用想象、联想、理想、幻想来设计某些事件、某些情境，作家的脑海里呈现出各种相应的视听形象，这也就是我们所说的艺术内心视象。通常说来，作家在想象中出现的这种内心视象愈丰富多彩，他的文思就愈活跃，创作的艺术生命力就愈强。"[2] 如果说张德林先生所说的"内心视象"是指作家创作时呈现于作家脑海中的内在视觉形象，而我在前些年提出的"内在视象"则是专指读者阅读诗词作品时在头脑中呈现的内在视觉形象。本文所说的"内视之美"与此相近，却是指文学尤其是诗歌与其他文字相区别的本体特征。

西方现象学美学的有关论述，也揭示了文学与其他文字不同的这种内视性质。著名的现象学美学家茵加登将文学作品剖解为一个多层次的结构，其中包括：（a）语词声音和语音构成及一个更高级现象的层次；（b）意群层次：句子意义和全部句群意义的层次；（c）图式化外观层次：作品描绘的各种对象通过这些外观呈现出来；（d）在句子投射的意向事态中描绘的客体层次。这里所说的"图式化外观"，就是指呈现在

---

[1] 斯坦尼斯拉夫斯基：《演员自我修养》，林陵、史敏徒译，中国电影出版社，1986年，第101页。
[2] 张德林：《作家的内心视象与艺术创造》，《文学评论》，1991年第2期。

欣赏者头脑中的内在视象之美。它是一种整体性情景，具有明显的内在视觉性质。这也是在茵加登看来区别于科学著作等普通文字的文学的艺术作品的标志性特征，因而他又认为，"与科学著作占主要地位的作为真正判断句的句子相对照，在文学的艺术作品中陈述句不是真正的判断而只是拟判断，它们的功能在于仅仅赋予再现客体一种现实外观的而又不把它们当成真正的现实"。所谓"图式化外观"在诗歌里，也正是梅尧臣所形容的"如在目前"。

中国诗学中有相当多的论述描述了诗歌意象或意境的内视之美，而且也揭示了其与"言外之意""韵外之致"的逻辑关系。如欧阳修所转述的北宋诗人梅尧臣的话语最为典型："圣俞尝语余曰：诗家虽率意，而造语亦难。若意新语工，得前人所未道者，斯为善也。必能状难写之景，如在目前；含不尽之意，见于言外，然后为至矣。"[1]梅尧臣从诗人的创作体验出发，认为"如在目前"和"见于言外"是诗歌创作的最高境界。而"如在目前"正是通过诗人的创构而在读者内心中呈现出来的内在视象，"不尽之意"则是它所带来的直接审美效应，二者之间有着直接的逻辑关系。此前唐代的司空图论诗标举"象外之象，景外之景"，而这正是产生在诗作所呈现的内视之景上，他引诗人戴叔伦之语说："戴容州云：'诗家之景，如蓝田日暖，良玉生烟，可望而不可置于眉睫之前也。'象外之象，景外之景，岂容易可谭哉？"[2]认为"如蓝田日暖，良玉生烟"的诗家之景方能产生"象外之象，景外之景"。"不可置于眉睫之前"是说这种景象并非可以用外在的视觉来观看，而它是在心灵的屏幕上升腾起的景象。南宋杰出的诗论家严羽的一段广为人知的议论更是可以得到这个角度的印证。严氏论诗"以盛唐为法"，认为盛唐之诗具有最高的审美典范价值，他认为："盛唐诸人，惟在兴趣；羚羊挂角，无迹可求。故其妙处，莹彻玲珑，不可凑泊；如空中之音，

---

[1] 何文焕辑：《历代诗话》，中华书局，1981年，第267页。
[2] 司空图著，祖保泉、陶礼天笺校：《司空表圣诗文集笺校》，安徽大学出版社，2002年，第215页。

相中之色，水中之月，镜中之象，言有尽而意无穷。"〔1〕

这可以说是严羽《沧浪诗话》最受争议也最具理论价值之处。这里没有必要辨析关于严羽诗学核心的公案，我曾不止在一篇文章中将严羽诗学的核心指认为由"妙悟"而致的审美境界，其理由便在这里的描述。而本文所补充的恰在于严氏所描述的正是一种具有鲜明的内视之美的整体性审美境界。严羽将"以禅喻诗"作为他的方法论的基本原则，如其所述论诗宗旨："故予不自量度，辄定诗之宗旨，且借禅以为喻，推原汉魏以来，而截然谓当以盛唐为法，虽获罪于世之君子，不辞也。"〔2〕所谓"羚羊挂角"之喻，"镜花水月"之辞，都是出于禅宗之典，而在总体上是指盛唐诗的那种具有内视之美的整体性的审美境界。"羚羊挂角"出于禅宗公案。"师曰：福唐归来还平善否？上堂：我若东道西道，汝则寻言逐句。我若羚羊挂角，汝甚么处扪摸？"〔3〕禅宗以"妙悟"为体认佛性之途径，而反对寻言逐句。羚羊挂角以喻不黏滞于文字的无上妙觉，严羽以之比喻诗学中浑然无迹的境界。"莹彻玲珑，不可凑泊"，指诗境透明可感，而且浑融整一。"凑泊"是佛家话头，也即聚合、聚结之意。佛学认为世界的本质是"空"，但"空"并非一无所有，现象之不真实也就是"空"，有所谓"不真空"论。《续传灯录》中"湛堂智深禅师"条云："盖地水火风，因缘和合，暂时凑泊，不可错认为己有。"认为现象界都是由缘起而生成，临时聚合（凑泊），因而也是虚幻不实的。严羽以"不可凑泊"指诗要有圆融莹彻的整体之美，而非七拼八凑而成。"空中之音，相中之色，水中之月，镜中之象"，也都是以佛家话头为喻。佛家时以"镜花水月"的喻象来说明世间"万法"看上去洞然可观，其实本质上是虚幻的存在。大乘佛学一方面强调世界本质之"空"，一方面描绘万法之"有"，认为二者是一体两面的，所谓"色即是空，空即是色"。而且越是强调本质之"空"，就越是把现象界描绘得鲜明莹彻，洞然可观。大乘中观思想高度重视主体的内在观

---

〔1〕 魏庆之著，王仲闻点校：《诗人玉屑》，中华书局，2007年，第3页。
〔2〕 魏庆之著，王仲闻点校：《诗人玉屑》，中华书局，2007年，第3页。
〔3〕 普济著，苏渊雷点校：《五灯会元》，中华书局，1984年，第386页。

照能力，主张在内心生起的视象中进行感悟体验。僧肇的《般若无知论》于此论述道："何者？夫圣人玄心默照，理极同无。……又，圣心虚微，妙绝常境，感无不应，会无不通，冥机潜运，其用不勤，群数之应，亦何为而息耶？"[1]这里所论述的，恰是"圣人"的内心观照。佛典中所说的"一切法性皆虚妄见，如梦如焰，所起影象，如水中月，如镜中象"（《说无垢经·声闻品》），"菩萨观诸有情，如幻师观所幻事，如观水中月，观镜中象，观芭蕉心"（《说无垢经·观有情品》），都是严羽之论的渊源所自。它讲万法虽都是虚幻的，但又是洞然可观的内在视象。而正由于它们的亦真亦幻，才有了"言有尽而意无穷"的审美效应。

明代思想家、诗论家王廷相的相关论述更突出了诗的心象性质，其云："夫诗贵意象透莹，不喜事实粘著，古谓水中之月，镜中之影，可以目睹，难以实求是也。《三百篇》比兴杂出，意在辞表；《离骚》引喻借论，不露本情。东国困于赋役，不曰天之不恤也，曰'维南有箕，不可以簸扬；维北有斗，不可以挹酒浆'。则天不恤自见。齐俗婚礼废坏，不曰婿不亲迎也，曰'俟我于著乎而，充耳以素乎而，尚之以琼华乎而'，则婿不亲迎可测。不曰己德之修也，曰'余既滋兰之九畹兮，又树蕙之百亩；畦留夷与揭车兮，杂杜衡与芳芷'，则己德之美，不言而章。不曰己之守道也，曰'固时俗之工巧兮，偭规矩以改措。背绳墨以追曲兮，竞周容以为度。'则己之守道，缘情以灼。斯皆包韫本根，标显色相，鸿才之妙拟，哲匠之冥造也。"[2]王廷相是明代著名的理学家，但其论诗虽然主张"包韫本根"，却又更重"意象透莹"，也就是严羽所形容的"水中之月，镜中之象"，具有画面一般的可视性，如其所说的"可以目睹"。"难以实求"是指诗中意象并非实际事物呈现于眼前的，而是呈现于心灵之中的。明代诗论家谢榛在其诗论中也是以"宛然入画"的内视之美来作为诗作审美价值的极致的，他评价杜甫诗说：

---

[1] 张春波校释：《肇论校释》，中华书局，2010年，第151页。
[2] 李壮鹰主编：《中华古文论释林·明代上卷》，北京大学出版社，2011年，第339页。

"子美曰：'细雨荷锄立，江猿入画屏。'此语宛然入画，情意适会，与造物同其妙，非沉思苦索而得之也。"[1]谢榛在创作论方面批评宋诗的"必先命意，涉于理路"[2]，而主张"诗有不立意造句，以兴为主，漫然成篇，此诗之入化也"[3]，也就是感兴的创作方式。而在作品方面，谢榛尤为注重诗为读者所呈现的画面感，其实也就是内视美感。在他看来，作诗以天然为主，而以"天然"创作出的诗作，则应是有声有色的。如其评谢灵运诗所说："谢灵运'池塘生春草'，造语天然，清景可画，有声有色，乃是六朝家数，与夫'青青河畔草'不同。叶少蕴但论天然，非也。又曰：若作'池边''庭前'，俱不佳。非关声色而何？"[4]又评友人诗作云："其《读书秋草园》，情景俱到，宛然入画，比康乐'春草'之句，更觉古老。"[5]都是以"宛然入画"作为佳作的审美价值取向。

王国维在其著名的《人间词话》中有所谓"隔"与"不隔"之说，很明显，他是推崇"不隔"而认为"隔"并非理想状态的。其说曰："问'隔'与'不隔'之别，曰：陶、谢之诗不隔，延年则稍隔矣。东坡之诗不隔，山谷则稍隔矣。……词亦如是。即以一人一词论，则欧阳公《少年游》咏春草上半阕云：'阑干十二独凭春，晴碧远连云。千里万里，二月三月，行色苦愁人'，语语都在目前，便是不隔；至云'谢家池上，江淹浦畔'，则隔矣。白石《翠楼吟》：'此地。宜有词仙，拥素云黄鹤，与君游戏。玉梯凝望久，叹芳草、萋萋千里'，便是不隔；至'酒祓清愁，花消英气'，则隔矣。然南宋词虽不隔处，比之前人，自有浅深厚薄之别。"[6]关于"隔"与"不隔"，有很多研究论著，并非本文论题，然而，从笔者的视角而言，王国维所推崇的"不隔"之境

---

[1] 丁福保辑：《历代诗话续编》，中华书局，1983年，第1171页。
[2] 丁福保辑：《历代诗话续编》，中华书局，1983年，第1149页。
[3] 丁福保辑：《历代诗话续编》，中华书局，1983年，第1152页。
[4] 丁福保辑：《历代诗话续编》，中华书局，1983年，第1164页。
[5] 丁福保辑：《历代诗话续编》，中华书局，1983年，第1189页。
[6] 王国维：《人间词话》，上海古籍出版社，1998年，第9—10页。

是什么样子呢？王国维有明确的界定，就是"语语都在目前"，即是莹彻透明的内视之美，并且是一个完整的境界，而不是几个不相干的意象拼合在一起，这在静安先生看来，就是"隔"的了。其所标举的"不隔"之词，如北宋词人欧阳修《少年游》的上半阕，就呈现给读者通透浑融的内视之美。而他举为"隔"的篇什呢？他说："白石写景之作，如'二十四桥仍在，波心荡，冷月无声''数峰清苦，商略黄昏雨''高树晚蝉，说西风消息'，虽格韵高绝，然如雾里看花，终隔一层。梅溪、梦窗诸家写景之病，皆在一'隔'字。北宋风流，渡江遂绝。抑真有运会存乎其间耶？"[1]静安先生所举姜白石的这些词句，虽然格韵高绝，却是"隔"的。而之所以"隔"，就是如"雾里看花"。从静安先生所举的词句看，也就是缺少那种圆融整一的内视之美。对于诗词创作而言，"如在目前"的内视之美，是最为基本的审美价值尺度，"不尽之意"正是产生于此。

二

从诗人创作的角度来说，在构思阶段便在内心构形出完整的内在视象，这是佳作产生的根本条件，同时也是创作过程的起始环节。内在视象的生成资源，在于诗人与外物相触遇时所摄入的物象，但它并非是一种复制式的摄入，而是以诗人的情志为其意向而整合为一个具有内在视觉性质的意境。这个过程中，诗人在头脑中所进行的艺术思维活动，不再是一般的直觉，而是以内在词语进行构形了。这个问题，一向并未引起学术界的重视，笔者认为，在创作论研究方面，如果不能深究创作发生的内在阶段的媒介材质，那么，就只能停留在原地打转的水平上。其实，中国古代文艺理论的文献中，已包含了相关的认识，只是取决于我们从哪个角度进行阐释。如刘勰在《文心雕龙》的《比兴》篇的赞语中揭示了相关的深刻内涵。其云："诗人比兴，触物圆览。物虽胡越，合

───────
[1] 王国维：《人间词话》，上海古籍出版社，1998年，第9页。

则肝胆。拟容取心，断辞必敢。攒杂咏歌，如川之涣。"对于这段赞语，颇有不同的阐析。笔者认为，这段赞语有非同寻常的理论价值。如关于"触物圆览"，就是讲比兴艺术思维所产生的浑融完整的审美意境。"触物"就是诗人与"物色"触遇而生创作冲动的过程。这也是感兴的本质。在对比兴的阐释或界定中，宋人李仲蒙对"兴"的界定最为恰切："触物以起情，谓之兴，物动情者也。"[1] 在中国古代诗论中，以触遇论兴者随处可见。如晋人孙绰所说："情因所习而迁移，物触所遇而兴感。"[2] 梁代萧统也说："炎凉始冒，触兴自高。睹物兴情，更向篇什。"[3] 触物兴情是对感兴论最为基本的概括。"圆览"又是什么？解释者不多，主要的说法是"周密地观察"。这自然有其道理所在；但我则从另外的角度提出自己的看法：所谓"圆览"，是指诗人通过触物兴情而生成的圆融完整的审美境界，而且具有明显的内视性质。诗作中那种"莹彻玲珑，不可凑泊"的完整的审美意境，是自然而然产生的吗？并非如此！刘勰以"物虽胡越，合则肝胆"揭示了其中奥秘。外在的物色可能是彼此相距甚远，但却因诗人触物感兴的艺术思维作用而形成了如肝胆一体的整一意境。"拟容取心，断辞必敢"，则更具理论价值。"拟容"一般理解为拟写物象，"取心"一般理解为主体的思想。如詹福瑞先生所说的："'拟容取心'所讲的正是比、兴中心与物统一的问题。'容'指物象，'心'指作者的思想感情，或用心。'拟容取心'就是描写物象来表现作者的思想感情或用心。"[4] 我则认为"拟容取心"是通过对外在物色的拟写，提摄其核心意蕴，从而呈现为意象集中的完整的审美意境。在这个问题上，我更倾向于王元化先生对"拟容取心"的理解，元化先生认为，"'容'指的是客体之容，刘勰有时又把它叫做'名'或叫做'象'；实际上这也就是针对艺术形象所提供的现实的表象

---

[1] 胡寅撰，容肇祖点校：《崇正辩·斐然集》，下册，中华书局，1993年，第386页。
[2] 欧阳询撰，汪绍楹校：《艺文类聚》，第1册，上海古籍出版社，1965年，第71页。
[3] 徐中玉：《中国古代文艺理论专题资料丛刊：意境·典型·比兴编》，中国社会科学出版社，1994年，第262页。
[4] 詹福瑞：《中古文学理论范畴》，河北大学出版社，1997年，第139页。

这一方面。'心'指的是客体之心,刘勰有时又把它叫做'理'或叫做'类';实际上,这也就是针对艺术形象所提供的现实意义这一方面。'拟容取心'合起来的意思就是:塑造艺术形象不仅要摹拟现实的表象,而且还要摄取现实的意义,通过现实表象的描绘,以达到现实意义的揭示"[1]。我很是赞成元化先生的观点,而又特别注重诗人"比兴"的艺术思维的作用,正是诗人的艺术思维,使胡越相隔的物象合而为肝胆一体的完整的审美境界,而且,这一境界又有着内在的视觉效应。

　　署名为唐代诗人王昌龄的《诗格》提出"诗有三境"之说,非常明确地揭示了诗境的内在视觉性质,同时还指出了诗境创造中身心角度的问题,并且还将其置于非常重要的地位,这是非常值得我们注意的,也是以往有关意境研究中所从来没有关注的。《诗格》中说:"诗有三境:一曰物境。欲为山水诗,则张泉石云峰之境,极丽绝秀者,神之于心,处身于境,视境于心,莹然掌中,然后用思,了然于境,故得形似。二曰情境。娱乐愁怨,皆张之于意而处于身,然后驰思,深得其情。三曰意境。亦张之于意而思之于心,则得其真矣。"[2] 关于"三境"即物境、情境和意境的理解和阐释,学者们已多有论述,无须本文赘言,而本文所要表达的意见主要有这样几点:一是《诗格》"三境"之说突出地强调了诗境的内视性质,二是强化了诗人作为主体在诗境创造中的知觉作用,三是身体在诗境创造中的地位与角度。这三点,可以视为王昌龄对于中国诗学的重要理论贡献。《诗格》在对"物境"的论述中,最明显的是指出其内视的性质。"泉石云峰之境"经过诗人的"用思"呈现在诗中,"莹然掌中","视境于心",已经再明白不过地说明了诗之"物境"是呈现在心灵上的视象。《诗格》中的另外一则,可以更为深入地补充之。其云:"夫置意作诗,即须凝心,目击其物,便以心击之,深穿其境。如登高山绝顶,下临万象,如在掌中。以此见象,心中了见,当此即用。如无有不似,仍以律调之定,然后书之于纸。会其题

---

[1] 王元化:《文心雕龙创作论》,上海古籍出版社,1984年,第180页。
[2] 李壮鹰主编:《中华古文论释林·明代上卷》,北京大学出版社,2011年,第145页。

目,山林、日月、风景为真,以歌咏之。犹如心中见日月,文章是景,物色是本,照之须了见其象也。"[1]王昌龄指出诗境在于外在物色呈现于诗人之心,诗人通过目击其物而又以心灵体验之,把握之,而"以歌咏之",使人读之如水中见日月,了见其象。

《诗格》还非常重视诗人作为主体的知觉功能,而且,这个主体并非以往的"心",是那种剥离了人的身体所言的纯粹精神的主体。《诗格》则是以身体作为主体的知觉出发点。《诗格》数处明确地提出"身"在创造诗境中的重要地位。意象、意境理论在中国诗学中由来已久,论者都把意象、意境作为心与物或情与景相融合的产物。然而,一般诗论中所说的"心"或"情",都是较为抽象的意识主体,身体的观念在其中是"缺席"的。《诗格》所言诗境,则是"神之于心,处身于境",认为正是由于诗人的身体处于其间,才可能有具体的诗境角度。与此密切相关而又更为重要的一点是,《诗格》对诗境创造过程中身体作为主体的体验性与角度感前所未有地予以强调,多处论列,这对于诗学中的意境理论的发展,是一个深刻的突破。"三境"说即多处提出"处身于境""张之于意而处于身",这绝非偶然。《诗格》中又说:"夫诗,一句即须见其地居处,如'孟夏草木长,绕屋树扶疏。众鸟欣有托,吾亦爱吾庐。'若空言物色,则虽好而无味,必须安立其身。"[2]在王昌龄看来,诗境中必有物色为其内容,也就是"景"。但诗中应该有诗人作为主体的角度与存在感,如果缺乏了具体的诗人存在感,那就成了"空言物色",也就不会有诗的韵味产生。所以作诗"必须安立其身"。而所谓"安立其身"究竟何义?卢盛江先生对此阐析道:"空言之言,在此处作动词用,而非名词。此三句实批评只空泛地叙写自然景色,而无深意挚情之寄托的现象,有似钟嵘《诗品序》所言'若但用赋体,则患在意浮。意浮则文散,嬉成流移',故前文言'不立意宗,皆不堪也','夫诗,入头即论其意',此处亦言'必须安立其身'当意指安立其意旨。

---

[1] 遍照金刚:《文镜秘府论》,人民文学出版社,1975年,第129—130页。
[2] 遍照金刚:《文镜秘府论》,人民文学出版社,1975年,第131页。

紧接下文又言'诗头皆须造意',有'造意',便不至于'空言物色'。无意旨寄托之诗,自然'虽好而无味'。"[1] 盛江先生所论颇为有据,能得其意旨所在;但我联系《诗格》相关论述来看,认为"安立其身",还是指有韵味之诗,是从有身体在场的知觉角度而言。本段前面所说"须见其地居处"正可体现作者本意。《诗格》中又说:"诗有'明月下山头,天河横戍楼。白雪千万里,沧江朝夕流。浦沙望如雪,松风听似秋。不觉烟霞曙,花鸟乱芳洲'。并是物色,无安身处,不知何事如此也。"[2] 认为此诗全是物色的描写而"无安身处",也就是只有物色而无诗人的身体角度,这是作者所不满意的。王昌龄论诗多处主张立意、作意,而其所说的"意",并非仅是精神或思想,而是合身心为一体的意向、意志,明确揭示了身和意的关系是不可分离的。《诗格》中又言:"诗头皆须造意,意须竖,然后纵横变转。如'相逢楚水寒',送人必言其所矣。"[3] 这里透露出《诗格》所言"意"之内涵。送人之诗,必言其所,就是送别的处所。"诗头造意",也就是由送别时的身心感受作为全诗的起点。"意须竖",即是在诗中确立这个起点。这也就是现象学所说的"身体意向化"。"意"远非仅是心灵造作,而是诗人身体感受和心灵体验的集于一体。《诗格》又有"夫文章兴作,先动气,气生乎心,心发乎言,闻于耳,见于目,录于纸。意须出万人之境,望古人于格下,攒天海于方寸。诗人用心,当于此也"[4],"诗有意阔心远,以小纳大之体"[5]等语,其中之意,都是兼身心而有之。下面这段论述更为确切地表明了这种观点,其言:"凡诗人夜间床头,明置一盏灯。若睡来任睡,睡觉即起。兴发意生,精神清爽,了了明白,皆须身在意中。若诗中无身,即诗从何有?若不书身心,何以为诗?是故诗者,书身心之行李,序当时之愤气。气来不适,心事不达,或以刺上,或以化

---

[1] 卢盛江:《文镜秘府论汇校汇考》,中华书局,2006年,第1326页。
[2] 遍照金刚:《文镜秘府论》,人民文学出版社,1975年,第136页。
[3] 遍照金刚:《文镜秘府论》,人民文学出版社,1975年,第131页。
[4] 遍照金刚:《文镜秘府论》,人民文学出版社,1975年,第130页。
[5] 遍照金刚:《文镜秘府论》,人民文学出版社,1975年,第135页。

下，或以申心，或以序事，皆心中不决，众不我知。由是言之，方识古人之本也。"这就更为清楚地说明了"安立其身"的本义所在。诗所言之情，所写之心，不应是空洞抽象的，而应是在于诗人的身体与心灵的具体感受之中。"身在意中"就是说意并非空泛之意，而是有身体知觉作为角度的。王昌龄所说的"诗中无身，即诗从何有"，对于意境理论而言，是有重要的理论价值的，可说是一个重要的突破。

三

"如在目前"的内在视象，又是怎样产生"见于言外"的不尽之意的？这个问题似乎已有很多人回答，但又没有终极的、归于一统的答案。如果从一般的逻辑推演来看，王弼对"言—象—意"三者关系的概括即可以哲学角度说明之。之后对此问题的无数论述，皆是从其中演述而来。而真正要使这个问题得到科学的确切解释，笔者以为现在的美学或审美心理学乃至普通心理学，都还是有很大缺环的，无法达到令人信服的程度。本文的观点是：正因为诗人所创造的内在视象，所以才产生了诗歌那种"不尽之意，见于言外"的审美效应。本文无力从科学的路径上使这个问题得到令人满意的回答，然而，笔者姑且从另外的途径简略言之。

就具体的艺术门类而言，诗是以语言文字为其媒介的。如果大家认同诗是一门艺术，那么，诗和其他艺术一样，也要有属于自己的艺术媒介。在某种意义上说，媒介就是艺术的生命，也是不同的艺术门类相互区分的标志。关于艺术媒介，已有多位思想家或美学家如黑格尔、杜威、卡西尔、鲍桑葵等论述其内涵及意义所在。艺术媒介所关乎的并不仅是艺术表现中的物化过程，而且是包括了从艺术构思到艺术传达的整个过程。笔者对艺术媒介的研究就是试图解决从创作冲动开始到艺术传达是如何连接的问题。因而，笔者对艺术媒介有这样的界定："艺术媒介是指艺术家在艺术创作中凭借特定的物质性材料，将内在的艺术构思外化为具有独创性的艺术品的符号体系。艺术创作远非克罗齐所宣称的

'直觉即表现',而有一个由内及外、由观念到物化的过程。任何艺术作品都是物性的存在,艺术家的创作冲动、艺术构思和作品形成这一联结,其主要的依凭就在于媒介。"[1] 正如海德格尔所指出的"一切艺术品都有这种物的特性",具有物质属性的媒介,是艺术品的物性的保证。海德格尔曾这样表述媒介与艺术品的一体化存在:"建筑品中有石质的东西,木刻中有木质的东西,绘画中有色彩,语言作品中有言说,音乐作品中有声响。艺术品中,物的因素如此牢固地现身,使我们不得不反过来说,建筑艺术存在于石头中,木刻存在于木头中,绘画存在于色彩中,语言作品存在于言说中,音乐作品存在于音响中。"作为一门艺术,诗歌当然也有属于自己的媒介,那就是语言文字。诗的媒介与其他门类艺术的媒介相比起来,其物质性就显得比较弱,而其精神性则是较强的。虽然在实体性上较为弱化,但并不能否定其物性的存在。美国哲学家奥尔德里奇指出:"诗决不仅仅是诗人自己情感的流露。它是一种使用特殊的材料、媒介和形式的表现性描绘,旨在把题材(包括情感)展现为适合领悟性眼光或审美经验的内容。一句话,它是艺术作品。"[2] 与其他门类的艺术形式相比,诗的媒介似乎在物性方面确乎显得虚化,但它有其独特的物性,甚至这种物性在表达情感方面是不可替代的。英国著名美学家鲍桑葵认为:"使媒介具有体现情感的能力的,是媒介的那些质地;诗的媒介是响亮的语言,而响亮的语言也恰恰和其他的媒介一样有其种种特点和具体的能力。"[3] 这也就是诗的媒介的特点。

艺术创作首先发轫于艺术家头脑中的构形,而不同门类的艺术家是以不同的艺术媒介进行构形的。这个过程并不止于艺术表现阶段,而是从艺术家观察生活、产生创作冲动时便开始了。美国哲学家杜威并不认为艺术家观察世界、产生艺术冲动的"内在"阶段和艺术表现的"外在"阶段是两个可以截然分开的环节,而认为它们都是凭借媒介来进行的,杜威指出:"雕塑家不只是根据精神,而且也根据黏土、大理石和

---

[1] 张晶:《艺术媒介论》,《文艺研究》,2011年第12期。
[2] 奥尔德里奇:《艺术哲学》,程孟辉译,中国社会科学出版社,1986年,第108页。
[3] 鲍桑葵:《美学三讲》,周煦良译,上海译文出版社,1983年,第34页。

青铜来构思他的人像。一个音乐家、画家或建筑家是用听觉或视觉的意象还是用实际的媒介来展现他的独创的情感化思想，这并不重要。意象拥有经过发展了的客观媒介。具体的媒介可以在想象之中，也可以在具体材料之中被调整。无论怎样，物质的过程发展了想象，而想象则是以具体的材料构思而成的。只有通过逐步将'内在的'与'外在的'组织成相互间的有机联系，才能产生某种不是学术文稿或对某种熟知之物的说明的东西。"[1]杜威所提出的门类艺术其实只是举例性质，它包含了所有的艺术门类在内。他认为内在的构思和外在的表现是相互之间有机联系的，也即都是以媒介进行的。唯其如此，才能避免在艺术创作中产出"学术文稿"般的抽象之物或者是毫无创意的平庸之作。诗亦是如此。

  诗的内在构形并以此产生出具有创造性的内在视象，这是诗的功能，也是诗的优势。叙事并非诗的长项，即便叙事，也是要置于这种创造内在视象的构形框架之中的。20世纪西方的著名思想家卡西尔明确主张艺术的构型，他说："艺术确实是表现的，但是如果没有构型（formative），它就不可能实现。而这种构型过程是在某种媒介物中进行的。"[2]"构型"是对于艺术的外在表现而言的，而在艺术的内在构思过程，则可以"构形"加以表述。艺术创作的构形，一方面是针对模仿现实的艺术创作方式，另一方面，则是具有内在视象美感的感性呈现方式。卡西尔引述伟大诗人歌德的著名论断："艺术并不打算在深度和广度上与自然竞争，它停留于自然现象的表面；但是它有着自己的深度，自己的力量。它借助于这些表面现象中见出合规律的性格，尽善尽美的和谐一致，登峰造极的美，雍容华贵的气氛，达到顶点的激情，从而将这些现象的最强烈的瞬间定形化。"卡西尔从而指出，"这种对现象的最强烈的瞬间，既不是对物理事物的摹仿，也不只是强烈感情的流溢。它是对实在的再解释，不过不是靠概念而是靠直观，不是以思想为媒介而

---

[1] 杜威：《艺术即经验》，高建平译，商务印书馆，2005年，第81页。
[2] 卡西尔：《人论》，甘阳译，上海译文出版社，1985年，第180页。

是以感性形式为媒介"[1]。这种对构形的论述，恰恰是尤为符合于诗的创作特征的。诗的内在构形，是创造出具有内视之美的"内在对象"。黑格尔在谈到诗的本体性质时说过："造形艺术通过石头和颜色之类造成可以眼见的感性形状，音乐通过受到生气灌注的和声和旋律，这就是按照艺术方式显现一种内容的外表。诗却不然，它只能通过观念本身去表现，这一点是我们要经常回顾的。所以诗人的创造力表现于能把一个内容在心里塑造成形象，但不外现为实在的外在形状或旋律结构，因此，诗把其它艺术的外在对象转化为内在对象。心灵把这种内在对象外现给观念本身去看，就采取它原来在心灵里始终要采取的那个样式。"[2] 请不要误会，黑格尔所说的"观念"，不是概念化，而是指内在的心灵方式。朱光潜先生为此专门作了注释："'观念'这个词前已屡见，在德文是 Vorstellung，原义是摆在心眼前的一个对象，作为动词，就指在心中见到或想到的一个对象，所以在中文里通常译为'观念'是正确的。观念应包括在广义的'思想'里，所以观念方式也就是思维方式，所不同者'思想'可以是抽象的，经过推理的，诗的'观念'一般是具体的意象，是想象活动的产物。"[3] 黑格尔这里是把创造具有内视性质的意象作为诗区别于其他艺术的特征的。

这种观念性的内在视象，又是如何使读者产生"不尽之意"的呢？从诗人创作的角度来看，在通过触物感兴而产生创作冲动、进行内在的艺术构形阶段，就已经是凭借诗的媒介在进行了。诗作为艺术品，诗人是要通过符合音律的文字使其定型的。而同时，外来的物色进入到诗人的脑海，诗的语言媒介是对其进行了改造和整合的，因而才形成具有创造感的内在视象。刘勰在《神思》篇中所说的"物沿耳目，而辞令管其枢机"即是此意。在这个过程中，进入脑海的物色是带着彼时彼地的当下状态呈现给诗人的，即如陆机所说的"情瞳眬而弥鲜，物昭晰而互进"（《文赋》）。而诗人"寻声律而定墨"地给诗作定型的过程，也是

---

[1] 卡西尔：《人论》，甘阳译，上海译文出版社，1985年，第187页。
[2] 黑格尔：《美学》，朱光潜译，第3卷，商务印书馆，1981年，第56—57页。
[3] 黑格尔：《美学》，朱光潜译，第3卷，商务印书馆，1981年，第56页。

一个独特的创造过程。通过这种定型，诗人独特的审美情感和所创造的内在视象得以持存，中国诗学中的"诗者，持也，持人情性"，与西哲所说的"诗人，创建那持存的东西"[1]真可谓殊途同归。可供读者欣赏的作品，就是定型后的文本。诗人在创作时就通过语言文字创造出许多内在的视象，这种内在视象是通过了诗人的审美知觉的吸纳和构形的。它有着诗人那种独特的身体所居的角度，也有着"物虽胡越，合则肝胆"的整合创建。读者赏读之际，自然会在内心中生起具有画面般的内在视象，这也是诗人的初衷所在。但是诗人在初创之时的构形之妙，那恐怕是读者所难一致性地把握的。皎然在《诗式序》中的论述，会给我们以启发，其云："夫诗者，众妙之华实，六经之菁英，虽非圣功，妙于均圣。彼天地日月、元化之渊奥、鬼神之微冥，精思一搜，万象不能藏其巧。其作用也，放意须险，定句须难，虽取由我衷，而得若神授。至如天真挺拔之句，与造化争衡，可以意冥，难以名状，非作者不能知也。"[2]既然读者难以把握诗人在创作之时的精微之思，也就只能以各自的审美鉴赏能力来领悟文本所提供的内在视象了。卡西尔还有一段论述也颇令人有所省悟，他说："我们的审美知觉比起我们的普通感官知觉来更为多样化并且属于一个更为复杂的层次。在感官知觉中，我们总是满足于认识我们周围事物一些共同不变的特征。审美经验则是无可比拟地丰富。它孕育着在普通感觉经验中永远不可能实现的无限的可能性。"[3]对于诗歌的审美鉴赏，当然是以审美知觉，调动丰富异常的审美经验。"作者以一致之思，读者各以其情而自得"[4]，船山所论，一语中的！

或许有人质疑：你所说的"内视之美"，其实也即诗歌创作的内在形象，文艺学由来已久的"形象思维"的命题，岂不是可以概括之？那么又有何必要另起炉灶？对于这样的质疑，笔者同意一半，也即认为这

---

[1] 海德格尔：《荷尔德林诗的阐释》，孙周兴译，商务印书馆，2002年，第174页。
[2] 李壮鹰主编：《中华古文论释林·明代上卷》，北京大学出版社，2011年，第1页。
[3] 卡西尔：《人论》，甘阳译，上海译文出版社，1985年，第184页。
[4] 王夫之著，戴鸿森笺注：《姜斋诗话笺注》，人民文学出版社，1981年，第5页。

种质疑是有一定道理的。"内视之美"与"形象思维"的所指重合或略同，宜乎其然！能指相同或相近，而所指不同的例子比比皆是！（对于熟悉文艺学发展史的学人来说，"形象思维"的内涵及讨论的来龙去脉并不令人陌生，笔者不在本文中加以辨析。）但这并不妨碍能指的变化及不同的理论指向。形象思维也好，内视之美也好，就其同者而言，都旨在揭示文学创作与其他文字相区别的本质特征；就其异者而言，前者是指涉文学创作的思维规律，后者则是指涉文学创作（以诗为代表）与其他文字写作不同而独具的审美属性。正因这种审美属性的普遍性存在，才产生了那种超越语言文字外壳局限的整体性审美功能。斯有"如在目前"，方可"见于言外"！

原文发表于《文艺理论研究》2017年第1期

情与气偕，辞共体并
——《文心雕龙·风骨》赞的美学命题意义

张 晶

一、小引 "赞"与命题

关于《文心雕龙》之《风骨》篇，已有很多研究论著，歧解亦多。本文则从它的赞语来反观"风骨"篇的意涵，得视角于一孔，可以抉发出与已有的"风骨"研究的不同意涵。刘勰在"赞语"提出的"情与气偕，辞共体并"等美学命题，研究者只作了一般性的注译，并未得到作为理论话语的系统理解与阐发。在笔者看来，《风骨》篇的赞语，以命题的样态概括了《风骨》篇正文的理论内涵，同时也敞开了"风骨"的别样景观。同时，也可以这样认为，《风骨》的赞语，不唯是对《风骨》篇正文的阐明，而且，也涉及刘勰对文学创作论的整体通观。

《风骨》赞语云：

> 情与气偕，辞共体并。文明以健，珪璋乃骋。
> 蔚彼风力，严此骨鲠。才锋峻立，符采克炳。[1]

关于《文心雕龙》的赞语，笔者已有若干篇的论文面世，基于这样

---

[1] 刘勰著，范文澜注：《文心雕龙注》，人民文学出版社，1958年，第513页。

的认识：《文心雕龙》的赞语，皆为四言八句，置于篇末，音声朗练，蕴义丰富，多可视为一篇之概括，或本篇之升华。"赞"作为一种文体，多是附于正文之后，对正文加以阐明或辅助说明，而并非是赞美之义。刘勰在他的《文心雕龙·颂赞》中明确说："赞者，明也，助也。"[1]并且指出，赞都是"飏言以明事，嗟叹以助辞也"[2]，又申明"明"与"助"的两重功能。《史记》和《汉书》篇末均有赞语，主要是概括评价历史事件与人物，并非如《文心雕龙》的四言韵语。范晔著《后汉书》，在人物传后有赞，则为四言韵语，如《后汉书·列女传》赞语为："赞曰：端操有踪，幽闲有容。区明风烈，昭我管彤。"[3]《后汉书·方术传》后有赞语："赞曰：乘方不忒，临义罔惑。惟此刚絜，果行有德。"[4]这与刘勰《文心雕龙》各篇的赞语形式就较为相近了。刘勰又正面提炼出"赞"的本义及形式特征："然本其为义，事生奖叹，所以古来篇体，促而不广；必结言于四字之句，盘桓乎数韵之辞，约举以尽情，昭灼以送文，此其体也。"[5]从赞的功能角度说，它是以简约的形式表情于极致，以"昭灼"的明确程度结束文章；从形式的角度来说，赞是结言于四言之句，并以数韵构成。刘勰《文心雕龙》各章的赞语，全然是以此作为其规制的。

中国古代文论研究中，命题是非常值得重视的研究对象。与范畴相比，命题的语法形式更为复杂，表述的观点也更为明确，对于思想体系的形成来说，命题具有更为重要的功能。古代汉语那种简洁精要的特性，尤为适合命题的提出及其经典化的生成。中国古代文论命题的简洁精要、取向鲜明的特点是显而易见的。譬如"尽善尽美""主文谲谏""感物吟志""入兴贵闲""窥意象而运斤"等。命题本身即是具有判断

---

[1] 刘勰著，范文澜注：《文心雕龙注》，人民文学出版社，1958年，第158页。
[2] 刘勰著，范文澜注：《文心雕龙注》，人民文学出版社，1958年，第158页。
[3] 上海古籍出版社、上海书店编：《二十五史》，第2册，上海古籍出版社、上海书店，1986年，第287页。
[4] 上海古籍出版社、上海书店编：《二十五史》，第2册，上海古籍出版社、上海书店，1986年，第278页。
[5] 刘勰著，范文澜注：《文心雕龙注》，人民文学出版社，1958年，第159页。

性的短句，价值判断必然给命题带来价值导向性。命题首先要有客观的真理性，如果所涉不实，那就是伪命题。如 Richard M. Gale《哲学百科全书》中指出的："事实无非是一个真命题，是真理，这真理是某些命题具有而别的命题不具有的简单的、不可分析的和可直观想象的性质。一切知识，甚至感官知觉得来的知识，都无非是命题的被认识的东西。"[1] 另一方面，命题又有明显的价值导向性。任何命题都是一种价值判断，真正的命题，都体现出鲜明的导向性，也即命题提出者的价值取向。美国哲学家斯托特谈命题时说："他主张，它是一个与某种现实性有关的、在事物的本性中固有的真正的可能性。在判断中，心灵知道某种确定的事实（例如，我面前有一张纸），这一事实可进一步加以确定（例如，这张纸的另一边会有某些确定的色调中的某一色调），心灵则从这些真正的可能性中选择一个作为现实的。选择的取舍是一个与确定的事实相关联的真正的可能性，它并且作为判断的独立对象起作用。"[2] 斯托特在这里所说的"选择"，一方面是确定的事实，另一方面就是价值导向了。

辞语的凝练精要与观念的明确指向，是中国古代文论命题的最核心的特征。"赞"作为文体，是最适合提出命题的。四言"文约意广"，而且表意透彻。唐代的司空图，以四言的形式作《二十四诗品》，表述24种诗美风格，形成了若干经典美学命题，如"超以象外，得其环中"（《豪放》）、"俯拾即是，不取诸邻""真与不夺，强得易贫"（《自然》）、"不著一字，尽得风流"（《含蓄》），等等。黄侃先生将其归为"赞"之一类，说："唐世司空图《二十四诗品》，造语精警，亦赞之美者也。"[3] 刘勰对"赞"的功能定位，既是"明"，又是"助"，既要"约举"，又要"昭灼"。"约举"者，篇制短小；"昭灼"者，意向明豁。各章在赞中提出命题，就是顺理成章的了。"赞"寓褒贬议论于其中，补足和揭明正文的内蕴。《文章缘起》云："赞，司马相如'荆轲赞'。"

---

[1] 参见孙小礼等主编：《科学方法》，知识出版社，1990年，第220页。
[2] 参见孙小礼等主编：《科学方法》，知识出版社，1990年，第224页。
[3] 黄侃：《文心雕龙札记》，商务印书馆，2016，第70页。

陈懋仁注云："'飚言以明事,而嗟叹以助辞也。'四字为句,数韵成章,盖文约而寓褒贬也。又句可短长,惟韵不可失。"[1]

吴讷《文章辨体序说》又指出了从班固的《汉书》到范晔的《后汉书》"赞"的文体形态变迁:"厥后班孟坚汉史以论为赞,至范晔,更以韵语。"[2]这是符合赞的发展实际的,班固《汉书》之赞以论为主,无韵,而至范晔的《后汉书》之赞,就都是四言韵语了。吴讷《文章辨体序说》云:"大抵赞有二体:若作散文,当祖班氏史评;若作韵语,当宗《东方朔画像赞》。"[3]此处提到的《东方朔画像赞》为夏侯湛所作,赞云:"矫矫先生,肥遁居贞。退不终否,进亦避荣。临世濯足,希古振缨。涅而无滓,既浊能清。无滓伊何,高明克柔。能清伊和,视污若浮。乐在必行,处沦罔忧。"[4]赞语本身很长,非范晔《后汉书》之赞的体制。刘勰的《文心雕龙》每篇皆有赞语,他对赞的文体特征有明确的文体意识。《文心雕龙》每篇之赞,均为四言八句。这虽然并非"赞"的固定形式要求,却是赞这种文体发展到刘勰时代的经典形式。

中国古代文论或美学命题,有一个自身经典化的历程。而成为经典性的命题的辞语,往往有着凝练精警的语言形式及内蕴深刻的价值判断。赞的文体及功能,尤为适合命题的提出及其经典化。刘勰的《文心雕龙》各章都有重要的理论内涵,同时,又有各种体裁文章的史的勾勒。作者的批评意识和理论建构观念,都体现得非常充分。其中的《颂赞》一篇,对于赞的批评功能作了明确的揭示。而且,《文心雕龙》各章的赞的形态,与其在《颂赞》中所界定者完全一致,说明刘勰对赞的文体形态及其功能,有着高度的理论自觉。以赞的形式,在《文心雕龙》正文后面提出相关的命题,就成为顺理成章的事情了。正如刘师培

---

[1] 吴讷著,凌郁之疏证:《文章辨体序题疏证》,人民文学出版社,2016年,第212页。
[2] 吴讷著,于北山校点:《文章辨体序说》,人民文学出版社,1962年,第48页。
[3] 吴讷著,于北山校点:《文章辨体序说》,人民文学出版社,1962年,第48页。
[4] 东方朔:《夏侯湛画赞》,见萧统选,李善注:《文选》,中华书局,1977年,668页。

所言："乃知赞者，盖将一书之旨为文融会贯通以明之者也。"[1]《文心雕龙》各章的赞语，提出很多重要的美学命题，大大增强了《文心雕龙》的理论含量，使之在中国美学史上做出了非常卓越的贡献。如《诠赋》赞语中提出的"写物图貌，蔚似雕画"[2]，《颂赞》赞语中提出的"镂采摛文，声理有烂[3]，《神思》赞语中的"神用象通，情变所孕"[4]，《通变》赞语中的"文律运周，日新其业"[5]，《情采》赞语中的"心术既形，英华乃赡"[6]，《比兴》赞语的"诗人比兴，触物圆览""物虽胡越，合则肝胆"[7]，《养气》赞语中提出的"玄神宜宝，素气资养"[8]，《总术》提出的"乘一总万，举要治繁"[9]，《物色》提出的"情往似赠，兴来如答"[10]，等等，都是有独特的美学理论价值的重要命题，可使《文心雕龙》诸篇正文提出的很多问题，得到更为深刻的理解。因此，从赞语来考量《文心雕龙》中的一些理论问题，或有意外之收获。

在中国文论或中国美学发展史上，命题的意义与功能愈显重要。经过了时间的检验与沙汰，一些命题的理论含量及当代价值，逐渐得到提升与阐释，成为文论史和美学史的重要组成部分。而很多论者的思想观念，也因其某些甚至某个显要的命题而闪烁于其间。如中唐诗人刘禹锡的诗学观念，因其"境生于象外"的著名命题而昭显于文论史。刘勰对于"赞"作出文体的性质的明确界定，说明其对"赞"在理论建构方面的重要作用。"明也""助也"，都是针对于前面的正文而言的。既是阐

---

[1] 刘师培：《文心雕龙讲录·颂赞篇》，见吴讷著，凌郁之疏证：《文章辨体序题疏证》，人民文学出版社，2016年，第217页。
[2] 刘勰著，范文澜注：《文心雕龙注》，人民文学出版社，1958年，第136页。
[3] 刘勰著，范文澜注：《文心雕龙注》，人民文学出版社，1958年，第159页。
[4] 刘勰著，范文澜注：《文心雕龙注》，人民文学出版社，1958年，第495页。
[5] 刘勰著，范文澜注：《文心雕龙注》，人民文学出版社，1958年，第521页。
[6] 刘勰著，范文澜注：《文心雕龙注》，人民文学出版社，1958年，第539页。
[7] 刘勰著，范文澜注：《文心雕龙注》，人民文学出版社，1958年，第603页。
[8] 刘勰著，范文澜注：《文心雕龙注》，人民文学出版社，1958年，第647页。
[9] 刘勰著，范文澜注：《文心雕龙注》，人民文学出版社，1958年，第657页。
[10] 刘勰著，范文澜注：《文心雕龙注》，人民文学出版社，1958年，第695页。

明，又是补助，是对各章所论内容的理论提升及概括。这就与命题的产生有了非常接近的关系。经典的哲学命题或美学命题，大多是语言简明精要、包含着思想家们具有创造性的观念。如康德的"审美无利害""审美判断无目的的合目的性"，黑格尔的"美是理念的感性显现"，杜威的"艺术即经验"，克罗齐的"直觉即表现"，克莱夫·贝尔的"艺术是有意味的形式"，鲍桑葵的"凡是不能呈现为表象的东西，对审美态度说来是无用的"，海德格尔的"一切艺术品都有这种物的特性"，等等。这些美学的命题，都非常集中地体现了某位美学家的思想体系。中国的文论或美学命题在语言形式上则更为整饬凝练，而且与生俱来地带有很强的声韵感。这些文论或美学命题的提出者，本身都是有成就的诗人、文学家、艺术家。如老子的"大音希声，大象无形"、董仲舒的"诗无达诂"、陆机的"诗缘情而绮靡""立片言以居要，乃一篇之警策"、萧子显的"属文之道，事出神思，感召无象，变化无穷"、宗炳的"澄怀味象""应会感神"，等等。语言形式的精警凝练，语义的完整自明，是中国古代文论或美学命题的基本特征。

刘勰之前，在魏晋时期的人物品评之中，已多有以"风气""风神""风韵"等来称赏人物的精神风貌者，也有以"风骨"形容人物气象者，如《世说新语·赏誉》引《晋安帝纪》："羲之风骨清举也。"[1]刘勰对于中国批评史的贡献之一，是将"风"与"骨"凝结为一个完整的、成熟的文论范畴，并赋予其独特的理论内涵。"风骨"无疑已经成为一个一体化的范畴，然而，刘勰还是就"风"和"骨"各自的意蕴作了阐发，如《文心雕龙·风骨》开篇所说："诗总六义，风冠其首，斯乃化感之本源，志气之符契也。是以怊怅述情，必始乎风，沉吟铺辞，莫先乎骨。故辞之待骨，如体之树骸；情之含风，犹形之包气。结言端直，则文骨成焉；意气骏爽，则文风清焉。"[2]这段话阐明了风、骨的各自意蕴，同时，也引发了对风骨的不同理解。黄侃先生对此有一段基本的

---

[1] 龚斌校释：《世说新语校释》，上海古籍出版社，2011年，第1539页。
[2] 刘勰著，范文澜注：《文心雕龙注》，人民文学出版社，1958年，第513页。

阐释，其言："二者皆假于物以为喻。文之有意，所以宣达思理，纲维全篇，譬之于物，则犹风也。文之有辞，所以摅写中怀，显明条贯，譬之于物，则犹骨也。必知风即文意，骨即言辞，然后不蹈空虚之弊。或舍辞意而别求风骨，言之愈高，即之愈渺，彦和本意不如此也。"[1] 黄侃先生之论，可谓对风骨的基本理解，切中肯綮。简而言之，风即文意，骨即文辞。为了不蹈空履虚，黄侃作了这样切实而简明的阐发，也不离《风骨》篇所言之本义；然风骨作为一个具备很高审美价值的范畴，仅仅如此理解，无法真正揭示刘勰倡言风骨的独特意义。笔者颇为赞同汪涌豪教授的观点，他主张："很显然，仅通过语义分析，揭出'风'为何意、'骨'何所指是不够的。在刘勰那里，'风骨'范畴的内涵十分精深生动，它要昭示的一种作品骨干坚挺、高峻磊落的美学风貌，一种劲气弥满、雄强刚健的力度美。"[2] 正面阐释风与骨的语义是必要的，而从整体上、从美学的意义上来把握"风骨"的独特内涵及价值，也许是我们探索《文心雕龙》的方法层面的尝试。

"赞"在各章的最后，而非独立的文章存在，往往提出非常重要的、也是笼罩全篇的命题。这对我们从命题的角度来把握《文心雕龙》的理论指向，具有不可替代的意义。吴建民教授的《中国古代文论命题研究》一书，其中第五章专论"经典文论著作《文心雕龙》之命题创建"，认为"刘勰善于将思想观点浓缩进短小精悍的命题中，命题是刘勰思想观点的集中体现，《文心雕龙》各篇的命题犹如点睛之笔，闪耀着灿烂的思想火花，也凝聚着《文心雕龙》的理论精髓"[3]。赞语中所提出的命题，尤以侧重于理论建构的篇章（如创作论诸篇）最具理论含量。因其在全文最后以赞语的形式，写出了作者对于本篇（往往是一个重要的范畴，如"神思""风骨""物色"）的内容的概括性认识，对于这个范畴或相关的思想而言，经常是一种经典化的凝缩，甚至是超越于正文论述的思想结晶。刘勰在《风骨》赞语中的"情与气偕，辞与体并"等命

---

[1] 黄侃：《文心雕龙札记》，商务印书馆，2016年，第95页。
[2] 汪涌豪：《中国古典美学风骨论》，商务印书馆，2019年，第124页。
[3] 吴建民：《中国古代文论命题研究》，南京大学出版社，2017年，第166页。

题，在很大程度上阐发了风骨范畴的更为深刻的内涵。

二、"情与气偕，辞共体并"作为风骨的基本形态

在刘勰关于风骨的论述中，"情与气偕"是"赞"的首句，也是一个非常重要的美学命题。"风骨"必须体现在作品文本之中，"情与气偕"就是指作品里那种由情之发动而致文气勃发的状态，也是风骨之作的内在要求。刘勰认为情是文学创作最根本的动力，在他的《文心雕龙》诸篇中，有一百余处言及"情"在文学写作中的本体性质。如在《明诗》篇中以"持人情性"为诗的基本功能，又言："人禀七情，应物斯感，感物吟志，莫非自然。"[1]"七情"一般是指喜、怒、哀、惧、爱、恶、欲等自然发生的情感，也即自然情感。人所禀赋的"七情"，在触发外在事物的过程中，产生冲动，吟咏情志，遂有诗的产生。中国诗学有"诗言志"的命题，很多人以理性观念为"志"的内涵。笔者则主张"情志一也"。在我的理解中，"志"是进入创作心态中的情感，是已经具有意向的情感。在诗学范围内，"情"可以说是进入创作状态前作为动力的自然情感，而"志"则是具有强烈的意向性质的审美情感。重读《诗大序》，或许我们可以得出不同以往的理解："诗者，志之所之也。在心为志，发言为诗。"正义曰："诗者，人志意之所适也。虽有所适，犹未发口，蕴藏在心，谓之为志，发见于言，乃名为诗。言作诗者，所以舒心志愤懑，而卒成于歌咏。"[2]故《虞书》谓之："诗言志也。包管万虑，其名曰心，感物而动，乃呼为志。志之所适，外物感焉。言悦豫之志，则和乐兴而颂声作，忧愁之志，则哀伤起而怨刺生。《艺文志》云：'哀乐之情感，歌咏之声发，此之谓也。'"[3]志意所

---

[1] 刘勰著，范文澜注：《文心雕龙注》，人民文学出版社，1958年，第65页。
[2] 《十三经注疏》整理委员会整理：《十三经注疏·毛诗正义》，北京大学出版社，2000年，第7页。
[3] 《十三经注疏》整理委员会整理：《十三经注疏·毛诗正义》，北京大学出版社，2000年，第7页。

适，是言其情感有一定的走向。适是动词，表示沿着某个方向运动，动态性和目标性都是很明确的。依笔者之见，情与志，并非是感性和理性的区别，而是自然情感和创作意向的区别。

"情与气偕"的命题，说明了情与气在风骨中的关系，也指出了在气的推动下，情的意向性运动。偕者，同行也。意谓在气的推动下，情由无形到赋予形式的过程。《诗大序》中所说的"情动于中而形于言"，也正是这样一个从无形之情到赋形之情的过程，也即从自然情感到审美情感的途径。《毛诗正义》的阐释值得我们重视，其云："上云'发言为诗'，辨诗、志之异，而直言者非诗，故更序诗必长歌之意。情谓哀乐之情，中谓中心，言哀乐之情动于心志之中，出口而形见于言。初言之时，直平言之耳。平言之而意不足，嫌其言未申志，故咨嗟叹息以和续之。嗟叹之犹嫌不足，故长引声而歌。长歌之犹嫌不足，忽然不知手之舞之、足之蹈之。言身为心使，不自觉知举手而舞身、动足而蹈地，如是而后得舒心腹之愤，故为诗必长歌也。圣王以人情之如是，故用诗于乐，使人歌咏其声，象其吟咏之辞也；舞动其容，象其舞蹈之形也。具象哀乐之形，然后得其心术焉。'情动于中'，还是'在心为志'，而'形于言'，还是'发言为诗'，上辨诗从志出，此言为诗必歌，故重其文也。"[1]"志"与"情"并非如以往的某种定见，志即理性，情即感性，而是自然之情进入表现过程之志。"在心为志"就是"箭在弦上，不得不发"，必欲形之于言，或是长歌，或是手之舞之足之蹈之，这就成为艺术表现也即审美情感了。"具象哀乐之形"是能够用来理解"情与气偕"这个命题的审美理论内涵的。

基于上述认识，可以得知情在"风骨"中的作用。情在作品中的显现，是需要气的运化的。范文澜先生如是解释这两句："其曰情与气偕，辞共体并者，明气不能自显，情显则气在其中，骨不能独章，辞章则骨在其中也。"[2]范文澜先生这几句话，对我们理解刘勰所论之情与气之

---

[1]《十三经注疏》整理委员会整理：《十三经注疏·毛诗正义》，北京大学出版社，2000年，第7页。

[2] 刘勰著，范文澜注：《文心雕龙注》，人民文学出版社，1958年，第515页。

关系，大有裨益。气是物质性的，却不能外显为固化的有形之物，从文学创作的过程而言，情的彰显与转化，却需由气作为动力因素。情气相偕，才能真正揭明风的本质特征。"相偕"并非是静止的状态，而是运化的过程。《淮南子·本经训》云："天地之合和，阴阳之陶化，万物皆乘一气者也。"[1]《淮南子》提出的"一气"，是天地之本源，万物皆乘一气而行，即是运化之功。气可使情聚而为意象，如庄周所言："察其始而本无生，非徒无生也，而本无形，非徒无形也，而本无气。杂乎芒芴之间，变而有气，气变而有形，形变而有生。"[2] 风骨之"风"，是形容作品的内在生命感。情借气而显，气因情而动。刘勰在《文心雕龙》中所论之气，不同于孟子以道德充塞之气，亦不同于管子的"精气"，而是作者为文时的内在之气及文中之气。《文心雕龙》中有"养气"一篇，虽然一开始就提到王充的"养气"之说，但其所论与王充并非一途。王充在《论衡·自纪》中云："乃作《养性》之书凡十六篇，养气自守，适食则酒，闭明塞聪，爱精自保，适辅服药引导，庶冀性命可延，斯须不老。"[3] 王充所养之气，乃是身体之精气，目的是"性命可延"。刘勰所论之"养气"虽与王充所论有密切关系，但其着重之处是对于创作来说重要的"精气神"。《养气》篇云："昔王充著述，制《养气》之篇，验己而作，岂虚造哉！夫耳目鼻口，生之役也；心虑言辞，神之用也。率志委和，则理融而情畅；钻砺过分，则神疲而气衰；此性情之数也。"[4] 这是进行写作时的精神与精力的状态。刘勰提出"率志委和"的命题，将"养气"之说引入到文学创作中来。"耳目鼻口"是人的感知器官，所谓"生之役也"；"心虑言辞"是创作思维的基本条件，即内在的运思及媒介语言。刘勰在这里是将气论哲学与创作思维紧密联系起来的。王元化先生曾有专论《释养气篇"率志委和"说》，对这个命题作了这样的阐发："'率志委和'一语是指文学创作过程中的

---

[1] 参见李存山：《中国气论探源与发微》，中国社会科学出版社，1990年，第121页。
[2] 陈鼓应注译：《庄子今注今译》，中华书局，1983年，第450页。
[3] 黄晖：《论衡校释》，中华书局，1990年，第1208页。
[4] 刘勰著，范文澜注：《文心雕龙注》，人民文学出版社，1958年，第646页。

一种从容不迫、直接抒写的自然态度。率,遵也,循也。委,付属也。'率志委和'就是循心之所至,任气之和畅的意思。"[1]所以刘勰在《养气》篇中所说的"养气",正是创作中的"率志委和",如其所言:"夫学业在勤,功庸弗怠,故有锥股自厉,和熊以苦之人。"这是指学习时应该勤奋自厉,而到临机创作时,则应是:"志于文也,则申写郁滞,故宜从容率情,优柔适会。若销铄精胆,蹙迫和气,秉牍以驱龄,洒翰以伐性,岂圣贤之素心,会文之直理哉!且夫思有利钝,时有通塞,沐则心覆,且或反常,神之方昏,再三愈黩。是以吐纳文艺,务在节宣,清和其心,调畅其气,烦则即舍,勿使壅滞;意得则舒怀以命笔,理伏则投笔以卷怀,逍遥以针劳,谈笑以药倦,常弄闲于才锋,贾余于文勇,使刃发如新,凑理无滞,虽非胎息之迈术,斯亦卫气之一方也。"[2]理解了《养气》篇的意旨,才能理解《风骨》篇中的"情与气偕"的"气"的意思。

明乎此,我们再来理解"情与气偕"的内在机制。"文心"之中,情是动力,诗人受外物触发,所动者情。而作品之所以能够感人肺腑,摄人心魄,也在于作品之情,不过作品之情,已非最初自然之情,而是经过意象熔炼可由读者品味及欣赏的了。《物色》篇中所说的"岁有其物,物有其容;情以物迁,辞以情发",因外物的变化,引起情感的波动变化,从而得到作家的语言表现。又说:"是以四序纷回,而入兴贵闲。物色虽繁,而析辞尚简,使味飘飘而轻举,情晔晔而更新。"[3]作家以澄明的心态,面对四序纷回,物色变化虽然繁复,而用以表现的辞语却是以简驭繁。这里的晔晔之情,是光彩昭然的,也是在作品中表现出来的,因而是一种审美情感。英国著名美学家鲍桑葵这样表述审美情感,说:"美是情感变成有形。……如果它不是有形的,亦即没有一个用来体现什么的表现形式,那么从审美目的说来,它就什么都不是。但是如果它是有形的,即如果它有表现形式,因而体现一种情感,那么它

---

[1] 王元化:《文心雕龙创作论》,上海古籍出版社,1984年,第281页。
[2] 刘勰著,范文澜注:《文心雕龙注》,人民文学出版社,1958年,第647页。
[3] 刘勰著,范文澜注:《文心雕龙注》,人民文学出版社,1958年,第694页。

本身就属于美的普遍定义之内,即等于审美上卓越的东西。"[1] 它与自然情感的区别在于,审美情感是经过了形式化的。这也就是美学史上的"使情成体"说。情感如果进入审美层次,就必须是有形式的。鲍桑葵认为:"情感变得'有组织的'、'塑造的'或'具体化的'。这种审美情感的特征是十分重要的。因为情感在具体化或具有塑造的形状以后,就不再只是一个单独的'身-心'的暂时反应了。"[2] 这个"形式化"的过程,在刘勰这里,离不开气的运行。刘勰在《神思》赞语中所提出的"神用象通,情变所孕"命题,说明了情在作品中的孕化作用。同时,也指出了情感对于意象生成的重要性。而能够使人一见而倾心、一览而动情的作品,其动人原因即在于情的条畅充沛。而使情能够显现于作品之中、呈现于读者之前的推动力,则是气。宋代思想家张载提出的"凡象,皆气也"的哲学命题,落实到意象生成上,可以看到气在其中的动力因素。在中国文论里,文学作品中的意象是与气偕行的,也即是情的外显与形式化过程。司空图《二十四诗品》"豪放"品中"观花弗禁,吞吐大荒。由道返气,处得以狂。天风浪浪,海山苍苍。真力弥满,万象在旁"[3] 数句描述的是由于元气淋漓而呈现的万象缤纷。宋代思想家张载以气为本体,而主张气聚为有形,气散为太虚,其言:"太虚无形,气之本体,其聚其散,变化之客形尔。至静无感,性之渊源,有识有知,物交之客感尔。"[4] 有形与无形,乃是气的运化聚散的产物。后来清人叶燮在《原诗》中指出了"气"的总体运行的功能,他将外在世界分为理、事、情三大元素,而认为气是总贯其中的根本原因,他说:"曰理、曰事、曰情三语,大而乾坤以之定位,日月以之运行,以至一草一木一飞一走。三者缺一,则不成物。文章者,所以表天地万物之情状也;然具是三者,又有总而持之、条而贯之者,曰气。事、理、情之所为用,气为之用也。譬之一木一草,其能发生者,理也。其既发生,

---

[1] 鲍桑葵:《美学三讲》,周煦良译,上海译文出版社,1983年,第51页。
[2] 鲍桑葵:《美学三讲》,周煦良译,上海译文出版社,1983年,第4页。
[3] 郭绍虞集解、辑注:《诗品集解·续诗品注》,人民文学出版社,1963年,第23页。
[4] 张载:《张载集》,中华书局,1978年,第7页。

则事也。既发生之后，夭矫滋植，情状万千，咸有自得之趣，则情也。苟无气以行之，能若是乎？又如合抱之木，百尺干霄，纤叶微柯以万计，同时而发，无有丝毫异同，是气之为也。苟断其根，则气尽而立萎，此时理、事、情俱无从施矣。吾故曰：三者借气而行者也。得是三者，而气鼓行于其间，纲缊磅礴，随其自然，所至即为法，此天地万象之至文也。"[1]叶氏所说的"理事情"之情，不同于刘勰所说之情，而是指事物的情态，但讲"气"的总体运行功能，却可以使我们更易于理解刘勰所说的"情与气偕"的状态。评判风骨之有无，"气"是最重要的元素。刘勰在《风骨》篇中说："故魏文称文以气为主，气之清浊有体，不可力强而致。故其论孔融，则云体气高妙；论徐干，则云时有齐气；论刘桢，则云时有逸气。公干亦云，孔氏卓卓，信含异气，笔墨之性，殆不可胜，并重气之旨也。"[2]对于风骨之作，气并非可有可无之物，而且，气是与情偕行的，是使情在作品中外显的动力。而情的外显，使作品具有强烈的美感和充沛的感召力。风骨之遒劲，无气则不能。为文要有风骨，易言之，当以气为根本。"情与气偕"，在《风骨》篇中是一个内涵非常丰富的重要命题。

"辞共体并"更多的是侧重于讲辞语与文章体式之间的内在关系。风骨之骨，依黄侃说是显现于作品之文辞，这在《文心雕龙·风骨》篇中是可以落实的。其言"故辞之待骨，如体之树骸""结言端直，则文骨成焉"，可见风骨之骨在于文辞表现。然并非是说有文辞即有文骨，而是说文辞有赖于骨力刚健。黄侃先生谓："或者舍辞意而别求风骨，言之愈高，即之愈渺，彦和本意不如此也。纽诵斯篇之辞，其曰怊怅述情，必始乎风，沉吟铺辞，莫先于骨，明风缘情显，辞缘骨立也。其曰辞之待骨，如体之树骸，情之含风，犹形之包气者，明体恃骸以立，形恃气以生；辞之于文，必如骨之于身，不然则不成为辞也，意之于文，必若气之于形，不然则不成为意也。其曰结言端直，则文骨成焉，意气

---

[1] 丁福保辑：《清诗话》，上海古籍出版社，2015年，第590页。
[2] 刘勰著，范文澜注：《文心雕龙注》，人民文学出版社，1958年，第514页。

骏爽,则文风清焉者,明言外无骨,结言端直者,即文骨也;意外无风,意气之骏爽者,即文风也。"[1] 黄侃先生认为刘勰所谓"文骨"即是文辞,这样可以落实到"风骨"的具体含义之内。但是并非仅有文辞就是文骨,只有"结言端直"者才可称为有骨之作。刘勰所说"故练于骨者,析辞必精",是指风骨在文辞铸炼方面的高品质要求。"辞共体并"与"情与气偕"相对,应该还是对文骨的描述。关于"辞与体并","龙学"研究家们并无明确的阐析,笔者认为这是对正文中关于文骨表述的重要补充,其意为:文骨的体现还在于文辞应该切合文体法式的规则。体,理解为文体法式是较为切近的。《风骨》篇中这段话并未引起人们太多的注意,但结合"辞共体并"的命题,则可得到更为深入的理解。《风骨》篇云:"若夫镕铸经典之范,翔集子史之术,洞晓情变,曲昭文体,然后能孚甲新意,雕画奇辞。昭体故意新而不乱,晓变故辞奇而不黩。"[2] 刘勰的意思是,通过取法和在内心把握经典的范式与翔集、荟萃子书、史书的文术,深明文章情势之变,周密地彰显各体文章的基本体制,然后方能萌生新意,自铸奇文。"昭体"的意义就在于深谙不同体类文章的体制要求,才能构思新颖而不杂乱。洞晓文章情势之变,就可文辞奇妙而不浮滥。可见"昭体"对于风骨之作的必要性。"辞共体并"就是主张文辞创作一定要与体制范型相吻合,这也是风骨的基本要求。

三、"文明以健,珪璋乃聘。蔚彼风力,严此骨鲠"——风骨之作的审美样态

刘勰在"赞"里提出"文明以健"作为风骨的审美样态,这也是风骨之作在外显的审美感觉上的基本特征。《周易·同人·象辞》中言:"文明以健,中正而应,君子正也。"本来之义是说君子以文明行健。

---

[1] 黄侃:《文心雕龙札记》,商务印书馆,2016年,第95页。
[2] 刘勰著,范文澜注:《文心雕龙注》,人民文学出版社,1958年,第514页。

《周易正义》释此云:"此更赞明君子贞正之义。唯君子之人于'同人'之时,能以正道通达天下之志,故利君子之贞。"[1] 这里还有一个意思,即君子是以"文明"行健道,而非诉之于武。其云:"行健不以武,而以文明用之,相应不以邪,而以中正应之,君子正也,故曰'利君子贞。'"[2] 刘勰以"文明以健"作为"风骨"的审美样态,从《周易》的这个命题出发来谈文章风骨,指文章应该焕然明朗、刚健遒上。"珪璋乃聘"是说这样的文章是如珪璋一样珍贵的玉器,可为朝聘所用。言外之意,如此风骨之作可以成为国家的文明象征,并非一般性的文辞。珪璋并非普通的玉器,而是朝会所执之玉器。《左传·昭公五年》:"朝聘有珪,享有璋。"刘勰对文章之事定位极高,认为它是国家重器,故以"珪璋"喻之。《风骨》篇正文中也强调"文明以健"的命题,联系前后文意:"《周书》云,辞尚体要,弗惟好异。盖防文滥也。然文术多门,各适所好,明者弗授,学者弗师。于是习华随侈,流遁忘反。若能确乎正式,使文明以健,则风清骨峻,篇体光华。能研诸虑,何远之有哉!"[3] 赞语中所说的"文明以健,珪璋乃聘",是以形象而整饬的诗化语言,来提升上面所论。"《周书》云"见于《尚书·毕命》篇,其云:"政贵有恒,辞尚体要,不惟好异。"[4] 其注曰:"政以仁义为常,辞以理实为要,故贵尚之。若异于先王,君子所不好。"[5] "体要",依笔者理解,即是把握要义。

这是刘勰所一贯提倡的写作原则。在《文心雕龙·征圣》中,刘勰也说:"《易》称辨物正言,断辞则备;《书》云辞尚体要,弗惟好异。

---

[1]《十三经注疏》整理委员会整理:《十三经注疏·周易正义》,北京大学出版社,2000年,第87页。
[2]《十三经注疏》整理委员会整理:《十三经注疏·周易正义》,北京大学出版社,2000年,第86页。
[3] 刘勰著,范文澜注:《文心雕龙注》,人民文学出版社,1958年,第514页。
[4]《十三经注疏》整理委员会整理:《十三经注疏·尚书正义》,北京大学出版社,2000年,第617页。
[5]《十三经注疏》整理委员会整理:《十三经注疏·尚书正义》,北京大学出版社,2000年,第617页。

故知正言所以立辩，体要所以成辞；辞成无好异之尤，辩立有断辞之义。虽精义曲隐，无伤其正言；微辞婉晦，不害其体要。体要与微辞偕通，正言共精义并用。圣人之文章，亦可见也。"[1]"征圣"的目的在于立言，范文澜先生释"征圣"云："征，验也，谓验之于圣人之遗文也。"[2]"圣人之情，见乎文辞矣。先王圣化，布在方册；夫子风采，溢于格言。是以远称唐世，则焕乎为盛；近褒周代，则郁哉可从。此政化贵文之征也。"[3]刘勰论"征圣"，都是落实于"贵文之征"的。征圣的目的，是为立言。而立言的基本原则乃是"体要"。只有"体要"，才能真正组织好文辞，成为经典之文，而非追求奇异的效果。"好异"是文章应该避免的弊端，"体要"则是为文的灵魂。大思想家王夫之这样阐释《尚书》之义："《毕命》之言辞也，曰'体要'。于是而或为之说曰：'辞有定体焉，有扼要焉，契其扼要而循其定体，人可为辞，而奚以文为？体要者质也，质立而文为赘余矣。'徇是言也，质文之实交丧于天下，而辞之不足以立诚久矣。"[4]笔者认为，船山所谓"契其扼要而循其定体"，恰是对"辞尚体要"最为精准的解释。而"体要"乃是防止文章浮滥的关键。"习华随侈，流遁忘反"的文风，不可能产生风骨之作。"确乎正式"也即"辞尚体要"，以经典的法式为准则。这恰恰是"文明以健"的前提条件。刘勰在《宗经》篇中所说的"宗经"，并非是从经学的角度而是从文章的角度立论的。刘勰对经的本体认识是："经也者，恒久之至道，不刊之鸿教也。故象天地，效鬼神，参物序，制人纪；洞性灵之奥区，极文章之骨髓者也。"[5]彦和所论，全然不是经学家的立场，而是文学家的口吻。认为经可以洞悉性灵的深处，可以包蕴文章的骨髓。

刘勰认为，五经以不同体制昭示"文理"。《宗经》云："于是易张

---

[1] 刘勰著，范文澜注：《文心雕龙注》，人民文学出版社，1958年，第16页。
[2] 刘勰著，范文澜注：《文心雕龙注》，人民文学出版社，1958年，第15页。
[3] 刘勰著，范文澜注：《文心雕龙注》，人民文学出版社，1958年，第15页。
[4] 王夫之：《尚书引义》，见王夫之：《船山遗书》，第2册，中国书店，2016年，第432页。
[5] 刘勰著，范文澜注：《文心雕龙注》，人民文学出版社，1958年，第21页。

十翼，书标七观，诗列四始，礼正五经，春秋五例，义既极乎性情，辞亦匠于文理，故能开学养正，昭明有融。"[1] 很显然，刘勰在这里提出经典从义的角度可"极乎性情"，从辞的角度可以"匠于文理"，这当然是从文章方面立论的。经典对众多文体都有典范性的作用，如"故论说辞序，则《易》统其首；诏策章奏，则《书》发其源；赋颂歌赞，则《诗》立其本；铭诔箴祝，则《礼》总其端；纪传铭檄，则《春秋》为根；并穷高以树表，极远以启疆，所以百家腾跃，终入环内者也。若秉经以制式，酌雅以富言，是仰山而铸铜，煮海而为盐也"[2]，认为五经乃是各种文体的渊源。师范经典以为文章，如同背靠矿山而冶铜，面向大海而煮盐，取之不尽，用之不竭。宗经之文，从文体本身来说，有六点要义："一曰情深而不诡，二曰风清而不杂，三曰事信而不诞，四则义直而不回，五则体约而而不芜，六则文丽而不淫。"[3] 这也是风骨之作的基本要求。"风力"作为诗学的范畴，与"风教"相关，如《风骨》篇开篇所言："诗总六义，风冠其首，斯乃化感之本源，志气之符契也。"儒家诗学从起初就强调诗的教化之力，如《毛诗序》："风，风也，教也；风以动之，教以化之。"认为诗的本质在感化与教育。而"风力"在其诗学的发展中更多地呈现出情感和文气的力量。"蔚彼风力"，以风力外显为蔚然之貌。"蔚"系草木茂盛葱茏之状，此处意指文采华茂，然而这种文采华茂应以风力作为内蕴，也可反过来理解，风力健举，方能真正呈现出文采华茂。"严此骨鲠"与"蔚彼风力"之间也是有因果联系的：因其骨鲠，更显风力；风力蔚然，端赖骨鲠。一方面辞采华茂，生机勃勃，另一方面骨鲠峥嵘，格高调逸。刘勰以"骨鲠"评文有若干处，如"观杨赐之碑，骨鲠训典"[4]（《诔碑》），"陈琳之檄豫州，壮有骨鲠"[5]（《檄移》），"杨秉耿介于灾异，陈蕃愤懑于尺一，骨鲠

---

[1] 刘勰著，范文澜注：《文心雕龙注》，人民文学出版社，1958年，第21页。
[2] 刘勰著，范文澜注：《文心雕龙注》，人民文学出版社，1958年，第23页。
[3] 刘勰著，范文澜注：《文心雕龙注》，人民文学出版社，1958年，第23页。
[4] 刘勰著，范文澜注：《文心雕龙注》，人民文学出版社，1958年，第214页。
[5] 刘勰著，范文澜注：《文心雕龙注》，人民文学出版社，1958年，第378页。

得焉"[1](《奏启》),等等,都是说文章端直,内含正义之气。刘勰认为文章既要有风骨,又要有文采,他认为"风骨乏采"和"采乏风骨"二者皆非理想状态,其云:"夫翬翟备色,而翾翥百步,肌丰而力沉也;鹰隼无采,而翰飞戾天,骨劲而气猛也。文章才力,有似于此。若风骨乏采,则鸷集翰林;采乏风骨,则雉窜文囿。唯藻耀而高翔,固文笔之鸣凤也。"[2]只有骨力而乏文采,如同文坛上的猛禽,虽威猛而无近人之魅力;反之,文辞华丽却乏骨力,又像飞不起来的山鸡了。只有那种文采斐然而又骨力高举者,才堪称文坛上的"鸣凤"。"蔚彼风力,严此骨鲠"正是涵盖了这层意思。这正是文学作品"风骨"呈现于读者的审美样态。

四、"才锋峻立,符采克炳"——"风骨"的主体条件与价值追求

这两句话当然是承上而来,但仍可对此作出理论上的阐释。才锋即是才力锋芒,这是很好理解的。而风骨之作,其在主体方面,"才"是最为刘勰所重视的。作家之"才",是风骨之作的基本条件。"才"有先天的成分,却是可以通过努力得以提升的。刘勰在《神思》篇中谈到"神思"的主体养成时说"酌理以富才",主张通过"酌理"的途径增强"才"的方面。在"体性"的问题上,刘勰也认为作家之"才"是其关键所在。"体性"是指作品风格类型与作家个人才性的关系。《体性》篇开篇即言:"夫情动而言形,理发而文见,盖沿隐而至显,因内而符外者也。"是说作品的发生,在于情感被触发而形成文辞,道理如欲表达就形成文章,作家的情感及语言表现,是由内在而向外发显的过程。接下来就谈到"才、气、学、习"对风格差异的影响。"然才有庸俊,气有刚柔,学有浅深,习有雅郑,并情性所铄,陶染所凝,是以笔区云

---

[1] 刘勰著,范文澜注:《文心雕龙注》,人民文学出版社,1958年,第422页。
[2] 刘勰著,范文澜注:《文心雕龙注》,人民文学出版社,1958年,第514页。

谲,文苑波诡者矣。"[1]所谓"才有庸俊",即谓才有平凡与杰出之分。才居于学养与天分之间,对于作品的高低优劣,是根本性的条件。因而,刘勰又说:"若夫八体屡迁,功以学成,才力居中,肇自血气。气以实志,志以定言,吐纳英华,莫非情性。"[2]《事类》篇则强调才学之相济:"夫姜桂同地,辛在本性。文章由学,能在天资。才自内发,学以外成。有学饱而才馁,有才富而学贫。学贫者,迍邅于事义,才馁者,劬劳于辞情,此内外之殊分也。是以属意立文,心与笔谋,才为盟主,学为辅佐,主佐合德,文采必霸,才学偏狭,虽美少功。"[3]认为以才为基础,辅之以学,才能做到"文采必霸"。《风骨》篇的"才锋峻立",着重于才的颖异秀出,这是风骨之作的主体条件。对于风骨之作,主体之才的颖异秀出,是凸显风骨的内在因素。

"符采"指玉的纹理光彩。《文心雕龙》中不止一处以"符采"作为"理"与"采"合而为一的概念,有其特殊的意义,并非仅是一般所言的内容与形式的统一,而是精理与文采相互发显。《宗经》篇中所说的"夫文以行立,行以文传;四教所先,符采相济"[4],所谓"四教",指文、行、忠、信。《论语·述而》云:"子以四教:文、行、忠、信。""四教"乃是为人之理,当然是重要的道理,而非个别事物的道理。"符"是喻指这类精要的人生之理。朱熹阐释道:"'文行忠信',如说事亲是如此,事兄是如此,虽是行之事,也只是说话在。须是自家体此而行之,方是行;蕴之于心无一毫不实处,方是忠信。可传者只是这文。若'行、忠、信',乃是在人自用力始得。虽然,若不理会这个道理,不知是行个什么,忠信个什么,所以文为先。如'入孝,出弟,谨信,亲仁',非谓以前不可读书。以前亦教他读书,理会许多道理。但必尽得这个,恰好读书。"[5]又说:"'文行忠信',教不以文,无由入。说

---

[1] 刘勰著,范文澜注:《文心雕龙注》,人民文学出版社,1958年,第505页。
[2] 刘勰著,范文澜注:《文心雕龙注》,人民文学出版社,1958年,第506页。
[3] 刘勰著,范文澜注:《文心雕龙注》,人民文学出版社,1958年,第615页。
[4] 刘勰著,范文澜注:《文心雕龙注》,人民文学出版社,1958年,第23页。
[5] 黎靖德编,王星贤点校:《朱子语类》,第3册,中华书局,1986年,第894页。

与事理之类，便是文。小学六艺，皆文也。"〔1〕所谓"四教"，是基本的为人之理，而作为"四教"之首的"文"，乃是理会道理的入口。"符采相济"是理与采的内外相济。在《诠赋》篇中，刘勰也谈到"符采"，其言："原夫登高之旨，盖睹物兴情。情以物兴，故义必明雅；物以情观，故词必巧丽。丽词雅义，符采相胜，如组织之品朱紫，画绘之著玄黄，文虽新而有质，色虽糅而有本，此立赋之大体也。"〔2〕这段话颇为有名，言及赋之产生机理。刘勰认为赋之佳者，应该是"义必明雅"与"词必巧丽"二者相济相胜，而非偏废。他批评那种只务雕琢，无关义理之作："然逐末之俦，蔑弃其本，虽读千赋，愈惑体要。遂使繁华损枝，膏腴害骨；无贵风轨，莫益劝戒。此扬子所以悔于雕虫，贻诮于雾縠者也。"〔3〕"符采相胜"在此亦指义理与文采的相得益彰。刘勰在《征圣》篇的赞语中也是将"理"与"采"作为相济相生的关系论述："精理为文，秀气成采。"能够成为文之典范，必有精理；而精理之外显，亦当有文采。在《颂赞》篇中说："镂采摛文，声理有烂。"刘勰将理与采的关系，作为贯通《文心雕龙》各篇的一个基本观念。

"炳"即明亮、光耀之意。《周易》云："大人虎变，其文炳也。"《周易正义》云："其文炳者，义取文章炳著也。"〔4〕班固《两都赋序》中说："盖奏御者千有余篇，而后大汉之文章，炳焉与三代同风。"〔5〕刘勰在《风骨》篇赞语中所说的"符采克炳"，指的当然是文章的炳耀明朗，而符采相济，则是文章炳耀的根本原因。所谓"克"，意味着"符采"与"炳"之间的因果关系。"符采克炳"，不仅是在《风骨》篇里，而且也是刘勰对于作品的价值取向。在《诸子》篇中有"唯英才特达，则炳曜垂文"之语，与"才锋峻立，符采克炳"意思是相同的。所谓"风骨"，从另一方面来看，就是义理与文采的相生相济，由此而形

---

〔1〕 黎靖德编，王星贤点校：《朱子语类》，第3册，中华书局，1986年，第895页。
〔2〕 刘勰著，范文澜注：《文心雕龙注》，人民文学出版社，1958年，第136页。
〔3〕 刘勰著，范文澜注：《文心雕龙注》，人民文学出版社，1958年，第136页。
〔4〕 《十三经注疏》整理委员会整理：《十三经注疏·周易正义》，北京大学出版社，2000年，第240页。
〔5〕 班固：《两都赋序》，见萧统编，李善注：《文选》，中华书局，1977年，第22页。

成炳炳烺烺的文本风格。

《文心雕龙》中《风骨》篇的赞语，看似无须甚解，实则精义迭出。我们不能不感慨于刘勰的思想建构能力，这里提出的几个重要的命题，都有着丰富而特殊的审美理论的"矿藏含量"，只要深入发掘，其义美不胜收！

本文不去参与夹缠不清的关于"风骨"这个范畴的辞义争论，而是要通过对《风骨》之"赞"的理解和阐发，从命题的角度呈现出整体性的理论景观，打开《文心雕龙》的另一扇窗子。

原文发表于《北京大学学报》（哲学社会科学版）2022年第3期

"凡象，皆气也"
——诗学意象观念与气论哲学

张 晶

宋代哲学家张载是以气论哲学著称的，在中国哲学史上有着非常独特的地位。他的代表性著作《张子正蒙》，系统地阐述了其"气一元"论思想。张载在《正蒙·乾称》篇中提出的"凡可状，皆有也；凡有，皆象也；凡象，皆气也"，对于笔者的美学思考产生了别具一格的启示。张载所说的"象"，当然与我们所说的"意象"不能等同，却启发我们去思考意象理论与气论哲学的内在联系。粗看起来，似乎二者之间并无明确的联系，实际上，中国美学的意象理论是有着深刻的气论哲学的背景的。我们对"凡象，皆气也"这个命题的意象理论理解，其实更多的还是一种借用，旨在说明中国美学的核心范畴之一——"意象"的内涵与发展，是与气论哲学有内在关系的。气论哲学是中国哲学史上的一个重要部分，从先秦到明清，以"气"作为根本范畴的思想家代不乏人，张载只是这个链条上的一个纽结。意象理论也同样是源远流长，而且最能代表中华美学的民族特色。意象理论之所以在发展过程中逐渐形成了独特而丰富的内涵，气论哲学给予了其深厚的滋养。我们借用"凡象，皆气也"命题所要说明的是，由于有气论作为其深层背景，意象具有广延性、运动性、互通性等审美功能；作品中的意象都具有"气"的内力与底蕴，而"气"的内充作用使作品的意象鲜活充盈并构成完整的作品意境。

一

关于气论哲学的研究成果汗牛充栋，本文不一一涉及；而关于

"气"之有形无形的话题却是无法绕开的。在中国哲学中,气是一个构成宇宙的原始物质,《老子》说:"道生一,一生二,二生三,三生万物。万物负阴而抱阳,冲气以为和。"[1] 这是老子哲学的宇宙生成模式。这里的"气",即是一,是宇宙混沌未分的事物,它由道而生,却是一种根本性的物质。所谓"冲气",即是不停运动着的阴阳之气。汉代的《淮南子》以"气"为"道"所生之实体,并以"元气"作为根本之"气",其言:"道始于虚廓,虚廓生宇宙,宇宙生气。"[2] 又说:"宇宙生元气,元气有涯垠。"[3]《淮南子》还以"太一"指称"元气",认为"太一"乃本源之气,可以弥纶万物,却无具体之形,《本经训》中说:"太一者,牢笼天地,弹压山川,含吐阴阳,伸曳四时,纪纲八极,经纬六合。"[4] 又说:"洞同天地,混沌为朴,未造而成物,谓之太一。"可见,"太一"是与道同格的,但又是由"精气"充塞的。同时,《淮南子》认为"太一"是"不可为形"的:"道也者,至精也,不可为形,不可为名,强为之,谓之太一。"魏晋时期著名玄学家郭象主张万形变化,以气为本。他说:"一气而万形,有变化而无死生也。"[5] 所谓"形",指万物的形体,"气"则指物的实质,存在的材料与内容。张载则以"太虚"为"气"的本然状态,散则为"太虚",无形无象;聚则为万物,成形成象。张载指出:"太虚无形,气之本体,其聚其散,变化之客形尔。"[6] 在张载看来,气散而为"太虚","太虚"是无形的;气聚就成为万物,万物当然有形有象了。这其中还有一个形与象的关系。形是事物之形体,象为事物之样貌,有形斯有象,有象则呈形,其源皆在于气。张载指出:"天地之气,虽聚散、攻取百途,然其为理也顺而不妄。气之为物,散入无形,适得吾体;聚为有象,不失吾常。

---

[1] 陈鼓应:《老子译注及评介》,中华书局,1984年,第232页。
[2] 刘文典:《淮南鸿烈集解》,中华书局,1989年,第79页。
[3] 刘文典:《淮南鸿烈集解》,中华书局,1989年,第79页。
[4] 刘文典:《淮南鸿烈集解》,中华书局,1989年,第258页。
[5] 郭庆藩辑:《庄子集释》,中华书局,1961年,第629页。
[6] 张载:《张载集》,中华书局,1978年,第7页。

太虚不能无气，万物不能不散而为太虚。循是出入，是皆不得已而然矣。"[1] 对这段论述，本文不拟从哲学史上进行全面诠解，但它明白地揭示出这样的意思：气散则无形，气聚则有形，且成象。无形之时，并非真的虚无，而是气之散；有象之际，则是气之聚而成物。而其间之因，又在于"神化"。张载云："气之聚散于太虚，犹冰凝释于水，知太虚即气，则无无。故圣人语性与天道之极，尽于参伍之神变易而已。"[2] "神"（神化）的概念，其中一个重要含义在于神妙无方、微妙难言。其源出于《周易》。哲学史家张岱年先生于此有颇为全面的阐释，他说："在先秦哲学中，'神'除了指神灵和精神作用之外，还有一种意义，指微妙的变化。这一意义的神往往与化相连并提。合称神化。以'神'表示微妙的变化，始于《周易大传》。《系辞上传》云：'阴阳不测之谓神。'又云：'神无方而易无体。'又云：'知变化之道者，其知神之所为乎！'《说卦》云：'神也者，妙万物而为言者也。'这就是说：'神'表示阴阳变化的'不测'、表示万物变化的'妙'。何谓'不测'？何谓'妙'？《系辞下传》云：'易之为书也不可远，为道也屡迁，变动不居，周流六虚，上下无常，刚柔相易，不可为典要，唯变所适。'所谓'不测'即'不可为典要，唯变所适'之义，表示变化的极端复杂。'妙'王肃本作'眇'，妙眇古通，即细微之意。'妙万物'即显示万物的细微变化。韩康伯《系辞注》云：'神也者，变化之极，妙万物而为言，不可以形诘也。故曰阴阳不测。尝试论之曰：原夫两仪之运，万物之动，岂有使之然哉？莫不独化于太虚，欻尔而自造矣。'韩氏以'变化之极'解释'神'，基本上是正确的。神表示变化的复杂性。"[3] 张岱年先生关于"神""神化"的解释是颇为准确的。张载讲气的聚散、阴阳变化，都是与《易传》所讲之"神"密切相关的。他明确指出："知虚空即气，则有无、隐显、神化、性命通一无二，顾聚散、出入、形不形，能推本

---

[1] 张载：《张载集》，中华书局，1978年，第7页。
[2] 张载：《张载集》，中华书局，1978年，第8页。
[3] 张岱年：《中国古典哲学概念范畴要论》，中国社会科学出版社，1987年，第97页。

所从来，则深于《易》者也。"[1]"神化"，也即气的聚散变化规律，张载也认为，万物之象，即是"神化"之迹，如其所说："凡天地法象，皆神化之糟粕尔。"[2]这里所说的"糟粕"，不能以惯常的含义来理解，而是指"神化"的迹象而已。象的生灭，是以气的神化聚散而致。张载指出："气有阴阳，推行有渐为化，合一不测为神。……天之化运诸气，人之化顺夫时，非气非时，则化之名何有？化之实何施？《中庸》曰'至诚为能化'，孟子曰'大而化之'，皆以德合阴阳，与天地同流而无不通也。所谓气也者，非待其蒸郁凝聚，接于目而后知之；苟健、顺、动、止、浩然、湛然之得言，皆可名之象尔。然则象若非气，指何为象？时若非象，指何为时？"[3]气之生象，在于神化。

二

中国美学之意象理论，由来已久，意象之于诗，更是基本元素。刘勰所说的"神用象通"，深刻地概括了诗歌创作的"神思"，是以意象作为联接的。意象是诗人的内心创造之象，而不应泛化为与诗歌文本相关的形象。新时期以来的文论界和诗学界对意象范畴的广泛使用，大有取代文艺理论中"形象"这个核心范畴之势，同时，也造成了意象内涵的混乱状态。其实，从原初的意义来说，意象就是诗人内心营构之象。刘勰所说的"窥意象而运斤"，才是意象的本意所在。这对于诗学本体论而言，是至关重要的。黑格尔论述诗的观念方式时说："造形艺术通过石头和颜色之类造成可以眼见的感性形状，音乐通过受到生气灌注的和声和旋律，这就是按照艺术方式显现一种内容的外表。诗却不然，它只能通过观念本身去表现，这一点是我们要经常回顾的。所以诗人的创造力表现于能把一个内容在心里塑造成形象，但不外现为实在的外在形状或旋律结构，因此，诗把其它艺术的外在对象转化为内在对象。心灵把

---

[1] 张载：《张载集》，中华书局，1978年，第8页。
[2] 张载：《张载集》，中华书局，1978年，第8页。
[3] 张载：《张载集》，中华书局，1978年，第16页。

这种内在对象外现给观念本身去看，就采取它原来在心灵里始终要采取的那个样式。"[1] 黑格尔这里所说的"观念方式"，并非是抽象的概念，而是指内在的意象形态。译者朱光潜先生对此有一个颇为清晰明白的注解："'观念'这个词前已屡见，在德文是 Vorstellung，原义是摆在心眼前的一个对象，作为动词，就指在心中见到或想到的一个对象，所以在中文里通常译为'观念'是正确的。观念应包括在广义的'思想'里，所以观念方式也就是思维方式，所不同者'思想'可以是抽象的，经过推理的，诗的'观念'一般是具体的意象，是想象活动的产物。"[2] 这其实正是中国美学中的"意象"的准确意义。

《周易·系辞》中借孔子之口所说的"书不尽言，言不尽意。然则圣人之意，其不可见乎？圣人立象以尽意，设卦以尽情伪，系辞焉以尽其言，变而通之以尽利，鼓之舞之以尽神"，可视为滥觞。魏晋玄学家王弼所讲之"夫象者，出意者也。言者，明象者也。尽意莫若象，尽象莫若言。言出于象，故可寻言以观象；象生于意，故可寻象以观意。意以象尽，象以言著。故言者所以明象，得象而忘言；象者所以存意，得意而忘象"，可以视为意象理论的正式奠基，是在《易经》基础上的发展。而意象范畴的真正稳定成熟，则在刘勰《文心雕龙》的《神思》篇中。《文心雕龙》与《周易》的思维方式联系甚为密切，其"神思"亦是与《系辞》中的"阴阳不测之谓神"相连通的。《神思》中提出的"意象"，看似与气论没有直接联系，却是以《周易》所说的"神"为其哲学基础的。《系辞上传》中所说的"阴阳不测之谓神"，"阴阳"即气的两极变化形态，也被视为化生万物的根据。《淮南子·天文训》说："道曰规，始于一，一而不生，故分为阴阳。阴阳合和而万物生。"[3]《老子》即是用阴阳二气的冲和来说明道生成万物的过程。在气论哲学中，阴阳是气之运动的基本元素。在周敦颐的观念中，以太极阴阳为万物生成的根本，其《太极图说》中云："无极而太极，太极动而生阳，

---

[1] 黑格尔：《美学》，朱光潜译，第 3 卷，商务印书馆，1979 年，第 56 页。
[2] 黑格尔：《美学》，朱光潜译，第 3 卷，商务印书馆，1979 年，第 56 页。
[3] 刘文典：《淮南鸿烈集解》，中华书局，1989 年，第 112 页。

动极而静，静而生阴，静极复动，一动一静，互为其根，分阴分阳，两仪立焉。……二气交感，化生万物，万物生生而变化无穷焉。"[1] 明确指出阴阳即太极所生之二气。阴阳二气始终处在聚散、升降、浮沉的状态之中，其过程又是神妙无方的。张载描述这种状态说："阴阳之精互藏其宅，则各得其所安，故日月之形，万古不变。若阴阳之气，则循环迭至，聚散相荡，升降相求，絪缊相糅，盖相兼相制，欲一之而不能，此其所以屈伸无方，运行不息，莫或使之，不曰性命之理，谓之何哉？"[2] 刘勰的《神思》讲的是文学创作思维，"神思"也即神妙无方、超越时空的思维状态。"神思"最重要、最基本的体现就是意象，神思的外显也是意象。因此，《神思》的赞语说"神用象通，情变所孕"，认为神思是以意象连接为一个整体的。"神思"是创作思维的自我运行，而非外力控制的状态，所以刘勰说："古人云：形在江海之上，心存魏阙之下，神思之谓也。文之思也，其神远矣，故寂然凝虑，思接千载；悄焉动容，视通万里。吟咏之间，吐纳珠玉之声；眉睫之前，卷舒风云之色；其思理之致乎！故思理为妙，神与物游。神居胸臆，而志气统其关键；物沿耳目，而辞令管其枢机。枢机方通，则物无隐貌；关键将塞，则神有遁心。是以陶钧文思，贵在虚静，疏瀹五脏，澡雪精神，积学以储宝，酌理以富才，研阅以穷照，驯致以怿辞，然后使玄解之宰，寻声律以定墨；独照之匠，窥意象而运斤；此盖驭文之首术，谋篇之大端。"[3] 这段非常有名的论述，从文学创作思维的角度，颇为深刻地揭示了文学作品中意象生成的机制。而"神思"的自我运行、超越时空、神妙无方等特点，都在这里得到了彰显。范文澜先生的注释，指出了《神思》与《周易》之间的联系，其云："《易》下《系辞》'精义入神，以致用也。'韩康伯注曰：'精义，物理之微者。寂然不动，感而遂通，故能乘天下之微，会而通其用也。'《正义》曰：'精义入神以致用者，言先静而后动。圣人用精粹微妙之义入于神化，寂然不动，乃能致

---

[1] 周敦颐：《太极图说》，见《周敦颐集》，中华书局，1990年，第4页。
[2] 张载：《张载集》，中华书局，1978年，第12页。
[3] 刘勰著，范文澜注：《文心雕龙注》，人民文学出版社，1958年，第493页。

其所用。精义入神，是先静也；以致用，是后动也；是动因静而来也。'彦和'陶钧文思贵在虚静'之说本此。"[1] 如果说《神思》篇所提出的"意象"还是通过"神思"与气论哲学中的"神"相通，那么，《养气》篇则将作品意象的转化生成与主体的"养气"直接联系在一起了。其赞语中说："纷哉万象，劳矣千想。玄神宜宝，素气资养。水停以鉴，火静而朗。无扰文虑，郁此精爽。"[2]《养气》篇主张诗人、作家在创作时蓄养充沛的精力元气，而不宜"钻砺过分"以致"神疲气衰"。所谓"纷哉万象"，并非是作品中的审美意象，而是进入诗人、作家视野中的纷纭物象，而它们正是作品意象的原料与基础，正如陆机在《文赋》中所说的"物昭晰而互进"的过程。诗人、作家通过"神思"进行选择加工，使物象成为作品中的意象。刘勰认为"是以吐纳文艺，务在节宣，清和其心，调畅其气，烦而即舍，勿使壅滞。意得则舒怀以命笔，理伏则投笔以卷怀，逍遥以针劳，谈笑以药倦，常弄闲于才锋，贾余于文勇，使刃发如新，凑理无滞，虽非胎息之迈术，斯亦卫气之一方也"[3]。"养气"之气，非天地之气，而是主体内在之气，既是身体之气，也是精神之气。

从本文的题旨来看，唐代司空图的《二十四诗品》，颇为值得注意。作者以四言诗的形式，描述了 24 种诗歌风格类型，或指为 24 种诗歌境界。但从《二十四诗品》看来，作者是有着自觉的意象创造意识的。这 24 种风格或境界，作者是以意象方式加以呈现的，并且，它们是与气的观念密切联系的，很多类型都是以气充满于其中的。作者以"雄浑"为其首章，以"流动"为其末章，都是与"气"密不可分的。《雄浑》一品云："大用外腓，真体内充。返虚入浑，积健为雄。具备万物，横绝太空。荒荒油云，寥寥长风。超以象外，得其环中。持之匪强，来之无穷。"[4] "雄浑"这一章，以诗的形式描述了"雄浑"的诗境，其中

---

[1] 刘勰著，范文澜注：《文心雕龙注》，人民文学出版社，1958年，第496页。
[2] 刘勰著，范文澜注：《文心雕龙注》，人民文学出版社，1958年，第496页。
[3] 刘勰著，范文澜注：《文心雕龙注》，人民文学出版社，1958年，第647页。
[4] 郭绍虞集解、辑注：《诗品集解·续诗品注》，人民文学出版社，1963年，第3页。

充满了气的力量。"真体内充",即以刚方正大之气充之于内。"返虚入浑"也是借太虚之气造浑全之境。"具备万物,横绝太空。荒荒油云,寥寥长风",很明显,是充盈于宇宙之间的元气运动。"超以象外,得其环中",也是通过气的虚实聚散而得到的。郭绍虞先生注释:"何谓雄?雄,刚也,大也,至大至刚之谓。这不是一朝袭取的,必积强健之气才成为雄。此即孟子所谓'以直养而无害,则塞于天地之间'的意思。这是'雄',然而又正所以成其浑。"[1]再如《豪放》一品:"观花匪禁,吞吐大荒。由道返气,处得以狂。天风浪浪,海山苍苍。真力弥满,万象在旁。前招三辰,后引凤凰。晓策六鳌,濯足扶桑。"[2]"豪放"品也十分明显地具有气论的内涵。所谓"吞吐大荒",是宇宙阴阳之气的动态。"由道返气",更为直接地道出了"豪放"境界的根由所在。"真力弥满,万象在旁",是由于元气淋漓而呈现的万象缤纷。《精神》一品标举诗的"气韵生动",其云:"欲返不尽,相期与来。明漪绝底,奇花初胎。青春鹦鹉,杨柳池台。碧山人来,清酒满杯。生气远出,不著死灰。妙造自然,伊谁与裁。""精神"即内在的生命。作者认为真正的诗应该是精神勃发的,而非如纸花。而这正是因了自然之气作为内蕴。郭绍虞先生注释得甚为清楚:"生气,活气也。活泼泼地,生气充沛,则精神迸露,远出纸上。死灰,喻死气。《庄子·齐物论》:'形固可使如槁木,而心固可使如死灰乎?'有生气而无死气,则自然精神。"[3]《流动》一品同样与气论密不可分。"流动"本身就是元气的基本性质。清代学者杨振纲作《诗品解》,评此品谓:"其在《易》曰:变动不拘,周流六虚。天地之化,逝者如斯。盖必具此境界,乃为神乎其技,而诗之能事毕矣。故终之以流动。"[4]明确指出了其与《易经》气论的关系。《流动》品云:"若纳水輨,如转丸珠。夫岂可道,假体如愚。荒荒坤轴,悠悠天枢。载要其端,载同其符。超超神明,返返冥无。来往千

---

[1] 郭绍虞集解、辑注:《诗品集解·续诗品注》,人民文学出版社,1963年,第4页。
[2] 郭绍虞集解、辑注:《诗品集解·续诗品注》,人民文学出版社,1963年,第23页。
[3] 郭绍虞集解、辑注:《诗品集解·续诗品注》,人民文学出版社,1963年,第25页。
[4] 郭绍虞集解、辑注:《诗品集解·续诗品注》,人民文学出版社,1963年,第42页。

载,是之谓乎。""流动"可视为诗境的根本品性,却非一般言语可道。如果仅仅是以"若纳水輨,如转丸珠"为流动之象,未免流于表面。"夫岂可道,假体如愚"二句特具深义,指前面不过是"假体"而已。杨廷芝《诗品浅解》谓:"夫岂可道,甚言輨珠不足罄流动之义也。假体,輨珠之类也。如误以假体之流动为流动,则非愚而如愚矣。"[1]可见,作者所言"流动",当然不止于"珠",而是深层的、整体的流动,这种流动应是气的流动。流动、流行,是气的根本属性,阴阳二气的和合、升降等运动形式,造成了气的流动不居。庄子以"野马也,尘埃也"形容气的状态,充分表现了气的流动。张载指出:"气,坱然太虚,升降飞扬,未尝止息,《易》所谓缊,庄生所谓'生物以息相吹'、'野马'者与!此虚实、动静之机,阴阳、刚柔之始。"[2]明清之际大思想家王夫之在《张子正蒙注》中发挥道:"升降飞扬,乃二气和合之动几,虽阴阳未形,而已全具殊质矣。'生物以息相吹'之说非也,此乃太虚之流动洋溢,非仅生物之息也。引此者,言庄生所疑为生物之息者此也。"[3]王夫之又指出太虚之气的流动,是形象所生的根源,其云:"虚者,太虚之量;实者,气之充周也。升降飞扬而地我间隙,则有动者以流行,则有静者以凝止。于是而静者以阴为性,虽阳之静亦阴也;动者以阳为性,虽阴之动亦阳也。阴阳分象而刚柔分形,刚者阳之质,而刚中非无阴;柔者阴之质,而柔中非无阳。就象而言之,分阴分阳;就形而言之,分柔分刚;就性而言之,分仁分义;分言之则辨其异,合体之则会其通,故张子统言阴阳刚柔以概之。机者,飞扬升降不容已之几;始者,形象之所由生也。"[4]王夫之的气论思想,是先秦以来气论哲学的集大成。此处所言,明确揭示了太虚流动的机理,并提出流动而生象的观点。气论中的流动说对文论诗论有深刻之影响力,《二十四诗品》中的"流动"一品,是最典型的体现。"流动"之于诗之意

---

[1] 郭绍虞集解、辑注:《诗品集解·续诗品注》,人民文学出版社,1963年,第43页。
[2] 张载著,章锡琛点校:《张载集》,中华书局,1978年,第8页。
[3] 王夫之:《张子正蒙注》,中华书局,1975年,第12页。
[4] 王夫之:《张子正蒙注》,中华书局,1975年,第12页。

象，是不可或缺的基本性质。相关学者对此颇有明鉴。郭绍虞先生注引杨廷芝的《诗品浅解》和《皋兰课业本原解》，并于此揭示其义说："流动既不可以迹象求，所以只有任自然，如坤轴天枢之循环往复，千载不停，差为近似。《浅解》'往来千载，则千变万化不拘于一，往古来今不滞于时，其是之谓乎？流动岂易言哉！'《皋解》'上天下地曰宇，往古来今曰宙，知者乐水，逝者如斯，鱼跃鸢飞，可以见道，皆动机也。文而不动，何以为文？故风气推迁，生新不已。然流而不息，又惟恐其敝也，是以超神明之观，返虚无之宅，一动一静互为其根，与天地并寿，与日月齐光，斯为神物欤！"[1] 流动非止于"珠"之表层含义，而在于太虚阴阳之气，诗之意象生成于此。《诗品》作者将"流动"一品置于二十四品之终结，岂无收束提摄之意！

三

气论哲学与意象理论的内在关系还有重要的一个方面，那就是由意象生成为整体意境的基本要素，便在于气的媒介功能。意象与意境联系密切，但又并非一回事。在诗学中，前者是个体的，后者是整体的。非意象无以生成意境，而不能形成意境的单独意象，也无法发挥诗的审美功能。中唐诗人刘禹锡的著名命题"境生于象外"，得到了大多数治中国诗学或中国美学的学者们的认可，原因即在于刘氏以特别明晰易晓的语言，精准地道出了意象与意境的基本关系。意境的生成，没有意象作为元素是不可想象的；而作为中国诗学最为核心的范畴，意境之具有整体性，则是学者们所认同的。笔者对于刘氏的"境生于象外"有这样的表述："刘禹锡认为好诗一定是要超越于象的整体意境，也就是一首诗的诸多意象形成一个具有丰富意蕴的意境。"[2] 这也是笔者对于意象和意境关系的基本表述。关于意境的整体性质，宋人严羽《沧浪诗话》中

---

[1] 郭绍虞集解、辑注：《诗品集解·续诗品注》，人民文学出版社，1963年，第44页。
[2] 《中国文学理论批评史》编写组：《中国文学理论批评史》，高等教育出版社，2016年，第222页。

的著名论述最有代表性意义:"盛唐诸人唯在兴趣,羚羊挂角,无迹可求。故其妙处,透彻玲珑,不可凑泊。如空中之音,相中之色,水中之月,镜中之象,言有尽而意无穷。"[1] 笔者一向认为,严羽这段名言,正是描述了诗歌佳作的浑融完整的审美意境。"透彻玲珑,不可凑泊",这种"以禅喻诗"的话语方式所表述的正是不可碎拆下来的整体意境。[2] 王国维《人间词话》中以"隔"与"不隔"论诗词的境界(意境),并以"不隔"为境界之上乘,其云:"问'隔'与'不隔'之别,曰:陶、谢之诗不隔,延年则稍隔矣。东坡之诗不隔,山谷则稍隔矣。'池塘生春草''空梁落燕泥'等二句,妙处唯在不隔,词亦如是。即以一人一词论,如欧阳公《少年游》咏春草上半阕云:'阑干十二独凭春,晴碧远连云。千里万里,二月三月,行色苦愁人',语语都在目前,便是不隔;至云'谢家池上,江淹浦畔',则隔矣。白石《翠楼吟》:'此地,宜有词仙,拥素云黄鹤,与君游戏。玉梯凝望久,叹芳草、萋萋千里',便是不隔;至'酒祓清愁,花消英气',则隔矣。"[3] 王国维是将"不隔"作为意境的价值取向的,而从这里可以看出,他所谓的"隔",是指词境之中的各个意象处于支离的状态,而"不隔",则是作品内诸多意象形成完整有机的境界。

意境虽以整体性为其特征,但整体性绝非全部,其另一个重要的特征则是,意象虽然是一个整体,却又并没有清晰固定的边界。意境的审美功能是以引发读者的丰富联想为优势,而丰富的联想又与这种意境轮廓的不确定性有直接关系。司空图论诗境所谓"象外之象""韵外之致",所指即此。如说:"近而不浮,远而不尽,然后可以言韵外之致耳。"[4] "戴容州云:'诗家之景,如蓝田日暖,良玉生烟,可望而不可

---

[1] 何文焕辑:《历代诗话》,中华书局,1981年,第688页。
[2] 张晶:《美学的延展》,商务印书馆,2006年,第275页。
[3] 王国维:《人间词话》,上海古籍出版社,1998年,第9—10页。
[4] 司空图著,祖保泉、陶礼天笺校:《司空表圣诗文集笺校》,安徽大学出版社,2002年,第194页。

置于眉睫之前也.'象外之象，景外之景，岂容易可谭哉?"[1]都指出了诗境的边界不确定性。与此相对应，意象本身则较为明确，中国古典美学所讲的"虚实相生"，也即从意象到意境的生成。虚实之间，则以"元气"为其内充。明人谢榛《四溟诗话》说："景乃诗之媒，情乃诗之胚，合而为诗，以数言而统万形，元气浑成，其浩无涯矣。"[2]最能道其情状。韩林德先生曾以此作为华夏美学与西方美学之差异处，他认为："华夏美学和艺术则大异于西方。以元气论（以及阴阳五行说和易学）为其主要哲学背景的华夏美学，其核心是以意境为妙。艺术意境是对'象'（意象）的超越，是实（感性具体形象）的虚化（本体化），所展示的是整幅浩瀚无垠的宇宙生命图景，所奏鸣的是整首永恒无限的宇宙生命交响曲。"[3]道出了气论哲学与意象理论的深刻联系。

由若干意象生成为完整的意境，其间的思维方式当然并非是逻辑思维方式，而是一种审美构形。审美构形是作为诗歌创作的内在思维阶段不可或缺的一个重要环节，它与想象关系密切，却非想象可以取代。关于审美构形，笔者曾有不止一篇文章专论这个问题，认为："构形的一个重要特质就是它的独特性和创造性，这也是我们超越'模仿'说的一个依据。再现或反映都算不上构形，只有产生了以往的作品都未曾有过的表象而成为作品中的基本存在，这才是我们所说的审美构形。"[4]艺术表现情感，这是一个美学和艺术理论的基本命题。然而，这种表现并非抽象空洞地"直抒胸臆"，而是通过构形才能产生出真正的审美效应。卡西尔指出："艺术确实是表现的，但是如果没有构形（formative）它就不可能表现。"[5]构形当然并不是摒弃情感，反而是为了最大限度地

---

[1] 司空图著，祖保泉、陶礼天笺校：《司空表圣诗文集笺校》，安徽大学出版社，2002年，第215页。

[2] 丁福保辑：《历代诗话续编》，中华书局，1983年，第1180页。

[3] 韩林德：《境生象外：华夏审美与艺术特征考察》，生活·读书·新知三联书店，1995年，第179页。

[4] 张晶：《再论审美构形》，见张晶：《美学与诗学——张晶学术文选》，第3卷，中国社会科学出版社，2017年，第153页。

[5] 卡西尔：《人论》，甘阳译，上海译文出版社，2004年，第196页。

表现情感，使情感具有真正的审美性质。卡西尔由此认为，"审美的自由并不是不要情感，不是斯多葛式的漠然，而是恰恰相反，它意味着我们的情感生活达到了它的最大强度，而正是在这样的强度中它改变了它的形式。因为在这里我们不再生活在事物的直接实在之中，而是生活在纯粹的感性形式的世界中。在这个世界，我们所有的感情在其本质和特征上都经历了某种质变过程。情感本身解除了它们的物质重负，我们感受到的是它们的形式和它们的生命而不是它们带来的精神重负。说来也怪，艺术品的静谧乃是动态的静谧而非静态的静谧。艺术使我们看到的人的灵魂最深沉和最多样化的运动。但是这些运动的形式、韵律、节奏，是不能与任何单一情感状态同日而语的。我们在艺术中所感受到的不是哪种单纯的或单一的情感性质，而是生命本身的动态过程，是在相反的两极——欢乐与悲伤、希望与恐惧、狂喜与绝望——之间的持续摆动过程。使我们的情感赋有审美形式，也就是把它们变为自由而积极的状态。在艺术家的作品中，情感本身的力量已经成为一种构成力量（formative power）"[1]。笔者颇为认同卡西尔的这种观念。而这种构形力量，并非逻辑思维的方式可以奏效。宋代诗论家严羽的名言"诗有别趣，非关理也"，正此谓也。如果不是逻辑思维方式，又是一种什么样的因素将诸多意象构形为一个意境的整体呢？清代诗论家叶燮便举之以"气"。他说："曰理、曰事、曰情三语，大而乾坤以之定位，日月以之运行，以至一草一木一飞一走，三者缺一，则不成物。文章者，所以表天地万物之情状也。然具是三者，又有总而持之、条而贯之者，曰气。事、理、情之所为用，气为之用也。譬之一木一草，其能发生者，理也。其既发生，则事也。既发生之后，夭矫滋植，情状万千，咸有自得之趣，则情也，苟无气以行之，能若是乎？"[2] 在叶氏看来，诗赋皆为万物赋形者，理、事、情是其三要素，气则是条而贯之的根本。

"神用象通"作为刘勰创作思维论的一个重要命题，并未受到学者

---

[1] 卡西尔：《人论》，甘阳译，上海译文出版社，2004年，第206页。
[2] 叶燮：《原诗·内篇》下，见王夫之等：《清诗话》，上海古籍出版社，1999年，第576页。

们应有的关注，它既说明了意象在诗歌创作中是最基本的元素，同时，也指出了作品应该是由诸多意象构成的一个有机整体。一个作品必须是有生命的，如谢榛所形容的"诗有造物，一句不工，则一篇不纯，是造物不完也。造物之妙，悟者得之。譬诸产一婴儿，形体虽具，不可无啼声也。赵王枕易曰：'全篇工致而不流动，则神气索然。'亦造物不完也"[1]。所谓"造物不完"，也就是徒有形似，而无生命。谢氏以婴儿啼声形容的正是作品的生命感。以画论而言，也就是谢赫所说的"气韵生动"，诗歌亦然。作品中的生命感，仅是意象的连缀和堆积是远远不够的，还必须有气脉的充盈，同时与宇宙万物的贯通。《二十四诗品》中的"劲健"一品虽是一类意境的描述，却最能说明这种性质，其云："行神如空，行气如虹。巫山千寻，走云连风。饮真茹强，蓄素守中。喻彼行健，是谓存雄。天地与立，神化攸同。期之以实，御之以终。"[2] 诗论中常以"造化"的存在寓示作品的生命感，如《二十四诗品》中的"缜密"有云："意象欲出，造化已奇。""造化"指谓一种宇宙的生命力。它不是某一个体的生命，而是鼓荡于宇宙大化之中的生命！"造化"的具体存在则是气的充盈。如果仅有意象的连缀而无气之充盈，诗的张力则无从谈起。而诗之优劣，在很大程度上在于意境的张力。宋代诗论家叶梦得称赏杜诗说："诗人以一字为工，世固知之，惟老杜变化开阖，出奇无穷，殆不可以形迹捕。如：'江山有巴蜀，栋宇自齐梁。'远近数千里，上下数百年，只在'有'与'自'两字间，而吞纳山川之气，俯仰古今之怀，皆见于言外。"[3] 王夫之以"势"论诗，正着眼于气之充盈，其云："论画者曰：'咫尺有万里之势。'一'势'字宜着眼。若不论势，则缩万里于咫尺，直是《广舆记》前一'天下图'耳。五言绝句，以此为落想时第一义。唯盛唐人能得其妙，如：'君家住何处？妾住在横塘。停船暂借问，或恐是同乡。'墨气四

---

[1] 丁福保辑：《历代诗话续编》，中华书局，1983年，第1139页。
[2] 郭绍虞集解、辑注：《诗品集解·续诗品注》，人民文学出版社，1963年，第16页。
[3] 何文焕辑：《历代诗话》，中华书局，1981年，第420页。

射,四表无穷,无字处皆其意也。"[1]诸如此类的说法,在中国诗学中到处可见。意象是其"显","无字处"是其"隐",气作为无形的存在,是流动充盈于其间的。

与之相关的气论哲学,在于"一气"的思想。所谓"一气",意谓以气作为万物之始基,世界构成一个完整连续的整体。《庄子》之《知北游》篇云"通天下一气耳",认为世界是一个连续统一的整体。《淮南子·本经训》也说:"天地之合和,阴阳之陶化,万物皆乘一气者也。"明代哲学家罗钦顺认为:"盖通天地,亘古今,无非一气而已。"[2]这些都是"一气"说的主张。当代哲学家李存山先生于此阐释道:"'一气'的含义之一是世界为一连续统一的整体,含义之二是世界万物的'底层相同',都是'气'所产生。这是中国气论哲学最基本的思想。"[3]宋明理学中"万物一体"成为核心的命题,如程颢所云:"仁者,以天地万物为一体,莫非己也。"[4]而其客观的依据便在于"一气"的贯通。当代哲学家陈来先生就指出:"仁者以天地万物为一体,是因为天地万物本来是一体,仁即是天地万物浑然的整体。这种一体性就其实体的意义说,与'气'密不可分,因为气贯通一切,是把一切存在物贯通为一体的基本介质。"[5]"万物一体"的命题,是在理学的框架内提出来的,可以被视为"仁"的根本内涵。"仁体"即是"万物一体"。明道先生(大程子)"仁者以天地万物为一体"的思想,为其高足传人杨时(龟山)等人所继承阐发:"或从容问曰:'万物与我为一,其仁之体乎?'曰:'然。'"[6]这是龟山对弟子的回答,从这里可以看出龟山一派的"仁体"思想。陈来先生对此明确指出:"而'万物与我为一',有两种意义,一个是境界的意义,指万物一体的精神世界;另一

---

[1] 王夫之著,戴鸿森笺注:《姜斋诗话笺注》,人民文学出版社,1981年,第138页。
[2] 北京大学哲学系中国哲学史教研室选注:《中国哲学史教学资料选辑》,中华书局,1981年,第173页。
[3] 李存山:《中国气论探源与发微》,中国社会科学出版社,1990年,第122页。
[4] 程颢、程颐著,王孝鱼点校:《二程集》,中华书局,2004年,第15页。
[5] 陈来:《仁学本体论》,生活·读书·新知三联书店,2014年,第173页。
[6] 黄宗羲:《宋元学案》,第2册,中华书局,1986年,第973页。

个是本体的意义,指万物存在的不可分的整体就是仁体。"[1] 张载的"民吾同胞,物吾与也",是人所熟知的至高境界,也是"万物一体"思想的集中体现,而在张载的气论哲学中,是以气为根本内容的。张载在《正蒙·乾称》篇里说:"故天地之塞,吾其体;天地之帅,吾其性",这两句正在"民胞物与"之前,是其前提。体即人之体,性即人之性;前者是人的形体,后者是人的精神。王夫之的阐释是:"塞者,流行充周;帅,所以主持而行乎秩叙也。塞者,气也,气以成形;帅者,志也,所谓天地之心也。天地之心,性所自出也。父母载乾、坤之德以生成,则天地运行之气、生物之心在是,而吾之形色天性,与父母无二,即与天地无二也。"[2] 王夫之的阐发使我们看到,张载的"民胞物与"命题,是建立在气论的基础之上的。

中国诗学中的意象理论具有非常丰富的美学价值,而且代表了中华美学的民族特色。它的形成与流变,有着深厚的中华传统文化的土壤,有着独特的哲学基因。气论哲学对于意象理论来说,影响是深刻而细微的,而从表面上看,也许二者之间的联系并不那么直接,而其实是无处不钩连。本文只是找出其中的蛛丝马迹略加分析以见其深层内涵。美学思想中的哲学底蕴是客观的存在,发现之、阐发之,可以使中华美学研究走向深化。

原文发表于《社会科学辑刊》2017 年第 6 期

---

[1] 黄宗羲:《宋元学案》,第 2 册,中华书局,1986 年,第 175 页。
[2] 王夫之:《张子正蒙注》,中华书局,1975 年,第 315 页。

"鸢飞鱼跃"与中国诗学中的审美理性

张 晶

一

在中国古代诗学中，言"理"似乎成为一种禁忌。在最具普遍意义的诗歌审美价值观中，以诗歌语言所创造出的，应该是具有"韵外之致"的审美意象；而如果以理性观念结撰诗歌，那就只能是"下劣诗魔"，毫无审美价值可言。钟嵘《诗品序》中对玄言诗那种"于时篇什，理过其辞，淡乎寡味"的批评，以及宋人严羽"诗有别材，非关书也；诗有别趣，非关理也"的诗学标准，都已成为诗学界的共识。这当然是没有问题的。"诗要用形象思维"，也是诗歌创作的基本要求和审美品格。本文所要表述的意旨并不有悖于此，却是意欲彰显一种被上述观念所遮蔽的审美价值形态，这种价值形态关乎理性，却与逻辑思维的理性，从内涵到功能都有相当大的差异。如果说，逻辑思维的理性是无缘于审美过程的，而本文所阐述的这种理性形态，却是与审美相伴而生的，而且成为审美中的光束！从美学的意义上来说，可以称之为审美理性，而从诗学的角度而言，还没有一个特定的理论概念加以准确的界定，姑且称之为"诗中之理"。

既然将"诗中之理"作为一个特定的诗学观念加以讨论，就要揭示其特殊的涵义与功能所在。王夫之所言"故经生之理，不关诗理"，"非谓无理有诗，正不得以名言之理相求耳"[1]，"经生之理"指儒学经生所讲义理，"名言之理"指逻辑名言形式的概念，二者都指诗中那种缺少审美情致而直接演绎的抽象理念。本文所阐述的"诗中之理"，是与那种将相关的哲学理念直接植入诗的形式的"理窟""理障"之作有着鲜明的区别的。后者即如钟嵘所批评的那些枯燥理理的某些玄言诗："皆平典似《道德论》，建安风力尽矣。"[2] 这种对哲学理念的直接植入，当然会造成诗歌读者作为审美主体的口味的败坏。同时，"诗中之理"也与"以意为主"的"意"不尽相同，后者是泛指诗歌内容方面的蕴含，既包含明确的思想，也蕴藉深层的意绪。我们所说的"诗中之理"，是指诗人在触物起情的审美感兴中自然生发的理性内核，它不是来自于哲学理念体系，而是诗歌审美形态的有机部分。它不但不与诗歌的审美品性相悖，而且，在我看来，亦是诗歌审美的重要因素。

从价值论的角度来看，诗的经典意义在于"创建那持存的东西"[3]。中国古代诗论也将诗训为"诗者，持也"。持的内容是什么？"持人情性"。[4] "创建那持存的东西"和"持人情性"虽然分属东西方的不同话语体系，意思却是惊人相似，都认为诗的功能在于将诗人的微妙情感通过诗的审美形式，久远地保留在时空之中。然而，"诗人情性"是否仅指人的自然情感呢？恐怕并非全然如此！"诗人情性"中也包含了诗人对社会、人生、自然规律的审美理性感悟。许多作品的经典价值恰恰由此而生！无数能够叩击人们心灵，令之产生强烈的共鸣的篇什，魅力恰恰在于这种审美感悟，也即笔者所说的"诗中之理"！而诗的穿透力、震撼力，在相当大的程度上来自于从诗人的审美体验和灵明智慧中所生成的"诗中之理"。真正能够持人情性，在文学史上、在民族精

---

[1] 王夫之：《古诗评选》卷四，见王夫之：《船山全书》，第14册，岳麓书社，1996年，第687页。
[2] 钟嵘：《诗品序》，见李壮鹰主编：《中华古文论释林·魏晋南北朝卷》，北京大学出版社，2011年，第368页。
[3] 海德格尔：《荷尔德林诗的阐释》，孙周兴译，商务印书馆，2000年，第35页。
[4] 刘勰：《文心雕龙·明诗》，见刘勰著，范文澜注：《文心雕龙注》，人民文学出版社，1958年，第65页。

神史上留下深刻印记的作品,往往正是蕴含着这种"诗中之理"的篇什!在这个意义上,"诗中之理"可以认为是诗的最重要的审美价值形态之一,而非可有可无。清代诗论家方世举指出:"诗要有理,不是'万物静观皆自得,四时佳兴与人同'才为理。一事一物皆有理,只看《左传》臧孙达之言'先王昭德塞违者,如昭其文也'之类,皆是说理,可以省悟于诗。杜牧之叙李贺集,种种言其奇妙,而要终之言曰:'稍加以理,奴仆命骚可也。'可见词虽有余而理或不足是大病。"[1]方世举认为诗中无理即是"大病","理"当然是诗不可或缺的。他说的"理",并非理学家之理,即经生之理,而是类似于本文所谈的这种"诗中之理"。

"诗中之理"当然不同于逻辑思维的概念、判断、推理方式,所得并非逻辑抽象的结论,这是大的区别;同时,它也不同于那种虽是诗的形式,却先入为主地将玄理观念植入诗中的"理障"之作——这种诗歌,无法引起读者的审美兴趣,却足以使人"倒胃口"。关于"诗中之理",笔者近二十年前在为著名作家王充闾先生《诗性智慧》一书所作序中曾言:"诗中之理不应是一种知识性的判断,不应是一种逻辑性的推理,而应是诗人通过自己独特的审美体验生发出来的。……诗中之理,不是在教科书上可以找到的现成定义,不具有经典上的抽象规定性。它产生于诗人当下的审美感兴之中。它是千差万别的,有着特别的丰富性、具体性。"[2]迄今为止,笔者对这个问题的认识基本上没有大的变化。

钱锺书先生对"理趣诗"的论述十分透辟,其言:"惟一味说理,则于兴观群怨之旨,背道而驰,乃不泛说理,而状物态以明理;不空言道,而写器用之载道。拈形而下者,以明形而上;使寥廓无象者,托物以起兴,恍惚无朕者,著述而如见。譬之无极太极,结而为两仪四象;鸟语花香,而浩荡之春寓焉;眉梢眼角,而芳悱之情传焉。举万殊之一

---

[1] 方世举:《兰丛诗话》,见郭绍虞编选:《清诗话续编》,上海古籍出版社,1983年,第784页。
[2] 王充闾选注:《诗性智慧——古代哲理诗三百首》,辽宁人民出版社,1999年,第6页。

殊，以见一贯之无不贯，所谓理趣者，此也。"[1]对于"理趣诗"作了独到而深刻的表述，也对本文的论题有重要的启示意义。笔者所要揭橥的"诗中之理"，在外延上或许比"理趣诗"更宽泛，在内涵上则是指一种与逻辑思维理性相对应的审美理性。本文最为关注的，乃是这种"诗中之理"的发生机制及其所产生的审美效应。在笔者看来，"诗中之理"是由诗人的审美感兴而生成的对于社会、人生、自然的规律的独特揭示，是使审美主体得到审美升华的主要因素。审美当然是迥异于逻辑思维的独特心理机制，但它并非是排斥理性与智慧光芒的纯感性形态。从中国古典诗歌的方面而言，对于社会、人生、自然规律的独特洞见，恰恰成为作品的亮点，是某一作品成为经典的缘由。如曹操的《步出夏门行》，曹植的《野田黄雀行》，王维的《九月九日忆山东兄弟》，刘禹锡的《乌衣巷》《竹枝词》，苏轼的《题西林壁》《琴诗》《饮湖上初晴后雨二首》，王安石的《昭君曲》，陈与义的《水墨梅五首》等皆是。关于这类作品的效应，其实刘勰所论"隐秀"就已道出仿佛。《隐秀》篇中说："夫心术之动远矣，文情之变深矣，源奥而派生，根盛而颖峻，是以文之英蕤，有秀有隐。隐也者，文外之重旨者也；秀也者，篇中之独拔者也。隐以复意为工，秀以卓绝为巧，斯乃旧章之懿绩，才情之嘉会也。"[2]刘勰所讲的"隐"和"秀"，可以认为是诗中相互映发的一对审美范畴。"隐"是指诗中那种具有多重意蕴的情境；"秀"则指诗中震撼人心的警策之句。"隐"的标志是"复意"，"秀"的力量在"卓绝"。很难说篇中之"秀"全都具有"诗中之理"的性质，而具有"诗中之理"的篇什，却会产生"秀"的审美效应。陆机《文赋》中有"立片言以居要，乃一篇之警策"之语，所谓"警策"，与笔者的"诗中之理"，大有交集之处。范文澜先生注"隐秀"云："重旨者，辞约而义富，含味无穷，陆士衡云'文外曲致'，此隐之谓也。独拔者，即士衡所云'一篇之警策'也。"[3]"独拔""卓绝"都是形容"秀句"的独具风标、

---

[1] 钱锺书：《谈艺录》，中华书局，1984年，第228页。
[2] 刘勰著，范文澜注：《文心雕龙注》，人民文学出版社，1958年，第632页。
[3] 刘勰著，范文澜注：《文心雕龙注》，人民文学出版社，1958年，第633页。

警动人心。《隐秀》篇赞语的后四句对"秀"的升华说:"言之秀矣,万虑一交。动心惊耳,逸响笙匏。"完全可以作为对"诗中之理"的审美效应的集中表达。

二

"诗中之理"不同于"经生之理"与"名言之理"。"经生之理""名言之理"是一种先入为主的植入,而"诗中之理"则是在诗人的审美感兴中的自然升华,是诗人在某种情境中沿着特定的审美路向,所产生的对社会、历史、人生或自然的感悟。王夫之明确指出:"王敬美谓:'诗有妙悟,非关理也。'非谓无理有诗,正不得以名言之理相求耳。"〔1〕诗并不排除理性的存在,却是与"名言之理"判然有别的。在包含着"诗中之理"的篇什中,理性的光芒贯通了审美的场域,诗人以其独特的艺术语言将其凝结为具有哲理性质的诗句,从而使此后无穷世代的读者从中领悟了某种人生真谛。"诗中之理"决非来自哲学的讲义与著作,而是来自诗人特殊的审美领悟,不具备逻辑抽象的普遍化形式,却又带着彼时彼地的鲜活气息,使读者在与诗人的审美对话中产生智慧的交接。这种在诗人浸润其间的审美情境中的升华,在已将读者带入这种情境后,激活了审美主体的思维空间,打通了感性与理性之间的壁垒,使其产生"刹那永恒"的审美领悟。如为人所熟知的陶渊明《饮酒》第五首中"此中有真意,欲辩已忘言",乃是诗人在"采菊东篱下,悠然见南山"的审美情境中油然而生的"理",也是对玄学中的"言意之辨"的独特阐释,这里的"真意",就是诗人在偶然的"见南山"的主客体的触遇中所生发的。清人王士禛颇为深刻地道出了此种"欲辩忘言"的内涵,他评《饮酒》第五首云:"通章意在'心远'二字,真意在此,忘言亦在此。从古高人只是心无凝滞,空洞无涯,故所见高远,非一切

---

〔1〕 王夫之:《古诗评选》卷四,见王夫之:《船山全书》,第14册,岳麓书社,1996年,第687页。

名象之可障隔，又岂俗物之可妄干。有时而当静境，静也，即动境亦静。境有异而心无异者，远故也。心不滞物，在人境不虞其寂，逢车马不觉其喧。篱有菊则采之，采过则已，吾心无菊。忽悠然而见南山，日夕而见山气之佳，以悦鸟性，与之往还，山花人鸟，偶然相对，一片化机，天真自具，既无名象，不落言诠，其谁辨之！"[1]王渔洋所论，乃是渊明此诗生成的审美情境。清人吴淇则言："至于'采菊'四句，乃心寂寞，试问心寂寞之所以然，其一点'真意'，乃千圣不传之秘，即道书千卷，佛经万叶，犹不能尽厥蕴，故但以'欲辩已忘言'五字，喝断'此中有真意'之问。"[2]吴淇所言，恰恰说明了"诗中之理"与名言之理的不同之处在于，它远非那些"道书""佛经"所传之理。唐代诗人刘禹锡的《乌衣巷》，是怀古诗的经典之作，诗人所咏，乃是金陵名胜乌衣巷："朱雀桥边野草花，乌衣巷口夕阳斜。旧时王谢堂前燕，飞入寻常百姓家。"面对南朝遗迹，兴发咏史感怀，后二句对王朝兴亡的感慨，具有极强的穿透力。宋代大诗人苏轼多有这种"诗中之理"，都不是来于哲学义理，而是诗人对世态人生的独特体察，如《和子由渑池怀旧》："人生到处知何似？应似飞鸿踏雪泥。泥上偶然留指爪，鸿飞哪复计东西？老僧已死成新塔，坏壁无由见旧题。往日崎岖还记否？路长人困蹇驴嘶。"前面四句对于人生印记的感怀，是诗人面对新塔坏壁所兴发的感慨，使读者受到强烈的心灵震撼，成为颖悟人生偶然的佳句名言。清人查慎行认为此诗是暗用佛典，王文诰则驳斥此说："查注引《传灯录》义怀语，谓此四句本诸义怀，诬罔已极。凡此类诗皆性灵所发，实以禅语，则诗为糟粕，句非语录，况公是时并未闻语录乎？"王水照教授则指出："苏轼从'雪泥'引发，变实写为虚拟，创造出'雪泥鸿爪'的有名比喻，喻指往事所留痕迹，以表示人生的偶然、无定之

---

[1] 王士禛：《古学千金谱》，见北京大学、北京师范大学中文系等编：《陶渊明资料汇编》，下册，中华书局，1962年，第170页。
[2] 王士禛：《古学千金谱》，见北京大学、北京师范大学中文系等编：《陶渊明资料汇编》，下册，中华书局，1962年，第172页。

慨，不必拘泥佛典。"〔1〕诗人是从"雪泥"引发的感怀，而非佛典的引用。

这种"诗中之理"，对于读者而言，在欣赏经验上所引发的并非"平典似道德论"的枯燥，而是点燃读者人生体验的豁然。这种审美理性无法用理论语言加以界定，却使读者获得了电光石火般的心灵震撼！清人叶燮以"才、识、胆、力"来概括诗人的主体禀赋，而以"理、事、情"来概括诗的审美内涵要素。他说的"理"，庶几即笔者所说的"诗中之理"。叶氏也认为"诗中之理"并非"名言之理"，其言："子但知可言可执之理之为事，而抑知名言所绝之理之为至理乎？子但知有是事之为理，而抑知无是事之为凡事之所出乎？可言之理，人人能言之，又安在诗人之言之！可征之事，人人能述之，又安在诗人之述之！必有不可言之理，不可述之事，遇之于默会意象之表，而理与事无不灿然于前者也。"〔2〕叶氏认为一般的"名言之理"乃是人人皆可言之的"理"，而"诗中之理"则是"至理"，是具有奇特的艺术魅力的。他举杜甫《玄元皇帝庙作》中"碧瓦初寒外"进行分析说："然设身而处当时之境会，觉此五字之情景，恍如天造地设，呈于象、感于目、会于心。意中之言，而口不能言；口能言之，而意又不可解。划然示我以默会想象之表，竟若有内、有外、有寒、有初寒。特借'碧瓦'一实相发之，有中间，有边际，虚实相成，有无互立，取之当前而自得，其理昭然，其事的然也。"〔3〕叶燮所言这种"至理"，和笔者在本文中所说的"诗中之理"，也许并非全然相同，而更贴近"事理"，也即事物的规律，但二者描述的形态，却是一致的。而本文所言"诗中之理"，更是一种对社会、人生、历史和自然规律的独特发现，它"取之当前而自得"，却又给人以冲破一关、豁然开朗的审美感受。它是从特定的审美情境中升华出来的，带有殊相的个性化体验，却又具有普遍的意义，使人可以不断从中得到新的领悟，从而蕴含着成为经典的潜能。正如王夫之评谢灵运《入

---

〔1〕 王水照选注：《苏轼选集》，上海古籍出版社，2014年，第3页。
〔2〕 叶燮：《原诗·内篇下》，人民文学出版社，1979年，第30页。
〔3〕 叶燮：《原诗·内篇下》，人民文学出版社，1979年，第30页。

华子冈是麻源第三谷》诗时所说:"理关至极,言之曲到。人亦或及此理,便死理中,自无生气。此乃须捉着,不尔飞去。"[1] 王夫之所言"至极",也即"诗中之理",虽从诗人的个性化体验中得来,却又呈现出"万物一体"的形上境界。王夫之评陶渊明《癸卯岁始春怀古田舍》,所论也甚有启示意义:"陶此题凡二作,其一有云'平畴交远风,良苗亦怀新',为古今所共欣赏。'平畴交远风',信佳句矣,'良苗亦怀新',乃生入语。杜陵得此,遂以无私之德,横被花鸟;不竞之心,武断流水。不知两间景物关至极者,如其涯量亦何限,而以己之所偏得,非分相推,良苗有知,宁不笑人之曲谀哉!通人于诗,不言理而理自至,无所枉而已矣。"[2] "两间景物"又如何能"关至极",由此又可感悟到"涯量无限",并非"名言之理"的教化,而是从"己之所偏得"的个性审美体验中而得来的,也即"自得"。所谓"自得",在中国哲学中也是重要的方法论范畴,与"鸢飞鱼跃"有深刻的内在联系。《孟子》中提出"自得"的概念:"孟子曰:君子深造之以道,欲其自得之也。自得之,则居之安;居之安,则资之深;资之深,则取之左右逢其源,故君子欲其自得之也。"[3] 关于"自得"的含义,杨伯峻先生认为是"得之于自觉",他的译文是:"君子依据正确的方法来得到高深的造诣,就要求他自觉地有所得。"[4] 笔者参酌孟子及之后的相关文献,认为所谓"自得",是得之于自我,得之于自然。孟子提出"诚"的范畴,认为"诚"涵容了"仁义礼智"这"四端",并认为它是内在地包含在人性之中的,孟子说:"仁义礼智,非由外铄我也,我固有之也,弗思耳矣。"[5] 程颢认为"自得"是得之于自我,而且不假安排,他说:"学

---

[1] 王夫之:《古诗评选》卷五,见王夫之:《船山全书》,第14册,岳麓书社,1996年,第742页。
[2] 王夫之:《古诗评选》卷四,见王夫之:《船山全书》,第14册,岳麓书社,1996年,第719页。
[3] 杨伯峻译注:《孟子译注》,中华书局,1960年,第189页。
[4] 杨伯峻译注:《孟子译注》,中华书局,1960年,第189页。
[5] 杨伯峻译注:《孟子译注》,中华书局,1960年,第239页。

不言而自得者，乃自得也。有安排布置者，皆非自得也。"[1]"学莫贵于自得，得非外也，故曰自得。"[2]程氏所论，包含了得于自我和得于自然两个层面。朱熹阐释孟子"自得"之说时言："言君子务于深造必以其道者，欲其有所持循，以俟夫默识心通，自然而得之于己也。自得于己，则所以处之者安固而不摇；处之安固，则所藉者深远而无尽；所藉者深，则日用之间取之至近，无所往而不值其所资之本也。"[3]颇为全面地揭示了"自得"的真实内涵。"自得"意味着主体性的获得，也意味着鸢飞鱼跃的自由。明代思想家陈献章就是将"自得"与"鸢飞鱼跃"的自由境界视为一体的，他说："自得者，不累于万物，不累于耳目，不累于造次颠沛，鸢飞鱼跃，其机在我。知此者谓之善学，不知此者虽学无益也。"[4]陈献章的"自得"，更加突出了主体精神，他在诗中说："千卷万卷书，全功归在我。吾心能自得，糟粕安用那！"[5]在治学中主张以"自得"获取精华，扬弃糟粕。"自得"无论在哲学上，抑或是在美学上，都是一种得之于自我、得之于自然的方法，也是"鸢飞鱼跃"的一个规定性。

三

"诗中之理"与"名言之理"的区别，最重要的一点在于它们的发生机制。概括而言，"名言之理"来自于哲学话语体系，在诗中的体现，就是那种"理窟""理障"之作，如以玄言、以佛理入诗，而无诗人独特的审美体验作为发生契机，也即宋人严羽所说的"诗有别趣，非关理也"之"理"。"诗中之理"则是诗人在与社会事物、自然景物的触遇感兴中随机感悟而生发的，以具有中国传统文化意蕴的事物来比喻即是：

---

[1] 黄宗羲：《宋元学案》，中华书局，1986年，第560页。
[2] 程颢、程颐著，王孝鱼点校：《二程集》，中华书局，1981年，第316页。
[3] 朱熹：《四书章句集注》，中华书局，1983年，第292页。
[4] 陈献章：《赠彭惠安别言》，见黄宗羲：《明儒学案》，中华书局，1985年，第89页。
[5] 陈献章：《陈献章集》，中华书局，1987年，第729页。

鸢飞鱼跃。"鸢飞鱼跃"出于《诗经·大雅》中的《旱麓》篇。《旱麓》有云:"鸢飞戾天,鱼跃于渊。岂弟君子,遐不作人。"是以"鸢飞"和"鱼跃"皆为其本性自然,怡然自得。朱熹注:"兴也。鸢,鸱类。戾,至也。李氏曰:'抱朴子曰:"鸢之在下无力,及至乎上,耸身直翅而已。"盖鸢之飞全不用力,亦如鱼跃,怡然自得,而不知其所以然也。'遐、何通。言鸢之飞则戾于天矣,鱼之跃则出于渊矣。岂第君子,而何不作人乎?其必作人也。"[1]后世理学家则常以"鸢飞鱼跃"喻指此道体无处不在,主体对道体的体认亦是出于自然,而非刻意求取。北宋大理学家程颢以"仁"为本体,并认为仁是一种最高的精神境界,在程颢看来,"仁"应该是一种"良知""良能",而非刻意安排。程颢在著名的《识仁篇》中说:"学者须先识仁。仁者,浑然与物同体,义、礼、智、信皆仁也。识得此理,以诚敬存之而已,不须防检,不须穷索。……孟子言'万物皆备于我',须'反身而诚',乃为大乐。若反身未诚,则犹是二物有对,以己合彼,终未有之,又安得乐!《订顽》意思,乃备言此体,以此意存之,更有何事。'必有事焉而勿正,心勿忘,勿助长',未尝致纤毫之力,此其存之之道。若存得,便合有得。盖良知良能,元不丧失。"[2]程颢所论述的"仁"的境界,也可以视为儒学的本体论。如陈来先生所阐释的:"仁的这种境界的基本特征是要把自己和宇宙万物看成是息息相关的一个整体,把宇宙每一部分看作与自己有直接的联系甚至就是自己的一部分。"[3]"仁"的这种性质,只要有所反思,"反身而诚",无须刻意"穷索",而应该像孟子所说的"勿忘,勿助长"。陈来先生进而论述道:"他强调'不须穷索'的直觉体会,认为经过一种诚敬的修养,人就会体验到超越一切对立,体验到宇宙是一个不可分割的浑然整体之大成。程颢认为,有了这种对宇宙的直接体会,人就有了一种较高的自觉、较高的精神境界。人有了这样的内心境

---

[1] 朱熹:《诗集传》,见朱熹撰,朱杰人、严佐之、刘永翔主编:《朱子全书》,第1册,上海古籍出版社、安徽教育出版社,2010年,第663页。
[2] 黄守羲:《宋元学案》,中华书局,1986年,第540页。
[3] 陈来:《宋明理学》,华东师范大学出版社,2004年,第65页。

界,才是得'仁之体',也就自然会有'大乐'。这也就是孔颜之乐。"[1]大程子所说的这种仁,也就是"天理流行"。对它的体验,是一种良知良能,同时,也是一种人格修养。这种修养,应该是"活泼泼地",如同"鸢飞鱼跃"一样自然。程颢讲学时用"鸢飞鱼跃"为喻,对其门生、著名理学家谢良佐说:"鸢飞戾天,鱼跃于渊,言其上下察也。此一段子思吃紧为人处,与'必有事焉而勿正心'之意同,活泼泼地。会得时,活泼泼地;不会得时,只是弄精神。"[2]这也就是程颢主张"识仁"的精义所在。程颢还以孟子讲"养浩然之气"时所提出的"勿忘""勿助长"为其尺度,指出:"勿忘勿助长之间,正当处也。"[3]于"鸢飞鱼跃"的体认,程颢主张以孟子提出的"勿忘""勿助长"态度进行之。《孟子·公孙丑》篇中谈"我善养吾浩然之气"时指出:"必有事焉而勿正,心勿忘,勿助长也。"此即"勿忘""勿助长"的由来。所谓"勿正",是就养气来说,不要设定预期目标。"勿忘""勿助长",简单说来,就是既要念兹在兹,又不要拔苗助长。朱熹讲学时解释说:"勿忘,勿助长,本连上文'集义'而言,故勿忘,谓勿忘集义也。一言一动之间,皆要合义,故勿忘。助长,谓不待其充,而强作之使充也。"[4]又有:"问:预期其效如何?曰:集义于此,自生浩然之气,不必期待他。如种木焉,自是生长,不必日日看觑他。若助长,直是拔起令长。"[5]朱子将"有事焉而勿正,勿忘,勿助长"之意,诠释得明白晓彻。孟子是就"养吾浩然之气"的意义上说的,而程颢则是从体仁的角度而言的,在这个层面上,"鸢飞鱼跃"与"勿忘""勿助长"又是同一机杼。朱子又说:"必有事焉,而勿正,却似'鸢飞鱼跃'之言。此莫是顺天理自然之意否?曰:孟子之说,只是就养气上说,程子说得

---

[1] 陈来:《宋明理学》,华东师范大学出版社,2004年,第65页。
[2] 《河南程氏遗书》卷三,见程颢、程颐著,王孝鱼点校:《二程集》,中华书局,1981年,第59页。
[3] 程颢、程颐著,王孝鱼点校:《二程集》,中华书局,1981年,第62页。
[4] 黎靖德编,王星贤点校:《朱子语类》,第4册,中华书局,1986年,第1266页。
[5] 黎靖德编,王星贤点校:《朱子语类》,第4册,中华书局,1986年,第1267页。

又高。须是看孟子了，又看程先生说，便见得孟子只说'勿忘，勿助长'；程先生之言，于其中却有一个自然底气象。"[1] 程颢是在体仁的意义上讲"勿忘""勿助长"的，在"识仁"的问题上，"鸢飞鱼跃"般地随处发现"天理"，这是程朱一派理学家的共识。程颐（伊川）与其兄见解一致，门人记载："问：鸢飞戾天，鱼跃于渊，莫是上下一理否？曰：到这里只是点头。"[2] 黄百家案此条云："百家谨案：生生之体，洋溢其间，流行之机，通彻无碍。察者识之精，从敦化而见川流，即可从川流而见其画一。聂双江（明代理学家聂豹）谓鸢飞鱼跃，浑是率性，全无一毫意必。程子谓活泼泼地，与'必有事焉而勿正，心勿忘'同意。"[3] 生动而准确地揭示了"鸢飞鱼跃"在程朱理学话语中的内涵。

四

作为中国哲学的一个重要的象喻，"鸢飞鱼跃"本身就有着丰富的审美蕴含。一是"鸢飞鱼跃"即是宋代哲学中"万物一体"的仁学思想的组成部分，后者是其所表征的渊深内涵，前者则是后者的形象呈现。朱熹指出："鸢飞鱼跃，道体随处发见。谓道体发见者，犹是人见得如此，若鸢鱼初不自知。察，只是著。天地明察，亦是著也。君子之道，造端乎夫妇之细微，及其至也，著乎天地。至，谓量之极至。"[4] 著也即是道体的呈现。二是"鸢飞鱼跃"也寓含着"物我兼体"的观念，在审美方面，就具有了主体间性的特征。以"万物一体"为仁学的核心观念，将身外事物都视为主体的一部分，这是程颢仁学最为突出的思想。如其所说："医书言手足痿痹为不仁，此言最善名状。仁者，以天地万物为一体，莫非己也。认得为己，何所不至？……欲令如是观仁，可以

---

[1] 黎靖德编，王星贤点校：《朱子语类》，第4册，中华书局，1986年，第1269页。
[2] 黄宗羲：《宋元学案》，中华书局，1986年，第610页。
[3] 黄宗羲：《宋元学案》，中华书局，1986年，第610页。
[4] 黎靖德编，王星贤点校：《朱子语类》，第4册，中华书局，1986年，第1534页。

得仁之体。"〔1〕程颢这段有名的论述，是将世间万物都视为主体的一部分，主体则以自己的知觉推及他人他物，这种情怀，具有明显的主体间性，而从审美的角度看，则大有移情的性质。三是"鸢飞鱼跃"以天地为背景，使人有了强烈的空间感。程颢门人谢良佐（上蔡）记程颢所说的"鸢飞戾天，鱼跃于渊，言其上下察也"〔2〕。所谓"上下"，就是上天入地。道体所系，又是以最大的空间为其广延的。谢上蔡对"鸢飞鱼跃"的理解，则直接从天地境界联想到"夫子与点"的审美愉悦，其言："'鸢飞戾天，鱼跃于渊'，无些私意，'上下察'，以明道体无所不在，非指鸢、鱼而言也。若指鸢、鱼而言，则上面更有天，下面更有地在。知勿忘勿助长则知此，知此则知夫子与点之意。"〔3〕"夫子与点"在儒家传统中是最富审美意味的。朱熹也从"鸢飞鱼跃"对道体的映现中发现了"活泼泼地"这种审美创造形态，他说："明道先生云：'鸢飞戾天，鱼跃于渊'，言其上下察也，与'必有事焉而勿正心'同。德明窃谓万物在吾性分中，如鉴中之影，仰天而见鸢飞，俯渊而见鱼跃，上下之见，无非道体之所在也。方其有事而勿正之时，必有参乎其前而不可致诘者。鸢飞鱼跃，皆其分内耳。活泼泼地，智者当自知之。"〔4〕朱熹对"鸢飞鱼跃"的理解，是与程颢的诠释一脉相承并加以发挥的，侧重的是"道体流行"的意义，给人以上下四维的空间感，并以"活泼泼地"通向审美维度。

我们所说的"诗中之理"，是诗人在受到外在事物的触发感兴时所生发出来的"理"，没有刻意的安排，亦非预先的植入，却是带着诗歌特定情境的"生香活色"。在这个意义上，它是与"鸢飞鱼跃"密切相通的。从理学家们的眼光看来，"鸢飞鱼跃"并非是一般的象喻，也非

---

〔1〕 程颢、程颐著，王孝鱼点校：《二程集》，中华书局，1981年，第15页。
〔2〕 程颢、程颐著，王孝鱼点校：：《二程集》，中华书局，1981年，第59页。
〔3〕《宋元学案》卷二十四《上蔡学案》，见沈善洪主编：《黄宗羲全集》，第4册，浙江古籍出版社，1985年，第170页。
〔4〕 朱熹：《答廖子晦》，见朱熹撰，朱杰人、严佐之、刘永翔主编：《朱子全书》，第22册，上海古籍出版社、安徽教育出版社，2010年，第2078页。

自然现象的列举，而是在充满生命力的宇宙万物中随处体认天理，进入"与天地万物为一体"的仁者境界。这其中便有了形上的味道，而这种形上味道却是涵化在自然宇宙的勃勃生机之中。明代哲学家陈献章（白沙）也是著名诗人，而且他的哲学观念，并不是写成哲学著作，而是通过他的诗作呈现出来的。白沙诗中有理，这是人所共知的，但其诗所言之理，却并非"经生之理""名言之理"。白沙的杰出弟子湛若水将其师的部分诗作编为《古诗教解》，认为白沙是以诗为教，但又指出其诗之特征："其真机活泼，水到渠成，无非鸢飞鱼跃之妙。"[1] 白沙认为诗的功能远非"小技"："先儒君子类以小技目之，然非诗之病也。彼用之而小，此用之而大，存乎人。天道不言，四时行，百物生，焉往而非诗之妙用？会而通之，一真自如。故能枢机造化，开阖万象，不离乎人伦日用而见鸢飞鱼跃之机。若是者，可以辅相皇极，可以左右六经，而教无穷。小技云乎哉？"[2] 作为明代的著名理学家，白沙认为诗歌有教化功能，是可以想见的，湛若水为白沙诗编《白沙子古诗教解》，其出发点亦在于是。白沙诗中有理，这是客观的存在，但白沙诗中的理是在"鸢飞鱼跃"的生活之流中触兴而成的。陈献章对此有明确的诗学自觉。他认为："诗之工，诗之衰也。言，心之声也。形交乎物，动乎中，喜怒生焉，于是乎形之声，或疾或徐，或洪或微，或为云飞，或为川驰。声之不一，情之变也。率吾情盎然出之，无适不可。"[3] 至于诗中道理是怎样的方式生成？陈献章主张要从诗之本体出发，有一唱三叹的韵致。他对此明确论述说："予尝爱看子美、后山等诗，盖喜其雅健也。若论道理，随人深浅，但须笔下发得精神，可一唱三叹，闻者便自鼓舞，方是到也。须将这道理就自己性情上发出，不可作议论说去，离了诗本体，便是宋头巾也。"[4] "宋头巾"指的便是那种在诗中直接演绎性理观念的方式，白沙认为那是违背诗的本体审美性质的。清人陈炎宗

---

[1] 陈献章：《陈献章集》，中华书局，1987年，第703页。
[2] 陈献章：《陈献章集》，中华书局，1987年，第11页。
[3] 陈献章：《陈献章集》，中华书局，1987年，第5页。
[4] 陈献章：《陈献章集》，中华书局，1987年，第72页。

评白沙诗云:"今读先生之诗,风云花鸟,触景而成。若无以异于凡诗之寄托者,至此心此理之微,生生化化之妙,物引而道存,言近而指远,自非澄心默识,超然于意象之表,未易渊通而豁解也。"[1] 颇为准确地揭示了白沙诗"诗中之理"的生成方式:它是"触景而成"的。王夫之论诗中"理语"以"造极精微"为其审美特征,并勾勒其在诗史上的传统:"《大雅》中理语造极精微,除是周公道得,汉以下无人能嗣其响。陈正字、张曲江始倡《感遇》之作,虽所诣不深,而本地风光,骈宕人性情,以引名教之乐者,风雅源流,于斯不昧矣。朱子和陈张之作,亦旷世而一遇。此后唯陈白沙,为能以风韵写天真,使读之者如脱钩而游杜蘅之沚。"[2] 也是以陈献章作为理想的范本。

以"鸢飞鱼跃"的自由形态来说明"诗中之理"的发生机制,并非仅仅是笔者的"一厢情愿",而恰恰是诗史的客观存在。"鸢飞鱼跃"顺应事物的自然本性,自由、自然、自得,诗人在与外界的触遇兴情中所感悟到的哲理化诗句,具有活泼泼的生命感及强劲的穿透力。

本文所论"诗中之理",是区别于逻辑思维的概念判断推理的审美理性,是诗人在鸢飞鱼跃的感兴中所生发的"理",它当然不是哲学教材中的抽象理念,也非哲学史上的现成义理,而是诗人以其丰富、深邃的人生体验,以其敏锐、独特的涉世智慧,以其"万物一体"的胸襟怀抱,与外物相交接,又以具有原创力的艺术语言,表达出对社会、人生、自然乃至读书治学等规律的认识。这种"诗中之理",不以抽象的形式出现,而以审美殊相的方式相伴随,却使读者在对作品的审美领悟中产生强烈的共鸣。"诗中之理"是多元化的存在,因而与"经生之理""名言之理"是大有不同的。"山不厌高,水不厌深。周公吐哺,天下归心"(曹操《短歌行》),是广纳贤才、成就大业的志向与襟抱。"利剑不在掌,结友何须多"(曹植《野田黄雀行》),是对世态炎凉的独特感悟。"独在异乡为异客,每逢佳节倍思亲"(王维《九月九日忆山东兄

---

[1] 陈献章:《陈献章集》,中华书局,1987年,第700页。
[2] 王夫之著,戴鸿森笺注:《姜斋诗话笺注》,人民文学出版社,1981年,第141页。

弟》），是诗人重九登高所感发的思亲情感。"抽刀断水水更流，举杯消愁愁更愁"（李白《宣州谢朓楼饯别校书叔云》），是对人生愁绪的经典概括。"射人先射马，擒贼先擒王"（杜甫《前出塞》），是诗人对战争规律的独特发现。"朱门酒肉臭，路有冻死骨"（杜甫《自京赴奉先县咏怀五百字》），是诗人对于社会现象触目惊心的形象呈现。"曾经沧海难为水，除却巫山不是云"（元稹《离思》），是爱情心理多么经典的"神来之笔"呵。"桐花万里丹山路，雏凤清于老凤声"（李商隐《韩冬郎即席为诗相送，一座尽惊。……》），是对一代强过一代的形象赞美。"春心莫共花争发，一寸相思一寸灰"（李商隐《无题》），是爱情绝望的绝妙写照。"栽培剪伐须勤力，花易凋零草易生"（苏舜钦《题花山寺壁》），以自然界的规律寓示了世态人生的善恶消长。"人似秋鸿来有信，事如春梦了无痕"（苏轼《正月二十日与郭潘二生出郊寻春……》），对往事依稀的感觉何其深刻。"故书不厌百回读，熟读深思子自知"（苏轼《送安敦秀才失解西归》），是读书治学的极佳经验。"不畏浮云遮望眼，自缘身在最高层"（王安石《登飞来峰》），抒怀咏志，充满自信。"看似寻常实奇崛，成如容易却艰辛"（王安石《题张司业诗》），实乃很多成功佳作的普遍规律。"生当作人杰，死亦为鬼雄。至今思项羽，不肯过江东"（李清照《夏日绝句》），可作志士仁人的价值观人生观的最高呈现。"世上岂无千里马？人中难得九方皋"（黄庭坚《过平与怀李先生时在并州》），是世无知音的慨叹。"寒波淡淡起，白鸟悠悠下。怀归人自急，物态本闲暇"（元好问《颍亭留别》），将怀归之人的心态写得何等惟妙惟肖。如此等等。这里仅是举一些诗句，作为本文所说的"诗中之理"的案例。这些作品都可作为诗史上的经典篇什，而撷举的诗句则颇为典型地体现了"诗中之理"的样态及特性。需要一再申明的是，这种"诗中之理"与"经生之理""名言之理"的区别，最为明显的就在于，它们产生在诗人"触物兴情"的独特审美感兴之中，而非预设观念的植入。它们所凸显的理性光芒，并非共相的理论观念，而是由伴随着诗人的特殊体验生成的样态。对于读者来说，这种理性光芒洞烛了人生世态的幽深世界，唤起了人们的普遍性情感体验，并且具有极强的穿透力，历久弥新。

本文所说的这种"诗中之理"，是诗人在"鸢飞鱼跃"的自由运思状态中涌现出来的，如王夫之所形容的"神理凑合时，自然恰得"[1]。"鸢飞鱼跃"不仅是诗人的自由运思状态，而且也是这些诗中"卓绝"之语的透彻昭明之状。"鸢飞鱼跃"，"言其上下察也"，郑注曰："察，犹著也。言圣人之德，至于天则'鸢飞戾天'，至于地则'鱼跃于地'是著明于天地也。""鸢飞鱼跃"果真是昭明于天地之间的卓绝之象。《文心雕龙·隐秀》篇中对"秀"的描述颇得其神："故自然会妙，譬卉木之耀英华；润色取美，譬缯帛之染朱绿。朱绿染缯，深而繁鲜；英华曜树，浅而炜烨；秀句所以照文苑，盖以此也。"[2]"鸢飞鱼跃"是予天地以神采的亮点。它包含着诗人的理性省思，却又无法用现成的理论语言进行界定。叶燮于此有所揭示："然其中之理，至虚而实，至渺而近，灼然心目之间，殆如鸢飞鱼跃之昭著也。"[3] 在中国古代的诗歌长河中，具有这种"诗中之理"性质的篇什，如瑰宝，如珍珠，如星辰，烨曜于其间。

德国古典哲学的重要人物之一谢林，以"同一哲学"作为他的哲学旗帜，而他的艺术哲学也是以"同一哲学"作为灵魂基础的。他认为在艺术创造中体现着意识与无意识的同一。在他看来，意识与无意识的矛盾冲突恰恰是艺术冲动之所以产生的起因，"激起艺术家的冲动的只能是自由行动中有意识事物与无意识事物之间的矛盾"，而艺术品的完成，则是对二者达到和谐的感受。"美感创造不仅开始于对貌似不可解决的矛盾的感受，而且按照一切艺术家以及一切具有艺术家灵感的人们的供认，还结束于对无限和谐的感受。"[4] 我们所论述的"诗中之理"，从某种意义上看，也是意识和无意识达成和谐的产物。谢林又说："这种

---

[1] 王夫之著，戴鸿森笺注：《姜斋诗话笺注》，人民文学出版社，1981年，第63页。
[2] 刘勰著，范文澜注：《文心雕龙注》，人民文学出版社，1958年，第633页。
[3] 叶燮：《原诗·内篇下》，上海古籍出版社，1999年，第32页。
[4] 谢林：《先验唯心论体系》，梁志学、石泉译，商务印书馆，1976年，第266页。

随着完成美感创造所产生的感受,同时也是一种感触。"[1]"感触"在诗中极有可能就是我们所说的"诗中之理"!

从中国古代诗学传统来看,"诗中之理"是一脉客观的存在,那种"经生之理""名言之理"不在本文的论列之中。本文认为,这里所说的"诗中之理",不唯有其存在的理由,而且有更为重要的审美价值。审美过程当然是以直觉的方式进行的,但焉能淘尽理性的因素!进而言之,审美过程中的理性因素是"题中应有之义"。从诗来看,理性的光芒是不可或缺的!"鸢飞鱼跃"在中国哲学中表征着那种本然自得地体认"天理"的方式,与生俱来地带有审美的性质,因此也就为诗人和诗论家们所青睐!"诗中之理"如何有别于"经生之理""名言之理"?"鸢飞鱼跃"是其最为昭著的标志!

原文发表于《北京大学学报》(哲学社会科学版)2018年第4期

---

[1] 谢林:《先验唯心论体系》,梁志学、石泉译,商务印书馆,1976年,第266页。

澄怀味象与山水有灵
——宗炳《画山水序》评析

张 晶

圣人含道暎（亦作"应"）物，贤者澄怀味象。至于山水，质有而趣灵。是以轩辕、尧、孔、广成、大隗、许由、孤竹之流，必有崆峒、具茨、藐姑、箕首、大蒙之游焉，又称仁智之乐焉。夫圣人以神法道，而贤者通；山水以形媚道，而仁者乐。不亦乐乎！

余眷恋庐、衡，契阔荆、巫。不知老之将至，愧不能凝气怡身，伤跕石门之流。于是画象布色，构兹云岭。夫理绝于中古之上者，可意求于千载之下；旨微于言象之外者，可心取于书策之内。况乎身所盘桓，目所绸缪，以形写形，以色貌色也。且夫昆仑山之大，瞳子之小，迫目以寸，则其形莫睹，迥以数里，则可围于寸眸，诚由去之稍阔，则其见弥小，今张绡素以远映，则昆、阆之形，可围于方寸之内。竖划三寸，当千仞之高；横墨数尺，体百里之迥，是以观画图者，徒患类之不巧。不以制小而累其似，此自然之势。如是，则嵩、华之秀，玄、牝之灵，皆可以得之一图矣。

夫以应目会心为理者，类之成巧，则目亦同应，心亦俱会，应会感神，神超理得，虽复虚求幽岩，何以加焉？又神本亡端，栖形感类，理入影迹。诚能妙写，亦诚尽矣。于是闲居理气，拂觞鸣琴，披图幽对，坐究四荒，不违天励之藂，独应无人之野，峰岫峣嶷，云林森渺。圣贤暎于绝代，万趣融其神思，余复何为哉？畅神而已。神之所畅，孰有先焉！

——宗炳《画山水序》

一

宗炳的《画山水序》，是中国古代画论史上第一篇山水画论，有非常深刻的、丰富的美学价值，在画论史上和美学史上的地位特别重要。笔者在本文中不拟锱铢必较地串释文本，而是择其重要观念加以阐发。

宗炳何许人？在南北朝时期，宗炳是一位重要的画家，也是一位佛教思想家。提及这一点其实是很必要的，因为宗炳的绘画美学观念是与他的佛学思想相贯通的，或者说，在某种程度上，宗炳的佛学思想支持了其画论的走向。宗炳（375—443），字少文，南阳人。据《宋书》所载，其祖父宗承官宜都太守，父亲宗繇之曾官湘乡令。《宋书》将其列入《隐逸传》，这是符合宗炳的平生行止及价值取向的。在晋宋之交，宗炳多次受到征辟而不就。刘宋朝的开国皇帝刘裕起用宗炳为主簿，他辞而不就。刘裕问其故，宗炳回答说："栖丘饮谷，三十余年。"高祖（刘裕）非但没有责怪他，反倒"善其对"。辞去刘裕的征辟之后，宗炳到庐山追随当时的佛教高僧慧远精研佛理，"就释慧远考寻文义"。宗炳一生酷爱山水，绘画也以山水为主要题材。晚年无法登临山水，就在家里"披图幽对"，卧游山水了。宗炳与著名文学家谢灵运同时，而且都在庐山问学于慧远。他年长于谢灵运10岁，而又比谢晚卒10年。作为画家，宗炳并非当时的代表性人物，在著名画论家谢赫的《古画品录》中，宗炳被排在第六品中，也即最后一品。谢赫提出著名的绘画"六法"，并认为能够完备体现"六法"的是陆探微和卫协，而不及宗炳。谢氏对宗炳绘画的评语则是："炳明于六法，迄无适善；而含毫命素，必有损益。迹非准的，意足师放。"[1]看来是褒贬参半，认为从创作的角度来说，宗炳还是难以作为一代典范的。但是，他的《画山水序》在画论史上的意义就非同一般了。

---

[1] 谢赫：《古画品录》，见于安澜编：《画品丛书》，上海人民美术出版社，1982年，第10页。

二

《画山水序》的第一段，意义尤为突出，之所以突出，在于其提出了"澄怀味象"和"山水有灵"的命题与观念。作者举了如轩辕、尧、孔等圣贤之人"有崆峒、具茨、藐姑、箕首、大蒙之游焉"的范例，说明"仁智之乐"的体现，而这种"仁智之乐"则是通过山水审美的方式获取的。"圣人含道暎物"与"贤者澄怀味象"不仅是对举的，而且是互文的。宗炳的思想是将儒家、道家、佛家杂糅为一体的。"圣人""贤者"也非限于儒家圣贤的内涵。"道"超越于具体事物而具有形而上的性质，同时，也是圣贤作为主体所必然秉持的内在根基。宗炳在这里重点主张的是"澄怀味象"，这是在中国美学史上影响深远的命题。"澄怀"也就是使心胸澄明，是道家所讲的"虚静"。《老子》十六章说："致虚极，守静笃。万物并作，吾以观复。夫物芸芸，各得归其根。归根曰静，静曰复命。"主张只有以这种"虚静"的主体胸怀方能"得归其根"，也就是实现对道的把握。宗炳的论述走出了道家哲学的层面，而具有了美学的价值。如果正面诠释"圣人含道暎物，贤者澄怀味象"这两句，可以这样说：圣贤之人禀道于心而外映于物，澄净胸怀而体味山水之象。"暎"通"映"，首先要求的是主体的心胸澄明，《老子》讲的"玄鉴"，正是"映物"的前提。宗炳发挥老庄哲学中的"虚静"观念，并将其纳入审美的范畴。老子的"虚静"没有明确提出对象化的"映物"，而宗炳则直接谈到虚静心胸的对象化。宗炳超越老子而达于美学之境，还在于把"含道"的主体心胸与山水之象直接联系起来，从而明显地具有了审美的性质。"味"本身就是一种审美的方式，是一种直觉的体验。在审美活动中，"味"并非止于对嗅觉的感知或对食物的品味，而是超越其上的审美体验。后于宗炳的刘勰在《文心雕龙》的"隐秀"篇中指出针对文学作品的"始正而末奇，内明而外润，使玩之者无穷，味之者不厌矣"。与之同时的诗论家钟嵘在《诗品序》中也谈到赋、比、兴这诗之"三义"所产生的效果："宏斯三义，酌而用之，干之以风力,润之以丹采,使味之者无极,闻之者动心,是诗之至也。"可见,在魏晋南北朝美学中,"味"已是一个重要的审美范畴了。游历山水的仁智之乐,并非在于具体的物质享受,而在于对山水之象的品味鉴赏。这个"象",不是事物的实体本身,而是通过主体的映射而呈现出的山水形象。

"质有而趣灵"在美学上也大有阐发的余地。"质有"是指山水的物质性存在,这是客观事实。但是宗炳的深意和贡献则是拈出存在于"质有"中的"趣灵",也即山水的个性与灵性。这对于画家来说,则是超出技法层面的艺术哲学了。联系后面所说的"圣人以神法道,而贤者通;山水以形媚道,而仁者乐",可以看出宗炳在质趣问题上的一贯性和自觉性。神与形相对,原来指灵魂,在魏晋南北朝的哲学论争中,也指人或事物的内在精神,形则指形体或形态。宗炳这里提出了"道—神—形"的关系问题,这也是其他人从未提出的问题。形神关系,是魏晋南北朝哲学论争的一个焦点问题,关于"神灭"论和"神不灭"论这两种观点,当时有过许多论著,宗炳是其中"神不灭"论的主将。"神不灭"论就是主张人的肉体死亡后灵魂不死,可以轮回。佛教领袖慧远以"因果报应"学说在僧俗两界都产生了广泛的影响。慧远在庐山开坛讲经传法,主要宣扬"因果报应"及"神不灭"的理论。慧远有《沙门不敬王者论》《三报论》《明报应论》等著名佛学著作,阐述他的主要观点。如《沙门不敬王者论》中第五部分《形尽神不灭》,以很强的逻辑思辨论证"神不灭"的理论观点:"神也者,圆应无生,妙尽无名,感物而动,假数而行。感物而非物,故物化而不灭;假数而非数,故数尽而不穷。"慧远有许多追随者,在庐山期间,"彭城刘遗民、豫章雷次宗、雁门周续之、新蔡毕颖之、南阳宗炳、张莱民、张季硕等,并弃世遗荣,依远游止"(《高僧传》卷六)。可见,宗炳对于慧远的崇奉与追随。宗炳著有长篇佛学论文《明佛论》(一名《神不灭论》),反驳何承天等人的"神灭"论,极力宣扬"神不灭"论。限于本文题旨,这里不去辨析双方理论的是非曲直,那是要大费笔墨的;笔者更感兴趣的是,宗炳将"神不灭"论推及自然山水,这就对山水美学产生了深刻影响。

《明佛论》中说："今请远取诸物，然后近求诸身。夫五岳四渎，谓无灵者，则未可断矣。若许其神，则岳唯积土之多，渎唯积水而已矣。得一而灵，何生水土之粗哉？而感托岩流，肃成一体，设使山崩川竭，必不与水土俱亡矣。"[1] 宗炳将"神不灭"论延伸到山水自然领域，顺理成章地提出了"质有而趣灵"的命题，概而言之，就是"山水有灵"。中国山水画的个性化与写意性，在美学观念上是以此为源头的。与形相比，神是超越的；与道的本根性相比，神又是个体的。"以神法道"，是说圣贤之人通过个体化的精神世界，与大道连通；"山水以形媚道"是说山水自然是通过形质彰显大道的。这应该就是中国山水画的哲学根基吧。

三

宗炳以山水为心灵的故乡，一生遍游名山大川，乃至以"栖丘饮谷，三十余年"为由来婉拒刘裕的征召，刘裕不以为忤，反倒颇为赞赏。《宋书·宗炳传》载："好山水，爱远游，西陟荆巫，南登衡岳，怀尚平生之志。"身至晚境，无力再做山水之游，于是便以山水画的形式，把名山巨川构为画卷，以供画家本人朝夕对之，是为"卧游"。《宋书》中载："有疾还江陵，叹曰：老疾俱至，名山恐难遍睹，唯当澄怀观道，卧以游之。凡所游履，皆图之于室，谓人曰：抚琴动操，欲令众山皆响。"宗氏"卧游"，果然与众不同，有足够的审美气氛，有难得的士大夫情怀。魏晋南北朝时期，朝野盛行神仙方术，以长生久视为追求目标，以养气服药为生活方式，唯宗炳不然，而以卧游山水（即以山水画为栖息寄托）为养生之道。故此说"愧不能凝气怡身"，看似谦辞，实则以山水审美为内心超越而不随服食养气之流俗。

山水画并非纯然客观自然之摹写，中国山水画渐入写意之途，自宗

---

[1] 宗炳：《明佛论》，见石峻等编：《中国佛教思想资料选编》，第1册，中华书局，2014年，第231页。

炳始。由此，宗炳深刻揭示了画家的主体因素。一是画家本身的精神世界，二是画家的文化修养，三是画家的游历记忆，四是画家通过艺术训练获得的内在模式。"理绝于中古之上者，可意求于千载之下"，是在现实生活中无法见到的宇宙与人生之理，却可以通过流传千载的画作得以寓含彰显；"旨微于言象之外者，可心取于书策之内"，是说超越于言象之外的意，是可以通过书策之内的主体修养而生成的；"身所盘桓，目所绸缪"，是说画家本身的游历记忆和物色积淀，成为创作的主体基础；"以形写形，以色貌色"，前一个"形""色"，是画家在长期的艺术训练中所形成的内在模式，后一个"形""色"，则是画家所摹写的山水对象所客观具有的形貌颜色。

宗炳由此谈到山水画的透视关系及山水审美境界。宗炳对山水画有其独特的哲学本体认知，更有美学的品格定位。山水画绝非某山某水的比例缩写，也非"导游图"。名山大川广大无边，却可以得之于一图。清代王夫之说："论画者曰：'咫尺有万里之势'，一'势'字宜着眼。若不论势，则缩万里于咫尺，直是《广舆记》前一'天下图'耳。"（《姜斋诗话》）如果把山水画画成了"导游图"，肯定为画家们所不齿。宗炳对以之"卧游"的山水画，在美学上有很高的要求，那就是："如是，则嵩、华之秀，玄、牝之灵，皆可得之于一图矣。"秀是指山川之个性，灵则是指自然的奥秘。"一图"，是一种完整的审美之境，如同后来石涛所说的"一画"。

作为画家的宗炳，是谙于透视规则的，在《画山水序》中，他以经验的方式表述出来。面对如昆仑山之大的对象，如果逼近来看，只能看到一点局部；而拉开数里距离再看，则能使其轮廓纳入眼中。"去之稍阔，则其见弥小"，视野的边际，则是消点。以此道理作画，则"则昆、阆之形，可围于方寸之内"，绢素或宣纸上是可以勾勒出名山之形的。"竖划三寸，当千仞之高；横墨数尺，体百里之迥"，这是给观画者的感觉。从观赏者的审美经验来看，观者不会因为形制小而影响了对山水形象的把握，却会因为"类之不巧"也即没有画出对象的特征而感到乏味。山水画的透视并非比例的缩写，而是山川整体风貌和独特灵性的呈现。画家何以"卧游"于自己的山水画卷而亹亹不倦?盖在于此!

四

无论是山水画的创作,还是山水画的赏鉴,其实都是主客交流的过程。宗炳提出了几个具有美学内涵的命题,都是值得深入研究和领会的。

如"应目会心""应会感神"。这两个命题都有重要的美学理论内涵,也有基本的共同之处,但又有各自的具体指向。"应目会心"也好,"应会感神"也好,都是指主体与对象之间通过当下的直接感知所生成的审美形态。不同的是,"应目会心"生成为具有形上意义的审美理性,而"应会感神",则是超拔于画作的精神气韵。这里的"理",未必是一般感悟所生的道理,而是宗炳所谙熟的玄理、佛理。宗炳认为在自然山水中包蕴着这种"理"。而在"应目会心"的直接感知中,这种"理"就会油然而生。此处,"类之成巧"乃是关键所在。所谓"类之成巧"正是上文分析的"类之不巧"的反面,是说画家画出了山水对象的特征与灵性。在这个前提下,心目相取,理在其中了。"感神"则是"理得"的媒介,也就是画家的个体精神在"应目"相感中得以升华打通,进入一片豁然开朗之境,在个体精神的超拔之中,会通于理。"神"本来是无形无状的,它寄寓于"形"中,并与外在山水对象的灵性产生感应,而得到激活和升华。在对山水对象的构写中,"理"就贯通于其间了。这就是"神本亡端,栖形感类,理入影迹"的大意所在。宗炳在这部分中主要是谈山水画创作对于心灵和精神的感通与升华功能。王世襄先生诠释道:"少文又推进一层:大自然之山水,吾人听之视之以耳目,体之察之以心灵。为自然写照,悉凭听视体察之所得而出之。山水图画,原一物也。若然,则大自然之山水,可与精神交感,所画之山水,当具同等之效力。"[1]

---

[1] 王世襄:《中国画论研究》,生活·读书·新知三联书店,2013年,第20页。

宗炳又谈到了自己在观赏山水画时的审美心态与体验，一言蔽之，是"畅神"。这也是山水画的欣赏给人带来的最高的审美享受。宗炳本人无疑具有相当高的审美修养，看他观赏山水画时的状态："闲居理气，拂觞鸣琴，披图幽对，坐究四荒。"这岂是一般的欣赏者所能达到的境界？却又是真正的审美境界，这本身又是一幅何等美妙的山水观赏图啊！进入山水画中的意境，天际的丛林若明若暗，在无人之野传来似有若无的琴声，云雾缥缈，峰岫兀立。在这无法言说的境界中，各种情趣都集聚于其人的"神思"。"神思"在魏晋南北朝时期已经成为一个艺术思维的范畴了。后来刘勰作《文心雕龙》，以《神思》一篇作为其创作论的首篇，通篇讲的就是文学创作的思维规律。而在宗炳这里，"神思"指的是超越时空、主客合一的神奇之思，它是超越于理性思维的，也是无法言说的。徐复观先生描述道："'峰岫峣嶷，云林森渺'，此乃山之形，亦即山之灵、山之神。自己之精神，解放于形神相融之山林中，与山林之灵之神，同向无限中飞越，而觉'圣贤映于绝代'，无时间之限制；'万趣融其神思'，无空间之间隔；此之谓'畅神'，实即庄子之所谓逍遥游。"[1]笔者觉得徐复观对于宗炳这段话的诠释最近其仿佛，多说则无益。如果要强调一句的话，那就是山水审美在宗炳的这篇名作中，归结起来就是"畅神"，在他看来，这是最根本的、最重要的，如其所言："神之所畅，孰有先焉！"

《画山水序》使中国的画或者说绘画美学从一开始就有了一个很难企及的起点，其中提出的"澄怀味象"和"山水有灵"等命题，都具有很纯粹的美学性质。这当然有玄学"言—意—象"的深刻痕迹，又何尝没有佛学"神不灭"论的底色呢！形神关系，是从汉代到魏晋南北朝思想界都在争论的问题，宗炳以之作为论述山水画的思维方式。《画山水序》有相当深厚的哲学基因，却又都转化为了艺术哲学，都是在山水画的创作和欣赏的意义上加以展开的。

《画山水序》作为绘画美学的经典之作，其理论价值之丰富、之深

---

[1] 徐复观：《中国艺术精神》，春风文艺出版社，1987年，第207页。

刻，真是罕有其匹。后来，也鲜有画家或画论家可以超越，它的哲学美学内涵可以说是难以道尽。仅从技法上看，似乎这篇画论也无多少可相传授的东西，但它对中国画的审美观念，对山水画的走向，可谓意义非凡！这是因为宗炳本人不只是一位画家，更是一位思想家，你看他这篇文章里能挖出多少思想的矿藏啊！论及《画山水序》的画论著作和论文数量颇多，但是《画山水序》的文本中，还是有若干处缺少准确可信的阐释。也许只凭语言学的方法未必能全部解决这里面的问题，因为文字后面有很多是作者思想的脉络。读一下宗炳的《明佛论》，可以知道他的思想逻辑是缜密的，思想观念是明确清晰的。在魏晋南北朝的哲学史上，宗炳是有地位的。怎么评价他的地位是另一回事，但他的论著确乎是中国哲学史上值得重视的遗产。他阐述的"神不灭"思想，又被他用在山水审美之中了。《画山水序》的复杂性，很大程度要从这里进行透视。魏晋南北朝又是思想如此活跃的时代，玄学、佛学的众多流派、观念互相夹缠冲荡，这在《画山水序》中也有所体现。想要准确、细致地诠释此文，殊非容易！笔者也只是更加接近它而已。

原文发表于《名作欣赏》2018年第34期

以一管之笔，拟太虚之体
——王微《叙画》评析

张 晶

辱颜光禄书。

以图画非止艺。行成当与《易》象同体。而工篆隶者，自以书巧为高。欲其并辩藻绘，覈其攸同。

夫言绘画者，竟求容势而已。且古人之作画也，非以案城域，辨方州，标镇阜，划浸流。本乎形者融灵，而动变者心也。灵亡所见，故所托不动；目有所极，故所见不周。

于是乎，以一管之笔，拟太虚之体；以判躯之状，画寸眸之明。曲以为嵩高，趣以为方丈。以友之画，齐乎太华；枉之点，表夫隆准。眉额颊辅，若晏笑兮；孤岩郁秀，若吐云兮。横变纵化，故动生焉。前矩后方，则形出焉。然后宫观舟车，器以类聚；犬马禽鱼，物以状分。此画之致也。

望秋云，神飞扬；临春风，思浩荡。虽有金石之乐，珪璋之琛，岂能仿佛之哉！披图按牒，效异《山海》。绿林扬风，白水激涧。呜呼，岂独运诸指掌，亦以神明降之。此画之情也。

——王微《叙画》

一

王微的《叙画》，是画论史上的名篇，也是南北朝时期尤为重要的山水画论。王微，字景玄，卒于宋元嘉三十年（453年），去世时只有39岁，应是生于东晋义熙十一年（415年），比宗炳小40岁。《叙画》

与宗氏的《画山水序》写成于同一时期，既有相近的观点，也有不同的看法，因而对山水画的创作和理论，有其独特的贡献。颜光禄即当时的著名文学家颜延之，也即颜延年，官光禄大夫。颜延之与谢灵运在当时诗坛齐名，并称"颜谢"。《宋书·谢灵运传》："爰逮宋氏，颜、谢腾声。灵运之兴会标举，延年之体裁明密，并方轨前秀，垂范后昆。"但是，时人评价颜谢之诗的差异称，颜诗"如铺锦列绣，雕缋满眼"，而谢诗则"如初发芙蓉，自然可爱"。"辱颜光禄书"所云，载《全宋文》卷三十六《与王微书》："图画非止艺，行成当与《易》象同体，而工篆隶者，自以书巧为高。"王微引颜延之语，表示认同，并作为自己立论的出发点。颜氏认为，图画并非一般技艺，成功的画作可以与《易》象具有同样的作用。《易》之象，言天道人道，画与《易》象同体，由技而进乎道。工于篆书、隶书的人，以书法价值为高，而王微作《叙画》，正是要申言绘画的功能与地位，主张其与书法有同样的价值，都可以"与《易》象同体"，达于天人之际。王微不只是一名画家，而且也是深谙画理的学者，他在《与友人何偃书》中说："吾性知画，盖鸣鹄识夜之机，盘纡纠纷，咸纪心目。故山水之好，一往迹求。"（《历代名画记》卷六）不难看出，王微对于绘画有着自己的独得之秘，也有形而上的思考。

以下作者着重揭示的是绘画的艺术性质，尤其指出绘画超越于实用地理图形的审美功能，山水画则最能体现绘画的艺术品格。"夫言绘画者，竟求容势而已。"这是说对绘画功能的一般理解，着眼于绘画的实用功能，认为绘画就是描绘人的容貌和地势图形而已。在此前的画论中，对绘画的关注在于其图形的认识功能，而没有对于山水画审美功能的阐发论述。在唐代张彦远《历代名画记》卷一《叙画之源流》中，记载了颜延之对绘画意义的界说："颜光禄（延之）云，图载之意义有三：一曰图理，卦象是也；二曰图识，字学是也；三曰图形，绘画是也。"认为绘画也即图形。王微所言"容势"，学者以为难以索解，如李泽厚、刘纲纪《中国美学史》中谈到此处认为："开始说夫言绘画者，竟求容势而已，这是说一般人讲到绘画，竟然只注意形势（'容势'不可解，容应为形，意近而误）。"这个说法是没道理，也没依据的。"容"指人物面容，"势"指山川形势。《历代名画记》从"画"的词义上阐述绘画的性质和功能："《广雅》云：画，类也。《尔雅》云：画，形也。《说文》云：画，畛也。象田畛畔，所以画也。《释名》云：画，挂也，以彩色挂物象也。故鼎钟刻则识魑魅而知神奸，旂章明则昭轨度而备国制。清庙肃而尊彝陈，广轮度而疆理辨。以忠以孝，尽在于云台；有烈有勋，皆登于麟阁。见善足以戒恶，见恶足以思贤。留乎形容，式昭盛德之事；记其成败，以传既往之踪。记传所以叙其事，不能载其容；赋颂有以咏其美，不能备其象。图画之制所以兼之也。"这里所说的主要是图画人物之"容"的政治功能，劝善戒恶，褒扬忠孝。而"势"这里说的是山川之势。《历代名画记》卷四又载："孙权尝叹魏蜀未平，思得善画者图山川地形，夫人乃进所写江湖九州山岳之势，夫人又于方帛之上绣作五岳列国地形，时人号为针绝。"最能说明"容势"之势的意味了。一般对绘画性质，是在这个层面上加以理解的。人们看到绘画的实用价值，尚未认识到它超越于实用的艺术品格及精神层面。王微在这里揭示了山水画区别于一般讲求"容势"的独特审美功能。"且古人之作画也，非以案城域，辨方州，标镇阜，划浸流"，即是说相对于这些实用地图的功能，山水画则是在山川形势中融入了灵性，寄托了情感。以下数句，尤为集中地概括出山水画不同于地形图的艺术品性：一是灵性在山水画中的内在生命感；二是以画家的"一管之笔"，拟写出通达于宇宙造化的本体脉动；三是以山水形状，呈现出画家视野中的澄明境界。"灵亡所见，故所托不动"，是从南北朝时期的形神关系理论所生发的艺术美的表现。对形神关系，有"神灭"论和"神不灭"论两派观点，从汉代到魏晋南北朝的思想界，一直争论不休。关于"神灭"论和"神不灭"论的哲学论争，笔者已在《澄怀味象与山水有灵——宗炳〈画山水序〉评析》中有所阐述，宗炳在其《明佛论》中表达了山水自然物也有神灵的观点，但在其山水画论中着重阐发的是主体的"畅神"。宗氏在山水画论中所说的"神"，已不是脱离肉体存在的灵魂，而是指主体的精神。王微在其《叙画》中所说的"形者融灵"，其含义则是在绘画的山水形象中所蕴含着的灵性。"融"字岂可小觑！这个"灵"不是与形并列的形态，而是融会在形之中的。法国学者朱利安指出："反观之，'本乎形者融灵'，并让'灵'发散出来（'融'这个字的意思是液化，比如一块金属的液化，同样指蒸汽消散）。"[1] 这个命题，对于形与灵的关系，有着特别的阐述，认为灵是融化于形质之中的，这也可以认为是具有艺术价值的山水画与实用地形图的根本区别所在。对于山水画而言，没有灵性的山水形象，是没有存在意义的。灵性的体现还在于画家在审美创造过程中所体验到的动感。画家以灵动之心来观照山水，而使画作充溢着灵性；如果灵性无所体现，其实就是画家主体机械地模仿、简单地描摹山水外形，而不能画出山水的灵性。所谓"动变者心也"，强调的是画家的内心动感，也就是画家作为审美创造的主体，所感受、所把握、所表现的对象的动感。或者可以更为直接地说，王微所说的"形者融灵"，其实所指即是动感，是让观者产生想象的动态机制。"动变者心也"，在这里也更多地指画家的想象能力。这一点，德国美学家莱辛在其诗画比较名著《拉奥孔》中有特别著名的论述。莱辛主张画家所画，"最能产生效果的只能是可以让想象自由活动的那一顷刻了"。绘画的构图方式在于"同时并列"，这是与诗歌的时间展开性颇有不同的，而莱辛认为："绘画在它同时并列的构图里，只能运用动作中的某一顷刻，所以就要选择最富于孕育性的那一顷刻，使得前前后后都可以从这一顷刻中得到最深刻的理解。"这可以用来理解王微所说的"动"，进而揭示其所说"形者融灵"的意义所在。

二

"目有所极，故所见不周。于是乎，以一管之笔，拟太虚之体。"讲的是绘画中有限与无限的关系。人的视野必定是有限的，画家目力所

---

[1] 朱利安：《大象无形——或论绘画之非客体》，张颖译，河南大学出版社，2017年，第206页。

及，只能是在一定的范围之内，而广大无垠的自然，不可能都进入画家的视野。画家在其特定的观照中，所见也只能是一定范围的边框；但这又给了画家艺术的想象力，为其以有限表现无限，造就了绝好的机会，对于中国画来说，形成了一种非常积极的态势。视觉上的"不周"，恰恰可以用《老子》所说的"大象无形"加以补充。视野范围之内是有限的，而视野范围之外则是无限的。而这个"无限"，是以"有限"表现出来的。"目有所极"，应该是绘画构图（尤其是山水）的结构界限，而优秀的山水画家，则一定会通过画面将"无形"的"大象"作为隐性的背景。中国画所说的虚实结合，计虚当实，已从此处发端。王微对山水画表现功能的思考，一开始便与道家哲学相通。"一管之笔"，当然就是画家手执的画笔，但其所拟对象，就不仅是形而下的山水之形，而是连通造化自然的"太虚之体"。所谓"太虚之体"，即庄子所说的"万物与我为一"的宇宙自然之本体。王微认为，山水画艺术，是要从具象上升到形而上的层面的。倘非如此，那就是与"案城域，辨方州，标镇阜，划浸流"的地形图一般无异了。王微意识到了"目有所极，故所见不周"，也就是具有了超越的意识，而且以之为山水画的艺术标准。我觉得德国大哲学家谢林的一段论述可以给我们启示，他说："自我作为直观它自身的无限倾向在上一阶段中确然是进行感觉的，即它自己直观为受到限定的。但是，界限只存在于两个对立物之间。因此，自我要不是必然地超越到界限彼岸的某物上去，即超越界限的话，也就不能够把它自己直观成受到限定的。"[1]谢林关于限定和超越的论述，是可以用来理解王微的超越意识的。

"以判躯之状，画寸眸之明"，也是大有阐发空间的。据陈传席先生的解释，"判"，分也；"躯"，体也，即太虚之体的"体"。"因为想象中的山水之体比目见周至，但不可能也不必全部画出来，要分其体之一部分，当然要以最能表达自己理想、情感的一部分，以部分之状，画出目

---

[1] 谢林：《先验唯心论体系》，梁志学、石泉译，商务印书馆，1976年，第84页。

见之明,使想象中的山水,变成目见中的画上山水。"[1] 我很赞同陈先生的解释,只是想进一步加以延伸。"判躯之状"与"目有所极"互相对应,也就是从大千世界中找到其中的一部分,作为山水画的对象。"判躯之状"作为绘画对象,关键的意义在于,它是"太虚之体"的有机部分。它进入画家的视野,又带着"太虚之体"的整体底蕴。"画寸眸之明",按字面理解,就是把画家眼中的对象画出来。然我以为,"寸眸之明"则可进一步抉发。"寸眸"当然是画家之眼,而呈现于画家眼中之明,又是什么状态呢?仔细分析起来,"寸眸之明"既不是单纯的画家主体的视觉功能,也不是单纯的对象之物,而是对象以其灵动的状态,充溢画家的视界;反之,画家以其具有主体意向的眼光,使对象映射进自己的视野,这是西方20世纪哲学中占有重要地位的现象学所说的"意向性"。以现象学的观念来说,也许"表象的充盈"尤能说明这个"寸眸之明"的特征。"表象的充盈"是现象学开创者胡塞尔所提出的一种直观意向的效果。胡塞尔指出:"表象的充盈则是从属于它本身的那些规定性之总和,借助于这些规定性,它将它的对象以类比的方式当下化,或者将它作为自身被给予的来把握。因而这种充盈是各个表象所具有的与质性和质料相并列的一个特征因素。——表象越是清楚,它的活力越强,它所达到的图像性阶段越高,这个表象的充盈也就越丰富。"[2] 以此来理解"寸眸之明",可以深入一层。在画家眼中的山水是动感而富有个性的,于是,画家便以不同的笔墨形式来表现山水的灵动和活力。"曲以为嵩高,趣以为方丈。以犮之画,齐乎太华;枉之点,表夫隆准。"上下挥动画笔,画出嵩山之状,纵横奔放的笔触,画出方丈(蓬莱、方丈、瀛洲为海上三仙山)的神异。用笔急突,表现华山的挺拔之势。画面上突出的高鼻般的山岩,尤能呈现出山的雄奇。下面这几句就是以人的面相神态来形容山水之灵动。"眉额颊辅,若晏笑兮;孤岩郁秀,若吐云兮。横变纵化,故动生焉。前矩后方,则形出焉。"

---

[1] 陈传席:《中国绘画美学史》,人民美术出版社,2009年,第71页。
[2] 胡塞尔:《逻辑研究》,倪梁康译,上海译文出版社,1999年,第75页。

又如少女眉额面颊，言笑晏晏，孤岩绝秀，似在喷云吐雾，千变万化，姿态横生。在山水的灵动格局中，再配以宫观舟车、犬马禽鱼，这就是山水画的大致情景。

三

王微《叙画》的最后一部分，有重要的理论意义，表达了作者对山水画创作的独特价值体认。"望秋云，神飞扬；临春风，思浩荡。"这是画家在晤对山水，进入审美感兴时的心理状态。无疑，这是神思飞越的。宗炳《画山水序》以"畅神"为旨归，主要是说山水画的审美功能；而王微在此处所描述的，是画家置身于春风秋云的自然时空中神思飞扬的心意状态。而这种神思飞扬的审美兴趣，在作者看来，其价值是"金石之乐""珪璋之琛"所无法相提并论的。"金石之乐"指不朽的功业与名声，"珪璋之琛"则指财富珍宝。王微将山水画及其创作价值提到了前所未有的高度。"披图按牒，效异《山海》。绿林扬风，白水激涧。"山水画的图册，大异于《山海经》里的图经，有着奇特的生命感，使人如同置身于充满活力的空间，一切都洋溢着自然的神韵。"岂独运诸指掌，亦以神明降之。此画之情也。"王微认为，优秀的山水画，不只是指掌间的技艺操作，更似有"神明""造化"降于其间，故而充满了神奇的魅力，这正是绘画不同于技艺之处，山水画尤为特出，这才是绘画的品性啊！

王微的《叙画》，与宗炳的《画山水序》产生的时代相近，内容上也多有相似之处，如"山水有灵"的观念，二者皆有体现。然而，王微《叙画》仍有其独特的理论贡献。可以观之者有以下几点：一是明确揭示了山水画与实用地理图的本质区别，从而指出了绘画区别于实用图像的本质特征。"且古人之作画也，非以案城域，辨方州，标镇阜，划浸流"，王微所指的这几项功能，都是典型的实用地理图的功能。将绘画艺术与实用技艺相区别，无论在画论史上，还是在审美意识发展史上，都有重要意义。艺术的起源，始于人类的生产实践，而随着社会分工的细化，人类的审美意识逐步成熟，艺术的独立性也就开始得到彰显。而从理论上明确指出绘画不同于实用地理图，无疑具有划时代的意义。二是揭示了山水画的审美特征，对绘画而言，在形象中应该蕴含着灵明，而且要以动态的生命感呈现于人前。"动变者心"，是灵的表征。王微以很多具体的描述，指出了"动"是体现在山水画中的最鲜明的特征，同时也是山水画区别于实用地理图的标志。三是山水画是以主客互摄的方式，表现超越于形质的形而上世界。"一管之笔"并非仅是画家手里的工具，而且也负载着画家观照世界的眼光；"寸眸之明"不仅是画家眼中的映象，而且也是通过主体选择后呈现出来的充盈表象。四是绘画的审美兴致，是超越于物质的精神享受。

总之，王微的《叙画》，在中国绘画理论史上占有重要地位，从美学的意义上可以得到很多的阐发，其理论价值是无法取代的。

原文发表于《名作欣赏》2019年第1期

"以形传神"与"迁想妙得"
——顾恺之画论撷要评析

张 晶

顾长康画裴叔则,颊上益三毛。人问其故,顾曰:"裴楷俊朗有识具,正此是其识具。看画者寻之,定觉益三毛如有神明,殊胜未安时。"[1]

顾长康画人,或数年不点目精。人问其故,顾曰:"四体妍蚩,本无关于妙处,传神写照,正在阿堵中。"[2]

顾长康道:"画'手挥五弦'易,'目送归鸿'难。"[3]

顾恺之《论画》曰:"凡画,人最难,次山水,次狗马,台榭一定器耳,难成而易好,不待迁想妙得也。此以巧历,不能差其品也。"

《小列女》 面如恨,刻削为容仪,不尽生气,又插置丈夫支体,不以自然。然服章与众物既甚奇,作女子尤丽,衣髻俯仰中,一点一画,皆相与成其艳姿;且尊卑贵贱之形,觉然易了,难可远过之也。

《周本记》 重叠弥纶有骨法,然人形不如《小列女》也。

《伏羲神农》 虽不似今世人,有奇骨而兼美好。神属冥芒,居然有得一之想。

《汉本记》 季王首也,有天骨而少细美。至于龙颜一像,超

---

[1] 见徐震堮:《世说新语校笺》,中华书局,1984年,第387页。
[2] 见徐震堮:《世说新语校笺》,中华书局,1984年,第388页。
[3] 见徐震堮:《世说新语校笺》,中华书局,1984年,第388页。

豁高雄，览之若面也。

《孙武》　大荀首也，骨趣甚奇。二婕以怜美之体，有惊剧之则。若以临见妙裁，寻其置陈布势，是达画之变也。

……

《壮士》　有奔胜大势，恨不尽激扬之态。

……

《三马》　隽骨天奇，其腾罩如蹑虚空，于马势尽善也。

……

《北风诗》　亦卫手，巧密于精思名作，然未离南中，南中像兴，即形布施之象，转不可同年而语矣。美丽之形，尺寸之制，阴阳之数，纤妙之迹，世所并贵。神仪在心，而手称其目者，玄赏则不待喻。不然，真绝夫人心之达，不可或以众论。执偏见以拟通者，亦必贵观于明识。夫学详此，思过半矣。[1]

凡将摹者，皆当先寻此要，而后次以即事。凡吾所造诸画，素幅皆广二尺三寸，其素丝，邪者不可用，久而还正，则仪容失。以素摹素，当正掩二素，任其自正，而下镇使莫动其正。笔在前运而眼向前视者，则新画近我矣。可常使眼临笔止，隔纸素一重，则所摹之本远我耳。则一摹蹉积，蹉弥小矣。可令新迹掩本迹，而防其近内，防内若轻，物宜利其笔，重宜陈其迹，各以全其想。譬如画山，迹利则想动，伤其所以嶷。用笔或好婉，则于折楞不隽，或多曲取，则于婉者增折，不兼之累，难以言悉，轮扁而已矣。写自颈已上，宁迟而不隽，不使远而有失。其于诸像，则像各异迹，皆令新迹弥旧本。若长短、刚软、深浅、广狭与点睛之节，上下、大小、醲薄，有一毫小失，则神气与之俱变矣。竹木土，可令墨彩色轻，而松竹叶醲也。凡胶清及彩色不可进素之上下也。若良画黄满

---

[1] 张彦远：《历代名画记》卷五，见俞剑华编著：《中国画论类编》，上册，人民美术出版社，2016年，第347—348页。

素者，宁当开际耳，犹于幅之两边，各不至三分。人有长短，今既定远近以瞩其对，则不可改易阔促，错置高下也。凡生人亡有手揖眼视，而前亡所对者。以形写神，而空其实对，荃生之用乖，传神之趋失矣。空其实对则大失，对而不正则小失，不可不察也。一像之明昧，不若悟对之通神也。[1]

顾恺之是东晋时期最为杰出的画家，对中国画尤其是人物画有深远的影响。他的绘画理论，主要见于南朝刘义庆所著《世说新语》中的记载和唐代张彦远《历代名画记》中所收录的《论画》《魏晋胜流画赞》及《画云台山记》等。顾恺之的画论最具美学阐发空间处在于其"以形写神"和"迁想妙得"的命题，但它们又不是抽象理论或逻辑思辨，而恰恰是以其作为画家的丰富创作经验为基础的。本文不拟录其画论全文，而是采撷其要，阐发评说。

一

顾恺之（约345—409），字长康，小字虎头，无锡人。顾恺之是东晋名士，其父顾悦之，官尚书左丞。《晋书》卷七十七有传。恺之博学多才，性好谐谑，深受桓温的赏识。《晋书》本传载："桓温引为大司马参军，甚见亲昵。温薨后，恺之拜温墓，赋诗云：'山崩溟海竭，鱼鸟将何依！'或问之曰：'卿凭重桓公乃尔，哭状其可见乎？'答曰：'声如震雷破山，泪如倾河注海。'"[2] 顾恺之以画名世，《晋书》本传说："尤善丹青，图写特妙，谢安深重之，以为有苍生以来未之有也。"评价特高。李修建著《中国审美意识通史·魏晋南北朝卷》中载："顾恺之的创作主题非常丰富，有山水，如《庐山图》《云台山图》《雪霁望五老峰图》；有花卉，如《笋图》《竹图》；有禽鸟，如《凫雁水洋图》《木雁

---

[1]《魏晋胜流画赞》，见张彦远：《历代名画记》，浙江人民美术出版社，2019年，第91—92页。
[2] 房玄龄等：《晋书》卷九十一《顾恺之传》，中华书局，1979年，第2404页。

图》《招隐鹅鹄图》等；有猛兽，如《行龙图》《虎啸图》《虎豹杂鸷鸟图》《三狮子图》《十一头狮子图》等；有描绘人物活动的，如《斫琴图》《勘书图》《水阁围棋图》《清夜游西园图》《射雉图》等。最多的还是道释和人物图，尤以人物画为多。道释画，如《列仙像》《皇初平牧羊图》《三天女像》《列女仙》《维摩天女飞仙图》等。人物画又可分为三种：一是古圣先贤，如《古贤图》《夏禹治水图》《宣王姜后免冠谏图》等，这类内容相对较少。二是魏晋前代人物、帝王，有《司马宣王像》《司马宣王并魏二太子像》《晋帝相列像》；名士，如《魏晋胜流画像》《魏晋名臣画像》《中朝名士图》《七贤图》《阮咸像》《王戎像》《王安期像》《裴楷像》《阮修像》《谢鲲像》《卫索像》等；隐士，如《荣启期像》《苏门先生像》等。三是同代人物，如《桓温像》《桓玄像》《谢安像》《殷仲堪像》《刘牢之像》等。"[1] 南朝谢赫在其画品名著《古画品录》中把画家分成六品，而将顾恺之置于第三品，评之曰："格体精微，笔无妄下。但迹不逮意，声过其实。"[2] 第三品共有九位画家，很明显，谢氏给顾恺之的排位靠后，而且评价也不高。这个排名引起了很多人的不满。唐代著名美术史家张彦远引李嗣真、姚最的话，高度推崇顾恺之："李嗣真云：顾生天才杰出，独立亡偶。何区区荀、卫而可滥居篇首。不兴又处顾上。谢评甚不当也。顾生思侔造化，得妙物于神会，足使陆生失步，荀侯绝倒。以顾之才流岂合甄于品汇，列于下品尤所未安。今顾、陆请同居上品。姚最云：顾公之美，独擅往策，荀卫曹张，方之蔑然。如负日月，似得神明。慨抱玉之徒勤，悲曲高而绝唱。分庭抗礼，未见其人。谢云声过其实，可为于邑。张怀瓘云：顾公运思精微，襟灵莫测，则寄迹翰墨，其神气飘然，在烟霄之上，不可以图画间求。像人之美，张得其肉，陆得其骨，顾得其神。神妙无方，以顾为最。"[3] 从这些评价中不难见出顾恺之的绘画成就。

---

[1] 李修建：《中国审美意识通史·魏晋南北朝卷》，人民出版社，2017年，第212页。
[2] 谢赫：《古画品录》，见于安澜编：《画品丛书》，上海人民美术出版社，1982年，第8页。
[3] 张彦远：《历代名画记》卷五，见卢辅圣主编：《中国书画全书》，第1册，上海书画出版社，2009年，第140页。

顾氏画论最有影响力的当属"传神"之说,而关于"传神",有"传神写照"和"以形写神"两种说法。这二者都是强调绘画重在传神的,但其实不应完全等同。关于画论史和美学史的多种论著中,或以"传神写照"为其核心命题,或以"以形传神"为其基本主张。二者有根本上的一致,也有不尽相同的偏重。本文则是将"以形写神"作为概括顾氏画论美学本质的命题。

关于"传神写照",主要是见于《世说新语》中关于顾恺之"画人"的记载。恺之画人,曾有"数年不点目精",为何如此?原因在于画家太重视所画人物的眼睛。恺之认为四肢如何,不太关乎画作的妙处,最要紧的则是人物的眼睛,这才是传神写照的关键!"阿堵"是方言,代称所指之物,犹言"这个"。在人物画中,最能传神的,当属人物的眼睛。所谓"照",就与视觉观照有直接的关系。"传神写照",倘无写照,则不能传神。如果说,在顾恺之这里,"神"是人物的精神气质,那么,"照"则是"神"的集中体现。恺之画人甚至"数年不点目精",尤可见其对"写照"即点睛的高度重视。前面所引《世说新语》中所载"顾长康道:'画"手挥五弦"易,"目送当鸿"难'",也充分说明了恺之对通过目光传写人物神韵的认知。"照"并非一般的目视,而是直探本质的观照。这与佛学密切相关。南北朝时的名僧慧达在阐释竺道生的"顿悟"时云:"夫称顿者,悟语极照。以不二之悟,符不分之理。"[1] 谢灵运论"小顿悟"说:"夫明非渐至,信由教发。何以言之?由教而信,则有日进之功;非渐所明,则无入照之分。"[2] 由这些论述可见,"照"是通过直观的方式,对佛教真理的洞察。而顾氏的"传神写照",就其本义而言,是通过人物画中的"点睛"之笔,表现人物的精神气韵,洞烛人的灵魂!

---

[1] 慧达:《肇论疏》,见汤用彤:《理学·佛学·玄学》,北京大学出版社,1991年,第148页。
[2] 谢灵运:《辨宗论》,见石峻等编:《中国佛教思想资料选编》,第1册,中华书局,2014年,第220页。

二

纵观恺之画论，笔者以为还是"以形写神"最能表达其绘画思想的核心内涵，同时，"以形写神"也对中国美学产生了远过于画论的深刻影响。当然，"以形写神"和"传神写照"并非两个问题，而是一个问题的不同层面，归结到美学层面，"以形写神"还是最具根本的概括力的。形神问题本来是从汉代到南北朝都一直争论不休的哲学问题，佛学进入东土以后，"神灭"与"神不灭"两种观点针锋相对，是中古时期哲学史上的一大公案！笔者所撰的"中国古代画论名著评析"系列的前两篇，评析宗炳的《画山水序》和王微的《叙画》时都有所涉及，本文不拟展开；但到此涉及顾氏画论中的形神关系以及其对后世的影响所在，却不能不论。简而言之，形神本指人的肉体与灵魂，后也指人的形体与精神。佛学与玄学，都有关于形神问题的争论与辩难。将之从一般的哲学落实到艺术哲学领域，宗炳是个关键人物，而真正对中国文人画传统的"传神"观念产生深远影响的，则是顾恺之。然而，文人画的"传神"观念，其实是片面发挥了顾氏的"传神"说，如苏轼就是如此。对于文人画的传神观念而言，俨然顾恺之的"传神写照"就是其正宗源头。本文重点对此加以辨正。

"以形写神"可以析为"写神"和"以形"两个词组，显然，前者是目的，后者是手段。似乎绘画的宗旨在于传神，而形的摹写只是一种媒介而已，而实质上问题哪有这么简单！人物画的价值取向在于表现人的精神气韵，唯其如此，顾恺之方能在中国绘画史上有其不可取代的地位！张怀瓘将顾恺之与张僧繇、陆探微这两位一流画家相比，认为从人物画的角度看，"张得其肉，陆得其骨，顾得其神"，而且"神妙无方，以顾为最"。可见，他认为顾列于最上，胜在"得神"。"神"在中国的艺术哲学中，具有明显的超越性和某种形而上的色彩，这是没有问题的；但绝非是可以脱离"形"而存在的。依照玄学思维，如"本末""有无""一多""言意""形神"等相对的范畴，既是可以分析的，也是不可分离的。顾恺之作为魏晋时期的名士,有相当深的玄学修养,看他所说的"画'手挥五弦'易,'目送归鸿'难",可知其玄学修养颇高。如果以"重神而轻形"来理解顾氏的传神观念,则谬矣!

恺之画论中的"形",远非一般哲学论著中所说的形体或肉体的含义,而是包含了人物的形貌、骨法、摹写与用笔等要素。这几方面也许不在一个逻辑层面上,但都在其所说的"以形写神"的"形"之中。恺之对于人物的形貌描写,极为重视,而且在细微的形貌表现中传达出人物的特殊身份及神态。《论画》中对《小列女》的分析评价表现得颇为典型。《北风诗》的评价,尤能见出其通过形貌与尺寸比例的精思,来表现人物之神的画风。"美丽之形,尺寸之制,阴阳之数,纤妙之迹,世所并贵。神仪在心,而手称其目者,玄赏则不待喻。"这里的论述,或许是对"传神写照"的具体阐发。

骨法。恺之论画,极重骨法,并认为骨法直接影响到人物的神气表现。此引王世襄先生所论:"长康《论画》,骨字凡八见,'有骨法''奇骨而兼美好''骨趣甚奇''骨成而制衣服幔之''多有骨俱''有骨俱''隽骨天成'。综观之,咸指骨骼或骨相而言。骨骼为组成人身形貌最基本之物体,男女长幼,尊卑贵贱,骨俱上各有分别。作画之时,每一笔皆须顾及对象骨俱之构造,如此画成之后,面目衣饰,始能与骨俱相吻合。若有乖谬,便是大失。"[1]

摹写与用笔。对于形貌,恺之特重摹写,认为这是最为基本的功力所在;在摹写之中,更为重视用笔,主张用笔精确而有力。《魏晋胜流画赞》中,恺之以主要篇幅谈的是摹写的方法问题。倘非局内之人,很难明白作者说的是什么。但恺之却是以此作为摹写的根本原则来谈的,以为"凡将摹者,皆当先寻此要,而后次以即事"。前面所讲的技术问题是摹写所用绢素必须是正的,"邪者不可用"。而接下来则谈的是用笔。理想的用笔,应该是婉而兼隽。婉是笔致婉转曲折,隽是流利俊逸。但在实际摹写时,则难以兼得。其间三昧,如同轮扁斫轮,难以言

---

[1] 王世襄:《中国画论研究》,生活·读书·新知三联书店,2013年,第13页。

语道也！恺之又提出，从人物颈部以上，用笔宁可迟缓有力，也不要"远而有失"，即失去所摹对象的本相。继而，恺之还明确谈到绘画时置陈位置与传神的关系。"置陈位置"也是"以形传神"的重要方法，形貌摹写是离不开置陈位置的。王世襄先生阐释说："画中物体，为全幅画中之单位。某物与某物是否有呼应及联络，相处是否适合，全幅是否有一统之表现，端赖置陈之如何矣。"[1]恺之在《魏晋胜流画赞》中说："若长短、刚软、深浅、广狭与点睛之节，上下、大小、酽薄，有一毫小失，则神气与之俱变矣。"从这个方面来看，形与神的关系是何等密切。置陈之中，稍有小失，神气俱变。

三

接下来探讨一个更为重要的问题：人物画的传神，以其对象化为要务！"以形写神"是一个美学原则，而在人物画中要"传神写照"，人物的眼光必须聚焦于某一对象。这种对象化不是要在画面中展示出来，而是要通过人物目光投向使观者产生这样的感觉。恺之画人"数年不点目精"，猜测一下，难点也许在此吧。"凡生人亡有手揖眼视，而前亡所对者。以形写神，而空其实对，荃生之用乖，传神之趋失矣。"揆之以日常经验，现实中的人，如果做出"手揖眼视"的动作，不可能"前亡所对"，也就是一定会有一个对象（应该是人）。这在人物画中也成为一个规则。如果所画人物的眼睛"空其实对"，也就是没有对象在眼前，给人以"空空荡荡"的感觉，那么，就根本谈不到"以形写神"，因为它是全然违背"荃生之用"的，"传神之趋"就完全成了一句空话。这是"大失"！另一层面还有"小失"，"小失"指的是"对而不正"。如果要"对而且正"，就要人的比例、位置非常准确。"人有长短。今既定远近以瞩其对，则不可改易阔促，错置高下也。""传神"的关键，在于"悟对通神"！也就是人物的对象化。"传神"的实质是传达人物的某种意

---

[1] 王世襄：《中国画论研究》，生活·读书·新知三联书店，2013年，第14页。

识,以现象学的观点来看,就是意向性体验。胡塞尔的现象学经典著作《逻辑研究》,就以意识为意向体验,也就是说意识一定是关于某物的意识。这个"某物",当然也可以是人。意向体验的一个重要性质,还在于意识的统一性和指向性。在意向体验中,意识不再是杂多的和散乱的,而是集束于一个统一的指向。胡塞尔的论述似乎与顾恺之的画论风马牛不相及,但我们不妨看一下,也许会有启示,他指出:"在现象学上还原了的自我,不是一种在杂多体验的上空飘浮着的怪物,相反,很简单,它与这些体验自身的联结统一是一致的。"[1]我们以之理解顾氏的"悟对通神",认为它是一种"意向体验",并非是"离谱"的。

四

再说"迁想妙得"。在顾氏画论中,"迁想妙得"也是非常重要的命题,值得下工夫探讨。顾氏在《论画》第一则中就谈到"迁想妙得",说:"凡画,人最难,次山水,次狗马,台榭一定器耳,难成而易好,不待迁想妙得也。"一般地理解"迁想妙得"并不难,因为顾氏也说得很明白,它是专属于人物画的。画人最难,是因为人物画要表现人物的感情、性灵。所谓"传神写照",指的也就是传写人的情感、性灵、个性等属人的精神元素。楼台阁榭,属器具一类,有一定规制,画得精确,虽然有难度,但与人物画相比,这些因素是较为固定的。人物画就不一样了,人有自我的个性、情感、精神气质,这是需要个性化对待和处理的。恺之画了那么多人物画,如《谢安像》《司马宣王像》《桓温像》《桓玄像》《阮咸像》等,所绘者都是当时的著名人物,画家当然是体会颇深的。照一般的理解,"迁想妙得"就是画家将自己的情感、性灵投入所画对象中去,从而使人"妙得",也即获得超乎象外的感悟。李泽厚、刘纲纪先生对此做了全面深入的阐释,其说云:"所谓'迁想',就字面说,'迁'就是推移、运动、变迁之类的意思。时代稍晚于

---

[1] 胡塞尔:《逻辑研究》,倪梁康译,上海译文出版社,1998年,第388页。

恺之的佛学家僧肇曾著有《物不迁论》，论证事物是没有推移变化的，可见'迁'是当时佛学所重视讨论的一个问题。看来就像恺之提出'传神写照'一样，他的'迁想'说也是借用佛学的术语、思想来讲绘画理论。在佛学或玄学的意义上，'迁想'都是一种不为可见的形象所拘束，超于可见的形象之外的想象。'迁'应作迁移、超越解，实际上也就是恺之所说'托形超象'之意。……'迁想'是为了'妙得'，也唯有'迁想'，才能'妙得'。而所谓'妙得'，就是得超于象外的'神'的微妙。"[1]对于李、刘二位著名美学家的深刻解析，笔者深为敬服，迄无疑义。本文只是从个人的角度略做补充理解而已。僧肇作《物不迁论》，以中观学说来观事物的变化迁流，主张对"迁"与"不迁"要破除"二边"之见。"不迁，故虽往而常静；不住，故虽静而常往。虽静而常往，故往而弗迁；虽往而常静，故静而弗留矣。"[2]这当然是在一般的哲学层面的思辨。恺之受佛学及玄学思想濡染是毋庸置疑的，其画论用类似词语，其意相近也在情理之中，但读二位先生的《中国美学史》中关于"迁想妙得"的论述，总觉有过度阐释之嫌。在我看来，"迁想妙得"，无非就是画家作为主体，把所感悟到的对象的个性、气质、情感等精神要素，移注到所描绘的对象中去，使之具有个性化的精神气质，同时，使观者获得超于象外的美妙感受。我们看恺之《论画》对画作的评价，如评《伏羲神农》"神属冥芒，居然有得一之想"，评《汉本记》"至于龙颜一像，超豁高雄，览之若面也"，都是"妙得"的描述。带有普遍性的问题在于，我们探索研究中国古代艺术理论，既要以当时的思想史、文化史为背景，把握其中深层内涵，又最好不要将一般的哲学思想拿过来直接阐释相关艺术理论的具体内涵，否则会使人产生隔靴搔痒之感。顾恺之生逢玄学盛行的时代，他本人就有着深厚的玄学修养，属于名士者流，这无可置疑。而汉魏人物品藻之风对人物画有深入的渗透，晋人之美，在于风神超越。诚如宗白华先生在他的《论〈世说新语〉和晋人的美》这篇著名文章中所说的："自然美和人格美——同时被魏晋人发现。人格美的推重已滥觞于汉末，上溯至孔子及儒家的重视人格及

---

[1] 李泽厚、刘纲纪主编：《中国美学史》，第2卷，中国社会科学出版社，1987年，第488页。
[2] 僧肇：《物不迁论》，见石峻等编：《中国佛教思想资料选编》，第1册，中华书局，2014年，第143页。

其气象。'世说新语时代'尤沉醉于人物的容貌、器识、肉体与精神的美，所以'看杀卫玠'，而王羲之——他自己被时人目为'飘如游云，矫如惊龙'——见杜弘治叹曰：'面如凝脂，眼如点漆，此神仙中人也！'"[1]这种人物品藻之风，是体现在顾氏人物画论之中的。《世说新语》中涉及恺之画人物的案例，都有浓厚的人物品藻的色彩。如："顾长康画裴叔则，颊上益三毛。人问其故，顾曰：'裴楷隽朗有识具，正此是其识具。看画者寻之，定觉三毛如有神明，殊胜未安时。'""顾长康好写起人形，欲图殷荆州，殷曰：'我形恶，不烦耳。'顾曰：'明府正为眼尔。但明点童子，飞白拂其上，使如轻云之蔽日。'"[2]……可见顾氏人物画论的"传神"与魏晋时期的人物品藻，是相通相融的。汤用彤先生从玄学之"言意之辨"谈到顾恺之的"传神"，他这样说："概括论之，汉人朴茂，晋人超脱。朴茂者尚实际。故汉代观人之方，根本为相法，由外貌差别推知其体内五行之不同。汉末魏初犹存此风（如刘劭《人物志》），其后识鉴乃渐重神气，而入于虚无难言之域。即如人物画法疑即受此项风尚之影响。抱朴子尝叹观人最难，谓精神之不易知也。顾恺之曰：'凡画人最难'，（张彦远《历代名画记》卷一）当亦系同一理由。《世说·巧艺篇》云：……数年不点目睛（《人物志》谓征神于目），具见传神之难也。四体妍蚩，无关妙处（参看同书顾长康画裴楷），则以示形体之无足重轻也。汉代相人以筋骨，魏晋识鉴在神明。顾氏之画理，盖亦得意忘形学说之表现也。"[3]所言甚有启示，足可见出顾氏画论与时风之联系。然若深文周纳，反倒令人感到离开原意更远了。

原文发表于《名作欣赏》2019年第4期

---

[1] 宗白华：《美学散步》，上海人民出版社，1981年，第219页。
[2] 《世说新语·巧艺》，见徐震堮：《世说新语校笺》，中华书局，1984，第387页。
[3] 汤用彤：《汤用彤学术论文集》，中华书局，1983年，第226页。

"气韵生动"与绘画"六法"
——谢赫《古画品录》评析

张 晶

夫画品者,盖众画之优劣也。图绘者,莫不明劝戒,著升沉,千载寂寥,披图可鉴。虽画有六法,罕能尽该;而自古及今,各善一节。六法者何?一、气韵生动是也;二、骨法用笔是也;三、应物象形是也;四、随类赋彩是也;五、经营位置是也;六、传移模写是也。唯陆探微、卫协,备该之矣。然迹有巧拙,艺无古今,谨依远近,随其品第,裁成序引。故此所述,不广其源,但传出自,神仙莫之闻见也。

第一品 五人

陆探微。穷理尽性,事绝言象。包前孕后,古今独立。非复激扬所能称赞。但价重之极乎上,上品之外,无他寄言,故屈标第一等。

曹不兴。不兴之迹,殆莫复传。唯秘阁之内,一龙而已。观其风骨,名岂虚成。

卫协。古画皆略,至协始精。六法之中,迨为兼善。虽不该备形妙,颇得壮气。陵跨群雄,旷代绝笔。

张墨、荀勖。风范气候,极妙参神,但取精灵,遗其骨法。若拘以体物,则未见精粹;若取之象外,方厌膏腴,可谓微妙也。

第二品 三人

顾骏之。神韵气力,不逮前贤;精微谨细,有过往哲。始变古则今,赋彩制形,皆创新意,若包牺始更卦体,史籀初改画法。常结构层楼,以为画所。风雨炎燠之时,故不操笔;天和气爽之日,方乃染毫。登楼去梯，妻子罕见。画蝉雀，骏之始也。宋大明中，天下莫敢竞矣。

陆绥。体韵遒举，风采飘然。一点一拂，动笔皆奇。传世盖少，所谓希见卷轴，故为宝也。

袁蒨。比方陆氏，最为高逸。象人之妙，亚美前贤。但志守师法，更无新意；然和璧微玷，岂贬十城之价也。

第三品　九人

姚昙度。画有逸方，巧变锋出。魑魅神鬼，皆能绝妙。同流真伪，雅郑兼善。莫不俊拔，出人意表。天挺生知，非学可及。虽纤微长短，往往失之；而舆皂之中，莫与为匹。岂直栋梁萧艾，可搯揳玙璠者哉。

顾恺之。格体精微，笔无妄下。但迹不逮意，声过其实。

毛惠远。画体周赡，无适弗该。出入穷奇，纵横逸笔，力道韵雅，超迈绝伦。其挥霍必也极妙。至于定质块然，未尽其善。神鬼及马，泥滞于体，颇有拙也。

夏瞻。虽气力不足，而精彩有余。擅名远代，事非虚美。

戴逵。情韵连绵，风趣巧拔。善图贤圣，百工所范。荀卫已后，实为领袖。及乎子颙，能继其美。

江僧宝。斟酌袁陆，亲渐朱蓝。用笔骨梗，甚有师法。像人之外，非其所长也。

吴暕。体法雅媚，制置才巧。擅美当年，有声京洛。

张则。意思横逸，动笔新奇。师心独见，鄙于综采。变巧不竭，若环之无端。景多触目，谢题徐落云，此二人后，不得预焉。

陆杲。体致不凡，跨迈流俗。时有合作，往往出入。点画之间，动流恢服。传于后者，殆不盈握。桂枝一芳，足征本性。流液之素，难效其功。

第四品　五人

蘧道愍、章继伯。并善寺壁，兼长画扇。人马分数，毫厘不失；别体之妙，亦为入神。

顾宝光。全法陆家，师事宗禀。方之袁蒨，可谓小巫。

王微、史道硕。并师荀卫，各体善能。然王得其细；史传其真。细而论之，景玄为劣。

第五品　三人

刘顼。用意绵密，画体纤细；而笔迹困弱，形制单省。其于所长，妇人为最。但纤细过度，翻更失真；然观察详审，甚得姿态。

晋明帝。虽略于形色，颇得神气。笔迹超越，亦有奇观。

刘绍祖。善于传写，不闲其思。至于雀鼠，笔迹历落，往往出群。时人为之语，号曰：移画。然述而不作，非画所先。

第六品　二人

宗炳。炳明于六法，迄无适善；而含毫命素，必有损益。迹非准的，意足师放。

丁光。虽擅名蝉雀，而笔迹轻赢。非不精谨，乏于生气。[1]

本文谈谈谢赫《古画品录》中的问题。

谢赫是齐梁时人，在南齐时代活动时期很长，且是著名画家，其他的生平事迹都史无记载。《四库全书提要》涉及《古画品录》时只是说："南齐谢赫撰。赫不知何许人。"本文照录了《古画品录》的全文，但要讨论的问题主要是在前面的序文中。之所以把后面对画家的品第及评语列出，是因为它们可以帮助我们进一步领悟其所持为绘画根本标准的"六法"内涵及其相互关系。

一

谢赫的《古画品录》，开画论中画品之端，于安澜先生编《画品丛书》，将谢赫《古画品录》置于首篇。"画品"源于魏晋时期的人物品

---

[1] 谢赫：《古画品录》，见于安澜编：《画品丛书》，上海人民美术出版社，1982年，第6—10页。

藻，刘劭《人物志》，即是人物品藻的专著。《世说新语》中专有"品藻"一目，专以品评当时名士。延及艺术领域，有钟嵘《诗品》、谢赫《画品》、姚最《续画品》、庾肩吾《书品》、司空图《二十四诗品》等。"品"的首要含义就是评骘高下优劣。《汉书·扬雄传》下有"称述品藻"之语，颜师古注："品藻者，定其差品及文质。"谢赫在《古画品录序》开篇就说："夫画品者，盖众画之优劣也。"明确揭示了"品"的内涵，即评骘高下优劣。蒲震元先生有《析品》一文，对"品"做了系统的分析，指出："在中国古典审美理论中，'品'包含两重基本义：（1）当用作动词，或与有关的词素或词一起组成动词性词语时，'品'与审美主体鉴别、体察、辨析、评定审美对象（多种事物及事物的品类）有关，如品茗、品花、品藻、品题、品鉴。这时的'品'的核心内容为：在审美鉴赏中品鉴与评定审美对象的'差品及文质'，辨识审美对象的'优劣'，甚至包含'考定其高下'的理性活动。（2）当用作名词，或与有关的词素一起组成名词性词语时，'品'则与事物的品类、品质、品貌、品格、品第、品位及某种深层的审美特质有关。值得注意的是，品的上述双重基本含义，在我国的心理学、艺术鉴赏学及美学论著中，经常是相得益彰地结合在一起的。当论述到品尝、品鉴、品评时，'品'就已包含着分辨事物的品类、品级、品位之义，不是指一般的尝、鉴、评；谈及上、中、下、神、妙、能、逸诸品时，实际上也已涉及审美主体对对象之鉴别、体察、辨析与评定。"[1]蒲震元的分析是鞭辟入里的。"品"所面对的就是繁多的对象。"品"的含义中就已包括了"众多"之意。《说文解字》中释品："品，众庶也，从三口。"《王力古汉语字典》对"品"的释义，第一个就是"众多"，并以《易·乾》"品物流形"为例。"品"的另一含义就是品评优劣高下。这两层意思都在谢赫《古画品录序》的第一句中便被囊括殆尽了："夫画品者，盖众画之优劣也。"谢赫说得非常清楚，其作画品，就是品鉴众多画家、画作的优劣高下！

---

[1] 蒲震元：《中国艺术批评模式初探》，北京大学出版社，2016年，第150页。

"品"还是标准、规则，也即钟嵘所说的"准的"。钟嵘在《诗品》中也谈到"诗品"作为标准的功能："观王公缙绅之士，每博论之余，何尝不以诗为口实，随其嗜欲，商榷不同。淄渑并泛，朱紫相夺，喧议竞起，准的无依。近彭城刘士章，俊赏之士，疾其淆乱，欲为当世诗品，口陈标榜，其文未遂，嵘感而作焉。"钟嵘谈到他作《诗品》的初衷，是因为诗界淆乱，准的无依。前此有一位俊赏之士刘士章，有感于诗界标准混乱，拟作《诗品》以立标准，但是未能成功，钟嵘作《诗品》，正是为了实现这个目的。谢赫的《古画品录》中的"绘画六法"，其实也就是衡量画家和绘画成就的六个要素，也即六条标准。关于"六法"，有不同的句读，一种句读源自于钱锺书先生的《管锥编》。钱先生道："六法者何？一、气韵，生动是也；二、骨法，用笔是也；三、应物，象形是也；四、随类，赋彩是也；五、经营，位置是也；六、传移，模写是也。按当作如此句读标点。"[1] 按钱先生的看法，是唐代张彦远的句读形成了现在的样子："唐张彦远《历代名画记》卷一漫引'谢赫云'：一曰气韵生动，二曰骨法用笔，三曰应物象形，四曰随类赋彩，五曰经营位置，六曰传移模写，遂复流传不改。"[2] 后来，吴功正、陈传席等也都是如此句读。若按照这种句读，这六句话，前面的词语是范畴本身，后面是对它的内涵界定。如气韵，就是"生动"；骨法，就是用笔，依此类推。笔者以为，这是颇有根据的，但即或如此，从《历代名画记》之后，人们对"六法"的理解，以"气韵生动""骨法用笔""应物赋形""随类赋彩""传移模写"这种句式进行阐释，已经成为一种基本的观念。

二

在"六法"之中，各法之间是不是并列的关系呢？依我看来，不是

---

[1] 钱锺书：《管锥编》，第4册，中华书局，1982年，第1353页。
[2] 钱锺书：《管锥编》，第4册，中华书局，1982年，第1353页。

的。六法中,"气韵生动"是谢赫对绘画的根本要求,也可视为六法之纲。气、韵本为两个概念,由谢赫把它凝结为一个稳定的且对此后的中国画发展有着至关重要作用的审美范畴。"气"是中国哲学的元范畴,先秦汉魏时期的思想家多有论之,如汉代王充,即是"气一元论"的代表,这里不予展开。以气论艺,如魏文帝曹丕在《典论·论文》中有著名的命题,即"文以气为主",刘勰在《文心雕龙》中也多处以"气"论文,并专门有《养气》一篇,其赞语中说:"玄神宜宝,素气资养。"齐梁时钟嵘在《诗品·序》中也以"气"作为诗歌创作的原发动力:"气之动物,物之感人,故摇荡性情,形诸舞咏。照烛三才,晖丽万有,灵祇待之以致飨,幽微藉之以昭告。动天地,感鬼神,莫近于诗。"

关于"韵",韵原指音乐的律动,曹植《白鹤赋》中有"聆雅琴之清韵",这是最早在作品中出现的"韵"。在魏晋南北朝时期,人物品藻中多以"韵"品人,如《晋书》中载庾恺"雅有远韵,为陈留相,未尝以事婴心",《南史·孔珪传》评孔珪"风韵清疏",《南史·王钧传》评王钧:"其风清素韵,弥高可怀。"《世说新语·赏誉》形容王澄:"澄风韵迈达,志气不群。"《世说新语·任诞》品评阮浑:"阮浑长成,风度气韵似父。"……可以看出,"韵"主要是指人物的外显风姿神态。谢赫将"气韵"合成为一个画论范畴,包含了内在的生气和外显的风神。这里引陈传席先生对气韵的表述:"气韵:是中国绘画艺术要求的最高原则,也是'六法'的精萃。必须弄清。气和韵本是玄学风气下人伦鉴识的名词。在当时,用'气'题目一个人,大都是形容一个人由有力的、强健的骨骼为基本结构而形成的具有清刚之美的形体,以及和这种形体所相应的精神、性格、情调的显露。用'韵'去题目一个人,本义指的体态(包括面容)所显现的一种精神状态、风姿仪致,而这种精神状态、风姿仪致给人以某种情调美的感受。凡气,必能显现出韵;凡韵,必有一定的气为基础。二者虽可以有偏至,但不可绝对分离。所以最完整的说法以'气韵'一词为准确。"[1] 笔者认为陈传席先生的阐释是较

---

[1] 陈传席:《中国绘画美学史》,人民美术出版社,2000年,第131页。

为客观准确的。

无论如何断句,"气韵"都以"生动"为基本特征。谢赫在具体品评画家时,都以人物画家为对象。关于"气韵生动",品评中多有相关内容,如评卫协:"虽不该备形妙,颇得壮气。陵跨群雄,旷代绝笔";评张墨、荀勖:"风范气候,极妙参神";评顾骏之:"神韵气力,不逮前贤;精微谨细,有过往哲";评晋明帝:"虽略于形色,颇得神气";评丁光:"虽擅名蝉雀,而笔迹轻羸。非不精谨,乏于生气。"无论是正面的褒扬还是负面的贬抑,都是以气韵为最重要的条件,而认为"谨细""形色"都不足为上乘。"气韵生动"是全画的灵魂,而非局部描写的精细。钱锺书先生于此阐释说:"谢赫以'生动'释'气韵',又'第六品'评丁光曰:'非不精谨,乏于生气';《全陈文》卷一二姚最《续画品》评赫自作画曰:'写貌人物……意在切似。……至于气韵精灵,未极生动之致。'则'气韵'匪他,即图中人物栩栩如活之状耳。所谓颊上添毫,'如有神明'(《世说·巧艺》),眼中点睛,'便欲言语'(《太平御览》卷七○二又七五○引《俗说》);谢赫、姚最曰'精灵',顾恺之曰'神明',此物此志也。古希腊谈艺,评泊雕刻绘画,最重'活力'或'生气'(enargeia),可以骑驿通邮。"[1]"气韵生动"是对绘画的根本要求,也是品评画作等的最为重要的标准。黑格尔在谈到艺术作品时最为看重的便是"生气灌注",对于绘画,黑格尔提出的标准也是说:"在这类题材描绘中使人感兴趣的不在对象本身,而在这种显出生气的灵魂,这种有生气的灵魂单凭它本身,不管它出现什么事物身上,就足以适合每一个心灵健康而自由的人的口味,对他成为一个同情和喜悦的对象。"[2]黑格尔对绘画所提出的"显出生气的灵魂"的标准,与谢赫所说的"气韵生动",完全是可以相通的。"气韵"虽已成为一个稳定的范畴,而其内外贯通,皆显生动,则是可以意会的。王世襄先生揭示"气韵生动"与其他"五法"的关系时说:"是则气韵生动,

---

[1] 钱锺书:《管锥编》,第4册,中华书局,1982年,第1354页。
[2] 黑格尔:《美学》,朱光潜译,第3卷,商务印书馆,1979年,第265页。

诚为最名贵而卓然独立之一法，乃画家之极诣。气韵为读者只可以精神领会画中所流露之活跃动态，超越于五法之上，而不可与之排比者。"[1] 作为绘画的标准，"气韵生动"是最根本的、最关键的。后来的画论家也颇多将谢赫的"气韵生动"与顾恺之的"传神"视为一物，如宋人邓椿在《画继》中说："世徒知人之有神，而不知物之有神——故画法以气韵生动为第一。"邓椿是将神与气韵视为同义。元人杨维桢在《图绘宝鉴·序》中也说："故论画之高下者，有传形，有传神。传神者，气韵生动是也。"就是把"传神"作为"气韵生动"的内涵界定了。"气韵生动"当然有其独特的理论意旨，与"传神"并不可完全等同，但也可看到其中的相通之处。北宋画论家郭若虚有画论名著《图画见闻志》，其中专门有"论气韵非师"一节，对于"气韵"提出了著名的"气韵非师"理论，主张气韵是"生知"（即生而知之）的，非凭工夫可以修炼臻致。"六法精论万古不移，然而骨法用笔以下五者可学，如其气韵必在生知，固不以巧密得，复不可以岁月到，默契神会，不知然而然也。尝试论之：窃观自古奇迹，多是轩冕才贤，岩穴上士，依仁游艺，探赜钩深，高雅之情，一寄于画。人品既已高矣，气韵不得不高；气韵既已高张，生动不得不至。"[2] 这可以使我们进一步理解"气韵生动"的含义所在，以及其在中国画论发展中的深刻影响。

三

"气韵生动"之后，对其他"五法"的含义，也当有一个较为清晰的阐释。

先说"骨法用笔"。

"骨法"也是人物画中非常重要的问题。骨法，本来也是相人之术的概念，在绘画中则成为仅次于"气韵生动"的重要准则。至于"骨法

---

[1] 王世襄：《中国画论研究》，生活·读书·新知三联书店，2013年，第25页。
[2] 卢辅圣主编：《中国书画全书》，第1册，上海书画出版社，2009年，第468页。

用笔"的含义，也有不同理解，一种认为"用笔"如同人之形体骨骼，画之有笔如人之有骨。如钱锺书先生就认为："似《文心雕龙·风骨》之以'骨''彩'对照；五代以后画花鸟者不用墨笔勾勒而径施彩色，谓之'没骨法'者以此。'骨法'之'骨'，非仅指画中人像之骨相，亦隐比画图之构成人物如人之赋形也。"[1] 另一种看法，则认为骨法用笔就是"用笔骨梗"，也即笔法遒劲。王世襄先生指出："以骨字作为用笔之方法，所谓'用笔骨梗'是也。谢赫以后的画论家，十九皆取第二义，指'用笔骨梗'意。是以于画论之学说中，较第一义为重要。"[2] 笔者较为倾向于这种观点，即认为"骨法用笔"是说绘画中用笔应是骨梗遒劲的。看《古画品录》中对画家"用笔"的评价，大体可知。如评第一品卫协云："虽不该备形妙，颇得壮气。陵跨群雄，旷代绝笔。"评第二品陆绥云："体韵遒举，风彩飘然。一点一拂，动笔皆奇。"评第三品毛惠远云："画体周赡，无适弗该。出入穷奇，纵横逸笔。力遒韵雅，超迈绝伦。"而对于用笔方面的负面贬抑，主要是笔迹羸弱。如评第五品中的刘顼（应为刘瑱）云："用意绵密，画体纤细；而笔迹困弱，形制单省。"评第六品丁光云："虽擅名蝉雀，而笔迹轻羸。非不精谨，乏于生气。"足见谢氏是以用笔骨梗为法的。

次说"应物象形"。

形神关系问题，是中国画论史上一个非常重要的问题。顾恺之提出"以形写神""传神写照"，对于绘画中的"传神"观念来说，是具有源头意义的，同时也造成了某种有意无意的片面理解。其实，顾氏并无轻视形似的意思，反而是非常重视形对神的表现功能。谢赫"六法"中明确提出"应物象形"，以之作为绘画的基本法则，这对于形神关系问题来说，是有某种纠偏作用的。对于绘画这门最主要的视觉艺术而言，形似，应该是最起码的标准。"传神"也必须借助形似方能实现。"应物"是画家对所要描绘的对象的感应。宗炳在《画山水序》中也提出"含道

---

[1] 钱锺书：《管锥编》，第4册，中华书局，1982年，第1353、1353、1354、1356页。
[2] 王世襄：《中国画论研究》，生活·读书·新知三联书店，2013年，第25页。

应物"等命题。于绘画而言,"应物象形"是最基本的法则。艺术创造必须以艺术形象作为审美客体,而艺术形象的创造又不可能离开对现实事物的摹仿,所以,西方美学的"摹仿"观念成为最早的美学观念。而中国的文学艺术理论,到魏晋南北朝以"感物"为其出发点,无论在诗歌理论还是绘画理论中,都多有"应物"之说。刘勰在《文心雕龙·明诗》篇有"人禀七情,应物斯感,感物吟志,莫非自然"的名言。中国艺术理论中所说的"应物",既有对于事物的摹仿,又有主体对客体的感应。吴功正先生认为,这些"都充分表现了六朝时人对物感式审美论的重视。这一审美论在六朝的成熟和理论定型化,在各种艺术审美领域都得到充分发育的状况,把中国美学的主体客体关系论——感应论推进到一个新的区段和层面。而'应物'就是'象形',感应物象是为了塑造形象,这就确定了艺术的审美目的是在艺术家的笔下产生生动的艺术形象"[1]。笔者以为说得很有道理!值得说明的一点是,"应物"之"物",不仅是一般事物,还包括了人,而且占很大比重的是画家所画的人物。谢赫所处时代,画坛上虽有山水画开始登上历史舞台,但主要还是人物画。谢赫所评的画家和画作,也主要是人物画。"应物"之"物",很大程度上是人物。

"象形"对于绘画来说,更是最为重要的环节。"应物"使画家获得灵感和内在构形的轮廓,而"象形"则是画家通过笔墨创造出画面上的艺术形象。对于画家来说,这是其艺术创作的终点,而对于观画者而言,则是观赏的起点。"象形"并不仅仅是对于事物的摹仿,实际上还多有在画家"应物"基础上的创造成分。清人郑板桥所说的"眼中之竹"与"手中之竹"是有区别的。"手中之竹"就是在画家手里创造出来的形象。谢赫在评第一品张墨、荀勖时说:"若拘于体物,则未见精粹;若取之象外,方厌膏腴,可谓微妙也。"评第二品顾骏之说:"始变古则今,赋彩制形,皆创新意。"等等,都认为象形中应有创意。

再说"随类赋彩"。

---

[1] 吴功正:《六朝美学史》,江苏美术出版社,1994年,第373页.

这里是讲绘画中的色彩问题，这是中国画论讨论得很少的话题，尤其是对文人画观念占据绘画领域以后的宋元来说，它对于色彩的论述颇为珍贵。色彩在中国画中也称为"丹青"。工笔中的花鸟、人物，都是要着色的。谢赫的"随类赋彩"，是绘画创作中的基本原则，也即根据对象的不同类型或者本色来进行着色。黑格尔认为绘画的着色最能表现对象的生动个性，他说："所以使画家成为画家的是色彩，是着色。我们固然也很乐意玩索素描，特别是速写，把它们看作是天才的主要标志，但是尽管素描和速写多么能富于创造和想象地在寥寥数笔中使内在的精神从仿佛是透明晶亮的形体包裹中吐露出来，绘画毕竟要绘，如果它不肯从所描绘对象抽去见出生动的个性和特殊性的感性因素。"[1]"随类赋彩"的重心在于"随类"，也就是画家要根据对象不同的类型、特性来着色。宗炳讲"以色貌色"，前一个"色"，就是描写对象之色。周积寅先生对此所做论述较为接近谢氏本义，他认为："所谓'类'，即物象的固有色。如北宋郭熙、郭思在《林泉高致》中所说：'水色春绿、夏碧、秋青、冬黑。'是指水色在不同季节里所呈现出来的固有色调。"[2]周先生在这里只是举例说明，但我觉得这是接近"随类"的本义的。进一步看，"随类"所指并不一定仅指事物的不同种类，而是描写对象在不同条件、不同环境中的特征，"随类"，就是要观察，要把握这些特征。在这一点上，宋代的院体画是较为典型的。"赋彩"之"赋"，值得注意，它是一种主体行为，即画家作为审美创造的主体表现在"赋"，将色彩赋予画作。黑格尔在谈到绘画颜色时最为深入的"第三步"（"第一步"是从塑形的观点去看光和影，"第二步"是讨论颜色本身）"就要谈到的就是艺术家在着色方面所表现的创造的主体性"。它的根源在于画家基于自身艺术修养的颜色感。黑格尔指出："颜色感应该是艺术家所特有的一种品质，是他们所特有的掌握色调和就色调构思的一种能力，所以也是再现的想象力和创造力的一个基本因素。艺术家

---

[1] 黑格尔：《美学》，朱光潜译，第3卷，商务印书馆，1979年，第270页。
[2] 周积寅编著：《中国历代画论》，江苏美术出版社，2007年，第506页。

凭同色调的这种主体性去看他的世界，而同时这种主体性仍不失其为创造性的；正是由于具有这种主体性，画家所绘出的色彩的千变万化并不是出于单纯的任意性和对某一种不符合自然规律的着色方式的癖好，而是出于事物的本质。"[1] 笔者以为，黑格尔的话用来理解"赋形"的主体性质，是颇为合适的。

再接下来就是"经营位置"。

这个大概歧义不多。经营位置，主要是就画面的结构、构图而言的，陈传席先生阐释这一条时谓："此处指构图。即规划着物象在画面上所处位置。张彦远《历代名画记·论画六法》谓：'至于经营位置，则画之总要。'顾恺之称为'置陈布势'。所以，构图虽然只是规划位置，却不可随便，要'经之营之'（《诗经·大雅·灵台》）。故谢赫把布置位置称为'经营'，其中含有一定的苦思意味。但'经营'所含内容甚多，谢赫自己解释是：'置位是也'，专指画面上的布置。也就是画面上的物象要放置在什么位置，即构图，乃是作画时最要注意的问题。"[2] 笔者以为，这里已把"经营位置"的内涵说得很透彻了。关于构图的重要，顾恺之已经谈到："若以临见妙裁，寻其置陈布势，是达画之变也。"（《论画》）这是顾氏在评《孙武》时所说的，也表述了其根据画家的"临见妙裁"来寻求"置陈布势"的美学观念。清代著名画家邹一桂在其画论名著《小山画谱》里认为"六法"之中，"当以经营为第一"。

最后来说"传移模写"。

"传移模写"指的是画家在学习绘画时的临摹过程，也就是把一张画"传移"到另一张画上去。在学习绘画过程中，这是必不可少的基本功。这是不同于"应物象形"的。"应物象形"是画家在对审美对象的感应中产生构形的冲动，并创造出新的艺术形象，而"传移模写"则是面对旧作的临写功夫。明代著名画论家唐志契在《绘事微言》中专论这

---

[1] 黑格尔：《美学》，朱光潜译，第3卷，商务印书馆，1979年，第282—283页。
[2] 陈传席：《中国绘画美学史》，人民美术出版社，2000年，第133页。

个问题，其有《仿旧》一节："画家传摹移写，自谢赫始。此法遂为画家捷径。盖临摹最易，神气难传，师其意而不师其迹，乃真临摹也。"[1] 主张在临摹中师其意而不师其迹，这是更高的要求吧。谢赫在评第六品中的刘绍祖时就说："善于传写，不闲其思。至于雀鼠，笔迹历落，往往出群。时人为之语，号曰：移画。然述而不作，非画所先。"这是典型的"传移模写"。在谢赫看来，这是"述而不作"，也即没有创造性的价值，在绘画中也仅是基本功而已。

谢赫《古画品录》，开中国画论中"画品"之先河，后之姚最《续画品》、李嗣真《续画品录》、朱景玄《唐朝名画录》、黄休复《益州名画录》等，皆由谢氏开其端绪。"六法"更是绘画根本之法，也是最具系统之论。借吴功正先生的论述作为对《古画品录》的概括之说："六法可谓中国绘画美学中的最具系统之论，对中国绘画美学中的本体、技法等一系列问题作了最为简明的论述，而'六法'内部又具有严密的整体逻辑性。'气韵'是主体内在精神表现，'骨法'指线条，'随类'指色彩，'应物'是主体、线条、色彩的最终体现者——形象、'象形'。把这一切表现出来，展示在画布上，则需要'经营'。作为主体素质的培育，又需要'传移'、'模写'。它言虽简而意却赅，包括了绘画艺术所应涉及的一切方面，可说是绘画艺术美学之全、之纲。谢赫的'六法'是六朝绘画美学经验的第一次完整的总结。"[2] 也许对"六法"中诸法的内涵理解并不完全一样，但我觉得吴功正先生的概括还是相当客观的。

原文发表于《名作欣赏》2019年第7期

---

[1] 卢辅圣主编：《中国书画全书》，第5册，上海书画出版社，2009年，第470页。
[2] 吴功正：《六朝美学史》，江苏美术出版社，1994年，第374页。

立万象于胸怀，传千祀于毫翰
——姚最《续画品》评析

张　晶

　　夫丹青妙极，未易言尽。虽质沿古意，而文变今情。立万象于胸怀，传千祀于毫翰。故九楼之上，备表仙灵；四门之墉，广图贤圣。云阁兴拜伏之感，掖庭致聘远之别。凡斯缅邈，厥迹难详。今之存者，或其人冥灭，自非渊识博见，熟究精粗，摈落蹄筌，方穷致理。但事有否泰，人经盛衰，或弱龄而价重，或壮齿而声迈，故前后相形，优劣舛错。至如长康之美，擅高往策，矫然独步，终始无双。有若神明，非庸识之所能效；如负日月，岂未学之所能窥？荀卫曹张，方之篾矣。分庭抗礼，未见其人。谢陆声过于实，良可于邑，列于下品，尤所未安。斯乃情有抑扬，画无善恶。始信曲高和寡，非直名讴；泣血谬题，宁止良璞？将恐畴访理绝，永成沦丧，聊举一隅，庶同三益。夫调墨染翰，志存精谨。课兹有限，应彼无方。燧变墨回，治点不息；眼眩素缛，意犹未尽。轻重微异，则妍鄙革形；丝发不从，则欢惨殊观。加以顷来容服，一月三改，首尾未周，俄成古拙。欲臻其妙，不亦难乎？岂可曾未涉川，遽云越海；俄睹鱼鳖，谓察蛟龙？凡厥等曹，未足与言画矣。陈思王云：传出文士，图生巧夫。性尚分流，事难兼善。蹑方趾之迹易，不知圆行之步难；遇象谷之风翔，莫测吕梁之水蹈。虽欲游刃，理解终迷；空慕落尘，未全识曲。若永寻河书，则图在书前；取譬连山，则言由象著。今莫不贵斯鸟迹，而贱彼龙文。消长相倾，有自来矣。故徭龄其指，巧不可为。杖策坐忘，既惭经国；据梧丧偶，宁足命家？若恶居下流，自可焚笔；若冥心用舍，幸从所好。戏陈鄙见，非谓毁誉；十室难诬，佇闻多识。今之所载，并谢赫所遗。犹若文章止于两卷，其中道有可采，使成一家之集。且古今书评，高下必诠；解画无多，是故备取。人数既少，不复区别其优劣，可以意求也。

湘东殿下。右天挺命世，幼禀生知，学穷性表，心师造化，非复景行所能希涉。画有六法，真仙为难。王于像人，特尽神妙，心敏手运，不加点治。斯乃听讼部领之隙，文谈众艺之余，时复遇物援毫，造次惊绝，足使荀卫阁笔，袁陆韬翰。图制虽寡，声闻于外，非复讨论木讷，可得而称焉。

刘璞。右胤祖之子，少习门风，至老笔法，不渝前制。体韵精研，亚于其父。信代有其人，兹名不堕矣。

沈标。右虽无偏擅，触类皆涉。性尚铅华，甚能留意。虽未臻全美，殊有可观。

谢赫。右写貌人物，不俟对看，所须一览，便工操笔。点刷研精，意在切似；目想毫发，皆无遗失。丽服靓妆，随时变改；直眉曲鬓，与世事新。别体细微，多自赫始；遂使委巷逐末，皆类效颦。至于气运精灵，未穷生动之致；笔路纤弱，不副壮雅之怀。然中兴以后，象人莫及。

毛惠秀。右其于绘事，颇为详悉。太自矜持，番成赢钝。遒劲不及惠远，委曲有过于棱。

萧贲。右雅性精密，后来难尚。含毫命素，动必依真。尝画团扇，上为山川，咫尺之内，而瞻万里之遥；方寸之中，乃辨千寻之峻。学不为人，自娱而已。虽有好事，罕见其迹。

沈粲。右笔迹调媚，专工绮罗。屏障所图，颇有情趣。

张僧繇。右善图塔庙，超越群工。朝衣野服，今古不失。奇形异貌，殊方夷夏，实参其妙。俾昼作夜，未尝厌怠。惟公及私，手不挥笔。但数纪之内，无须臾之闲。然圣贤曬曬，小乏神气，岂可求备于一人。虽云晚出，殆亚前品。

陆肃。右绥之弟，早籍趋庭之教，未尽敦阅之勤。虽复所得不多，犹有名家之法。方效轮扁，甘苦难投。

毛稜。右惠远之子，便捷有余，真巧不足。善于布置，略不烦草。若比方诸父，则床上安床。

稽宝钧、聂松。右二人无的师范，而意兼真俗。赋彩鲜丽，观者悦情。若辩其优劣，则僧繇之亚。

焦宝愿。右虽早游张谢，而靳固不传。旁求造请，事均盗道之法；殚极斫轮，遂至兼采之勤。衣文树色，时表新异。点黛施朱，重轻不失。虽未穷秋驾，而见赏春坊，输奏薄技，谬得其地。今衣冠绪裔，未闻好学，丹青道堙，良足为慨。

袁质。右蒨之子，风神俊爽，不坠家声。始逾志学之年，便婴痼痾之病。曾见草庄周木雁、卞和抱璞两图，笔势遒正，继父之美。若方之体物，则伯仁龙马之颂；比之书翰，则长胤狸骨之方。虽复语迹异途，而妙理同归一致。苗而不实，有足悲者。无名之贵，谅在斯人。

释僧珍、释僧觉。右珍，蘧道愍之甥；觉，姚昙度之子。并弱年渐渍，亲承训勖。珍乃易于酷似，觉岂难负析薪？染服之中，有斯二道，若品其工拙，盖嵇聂之流。

释迦佛陀、吉底俱、摩罗菩提。右此数手，并外国比丘，既华戎殊体，无以定其差品。光宅威公，雅耽好此法，下笔之妙，颇为京洛所知闻。

解蒨。右全法章蘧，笔力不逮。通变巧捷，寺壁最长。[1]

一

姚最的《续画品》，一望即知其与谢赫《古画品录》的继承关系，而事实又并非想象的那样简单。《续画品》有意识地发挥"画品"评骘

---

[1] 姚最：《续画品并序》，见于安澜编：《画品丛书》，上海人民美术出版社，1982年，第18—22页。

"众画之优劣"的功能，而鲜明地表达出属于作者自己的独特的艺术美学观念。从理论角度考量，其序文最有探讨空间，而为窥全豹，本文将品评画家的部分亦悉数列出。《四库全书提要》述《续画品》颇为全面客观，先录于此："《续画品》一卷。旧本题陈吴兴姚最撰。今考书中称梁元帝为湘东殿下，则作是书时，犹在江陵即位之前，盖梁人而入陈者，犹《玉台新咏》作于梁简文帝在东宫时，而今本皆题陈徐陵耳。其书继谢赫《古画品录》而作，而以赫所品高下多失其实，故但叙时代，不分品目。所录始于梁元帝，终于解蒨，凡二十人，各为论断。中嵇宝钧、聂松合一论，释僧珍、僧觉合一论，释迦佛陀、吉底俱、摩罗菩提合一论，凡为论十六则。名下间有附注，如湘东殿下条注曰：梁元帝初封湘东王，尝画《芙蓉图》《醮鼎图》；毛稜条卜注曰：惠秀侄。似尚是最之本文。至张僧繇条下注曰：五代梁时吴兴人。则决不出最手，盖皆后人所益也。凡所论断，多不过五六行，少或止于三四句；而出以俪词，气体雅隽，确为唐以前语，非后人所能依托也。"[1]清楚地概括了《续画品》的情况和特点。

姚最是南北朝时期的画论家，关于他的生平略有歧义。陈传席先生对此有颇为翔实的考论，值得参考。而其所本在于余嘉锡先生《四库提要辨证》中的考证。唐代张彦远的画史名著《历代名画记》卷一《叙画之兴废》中称"陈姚最"，清代严可均将《续画品》辑入《全上古三代秦汉三国六朝文》之《全陈文》中，陈传席先生认为这是"不考而妄作推测故也"[2]。姚最（537—603），吴兴武康人，父姚僧垣是当时名医，姚最是其次子，兄名姚察，亦有名于画史。《周书·艺术传》中记载称，姚僧垣，吴兴武康人。大军剋荆州，为燕公于谨所召，太祖又遣使驰驿征僧垣，谨故留不遣。明年，随谨至长安。长子察，在江南。次子最，字士会，年十九随僧垣入关。世宗盛聚学徒，校书于麟趾殿，最亦预为学士，俄授齐王宪府水曹参军，掌记室事。隋文帝践极，除太子门大

---

[1] 于安澜编：《画品丛书》，上海人民美术出版社，1982年，第12页。
[2] 陈传席：《中国绘画美学史》，人民美术出版社，2000年，第162页。

夫，袭爵北绛郡公，俄转蜀王秀友，迁秀府司马。及平陈，察至，让封于察。秀后阴有异谋，隋文帝令公卿穷治其事，最独曰："凡有不法，比最所为，王实不知。"搒讯数百，卒无异辞，最竟坐诛，时年六十七，论者义之。撰《梁后略》十卷，行于世。从这里的记载可以看出，姚最最后的职务是蜀王府的司马，隋文帝察觉蜀王"有异谋"，令有司查办，姚最挺身而出，为蜀王顶罪，把一切事情都揽到自己身上。姚最虽遭多轮搒讯拷打，却始终认定是自己所为，最后被杀，时年67岁。时人认为他是义士。蜀王究竟是否对隋文帝"有异谋"，未见其他记载，笔者亦非史家，兴趣主要在《续画品》的内涵，故无从评价蜀王如何；而从对姚最的记载来看，他果真是一个铁骨铮铮的硬汉。据余嘉锡先生考辨，其关键点在于姚最并未入陈，因之也不应称为"陈姚最"。余先生的考论说："《册府元龟》卷五百五十六云：'姚最字士会，为太子门大夫，迁蜀王秀司马。博通经史，尤好著述，撰《梁后略》十卷行于世，又撰《序行记》十卷。'与撰此书者姓名、籍贯、时代皆同，当即此人。窦蒙《述书赋》注云：'隋蜀王司马姚最撰《名书录》。'署衔亦与《周书》合，又知最于此书之外，尚有评书之作。最生于梁，仕于周，殁于隋，始终未入陈。《新唐书》及《宋志》著录均止作姚最《续画品》，无陈字，而今本乃题作陈姚最，盖最在周、隋，名不甚著，不如其兄察之煊赫，附传在'艺术'中，易为人所忽略，后人因此书称'湘东殿下'，知其作于梁末，妄意必已入陈，遂臆题为陈人。"[1]这也就把姚最的大致经历交代得较为清楚了。而据陈传席先生的考证，其生于梁大同三年，即537年，卒于隋文帝仁寿三年，即603年，也是较为可靠有据的。

二

《续画品》中最有价值的内容，还是在其序文里。而姚最作《续画

---

[1] 余嘉锡：《四库提要辨证》，中华书局，1980年，第776页。

品》的"初心",在其序文及对画家的品评中都有自觉的体现。其之所以称自己的评画之作为"续画品",当然是出于对谢赫的《古画品录》这种批评模式的认同;但同时又对谢赫的评价尺度表示了不同意见。姚最并未像谢赫那样,将画家分为六品或几品,而只是在评语中揭示出画家的创作特征及其成就高下。对于谢赫对画家的评骘及价值判断,姚最有着强烈的辩证意识。姚最在《续画品》的序文中称:"今之所载,并谢赫所遗。犹若文章止于两卷,其中道有可采,使成一家之集。且古今书评,高下必诠;解画无多,是故备取。人数既少,不复区别其优劣,可以意求也。"姚最不同于谢赫以六品评骘画家的做法,只是揭示诸画家的特点。至于对所列画家的价值判断,令读者"意求"而已。

姚最以其《续画品》补谢赫之不足的目的是非常鲜明的。他认为其作与谢氏的《古画品录》犹如一篇文章的上下卷,彼此衔接,互为补充。而其所评画家,也都是谢赫所遗漏者。而在论画的观念方面,姚最有话要说!这一点,在《续画品》中,表现出"不如此则道不行"的观念。对于谢赫的某些判断标准,姚最是必欲匡正之的。画论史权威学者俞剑华先生对姚最的几句评述颇为中的:"姚最不满谢氏《古画品录》之品目,故书中不列品目,以为优劣可以意求,虽名曰续,而立意不同。且二人对于顾恺之、陆探微之观点,绝对不同,可见鉴赏品评之难。"[1]

以史籍的记载来看,姚最是一个颇具担当精神的士大夫。从其主动挺身为蜀王秀顶罪这件事上看,姚最是一位果毅刚强的男子汉!因而"论者义之"。史籍记载他曾作《梁后略》十卷、《序行记》十卷,可以看出姚最的价值观是积极有为的。姚最对当时的画坛和画家,有其独特的认识,他在序中专门提出顾恺之并对其给予高度评价,明显是对谢赫之于顾恺之评价的颠覆!这已然不再是个案问题,而是涉及谁是一代绘画的代表这样的重要问题。谢赫提出著名的绘画"六法",一曰气韵生动,二曰骨法用笔,三曰应物象形,四曰随类赋彩,五曰经营位置,六

---

[1] 俞剑华:《中国绘画史》,东南大学出版社,2009年,第32页。

曰传移模写。这是谢赫对绘画的"立法"。而在谢赫的眼里,只有陆探微、卫协,是六法"备该"的画家,当然也是南朝画坛的顶峰。而谢赫对顾恺之的评价,则将其列为六品中的第三品,在南北朝画家中的排名,只能算是中等且靠后的。谢赫《古画品录》中所评画家有27位,其中第一品有5人,包括陆探微、曹不兴、卫协、张墨、荀勖;第二品有3人,包括顾骏之、陆绥、袁蒨;第三品有9人,包括姚昙度、顾恺之、毛惠远、夏瞻、戴逵、江僧宝、吴暕、张则、陆杲;第四品有5人,包括蘧道愍、章继伯、顾宝光、王微、史道硕;第五品有3人,包括刘瑱、晋明帝、刘绍祖;第六品有2人,包括宗炳、丁光等。顾恺之在画坛上的地位,在谢赫这里,只被置于众多画家之中,与其在画史上的深远影响迥不相侔。谢赫对恺之的评语,只有这样几句:"格体精微,笔无妄下。但迹不逮意,声过其实。"前两句算是褒义,但并不很高,也未必符合顾恺之的艺术特点;后两句则明显是贬义,甚至指顾为名不副实。从谢氏的评语来看,似乎对恺之有故意"打压"之嫌!谢赫在以六品等级评画时,竟把顾恺之排在第三品的中间,与他置于第一品的一流画家,相距甚远。这种排名,平心而论,的确是有失公允的!只要是对南北朝画史有一点了解的人,都会觉得这种排法匪夷所思。那么,谢赫以绘画"六法"和画家品藻的形式来为画坛"立法",对于顾恺之的有意贬低,就难逃其嫌了。谢氏贬低顾恺之的画坛地位,有什么深层原因,没有史料可考,不得而知;可以推测的是,从谢赫与顾恺之的绘画美学取向之不同来考虑,谢赫最为推崇的画家是"六法""备该"者,也就是在他看来,能在这"六法"上兼擅,从这个标准出发,能入谢赫"一流"画家标准范围的,也只有陆探微和卫协二人,他讲"唯陆探微、卫协,备该之矣",其他画家,也就是在六法中有所偏重而已。

众所周知,顾恺之绘画的取向在于"以形写神""传神写照",不少论者都把谢赫的"气韵生动"与恺之的"传神"连通甚至等同,笔者在前一篇画论名著评析中将谢赫的"气韵生动"与顾氏的"传神"说联系起来,认为二者之间有相通之处,但又颇为不同。现在从对姚最《续画品》的探索中,更可以看到二者之间的异质性。谢赫以"气韵生动"为六法之首,而对于以"逸"为特色的画家,则都排在后面。"逸"就是超越规范,特立独行。唐人朱景玄著《唐朝名画录》,以"神、妙、能、逸"四品评画。逸品列三人:王墨、李灵省、张志和,"此三人非画之本法,故目之为逸品"[1]。四品之中,逸居其后,而作者并非以之为最低一等。"是编以神、妙、能、逸分品。前三品俱分三等,逸品则不分。盖既称逸,则无由更分等差也。"[2]后来宋人黄休复作《益州名画录》,也以这四品评画,不同的是,黄氏恰好将四品位次进行了调整,以"逸、神、妙、能"为序,以逸格为画品之最上乘。黄氏还对逸格做了理论上的界定:"画之逸格,最难其俦。拙规矩于方圆,鄙精研于彩绘。笔简形具,得之自然,莫可楷模,出于意表,故目之曰逸格尔。"[3]纵观画论史,可以说这是最为经典的关于"逸"的界定。"逸"其实就是宋元以降文人画观念的代表,与"墨戏"相通。而谢赫将具有逸格特点的画家都排在了第三品。如姚昙度:"画有逸方,巧变锋出。……莫不俊拔,出人意表。"张则:"意思横逸,动笔新奇。师心独见,鄙于综采。变巧不竭,若环之无端。"表现出"逸"的特点的画家,都排在第三品,可见在谢赫心中,逸格的地位并不高。顾恺之"混迹"其中,在谢赫看来,与侪辈略同。

  姚最又是怎样评价谢赫的呢?姚最说:"右写貌人物,不俟对看,所须一览,便工操笔。点刷研精,意在切似;目想毫发,皆无遗失。丽服靓妆,随时变改;直眉曲鬓,与世事新。别体细微,多自赫始。遂使委巷逐末,皆类效颦。至于气运精灵,未穷生动之致;笔路纤弱,不副壮雅之怀。然中兴以后,象人莫及。"从姚最对谢赫的评语中可以看出,谢赫的"气韵生动"与顾恺之的"传神写照"并非一个路数。谢赫的画法,"点刷研精""别体细微",近于工笔。从谢氏的画风来看,他的"气韵生动",指其人物画中以"细微切似"表现出的内在生命感。至于

---

[1] 朱景玄:《唐朝名画录》,见于安澜编:《画品丛书》,上海人民美术出版社,1980年,第88页。
[2] 余绍宋:《书画书录解题》,浙江人民美术出版社,2012年,第363页。
[3] 黄休复:《益州名画录》,人民美术出版社,1964年,第1页。

顾恺之，姚最没有将他放在正文的画家中进行品评排序，而是置于序文中高度评价，从这个评价中可以看出，姚最和谢赫在对顾恺之的判断上是多么的不同，甚至截然相反。姚氏说："至如长康之美，擅高往策，矫然独步，终始无双。有若神明，非庸识之所能效；如负日月，岂未学之所能窥？苟卫曹张，方之蔑矣。分庭抗礼，未见其人。谢云声过于实，良可于邑，列于下品，尤所未安。斯乃情有抑扬，画无善恶。始信曲高和寡，非直名讴；泣血谬题，宁止良璞？将恐畴访理绝，永成沦丧。聊举一隅，庶同三益。"姚最这里对顾恺之的价值判断，是至高无上的，是无人可及的，认为一般的画家、普遍的论者，都无法望其项背。即使如荀勖、卫协、曹不兴、张墨这样的一流画家，也无法与顾恺之同日而语。曲高和寡的现象，不止于音乐名曲，对于良璞做出错误愚昧的判断，也并非只是和氏璧才蒙受的冤枉！这里意谓顾恺之蒙受了不公正的贬抑。对谢赫就顾氏所谓"迹不逮意，声过其实"的负面评价，姚最表示了强烈的不满，并且予以尖锐的批判！这未尝不是姚氏作《续画品》的动机之一！

三

再看姚最对绘画价值的认识。序文开始便说："夫丹青妙极，未易言尽。虽质沿古意，而文变今情。立万象于胸怀，传千祀于毫翰。"姚氏对于绘画的价值推崇甚隆，而且认为只有以精谨敬畏之心，方能成为一个真正的画家！文质关系，是六朝美学集中讨论的话题。姚最认为，对于艺术创作来说，内涵（质）是从前代传承的，而表现形式（文）则是不断变化、与时俱进的。绘画的本质是"立万象于胸怀"，而非模仿形似。这就突出地强调了画家的主体作用，这个"万象"，并非只是外物的影像，而是画家在胸中的创立。当然，"万象"不是凭空而来，而是吸取外在物象进行加工的产物。画家通过笔墨丹青将"万象"物化，从而传之百代千祀。这就是绘画的社会功能所在。由此，绘画给社会生活带来了不同的效果。那些画面上的圣贤画像或历史故事，有的使人敬慕拜伏，有的令人疏离远避。

正因如此，姚最特别强调创作态度之郑重，绘画技法之重要。"夫调墨染翰，志存精谨。课兹有限，应彼无方。"调墨作画，必须志存精谨。以其有限的基本画法，来表现变化无方的多彩世界。"燧变墨回，治点不息；眼眩素缛，意犹未尽。轻重微异，则妍鄙革形；丝发不从，则欢惨殊观。"烧墨方法的变化，引起墨的变化，因此修改之点也就变化不息，致使画家面对画幅，眼迷心惑，意犹未尽。下笔略有轻重，就会凡俗变形。稍有毫厘之差，画面上就显出喜忧状态的不同。"加以顷来容服，一月三改，首尾未周，俄成古拙。欲臻其妙，不亦难乎？"另一因素便是社会时尚变化之剧，未及谙熟，已为过时，故作画者要得之心而应之于手，果真是一件难事！"岂可曾未涉川，遽云越海；俄睹鱼鳖，谓察蛟龙？凡厥等曹，未足与言画矣。"姚最认为绘画之难，非同一般。欲成画家，必须不断攀登艺术高峰。倘若浅尝辄止，稍有涉入，便宣告自己已成名家，是何等浅薄，这等俗流，未足论画！

绘画与书法孰先孰后？甚或孰轻孰重？这在艺术理论史上是一桩公案。有一种流行看法，认为画出于书，进而重书而轻画。姚最在《续画品序》中以对绘画的敬畏态度，表达了自己的观点，他说："陈思王云：传出文士，图生巧夫。性尚分流，事难兼善。蹠方趾之迹易，不知圆行之步难；遇象谷之风翔，莫测吕梁之水蹈。虽欲游刃，理解终迷；空慕落尘，未全识曲。若永寻河书，则图在书前；取譬连山，由言由象著。今莫不贵斯鸟迹，而贱彼龙文。消长相倾，有自来矣。故繇龄其指，巧不可为。杖策坐忘，既惭经国；据梧丧偶，宁足命家？若恶居下流，自可焚笔；若冥心用舍，幸从所好。戏陈鄙见，非谓毁誉；十室难诬，伫闻多识。"姚最所引曹植的话，其实是他并不赞成的成见。姚最认为书法与绘画虽然血缘关系密切，但因个人禀赋不同，而很难兼善。虽从外面来看，似乎也能彼此认知，但如欲达到《庄子》里那种如庖丁解牛或吕梁丈夫的境界，却是为外人所"不足道也"。姚最站在绘画的立场上，对于"贵斯鸟迹，而贱彼龙文"，也即贵书而贱画的倾向表达了明确的批评，而主张"图在书前"。更为重要的是，姚最主张，像庄子所提倡的心斋坐忘、"倕断其指"的虚无人生态度,是根本不可能成就经国大业,也不可能以画名家。(据陈传席先生的注释,"傜龄",《说郛》《全齐文》作"倕断",可从。)"倕断其指"是《庄子·胠箧》中的典故,"杖策"是一种无为的姿态,而"坐忘"也是庄子哲学的观念,也即"离形去知"。姚最认为持这种无为的态度,是不足以成为真正的画家的。"经国"与"命家"看似分列,其实也体现了姚最对绘画地位与功能的高度推崇。曹丕以"经国之大业,不朽之盛事"来指谓文章的作用,姚最也是在这个层面来看绘画的。

我们看一下姚最对画家的品评。姚最声称他的《续画品》所品评的"今之所载,并谢赫所遗",共有20位画家,其中的释迦佛陀、吉底俱和摩罗菩提三位都是外国的佛教僧人,只是传闻而已。评语中所说的"右此数手,并外国比丘,既华戎殊体,无以定其差品。光宅威公,雅耽好此法,下笔之妙,颇为京洛所知闻",虽是品评谢赫《古画品录》中所未载之画家,但也并非仅为"拾遗补阙",而是有其独到的批评标准,就中含蕴着姚最关于绘画本体和创作的基本观念。如对于谢赫本人的批评,就明显地表现出姚氏本人的绘画美学观念。谢赫的画法,看来是有迹可寻的,还是以技法为要务,故而姚最说他"遂使委巷逐末,皆类效颦"。而姚最则在评"湘东殿下"即后来的梁元帝萧绎时提出"心师造化",成为中国画论史上的著名创作论命题。"心师造化",就是直接向大自然和社会事物学习,而不停留在对前人画作和画法的摹仿上。在画论史上,这是具有深刻的理论意义的。谢赫提出的绘画"六法",基本上都在技法层面,而其总的纲领"气韵生动",则是在"骨法用笔""应物象形""随类赋彩""经营位置""传移模写"这五法基础上才能实现的,如"传移模写"是强调临摹的作用。姚最提出"心师造化",显然是别开一路!这当然也并非排除绘画技法的重要性,看他在《续画品序》中对绘画的郑重态度,可知其高度重视绘画技法。但他特别指出绘画要"课兹有限,应彼无方",就是生动再现事物的变化多姿。"造化"虽是指自然与大千世界,但它本身就意味着宇宙的生机与变化。"心师造化"的命题对于此后的画坛颇具影响,唐代画家张璪提出"外师造化,中得心源",明显是从姚最这里传承和发展而来的。后者在绘画美学史上似乎影响更大,而其源头在此。姚最认为湘东王萧绎"幼禀生知",多少有些神秘感;而说他"非复景行所能希涉",则是完全可以理解的。画家在"心师造化"中获得的神韵,当然是只从技法上追随他的人所无法效仿的。"心师造化"是画家与造化的互动互参,主体的修养和眼界是其前提。姚最所说的"学穷性表",就是指画家对事物的现象与本质都有透彻的理解。在创作中"遇物援毫,造次惊绝",在与外物的感兴遇合中获得灵感,方能产生令人惊绝的佳作。这是只靠模仿无法达到的境界。

"心师造化"与"立万象于胸怀"有什么联系呢?答曰:联系甚是密切。"心师造化"和"立万象于胸怀"是姚最对绘画美学贡献的最重要的两个命题,抉发其间的联系,就可以更为全面地看到姚最画论的价值所在。简单地说来,"心师造化"是"立万象于胸怀"的前提条件,而"立万象于胸怀"则是"心师造化"的产物。没有画家的"心师造化",又何来挥毫创作时的"立万象于胸怀"?而"心师造化"者并非是没有画家技艺的普通人,而一定是具有画家专业修养和内在艺术积淀的主体。"万象"也并非普通人的随意想象,而是师法自然并进行内在构形后形成的审美意象。这个"万象",是与其他艺术门类的意象相区别的,如与诗歌意象的不同。它是以绘画的媒介因素进行内在建构的。"万象之立",也已经超越了陆机说的"物昭晰而互进""纷葳蕤以馺遝"的阶段,而是指从丰富博大的外在世界汲纳而构成的内在审美意象。姚最评画家萧贲时所说可为佐证,其云:"上为山川,咫尺之内,而瞻万里之遥;方寸之中,乃辨千寻之峻。"这是姚最所谓"立万象于胸怀"的根本意义所在。明代画论家唐志契特别重视姚最的《续画品》,其阐述"立万象于胸怀"时说:"昔陈姚最画品谓:立万象于胸中,传千祀于毫翰。夫毫翰固在胸中出也。若使泯泯然依样画葫芦,那得名流海内。大抵聪明近庄重边便不佻,聪明近磊落边便不俗,聪明近空旷边便不拘,聪明近秀媚边便不粗。盖言天资与画近。自然嗜好亦与画近,古人云：笔力奋疾，境与性会。盖言天资也。"〔1〕唐志契所言着重于姚最的画论所包含的主体性情，认为"立万象于胸怀"是"境与性会"的产物。"立万象于胸怀，传千祀于毫翰"这两句的内在关系也进一步提醒我们，姚最所说的"万象"，是以"毫翰"的媒介而存在的，即便是在画家胸中，仍然是画家的"万象"，而非诗人或其他艺术家的"万象"。唐志契所说的"夫毫翰固在胸中出也"，恰是对姚最这两句话的深层阐释。笔者一向认为，艺术媒介不仅是在艺术创作的外在表现阶段被运用，还存在于艺术创作思维的内在阶段。在艺术家创作思维的内在阶段，媒介是艺术想象力的主要元素。这里所说的媒介，主要是强调不同门类艺术的特殊性质。英国著名美学家鲍桑葵说："任何艺人都对自己的媒介感到特殊的愉快，而且赏识自己媒介的特殊能力。这种愉快和能力感当然并不仅仅是在他实际进行操作时才有的。他的受魅惑的想象就生活在他的媒介的能力里；他靠媒介来思索，来感受；媒介是他的审美想象的特殊身体，而他的审美想象则是媒介的唯一特殊灵魂。"〔2〕所谓"毫翰固在胸中出也"，尤能说明姚最所说的"万象"，是画家胸中的"万象"，"毫翰"不仅是外在的笔墨，也是画家内在的媒介感。

姚最的《续画品》对于绘画的本质及画艺的精谨，有着充分的论述，在古代画论中尤为突出。对于画家的价值评判，倾向明确，透辟深刻，其文笔雅隽，创用俪语，亦多用文学性很强的文字来表述学理观念，如余绍宋先生所指出的"文虽简略，而吐属则甚隽永"〔3〕。当然，这也给我们对《续画品》的理解带来了某种不确定性。

本文写作过程中，从陈传席先生的《中国绘画美学史》（人民美术出版社2000年版）的相关部分中获益良多，谨此向陈先生致以由衷谢意！

原文发表于《名作欣赏》2019年第10期

---

〔1〕 唐志契：《绘事微言》，人民美术出版社，1964年，第11页。
〔2〕 鲍桑葵：《美学三讲》，周煦良译，上海译文出版社，1983年，第31页。
〔3〕 余绍宋：《书画书录解题》，浙江人民美术出版社，2012年，第362页。

格高思逸，笔妙墨精
——旧题萧绎《山水松石格》评析

张 晶

夫天地之名，造化为灵。设奇巧之体势，写山水之纵横。或格高而思逸，信笔妙而墨精。由是设粉壁，运神情，素屏连隅，山脉溅瀑，首尾相映，项腹相近。丈尺分寸，约有常程，树石云水，俱无正形。树有大小，丛贯孤平。扶疏曲直，耸拔凌亭。乍起伏于柔条，便同文字（下原缺8个字），或难合于破墨，体向异于丹青。隐隐半壁，高潜入冥。插空类剑，陷地如坑。秋毛冬骨，夏荫春英。炎绯寒碧，暖日凉星。巨松沁水，喷之蔚荣。衰茂林之幽趣，割杂草之芳情。泉源至曲，雾破山明。精蓝观宇，桥杓关城。人行犬吠，兽走禽惊。高墨犹绿，下墨犹赭。水因断而流远，云欲坠而霞轻。桂不疏于胡越，松不难于弟兄。路广石隔，天遥鸟征。云中树石宜先点，石上枝柯末后成。高岭最嫌邻刻石，远山大忌学图经。审问既然传笔法，秘之勿泄于户庭。[1]

一

这篇《山水松石格》，作者署名为梁元帝萧绎，然多有质疑。如余绍宋《书画书录解题》即称为"旧题梁元帝撰"，《四库全书总目提要》则明确指出："旧本题梁孝元皇帝撰。案是书《宋艺文志》始著录。其文凡鄙，不类六朝人语。且元帝之画，《南史》载有《宣尼像》，《金楼

---

[1] 文献据卢辅圣主编：《中国书画全书》，第1册，上海书画出版社，2009年，第3页。

子》载有《职贡图》,《历代名画记》载有《蕃客入朝图》《游春苑图》《鹿图》《师利图》《鹣鹤陂泽图》《芙蓉湖醮鼎图》,《贞观画史》载有《文殊像》。是其擅长惟在人物。故姚最《续画品录》惟称湘东王殿下工于像人,特尽神妙。未闻以山水松石传,安有此书也?"直接否认其为梁元帝所作。而北宋韩拙的《山水纯全集》则云:"梁元帝云:木有四时,春英夏荫,秋毛冬骨。"主张其为梁元帝的手笔。关于《山水松石格》的作者,争议显然不小。本文重点不在于此,而认为陈传席先生的观点较为客观:"《山水松石格》起于梁,可信。可能本是梁元帝之作,后来于流传中屡经改篡增添,直至唐初而成,基本上改变了面貌。所以,《宋史》卷二百七《艺文》著有'梁元帝《山水松石格》一卷',恐非无故。"[1]也就是说,虽然论者对梁元帝作为《山水松石格》的著作者有质疑,但认为该作品并非与梁元帝没有瓜葛。所以,还是要简单了解一下梁元帝的情况。梁元帝萧绎(508—555),字世诚,小字七符,武帝第七子。天监十三年(514年)封湘东郡王。承圣三年(554年)十二月,京城为西魏兵所陷,遂被害,时年47岁。元帝聪明俊朗,天才英发。博览群书,下笔成章,出为言论,才辩敏捷,冠绝一时。元帝也是当时重要的画家,姚最《续画品》中评萧绎(湘东殿下)的绘画成就时说:"右天挺命世,幼禀生知,学穷性表,心师造化,非复景行所能希涉。画有六法,真仙为难。王于像人,特为神妙,心敏手运,不加点冶。斯乃听讼部领之隙,文谈众艺之余,时复遇物援毫,造次惊绝,足使荀卫阁笔,袁陆韬翰。图制虽寡,声闻于外,非复讨论木讷,可得而称焉。"[2]对萧绎的绘画成就评价甚高。

二

从《山水松石格》的价值来看,它讲述的是山水松石画的基本格

---

[1] 陈传席:《中国绘画美学史》,人民美术出版社,2000年,第208页。
[2] 姚最:《续画品》,见于安澜编:《画品丛书》,上海人民美术出版社,1982年,第18页。

法。格即法式、标准。《礼·缁衣》："言有物而行有格也。"《后汉书》卷五十八《傅燮传》："由是朝廷重其方格。"唐五代时期多有"诗格"之作，都是讲诗的作法。王昌龄有著名的《诗格》，也是讲诗的作法的。而《山水松石格》自然是讲关于山水松石的画法的。关于山水画，其后有旧题王维的《山水诀》《山水论》，宋代韩拙的《山水纯全集》，还有清代笪重光的《画筌》，都可以认为是发源于此。与宗炳的《画山水序》不同的是，《画山水序》有系统的哲学思想作为整体的背景，有一以贯之的美学观念；而这篇《山水松石格》则更多的是关于山水松石的具体画法。在中国的文人画中，松石树木的画作是非常之多的，但在画论中讲松石画法，此文是首开端绪的。

"夫天地之名"到"信笔妙而墨精"，可以看作是总论，"天地造化"之语不过是常谈，而后面这几句则颇有值得探寻之意了。山水画应该有怎样的格局与画面？作为画格，作者首先提出这样的问题，这也是《画山水序》和《叙画》中所没有涉及的。作者主张，山水画应有纵横之态。如何才能创造出纵横之态？作者提出"设奇巧之体势"的艺术主张。这是非常重要的创作观念。何为"体势"？遍查无解，试为粗浅诠解。体者，就画而言，乃是画之结构；势者，亦是就画来论，指画面的动态感与走势。合而言之，"体势"盖指作画时的结构与动感。作者认为必有奇巧的体势，才能画出山水的纵横之态。"格高而思逸""笔妙而墨精"两句，则更有理论意义。陈传席先生认为："到了《山水松石格》，正式提出'格高而思逸'。既是科学的总结，又是伟大的预见，愈到后来愈见其作用。唯有人之思高逸其画格才能高逸，一语道破了艺术的本质，把绘画艺术的奥妙挖掘到最深处。"[1] 这个说法笔者大致是赞同的。"格高"当指画家之格。其实不仅是人之品格，还有审美之格。这二者并非全是一回事。"逸"在中国绘画美学史上的地位是越来越重要的，而其内涵也是经过不断地完善的。"逸"的意思在于超越凡庸，不拘格法，出人意表。"逸"的本义有逃亡、安闲、隐退、放纵、散失

---

[1] 陈传席：《中国绘画美学史》，人民美术出版社，2000年，第211页。

和超绝等义项，而在书画品评中主要是指超众脱俗的技艺或艺术品，有所谓"逸品"和"逸格"。谢赫《古画品录》对画家姚昙度的评语中就有"画有逸方，巧变锋出，魑魅神鬼，皆能绝妙"，评画家张则也有"意思横逸，动笔新奇。师心独见，鄙于综采"之语，都是对"逸"的绝好形容。唐代朱景玄有《唐朝名画录》，以"神、妙、能、逸"四品评画，看似逸品居后，其实是因其不拘格法，而另立品目。朱景玄在自序中就说："张怀瓘《画品》断神、妙、能三品，定其等格上中下，又分为三。其格外有不拘常法，又有逸品，以表其优劣也。"[1]都指出了逸是不拘常法的特点。格高而思逸，认为画家的格调高则创作思维超逸不群，揭示了画家的创作思维与其品格的关系，这在中国画论史上也是最早提出来的。笔墨当然是中国画最为重要的因素，这在后世的画论中是屡见不鲜的。而本篇中所说的"笔妙而墨精"，对笔墨关系做了明确的分解，并指出二者之间的关系。笔墨关系密切，也常作为一个概念出现，但实际上是颇有分别的。如五代画论家荆浩论画主张有笔有墨，认为李思训、吴道子有笔而无墨，项容则有墨而无笔，其言："李将军（李思训）理深思远，笔迹甚精，虽巧而华，大亏墨彩，项容山人树石顽涩，棱角无蹤，用墨独得玄门，用笔全无其骨，然于放逸，不失真元气象。元大创巧媚，吴道子笔胜于象，骨气自高，树不言图，亦恨无墨。"[2]《山水松石格》所说的"笔妙而墨精"，虽然对笔墨做了区分，但更重要的是将笔墨效果联系起来，提出只有"笔妙"才能"墨精"。陈传席先生认为这二句"乃因果关系，而非并列关系"，说得很是到位。有了这些关于山水树石画的基本观念，于是画家可以准备粉壁，酝酿神情了。粉壁即为作画用的墙壁，其作用和宣纸、绢帛一样都为绘画所用，"运神情"则是画家的主体因素，要调动自身的神思和情感，才能真正投入绘画创作。

---

[1] 于安澜编：《画品丛书》，上海人民美术出版社，1982年，第68页。
[2] 荆浩：《笔法记》，见卢辅圣主编：《中国书画全书》，第1册，上海书画出版社，2009年，第6页。

三

总论之外，则是关于山水描绘的规则。"素屏连隅，山脉溅瀑，首尾相映，项腹相近。丈尺分寸，约有常程，树石云水，俱无正形。"这部分是写如何画山水。山水并非孤立摆放的，而是应形成有机的结构。如同一条鲜活的巨龙，山水画的构图要能够"首尾相映，项腹相近"，这样就充满了画面本身的活力。"素屏连隅"是特别值得关注的。作者所描绘的画面是山脚延伸出素屏，使人感觉如同王维诗中所写的"连山到海隅"的意境，因而产生画外有画的美学效果，这也是"奇巧体势"的体现。"山脉溅瀑"是将水与山合为一体，让瀑布奔涧与山脉形成和谐的一脉，其走势尤为鲜明。"丈尺分寸，约有常程"，这是山水画的比例问题。传为王维所作的《山水论》中有"丈山尺树，寸马分人"，所言都指画面与外物之比例关系。现实中的山水视象进入画面，当然不可能以原有的大小尺寸，而必须缩为可以在画面中表现的比例，其中涉及透视原理。宗炳在《画山水序》中侧重阐述了这个透视规律，也即："今张绡素以远映，则昆、阆之形，可围于方寸之内。竖划三寸，当千仞之高；横墨数尺，体百里之迥。"[1] 这里所说的"丈尺分寸，约有常程"，重在强调这种比例的规制化，成为山水画的"常程"。"树石云水，俱无正形"，也就是所谓的"奇巧体势"，而非板滞庸常的布局，同样也是"思逸"的体现。

"树有大小，丛贯孤平。扶疏曲直，耸拔凌亭。乍起伏于柔条，便同文字。""巨松沁水，喷之蔚荣。哀茂林之幽趣，割杂草之芳情。""桂不疏于胡越，松不难于弟兄。"等等，这些是描述画树木的。"便同文字"下面缺字，据俞剑华先生考："有注'原缺八字'者，有注'中缺'者，有注'缺文'者。按此文既属对偶，上下两句字数自应相同，上句

---

[1] 俞剑华编著：《中国古代画论类编》，人民美术出版社，2007年，第583页。

十字,下句绝不止八字。但相传如此,已无可考。"[1] 关于树木的描画,宜有大小之别,丛贯之态。树木的扶疏曲直,如同"耸拔凌亭",有劲健向上之势。画面上的巨松因其年老苍劲,沁出汁液;而善画树木的画家,又不孤立地只画拔地高松,而是将其置于杂草丛中,这样就给画面增添了幽趣芳情。"桂不疏于胡越"是说画桂树不能彼此远离,如同胡越异处。胡越,一北一南,彼此相远。《古诗十九首》中有"胡马依北风,越鸟巢南枝"的诗句,是举北地的马和南方的鸟来形容对故地的眷恋。而刘勰《文心雕龙·比兴》篇的赞语中有"物虽胡越,合则肝胆"之语,是说比兴手法使彼此不相干之物合为一个意境整体。而松树呢?《山水松石格》主张所画松树不能彼此一样,如同亲生兄弟,即不同的树应该有个性化的姿态。

关于山水画的四时及其色彩表现。《山水松石格》所说"秋毛冬骨,夏荫春英。炎绯寒碧,暖日凉星",在中国古代山水论中是颇有影响的,也对"四时"在山水画中的表现及其论述,起了先导作用。"四时"在中国艺术理论中是一个敏感而重要的话题。诗论、画论中多有相关论述。如刘勰《文心雕龙》之《物色》篇中说:"春秋代序,阴阳惨舒,物色之动,心亦摇焉。盖阳气萌而玄驹步,阴律凝而丹鸟羞,微虫犹或入感,四时之动物深矣!"南朝诗论家钟嵘也指出:"若乃春风春鸟,秋月秋蝉,夏云暑雨,冬月祁寒,斯四候之感诸诗者也。"(《诗品序》)都是以"四时"对艺术创作的影响而著称的,但它们都是从对艺术家心灵的触发感染这样的角度来谈的。美学家朱良志教授认为:"四时模式作为一种生命模式,对中国人的时间观念、生命精神产生深刻的影响,并在中国艺术和美学思考中烙下了深深印迹。其实在中国艺术中也存在着这样的'四时模式',由此表达一种对生命的关注。如中国艺术中的'四时山水'的问题,就是一个以生命为中心的艺术母题。"[2] 这种四时母题,在山水画论中益加成熟,而《山水松石格》中开启的是画面表

---

[1] 俞剑华编著:《中国古代画论类编》,人民美术出版社,2007年,第587页。
[2] 朱良志:《中国艺术的生命精神》,安徽教育出版社,2006年,第47页。

现这个层面。在王微《叙画》中，有"望秋云，神飞扬；临春风，思浩荡。虽有金石之乐，珪璋之琛，岂能仿佛之哉！"之句，即是描述山水画的四时变化，但它是审美主体在不同季节里所产生的心意状态，《山水松石格》所论四时则主要在画法方面。宋人韩拙所写的《山水纯全集》尤为重视山水画中的"四时"表现，其中说："且夫山水之术，其格清淡，其理幽奥，至于千变万化，像四时景物、风云气候，悉资笔墨而穷极幽妙者，若非博学广识，焉得精通妙用欤？"[1]认为能将四时变化在山水画中表现得好，非一般可为，必当凭借笔墨而穷尽幽深精妙，如果画家不是学问渊博、见识广阔，岂能精通妙用呢？韩拙直接引用萧绎的话："梁元帝云：木有四时，春英夏荫，秋毛冬骨。"对于《山水松石格》中的这几句话，韩拙明确阐释说："春英者，谓叶细而花繁也；夏荫者，谓叶密而茂盛也；秋毛者，谓叶疏而飘零也；冬骨者，谓枝枯而叶槁也。"此处数语，非常准确而易晓，无须再进一步翻译解释了。"炎绯寒碧，暖日凉星"，则是画家以色彩创造出的寒暑炎凉的感觉，也就是绘画颜色的色调冷暖问题。这在绘画技法方面也是画论史上的首倡。

再就是关于山水画中的点缀。《山水松石格》中说："泉源至曲，雾破山明。精蓝观宇，桥杓关城。人行犬吠，兽走禽惊。""路广石隔，天遥鸟征。"这是山水画中的点缀之笔。虽然并非对山水本身的描绘，但绝非可有可无。"精蓝观宇"是山水中的寺院道观等，使山水画有了亮点和生气，这也是后来的山水画时常呈现出的点缀之笔。"桥杓关城"也是山水画中的点缀之景，有此方显得山水画格调娴雅。《初学记·广志》云："独木之桥曰榷，亦曰杓。"唐代诗人刘禹锡诗中有"野杓渡春水，山花映岩扉"的诗句。韩拙《山水纯全集》于此也有直接的阐释："言桥杓者，通船曰桥，杓者以横木渡于溪涧之上但人迹可通也。关者，在乎山峡之间，只一路可通傍无小溪方可用关也。城者，短堞相映，楼屋相望，须当映带于山掩林木之间，不可一一出露，恐类于图经。山水

---

[1] 潘运告编注：《中国历代画论选》，上册，湖南美术出版社，2007年，第244页。

所用唯古堞可也。"[1] 韩拙之论，是对《山水松石格》中上述一段的精确诠释，同时，也是对这个问题的发挥。显然，他是对《山水松石格》的画论高度认同的，并认为如此才能与图经相区别。这也是中国画与实用工艺的区别所在。除"精蓝观宇，桥杓关城"之外，还要画上"人行犬吠，兽走禽惊"，使画面更有生气，同时也更有野逸之感。"路广石隔，天遥鸟征"，也是论述山水的画面如何有更好的空间感：有石隔方显路广，鸟征方显天宇辽阔。这些关于山水画中点缀的论述，虽然无法确认其出于梁元帝的亲笔，但对于山水画的技法与构图理论而言，意义非凡。以后的画论，多有受其启发者，如韩拙的《山水纯全集》，是最全面地发挥《山水松石格》的山水画美学观念的。

关于墨的用法，《山水松石格》也有重要贡献。前文已涉及笔墨关系，而在中国画的创作实践中，如何用墨，关系重大。在很多时候，中国画的色彩感是以墨来呈现的。"墨分五色"，是中国画用墨的基本常识。《山水松石格》中已提出"破墨"的画法："或难合于破墨，体向异于丹青。"这恐怕是山水画论中关于"破墨"之说的滥觞吧。破墨山水是中国画的重要技法之一，即用不同墨色，浓淡相间，以显示物象的界限轮廓，这样可使画面更为生动，层次感颇强。张彦远《历代名画记》卷十记载王维有破墨山水画："余曾见破墨山水，笔迹劲爽。"破墨山水是为山水画的重要品类，王维是其代表人物。而从理论上提出"破墨"，《山水松石格》是首倡者。更关键的是这两句话直接道出了破墨和色彩的关系，破墨在这里可以取代丹青的功能与感觉，也就是通过破墨达到丹青的效果，当然这是感觉上的，却开了破墨山水的画法先河。所谓"高墨犹绿，下墨犹赪"（赪是赭红色），说的也是以不同的浓淡墨色来呈现不同颜色的画法。荆浩《笔法记》中有云："墨者高低晕淡，品物浅深，文采自然，似非因笔。"[2] 道出了破墨山水近于自然的审美效果。

---

[1] 卢辅圣主编：《中国书画全书》，第2册，上海书画出版社，2009年，第630页。
[2] 荆浩：《笔法记》，见卢辅圣主编：《中国书画全书》，第1册，上海书画出版社，2009年，第6页。

《山水松石格》的末尾几句，是关于山水画的正反面经验的提醒。"云中树石宜先点，石上枝柯末后成。高岭最嫌邻刻石，远山大忌学图经。审问既然传笔法，秘之勿泄于户庭。"正面经验是，画树石与云的时候，最好是先画树石，再根据树石形态点之以云，因为云无正形。画石上所生枝柯，应该先画石而后枝柯。这些都是相对而言，供一般学画者作为法式的参考，而真正的画家不受此限。从反面经验而言，所画高岭最好不要邻于刻石，而画远山时更要注意不要与"图经"相类，而应该画出艺术品的感觉。

同是早期的山水画论，这篇《山水松石格》与宗炳的《画山水序》、王微的《叙画》颇有不同。后两者更具艺术哲学的品性，而前者则在操作层面取胜！尽管对梁元帝作为它的作者有颇多质疑，但其作为山水画的画论，价值仍是显而易见的。在山水画的体势与笔墨方面，《山水松石格》多有导夫先路的开辟作用，读后面的一些画论名作，多有能在此篇中见其源头者！

原文发表于《名作欣赏》2019年第13期

唐五代

导　语

　　美学命题不仅来自书论、画论，在题画诗中也有不少。隋唐五代以降，各个艺术门类蓬勃发展，从题画诗与专门的艺术理论论著中，我们亦可窥其端倪。如"肇自然之性，成造化之功""咫尺万里，元气淋漓"等。

肇自然之性，成造化之功
——王维《山水诀》（传）、《山水论》（传）评析

张 晶

夫画道之中，水墨最上。肇自然之性，成造化之功。或咫尺之图，写百千里之景。东西南北，宛尔目前；春夏秋冬，生于笔下。初铺水际，忌为浮泛之山；次布路岐，莫作连绵之道。主峰最宜高耸，客山须是奔趋。迥抱处僧舍可安，水陆边人家可置。村庄著数树以成林，枝须抱体；山崖合一水而瀑泻，泉不乱流。渡口只宜寂寂，人行须是疏疏。泛舟楫之桥梁，且宜高耸；著渔人之钓艇，低乃无妨。悬崖险峻之间，好安怪木；峭壁巉岩之处，莫可通途。远岫与云容相接，遥天共水色交光。山钩锁处，沿流最出其中；路接危时，栈道可安于此。平地楼台，偏宜高柳映人家；名山寺观，雅称奇杉衬楼阁。远景烟笼，深岩云锁。酒旗则当路高悬，客帆宜遇水低挂。远山须要低排，近树惟宜拔迸。手亲笔砚之余，有时游戏三昧。岁月遥永，颇探幽微。妙悟者不在多言，善学者还从规矩。塔顶参天，不须见殿，似有似无，或上或下。茅堆土埠，半露檐廒；草舍庐亭，略呈樯柠。山分八面，石有三方，闲云切忌芝草样。人物不过一寸许，松柏上现二尺长。[1]

凡画山水，意在笔先。丈山尺树，寸马分人。远人无目，远树

---

[1] 王维：《山水诀》（传），文献依据俞剑华编著：《中国古代画论类编》，人民美术出版社，2000年，第592页。

无枝，远山无石，隐隐如眉；远水无波，高与云齐。——此是诀也。山腰云塞，石壁泉塞，楼台树塞，道路人塞。石看三面，路看两头，树看顶颢，水看风脚。——此是法也。

凡画山水：平夷顶尖者巅，峭峻相连者岭，有穴者岫，峭壁者崖，悬石者岩，形圆者峦，路通者川。两山夹道名为壑也，两山夹水名为涧也，似岭而高者名为陵也，极目而平者名为坂也。——依此者粗知山水之仿佛也。

观者先看气象，后辨清浊。定宾主之朝揖，列群峰之威仪，多则乱，少则慢，不多不少，要分远近。远山不得连近山，远水不得连近水。山腰掩抱，寺舍可安；断岸坂堤，小桥可置。有路处则林木，岸绝处则古渡，水断处则烟树，水阔处则征帆，林密处则居舍。临岩古木，根断而缠藤；临流石岸，欹奇而水痕。

凡画林木：远者疏平，近者高密，有叶者枝嫩柔，无叶者枝硬劲。松皮如鳞，柏皮缠身。生土上者根长而茎直，生石上者拳曲而伶仃。古木节多而半死，寒林扶疏而萧森。

有雨不分天地，不辨东西。有风无雨，只看树枝。有雨无风，树头低压，行人伞笠，渔父蓑衣。雨霁则云收天碧，薄雾菲微，山添翠润，日近斜晖。

早景则千山欲晓，雾霭微微，朦胧残月，气色昏迷。晚景则山衔红日，帆卷江渚，路行人急，半掩柴扉。春景则雾锁烟笼，长烟引素，水如蓝染，山色渐青。夏景则古木蔽天，绿水无波。穿云瀑布，近水幽亭。秋景则天如水色，簇簇幽林，雁鸿秋水，芦岛沙汀。冬景则借地为雪，樵者负薪，渔舟倚岸，水浅沙平。凡画山水须按四时。或曰烟笼雾锁，或曰楚岫云归，或曰秋天晓霁，或曰古冢断碑，或曰洞庭春色，或曰路荒人迷。——如此之类，谓之画题。

山头不得一样，树头不得一般。山藉树而为衣，树藉山而为骨。树不可繁，要见山之秀丽；山不可乱，须显树之精神。——能如此者，可谓名手之画山水也。[1]

一

作为大诗人的王维，几乎是无人不知、无人不晓的；而作为大画家的王维，更多的人也许只是一知半解。这里所拟评析的《山水诀》和《山水论》，其著作权是否属于王维，还有颇多争议，但就这两篇画论所体现的主要绘画观念而言，则是切合王维绘画风格，且施重要影响于中国绘画走向的。余绍宋先生《书画书录解题》论《山水论》说："旧题唐王维撰。此篇凡六百余言，起首'凡画山水意在笔先，丈山尺树，寸马豆人，远人无目，远树无枝，远水无石，远水无波'数语，甚为精到。疑右丞本有画诀，口授相传，有此数语。后人乃傅益以成此篇，故多属画山水家常言，无甚精意。"[2] 这样解释这两篇画论尚属客观。因此，本文姑且置两作于王维名下并结合王维的绘画成就予以阐析。

王维（701—761），字摩诘，唐代诗坛上最为耀眼的巨星之一。其在诗坛上的成名，早于李白与杜甫。对于他在文学上的成就，本文不做评介。

这里借史籍略为评介其作为画家的业绩与成就。唐代著名画论家张彦远的《历代名画记》中载："王维，字摩诘，太原人。年十九进士擢第，与弟缙并以词学知名，官至尚书右丞。有高致，信佛理。蓝田南置别业，以水木琴书自娱。工画山水，体涉今古。人家所蓄，多是右丞指挥工人布色，原野簇成远树，过于朴拙，复务细巧，翻更失真。清源寺壁上画辋川，笔力雄壮。尝自制诗曰：'当世谬词客，前身应画师；不能舍余习，偶被时人知。'诚哉是言也。余曾见破墨山水，笔迹劲爽。"[3]《宣和画谱》则侧重于谈及其画与诗相通或者径直说"画中有诗"的特点："维善画，尤精山水，当时之画家者流，以谓天机所到，

---

[1] 王维：《山水论》（传），文献依据俞剑华编著：《中国古代画论类编》，人民美术出版社，2000年，第596页。
[2] 余绍宋：《书画书录解题》，浙江人民美术出版社，2012年，第694页。
[3] 张彦远：《历代名画记》，浙江人民美术出版社，2011年，第156页。

而所学者皆不及。后世称重，亦云维所画不下吴道玄也。观其思致高远，初未见于丹青，时时诗篇中已自有画意，由是知维之画，出于天性，不必以画拘，盖生而知之者。"[1]

王维作为画家的地位是在宋代之后开始大幅度提升的。唐人朱景玄作《唐朝名画录》，以神、妙、能、逸四品对画家进行品评诠次，神、妙、能是从上往下，每品又分三等，如神品上、神品中、神品下、妙品上、妙品中、妙品下，能品上、能品中、能品下。逸品不分等次，做"不拘常法"的另类单列，而在以后的画品中更得以翻转，成为众品之首。在《唐朝名画录》中，朱氏将吴道玄（吴道子）置于神品上，只此一人，而将王维置于妙品上，此品有八位画家之多。可见在朱氏所在的晚唐时期，王维还只能"混迹"于众多普通画家之中，与吴道子的地位相距甚远。而到北宋时期，王维在画史上的地位就可以说是扶摇直上了。其间最有力的推手，就是文坛领袖苏轼。苏轼推崇文人画不遗余力，且以王维为文人画的首创者。苏轼有《凤翔八观·王维吴道子画》一诗，其在表达对王、吴二人的崇敬的同时，又将王维置于吴道子之上加以膜拜："吾观画品中，莫如二子尊。"接着又写道："吴生虽妙绝，犹以画工论。摩诘得之于象外，有如仙翮谢笼樊。吾观二子皆神俊，又于维也敛衽无间言。"为了抬高王维，竟然把吴道子置于"画工"一流——在苏轼看来，"画工"就是匠人，是与文人画家相对的。苏轼评王维诗画所说的"味摩诘之诗，诗中有画；观摩诘之画，画中有诗"（《东坡题跋·书摩诘蓝田烟雨图》）更是成为家喻户晓的定评。明代大画家董其昌以禅家南北宗论画，以王维为南宗代表，并且明确表示："文人之画，自王右丞始，其后董源、僧巨然、李成、范宽为嫡子，李龙眠、王晋卿、米南宫及虎儿皆从董巨得来。直至元四大家黄子久、王叔明、倪元镇、吴仲圭皆其正传。"[2] 把王维抬到了文人画鼻祖的地位。有学者对王维在画史上的地位变迁有这样的概括："王维的画作地

---

[1]《宣和画谱》，见陈高华编：《隋唐画家史料》，文物出版社，1987年，第250页。
[2] 董其昌：《画禅室随笔》，见卢辅圣主编：《中国书画全书》，第5册，上海书画出版社，2009年，第143页。

位在唐代并不很高,自五代起,王维在绘画史上逐渐走上了升迁之途。至宋时,苏轼'诗中有画,画中有诗'的评价,使王维在文人画领域独领风骚。到明代,以董其昌为代表的南北宗论更是将王维推上了山水画的宗祖地位,并左右画坛三百年。可以说,王维在画坛地位的升迁,昭示着水墨、思致、人品等元素在文人绘画中的崛起与兴盛,这正是王维绘画的特点。"[1]这里对王维绘画地位变化的轨迹做了清晰的描述。

王维的绘画成就,主要表现在山水画方面。而在山水画的创作中,以水墨为媒介作画,又是他备受推崇的重要原因。《山水诀》明确揭示了这个主题。以水墨作山水图,这是文人画启航的一个重要标志。"夫画道之中,水墨为最上。"无论对这篇画论是否为王维的手笔有何质疑,但这开篇之论,与王维在画史上的美学倾向却再吻合不过了。水墨作画的功能何在?《山水诀》做了高度概括的回答:"肇自然之性,成造化之功。"这是从哲学高度来阐述水墨画功能的。"自然"在中国哲学里是具有本体论的最高哲学范畴,这在道家哲学中是颇为确定的。《老子》第二十五章说:"故道大,天大,地大,人亦大。域中有四大,而人居其一焉。人法地,地法天,天法道,道法自然。"可见"自然"乃是居于"道"之上的最高范畴。而"自然"未必是实体性范畴,而是自然而然的规律。《老子》第十七章说:"功成事遂,百姓皆谓我自然。"又第五十一章:"道之尊,德之贵,夫莫之命而常自然。"是一种本然的状态。在魏晋玄学中,"自然"成为最重要的话题之一。杰出的玄学家王弼解释《老子》第二十五章的"道法自然"云:"道不违自然,乃得其性。法自然者,在方而法方,在圆而法圆,于自然无所违也。自然者,无称之言,穷极之辞也。"这段话不长,但很重要。在王弼看来,"自然"具有双重的性质,一是自然而然的规律,二是作为宇宙本体的性质,而这二者又是一体两面的。"造化"即自然的创造化育,也作为宇宙自然的代名词。《庄子·大宗师》:"今一以天地为大炉,以造化为大冶。"其实"造化"更多的还是出现在文艺作品中,有点诗化的意味。陶渊明诗:

---

[1] 彭兴林:《中国经典绘画美学》,山东美术出版社,2011年,第68页。

"纵浪大化中,不喜亦不惧。""大化"与"造化"几为同义。杜甫诗有"造化钟神秀,阴阳割昏晓"(《望岳》),"肇自然之性,成造化之功"并非只是浮泛之语,而是从理论上说明了水墨作为绘画媒介的美学地位。水墨山水可以开启一个与天地为一的艺术世界。"或咫尺之图,写百千里之景。东西南北,宛尔目前;春夏秋冬,生于笔下。"比起李思训、董源等人的着色山水,水墨山水似乎尤能呈现出"咫尺万里"的效果。李思训作为唐代著名的大画家,是以金碧山水著称的。《宣和画谱》称其:"今人所画著色山水往往多宗之,然至其妙处,不可到也。"元代画论家汤垕评价李思训及其子李昭道:"李思训画著色山水,用金碧辉映,为一家法。其子昭道,变父之势,妙又过之。时人号为大李将军、小李将军。至五代蜀人李昇,工画著色山水,亦呼为小李将军。宋宗室伯驹,字千里,复仿效之,妩媚无古意。余尝见《神女图》《明皇御苑出游图》,皆思训平生合作也。又见昭道《海岸图》,绢素百碎,粗存神采。观其笔墨之源,皆出展子虔辈也。"[1]描述了着色山水这一脉画家。而王维以水墨山水导夫先路,其画的审美效果与着色山水大有不同,所谓"咫尺之图,写百千里之景",正是从水墨山水的效果上印证了"成造化之功"。画家仅用或浓或淡的墨色就能描绘出万里江山和四季美景,水墨的力量并不亚于着色。

二

《山水诀》的主要部分,是水墨山水的诸多基本要素,也是尤为符合水墨山水图构图布局特点的。除了画面外,也颇具诗意,如"渡口只宜寂寂,人行须是疏疏",都是特具文人画韵味的。王维精通佛教禅学,其诗多有禅意,而这篇《山水诀》,虽不敢说就是出自王维的手笔,但精神实质,却是深为契合。"游戏三昧",正是文人画的精神。这从宋代

---

[1] 汤垕:《画鉴》,见俞剑华编著:《中国古代画论类编》,人民美术出版社,1957年,第690页。

米芾、米友仁的"墨戏"画风就可以明显体现出来。"妙悟"更是禅学的根本智慧，也是佛性获得的唯一通道，而这里指对山水画最高境界的领悟。"善学者还从规矩"，指一般的画家要从基础学起。王维本人的绘画正可以说是"颇探幽微"的。王维精于禅道，奉佛尤勤。史志载："在京师日饭数十名僧，以玄谈为乐。斋中无所有，唯茶铛、药臼、经案、绳床而已。退朝之后，焚香独坐，以禅诵为事。"（《旧唐书·王维传》）除诗之外，其画作也多有禅意天机。在构思上超越凡俗、不拘形器，即有禅思作为底蕴。沈括在《梦溪笔谈》中对王维画有一段著名的评论："书画之妙当以神会，难可以形器求也。世之观画者多能指摘期间形象位置、彩色瑕疵而已，至于奥理冥造罕见其人。如彦远《画评》言：'王维画物，多不问四时，如画花，往往以桃、杏、芙蓉、莲花同画一景。'予家所藏摩诘画《袁安卧雪图》有雪中芭蕉，此乃得心应手，意到笔成。故造理入神迥得天意，此难可与俗人论也。"[1]这种迥得天意、超越形器的构思，便是禅意的表现。

"游戏三昧"充分体现了禅家精神。"三昧"是佛家语，梵文音译，本义为"正定"，即排除杂念，使心神平静。后指解脱束缚。南宗禅的代表人物慧能就时常谈及"一行三昧"，如说："一行三昧者，于一切时中——行住坐卧，常直心是。……但行直心，于一切法上无有执着了，名一行三昧。"[2]禅宗的顿悟佛性，也即明心见性，禅宗经典《坛经》对"见性"的诠解是："见性之人，立亦得，不立亦得，去来自由，无滞无碍。应用随作，应语随答，普见化身，不离自性。即得自在神通，游戏三昧，是名见性。"[3]王维的绘画，是蕴含着这种"游戏三昧"精神的。如宋人董逌所评："世言王摩诘笔踪，措思参于造化，而创意经图，即有所缺。如山水平远，云峰石色，绝迹天机，非绘者所及。"[4]

---

[1] 沈括：《梦溪笔谈》卷十七《书画》，见朱易安、傅璇琮等主编：《全宋笔记》（第二编），第3册，大象出版社，2017年，第126页。
[2] 印顺：《中国禅宗史》，江西人民出版社，1999年，第133页。
[3] 任继愈选编：《佛教经籍选编》，中国社会科学出版社，1985年，第111页。
[4] 董逌：《广川画跋》卷五，见于安澜编：《画品丛书》，人民美术出版社，1982年，第287页。

可以视为其对"游戏三昧"的理解。作为文人画重要画法的"墨戏"，其源亦出于此。宋代画家米芾、米友仁父子，即以"墨戏"著称。因而，在董其昌那里，"二米"都是被作为王维所开创的"南宗"画的一脉的。

三

关于《山水论》，也多有美学理论价值可以阐发。

首先是"凡画山水，意在笔先"的命题。诗学中所讲的言意关系为人熟知，"言不尽意"是最普通的观点，意思是在有限的诗歌语言之外，包蕴了许多言外之意。"以意为主"，也是诗学中的重要命题。署名王昌龄的《诗格》中明确说："夫作文章，但多立意。""凡属文之人，常须作意。"[1] 王夫之论诗也说："无论诗歌与长行文字，俱以意为主。意犹帅也。无帅之兵，谓之乌合。"[2] 什么是"意"？一般的理解就是内容或者说主题。但在画论中恐怕不能这样直接地对应。"笔"指笔墨，"意在笔先"就是画家在落笔之时，内心中已有了独特的构形和独创的理思。沈括评王维画"得心应手，意到便成。故造理入神"，可见其画意之妙。笔者以为彭兴林先生对此的论述较近绘画的实际，他说："作画者须要心中有物方可下笔，在落笔之前，所画的景物在头脑中已有基本的轮廓，而笔墨就是来落实意象。"[3] "丈山尺树，寸马分人。远人无目，远树无枝，远山无石，隐隐如眉；远水无波，高与云齐。——此是诀也。"这是创作山水画的口诀，也是山水画的透视原则。这是从画家的创作经验中总结出来的，却可以上升到普遍的层面。这种透视原则在山水画中是可以作为金科玉律来实践的。只有这样，才能画出山水的层次和诗意。

次说气象。"观者先看气象，后辨清浊。"气象是指画家作为审美创

---

[1] 张伯伟：《全唐五代诗格汇考》，凤凰出版社，2002年，第164、165页。
[2] 王夫之：《姜斋诗话》卷二，见王夫之著，戴鸿森笺注：《姜斋诗话笺注》，上海古籍出版社，2012年，第45页。
[3] 彭兴林：《中国经典绘画美学》，山东美术出版社，2011年，第63页。

造主体对于山水之象而形成的总体知觉。这种气象并非是抽象的，而是在总体中包含着主次分明的层次感。如果没有这种层次感，气象就是模糊而抽象的。对于群峰的感觉和内心格局的构成，是要以主次远近作为内在轮廓的。所谓"清浊"，本指自然界的清气和浊气，这里指由山水画面中的山水、寺舍、断岸、小桥等要素，而形成的清晰和模糊的层次感。这也是画中点缀所需依循的规律。

再说四时。在评析《山水松石格》的论文中，笔者已就山水画的四时做了阐述，而《山水论》中对四时的要求则更为细致。《山水论》中明确提出了"凡画山水须按四时"的重要美学原则，这几乎是山水画必须遵守的定律了。"春景则雾锁烟笼，长烟引素，水如蓝染，山色渐青。夏景则古木蔽天，绿水无波，穿云瀑布，近水幽亭。秋景则天如水色，簇簇幽林，雁鸿秋水，芦岛沙汀。冬景则借地为雪，樵者负薪，渔舟倚岸，水浅沙平。凡画山水须按四时。或曰烟笼雾锁，或曰楚岫云归，或曰秋天晓霁，或曰古冢断碑，或曰洞庭春色，或曰路荒人迷。——如此之类，谓之画题。"《山水论》中关于四时山水特征的论述非常丰富而经典，对山水画中四时最具鲜明特征的景致都进行了描绘。这对山水画的创作实践有特别重要的意义。诗论中也颇有关于四时的论述，如刘勰在《文心雕龙·物色》篇中所说："春秋代序，阴阳惨舒，物色之动，心亦摇焉。盖阳气萌而玄驹步，阴律凝而丹鸟羞，微虫犹或入感，四时之动物深矣。若夫珪璋挺其惠心，英华秀其清气，物色相召，人谁获安！是以献岁发春，悦豫之情畅；滔滔孟夏，郁陶之心凝；天高气清，阴沉之志远；霰雪无垠，矜肃之虑深；岁有其物，物有其容；情以物迁，辞以情发。"[1] 刘勰所描写的是四时变化对主体心灵的感召。南朝萧子显论诗时也说："若乃登高目极，临水送归，风动春朝，月明秋夜，早雁初莺，开花落叶，有来斯应，每不能已也。[2]"诸如此类，尚有许多。诗学中的"四时"之论，在于四时物色的不同引发诗人的不同情感，让诗

---

[1] 刘勰著，范文澜注：《文心雕龙注》，人民文学出版社，1958年，第693页。
[2] 萧子显：《自序》，见郁沅、张明高编选：《魏晋南北朝文论选》，人民文学出版社，1996年，第342页。

人进入创作心态；而画论的"四时"，是以画家的眼光感受出来的，因而有更为具体、更为鲜明的视觉印象。我们所见的画论"四时"，都是著名画家所为，他们是以非常专业的眼光来观察四时景物特征的。画论对四时的不同描绘，其实已经是画家用文字表述出的自然造化的不同生命样态，它们是具体的、感性的、视觉化的，也是笔墨的、构图的和设色的。宋代的画家郭熙对山水画之四时有这样的名言："真山水之烟岚，四时不同：春山澹冶而如笑，夏山苍翠而如滴，秋山明净而如妆，冬山惨淡而如睡。"[1]郭氏对四时山水的表述，更多的是一种形容，《山水论》则以非常生动的画面要素对山水画"须按四时"做了"立法"。

关于树石的画法。《山水论》中关于树石的画法也说得明白确定，其中有"远树无枝"，"石看三面"，"树看顶颡"，"凡画林木：远者疏平，近者高密，有叶者枝嫩柔，无叶者枝硬劲。松皮如鳞，柏皮缠身。生土上者根长而茎直，生石上者拳曲而伶仃。古木节多而半死，寒林扶疏而肃森"，"山藉树而为衣，树藉山而为骨"，等等。这些对松石的不同形态的画法，都做了笔法上的规定，非常具有绘画上的技法价值。同样是树，生于土上和生于石上的都要有不同的形态，这种看似细微的差别，却决定了山水画的成就高下。它并不孤立地论画树石，而是对山与树的关系，做了相互依存的表述。画山而无树，如同体无衣，裸裎在外；画树而无山，则如同体无骨，毫无根基可言。

《山水诀》和《山水论》都寄名于大诗人、大画家王维之下，尽管有颇多质疑，但却并非与王维毫无瓜葛。王维在山水画领域的地位日隆，其原因一是有苏轼、董其昌等人的揄扬推崇，二就是有《山水诀》《山水论》作为山水画基本理论和构图、技法经典的影响，它们与王维美学观念及山水画的特征是吻合的。"画道之中，水墨最上"，尤其在理论上给王维开创水墨山水一派，提供了一个醒目的标志！

原文发表于《名作欣赏》2019 年第 16 期

---

[1] 郭熙、郭思：《林泉高致》，见俞剑华编著：《中国古代画论类编》，人民美术出版社，1957 年，第 634 页。

咫尺万里，元气淋漓
——杜甫题画诗评析（上）

张　晶

十日画一水，五日画一石。能事不受相促迫，王宰始肯留真迹。壮哉昆仑方壶图，挂君高堂之素壁。巴陵洞庭日本东，赤岸水与银河通，中有云气随飞龙。舟人渔子入浦溆，山木尽亚洪涛风。尤工远势古莫比，咫尺应须论万里。焉得并州快剪刀，剪取吴松半江水。[1]

堂上不合生枫树，怪底江山起烟雾。闻君扫却赤县图，乘兴遣画沧洲趣。画师亦无数，好手不可遇。对此融心神，知君重毫素。岂但祁岳与郑虔，笔迹远过杨契丹。得非玄圃裂，无乃潇湘翻？悄然坐我天姥下，耳边已似闻清猿。反思前夜风雨急，乃是蒲城鬼神入。元气淋漓障犹湿，真宰上诉天应泣。野亭春还杂花远，渔翁暝踏孤舟立。沧浪水深青溟阔，欹岸侧岛秋毫末。不见湘妃鼓瑟时，至今斑竹临江活。刘侯天机精，爱画入骨髓。自有两儿郎，挥洒亦莫比。大儿聪明到，能添老树巅崖里。小儿心孔开，貌得山僧及童子。若耶溪，云门寺，吾独胡为在泥滓，青鞋布袜从此始。[2]

天下几人画古松，毕宏已老韦偃少。绝笔长风起纤末，满堂动

---

[1]《戏题王宰画山水图歌》，见杜甫著，仇兆鳌注：《杜诗详注》，中华书局，1979年，第754—756页。
[2]《奉先刘少府新画山水障歌》，见杜甫著，仇兆鳌注：《杜诗详注》，中华书局，1979年，第275—278页。

色嗟神妙。两株惨裂苔藓皮，屈铁交错迴高枝。白摧朽骨龙虎死，黑入太阴雷雨垂。松根胡僧憩寂寞，庞眉皓首无住著。偏袒右肩露双脚，叶里松子僧前落。韦侯韦侯数相见，我有一匹好东绢，重之不减锦绣段。已令拂拭光凌乱，请公放笔为直干。[1]

在隋唐五代的画论中，题画诗是尤为值得关注的。唐代绘画本身，即灿若云锦，蔚为大观。仅是晚唐张彦远的画论名著《历代名画记》所录的画家便有二百余人。其中吴道子、李思训、王维、张璪等，都是画史上声名显赫的大画家。题画诗也应运而生。题画诗更早的渊源不止于唐代，而是在六朝时已肇其端。只是那时没留下什么有名的篇什，也不具有绘画理论价值。唐代则不同了。如杜甫、白居易等诗人的题画诗评价一些著名画家的画作，不仅生动地再现画作的画面意境，而且具有普遍的美学意义，它们对画家们的创作也产生了重要影响。

题画诗有的题写在画卷上，成为画作的有机部分；有的则不是题写在画上的，如杜甫的题画诗就是如此。本篇画论评析，即以杜甫的题画诗为对象，以发现其中蕴含的丰富内容。杜甫题画诗数量颇大，遍观杜集，其中有题画之作二十余首，而且多有流传甚广的名篇。清代大文学家王士禛谈到题画诗时指出："六朝以来，题画诗绝罕见。盛唐如李太白辈，间一为之。……杜子美始创为画松、画马、画鹰、画山水诸大篇，搜奇抉奥，笔补造化，……子美创始之功伟矣。"（见《蚕尾集》）所言甚是。本文所选杜甫数篇题画名篇，都是题咏山水画的作品。其题写画马、画鹰等画材之作，留待下篇再论。而对所评题画之作，也不拟一一赏析，只是就其中的相关问题加以阐发。

一

《戏题王宰画山水图歌》是杜甫题画诗中的名作，其中所蕴含的绘画美

---

[1]《戏为韦偃双松图歌》，见杜甫著，仇兆鳌注：《杜诗详注》，中华书局，1979年，第757—758页。

学观念,对于画坛和诗界都有深远影响。"戏题"是这位大诗人谈文论艺时常用的命题习惯。杜集中尚有若干首以"戏"为题的作品,如《戏为韦偃双松图歌》《戏作俳谐体遣闷二首》《戏为六绝句》等,都是论艺之作。其中如《戏为六绝句》组诗,有非常丰富的诗学内涵,在中国文学批评史上有非常重要的地位。其题画诗也多以"戏"为题。看似游戏之作,其实诗人是很认真的。不唯认真,而且借着诗的形式,发挥出很多精义。

按着《杜诗详注》的编年,这首诗作于唐上元元年(674年),此时诗人居于成都。这个时期,杜甫有相对安定的生活环境,因而写了许多名篇佳什。关于画家王宰,王宰本身就是蜀人,生卒年不详。但看杜甫这首题画诗,可能王宰这个时期也在蜀地。本来王宰偏安蜀地,名气没有多大,而当杜诗一出,王宰在画史上就成为令人瞩目的人物了。朱景玄《唐朝名画录》载:"王宰家于西蜀,贞元中韦令公以客礼待之。画山水树石出于象外。故杜员外赠歌云:'十日画一松,五日画一石。能事不受相促迫,王宰始肯留真迹。'景玄曾于故席夔舍人厅见一图障:临江双树,一松一柏。古藤萦绕,上盘于空,下着于水。千枝万叶,交植曲屈,分布不杂。或枯或荣,或蔓或亚,或直或倚。叶叠千重,枝分四面。达士所珍,凡目难辨。又于兴善寺见画四时屏风,若移造化风候云物,八节四时于一座之内,妙之至极也。故山水、松石,并可跻于上品。"[1]朱氏以神、妙、能、逸四品论画,除"逸"不再分格以外,神、妙、能又各分上、中、下,以李昭道、王维、韦偃、王宰、韩滉等为妙品之上,同列者皆唐代名画家。而从书中记载而言,朱景玄对于王宰之画所描述的都是实际见闻,颇为可采。其他如《太平广记》《历代名画记》《图绘宝鉴》所录都与之略同且更简单,可能都采自于此。

杜诗先赞王宰画格之高。"十日画一水,五日画一石。能事不受相促迫,王宰始肯留真迹。壮哉昆仑方壶图,挂君高堂之素壁。""十日""五日"之说,见出王宰画风之从容不迫,矜持高重。只有不受促迫,画家才肯下笔。"真迹"不唯见真,而且见其珍贵。"壮哉"二句,呈现

---

[1] 朱景玄:《唐代名画录》,见于安澜编:《画品丛书》,上海美术出版社,1982年,第81页。

出画家山水图的雄浑气象。所谓"昆仑""方壶",为一西一东两大名山,穷想象之涯涘,其实并非实写,只是状其极远。王嗣奭《杜臆》中指出:"题云'山水图',而诗换以'昆仑方壶图',方壶东极,昆仑西极,盖就图中远景极言之,非真画昆仑方壶也;若果尔,则与作《六合赋》者同痴矣。"[1]《杜臆》所言,真知诗者也!著名美术史家高居翰先生对此指出:"8世纪中叶左右,诗人杜甫为其同时代画家王宰写下了这样两行颂诗:'十日画一水,五日画一石。能事不受相促迫',后来的作家(正如我们将看到的那样)对于耐心、耗时的绘画模式,或褒或贬时往往引用这两句诗。"[2] 从《唐朝名画录》的记载同样可以看出王宰的精细风格。在朱景玄作的《唐朝名画录》中,王宰被列为妙品,明显比吴道子低一大格。吴道子被列为神品之上,该品只此一人,可见,吴道子的绘画成就在唐代就受到了最高的认可。而吴道子的画风,则是代表了速成和天然的理想!《宣和画谱》论述吴道子画风说:"道子解衣磅礴,因用其气以壮画思,落笔风生,为天下奇观。故庖丁解牛,轮扁斫轮,皆以技进乎道;而张颠观公孙大娘舞剑器,则草书入神,道子之于画,亦若是而已,况能屈骁将,如此气概,而岂常者哉!然每一挥毫,必须酣饮,此与为文章何异,正以气为主耳。"[3] 这种具体的事例,颇能说明吴道子的画风。高居翰介绍速成与缓就这两种创作方式的情形:"这一时期,速成(quickness)与缓就(slowness)被视为大抵相当的优秀品质;作品可以采用任何一种方式来完成。但是,在后来的几个世纪中,批评家的偏好越来越多地集中于速成和天然的理想,吴道子就是以此范例而位居神品。"[4]

"巴陵洞庭日本东"这四句,描绘图中山水之状,极尽辽阔博大,

---

[1] 王嗣奭:《杜臆》,上海古籍出版社,1983年,第124页。
[2] 范景中、高昕丹编选:《风格与观念:高居翰中国绘画史文集》,中国美术学院出版社,2011年,第66页。
[3] 陈高华编:《隋唐画家史料》,文物出版社,1987年,第185页。
[4] 范景中、高昕丹编选:《风格与观念:高居翰中国绘画史文集》,中国美术学院出版社,2011年,第66页。

虽是挂之素壁的有限画面，却使人感觉如上与天通，中有飞龙，其间又有舟人渔子，风涛澎湃，山木尽亚。以诗的形式，状画中之景，却比画本身更具动感。仇兆鳌评之曰："此记图中山水。昆仑、方壶，山既自西而东，故巴陵、日本，水亦自西而东。且其水势浩瀚，银汉通而云龙起，又见风涛激荡，渔舟避而山木摇，真可谓壮观矣。"[1]诗人将画面的境界呈现给世人，极为生动逼真。

"尤工远势古莫比，咫尺应须论万里"乃是本诗的点睛升华之笔，也是杜甫题画诗的美学内涵的精华之处。所谓"远势"，也即上面所描绘的那样，在有限的画面中使人感受到无限的境界，生发无尽的遐想。诗人出之以"咫尺应须论万里"，已是超出了王宰山水画的范围，而成为具有普遍美学理论价值的命题，也被简化为"咫尺万里"。《世说新语》中说："袁彦伯曰：'江山辽落，居然有万里之势。'"诗人化用于此。作为全诗的升华之句，"咫尺应须论万里"是前面诗句的自然生成，却成为中国美学的著名命题。正如《杜臆》中所说："中举'巴陵洞庭'，而东极于日本之东，西极于赤水之西，而直与银河通，广远如此，正根'昆仑方壶'来；而后面收之以咫尺万里，尽之矣。中间'云''龙''风''木'，'舟人''渔子'，'浦溆''洪涛'，又变出许多花草来，笔端之画，妙已入神矣。"[2]结尾这两句尤为奇妙。

二

《奉先刘少府新画山水障歌》也是题山水画的名作。诗人杜甫通过诗句将画境描绘得充满生机，也即诗中所说的"元气淋漓"。该诗起首便奇突不凡。"堂上不合生枫树，怪底江山起烟雾。闻君扫却赤县图，乘兴遣画沧洲趣。"少府即县尉。诗人高度赞赏刘少府新作的山水障，也即画在屏障上的山水图。这幅山水障，使人如入枫树林中，以为堂上

---

[1] 杜甫著，仇兆鳌注：《杜诗详注》，中华书局，1979年，第755页。
[2] 王嗣奭：《杜臆》，上海古籍出版社，1983年，第124页。

生出了枫树，而惊异于江山起了苍茫的烟雾。这种如梦如幻、亦真亦幻的画境，使人见到画家山水画的魅力所在。笔者曾有"审美惊奇"的范畴建构，认为惊奇感是审美主体在心理上转入审美状态的重要关捩。杜甫题刘少府山水障的开头几句，便令人产生明显的惊奇感。宋代大诗人杨万里说："诗有惊人句。如山水障云：'堂上不合生枫树，怪底江山起烟雾。'是也。"（《诗人玉屑》）诗人赞美画家刘少府笔意超绝，用了几个有名的画家来陪衬，并称之为"好手"。祁岳、郑虔，都是很不错的画家，郑虔还被唐玄宗赞为"三绝"。杨契丹在隋代更是著名画家，释彦悰的《后画录》载："隋参军契丹，六法颇该，殊丰骨气。山东体制，允属伊人。"画史上对杨契丹的绘画地位，评价颇高。诗人为了称赞刘少府的绘画成就，说他"远过杨契丹"，其实是一种诗歌手法而已。

"得非玄圃裂，无乃潇湘翻"及下面数句，把画面的境界引入到一个神奇的所在，如同仙界一般。一方面是宁静的、超越的，另一方面又是与造化相侔、巧夺天工的。观者如同坐在天姥山下，耳边似闻清猿的啼声，悠远而凄清。这都是画面给人的审美感受。画面给人以强烈的真实感，山水障似被潇湘之水打湿，"元气淋漓"是刘少府山水画的特征，也是山水画的普遍价值所在。"野亭春还杂花远"等数句，以类似于楚辞的意境来充溢画面，使人感到迷离而美丽，灵动而深远。"刘侯天机精"数句，道出了刘少府山水画的创作方式，是以"天机"来作画的。"天机"是中国美学的一个独特范畴，在诗学和画论中都是一个屡见不鲜的存在。它最早出现在《庄子》中，《庄子·大宗师》云："古之真人，其寝不梦，其觉无忧，其食不甘，其息深深。真人之息以踵，众人之息在喉。屈服者，其嗌言若哇。其耆欲（即嗜欲）深者，其天机浅。"陈鼓应先生注云："天机，自然之生机。当指天然的根器。"[1]庄子所言，并非是从艺术创作的角度来说的。陆机的《文赋》中有"方天机之骏利，夫何纷而不理？"的句子，指在艺术创作时那种不可控御、神思来临的状态。刘少府的画所以能够"元气淋漓"，原因就在于他的"天

---

[1] 陈鼓应注译：《庄子今注今译》，商务印书馆，2007年，第199、202页。

机精"。后来宋代董逌的《广川画跋》中有多处谈到绘画创作时的"天机",有无"天机",成为他评判作品及画家的最高价值尺度。而在唐代画论中,在杜甫之前,尚未见过以"天机"论画者。易言之,也可认为杜甫是在唐代画论中最早用"天机"评画的人。

从刘少府的画境中,诗人大有憬悟:"若耶溪,云门寺,吾独胡为在泥滓,青鞋布袜从此始。"这是一片远离尘氛的净土,是在画中呈现的。若耶溪、云门寺,是超越世间的纯净空间。仇氏《杜诗详注》中的相关注释把若耶溪和云门寺作为一个整体的幽静的氛围进行表述,其言:"《水经注》:若耶溪水,上承嶕岘麻溪,溪下孤潭周数亩,甚清深。有孤石临潭,垂崖俯视,猿狖惊心,寒木被潭,森沉骇观。溪水至清,照众山倒影,窥之如画。又云:山阴县南有玉笥、竹林、云门、天柱精舍,并疏山创基,架林裁宇,割润(涧)延流,尽泉石之好。胡夏客曰:若耶溪长数十里,凡有六寺,皆以云门冠之。王十朋曰:《南史》:何胤以会稽多灵异,往游焉,居若耶山云门寺。"[1]可见,在画家的画面里,抑或是在诗人的笔下,若耶溪和云门寺都是一体化的,是一个世外桃源式的所在。而诗人在这里所表达的,乃是一种内心的超越。诗人并不是让人脱离现实,而是让人在这样的画境中得到心灵的洗涤。

清人王嗣奭在《杜臆》中对杜甫的这首题画名作有全面的评述,其云:"画有六法:'气韵生动'第一,'骨法用笔'次之。杜以画法为诗法,通篇字字跳跃,天机盎然,见其气韵。乃'堂上不合生枫树',突然而起,从天而下,已而忽入'前夜风雨急',已而忽入两儿挥洒,突兀顿挫,不知所自来,见其骨法。至末因貌得山僧,转云门、若耶,青鞋布袜,阒然而止,总得画法经营位置之妙。而篇中最得画家三昧,尤在'元气淋漓障犹湿'一语,试一想像,此画至今在目,真是下笔有神;而诗中之画,令顾、陆奔走笔端。"[2]颇得杜诗神髓。王氏提出了"元气淋漓"和"突兀顿挫"作为杜甫这首题画名作的特征,其实也是刘少府

---

[1] 杜甫著,仇兆鳌注:《杜诗详注》,中华书局,2015年,第278—279页。
[2] 王嗣奭:《杜臆》,上海古籍出版社,1983年,第36—37页。

画境的特征。王氏认为杜诗是"以画法为诗法",也是"诗中有画"的境界。

三

《戏为韦偃双松图歌》则是题韦偃画松石的名作。韦偃也是唐代的著名画家,应该比刘少府在画坛上更为知名吧。松石与山水为同类画材,故前面评析中有梁元帝萧绎的《山水松石格》。杜甫所咏题画之作的作者,皆为与诗人大致同时的画家,当时画家在美术史上的地位还有待于后世的评说。而韦偃在唐代画坛上是一位颇有地位的画家。韦偃,长安(今陕西西安)人。唐朝中期画家。具体的生卒年不详。其父韦鉴、叔父韦鉴,也是当时有名气的画家。韦偃生长在这样一个有艺术氛围的家庭环境中。朱景玄《唐朝名画录》中将韦偃排列在妙品上,与王维同格。《唐朝名画录》评韦偃画时说:"韦偃京兆人,寓居于蜀,以善画山水、竹树、人物等,思高格逸。居闲尝以越笔点簇鞍马人物、山水云烟,千变万态。或腾或倚,或龁或饮,或惊或止,或走或起,或翘或跂。其小者或头一点,或尾一抹;山以墨斡,水以手擦,曲尽其妙,宛然如真。亦有图骐骥之良,画衔勒之饰,巧妙精奇,韩幹之匹也。画高僧、松石、鞍马、人物,可居妙上品,山水人物等居能品。"[1]张彦远《历代名画记》载:"(韦)鉴子偃。工山水,高僧奇士,老松异石,笔力劲健,风格高举。善小马牛羊山原。俗人空知偃善马,不知松石更佳也。"[2]对于韦偃画松石的成就给予了高度肯定。"天下几人画古松,毕宏已老韦偃少。绝笔长风起纤末,满堂动色嗟神妙。"起首处甚为不凡。毕宏是天宝年间活跃的画家,善画古松。《历代名画记》中记载:"大历二年为给事中,画松石于左省厅壁,好事者皆许之,改京兆少尹为左庶子。树石擅名于代。树木改步变古,自宏始也。"[3]可见,毕宏

---

[1]《唐朝名画录》,见于安澜编:《画品丛书》,上海人民美术出版社,1982年,第81页。
[2]《历代名画记》卷十,见孟兆臣校释:《画品》,北方文艺出版社,2000年,第244页。
[3]《历代名画记》卷十,见孟兆臣校释:《画品》,北方文艺出版社,2000年,第244页。

在唐代中期画坛上是以擅画树石著称的。但杜甫诗中说毕宏已经老了，韦偃正当年少，也就意味着韦偃的画松石处在时代的巅峰上。下面就直接写画面使人感受到长风起于纤末，满堂动色，足见其画的魅力。如王嗣奭在《杜臆》中所评："起来二句极宽静，而忽接以'绝笔长风起纤末'，何等笔力！"[1]"两株惨裂苔藓皮，屈铁交错迥高枝。白摧朽骨龙虎死，黑入太阴雷雨垂。"这几句描述古松形状，极尽情态。屈铁，枝曲而黑。枝迥，指叶之阴森如雷雨下垂。《杜臆》评之曰："至于描写双松止四句，而冥思玄构，幽事深情，更无剩语。"[2]"松根胡僧憩寂寞，庞眉皓首无住著。偏袒右肩露双脚，叶里松子僧前落。"这里写松下的僧人，颇有神韵，也为画面增添了活力和趣味。最后这四句："韦侯韦侯数相见，我有一匹好东绢，重之不减锦绣段。已令拂拭光凌乱，请公放笔为直干。"诗人写出了与画家的交谊，又说手里有一匹好东绢，拂拭展开，光影凌乱，十分珍贵。请画家在这匹东绢上放笔画出直干的松石。松树是以屈曲见奇，而直干之松又当如何？诗人此处是戏言。杜甫论画论诗多以"戏"为题，其实是一种论艺之法。

杜甫的题画诗都不是题写在画面上的，不是画家所写的题画诗，而是诗人自身作为审美主体，观赏画作时所生发的感兴之作。而在诗人的笔下，画面的意境得到了最大程度的复原和发挥，而且使人进入到奇幻的世界之中。著名美术史家滕固对于杜甫的题画诗有中肯的评述："杜甫的诗教会我们认识他所处的时代的精神。这位诗人不是艺术批评家，他的诗以人生感悟居多，论画的见解也较为浅显。但是我们仔细研究，就会发现他在诗中描述了艺术创作的心理过程，并将创作比作生命的诞生，如同生产须经历阵痛，艺术也是如此。……杜甫已经认识到，艺术家必须经历完整的创作过程，王宰则'十日画一水，五日画一石'。创作就好比瞬间的爆发，这种爆发就是灵感和动力之源。"[3]本文所选取的题画诗，都是杜甫题写在山水画或松石画上的。杜甫在题画诗中所提出的美学命题，一是"咫尺万

---

[1] 王嗣奭：《杜臆》，上海古籍出版社，1983年，第125页。
[2] 王嗣奭：《杜臆》，上海古籍出版社，1983年，第125页。
[3] 滕固：《滕固美术史论著三种》，商务印书馆，2011年，第178—179页。

里",二是"元气淋漓"。这对于中国美学思想而言,注入了新的观念。王夫之在论诗时说:"论画者曰:'咫尺有万里之势',一'势'字宜着眼。若不论势,则缩万里于咫尺,直是《广舆记》前一'天下图'耳。"[1] 所谓"论画者",指的就是杜甫这首题画诗。山水松石在中国画里是常见的画材,杜甫的题画诗有多篇是题咏山水松石画的。杜甫还有多篇题画诗是题咏画马和鹰的,其中也多有精义所在,俟下篇呈献于读者。

原文发表于《名作欣赏》2019 年第 19 期

---

[1]《姜斋诗话》卷二,见王夫之著,戴鸿森笺注:《姜斋诗话笺注》,上海古籍出版社,2012 年,第 141 页。

咫尺万里,元气淋漓
——杜甫题画诗评析(下)

张 晶

将军魏武之子孙,于今为庶为清门。英雄割据虽已矣,文采风流今尚存。学书初学卫夫人,但恨无过王右军。丹青不知老将至,富贵于我如浮云。开元之中常引见,承恩数上南薰殿。凌烟功臣少颜色,将军下笔开生面。良相头上进贤冠,猛将腰间大羽箭。褒公鄂公毛发动,英姿飒爽犹酣战。先帝御马玉花骢,画工如山貌不同。是日牵来赤墀下,迥立阊阖生长风。诏谓将军拂绢素,意匠惨淡经营中。须臾九重真龙出,一洗万古凡马空。玉花却在御榻上,榻上庭前屹相向。至尊含笑催赐金,圉人太仆皆惆怅。弟子韩幹早入室,亦能画马穷殊相。幹惟画肉不画骨,忍使骅骝气凋丧!将军画善盖有神,偶逢佳士亦写真。即今漂泊干戈际,屡貌寻常行路人。途穷反遭俗眼白,世上未有如公贫。但看古来盛名下,终日坎壈缠其身。[1]

吾闻天子之马走千里,今之画图无乃是。是何意态雄且杰,骏尾萧梢朔风起。毛为绿缥两耳黄,眼有紫焰双瞳方。矫矫龙性含变化,卓立天骨森开张。伊尹太仆张景顺,监牧攻驹阅清峻。遂令大奴字天育,别养骥子怜神骏。当时四十万匹马,张公叹其材尽下。故独写真传世人,见之座右久更新。年多物化空形影,呜呼健步无

---

[1]《丹青引赠曹将军霸》,见杜甫著,仇兆鳌注:《杜诗详注》,中华书局,1979年,第1147—1151页。

由骣。如今岂无騕褭与骅骝,时无王良伯乐死即休。[1]

韦侯别我有所适,知我怜渠画无敌。戏拈秃笔扫骅骝,欻见骐驎出东壁。一匹龁草一匹嘶,坐看千里当霜蹄。时危安得真致此?与人同生亦同死。[2]

高堂见生鹘,飒爽动秋骨。初惊无拘挛,何得立突兀。乃知画师妙,巧刮造化窟。写此神俊姿,充君眼中物。乌鹊满樛枝,轩然恐其出。侧脑看青霄,宁为众禽没。长翮如刀剑,人寰可超越。乾坤空峥嵘,粉墨且萧瑟。缅思云沙际,自有烟雾质。吾今意何伤,顾步独纡郁。[3]

近时冯绍正,能画鸷鸟样。明公出此图,无乃传其状。殊姿各独立,清绝心有向。疾禁千里马,气敌万人将。忆昔骊山宫,冬移含元仗。天寒大羽猎,此物神俱王。当时无凡材,百中皆用壮。粉墨形似间,识者一惆怅。干戈少暇日,真骨老岸嶂,为君除狡兔,会是翻鞲上。[4]

上一篇所评析的杜甫题画诗主要是诗人题咏山水松石画的,这一篇则是评析诗人题咏画马画鹰的名作。其中前三首是画马题材,后两首是画鹰题材。这几首题画诗都是颇有代表性的。因为杜甫在题咏画马画鹰的诗中,颇为鲜明地表达出诗人的审美价值观念。

---

[1]《天育骠图歌》,见杜甫著,仇兆鳌注:《杜诗详注》,中华书局,1979年,第253—255页。
[2]《题壁上韦偃画马歌》,见杜甫著,仇兆鳌注:《杜诗详注》,中华书局,1979年,第754页。
[3]《画鹘行》,见杜甫著,仇兆鳌注:《杜诗详注》,中华书局,1979年,第477—478页。
[4]《杨监又出画鹰十二扇》,见杜甫著,仇兆鳌注:《杜诗详注》,中华书局,1979年,第1340—1342页。

一

　　《丹青引》是一篇七言歌行体的题画诗,主要是赞赏唐代著名画家曹霸的绘画成就。但这首诗并非一般的题画诗,其中对曹霸的身世寄予无限同情,同时也有着诗人自己的身世之感。在与曹霸的弟子韩幹的画风比较之中,诗人是扬曹抑韩的。诗的开篇数句,叙述曹霸的身世,赞赏他的成就与人格。诗人首先强调其是魏武帝曹操的后裔,而接着说他"于今为庶为清门",透露出世事沧桑之感。"英雄割据虽已矣,文采风流今尚存",是说曹霸不能继承乃祖的霸业,却发扬曹氏的文体风流。"学书初学卫夫人,但恨无过王右军",是言其书法造诣。卫夫人是晋代著名的女书法家,大书法家王羲之曾师事之。张怀瓘《书断》中载:"卫夫人,名铄,字茂猗,廷尉展之女弟,恒之从女,汝阴太守李矩之妻也。隶书尤善,规矩钟公,右军少尝师之。"庾肩吾《书品》,列其书为中之上品。王右军即王羲之,因其有右军将军的称号,故称"王右军"。"丹青不知老将至,富贵于我如浮云",赞美曹氏对绘画的专精态度以及淡泊名利的超然。

　　曹霸在唐开元年间即以画著称,尤为使人瞩目的是他的人物写真。因此,诗中又说:"开元之中常引见,承恩数上南薰殿。"言其甚为君王赏识。"凌烟功臣少颜色,将军下笔开生面。"这两句称赞曹霸人物写真的不同寻常。凌烟阁,是朝廷展示功臣画像的地方。《唐书》载:"贞观十七年(643年)二月,图功臣于凌烟阁。"《两京记》:"太极宫中有凌烟阁,在凝阴殿南,功臣阁在凌烟阁南。"《五代会要》则载:"凌烟阁,在西内三清殿侧,画像皆北向,阁有隔,隔内北面写功高宰辅,南面写功高侯王,隔外次第图画功臣题赞。"[1]凌烟阁上的功臣画像本来已经斑驳("无颜色"),而当曹霸下笔图画凌烟阁后,文武功臣的形象便栩栩如生地跃然阁壁了。褒公、鄂公,即褒国忠壮公段志玄、鄂国公尉迟

---

[1] 均见杜甫著,仇兆鳌注:《杜诗详注》,中华书局,1979年,第1149页。

敬德，他们都是辅佐太宗打天下的猛将。在曹霸的画笔下，他们的形象十分传神，气势不凡，毛发皆张，英姿飒爽。

"先帝御马玉花骢"这八句，写曹霸画马的卓越造诣。先是写先帝御马的不凡。此马作为皇帝的爱物，出场便气势夺人。"画工如山貌不同"既烘托御马的出众，又为曹霸的出场预热。"诏谓将军拂绢素，意匠惨淡经营中。"曹霸受君主之命画马，极尽能事！"惨淡经营"遂成为形容经营事业的成语了。"须臾九重真龙出，一洗万古凡马空"，是对曹霸画马的赞誉，在题咏画马的诗中，无出其右，尤可见出杜甫题画诗的语言功力！杜甫自谓"为人性僻耽佳句，语不惊人死不休"（《江上值水如海势聊短述》），真可谓"惊人之语"。《杜臆》评这几句："只'迥立闾阖生长风'七字，已夺天马之神，而'惨淡经营'，貌出良工用心苦。"[1] 宋人许顗在《彦周诗话》中称赏《丹青引》说："老杜作《曹将军丹青引》云：'一洗万古凡马空。'东坡《观吴道子画壁》诗云：'笔所未到气已吞。'吾不得见其画矣，此两句，二公之诗，各可以当之。"[2]

"玉花却在御榻上"这八句，一是形容曹霸画马的神骏，与真马相对交映；二是通过与其弟子韩幹画风的比较，表达了诗人独特的审美观念。榻上庭前，指真马和画马。二者难分真假，且屹立相向，极具神采，充满生趣。"至尊"二句，是写君王对画家的高度欣赏，"圉人太仆皆惆怅"是写与御马相关的官员的神态。"惆怅"是形容他们看到画马的神骏逼真而惊愕，而非妒其赐金。太仆是马官，"圉人"是御马的饲育者。接下来对于曹霸与韩幹的比较，将诗人的审美观念突显出来。韩幹也是唐代的著名画家，以画马著称，他的"出道"晚于曹霸，而且曾师事后者，但后来形成了自己的画风，与曹霸颇有不同，却代表了唐代最典型的审美观念。朱景玄《唐朝名画录》将韩幹置于神品下，在画史上的地位是很高的。《太平广记》中载："韩幹，京兆人也。唐玄宗天宝

---

[1] 王嗣奭：《杜臆》，上海古籍出版社，1983年，第200页。
[2] 何文焕辑：《历代诗话》，中华书局，1981年，383页。

中召入供奉，上令师陈闳画马。怪其不同，诏因诘之。奏云：'臣自有师，陛下内厩马，皆臣之师也。'上甚异之。其后果能状飞龙之质，尽喷玉之奇，九方之识既精，伯乐之相乃备。且古之画马，有《周穆王八骏图》。国朝阎立本画马，似模展、郑，多见筋骨。皆擅一时之名，未有希代之妙。开元后，四海清平，外域名马，重译累至，然而砂碛且遥，蹄甲多薄。玄宗遂择其良者，与中国之骏，同颁马政。彼此内厩有飞黄、照夜、浮云、五方之乘，奇毛异状，筋骨既健，蹄甲皆厚，驾御历险，若舆辇之安；驰骤应心，中韶護之节。是以陈闳貌之于前，韩幹继之于后。写渥洼之状，不在水中，移驌騕之形，出于天上。韩故居神品，陈兼写真，居妙品上。宝应寺三门神，西院北方大王、佛殿前面菩萨、西院佛像，宝圣寺北院二十四圣等，皆其踪也。"[1] 画论画史上的记载，都说他是陈闳的门生，而且是唐明皇钦点的。而杜甫则云其为曹霸弟子，韩幹自称是以皇上内厩中的骏马为师，有其独特的创作理念，与曹霸的画风大有不同。诗人只是在审美观念上更为赞赏曹霸，并非对韩幹的画风有强烈的不满。

杜甫另有一首《画马赞》，亦对韩幹画马极尽赞美之辞，不妨将全诗录于此："韩幹画马，毫端有神。骅骝老大，驌騕清新。鱼目瘦脑，龙文长身。雪垂白肉，风蹙兰筋。逸态萧疏，高骧纵恣。四蹄雷雹，一日天地。御者闲敏，云何难易。愚夫乘骑，动必颠踬。瞻彼骏骨，实惟龙媒。汉歌燕市，已矣茫哉。但见驽骀，纷然往来。良工惆怅，落笔雄才。"对于杜甫这首赞美韩幹画马的诗作，这里不加评析，但其通篇的赞赏之情跃然纸上。此与《丹青引》一诗相比较，可以看出杜甫对韩幹画马的评价，是有很大反差的。问题便在于，杜甫题咏画马诗的审美趣味，是瘦硬有骨而非肥硕无骨。本文中所引《天育骠图歌》，充满赞叹地描写了画上的天子骏马，同样体现出这样的标准，如诗中所写："吾闻天子之马走千里，今之画图无乃是。是何意态雄且杰？骏尾萧梢朔风起。毛为绿缥两耳黄，眼有紫焰双瞳方。矫矫龙性含变化，卓立天骨森

---

[1]《太平广记》卷二百十一，见陈高华编：《隋唐画家史料》，文物出版社，1987年，第151页。

开张。"画上的天子骏马极尽俊杰之态,分明又是骨相峥嵘的。"卓立天骨森开张"是杜甫题咏画马的审美取向之形象标志。诗中叙太仆张景顺喜瘦劲有神之马,检阅众马唯取"清峻",实则是诗人的趣味。诗人又通过张太仆之口,以御厩四十万骏马"其材尽下",来烘托陪衬这匹天育骠骑的"神骏",充分说明杜甫最为推崇的便是瘦硬有骨的画法。在《李鄠县丈人胡马行》中,诗人也是如此描写骏马的:"头上锐耳批秋竹,脚下高蹄削寒玉。始知神龙别有种,不比俗马空多肉。"称瘦劲之马为"神龙",多肉肥马为"俗马",褒贬立见。在题画诗中,杜甫一向是以此标准来品评画马成就的。

这种褒贬轩轾在画论界引起了很大的争议,主要是画家和美术评论家对杜甫的观点颇为不满。晚唐张彦远直斥杜甫不懂画,《历代名画记》中说韩幹"尤工鞍马,初师曹霸,后自独擅。杜甫《曹霸画马歌》曰:'弟子韩幹早入室,亦能画马穷殊相。幹惟画肉不画骨,忍使骅骝气凋丧。'彦远以杜甫岂知画者,徒以幹马肥大,遂有画肉之诮"[1]。著名美术史家俞剑华先生则认为:"老杜赞曹霸,认为韩幹'画肉不画骨',赞韩幹则又认为'毫端有神'。彼此之间似有矛盾,故张彦远直斥为不知画。其实文人习气大都如此,轻重抑扬之间并无一定方针,只是为了行文方便也就顾不得自相矛盾了。"[2] 笔者对这两种看法都难以认同。说杜甫不懂画,这不顾基本的事实。很多题画诗都足以说明,杜甫对于绘画鉴赏造诣精深。俞先生则认为杜甫没有一定的标准,只是捧甲时便说甲好,捧乙时又说乙好,因而自相矛盾,这也未免冤枉了诗人。从前面的引述中,我们可以得出这样的结论:杜甫的审美标准是一贯的,就是尚瘦硬有骨,轻肥硕无骨。

在韩幹之前,画马艺术是以瘦硬见骨为传统风格的。这个传统风格相沿既久,被视为正道。《宣和画谱》说:"且古之画马者,有《周穆王八骏图》,阎立本画马,似模展(子虔)、郑(法士),多见筋骨,皆擅

---

[1] 张彦远:《历代名画记》,浙江美术出版社,2011年,第153页。
[2] 张彦远著,俞剑华注释:《历代名画记》,上海人民美术出版社,1964年,第191页。

一时之名，未有希代之妙。"由此可见这派画法的发展轨迹。其实，古代画马，也并非都是瘦硬的，如汉代画像石上的马，就是丰满肥硕的。以瘦劲笔法画马，以《周穆王八骏图》为开端，经展、郑这些名家祖述相传，具有了正宗地位。曹霸是三国魏曹髦的后裔，在开元、天宝时期，以画马和人物擅名当下。其画马风格，就是瘦硬一派。汤垕在《画鉴》中评曹霸画人马成就时说："曹霸画人马，笔墨沉着，神采生动。余平生凡四见真迹。一《奚官试马图》，在申屠侍御家。一《调马图》，在李士弘家，并宋高宗题印。又《下槽马图》，一黑一骝色。圉人背立见须，奇甚。其一余所藏《人马图》，并佳。红衣美髯奚官牵玉面骍，绿衣阉官牵照夜白，笔意神采与前三画同。赵集贤子昂尝题云：唐人善画马者甚众，而曹（霸）韩（幹）为之最。盖其命意高古，不求形似。所以出众工之右耳。此卷曹笔无疑。圉人太仆，自有一种气象，非世俗所能知也。集贤当代赏识，岂欺我哉！"[1] 对于曹霸的画马，有全面的评价。

二

韩幹画马，曾师事陈闳、曹霸，而对曹霸画风有了变革。韩幹脱略这种传统风格，自出机杼，开创肥硕雄壮一派画法。韩幹画马明显不同于曹霸，但与陈闳画法是否有某种联系呢？陈闳在唐明皇时是有名的宫廷画家，深受明皇器重。朱景玄《唐朝名画录》中如是记载："陈闳，会稽人也。善写真及画人物士女，本道荐之于上国，明皇开元中召入供奉，每令写御容，冠绝当代。又画明皇射猪鹿兔雁并按舞图，及御容皆承诏写焉。又写太清宫肃宗御容，龙颜凤态，日角月轮之状，而笔力滋润，风采英奇若符合瑞应，实天假其能也。国朝阎令公之后，一人而已。今咸宜观内天尊殿中画上仙，及图当时供奉道士、庖丁等真容，皆奇绝。曾画故吏部徐侍郎本行经幡十二口，今在焉。又有士女，亦能机

---

[1] 沈子丞编：《历代论画名著汇编》，文物出版社，1982年，第179页。

织成功德佛像,皆妙绝无比。惟写真有入神;人物士女,可居妙品。"[1] 朱景玄所作《唐朝名画录》,系中国画论史上的经典名著,后面的评析文章中很快就会论及。朱氏以神、妙、能、逸四品评画,神、妙、能三品又各分上、中、下。陈闳置于妙品中,在唐朝的画家排名中只是中等而已。然而,唐明皇(玄宗)对其爱重有加,置之身边,御用画家的性质非常突出。"善写真"是陈闳最大的优势,明皇多次让他画"御容",其后他也为肃宗画像,当然成了明皇心目中最重要的画家。让韩幹师从陈闳,当是情理之中的。韩幹虽然受命师从陈闳,但他的目标更为专精,决意以画马擅名。韩幹画马如欲异军突起,必须与传统画风有所不同。摆脱传统窠臼的突破口在哪里?韩幹选择了以明皇内厩之马为师的途径。唐玄宗开元、天宝年间,正是最能显示盛唐气象的时代。万国来朝,中外交聘,从物质到文化,都因交流融合而呈雄伟新奇之貌。

韩幹画马何以开一代新风?张彦远《历代名画记》中的分析,道出了其中奥妙:"古人画马有《八骏图》,或云史道硕之迹,或云史秉之迹,皆螭颈龙体,矢激电驰,非马之状也。晋、宋间顾(恺之)、陆(探微)之辈,已称改步;周、齐间董(伯仁)、展(子虔)之流,亦云变态。虽权奇灭没,乃屈产蜀驹,尚翘举之姿,乏安徐之体。至于毛色,多骊骝骓駮,无他奇异。玄宗好大马,御厩至四十万,遂有沛艾大马,命王毛仲为监牧,使燕公张说作《驯牧颂》。天下一统,西域大宛,岁有来献。诏于北地置群牧,筋骨行步,久而方全,调习之能,逸异并至。骨力追风,毛采照地,不可名状,号木槽马。圣人舒身安神,如据床榻,是知异于古马也。时主好艺,韩君间生,遂命悉图其骏,则有玉花骢、照夜白等。时岐、薛、宁、申王厩中皆有善马,幹并图之,遂为古今独步。"[2] 张彦远的分析是很令人信服的。以往画家所画之马,都是"国产"的,而明皇厩中之马则多是来自域外的名马。作为画家,韩

---

[1] 于安澜编:《画品丛书》,上海人民美术出版社,1982年,第82页。
[2] 张彦远:《历代名画记》,浙江人民美术出版社,2011年,第153页。

幹敏锐地感到，这是开辟画马新风的最佳契机，于是以明皇内厩名马为师，遂有"照夜白"这样的千古经典！《宣和画谱》中的说法也佐证了这种认识："开元后，天下无事，外域名马，重译累至，内厩遂有飞黄、照夜、浮云、五方之乘，幹之所师者，盖进乎此。所谓'幹惟画肉不画骨'者，正以脱展、郑之外，自成一家之妙也。"（《宣和画谱》卷十三《畜兽一》）这些域外名马，不唯肥硕，而且神采飞扬。在明皇眼中，恰可与盛唐气象相匹配！而韩幹画马正以此突显了盛唐气象，遂树画马之一代丰碑！杜甫在此诗中对韩幹的讥诮，并未得到很多的共鸣，因为韩幹画的马，成了盛唐气象的标志性符号，在中国美术史和审美意识史上都具有划时代的意义！

关于韦偃，上篇已有评介，下篇主要介绍他的画马。杜甫与画家韦偃是好友，对韦偃的画高度赞赏，故诗中写"知我怜渠画无敌"，"戏拈秃笔扫骅骝，欻见骐驎出东壁"，使画上之马活了起来，而且极具奔逸之态。《丹青引》中的"须臾九重真龙出""榻上庭前屹相向"都是以真写画，使画面亦真亦幻。洪迈《容斋随笔》中说："江山登临之美，泉石赏玩之胜，世间佳境也，观者必曰如画。至于丹青之妙，好事君子嗟叹之不足者，则又以逼真目之。如老杜'人间又见真乘黄''时危安得真致此''悄然坐我天姥下''斯须九重真龙出''凭轩忽若无丹青''高堂见生鹘''直讶松杉冷''兼疑菱荇香'之句是也。"[1]杜诗的这种特征，几乎呈现于其所有题画篇什中，在题画鹰诗中也很突出。

杜甫题画马画鹰诗中呈现出突出的"时危"意识，国家危难，亟需肱股之才。在马或鹰的形象中，诗人寄托了对人才的渴求。之所以把马和鹰写得如此不凡，是因为它们其实都是人才的化身！同时，这其中还有诗人的身世自慨，诗人将自己能够一展长才的愿望都投射到了马或鹰的形象之中。

---

[1] 引自杜甫著，仇兆鳌注：《杜诗详注》，中华书局，1979年，第754页。

三

再说杜甫之题画鹰诗。本文选了其中两首,此外杜集中尚有题画鹰之什若干首,如《画鹰》《姜楚公画角鹰歌》等。与题画马诗相比,题画鹰诗没有更多的画史上的问题需要理解与分析,却有鲜明的诗人情怀可以感受。对于这里所选的题画鹰诗,笔者亦无意于细加考论,而是就其精神气质略做申说。

鹘,鹰隼之属,画鹘即是画鹰,至少在杜诗中是如此,无须细究。"高堂见生鹘",画面上的鹘在诗人面前如同活生生的鹰隼,杜甫写画鹰画马,多是如此写法,气势顿起。以活态写画面,这是杜甫题画诗的"拿手好戏"。这也不一定都体现在篇首,却是杜甫题画诗的整体特征。人们在读诗时会马上进入真实世界的情景之中,画面与真实自由切换。如他的《画鹰》一诗前四句:"素练风霜起,苍鹰画作殊。㧐身思狡兔,侧目似愁胡。"鹰在现实中的情态呼之欲出。《姜楚公画角鹰歌》起首二句:"楚公画鹰鹰戴角,杀气森森到幽朔。"也是如此。王嗣奭评此诗云:"赞画之妙如生,此径云'见生鹘',高人一等。至以'飒爽动秋骨','轩然恐其出',形容生鹘甚妙。'乾坤空峥嵘'以下,又进一等,匪夷所思。"[1]"生鹘"就是现实中的活生生的鹘,诗人题画鹰,都写出观赏者如见生鹘的神奇感受。而诗评家们也都指出其如真如幻的审美特征。《杜诗详注》中评:"从生鹘突起,转到画鹘,顿挫生姿。此鹘无绦镟拘挛,何以兀立不去乎,及细观之,方知画师巧夺化工也。"[2]

按照常理,画鹰当属花鸟画一类。然而,中国画的花鸟画,较为经典的形态应该是具有很强的装饰性的。杜甫所题画之鹰,则往往是一种孤独的英雄形象。它们昂首青天,睥睨凡鸟。我们无从见到画家真迹,却能强烈地感受到诗人在其中寄托的意兴情怀。《杨监又出画鹰十二扇》

---

[1] 王嗣奭:《杜臆》,上海古籍出版社,1983年,第62页。
[2] 杜甫著,仇兆鳌注:《杜诗详注》,中华书局,1979年,第477页。

就尤为鲜明,如写道:"殊姿各独立,清绝心有向。……天寒大羽猎,此物神俱王。当时无凡材,百中皆用壮。粉墨形似间,识者一惆怅。"与其说刻画鹰的形象,毋宁说是刻画鹰的精神;与其说刻画鹰的精神,毋宁说是表白诗人的胸臆志向。殊姿独立,心有所向,正是诗人的内心世界!王嗣奭的分析可谓中的:"公赋鹰赋马最多,必有会心语,人不可及,如'清绝心有向'是也。'识者一惆怅',无限感慨!虽奇材异能,用之有时;如今干戈少有暇日,则真骨老于崖嶂矣。'少暇日'谓主上不暇羽猎也。'为君除狡兔',又是一意,变化百出。此诗气魄不常,盖发兴于鹰扬者也。"[1]

  无论是题咏画马还是画鹰,诗人都表现出强烈的蔑视凡俗的意识。他所题咏的画中之马与鹰,都是矫厉不凡的。《丹青引》所说的"一洗万古凡马空",即为此意。《画鹘行》中"乌鹊满樛枝,轩然恐其出。侧脑看青霄,宁为众禽没。"这个"生鹘",矫然不群,那些凡鸟嫉其英拔,唯恐其出。而其睥睨众鸟,超越凡俗。这其中又寓含着诗人的孤独与自悲。世无伯乐,空有异才,诗中充满了世无知音的悲凉。《天育骠图歌》末尾说:"年多物化空形影,呜呼健步无由骋。如今岂无騕褭与骅骝,时无王良伯乐死即休。"完全是借马抒慨。正如《唐宋诗醇》所评:"杜甫善作马诗、画马诗,篇篇入妙。支道林爱其神骏,少陵当亦尔耶!末语一转,抚物自伤,感慨无限。"所言不虚!这种对凡俗的不屑,对后世的审美意识形成了深刻的影响,甚至也为宋元文人画的审美观念开了先河。北宋诗人黄庭坚也是文人画审美观念的代表人物之一,其论书评画,最为贬斥的就是"俗气",称赏他人书画成就高时常说"笔下俗气一点无",这也成为文人画美学观念中的重要特质。

  杜甫题画马画鹰之诗,都是以瘦硬见骨为其价值尺度的。《丹青引》体现得较为典型,《天育骠图歌》也以"卓立天骨森开张"来形容天子骏马。《画鹘行》写"生鹘"是"飒爽动秋骨"的,《杨监又出画鹰十二扇》也写"真骨老岸嶂",可见瘦硬见骨是诗人杜甫在题画马画鹰诗中

---

[1] 王嗣奭:《杜臆》,上海古籍出版社,1983年,第281页。

所推崇的绘画美学标准。

与王维颇为不同，杜甫并非画家。但在他的诗中多有题画之什，这些题画诗使我们对于盛唐时期的画坛有了相当切近的感性认识。杜甫与同时期的若干画家多有交谊，对他们画作的题咏使人感觉特别生动。诗人对画家的际遇有深切的同情，这种同情并非局外人的，而是将自身的际遇之感与画家融为一体。如《丹青引》中所写的"途穷反遭俗眼白，世上未有如公贫。但看古来盛名下，终日坎壈缠其身"，是对曹霸的深刻同情，又何尝不是诗人的顾影自怜！

原文发表于《名作欣赏》2019年第22期

外师造化，中得心源
——张璪绘画美学思想述要

张 晶

在中国古代画论中流传极广、影响至为深远的命题之一，即有"外师造化，中得心源"之语。它出自唐代中期著名画家张璪。我们无缘得见张璪的绘画真迹，却因这个重要命题对这位画家倍加推崇，甚至感觉非常亲切。因为这个命题不仅对中国古代绘画艺术形成长久的影响，而且远远超出了绘画领域，成为更具普遍意义的美学观念，在中华美学发展过程中获得了长久的回响，至今仍有着不可替代的理论价值。

一

简单地说，对于画家，"外师造化"，就是师法自然；"中得心源"，就是创作动力及构形，还要出于画家内心。相关的创作观念之前在不同的画家那里也有分别的存在，而张璪将其整合熔炼为如此完整而明确的理论命题，实在是功莫大焉！张璪不仅对这个命题进行了理论整合，还以其超乎群伦的绘画实践有力地印证了这个命题。换言之，张璪是从自己的创作体验中升华出"外师造化，中得心源"这个了不起的命题的，他的绘画理论和实践，同样是令人敬仰不止的。

张璪（一作"藻"），字文通，吴郡（治今江苏苏州）人，是唐朝中期的著名画家，生卒年不详，但有记载说唐德宗建中三年（782年）他在长安作画，可见他主要活动在8世纪下半叶。张璪曾官检校祠部员外郎，后因事贬为衡州司马，后再任忠州司马。衡州为上州，忠州为下州，可见张璪在仕途上的境遇是每况愈下的。

张璪在画史上地位甚隆。朱景玄在《唐朝名画录》中以"神、妙、能、逸"四品评画,神品居于最上。神品又分上、中、下,朱氏置张璪于"神品下",与李思训、韩幹等同列,在其名下标注"松石、山水、人物",是其所擅长的画材种类。《唐朝名画录》中记载:

> 张藻(即张璪)员外衣冠文学,时之名流,画松石、山水,当代擅价。惟松树特出古今,能用笔法。尝以手握双管,一时齐下,一为生枝,一为枯枝。气傲烟霞,势凌风雨。槎枒之形,鳞皴之状,随意纵横,应手间出。生枝则润含春泽,枯枝则惨同秋色。其山水之状,则高低秀丽,咫尺重深,石尖欲落,泉喷如吼。其近也若逼人而寒,其远也若极天之尽。所画图障,人间至多。今宝应寺西院山水松石之壁,亦有题记。精巧之迹,可居神品也。[1]

张璪的"外师造化,中得心源",是在与著名画家毕宏的交谈中提出的。毕宏是与张璪同时的画家,在当时名气颇大。他所擅长的画材,也是松石山水,与张璪相近。《宣和画谱》卷十一载:"毕宏,不知何许人。善工山水,乃作《松石图》于左省壁间,一时文士皆有诗称之。其落笔纵横,皆变易前法,不为拘滞也,故得生意为多。盖画家之流,尝有谚语,谓画松当如夜叉臂、鹳鹊啄,而深坳浅凸,又所以为石焉。而宏一切变通,意在笔前,非绳墨所能制。宏大历间官至京兆少尹。"《唐朝名画录》也记他:"官至庶子,攻松石,时称绝妙。"可见,毕宏是一位擅画山水松石且不拘格法的画家。据《图画见闻志》载:"毕宏庶子擅名于代,一见璪画,惊叹之,璪又有用秃笔,或以手摸绢素而成画者,因问璪所授。璪曰:外师造化,中得心源。"张璪作画,达到出神入化的境界,甚至可用秃笔乃至手摸绢素成画,因此毕宏一见,甚为叹服,因问张璪得何人传授,张璪的回答是"外师造化,中得心源"。秃笔或手摸绢素,并非具有艺术上的普遍性意义,但张璪的回答却是具有

---

[1] 于安澜编:《画品丛书》,上海美术出版社,1982年,第79页。

普遍美学理论价值的。

与张璪同时代的符载,与张璪有交谊。他的《观张员外画松石序》是画论史上一篇有影响的名作,真切地记述了江陵陆侍御宅宴集观看张璪画松石图的始末。兹录其文如下:

> 尚书祠部郎张璪字文通,丹青之下,抱不世绝伦之妙。居长安中,好事者卿大夫既迫精诚,乃持权衡尺度之迹,输在贵室,他人不得诬妄而睹者也。居无何,谪官为武陵郡司马,官闲无事,士君子往往获其宝焉。荆州从事监察御史陆澧陈宴宇下,华轩沉沉,尊俎静嘉。庭篁霁景,疏爽可爱。公天纵之姓,欻有所诣,暴请霜素,愿摅奇踪。主人奋裾,鸣呼相和。是时座客声闻士凡二十四人,在其左右,皆岑立注视而观之。员外居中,箕坐鼓气,神机始发。其骇人也,若流电激空,惊飙戾天。摧挫斡掣,㧑霍瞥列。毫飞墨喷,捽掌如裂,离合惝恍,忽生怪状。及其终也,则松鳞皴,石巉岩,水湛湛,云窈眇。投笔而起,为之四顾,若雷雨之澄霁,见万物之情性。观夫张公之艺非画也,真道也。当其有事,已知遗去机巧,意冥玄化,而物在灵府,不在耳目。故得于心,应于手,孤姿绝状,触毫而出,气交冲漠,与神为徒。若忖短长于隘度,算妍蚩于陋目,凝觚舐墨,依违良久,乃绘物之赘疣也,宁置于齿牙间哉?[1]

符载这篇记述张璪画松石的序文,特别生动而真切地描绘了张璪作画时的状态,同时也呈现了张璪山水画的独特意境。张璪作画,神机勃发,臻于出神入化的境界。如以神韵气势言画,张璪堪称一绝。正如郑午昌先生所评价的:"是言作者能神与物化,则得心应手,触毫自得神气。"[2] 张璪的山水画境,气象勃郁而又动感十足,既源于造化,又出

---

[1] 俞剑华编著:《中国古代画论类编》,人民美术出版社,1957年,第20页。
[2] 郑午昌:《中国画学全史》,东方出版社,2008年,第121页。

于灵府。张璪曾作有《画境》一书,惜乎湮没无迹,而符载的记述却生动地印证了画家自己提出的"外师造化,中得心源"的命题。序的后半部分,是符载对张璪绘画的分析。认为其画技进乎道,天人合一,遗去机巧,所画物象,生于心中,并非仅在耳目外在感官。触毫而出,与神为徒。"入神"正是张璪等杰出艺术家的美学特征。"神"在唐朝是至高的审美价值观念。大诗人杜甫所说的"读书破万卷,下笔如有神",即指此也。画家中的吴道子,最能当得"神"字。朱景玄《唐朝名画录》置道子于"神品上",不唯是品级最高,而且也是以"神"的形态标举这种审美价值观念。笔者以为朱景玄在《唐朝名画录》之序文中所论之语"伏闻古人云:画者圣也。盖以穷天地之不至,显日月之不照。挥纤毫之笔,则万类由心;展方寸之能,而千里在掌。至于移神定质,轻墨落素,有象因之以立,无形因之以生。其丽也,西子不能掩其妍;其正也,嫫母不能易其丑。故台阁标功臣之烈,宫殿彰贞节之名,妙将入神,灵则通圣,岂止开厨而或失,挂壁则飞去而已哉?"[1]正是朱景玄对于"神"的理论建构。《宣和画谱》的相关论述很能道出吴道子绘画之"神",其中说:"开元中,将军裴旻居母丧,请道子画鬼神于天宫寺,资母冥福。道子使旻屏去缞服,用军装缠结,驰马舞剑,激昂顿挫,雄杰奇伟,观者数千百人,无不骇慄。而道子解衣磅礴,因用其气以壮画思,落笔风生,为天下奇观。故庖丁解牛,轮扁斫轮,皆以技进乎道;而张颠观公孙大娘舞剑器,则草书入神,道子之于画,亦若是而已,况能屈骁将,如此气概,而岂常者哉!然每一挥毫,必须酣饮,此与为文章何异,正以气为主耳。至于画圆光,最在后,转臂运墨,一笔而成。观者喧呼,惊动坊邑,此不几于神耶!"[2]可见,吴道子的绘画艺术,最能体现唐代"神"的审美观念。张璪的绘画,与吴道子颇为相类。而于山水松石,尤为擅长。亦如《宣和画谱》所评:"所画山水之状,则高低秀绝。咫尺深重,几若断取,一时号为神品。"[3]

---

[1] 于安澜编:《画品丛书》,上海人民美术出版社,1982年,第68页。
[2] 《宣和画谱》卷二,见陈高华编:《隋唐画家史料》,文物出版社,1987年,第185页。
[3] 陈高华编:《隋唐画家史料》,文物出版社,1987年,第339页。

二

回到"外师造化，中得心源"的命题本身。所谓"造化"，指客观自然，但不仅是指自然界的现象，更是指大自然的创造化育。《庄子·大宗师》云："今一以天地为大炉，以造化为大冶，恶乎往而不可哉！"庄子所说的"造化"，就绝非仅是自然现象而已，而是创生万物的宇宙本体。《淮南子·精神训》云："伟哉！造化者其以我为此拘拘邪！"杜甫《望岳》中有"造化钟神秀，阴阳割昏晓"的名句，都以"造化"作为宇宙自然的代名词。南朝画论家姚最在《续画品》中评画时说"学穷性表，心师造化"，正是张璪的先声。姚之前，宗炳、王微等画论家也有"心师造化"的观点，但是姚最把这种观念表达得特别明确简洁。这一点，吴建民教授在其近著《中国古代文论命题研究》中曾有深刻的阐述。"外师造化"，当然包括对于客观物象的刻画模仿，但进一层的含义，还在画家与宇宙自然的互摄互动。从艺术创作的角度来看，吴建民先生这样诠释道："'外师造化'之本义就是认为艺术创作必须师法'造化'，即以自然造化为描写对象，对自然造化中的景物事物进行艺术表现，从而创作出具有审美价值的作品。'造化'是供艺术家描绘的最佳范本，而艺术创作是表现'造化'的最好途径。因此，'造化'作为艺术创作的直接对象，也构成了艺术创作的最终本源。"[1]"造化"对于画家来说，一是林林总总客观事物的形象，这是画家应该摹写的；二是宇宙自然所蕴含的生机，使画家在与之晤对时产生感应。画家如果不能摹写自然事物的物象，惟妙惟肖地刻画出各种事物的特征，那就不可能成为画家；如果不能在与外物相接时有所感应，也就不能产生任何创作冲动。南朝的宗炳就提出"应目会心"的命题，其实也与张璪所倡是同一机杼。五代的画家荆浩，经常潜身于自然，对于所要描写的东西进行

---

[1] 吴建民：《中国古代文论命题研究》，南京大学出版社，2017年，第148页。

观察，他看到古松"因惊而异，遍而赏之"，画松"凡数万本，方如其真"[1]。元代大画家赵孟頫在题画诗中说："久知图画非儿戏，到处云山是我师。"（《题苍林叠岫图》）明代画家王穉登记载了赵孟頫画马的一件趣事："赵集贤少便有李习，其法亦不在李下。尝据床学马滚尘状，管夫人自牖中窥之，政见一匹滚尘马。晚年遂罢此技，要是专精致然。此卷（《浴马图》）凡十四骑，奚官九人，饮流啮草，解鞍倚树，昂首跼地，长嘶小顿，厥状不一，而骐驥千里之风，溢出毫素之外。"（《百谷论画马》）明代董其昌谈学画师法自然时说："每看云气变幻，绝近画中山。山行时见奇树，须四面取之，有左看不入画而右看入画者，前后亦尔，看得熟，自然传神。"（《画旨》）这些都是以造化为师的例子。

"心源"与"造化"是相对而言的，当然是指画家的内心动力。"外师造化"与"中得心源"并非可以截分两橛，而是互相连通的，"心源"则是根本。"外师造化，中得心源"是从姚最所说的"心师造化"承继变化而来的，但它更为强调了画家的主体作用。仅有"师造化"是远远不够的，还不能成为艺术的创造，也不能产生好的艺术作品。《礼记·乐记》所说的"凡音之起，由人心生也"，可谓的论。

三

"心源"首先体现为艺术创作的动力。艺术创作的内生动力在艺术家的审美情感，无论是诗还是画，都是如此。从诗歌方面来说，"诗言志"，是其开山纲领。而"志"在我看来并非如大多数人所理解的那样是理性的志向，而是一种动态性的指向，或者用现象学的话语来说就是"意向"。《毛诗序》说："诗者，志之所之也。在心为志，发言为诗。情动于中而形于言，言之不足故嗟叹之，嗟叹之不足故永歌之，永歌之不足，不知手之舞之，足之蹈之也。"这个"所之"的"之"，是一个动词，就是向着某个方向运动。这说明了"志"的指向性。刘勰的《文心

---

[1] 于安澜编：《画论丛刊》，人民美术出版社，1989年，第7页。

雕龙·明诗》篇中说："人禀七情，应物斯感，感物吟志，莫非自然。"指的就是在创作中的这种主体的动力因素。宗炳在其画论名作《画山水序》中有所谓"畅神"之说，这是指绘画的审美功能，但也是绘画的动力。"圣贤暎于绝代，万趣融其神思，余复何为哉？畅神而已。神之所畅，孰有先焉！"这个"畅神"，也是"心源"的体现。"意"也是"心源"的涵义之一。如唐代著名画论家张彦远所说："是知书画之艺，皆须意气而成，亦非懦夫所能作也。"（《历代名画记》）元代李衎《竹谱》中谈及："握笔时澄心静虑，意在笔先，神思专一，不杂不乱，然后落笔。"都是说"意"在创作中的动力因素。

"心源"更为重要的体现还在于，画家在与外物相接过程中，汲取外在物象，进行内在的艺术加工改造，从而生成新的审美意象。清人郑燮（板桥）所说的从"眼中之竹"到"胸中之竹"，可以形象说明之。在这里，"中得心源"与"外师造化"密切连通，无法分离。宗炳《画山水序》中所说的"身所盘桓，目所绸缪，以形写形，以色貌色"，前一个"形"，前一个"色"，都是画家心中之形、心中之色。"心源"包括了画家主体的艺术构思、审美想象乃至审美构形等要素。五代大画家荆浩有一篇画论名作《笔法记》，其中提出"六要"，其三曰"思"，"思者，删拨大要，凝想形物"，就是要对外界的物象进行艺术概括，把握要点，删去枝蔓。清代大画家恽寿平论画说："谛视斯境，一草一树，一丘一壑，皆洁庵灵想所独辟，总非人间所有。其意象在六合之表，荣落在四时之外。"（《题画》）画境中的这些事物，都是画家的"灵想"所辟，并非仅是模仿外物所成。

作为最为重要的艺术门类之一的绘画，远非只是模仿外在物象，而更是主体精神的某种外化。"外师造化，中得心源"这个命题，简明而辩证地揭示了绘画的艺术创作特征。黑格尔在《美学》中指出了绘画的主体精神，认为绘画"必须要求这种主体方面的灵魂贯注"[1]。"绘画固然通过外在事物的形式把内在的东西变成可观照的，它所表现的真正

---

[1] 黑格尔：《美学》，朱光潜译，第3卷，商务印书馆，1981年，第226页。

的内容却是发生情感的主体性。"[1] 从中国画的发展来看,这是非常中肯的。

在这里引一段已故著名学者伍蠡甫先生对张璪"外师造化,中得心源"的分析,权作本文的收束:

> 张璪继承宗、王的山水画论传统,主张山水画家学习钻研自然美,掌握其规律,是为了丰富内心世界,从而把自然美升华为艺术美,以表达自己的情思意境。唐人符载的《观张员外画松石序》更加以补充:张璪的山水画乃是"物在灵府,不在耳目,故得于心,应于手。孤姿绝状,触毫而出,气交冲漠,与神为徒"。所谓"在灵府"的物,意味着"得于心"的"物",也就是被融化于内心世界的自然美,这样的"物"虽源于客观,却不完全等同于自然美本身,它正如后来董其昌所谓"内营"的"丘壑",而呈现到画面上来。所以从创作的过程看,只有这样的"物",才是"应于"画家之"手"的。但张璪并不排斥客观的"物"或自然美;相反地,他让自然美频仍地刺激感官,以丰富"心源",提供了主观融会的对象。与此同时,张氏之言还说明了单有造形而无抒情,或单有意境而无形象思维与笔墨技法,对艺术创作来说,都是不可想象的。由宗、王的"神""情",到张璪的"心源",再归结为张彦远的两段话,便形成了古代山水画创作的传统理论。[2]

原文发表于《名作欣赏》2019年第31期

---

[1] 黑格尔:《美学》,朱光潜译,第3卷,商务印书馆,1981年,第228—229页。
[2] 伍蠡甫:《中国画论研究》,北京大学出版社,1983年,第57页。

"自然为上"与"名价品第"
——《历代名画记》评析之三

张 晶

一

本文主要是对《历代名画记》卷二中的《论画体工用拓写》加以评析。从表面上看,"画体工用拓写"这个题目似乎并非是对其中内容逻辑严密的表述;纵览全文,却在更深的层面回答了题目中所涉及的几个方面的内涵。"画体"是画的好坏,什么样的画是好的,什么样的画是差的?这是"画体"的问题,换句话说,就是绘画审美价值尺度问题;"工用"就是作画的用具,其实也就是绘画的媒介问题;"拓写"是画家的临摹问题,彦远在文中论述了"拓写"对于画家的重要意义。现将《论画体工用拓写》原文录于兹:

> 夫阴阳陶蒸,万家错布,玄化亡言,神工独运。草木敷荣,不待丹碌之采;云雪飘飏,不待铅粉而白。山不待空青而翠,凤不待五色而綷。是故运墨而五色具,谓之得意。意在五色,则物象乖矣。
>
> 夫画特忌形貌采章,历历具足,甚谨甚细,而外露巧密,所以不患不了,而患于了。既知其了,亦何必了,此非不了也。若不识其了,是真不了也。
>
> 夫失于自然而后神,失于神而后妙,失于妙而后精。精之为病也,而成谨细。自然者为上品之上,神者为上品之中,妙者为上品之下,精者为中品之上,谨而细者为中品之中。余今立此五等,以

包六法，以贯众妙。其间诠量，可能数百等，孰能周尽？非夫神迈识高，情超心惠者，岂可议乎知画？

夫工欲善其事，必先利其器。齐纨吴练，冰素雾绡，精润密致，机杼之妙也。武陵水井之丹，磨嵯之沙，越嶲之空青，蔚之曾青，武昌之扁青（上品石绿），蜀郡之铅华（黄丹也，出《本草》），始兴之解锡（胡粉），研炼，澄汰，深浅，轻重、精粗。林邑、昆仑之黄（雌黄也，忌胡粉同用），南海之蚁铆（紫铆也，造粉燕脂。吴绿谓之赤胶也），云中之鹿胶，吴中之鳔胶，东阿之牛胶（采章之用也），漆姑汁炼煎，并为重采，郁而用之（古画皆用漆姑汁，若炼煎，谓之郁色，于绿色上重用之）。古画不用头绿大青（画家呼粗绿为头绿，粗青为大青）。取其精华，接而用之。百年传致之胶，千载不剥；绝朷食竹之毫，一划如剑。

有好手画人，自言能画云气。余谓曰："古人画云，未为臻妙，若能沾湿绡素，点缀轻粉，纵口吹之，谓之吹云。此得天理，虽曰妙解，不见笔踪，故不谓之画。"如山水家有泼墨，亦不谓之画，不堪仿效。

江南地润无尘，人多精艺，三吴之迹，八绝之名，逸少右军，长康散骑，书画之能，其来尚矣。《淮南子》云"宋人善画，吴人善冶（冶，赋色也）"。不亦然乎？好事家宜置宣纸百幅，用法蜡之，以备摹写。（顾恺之有摹拓妙法。）

古时好拓画，十得七八，不失神采笔踪。亦有御府拓本，谓之官拓。国朝内库翰林集贤秘阁，拓写不辍。承平之时，此道甚行，艰难之后，斯事渐废。故有非常好本拓得之者，所宜宝之。既可希其真踪，又得留为证验。

遍观众画，唯顾生画古贤，得其妙理，对之令人终日不倦。凝神遐想，妙悟自然，物我两忘，离形去智。身固可使如槁木，心固可使如死灰，不亦臻于妙理哉！所谓画之道也。顾生首创维摩诘像（见第四卷），有清羸示病之容，隐几忘言之状，陆与张效之，终不及矣。（张墨、陆探微、张僧繇，并画维摩诘居士，终不及顾之所创者也。)

这篇文字不短，在此不准备一一解读之。可以拈出其中几个意思：一是"运墨而五色具"的价值尺度，二是"以自然为上"的五品论，三是关于绘画的物质性材料要素，四是拓写的重要意义。

二

绘画虽是画家所为之造象，其实也是阴阳造化的产物。宇宙造化的陶钧，也是绘画形而上的依据。这似乎有着玄学的色彩，但确乎又是张彦远的绘画本体观。"画体"之论，正是体现于兹。他认为"运墨而五色具"的则是好画，而"意在五色"者，必然是"物象乖"，当然难称好画。彦远所论"画体"，明显存在道家哲学和玄学的影子。老子即以"自然"为万物之本根，如其所言："人法地，地法天，天法道，道法自然。"(《老子》第二十五章)这个"自然"，既是本根，也是"自然而然"的规律。老子又认为"道"是生成万物的本源，其言："道生一，一生二，二生三，三生万物。万物负阴而抱阳，冲气以为和。"(《老子》第四十二章)玄学讲"本末有无"，"贵无"一派则以无为有之本。如王弼释《老子》第四十一章中"天下万物生于有，有生于无"时说："天下之物，皆以有为生。有之所始，以无为本。将欲全有，必反于无也。"[1]彦远本节之说，深浸于此中。"玄化亡言，神工独运"，是以无言无形的"玄化"，为生成万物的根本。"草木敷荣，不待丹碌之采；云雪飘飏，不待铅粉而白，山不待空青而翠，凤不待五色而綷"之类，都是说万物气象，俱有自然为其生成之基。由此，彦远在绘画上提出"运墨而五色具，谓之得意"，正是玄学"得意忘言"的理路。接下来，他就直接指出"画特忌形貌采章，历历具足"，只在形色方面下谨细工夫的画法为劣等。在他看来，"甚谨甚细，而外露巧密"绝非上乘。这与

---

[1] 王弼著，楼宇烈校释：《王弼集校释》，中华书局，1980年，第110页。

"用笔"那节中所说的"守其神,专其一,合造化之功,假吴生之笔,向所谓意存笔先,画尽意在也",是一脉相承的。

关于"了"与"不了"。这个说法有深意所在。一般的解释是,"了"就是了结、完毕之意,也有解释为"全然"的。俞剑华先生释之曰:"《尔雅·序》'其所易了'。了,晓解也,又毕也。《晋书·傅毅传》:'官事未易了也。'了了,也是晓解之意。黄庭坚诗:'念君胸中真了了。'谓胸中洞达。"[1] 渊源清晰。结合彦远文意,"了"在这里,既指画之谨细完备,又指画理洞察明晓。兹试译之:绘画不怕不够完备谨细,恰恰怕的是过于谨细完备;既知此理,就不必如此谨细完备,这并非真"不了"啊。如果不懂此理,那才是真的"不了"!徐复观先生脱开其表层的文意这样诠解:"这几句话的意思是说,画者不患所画的不形似,而患于专用力于形似。既真知物之形似,则形似中有神;传神即得,又何必在于形似。这并不是否定了形似,而表现了神形相融的真形似。"[2] 有助于我们在更深的层面上理解张彦远的本义。

接下来的五品论画,与朱景玄《唐朝名画录》中以"神、妙、能、逸"四品论画有直接联系[3],但张彦远在这里明确提出了独特的价值尺度,以"自然"为最上,以"谨细"为最下。褒贬之间,判然分明。彦远将"自然""神""妙"这三等作为上品之上、中、下,将"精"为中品之上,"谨细"为中品之中。彦远"立此五等,以包六法"。余皆不足论也。这种品第诠次,从张怀瓘开始,"神、妙、能"依次排列,朱景玄加了"逸品",后来黄休复则将"逸"置于"神、妙、能"之上,都体现了不同的价值取向。彦远以"自然"为上品之上,对"自然"的推崇也就是无以复加的。这与本文前面关于画体的论述一脉相承,"自然"具有本体论的意义;同时,也是一种具有最高审美价值的艺术风格。"自然"源出于道家哲学,如晋人所说:"圣人贵名教,老庄明自然。"(《晋书·阮瞻传》引王戎语)老子的话语系统中,将"自然"提

---

[1] 张彦远著,俞剑华注释:《历代名画记》,上海人民美术出版社,1964年,第37页。
[2] 徐复观:《中国艺术精神》,春风文艺出版社,1987年,第233页。
[3] 参见《名作欣赏》2019年第25期、第28期"中国古代画论名著评析"之十、之十一。

到了至高无上的地位。"自然"在很多时候,是"自己如此"之意。如《老子》第十七章"功成事遂,百姓皆谓我自然",《老子》第五十一章"道之尊,德之贵,夫莫之命而常自然"等,都是"自己如此"之意。在玄学领域,"自然"也是非常重要的论题。王弼解释《老子》"道法自然"时说:"道不违自然,乃得其性。法自然者,在方而法方,在圆而法圆。于自然无所违也。自然者,无称之言,穷极之辞也。"[1] 玄学家郭象主"独化"说,也即是"块然自生"。郭象也多言及"自然",如说:"谁得先物者乎哉?吾以阴阳为先物,而阴阳者即所谓物耳。谁又先阴阳者乎?吾以自然为先之,而自然即物之自尔耳。"(《知北游注》)从审美的角度看,"自然"从魏晋到唐代,越来越成为具有普遍意义和根本属性的重要范畴。如刘勰《文心雕龙》中的开篇《原道》,即以"自然之道"作为文章的根本:"心生而言立,言立而文明,自然之道也。"[2] 他认为作品之妙,也应是自然发生的产物,如说:"故自然会妙,譬卉木之耀英华;润色取美,譬缯帛之染朱绿。朱绿染缯,深而繁鲜;英华曜树,浅而炜烨。"[3] 钟嵘《诗品序》中力排雕琢之风,以"自然英旨"为审美标准,这段话广为人知:"若乃经国文符,应资博古;撰德驳奏,宜穷往烈。至乎吟咏情性,亦何贵于用事?'思君如流水',既是即目;'高台多悲风',亦惟所见;'清晨登陇首',羌无故实;'明月照积雪',讵出经史?观古今胜语,多非补假,皆由直寻。颜延、谢庄,尤为繁密,于时化之。故大明、泰始中,文章殆同书钞。近任昉、王元长等,辞不贵奇,竞须新事,尔来作者,寖以成俗。遂乃句无虚语,语无虚字,拘挛补衲,蠹文已甚。但自然英旨,罕值其人。"[4] 钟嵘对"自然英旨"的提倡,是具有时代性的意义的。

---

[1] 王弼著,楼宇烈校释:《王弼集校释》,中华书局,1980年,第65页。
[2] 刘勰著,范文澜注:《文心雕龙注》,人民文学出版社,1958年,第1页。
[3] 刘勰:《文心雕龙·隐秀》,见刘勰著,范文澜注:《文心雕龙注》,人民文学出版社,1958年,第633页。
[4] 钟嵘:《诗品序》,见李壮鹰主编:《中华古文论释林·魏晋南北朝卷》,北京大学出版社,2011年,第369页。

迄于唐代,"自然"更是成为文学艺术的普遍审美标准。如李白诗中所说的:"清水出芙蓉,天然去雕饰。"(《经乱离后天恩流夜郎忆旧游书怀赠江夏韦太守良宰》)中唐李德裕主张:"文之为物,自然灵气。惚恍而来,不思而至。杼轴得之,淡而无味。琢刻藻绘,弥不足贵。"[1]诗论中以"自然"为尚者也大有人在。如著名诗论家皎然论诗也主"自然",其"诗有六至"中有"至丽而自然",认为诗中对句都是"自然"产物:"请试论之:夫对者,如天尊、地卑,君臣、父子,盖天地自然之数。斤斧迹存,不合自然,则非作者之意。"[2]著名诗论家司空图有《二十四诗品》,其中有"自然"一品:"俯拾即是,不取诸邻。俱道适往,著手成春。如逢花开,如瞻岁新。真与不夺,强得易贫。幽人空山,过雨采苹。薄言情悟,悠悠天钧。"这是一种体道的境界,无刻意雕琢,不假人力,一切都是自然而然的。而在绘画领域,标举"自然"为其最高审美标准的就是张彦远。五等论画,自然为上。"自然"作为具有本体性质的根本范畴,可以"以贯众妙"。

三

"夫工欲善其事,必先利其器"这一段,是题目中关于"工用"的论述。彦远论画,以"自然"为上,颇具形上色彩,但他并非空谈义理,而是深谙画道,精通笔墨。这一部分就是论述绘画的艺术媒介问题。这里所说的"齐纨吴练,冰素雾绡",是作画的画布;各种丹青,是作画的颜料;鹿胶、鳔胶、牛胶等,是调和颜料使之历久而不脱落的材料。这些"工用"之器,都是绘画用的物质材料,但却对绘画作品在时空中能够长久保存具有至关重要的作用。艺术史的一个基本事实便在于作品是以物的形态得以流传的,经典也以其物性为基本保障。海德格尔曾这样指出:"一切艺术品都有这种物的特性。如果它们没有这种物

---

[1]《文箴》,见李壮鹰主编:《中华古文论释林·隋唐五代卷》,北京大学出版社,2011年,第499页。
[2]《诗式》,见张伯伟:《全唐五代诗格汇考》,凤凰出版社,2002年,第238页。

的特性将如何呢？或许我们会反对这种十分粗俗和肤浅的观点。托运处或者是博物馆的清洁女工，可能会按这种艺术品的观念来行事。但是，我们却必须把艺术品看作是人们体验和欣赏的东西。但是，极为自愿的审美体验也不能克服艺术品这种物的特性。建筑品中有石质的东西，木刻中有木质的东西，绘画中有色彩，语言作品中有言说，音乐作品中有声响。艺术品中，物的因素如此牢固地现身，使我们不得不反过来说，建筑艺术存在于石头中，木刻存在于木头中，绘画存在于色彩中，语言作品存在于言说中，音乐作品存在于音响中。"[1] 不同的艺术门类，都有各自的艺术媒介，这种媒介都有自己的物质属性，也都有各自不同的物质材料。艺术媒介不等同于物质材料，但又必须是以物质材料作为基本元素的。美国著名哲学家杜威曾经这样论述过艺术创作的一个基本事实，他说："艺术表示一个做或造的过程。对于美的艺术和对于技术的艺术，都是如此。艺术包括制陶、凿大理石、浇铸青铜器、刷颜色、建房子、唱歌、奏乐器、在台上演一个角色、合着节拍跳舞。每一种艺术都以某种物质材料，以身体或身体外的某物，使用或不使用工具，来做某事，从而制作出某件可见、可听或可触摸的东西。"[2] 艺术媒介离不开物质材料，但其实又不能等同于材料。我对"艺术媒介"做过这样的界定："艺术媒介是指艺术家在艺术创作中凭借特定的物质性材料，将内在的艺术构思外化为具有独创性的艺术品的符号体系。艺术创作远非克罗齐所宣称的'直觉即表现'，而有一个由内及外、由观念到物化的过程，任何艺术作品都是物性的存在，艺术家的创作冲动、艺术构思和作品形成这一联结，其主要的依凭就在于媒介。"[3] 张彦远《历代名画记》卷二《论画体工用拓写》中这一部分，讲得非常清楚，此处所介绍者，都是绘画所需材料中的名产。关于"画体工用拓写"这个文章题目，所见诸家注释，都无正面解释，大概并非疏忽，而确有难度所在。

---

[1] 海德格尔：《艺术作品的本源》，见《诗·语言·思》，彭富春译，文化艺术出版社，1991年，第23页。
[2] 杜威：《艺术即经验》，高建平译，商务印书馆，2005年，第50页。
[3] 张晶：《艺术媒介论》，《文艺研究》，2011年第12期。

有学者以为是"错简无疑"。这算是一个无可奈何的解释吧。其实，看这一段论述，讲"工用"何其扣题！对于画家而言，如无这些"工用"之具，绘画又如何完成？

彦远对于谢赫之"绘画六法"，最重"气韵生动"和"骨法用笔"二条。其所以强调"工用"，也与他的重"用笔"直接相关。彦远主张"意存笔先""画尽意在"，认为"以气韵求其画，则形似在其间矣"[1]，但又认为应该落实在用笔上，故云："骨气形似皆本于立意而归乎用笔。"[2] 对自称能画云气者，即所谓"吹云"，彦远认为这根本不能算是绘画，因为它"虽曰妙解，不见笔踪，故不谓之画"。从中可以看出彦远对于"工用"的重视。

后面这部分所谈重在"拓写"对画史的意义。江南乃人文渊薮，史上名画家众多，并以王羲之、顾恺之为其代表，昭示了江南书画传统悠久，因而也就有着拓写临摹的传承方式。古时著名画家的真迹可能大多佚失，而通过后来画家的拓写临摹，得以留存者居多，而且，在某种意义上，这也是艺术史的形成过程，又是很多作品的经典化过程。好的拓写临摹能够"十得七八，不失神采笔踪"。拓写临摹的作用，如彦远所言，乃是"既可希其真踪，又可留为证验"，一方面可以观赏到原作，另一方面还可能留下古画存在过的证据。征之于艺术史实，承平岁月时，画家们做拓写临摹盛行，而动荡时代，此事便衰落式微了。因此，彦远认为有条件时，应该非常珍重这样的机会，多做些拓写临摹的工作。从很大程度上讲，这是对历史的负责。

对这些做拓写临摹的画家及拓摹的作品，彦远最为推崇的便是顾恺之。顾氏的拓写临摹，非但能有古画之原迹，而且还能"得其妙理"，使观者对之终日不倦。如何是"臻于妙理"的审美经验呢？即如其所言："凝神遐想，妙悟自然，物我两忘，离形去智。"顾恺之所画的维摩

---

[1] 张彦远：《论画六法》，见张彦远著，俞剑华注释：《历代名画记》，上海人民美术出版社，1965年，第23页。

[2] 张彦远：《论画六法》，见张彦远著，俞剑华注释：《历代名画记》，上海人民美术出版社，1964年，第23页。

诘像,"有清羸示病之容,隐几忘言之状",其他即如张墨、陆探微、张僧繇这样名画家所画的维摩诘像,也都无法与顾恺之比肩。因为顾氏所画是具有创造性的东西在其中的。且看俞剑华先生对《论画体工用拓写》后边这部分的阐发:"他(张彦远)在批评了吹云泼墨的不堪仿效而后,就论述了拓写的重要。'既可希其真踪,又可留为证验。'最后对于顾恺之所画摩诘像大为推崇,以为有'清羸示病之容,隐几忘言之状'。这与敦煌壁画上维摩诘正相反。敦煌壁画自隋代起至晚唐止,维摩经变有六十壁之多,但都是丰面多髯,绝无清羸示病之容;睁目张口,绝无隐几忘言状。盖只体会了维摩的能言善辩,法力无边,忘记他是在生病,只夸张了他的外表,忘记了内心的刻画,所以不及顾恺之所画的高妙。"[1]甚为中肯。

四

《历代名画记》卷二尚有《论名价品第》一节文字,也体现了张彦远的品鉴观念。为了节省篇幅,这里不拟录出全文,而随文评述。"名价"指作者当时对前代所存留的绘画作品的价值评定(包括文物价值和商品价值);"品第"指对画家或作品的品评等级,如朱景玄《唐朝名画录》中的"神、妙、能、逸"四等,及张彦远的五品论画。"名价"和"品第"自然是联系密切的,但也不能等同。

张彦远论绘画的名价时,将画作与书法作品相比较。作者设问:"昔张怀瓘作《书估》,论其等级甚详,君曷不诠定自古名画,为《画估》焉?"作者认为:"书画道殊,不可浑诘。书则约字以言价,画则无涯以定名。况汉、魏、三国,名踪已绝于代,今人贵耳贱目,罕能详鉴;若传授不昧,其物犹存,则为有国有家之重宝。晋之顾、宋之陆、梁之张,首尾完全,为希代之珍,皆不可论价。如其偶获方寸,便可椷持。比之书价,则顾、陆可同钟、张,僧繇可同逸少。书则逡巡可成,

---

[1] 张彦远著,俞剑华注释:《历代名画记》,上海人民美术出版社,1964年,第17页。

画非岁月可就，所以书多于画，自古而然。"年代越古，存画越少，越是珍贵。另外还有一个传统的观念，就是崇古贱今，今不如古。这是一种在艺术领域中普遍存在的价值观。像谢赫所说的那样"迹有巧拙，艺无古今"[1]的思想，实属难能可贵！张彦远也指出书画存留数量不均衡的原因：书法作品可能很易写成，而绘画则特费时日。因而，"书多于画，自古而然"。

张彦远将绘画藏品分为三个时期，也即所说的"三古"，其言：

> 今分为三古，以定贵贱。以汉、魏、三国为上古，则赵岐、刘褒、蔡邕、张衡（以上四人后汉），曹髦、杨修、桓范、徐邈（以上四人魏），曹不兴（吴）、诸葛亮（蜀）之流是也。以晋、宋为中古，则明帝、荀勖、卫协、王廙、顾恺之、谢稚、嵇康、戴逵（以上八人晋），陆探微、顾宝光、袁倩、顾景秀之流是也（以上四人宋）。以齐、梁、北齐、后魏、陈、后周为下古，则姚昙度、谢赫、刘瑱、毛惠远（以上四人齐），元帝、袁昂、张僧繇、江僧宝（以上四人梁），杨子华、田僧亮、刘杀鬼、曹仲达（以上四人北齐），蒋少游、杨乞德（以上二人后魏），顾野王（陈）、冯提伽（后周）之流是也。隋及国初为近代之价，则董伯仁、展子虔、孙尚子、郑法士、杨契丹、陈善见（以上六人隋），张孝师、范长寿、尉迟乙僧、王知慎、阎立德、阎立本（以上六人唐朝）之流是也。

张彦远将由汉至唐的诸多画家分为上古、中古、下古这"三古"来定其贵贱。上古因其画作没有留存，不可具见，只能是徒录其名；而中古即有一流画家为世所重，如顾恺之、陆探微，其价值即可同于上古者；其所言下古之重要画家如张僧繇、杨子华等，可同于中古；而在他看来，唐朝的著名画家如尉迟乙僧、阎立德、阎立本等，其价也可同于中古者。由此可见，张彦远所分之上古、中古和下古，并非仅仅是一个

---

[1] 谢赫：《古画品录序》，见于安澜编：《画品丛书》，上海人民美术出版社，1982年，第6页。

时代概念，而是以时代为框架的价值系统。正因如此，张彦远主张不能全以时间概念来诠次画家。对于同一画家的具体作品也应做具体分析："夫中品艺人有合作之时，可齐上品艺人。上品艺人当未遇之日，偶落中品。唯下品虽有合作，不得厕于上品。在通博之人，临时鉴其妍丑。"彦远并不同意完全以一个画家的档次来确定具体作品的价值，认为中品艺人也有好的作品可以比肩上品艺人，而上品艺人创作不在状态时，其作品也会落入中品之列。所谓"合作"，指创作状态发挥最佳的机缘；"未遇之日"，指作画时缺乏意兴的状态。张彦远主张"临时鉴其妍丑"，就是不囿于画家声名地位，而根据具体情况来临机地分析作品的审美价值，这既是具有丰富艺术经验的鉴赏家的态度，也是一种重要的审美观念。对于裴孝源的《贞观公私画史》，张彦远表示深致不满，认为是"都不知画，妄定品第，大不足观"，自有其标准所系。他又主张"画之臻妙，亦犹于书，此须广见博论，不可匆匆一概而取"。这就要求鉴赏家有更为广博的艺术经验和理论见识。张彦远出身艺术世家，对于绘画艺术有强烈的兴趣和责任感。收藏经典名画，是其先祖及本人所尤为珍重的事业。如其所说："彦远家代好尚，高祖河东公、曾祖魏国公相继鸠集名迹。"对于历代画家在画史上的品第诠次，他有着自觉的衡定标准。对于绘画艺术作品经典化，张彦远是有着了不起的贡献的。

原文发表于《名作欣赏》2020 年第 4 期

"度象取真"与"画有六要"
——五代荆浩《笔法记》解析（上）

张 晶

荆浩是五代时期的大画家和画论家。他的绘画成就主要在山水画方面，在中国山水画的发展历程中，有着重要的地位。陈师曾、黄宾虹在《中国绘画史》中这样评介荆浩在山水画史上的地位："五代之山水画有荆浩、关仝、李昇、赵幹诸家。盖画派至荆、关为之一变，是为由唐入宋之桥梁而绍南宋之衣钵者也。明王肯堂论画，谓六朝之后，至王维、张璪、毕宏、郑虔为之一变，至荆、关又为之一变，至董源、李成、范宽又一变。王世贞亦谓山水于二李一变，荆、关、董、巨再变。"[1]认为荆浩代表着山水画在唐代之后的重要转折。

荆浩，沁水人，博通经史，善属文。五代动荡，荆浩隐于太行山的洪谷，自号洪谷子，著有《笔法记》一卷。《笔法记》是五代唯一存世的画论著作，其中包含着重要的绘画美学思想。最为核心者，我认为一是"度象取真"的绘画创作观，二是"六要"，三是关于绘画的"笔有四势"与"二病"。

一

《笔法记》中首先谈及作者在太行山洪谷中隐居与作画的情形：

---

[1] 陈师曾：《中国绘画史》，中华书局，2015年，第41页。

> 太行山有洪谷，其间数亩之田，吾常耕而食之。有日登神钲山四望，迥迹入大岩扉，苔径露水，怪石祥烟，中独围大者，皮老苍藓，翔鳞乘空，蟠虬之势，欲附云汉。成林者，爽气重荣；不能者，抱节自屈。或回根出土，或偃截巨流。挂岸盘溪，披苔裂口。因惊其异，遍而赏之。明日携笔复就写之，凡数万本，方如其真。明年春，来于石鼓岩间遇一叟，因问，具以其来所由而答之。[1]

荆浩以自己优美的笔致，描述其所隐居的太行山洪谷的环境及生活，同时，还重点谈到他在发现独特的艺术表现对象时的审美心理及创作过程。这段话，其实是颇可玩味的。画家在洪谷的幽静环境中，心境澄明廓然，如此方才发现山水松石的独特形象之美。画家被这些峥嵘蟠虬的"独围大者""成林者"等所吸引，"因惊其异"，感到惊奇震撼，于是乎遍而赏之，从而进入再深一层的审美过程，其实也是作为画家对于物象的摄取过程。画家于次日又携笔对这些要画的对象反复写真，至数万本，然后才觉得传写出了对象之"真"。下面，作者以与"叟"的对话，表述了自己的画论观点。由此可以见出《笔法记》在文章写法上也是非常考究的。

接下来，作者以"叟"之代言，提出"度象取真"与"画有六要"的命题：

> 叟曰："子知笔法乎？"曰："叟，仪形野人也，岂知笔法耶？"叟曰："子岂知吾所怀耶？"闻而惭骇。叟曰："少年好学，终可成也。夫画有六要：一曰气，二曰韵，三曰思，四曰景，五曰笔，六曰墨。"曰："画者华也，但贵似得真，岂此挠矣。"叟曰："不然。画者，画也。度物象而取其真。物之华，取其华，物之实，取其实，不可执华为实。若不知术，苟似可也，图真不可及也。"曰："何以为似？何以为真？"叟曰："似者得其形遗其气，真者气质俱

---

[1] 文献依据俞剑华编著：《中国古代画论类编》，人民美术出版社，2007年，第605页。下同。

盛。凡气传于华,遗于象,象之死也。"谢曰:"故知书画者,名贤之所学也。耕生知其非本,玩笔取与,终无所成。惭惠受要,定画不能。"

叟曰:"嗜欲者,生之贼也。名贤纵乐琴书图画,代去杂欲。子既亲善,但期始终所学,勿为进退!图画之要,与子备言。气者,心随笔运,取象不惑。韵者,隐迹立形,备仪不俗。思者,删拔大要,凝想形物。景者,制度时因,搜妙创真。笔者虽依法则,运转变通,不质不形,如飞如动。墨者高低晕淡,品物浅深,文采自然,似非因笔。"

这一部分论述,提出了"度象取真"和"画有六要"的命题,在中国画论史上有着重要的美学意义。二者之间又有着内在联系。文中"叟"的议论,其实都是作者对自己绘画观念的阐述。在荆浩的话语体系中,"真"是关于绘画的最高价值范畴,所以说是"贵似得真"。"真"并不是一个现成的审美形态,而是一个生成性的审美形态。"度象取真",是通过摄写、改造物象进而创造审美意象而达到"真"的境界。另一对审美范畴"华"与"实",也和"真"有直接关系。"华"即华美,"实"即内蕴。荆浩所说的"物之华,取其华,物之实,取其实,不可执华为实",即华实统一,不可偏废。"执华为实",意谓停留于表象之美。华实兼取,方能得真。"真"并不止于内在,而是具有生命感的"气质俱盛"!从这个角度来看,"似"则只是一个较表面、较低层次的艺术品级了。"似者得其形遗其气",那就只是无生气的"纸花"了。"似"与"真"成为一对高下有别的审美价值范畴。与"真"的"气质俱盛"相比,"似者得其形遗其气",就只能是徒有其表。如果不懂得绘画的创作规律("不知术"),庶几可达于"似",却与"真"失之千里。不妨看一下徐复观先生对《笔法记》这部分的阐发,他说:"按上段故事之结构,可能受有《史记·留侯世家》张良受书于黄石老人故事的影响。在这段中,首先他提出华与实的观念。华即是美;艺术得以成立的第一条件,便是华;所以荆浩并不否定华。但华有使华得以成立的

'实',此即是物的神,物的情性。此情性形成物的生命感,即是表现而为物的气。气即生气,生命感。荆浩在此处要求由物之华而进入于物之实,以得到华与实的统一,此即所谓'气传于华',这才能得物的'真'。这实际是'传神'思想的深刻化。"[1]徐先生的理解是符合荆浩《笔法记》内在理路的。而在我看来,"度象取真"是承接了宗炳《画山水序》中提出的"澄怀味象"这个具有开创性意义的美学命题而加以发展的美学命题。"象"在这里,已不再是终极目标,而是一个中介。画家通过"度象"的过程而达到"真"的境界,也即"气质俱盛"的审美形态。这更多地表现在画家的创作过程之中。

二

"六要"向来被认为是《笔法记》作为画论著作最有理论价值的所在,也是人们关注的焦点。谈到"六要",很自然地让我们想到谢赫的绘画"六法",二者当然是有明显继承关系的。但"六要"又有其鲜明的创造性。一个明显的区别在于,"六法"是以人物画为主的,而"六要"则是针对山水画而言的。六要:一曰气,二曰韵,三曰思,四曰景,五曰笔,六曰墨。这六个画之要素,既有"六法"的身影,又有重要的突破。"六法"之首便是"气韵生动",而"六要"是分"气"与"韵"而为二,以之各自独立成为两个要素,其中必然有荆浩的独特见解所在。谢赫讲"骨法用笔","六要"也以"笔"作为其中之一,而加以一个"墨",则是时代性的突破,也是中国山水画论的成熟标志。

下面看作者自己的界定:"气者,心随笔运,取象不惑。""气"作为中国哲学、中国美学的重要范畴,可以说是源远流长,说法甚多。画论中讲"气",谢赫是影响最大的。荆浩讲"气",是从创作的角度来说的。"气"当然是作为创作的动力因素,而在创作中的体现则是心笔之一体化。有气作为联结与贯通,心笔相随,心到笔到。王世襄先生解释

---

[1] 徐复观:《中国艺术精神》,春风文艺出版社,1987年,第252页。

说:"所谓气,似是心与笔打成一片,能于毫不迟疑中,将对象按心中所想象者画出。"[1] 这种"气",不是孟子的"浩然之气",也不是王充的"气寿"之气,而更接近于刘勰《文心雕龙·养气》篇所说的文艺创作的"养气"。刘勰在《文心雕龙·养气》篇的赞语中说:"纷哉万象,劳矣千想。玄神宜宝,素气资养。水停以鉴,火静而朗。无扰文虑,郁此精爽。"直接谈及养气与意象之关系。荆浩认为"气"在创作过程中是最为重要的,有气才能心笔相应,才能"取象不惑"。这已经是对绘画创作中"气"的具体功能的揭示。从外在物象到作品中的艺术形象的呈现,"气"是贯通于其中的。具体到绘画,心笔能否处于高度契合的状态,就与"气"有直接关系了。在"六要"之中,"气"居于首位,说明了荆浩对绘画艺术中"气"的作用给予了充分的重视。于民、孙通海先生在《中国古典美学举要》一书中,对于荆浩《笔法记》的"六要"有颇为透彻的阐发,其中论"气"时说:"与韩愈等文论家正面笼统地谈气不同,荆浩具体地结合了物象转化为艺术形象的气化过程,即从取象到成象的过程,从画家立意中的思维特点和构形实践中的意、气关系来阐明它的特点。……它具体作用于'识'和'用'两个方面。无'气',画家则识不明,构思中不辨美丑,无法根据造型的需要取舍物象,而在立形、成象之中便意笔相乖。有'气',画家则识明,可以根据审美的要求取舍物象,使意和笔相合而任运成象。这个气,非心、非思、非意、非视,却与心、与思、与意、与视等心理和感官的活动相连。它伴随着、甚而支配着心、思、意、视的活动与美感的出现和运行。这个气,非实践中的笔墨之用,却支配与伴随着笔墨之用,决定心笔的结合。'气',决定着立意中取象的准确性,决定着运用笔墨以成象的自由性,决定了准确性与自由性的统一。因此,它关系着整个艺术创作中从取象、立意到画成的全部活动的成败。"[2] 对"气"与"取象"之间的关系,做了深刻的说明。

---

[1] 王世襄:《中国画论研究》,生活·读书·新知三联书店,2013年,第65页。
[2] 于民、孙通海:《中国古典美学举要》,安徽教育出版社,2000年,第484—485页。

"六要"之二是"韵"。"韵者，隐迹立形，备仪不俗。"谢赫的"气韵生动"，成为绘画美学乃至中国美学都高度重视的美学范畴。"气韵"一直是合而为一的。而到荆浩这里，"气""韵"析而为二，如何看待这个问题？在我看来，"气""韵"相分，一是更为突出了"气"本身的作用和地位，二是使"韵"有了独立的审美内涵。从某种意义上看，"韵"在这里成为文人画意识的先声或标志。所谓"备仪不俗"，就透露出这种意识。《笔法记》中对形似的贬抑，就是文人画意识的一个特征。前此张彦远从画家的身份上也体现了文人画的意识，如说："今之画人，笔墨混于尘埃，丹青和其泥滓，徒污绢素，岂曰绘画。自古善画者，莫匪衣冠贵胄，逸士高人，振妙一时，传芳千祀，非闾阎鄙贱之所能为也。"（《历代名画记》卷一）尽管这主要是一种贵族意识，但也透露出文人画的倾向。而到北宋时期，以苏轼、黄庭坚为代表的文人画的审美理论，就以力排尘俗为主要倾向。如山谷（黄庭坚）评书画之作，最高的赞语乃是"无一点尘俗气"。宋人范温以"韵"通论书画诗文："因书画之'韵'推及诗文之'韵'，洋洋千数百言，匪特为'神韵说'之弘纲要领，抑且为由画韵而及诗韵之转捩进阶。"[1]不俗之谓韵，有余意之谓韵，都是"韵"的最重要的审美内涵。而这都要上溯到荆浩"六法"对"韵"的界定："备仪不俗。""隐迹立形"与此密切相关。且看于民、孙通海的解释："迹与形相对，隐与立相对。荆浩所批评的'甚有形迹'，即有其形而遗其'气'，所谓形似也。而隐迹以立形，这种形是一种形、气的结合，一种形神兼备、气质俱盛之形，而非形似之形。"[2]所言甚洽！笔者进而认为，"隐迹"者，所"隐"的乃是表层笔墨之痕迹，而使画家内心所构之形呈现于观者眼前！其实这是一种审美上的更高要求。"隐迹"非不要"迹"，而是使作品达到这样的境界：超越于外在之迹，而突显内在之形！唐代皎然所说的"但见情性，不睹文字"（《诗式》），与此类似。宋人严羽诗学中所说的"不落言筌"，也

---

[1] 钱锺书：《管锥编》，第4册，中华书局，1979年，第1362页。
[2] 于民、孙通海：《中国古典美学举要》，安徽教育出版社，2000年，第485页。

近乎于此。对于观赏者而言，是一种超越；对于创作者而言，则是一种更高的要求！

还要再说一下这个"立形"之"形"。此形非彼形：不是那种外在形迹、外在笔墨、外在形式，这是肯定的。问题是，这又是一种什么"形"？这涉及荆浩《笔法记》"六要"说的独特理论价值。如果不明确地解决这个问题，对于荆浩的绘画理论，就是一种"不公"。我的简要回答是："立形"就是画家以其内在的审美构形而在作品中确立艺术形象的审美创造活动。艺术创作决非单纯模仿，而必然有着内在的构形过程。对于造型艺术而言，尤其如此！韵必然体现在这种"立形"之中，舍此并无意义。正如著名哲学家卡西尔所说的："艺术确实是表现的，但是如果没有构形，它就不可能表现。"[1]作品之所以能够百代流传，能够经典化，是因为有"立形"，如果没有它，就一切免谈！

再说"思"。"思者，删拨大要，凝想形物。""六要"中的这第三个，与上面"韵"的联系何其紧密！只是"韵"还是指作品呈现出的审美品位，而"思"则是画家的创作过程。但这更为具体、更为直接地指出了画家构形思维的内在机制。"删拨大要"指画家在构思中通过审美知觉对外来物象进行改造，删去无关主旨的东西，而形成具有创造性的基本构形。这对山水画而言，更是必要的。构形对于艺术创作来说，非常重要，使其中的主体作用得到了充分的发挥。顾恺之曾说："若以临见妙裁，寻其置陈布势，是达画之变也。"（《论画·孙武》）也是讲画家在头脑中通过"妙裁"对物象进行改造。这个过程是通过审美知觉完成的。"格式塔"心理学美学主张知觉的简化性和选择性，美国著名美学家阿恩海姆提出"形状的抽象"的概念[2]，笔者认为这是一种审美抽象，并且在造型艺术的构思过程中，审美抽象是尤为重要的，也是构形过程中的必要手段。通过"删拨大要"，进而"凝想形物"，也即在画家的内在思维中已完成了构形的环节，使创造性的"形物"鲜明而稳定

---

[1] 卡西尔：《人论》，甘阳译，上海译文出版社，1985年，第180页。
[2] 阿恩海姆：《视觉思维》，滕守尧译，四川人民出版社，1998年，第61—66页。

地呈现在脑海里。

第四"要"是"景"。一般性地理解,"景"就是画家所画的山水景物,也确实无须深文周纳。然荆浩并未轻轻放过,而是做了这样的规定:"制度时因,搜妙创真。"这就不能简单化对待了。"制度时因"是说根据不同季节的景物特点进行把握。所谓"景",并不仅仅是客观事物,更重要的是因为时令的差异,而呈现出的鲜活本色,时令不同,给人造成的审美感受,是大异其趣的。刘勰在《文心雕龙·物色》篇中有这样的精彩描述:"春秋代序,阴阳惨舒,物色之动,心亦摇焉。盖阳气萌而玄驹步,阴律凝而丹鸟羞,微虫犹或入感,四时之动物深矣。若夫珪璋挺其惠心,英华秀其清气,物色相召,人谁获安!是以献岁发春,悦豫之情畅;滔滔孟夏,郁陶之心凝;天高气清,阴沉之志远;霰雪无垠,矜肃之虑深;岁有其物,物有其容;情以物迁,辞以情发。"四时景物的变化,是激发创作冲动的外在契机。四时变化在艺术创作中都有个性化的体现。在画论中,多有相关论述。南北朝时王微所作《叙画》即云:"望秋云,神飞扬;临春风,思浩荡。虽有金石之乐,珪璋之琛,岂能仿佛之哉!"宋代郭熙、郭思父子所作《林泉高致》中亦云:"真山水之云气,四时不同:春融怡,夏蓊郁,秋疏薄,冬暗淡。画见其大象,而不为斩刻之形,则云气之态度活矣。真山水之烟岚,四时不同:春山澹冶而如笑,夏山苍翠而如滴,秋山明净而如妆,冬山惨淡而如睡。画见其大意,而不为刻画之迹,则烟岚之景象正矣。"[1]时令不同,而客观景色自有其不同风貌。更重要的是,不同时令的不同景色,使人产生了不同的审美感受,这种审美感受是新鲜的且令人惊奇的。作为画家,就要抓住这种独特感受中的景色特征进行艺术创造。"搜妙创真","妙"即是奇特感受中的景物特征;"真"则是荆浩理想中的艺术真实、审美真实;"创真",更说明了荆浩心目中的山水画并非仅是客观描绘,而是具有鲜明的创造性质。

---

[1] 郭熙、郭思:《林泉高致》,见俞剑华编著:《中国古代画论类编》,人民美术出版社,1957年,第635页。

第五"要"是"笔"。"笔"即用笔,荆浩对"笔"提出这样的规定:"笔者虽依法则,运转变通,不质不形,如飞如动。"很明显,这个说法与谢赫的"骨法用笔"是有区别的。无论怎样作不同解释,"骨法用笔"都是强调用笔的刚健有骨的。荆浩对用笔的要求则是"有法而无定法",心笔相应,挥洒自如,有如飞动。画家与画论家都强调用笔,前之张彦远,也在《历代名画记》卷二中专论"用笔",主张"书画用笔同矣"。荆浩则认为"用笔"应该臻于"从心所欲不逾矩"的境界。彭兴林先生的《中国经典绘画美学》中这样阐发说:"这句话强调用笔虽然要依据法则,但却不可死板教条,必须使对象与心性融通变化,对于所画之物不能拘泥于形貌和形质,这样才能做到挥写自如,使创造的形象生动有若飞若动的感觉。"[1]颇为切合作者的原意。

六是"墨"。对于中国画论史来说,荆浩是有开创性意义的。以往的画论谈到用笔者多,却没有专门论墨。荆浩一方面将笔和墨加以区分,另一方面又主张笔墨兼善。郭若虚《图画见闻志》载其"语人曰:吴道子画山水有笔而无墨,项容有墨而无笔。吾当采二子之所长,成一家之体"[2]。在"六要"中完全可以验证这种观点。荆浩对"墨"如是界定:"墨者高低晕淡,品物浅深,文采自然,似非因笔。"是以"墨"取代了谢赫的"随类赋彩"。"墨"在荆浩这里获得了独立的地位,在山水画中发挥着不可替代的作用。"高低晕淡,品物浅深",是指墨的浓淡可以替代颜色的功能,而呈现非常自然的风貌。依彭兴林的解释说:"对于墨的解释说明用墨要依据对象的明暗、起伏而加以渲染,根据对象的色彩深浅来加以变化。渲染之时自然而然,去掉巧饰,取得用笔所无法收到的艺术效果。"[3]山水画从"二李"的"金碧山水"到王维开启的"水墨渲淡",是很大的变化,也是文人画山水的方向。"李思训的金碧山水是重色一流,所谓'先勾勒成山,却以大青绿着色,方用螺青苔绿碎皴染''树叶多夹笔,以石青绿缀,为人物用粉衬'的画法也。

---

[1] 彭兴林:《中国经典绘画美学》,山东美术出版社,2011年,第107页。
[2] 见卢辅圣主编:《中国书画全书》,第1册,上海书画出版社,2009年,第472页。
[3] 彭兴林:《中国经典绘画美学》,山东美术出版社,2011年,第107页。

金泥所以增明艳，似是表示日光的照射。所以'只宜朝暮及晴景'。这种画法，好处在骨力劲健，色彩鲜明。只注重于'骨法用笔'和'随类赋彩'两项。画面当呈一种灿烂严整的景象。"[1] 王维则首开水墨渲淡之法，以此作山水画。据传王维所作的《山水诀》首段就称："夫画道之中，水墨最上，肇自然之性，成造化之功。"虽难以确定这就是王维所作，但却符合王维的画风。王维之后发挥墨的作用的有王墨和项容二人。《唐朝名画录》中说王墨："善泼墨画山水，时人故谓之王墨。"王墨作画每在"醺酣之后，即以墨泼，或笑或吟，脚蹙手抹；或挥或扫，或淡或浓；随其形状，为山为石，为云为水；应手随意，倏若造化；图出云霞，染成风雨，宛若神巧，俯观不见其墨污之迹，皆谓奇异也。"[2] 这是典型的"泼墨"，开后世米家云山的墨戏画风。项容是天台处士，善画山水，也是长于用墨，却于用笔有亏。荆浩在《笔法记》中将李思训与项容作为有笔而无墨和有墨而无笔的两个极端："李将军理深思远，笔迹甚精，虽巧而华，大亏墨彩；项容山人树石顽涩，棱角无蹤。用墨独得玄门，用笔全无其骨。"荆浩主张理想的画法是笔墨兼善，融通无间。他最为推崇的是张璪和王维。他自己的追求则是采"二子之所长，成一家之体"，也即笔墨兼善。笔、墨在"六要"中居二，意在于此。

原文发表于《名作欣赏》2020年第7期

---

[1] 童书业：《童书业绘画史论集》，中华书局，2008年，第40页。
[2] 于安澜编：《画品丛书》，上海人民美术出版社，1982年，第88页。

宋及今

导　语

宋代是一个艺术创造兴盛的时代，在这一时期与之后的艺术理论中，命题已经非常显著。我们选取了"画之逸格""气韵非师""天机自张""画以适意""万物一体"等命题进行解读，为古代美学的命题研究提供助力。

"画之逸格"与"笔简形具"
——北宋黄休复《益州名画录》解析

张 晶

《益州名画录》是一部重要的画论著作,在中国画论史上有其独特的地位。原因不仅在于其对五代及宋初成都画家的记载与品评,也不仅在于对朱景玄等以"神、妙、能、逸"四格评画的品级翻转,更在于其对"逸、神、妙、能"四格的理论界说及深远影响。该书提出的"笔简形具",也是一个具有美学贡献的命题。

一

先说作者黄休复的情况,这可以使我们更加深入地了解《益州名画录》的价值所在。黄休复,字归本,李畋序中称之为"江夏黄氏","江夏"可能是郡望。北宋初年人,久居成都。"益州"的州治也即成都。黄休复与当时四川文人李畋、张及、任玠及画家孙知微、童仁益等为友,相与谈艺。黄氏多蓄书画,所居自号"茅亭",有《茅亭客话》十卷行世。

五代战乱不休,蜀地则相对安宁,而文人画家,多聚于蜀,故此地广有画迹。唐五代时期,蜀地社会秩序相对安定,割据者遂大建宫殿庙宇,且以"翰林待诏"等官职网罗画家,各地文人画家闻之而来。壁画兴盛于成都。据人民美术出版社"中国美术论著丛刊"本《益州名画录》的"简介"说:"随着唐玄宗入川的画家卢楞伽,就曾参加最宏大的寺庙——成都大圣慈寺的壁画制作；公元八八一年黄巢起义，随着唐僖宗入川的画家孙位、滕昌祐，就曾参加应天寺、昭觉寺、大圣慈寺文殊阁等的壁画制作，唐中叶以后，四川成都便逐渐成为文化中心之一。长安盛期的绘画，尤其是寺庙壁画风格，也得见于四川。宋朝创立之初，四川地区的画家黄筌父子、石恪、高从遇父子等和江南地区的董源、徐熙父子等，都集中到汴梁，加上中原地区原有的唐代艺术传统，便为宋代绘画的发展准备了良好条件。"[1]这里介绍了唐五代到宋初成都的文化环境和画坛盛况，尤其是在成都壁画兴盛的原因。因此，宋代画论家邓椿在画论名著《画继》中称："蜀虽僻远，而画手独多于四方。"这与当时四川的政治、经济情况是分不开的。

宋太宗淳化五年（994年），王小波、李顺起义攻下成都，壁画在战火中受损严重。黄休复"心郁久之"，故而写下了这部《益州名画录》，将曾经目睹的壁画记载下来，并加以品评。《益州名画录》（又名《成都名画记》）所评画家计58人，都是蜀中画家，而且所记都是壁画，题材基本上是人物、佛像或鬼神。李畋序中说："盖益都多名画，富视他郡。谓唐二帝播越及诸侯作镇之秋，是时画艺之杰者，游从而来，故其标格楷模，无处不有。圣朝伐蜀之日，若升堂邑，彼廨宇寺观前辈名画，纤悉无圮者，迨淳化甲午岁，盗发二川，焚劫略尽，则墙壁之绘，甚乎剥庐。家秘之宝，散如决水，今可觌者十二三焉。噫，好事者为之几郁矣。黄氏心郁久之。又能笔之书，存录之也。故自李唐乾元初至皇宋乾德岁，其间图画之尤精，取其目所击者五十八人，品以四格，离为三卷，命曰《益州名画录》。"[2]李畋作为黄氏的好友，所言很能切实说明《益州名画录》的创作缘起。黄休复恰是有感于这些名家壁画的剥落损坏，心中郁结，故以此书录存之。

---

[1] 段成式等：《寺塔记·益州名画录·元代画塑记》，人民美术出版社，1964年，《益州名画录简介》第1—2页。

[2] 段成式等：《寺塔记·益州名画录·元代画塑记》，人民美术出版社，1964年，《益州名画录序》第1—2页。

二

对于这些蜀中画家，黄休复以"四品"评之。四品者，"逸、神、妙、能"也。此与前述之朱景玄《唐朝名画录》之"四品"略同，但次序却来了一个"大翻转"。《唐朝名画录》的"四品"次序是"神、妙、能、逸"，而《益州名画录》，则是以"逸、神、妙、能"排序。这一翻转，可是绘画品评标准的大变迁。当然，朱氏虽是将"逸"置于最后，但是，对"逸"不做上、中、下三等之分，与"神、妙、能"三品处理之不同，已"预留"了伏笔。乃如其序中所说："其格外有不拘常法，又有逸品，以表其优劣也。"[1] 以"逸"置首，次之以其他三品，其于中国绘画发展绝非小事！余绍宋（越园）先生指出："是编所录凡五十八人，分逸、神、妙、能四品，与朱景玄《唐朝名画录》略同，而逸、神两种俱不分等，逸品只取一人，神品取二人，亦云审慎矣。书画品目，自谢赫以来，因革损益，不外此四端，然此四品界说，以前诸书俱未言及，至此编卷首始为论定，此后亦更无异议矣。"[2] 指出黄氏的"四品"与朱景玄的不同，而且论述了"四品"界说的重要地位，值得我们认真领会。

黄休复的"四品"，以"逸"居其他三品之上，尤其是跃居"神"品之上，不能不说这是中国画论史和美学史上的一次大的变革。在唐人的审美观念中，"神"是具有最高审美价值的。杜甫所说的"读书破万卷，下笔如有神"，是说诗的出神入化；"书贵瘦硬方通神"，说的是书法艺术的炉火纯青。唐代的张怀瓘作《画断》和《书断》，以"神、妙、能"三个品级论画、论书。李嗣真作《书品》，以李斯等为"逸品"。朱景玄合两家之说，定为四品，以之为画品。而朱氏仍是以"神、妙、能、逸"为序，前三品又各分上、中、下。"神品上"是最高品级，仅

---

[1] 于安澜编：《画品丛书》，上海人民美术出版社，1982年，第86页。
[2] 余绍宋：《书画书录解题》，浙江人民美术出版社，2012年，第368页。

列吴道子一位画家，可见在朱氏的评画谱系中，吴道子地位的至高无上。黄休复所评都是蜀中画家，与朱景玄相比，还是有地域的局限性的。其设四格，则是"逸、神、妙、能"，"妙格""能格"之内又分上、中、下。《四库全书总目提要》评《益州名画录》说："所记凡五十八人，起唐乾元，迄宋乾德，品以四格：曰逸，曰神，曰妙，曰能。其四格之目，虽因唐朱景玄之旧，而景玄置逸品于三品外，示三品不能伍。休复此书又跻逸品于三品之上，明三品不能先。其次第又复小殊。逸格凡一人，神格凡二人，妙格上品凡七人，中品凡十人，下品凡十一人，而写真二十二处，无姓名者附焉。能格上品凡十五人，中品凡五人，下品凡七人，而有画无名、有名无画者附焉。"[1] 说明了黄休复四品评画的基本情况。而将"逸格"置于最高档次，则是北宋文人画意识抬头的一个信号。

三

以前的以品论画，没有理论界说，而黄休复对"逸、神、妙、能"四格，都有明确的理论界说，这在画论史上，也是具有开创性意义的。同时，也说明了黄氏突出"逸格"的理论自觉。先看关于"逸格"的界说：

> 画之逸格，最难其俦。拙规矩于方圆，鄙精研于彩绘。笔简形具，得之自然。莫可楷模，由于意表。故目之曰逸格尔。

在黄休复的评画谱系中，"逸格"居于最高的地位，这个界说也是开篇之处就明确揭示的。在古代画论中，以"逸品""逸格"论画者大有人在，但像黄氏这样郑重其事地进行理论界说还是首次。这个界说至少包括了这样几层意思：一是"逸格"是一种至高的品级，难于匹敌，

---

[1] 余绍宋：《书画书录解题》，浙江人民美术出版社，2012年，第368页。

所谓"最难其俦"是也。俦者,同类也,伴侣也。二是脱略规矩方圆,超越一般的艺术表现程式,进入一种审美创造上的自由天地。三是鄙薄彩绘精研,主张用笔简率,却又显得神完气足。四是得之自然,无可仿效。这几层意思,是"逸格"的基本内涵,以后"逸格""逸品"的有关论述,也都由此出发。"逸"也包含了文人画的倾向。如超越规矩的"墨戏",即米芾、米友仁的"云山墨戏",就是超越一般性的绘画法度的。宋代画论家邓椿评米友仁的墨戏画:"天机超越,不事绳墨。"(《画继》卷三)"鄙薄彩绘精研"就是不走工笔重彩的路数,而是"以水墨为上"。《唐朝名画录》中作为"逸"的代表人物的王墨,本名非,"墨"就因其以泼墨为法而得名。"笔简形具"亦是文人画的主要特征之一。这个观念也是黄休复最早提出来的。当然,笔墨尚简在中国画的发展也是有一个逐步的过程的。如伍蠡甫先生所说:"试观北宋董源、巨然、范宽之作,以及现存的荆浩、关同、李成的山水摹本,或咫尺重深而笔墨谨密,或实处求工而形势迫塞,并不要求以少胜多,集中表现画家的感受、情思、意境。前文提到的南宋马远,始将结构简化为'一角',所谓'一角'虽略含贬义,但简约的风格终于形成,为山水画开创新貌。"[1]宋元文人画即以尚简为重要特色。郭若虚的《图画见闻志》中记载山水画家许道宁所尚由谨细变而为"简快":"许道宁,长安人,工画山水,学李光丞。始尚矜谨,老年唯以笔画简快为己任。故峰峦峭拔,林木劲硬,别成一家体。故张文懿赠诗曰:'李成谢世范宽死,唯有长安许道宁。'非过言也。"[2]元代诗人兼大画家倪瓒(云林)师法董源、荆浩,而笔墨渐趋简率,他自称:"仆之所谓画者,不过逸多草草,不求形似,聊以自娱耳。""余之竹聊以写胸中逸气耳,岂复较其似与非,叶之繁与疏,枝之斜与直哉。"[3]这里所说的"逸气""逸笔",都有简率之风。"笔简"并不意味着对象的缺失,恰恰能够更为丰富地

---

[1] 伍蠡甫:《中国画论研究》,北京大学出版社,1983年,第113页。
[2] 郭若虚:《图画见闻志》卷四,见卢辅圣主编:《中国书画全书》,第1册,上海书画出版社,2009年,第482页。
[3] 沈子丞编:《历代论画名著汇编》,文物出版社,1982年,第205页。

表现出绘画的造型。正如诗歌艺术中所讲的"不著一字，尽得风流"（《二十四诗品》），"言有尽而意无穷"（《沧浪诗话》），绘画笔墨的简率，却可以形成更为深远的审美空间。"形具"，应该在这种意义上理解。宗白华先生说："中国山水画趋向简淡，然而简淡中包具无穷境界。"[1] 也指此种情形。

"笔简形具"是一个尤为具有理论价值的命题。笔墨"尚简"，是文人画的重要特征，也是"逸格"的标志，但这个"简"并非简率、简易，而是以从简的笔墨突出意境。这里要说一下"形具"。这个"形具"还不能简单地等同于意境，我以为其在绘画艺术中具有特殊的内涵。诗歌创作讲究"象外之象，景外之景"，绘画艺术讲究"计白当黑""计虚当实"，这是中国美学的特征，也是文论界、美学界的常识；但"笔简形具"并不能仅以此得到充分说明。换言之，中国古代画论中的"形"，还没有得到我们在理论上的认真解读与高度重视。从宗炳所说的"以形写形"、谢赫所说的"应物象形"，到黄休复所说的"笔简形具"，有内在的发展线索。这个"形"，当然不是呈现在笔墨之内的画面上，而是通过笔墨勾勒以呈现在观赏者的审美知觉中。我们可以由此得知的是，观赏者以其自身的审美修养，通过对画面的欣赏，在自己的审美知觉中所获得的并非只是虚幻的意境，并非只是"韵外之致"，而首先是内在的构形。画家作画时有自己头脑中的构形，而欣赏者也因笔墨唤起自己头脑中的构形。这个构形，不仅在创作一方是必需，而且在欣赏一方也是不可或缺的。我们也可以说，在艺术欣赏或审美接受的环节，审美主体并非在接触作品之后便产生了意境，而是先有构形的环节在其中，然后才生成审美境界。法国的博丹内教授在谈视觉心理时指出："形所暗示的东西比轮廓更多。形超越了对象单纯的界限，因而把该对象可占据的空间及其充实性视觉化了。什么是一个对象的内在特征？这些特征在表象中起什么作用？造型艺术中的形状是由表象空间所支撑的，表象就处于该空间之中。形从背景中呈现出来。当某个有意味的结构出现在某

---

[1] 宗白华：《论文艺的空灵与充实》，见宗白华：《艺境》，商务印书馆，2011年，第217页。

个区域,在其中有可能分出对象所占据的位置和未占据的位置时,知觉便呈现出某种肯定和否定的意义结构。如果可以反过来组织起某种平衡,那么背景就可以变成形象。这种形象的动态论表明,一个形象是在它与其他的关系中组构起一个幻觉空间。"[1]博丹内的论述,在某种意义上可以说明欣赏者的构形与意境的关系。"笔简形具"的理论意义,由此可见一斑。

黄休复《益州名画录》中以"逸格"为最高,在其心目中,能称得上"逸格"的画家当然是凤毛麟角。被列为"逸格"者只有孙位一人。现在我们看一下其对孙位的评述:

> 孙位者,东越人也。僖宗皇帝车驾在蜀,自京入蜀,号会稽山人。性情疏野,襟抱超然。虽好饮酒,未尝沉酩。禅僧道士,常与往还。豪贵相请,礼有少慢,纵赠千金,难留一笔。唯好事者时得其画焉。光启年,应天寺无智禅师请画山石两堵、龙水两堵。寺门东畔,画东方天王及部从两堵,昭觉寺休梦长老请画浮沤先生、松石墨竹一堵。仿润州高座寺张僧繇战胜一堵,两寺天王、部众、人鬼相杂,矛戟鼓吹,纵横驰突,交加戛击,欲有声响。鹰犬之类,皆三五笔而成。弓弦斧柄之属,并掇笔而描,如从绳而正矣。其有龙拿水汹,千状万态,势欲飞动。松石墨竹,笔精墨妙,雄壮气象,莫可记述。非天纵其能,情高格逸,其孰能与于此邪!悟达国师请于眉州福海院画行道天王、松石、龙水两堵,并见存。不知其后有何所遇,改名遇矣。[2]

这是对孙位(后改名孙遇)这位画家的全面记述。孙位性情洒落,襟抱超然。而其所画壁画,超乎绘画法度,极具艺术感染力。《图画见

---

[1] 玛丽-诺斯·博丹内:《视觉心理学》,见阿恩海姆等:《艺术的心理世界》,周宪译,中国人民大学出版社,2003年,第103页。
[2] 段成式等:《寺塔记·益州名画录·元代画塑记》,人民美术出版社,1964年,《益州名画录》第2页。

闻志》中记载其"志行孤洁,情韵疏放,广明中避地入蜀,遂居成都。善画人物龙水松石墨竹,兼长天王鬼神,笔力狂怪,不以傅彩为功"[1]。这里的记述,则尤为切合黄休复关于"逸格"的界说。"神格"居其次。黄休复的界说为:

> 大凡画艺,应物象形,其天机迥高,思与神合。创意立体,妙合化权,非谓开厨已走,拔壁而飞。故目之曰神格尔。

"神格"的艺术要求和审美价值也是非常高的。在黄休复之前的画品中,"神"处于最高的地位。关于画中"神品",笔者在《神、妙、能、逸:四品论画——朱景玄〈唐朝名画录〉评析》中已有较为充分的评述,这里不拟重复,读者自可参阅。"应物象形"本是谢赫《古画品录》中提出的"绘画六法"之一,要求画家所描绘的对象,要符合对象的形体特征。"存形"是绘画的基本功能。陆机曾言:"丹青之兴,比雅颂之述作,美大业之馨香。宣物莫大于言,存形莫善于画。"(《历代名画记》卷一《叙画之源流》)文字不能表现的可视形象,绘画可以承担这个功能,绘画的本体特征便在于可视形象。关于"应物象形",笔者在《"气韵生动"与绘画"六法"——谢赫〈古画品录〉评析》中也有较为充分的阐述。这里要说的还在于,"应物象形"并不仅仅是单纯地摹仿对象形象,而是要在与对象物的应感晤对中撷取具有特征性的形象。这一点,可从刘勰《文心雕龙·物色》篇的赞语中得到启发:"赞曰:山沓水匝,树杂云合。目既往还,心亦吐纳。春日迟迟,秋风飒飒。情往似赠,兴来如答。"从这里我们可以悟到"应物象形"并不是刻板地描摹对象的外形,而是要在应感中领悟其形象特征。从这个意义上看,也许荆浩的"度象取真",把这个意思表达得更为明显。如葛路先生所指出的那样:"荆浩给画下的定义:'画者,画也。'是'应物象

---

[1] 郭若虚:《图画见闻志》卷二,见卢辅圣主编:《中国书画全书》,第1册,上海书画出版社,2009年,第471页。

形'理论的补充和发展。绘画的形象不仅来源于外界的物象,而且要'度其象而取其真',达到'气质俱盛',即神形并茂。"[1]"神格"("神品")作为唐代最为推崇的审美价值形态,其最为明显的一点,便是形神兼备。这在后面会谈到,现在来看"天机迥高,思与神合"。

"天机"在中国艺术理论中是一个意味十足的范畴,在画论中也多有呈现,它关乎着"神格"的内涵。可以认为,"天机"是一个具有浓厚的民族美学色彩的艺术理论范畴,形象而深刻地道出了艺术创作发生的特殊机理。周积寅先生主编的《中国画论大辞典》中有"天机"的词条,如是解说:"1. 北宋苏轼《书李伯时山庄图后》:'醉中不以鼻饮,梦中不以趾捉,天机之所合,不强而自记也。'谓指天赋之灵性。2. 明代练安《金川玉屑集》:'画之为艺世之专门名家者,多能曲尽其形似,而至其意态情性之所聚,天机之所寓,悠然不可探索者,非雅士胜工,超然有见尘俗之外者,莫之能至。'谓指天的机密,造物者的奥妙。"[2]周先生的这部《画论大辞典》,以"天机"作为中国绘画理论的一个重要范畴,这对画论史和美学史的发展,都是一个推动,有很重要的理论意义。但这个词条对"天机"的阐释,停留在个别材料上,缺少普遍性的理论抽象,所以显得"含金量"不足。笔者借本文以申之。"天机"最早出现在《庄子》的《大宗师》篇,其云:"古之真人,其寝不梦,其觉无忧,其食不甘,其息深深。真人之息以踵,众人之息以喉。屈服者,其嗌言若哇。其耆欲深者,其天机浅。"[3]这是"天机"在典籍中的首次出现。"耆欲"就是"嗜欲"。嗜欲越深,天机越浅。关于"天机"的解释,陈鼓应云:"天机:自然之生机(陈启天说),当指天然的根器。"这是"天机"的原初含义,并非是作为文艺创作的术语提出的。而到陆机《文赋》中,"天机"就全然是文艺创作的概念了,其中说:"若夫应感之会,通塞之纪,来不可遏,去不可止。藏若影灭,行犹响起。方天机之骏利,夫何纷而不理?"陆机对创作中的灵感思维做了客

---

[1] 葛路:《中国绘画美学范畴体系》,北京大学出版社,2009年,第7页。
[2] 周积寅主编:《中国画论大辞典》,东南大学出版社,2011年,第357页。
[3] 陈鼓应注译:《庄子今注今译》,中华书局,1983年,第168页。

观的描述，而且正面触及艺术创作灵感思维的一些重要特征，如突发性、偶然性和创造性等。"天机"到唐宋以还的诗画创作中屡见不鲜，如邵雍《闲吟》诗："忽忽闲拈笔，时时乐性灵。何尝无对景，未始变忘情。句会飘然得，诗因偶尔成。天机难状处，一点自分明。"陆游《九月一日夜读诗稿有感走笔作歌》："天机云锦用在我，剪裁妙处非刀尺。"都是讲诗的灵感状态。宋元时期画论中以"天机"之有无作为评价标准者尤多。著名画论家韩拙的《山水纯全集》，郭若虚《图画见闻志》卷四[1]所收的董逌《广川画跋》等，都以"天机"作为评画的尺度。金元时期其他诗人或艺术家如刘从益、王恽、许有壬等也都持"天机"论画。如刘从益题苏轼、顾龙眠合画云："天机本自足，人事或相须。东坡画三昧，乃与龙眠俱。"（《题苏李合画渊明濯足图》，见《中州集》卷六）王恽评赵令穰画："大年（令穰字大年）分天潢之秀，驰誉丹青。当其琐窗春明，绣阁香静，以倒晕连眉之妩，写荒寒平远之思。非天机所到，未易得企及。"[2]明清时期的艺术评论，以"天机"论诗画者更为普遍，所论也更有理论深度，如谢榛、徐渭、吴雷发、刘熙载等人及其画论。"天机"所指，并不仅止于一般意义上的创作灵感，而是指创造出最佳、最独特的作品的契机。论者谈到"天机"，都是指那些被人们视为出神入化的奇妙佳构。而臻于"神品"的画作，则应该是有"开厨已走，拔壁而飞"的生动艺术形象。

"妙格"与"能格"，与朱景玄《唐朝名画录》中的含义无大差别，然也有界说：

> 画之于人，各有本性。笔精墨妙，不知所然。若投刃于解牛，类运斤于斫鼻。自心付手，曲尽玄微。故目之曰妙格尔。

黄休复借用了庄子"庖丁解牛"和"运斤成风"的寓言，说明了

---

[1] 见卢辅圣主编：《中国书画全书》，第1册，上海书画出版社，2009年，第482页。
[2] 《跋赵大年画王摩诘诗意》，见陈高华编：《宋辽金画家史料》，文物出版社，1984年，第417页。

"妙格"的性质,主要是"技进乎道"的境界。"妙格"也是达到了"不知所然"的玄妙境界,但却是在高度熟练的基础上形成的。彭兴林先生的阐述颇能说明"妙格"的性质,他认为:"妙也是画家进行艺术创作时所达到的一种高超的境界,但与神格'天人合一'的境界不同,妙是技艺在高度熟练之后而达到质变的结果,与庄子的'庖丁解牛'、'运斤成风'所阐述的道理类似,是作画者进'技'于'道'的表现。所谓'笔精墨妙,不知所然',就是说明技艺的锻炼和积累,而在达到质变后就能超越'笔墨'的技术层面,达到'自心付手,曲尽玄微'的道的境界。"[1] 而关于"能格",黄休复有界说:

> 画有性周动植,学侔天功,乃至结岳融川,潜鳞翔羽,形象生动者。故目之为能格尔。

能进入"名画录"视野的,当然也是相当不错的作品,但与"逸、神、妙"三格相比,"能格"更多拘泥于形似,虽也达到了"形象生动"的程度,却是缺少了画家作为审美主体的灵性。然而,"能格"还是细致入微地呈现了对象的形象特征。

黄休复的《益州名画录》在画论史上有独特的地位和贡献。乃如王世襄先生对《益州名画录》的评价:"取一时一地之画家而品评之,当以是书为创举也。"[2] 而是书对"逸格"大力推崇,标为最高,在很大程度上导引了文人画的审美意识。同时,黄休复对于"四格"的界说,在画论的理论建树方面,也是开其首端的。

原文发表于《名作欣赏》2020年第13期

---

[1] 彭兴林:《中国经典绘画美学》,山东美术出版社,2011年,第125页。
[2] 王世襄:《中国画论研究》,生活·读书·新知三联书店,2013年,第117页。

"气韵非师"与"用笔得失"
——北宋郭若虚《图画见闻志》评析（一）

张 晶

北宋时期的著名画论家郭若虚，撰写画论名著《图画见闻志》，其宗旨是继唐代张彦远之后再续画史。是书上接《历代名画记》所记最末年代会昌元年（841年），历经五代，至北宋熙宁七年（1074年）近230年的绘事，载284位画家小传并加以评论。全书分为六卷，分别为：卷一，叙论；卷二，纪艺上；卷三，纪艺中；卷四，纪艺下；卷五，故事拾遗；卷六，近事。卷一的"叙论"中，又列如下专题：一、叙诸家文字；二、叙国朝求访；三、叙自古规鉴；四、叙图画名意；五、论制作楷模；六、论衣冠异制；七、论气韵非师；八、论用笔得失；九、论曹吴体法；十、论吴生设色；十一、论妇人形相；十二、论收藏圣像；十三、论三家山水；十四、论黄徐体异；十五、论画龙体法；十六、论古今优劣。"叙论"的这十六篇专章，涉及绘画理论或画史的一些重要问题，而且，是由作者提出的独创之见，具有非常丰富的理论价值，如"气韵非师""用笔得失""三家山水""黄徐体异""古今优劣"等。本文不拟对《图画见闻志》进行一般性的解读，而是就其中的重要理论问题进行探索观照。

一

郭若虚，太原人，生卒年不详，家世贵族。这一点，也与张彦远甚为相像。他是宋真宗郭皇后的侄孙，仁宗兄弟赵允弼的女婿。郭若虚本人曾任供备库使、西京左藏库副使，并以贺正旦使等官职使辽。其祖父、父亲都酷爱书画收藏。若虚本人从少年开始，就到处收购书画真迹，因此收罗众多书画作品，并精于品鉴。所作《图画见闻志》的序文，颇能道出其家世与书画艺术之因缘及写作是书的初衷，值得我们一读：

> 余大父司徒公虽贵仕而喜廉退恬养，自公之暇，惟以诗书琴画为适。时与丁晋公马正惠蓄书画均，故画府称富焉。先君少列，躬蹈懿节，鉴别精明，珍藏罔坠，欲养不待，临言感噎。后因诸族人间取分玩，缄滕罕严，日居月诸，渐成沦弃。贱子虽甚不肖，然于二世之好，敢不钦藏。嗟乎！逮至弱年，流散无几，近岁方购寻遗失。或于亲戚间以他玩交酬，凡得十余卷，皆传世之宝。每宴坐虚庭，高悬素壁，终日幽对，愉愉然不知有天地之大，万物之繁，况乎惊宠辱于势利之场，料得丧于奔驰之域者哉！复遇朋游觊止，互出名踪柬论，得以资深铨较，由之广博。虽不与戴谢并生，愚窃慕焉。又好与当世名手甄明体法，讲练精微，凡所见闻，当从实录。昔唐张彦远尝著《历代名画记》，其间自黄帝时史皇而下，总括画人姓名，绝笔于永昌元年。厥后撰集者率多相乱，事既重叠，文又繁衍。今考诸传记，参较得失，续自永昌元年，后历五季，通至本朝熙宁七年，名人艺士编而次之。其有画迹尚晦于时、声闻未喧于众者，更俟将来。亦尝览诸家画记，多陈品第。今之作者，互有所长，或少也嫩而老也壮，或始也勤而终也息。今则不复定品，惟笔其可纪之能可谈之事，暨诸家画说略而未至者；继以传记中述画故事并本朝事迹，采摭编次。厘为六卷，目之曰《图画见闻志》。后之博雅君子，或加点窜，将可取于万一。郭若虚序。[1]

---

[1] 卢辅圣主编：《中国书画全书》，第1册，上海书画出版社，2009年，第465页。下同。

这篇序文对理解《图画见闻志》颇为重要。这里没必要泛解此序，从中可以了解这样几点：一是若虚的祖父、父亲虽位列朝班，却以诗书琴画颐养性情，并有蓄藏书画的传统。其父更是精于鉴识，勤于收藏。而至若虚，不坠余志，广为购寻，因而多有传世之宝。二是这些书画名迹，给作者带来的审美感受，使之远离宠辱得失之域、奔竞势利之场，而进入"愉愉然"的身心状态，天地之大、万物之繁，都"退居"这种审美怡悦之后了。三是在此情境之中，作者多与同道友朋谈艺论画，检阅议论，所以对书画的鉴赏能力日见广博，品评水准愈加精微。四是若虚由此追慕画论名家如戴逵、谢赫等人，因此在张彦远撰写《历代名画记》之后续写画史，从彦远绝笔之永昌元年始，到北宋神宗熙宁七年止，且均以作者切实见闻为录写标准。五是撰写体例方面，画家的作品未尝在社会上面世，也不曾获得美誉度的画家不列其中；对于所列画家，也不采用其他画史画评以品第诠次的做法，因为很多画家活跃于当世，未能盖棺论定，所以不复定品。以上是《图画见闻志》的序文提示给我们的要义，可作为读者理解《图画见闻志》的钥匙。

二

《图画见闻志》在理论上最令人瞩目的焦点就在其"气韵非师"之论。这个命题，在画论史上产生了深远的影响，也使"气韵生动"这个艺术要求充填了深层的内蕴。研究探讨"气韵"问题，如果不将"气韵非师"纳入进来，很难获得全面的理解。有关论述，见于"叙论"第七个专题：

> 谢赫云：一曰气韵生动，二曰骨法用笔，三曰应物像形，四曰随类赋彩，五曰经营位置，六曰传模移写。六法精论，万古不移。然而骨法用笔以下五者可学，如其气韵，必在生知，固不可以巧密得，复不可以岁月到，默契神会，不知然而然也。尝试论之。窃观自古奇迹，多是轩冕才贤，岩穴上士，依仁游艺，探赜钩深，高雅

之情,一寄于画。人品既已高矣,气韵不得不高;气韵既已高矣,生动不得不至。所谓神之又神而能精焉。凡画必周气韵,方号世珍;不尔,虽竭巧思,止同众工之事,虽曰画而非画。故杨氏不能授其师,轮扁不能传其子,系乎得自天机,出于灵府也。且如世之相押字之术,谓之心印。本自心源,想成形迹,迹与心合,是之谓印。爰乃万法,缘虑施为,随心所合,皆得名印。矧乎书画,发之于情思,契之于绢楮,而非印而何?押字且存诸贵贱祸福,书画岂能逃乎气韵高卑?夫画犹书也。杨子曰:"言,心声也;书,心画也。声画形,君子小人见矣。"

"气韵非师"是郭若虚在《图画见闻志》中提出的最著名的理论命题,在其"叙论"诸章中,也是最具争议的问题。若虚此论,当然是从谢赫的"六法"中引申而来,但作者在这里想说的,并非是一个艺术表现问题,而是画家的出身与修养问题。在很大程度上,"气韵非师"以命题的方式进一步提炼了张彦远的有关认识,而为文人画的主体属性做了一个规定。关于谢赫"绘画六法"中的"气韵生动",笔者已在"中国古代画论名著评析"之四中有过较为深入的阐发,这里不拟复述;而对"气韵非师"的独特意义与方向性问题,则需予以揭示。

"气韵非师"就其字面而言,即是说"气韵生动"非师法传授可得,也就是说,并非技艺层面的东西。在这里,郭氏是将"气韵生动"与其他五法判然分离的。生知也即"生而知之",说得非常果决,似乎"气韵"应该是娘胎里带出来的。"不可以巧密得",就是不可凭借细致精熟的技巧获致,认为气韵与技法无甚关系;"不可以岁月到",也并非可以通过水滴石穿的时间积累而达到。那么,画品中的"气韵生动"又是由何而来的呢?难道只是靠神秘的"生知"?而有这种"生知"的,究竟又是哪一类人呢?这个说法,肯定是不够周密的。于是作者又说:"默契神会,不知然而然。"这就不是一个"生知"的问题了。对于"气韵"之有无,是否生动,在郭氏看来,还真是一个至关重要的问题,甚至是画与非画的分水岭。如无气韵,号称是画却非真画,只是画工的产物。

郭氏在这里，已将文人画与画工画做了明确的区分。郭氏提出了"气韵生动"的逻辑："人品既已高矣，气韵不得不高；气韵既已高矣，生动不得不至。"以"人品"作为气韵有无的根本要素，舍此则无气韵可言。人品既高，气韵必高；气韵既高，生动必至。这是郭氏的逻辑。"神之又神"是有着说不清楚的神秘。而"精"则指因此而致的精妙无比！但这种境界，都是"生知"？其实，郭氏自己的回答，也许就是与"生知"难以完全对应的。在他看来，"气韵生动"是与身份有直接关系的。他认为轩冕才贤、岩穴上士这类人，方才可以画出"必周气韵"的画，他者则未必。"轩冕才贤"指的是公卿士大夫，"岩穴上士"指的是隐逸高人，在他来看，这些人都是人品很高的。公卿士夫、隐逸高人，很难说是"生知"。"依仁游艺"是儒家在人格修养与艺术训练的进路。"仁"是孔子学说的基石。《论语·述而》篇云："志于道，据于德，依于仁，游于艺。""艺"即"六艺"，包含礼、乐、射、御、书、数六种技艺，也是先秦儒家艺术教育的内容。孔子这里所言，是说六艺的学习是与道德人格的修养不可分离的。朱熹阐释云："此章言人之为学当如是也。盖学莫先于立志，志道，则心存于正而不他；据德，则道得于心而不失；依仁，则德行常用而物欲不行；游艺，则小物不遗而动息有养。"[1]孔子所说的"艺"，不仅是艺术，而且包含了技艺。郭若虚所说的"依仁游艺"，则是以绘画为代表的艺术。这显然并非"生知"可以解决的，而是以一种长期的人格修养所致。"探赜钩深"，则是在人格与境界上的不断探索与攀升！这些都不是技巧的习得，而是人格境界的升华，但说它是"生知"，则恐不然！所谓"高雅之情"，指画家生发于人格修养上的审美情感，其在画中，既是动力，也是内涵。亡友邓乔彬教授从"无功利"的角度来阐发郭若虚的"人品既高"，他认为："古代的绘画奇迹不出于画师、画工，因为他们的画有功利目的；那些寄托高雅之情的作品才是依仁游艺之作，非轩冕才贤、岩穴上士不能为之。后者才是屏除世念、澡雪精神之作，因'游艺'而回归于艺术之本然。因

---

[1] 朱熹：《四书章句集注》，中华书局，1983年，第94页。

人品高而气韵不得不高，气韵高而生动不得不至，是必然的逻辑推导，因为这是从'艺'向'道'的提升，是'志于道'的体现。"[1]录此可备参考。

与此密切相关的阐发则是所谓"心印"。若虚认为"气韵"不是可以师徒相传的，而唯有"心印"。但这也非"生知"，而是"天机灵府"的审美悟性与艺术表现的无间契合。"杨氏不能授其师，轮扁不能传其子"，杨氏或可指杨朱，其学说极具个性，无法师授。"轮扁斫轮"是《庄子·天道》篇中的故事，轮扁以"行年七十而老斫轮"，是因其技艺无法传其子。《庄子》中轮扁曰："臣以臣之事观之。斫轮，徐则甘而不固，疾则苦而不入。不徐不疾，得之于手而应之于心。口不能言，有数存焉于其间。臣不能以喻臣之子，臣之子亦不能受之于臣，是以行年七十而老斫轮。古之人，与其不可传也死矣。然则君之所读者，古人之糟粕已夫！"[2]"轮扁斫轮"式的得心应手，当然不出于规矩相传，却是"技进乎道"的境界。这与若虚所说的"心印"，则是同一意思。乃如徐复观先生对此所做的分析："人生崇高的精神、境界，只能自觉、自证，而不能靠客观法式的传授……克就某一具体艺术活动而言，则是忘去艺术对象以外之一切，以全神凝注于对象之上，此即所谓'用志不分'。以虚静之心照物，则心与物冥为一体，此时之某一物即系一切，而此外之物皆忘；此即成为美的观照。"[3]复观先生所言，未必与郭氏所论是一回事，而在心手相契这一点上，则是一致的。郭氏举"押字之术"为例，认为签字押花，各人不同，乃是"迹与心合"而形成的。书画乃是更为纯粹的艺术形态，在他看来，"发之于情思，契之于绡楮"，主体心灵与表现媒介密切契合，如合符契，体现在作品中的"气韵高卑"，当然也就与画家人品境界不可分开了。

"气韵非师"是要放在文人画的系统里来看其内涵的。对"气韵"，郭氏主要不是将其作为艺术作品的要素，而是作为由画家的主体因素生

---

[1] 邓乔彬：《宋代绘画研究》，河南大学出版社，2006年，第86页。
[2] 陈鼓应注译：《庄子今注今译》，中华书局，1983年，第358页。
[3] 徐复观：《中国艺术精神》，春风文艺出版社，1987年，第107页。

发出来的属性，其实这已和谢赫大有不同了。如果说"气韵生动"原本是对人物画而言的，而因了这种偏移，气韵就不仅是人物画里应须有的，山水画也可用"气韵生动"作为艺术要求了。明代大画家董其昌在他的《画禅室随笔》中说："画家六法，一曰气韵生动。'气韵'不可学，此生而知之，自然天授。然亦有学得处，读万卷书，行万里路，胸中脱去尘浊，自然丘壑内营，立成鄄鄂，随手写出，皆为山水传神矣。"〔1〕"生而知之"，明显是袭取郭氏的说法，但董其昌又以"读万卷书，行万里路"来充实主体修养，认为可以脱去胸中尘浊，使人品高雅。这里的"气韵"，又体现在"为山水传神"了。明代画家李日华以"虚淡"为气韵，他如是说："绘事必以微茫惨淡为妙境，非性灵廓彻者，未易证入。所谓气韵必在生知，正在此虚淡中所含意多耳。其他精刻逼塞，纵极功力，于高流胸次何关也。王介甫狷急朴啬，以为徒能文耳，然其诗有云：欲寄荒寒无善画，赖传悲壮有能琴。以悲壮求琴，殊未浣筝笛耳，而以荒寒索画，不可谓非善鉴者也。"〔2〕也是以"性灵廓彻"为画家的气韵之源。

三

"用笔"也是郭若虚《图画见闻志》"叙论"中的一个重要专题。"用笔"在画论中有重要的地位，前面所论的谢赫、张彦远等都有针对"用笔"的论述，而郭若虚对"用笔"的论述，在关于"用笔"的理论脉络中，是有独特意义的。现将《论用笔得失》一节录于下：

> 凡画，气韵本乎游心，神彩生于用笔。用笔之难，断可识矣。故爱宾称唯王献之能为一笔书，陆探微能为一笔画。无适一篇之

---

〔1〕 董其昌：《画禅室随笔》，见沈子丞编：《历代论画名著汇编》，文物出版社，1982年，第249页。
〔2〕 李日华：《紫桃轩杂缀》，见李来源、林木编著：《中国古代画论发展史实》，上海人民美术出版社，1997年，第226页。

文，一物之像，而能一笔可就也。乃是自始及终，笔有朝揖，连绵相属，气脉不断。所以意存笔先，笔周意内，画尽意在，像应神全。夫内自足，然后神闲意定，神闲意定则思不竭而笔不困也。昔宋元君将画图，众史皆至，受揖而立，舐笔和墨，在外者半。有一史后至者，儃儃然不趋，受揖不立，因之舍。公使人视之，则解衣般礴，裸。君曰："可矣，是真画者也。"又画有三病，皆系用笔。所谓三者，一曰版，二曰刻，三曰结。版者，腕弱笔痴，全亏取与，物状平褊，不能圆混也。刻者，运笔中疑，心手相戾，勾画之际，妄生圭角也。结者，欲行不行，当散不散，似物凝碍，不能流畅也。未穷三病，徒举一隅。画者鲜克留心，观者当烦拭眦。（大底气韵高，笔画壮，则愈玩愈妍；其或格凡毫懦，初观纵似可采，久之还复意怠矣。）

"用笔"是中国画最为重要的因素之一，很多著名的画论家对"用笔"都有自己独到的认识。笔者曾在"中国古代画论名著评析（十四）"《师传·时代·用笔——〈历代名画记〉评析之二》中，对张彦远有关"用笔"的论述做过阐释。郭若虚在"论用笔得失"中提出的"意存笔先，笔周意内，画尽意在，像应神全"等命题，正是对张彦远"用笔"命题的直接继承与发展。张彦远在《历代名画记》卷二中有《论顾陆张吴用笔》之专章，起始便说："或问余以顾、陆、张、吴用笔如何？对曰：顾恺之之迹，紧劲联绵，循环超忽，调格逸易，风趋电疾，意存笔先，画尽意在，所以全神气也。"可以看出，郭若虚对"用笔"的主要命题是从这里引发出来并加以普遍化的。应该说，郭若虚关于"用笔"的论述，主要精神是承袭张彦远《历代名画记》的。[1] 但是，郭若虚论"用笔"仍有他自己的独到贡献。这种贡献如下所述。

一、将"用笔"与"气韵"密切联系在一起。按郭氏的解读，"气韵"关乎人品。而"用笔"似乎专于技艺，而他却认为二者是相通的。

---

[1] 张晶：《师传·时代·用笔——〈历代名画记〉评析之二》，《名作欣赏》，2020年1期。

"气韵本乎游心",意谓气韵是从画家的内心运思中生发出来的。《庄子·骈拇》中有"游心于坚白同异之间"一语,也有无目的、无功利之意。"神采"本与"气韵"相通,不过更为有形一些。王世襄先生指出:"爱宾(彦远字)以为用笔与气韵生动有关,若虚谓神采生于用笔。上文一起,若虚虽将神采与气韵分立,但二者实系一事,无从区别。若虚之所以特别注重用笔者,恐即以其与气韵生动为最有关系之一法也。"[1]可谓中的。而在我看来,若虚以"神采"生于"用笔",还是更重在作品所体现的风貌,以为其比"气韵"更为客观。

二、意存笔先,笔周意内,画尽意在,像应神全,这四个密切相连的命题,当然是从张彦远那里发挥而来的,但也更为理论化,更为普遍化。"意在笔先"之"意",是画家的意念、意向,是下笔作画时的整体观念,倒并不一定是理性的形态。画家以意为先,笔亦随之,而非只以技法作画。"笔周意内"非彦远所有,系若虚提出,意思当为笔墨畅达于画家的意向之中,或者说是画家之意充塞于笔墨之中,用笔与意浑然一体。"画尽意在"在中国艺术美学的思路上很容易理解,如同诗学所说的"象外之象,韵外之致""言有尽而意无穷",有限的笔墨蕴含着无限的意蕴。"像应神全"则是对张彦远《论顾陆张吴用笔》中的"所以全神气也"的隐括熔炼,即形神兼备,像与神内外贯通。

三、神闲意定的内心完满状态才能使画意如泉而笔墨不困。中国古代艺术美学在谈及创作主体状态时主张"虚静",认为虚静状态才能有更为充沛的创造力。如刘勰所说:"是以吐纳文艺,务在节宣,清和其心,调畅其气,烦而即舍,勿使壅滞;意得则舒怀以命笔,理伏则投笔以卷怀,逍遥以针劳,谈笑以药倦,常弄闲于才锋,贾余于文勇,使刃发如新,凑理无滞,虽非胎息之迈术,斯亦卫气之一方也。"[2]此与若虚之论同一机杼。这是艺术创作的最佳心理状态。作家、艺术家在神闲意定的状态中,才能最大发挥他的创作才能。若虚所说的"自足",就

---

[1] 王世襄:《中国画论研究》,生活·读书·新知三联书店,2013年,第72页。
[2] 刘勰:《文心雕龙·养气》,见刘勰著,范文澜注:《文心雕龙注》,人民文学出版社,1958年,第647页。

是艺术家内在的充盈，而不假外力。若虚以庄子所说"解衣般礴"的故事，说明了在绘画创作中的"自足"状态。

四、郭若虚指出了"用笔"中的"三病"，这是得失之"失"。三病：一曰版，表现在"腕弱笔痴，全亏取与，物状平褊，不能圆混也"。这个"版"，就是笔弱而呆板，作画全无取舍，而且所画物态扁平，缺少浑圆的立体感。二曰刻，"运笔中疑，心手相戾，勾画之际，妄生圭角也"。就是画家运笔迟疑，心手相违，而画时生出不必要的棱角。三曰结，"欲行不行，当散不散，似物凝碍，不能流畅也"。结即滞结，当行不行，当散不散，如同有物为障，不能流畅。这三种病是最具代表性的，用笔之病，不止于这三种，故而若虚说只是"徒举一隅"。其根本原因就在于不能一笔呵成，浑然圆润。"一笔可就""连绵相属，气脉不断"，这是若虚认为应该如此的理想"用笔"状态。"自始及终，笔有朝揖"，形容画面笔墨之间彼此呼应，气脉连属。文中引张彦远所称的王献之"一笔书"、陆探微的"一笔画"，认为这才是用笔的典范。

在郭若虚的《图画见闻志》中，最有理论价值的，当推"叙论"，而在"叙论"中，影响最为深远也最具争议的，又当推"论气韵非师"。"用笔得失"是与"气韵"问题有着内在关联的，所以在同一篇解析中予以阐发。说来也是很有意思，郭氏高调宣称："人品既已高矣，气韵不得不高；气韵既已高矣，生动不得不至。"却又认为"用笔之难，断可识矣"。可见，他本人是一名真正的画家，是"行家里手"，并非空谈性理者可比。

郭若虚的《图画见闻志》在画论史上有突出的地位，其"叙论"部分，既有丰富的画史内涵，又有值得深入探究的理论价值。本文主要是阐发"论气韵非师"和"论用笔得失"这两个专章，其他问题，有俟于后篇。

原文发表于《名作欣赏》2020年第19期

"天机自张"与"遇物兴怀"
——董逌《广川画跋》撷要评析(下)

张 晶

董逌论画,主张不离形似而又超越于形似,得物之真性及常理,也即所画对象的动态,如其所说的"得其真"。而从创作的角度看,他认为这种成就的获得,是画家以天合天的产物,也就是他所一再提倡的"天机自张"。这当然并不意味着董逌对绘画技法及创作个性的忽略,而是将创作发生的机制问题提到了前所未有的高度。

一

"天机"在董逌的绘画创作论中是一个价值范畴,在他的多篇题跋中,董逌以"天机"作为对一流画家和传世珍品的评价尺度。略举几例:

> 山水在于位置,其于远近阔狭,工者增减,在其天机。务得收敛众景,发之图素。惟不失自然,使气象全得,无笔墨辙迹,然后尽其妙。故前人谓画无真山活水,岂此意也哉?燕仲穆以画自嬉,而山水尤妙于真形。然平生不妄落笔,登临探索,遇物兴怀,胸中磊落,自成丘壑。至于意好已传,然后发之。或自形象求之,皆尽所见,不能措思虑于其间。自号能移景物随画,故平生画皆因所见为之。此固世人不能知,纵复能知,未必识其意也。(《书燕龙图写

蜀图》)[1]

伯乐以御求于世，而所遇无非马者。庖丁善刀，藏之十九年，知天下无全牛。余于是知中立放笔时，盖天地间无遗物矣。故能笔运而气摄之，至其天机自运，与物相遇，不知披拂隆施，所以自来。忽乎太行王屋起于前，而连之若不可掩。计其功，当与夸娥争力。吾尝夜半求之，石破天惊，元气淋漓，蒲城之所遇而问者，不可求于冀南汉阴矣。(《题王居卿待制所藏范宽山水图》)[2]

伯时于画，天得也。常以笔墨为游戏，不立寸度，放情荡意，遇物则画，初不计其妍蚩得失。至其成功，则无毫发遗恨。此殆进技乎道，而天机自张者耶？尝作县雷山图，遂尽其山林胜势，使人见图，如在其山中，不假他求也。尝谓此山近延陵之茅山，是洞庭西门，潜通五岳，陈安世茅季伟常所游处。昔许映叔玄构舍于此，而往来茅岭之洞室者，将求终焉。其后闻伯时至龙舒不起，考其地盖灊通潜山，而衡岳之旧也。今观此图，疑伯时出入其间，与郭氏争胜，可想而求也。(《书李伯时县雷山图》)[3]

从上面所举之题跋来看，所论都是中国绘画史上一流的画家和作品。而"天机自张"，则是对这几位画家创作的最高评价。燕龙图即燕肃，北宋著名画家，同时，也是一名博学多闻的学者、科学家，曾官至龙图阁学士。燕肃以画山水、寒林著称，师法李成。在绘画创作上重视写实，董逌在另一篇关于燕肃的题跋中这样指出其创作态度："燕仲穆平生画皆因所见，未尝架空凿虚，随意增损。或问之，则曰：出人意

---

[1] 董逌：《广川画跋》，见于安澜编：《画品丛书》，上海人民美术出版社，1982年，第297页。
[2] 董逌：《广川画跋》，见于安澜编：《画品丛书》，上海人民美术出版社，1982年，第303页。
[3] 董逌：《广川画跋》，见于安澜编：《画品丛书》，上海人民美术出版社，1982年，第290页。

者，便失自然。"[1] 董逌在题跋中称其画"在其天机"，即是在与自然外物的相遇感应中触发绘画的创作契机。从作品的效果来看，则是"石破天惊，元气淋漓"，这也正是可称为"天机"作品的共同特征。范宽的山水画，也被董逌称为"天机自运"，与"天机自张"意味相同，都是指"与物相遇"中触发绘画感兴，而非刻意求之。范宽作为开一代风气的山水画家，他的绘画创作思想，也是直接取法于自然而有所创造。刘道醇评述范宽说："学李成笔，虽得精妙，尚出其下。遂对景造意，不取繁饰，写山真骨，自为一家。"[2]《宣和画谱》记述他的绘画理念说："始学李成，既悟，乃叹曰：'前人之法，未尝不近取诸物。吾与其师人者，未若师诸物也。吾与其师于物者，未若师诸心。'于是，舍其旧习，卜居于终南、太华岩隈林麓之间，而览其云烟惨淡风月阴霁难状之景，默与神遇，一寄于笔端之间，则千岩万壑，恍然如行山阴道中，虽盛暑中，凛凛然使人急欲挟纩也。故天下皆称宽善与山传神，宜其与关、李并驰方驾也。"(《宣和画谱》卷十一《山水二》) 董逌评范宽画则说其"放笔"，可见范宽下笔时的舒张状态。"与物相遇"，这是董逌所高度赞赏的画法，在其他题跋中也多处写到这种感兴式的创作发生机制。如《兰亭图》中又称燕肃"摹状山水，取寓一时所见"[3]，又评范宽山水画"则解衣磅礴，正与山林泉石相遇"[4]。董逌又尤为推崇李公麟的创作成就。李公麟，字伯时，安徽舒城人，生于北宋仁宗皇祐元年（1049年），卒于徽宗崇宁五年（1106年），是北宋画家中之佼佼者。伯时的绘画题材是多方面的，释道、人物、鞍马、花鸟、山水，无所不精。尤以鞍马和人物画最为突出，超过了前代名家。董逌推崇李伯时，也在其"天机自张""遇物则画"。

---

[1] 董逌:《广川画跋》，见于安澜编:《画品丛书》，上海人民美术出版社，1982年，第289—290页。

[2] 刘道醇:《圣朝名画评》，见于安澜编:《画品丛书》，上海人民美术出版社，1982年，第132页。

[3] 于安澜编:《画品丛书》，上海人民美术出版社，1982年，第304页。

[4] 董逌:《广川画跋》，见于安澜编:《画品丛书》，上海人民美术出版社，1982年，第307页。

二

现在来说何谓"天机"。"天机"在中国古代艺术美学中是一个充满生命感的实体性概念。它与灵感颇有类似之处,但又有明显的不同。笔者对"天机"曾有这样的阐述:"如果说灵感是创作主体在艺术构思中飞跃突进的思维形式,在西方文论中主要指艺术家的天才,而'天机'作为一个中国美学中的特殊概念,是一个既存在于构思,又勃动于作品文本中的精神实体。对于艺术创作(尤其是诗、画)来说,这是十分重要的质素。有了它,作品才有了真实的生命。在中国古代艺术中,'天机'这个概念似乎更多的是直观的体悟,而少有理性的品格,但它蕴含的丰富内容,却有许多是现代的灵感理论所不能全然包容的。"[1]这是我对"天机"在美学层面上的认识。

"天机"最早出现在《庄子》里。庄子说:"古之真人,其寝不梦,其觉无忧,其食不甘,其息深深。真人之息以踵,众人之息以喉。屈服者,其嗌言若哇。其耆(笔者注:即嗜欲)深者,其天机浅。"[2]陈鼓应先生注:"天机:自然之生机(陈启天说),当指天然的根器。"[3]庄子所说的"天机",并非是在艺术理论的意义上提出的,但却是"天机"的最早提出。

在文学艺术领域,最早讲"天机"的是陆机。陆机在其经典文论《文赋》中描述创作的发生时说:"若夫应感之会,通塞之纪,来不可遏,去不可止。藏若影灭,行犹响起。方天机之骏利,夫何纷而不理?"[4]陆机首次把"天机"的概念引入到文艺创作的轨道上,使之完全具有了美学的性质;而且,陆机一开始就将"天机"的产生置于创作

---

[1] 张晶:《"天机"论的历史脉络与美学品格》,见张晶:《美学与诗学——张晶学术文选》,第3卷,中国社会科学出版社,2017年,第320页。
[2] 陈鼓应注译:《庄子今注今译》,中华书局,1983年,第168页。
[3] 陈鼓应注译:《庄子今注今译》,中华书局,1983年,第170页。
[4] 李壮鹰主编:《中华古文论释林·魏晋南北朝卷》,北京大学出版社,2011年,第63页。

主体与客观外物相互感应的前提下,这就与西方的"灵感"说大异其趣了。到宋代之后,"天机"这个概念在艺术理论中却是多有所见。从诗学的角度来看,如邵雍的《闲吟》诗中所说:"忽忽闲拈笔,时时乐性灵。何尝无对景,未始变忘情。句会飘然得,诗因偶尔成。天机难状处,一点自分明。"[1] 这首诗里以"天机"来谈自己作诗的体验。诗人感觉到自己诗中的佳句、诗意,更多的是飘然而得、偶然而成,这就是"天机"。南宋大诗人陆游在他的《九月一日夜读诗稿有感走笔作歌》诗中写道:"天机云锦用在我,剪裁妙处非刀尺。世间才杰固不乏,秋毫未合天地隔。放翁老死何足论,《广陵散》绝还堪惜。"陆游以天上织女的织机,巧妙地关合诗的"天机"。在画论中,以天机论画者,董逌是非常突出的一位。其他也有以"天机"论画的,如苏轼也在评李伯时画时说:"天机之所合,不强而自记也。居士之在山也,不留于一物,故其神与万物交,其智与百工通。"[2] 金、元、明时期都不乏以"天机"论画者。如金人刘从益题苏轼、李龙眠合画时说:"天机本自足,人事或相须。东坡画三昧,乃与龙眠俱。"[3] 元人王恽评赵大年画时说:"大年分天潢之秀,驰誉丹青。当其琐窗春明,绣阁香静,以倒晕连眉之妩,写荒寒平远之思。非天机所到,未易企及。"[4] 明初宋濂也在评李伯时的画时说:"李公麟画如云行水流,固为宋代第一。其所画马,君子谓逾于韩幹者,亦至论也。丁晞、赵景升虽极力学之,仅仅得其形似,而其天机流动者则无有也。"[5] 这些以"天机"论艺的论述,更多的是对作品文本的内在生命力的揭示,而不止于创作主体的灵感。

---

[1] 邵雍著,郭彧整理:《邵雍集》,中华书局,2010年,第231页。
[2] 苏轼:《书李伯时山庄图后》,见苏轼:《东坡题跋》,浙江人民美术出版社,2016年,第168页。
[3] 刘从益:《题苏李合画渊明濯足图》,见元好问编:《中州集》,中华书局,1959年,第304页。
[4] 王恽:《跋赵大年画王摩诘诗意》,见陈高华编:《宋辽金画家史料》,文物出版社,1984年,第417页。
[5] 宋濂:《题龙眠居士画马》,见陈高华编:《宋辽金画家史料》,文物出版社,1984年,第549页。

三

回到董逌。可以认为,董逌是以"天机"作为价值范畴来评价画家和作品的。除前面所列之题跋外,还有多处以"天机"盛称一流画家者。如《书陈中玉收桃花源图》中评荆浩所画松桧:"而荆浩画松桧,至数万本,不近。然寓物写形,非天机深到,取成于心者,不可论也。"[1] 在《书王勤学士画图》中评王勤画图说:"观其意在潆瀯万里外,天机开阖,自我而入者,虽置涂立木,幸而有至处,然端行颐雷,遂得剡直,岂转逋其后,缩缩而求循耶?"[2] 在《书李成画后》中评李成的山水画:"盖心术之变化,有时出则托于画以寄其放,故云烟风雨,雷霆变怪,亦随以至。方其时忽乎忘四肢形体,则举天机而见者,皆山也。故能尽其道。后世按图求之,不知其画忘也。谓其笔墨有蹊辙,可随其位置求之。彼其胸中自无一丘一壑,且望洋向若,其谓得之,此复有真画者耶?"[3] 等等。

"天机"并非仅是灵感,它是指艺术家的主体灵性和客观外物在特定机缘下的遇合而产生的最佳契机,同时,它的哲学基础,可以认为是中国哲学中最为普遍的"天人合一"观念在创作领域中的表现。从董逌的绘画题跋中,我们可以看到,他认为画家是在与造化、自然的融化遇合中产生"天机"的。"天机"会给画家带来强烈的创作冲动,似乎带有一种神秘感,如在《书李营丘山水图》中形容李成的山水画创作:"其绝人处,不在得真形,山水木石,烟霞岚雾间。其天机之动,阳开阴阖,迅发惊绝,世不得而知也。"[4] "天机"并非是说缺少严格的艺术训练,没有纯熟的技法,仅靠意外的灵感降临就可以成就了不起的杰作,而是以出色的艺术禀赋,并加之以执着的艺术追求,又是在与自然

---

[1] 董逌:《广川画跋》,见于安澜编:《画品丛书》,上海人民美术出版社,1982年,第290页。
[2] 董逌:《广川画跋》,见于安澜编:《画品丛书》,上海人民美术出版社,1982年,第305页。
[3] 董逌:《广川画跋》,见于安澜编:《画品丛书》,上海人民美术出版社,1982年,第306页。
[4] 董逌:《广川画跋》,见于安澜编:《画品丛书》,上海人民美术出版社,1982年,第277页。

外物的邂逅遇合中触物兴情,从而创作出的独一无二的艺术佳作。如董逌在论燕肃的创作时说:"然平生不妄落笔,登临探索,遇物兴怀。胸中磊落,自成丘壑。至于意好已传,然后发之。"[1] 画有"天机自张"者,近于解衣磅礴,有感兴之机,无刻意之念,遇物则画,乃其创作意兴所在。如《孙知微画水图》评孙知微画水时所说:"波落而陇起,想其磅礴解衣,虽雷霆之震,无所骇其视听,放乎天机者也。岂区区吮笔涂墨,求索形似者,同年而语哉?"[2] 所谓"天机自张""天机自运",在很大程度上是讲创作发生的生动性。没有事先安排,没有刻意求取,而是在"与物相遇"时随机而发。董逌在《书范宽山水图》中评范宽的山水画时说:"则解衣磅礴,正与山林泉石相遇。虽贲育逢之,亦失其勇矣。故能揽须弥于一芥,气振而有余,无复山之相矣。彼含墨咀毫,受揎入趋者,可执工而随其后耶?世人不识真山而求画者,叠石累土,以自诧也。岂知心放于造化炉锤者,遇物得之,此其为真画者也。"[3] "解衣磅礴"是一种自由舒张的画者的态度,不为外在的功利所左右,而"与山林泉石相遇"则是一种独特的契机。这种"相遇",并非仅是指艺术家与外界事物的客观性遇合,而且指艺术家以一种独特的心态,在某种情形下与外在事物(或称"物色")发生未曾预见的遭逢时所产生的特殊感应。在诗学中,就称为"感兴"。宋人李仲蒙对"兴"的界定是颇为准确的,他说:"触物以起情,谓之兴,物动情者也。"[4] 诗学文献中大量"触""遇"之类的说法,最能说明感兴的性质。在画论中,"天机"这个范畴,是与感兴大致重合的。在"天机自张"中,画家与外物并非是一般性的交融,而是一种内在的感应与勃动,因而带来了作品强烈的生命感与独特性。而在画论中,"天机"似乎更多的是与自然、造化、元气连通一体,从而在作品中呈现了尤为深厚而浑莽的底

---

[1] 董逌:《广川画跋》,见于安澜编:《画品丛书》,上海人民美术出版社,1982年,第297页。
[2] 董逌:《广川画跋》,见于安澜编:《画品丛书》,上海人民美术出版社,1982年,第302页。
[3] 董逌:《广川画跋》,见于安澜编:《画品丛书》,上海人民美术出版社,1982年,第307页。
[4] 胡寅:《斐然集》卷十八《致李叔易》中引,见胡寅:《斐然集·崇正辩》,岳麓书社,2009年,第357页。

蕴。正如董氏在《书徐熙画牡丹图》中评徐熙画时所说的"妙于生意""且观天地生物，特一气运化耳"[1]"凡赋形出象，发于生意，得之自然"[2]。诗学中关于"天机"的论述，也有同样的内涵。如明代著名诗论家谢榛所说的："诗有天机，待时而发，触物而成，虽幽寻苦索，不易得也。如戴石屏'春水渡傍渡，夕阳山外山'，属对精确，工非一朝，所谓'尽日觅不得，有时还自来'。"[3]而其在论述创作发生时则说："作诗本乎情景，孤不自成，两不相背。凡登高致思，则神交古人，穷乎遐迩。系乎忧乐，此相因偶然，著形于绝迹，振响于无声也。夫情景有异同，模写有难易，诗有二要，莫切于斯者。观则同于外，感则异于内，当自用其力，使内外如一，出入此心而无间也。景乃诗之媒，情乃诗之胚，合而为诗，以数言而统万形，元气浑成，其浩无涯矣。"[4]这同样也是"天机"的渊深内蕴。

董逌所说的"天机"，并非仅为天外之机，是运气的恩赐，而指出对于艺术家的主体条件，也是有很高要求的。其中一个重要的方面，就在于画家的技法训练和审美观察。只有达到"技进乎道"的境界，才能出现"天机自运"的作品。没有"技进乎道"，也就没有"天机"。董氏认为天机的前提在于此。在《书吴生画地狱变相后》中，他说："工技所得，虽以艺自列，必致一者，然后能造其微。至于妙解投机，精潜应感，则械用不存，而神者受之，其有辙迹而可求哉？"[5]这里以吴道子为例，来说明"技进乎道"的路径。

"天机"也是艺术创作的价值论范畴。"天机自张"的作品，应该是只可有一不可有二的独创性作品。以董逌的话说，就是"神遇"。"神遇"是不可重复的。而在作品的艺术价值上，则臻于"无毫发遗恨"的程度。董逌在《书记室所藏山水图》中称范宽之作："知神遇者，悬解

---

[1] 董逌：《广川画跋》，见于安澜编：《画品丛书》，上海人民美术出版社，1982年，第270页。
[2] 董逌：《广川画跋》，见于安澜编：《画品丛书》，上海人民美术出版社，1982年，第288页。
[3] 谢榛：《四溟诗话》卷二，见丁福保辑：《历代诗话续编》，中华书局，1983年，第1161页。
[4] 谢榛：《四溟诗话》卷三，见丁福保辑：《历代诗话续编》，中华书局，1983年，第1180页。
[5] 董逌：《广川画跋》，见于安澜编：《画品丛书》，上海人民美术出版社，1982年，第241页。

意想而求至者,是遁其天而往也,果能有至哉?此人天机不可到矣。子其凝心储思,徐以神视,初若可见,忽然亡之,此中真有至到处,吾恐观者未知求也。"[1]评李伯时的画马图时从"天机"论之:"至其成功,则无毫发遗恨。此殆进技乎道,天机自张者耶?"从艺术的角度来看,这是一种至高的境界,不见笔墨痕迹,没有刻意安排,而且充满了元气淋漓的生命感。

在中国艺术理论中,"天机"是一个具有鲜明民族特色的范畴,也是一个具有多层面内涵的范畴。无论是从创作的角度,还是从鉴赏的意义上来看,"天机"都是有独特指向的。"天机"更为重视创作中的偶然性因素,但又以主客体感应触遇作为先决条件。"天机"论所主张的主客体相交融,并非是在一般的意义上,而更在于主体内心的感应性,即如董逌所说的"即物兴怀"。在"天机"论的发展脉络中,董逌是尤为重要的一环,他也是在画论中最为集中地倡导"天机"的人。本篇作为对董逌画论评析的下篇,聚焦点就在于其大张旗帜的"天机"。

原文发表于《名作欣赏》2020年第31期

---

[1] 董逌:《广川画跋》,见于安澜编:《画品丛书》,上海人民美术出版社,1982年,第305页。

"画以适意"与"随物赋形"
——苏轼画论撷要评析

张 晶

北宋大文学家苏轼,同时也是文人画的代表人物。他的画论,对于当时及后世的文人画发展影响深远。在书法领域,他与蔡襄、黄庭坚、米芾并称为"宋四大家";在绘画方面,有《古木怪石图》卷、《枯木竹石图》卷(与文同的《墨竹图》卷合为一卷),现藏于上海博物馆,另有《潇湘竹石图》卷,为邓拓旧藏。苏轼善画墨竹,乃是师从文同,二者都属文人画的范畴。

一

苏轼的画论,或许可以看作是文人画意识的集中体现,其价值取向之鲜明,如同一面文人画的旗帜。苏轼题跋中有《跋汉杰画山二则》,其二云:

> 观士人画,如阅天下马,取其意气所到。乃若画工,往往只取鞭策、皮毛、槽枥、刍秣,无一点俊发,看数尺便倦。汉杰真士人画也。[1]

宋汉杰,即宋子房,字汉杰,是当时著名画家宋迪的侄子。徽宗时授画院博士,著有《画法六论》,他的画意趣高远,属文人画范畴。苏

---

[1] 苏轼:《东坡题跋》,浙江人民美术出版社,2016年,第174页。

轼为其画作跋，其意义远超于作品个案之外，在画论史上产生很大的反响。"士人画"也即后来所说的"文人画"，从身份上对士人与画工做了明确的区别。而在画风上，士人画是"取其意气所到"，这也是苏轼所提倡的。与之迥然有异的则是"画工画"，以画马为例，画工画只是描摹鞭策、皮毛、槽枥、刍秣等迹象，而在画中并无超拔之气。在苏轼看来，这对观赏者而言，毫无余味可言，很快就会产生审美上的疲倦感。在前面一则对汉杰画的题跋之中，苏轼又这样评价汉杰的山水之作："唐人王摩诘、李思训之流，画山川峰麓，自成变态，虽萧然有出尘之姿，然颇以云物间之，作浮云杳霭，与孤鸿落照，灭没于江天之外。举世宗之，而唐人之典刑尽矣。近岁惟范宽稍存古法，然微有俗气。汉杰此山，不古不今，稍出新意，若为之不已，当作著色山也。"[1] 范宽是北宋初期山水画的大师，开一代风气者，汉杰山水画的成就焉能与之相提并论？但在苏轼看来，范宽之画还是"微有俗气"，那就是有"画工"的痕迹；而认为汉杰所画之山水，则是"不古不今，稍出新意"，其眼光当然还是在文人画的立场。苏轼在评价著名画家燕肃的山水画时则云："画以人物为神，花竹禽鱼为妙，宫室器用为巧，山水为胜。而山水以清雄奇富，变态无穷为难。燕公之笔，浑然天成，粲然日新。已离画工之度数，而得诗人之清丽也。"[2] 其对燕肃的推崇，就在于"离画工之度数"，而"诗人清丽"含于其中。作画不以功利为目的，而以"适意"为主，这也是文人画的表现。苏轼评价山水画家朱象先的画作时，明确表达了这种价值观念，其云："松陵人朱君象先，能文而不求举，善画而不求售。曰：'文以达吾心，画以适吾意而已。'昔阎立本始以文学进身，卒蒙画师之耻，或者以是为君病，余以谓不然。谢安石欲使王子敬书太极殿榜，以韦仲将事讽之，子敬曰：'仲将，魏之大臣，理必不尔。若然者，有以知魏德之不长也。'使立本如子敬之高，其谁敢以画师使之。阮千里善弹琴，无贵贱长幼皆为弹，神气冲和，不知向

---

[1] 苏轼：《东坡题跋》，浙江人民美术出版社，2016年，第174页。
[2] 《跋蒲传正燕公山水》，见苏轼：《东坡题跋》，浙江人民美术出版社，2016年，第170页。

人所在。……使立本如千里之达，其谁能以画师辱之。今朱君无求于世，虽王公贵人，其何道使之？遇其解衣盘礴，虽余亦得攘攘其傍也。"[1] 对于这篇评朱象先的题跋，一般只是注意到"能文而不求举，善画而不求售""文以达吾心，画以适吾意"等语句，因为这已经宣示了文人画的重要取向，就是不为外在的功利目的，而求内心的适意。而后面这段话，则是在更深的层次上阐发了苏轼的价值观念。苏轼举了唐代著名画家阎立本的例子。阎立本本以文学出身，为朝廷所用，虽有相当高的官职，但其实是以御用画家的形象立于朝中的。在苏轼眼里，立本只是"画师"而已，而在苏轼的价值体系中，画师、画工、画匠，都是低于文人画家的，"卒蒙画师之耻"，道尽文人画的眼光！我们看唐代张彦远《历代名画记》中的记载，可知阎立本为统治者所用的汲汲之状："时天下初定，异国来朝，诏立本画《外国图》。又鄠、杜间有苍虎为患，天皇引骁雄千骑取之，虢王元凤，太宗之弟也，弯弓三十钧，一矢毙之。召立本写貌，以旌雄勇。《国史》云：太宗与侍臣泛游春苑，池中有奇鸟，随波容与，上爱玩不已。召侍从之臣歌咏之，急召立本写貌。阁内传呼画师阎立本，立本时已为主爵郎中，奔走流汗，俯伏池侧，手挥丹青，目瞻坐宾，不胜愧赧。退戒其子曰：吾少好读书属词，今独以丹青见知，躬厮役之务，辱莫大焉！尔宜深戒，勿习此艺。然性之所好，终不能舍。及为右相，与左相姜恪对掌枢务，恪曾立边功，立本唯善丹青，时人谓《千字文》，语曰：左相宣威沙漠，右相驰誉丹青。言并非宰相器。"[2] 张彦远作为著名的绘画史论家，本身就有着文人画的倾向，而这段描述，以立本本人的口气，道出作为"画师"的耻辱感。苏轼则放大了这点："使立本如子敬之高，其谁敢以画师使之！"以画师的身份受人驱使，这是基于文人画立场的理论家所鄙薄的。苏轼推崇朱象先，着眼点并非在其画技之高，而在其"无求于世"！

最能体现苏轼文人画立场的一首诗则是《王维吴道子画》，不妨

---

[1] 苏轼：《书朱象先画后》，见苏轼：《东坡题跋》，浙江人民美术出版社，2016年，第169页。
[2] 张彦远：《历代名画记》，浙江人民美术出版社，2015年，第139页。

录此：

> 何处访吴画？普门与开元。开元有东塔，摩诘留手痕。吾观画品中，莫如二子尊。道子实雄放，浩如海波翻。当其下手风雨快，笔所未到气已吞。亭亭双林间，彩晕扶桑暾。中有至人谈寂灭，悟者悲涕迷者手自扪。蛮君鬼伯千万万，相排竞进头如鼋。摩诘本诗老，佩芷袭芳荪。今观此壁画，亦若其诗清且敦。祇园弟子尽鹤骨，心如死灰不复温。门前两丛竹，雪节贯霜根。交柯乱叶动无数，一一皆可寻其源。吴生虽妙绝，犹以画工论。摩诘得之于象外，有如仙翮谢笼樊。吾观二子皆神俊，又于维也敛衽无间言。

在苏轼的画评中，这首诗无疑是有着重要的地位的。吴道子在唐代画坛上的地位是一流的，朱景玄作《唐朝名画录》，仅置吴氏一人为"神之上"！王维是盛唐时期的大诗人，同时又以画名世。王维在《唐朝名画录》中，被置于妙品上，比起吴道子来说，所差的距离非道里可计！而王维又是水墨画的开拓者，在他名下的《山水诀》《山水论》，无论是否果真出于王维之手，"夫画道之中，水墨最上"，所论却是切合他的画风和画法的。后世的明代大画家董其昌以"南北宗"为画史分派，南宗即以王维为鼻祖。董氏云："禅家有南北二宗，唐时始分。画之南北二宗，亦唐时分也。但其人非南北耳。北宗则李思训父子着色山水，流传而为宋之赵幹、赵伯驹、伯骕以至马、夏辈。南宗则王摩诘始用渲淡，一变钩斫之法，其传为张璪、荆、关、郭忠恕、董、巨、米家父子以至元之四大家。亦如六祖之后，有马驹、云门、临济儿孙之盛，而北宗微矣。要之，摩诘所谓云峰石迹，迥出天机。笔意纵横，参乎造化者。东坡赞吴道子、王维画壁亦云：吾于维也无间然，知言哉！"这就是著名的南北宗之说。所谓"南宗"，殆可谓文人画之脉。苏轼对吴道子也非常赞赏，其《书吴道子画后》也是对吴道子画高度肯定，而且在画论史上占有重要地位。由这篇题跋足可见苏轼对吴道子的评价："知者创物，能者述焉，非一人而成也。君子之于学，百工之于技，自三代历汉至唐而备矣。故诗至于杜子美，文至于韩退之，书至于颜鲁公，画至于吴道子，而古今之变，天下之能事毕矣。道子画人物，如以灯取影，逆来顺往，旁见侧出，横斜平直，各相乘除，得自然之数，不差毫末。出新意于法度之中，寄妙理于豪放之外，所谓游刃余地，运斤成风，盖古今一人而已。"[1] 这篇题跋，对吴道子的画风评价之高，为世人熟知。在《王维吴道子画》诗中，苏轼也是将道子壁画的奇妙，写得淋漓尽致。但当他将吴道子与王维相比较时，竟然将道子视为"画工"，也即"画师"！这是因为王维的画，是有诗的意境在其中的。从身份上说，王维不仅是画家，更是诗人。这是苏轼所看重的。苏轼对王维诗画有著名的评定之语："味摩诘之诗，诗中有画，观摩诘之画，画中有诗。"[2] 苏轼在这首诗中所说的"摩诘本诗老，佩芷袭芳荪。今观此壁画，亦若其诗清且敦"，就是以画中诗意为画之高致。"得之于象外"，更是诗学的价值追求。"有如仙翩谢笼樊"，用鸟飞离笼子喻示突破形似，而获得神似。在苏轼眼里，摩诘之画，尤有"清"的韵味。"祇园弟子尽鹤骨，心如死灰不复温"，也主要是形容其画境之清。"门前两丛竹，雪节贯霜根。交柯乱叶动无数，一一皆可寻其源"，是以画竹之清劲象征其画风之清寒。苏轼虽然也以"妙绝"形容吴道子的成就，但又以"犹以画工论"，将其推向画师的行列。其实，这是不公允的，东坡其实是为了突出王维在画坛上的地位而发此议论。"吾观二子皆神俊，又于维也敛衽无间言。"在王、吴二位大画家之间，东坡对摩诘推崇得五体投地。这首诗是一篇观点鲜明的"王吴优劣"论。王文诰注苏诗时说："道元（即吴道子）虽画圣，与文人气息不通；摩诘非画圣，与文人气息通，此中极有区别。自宋元以来，为士大夫画者，瓣香摩诘则有

---

[1] 苏轼：《书吴道子画后》，见苏轼：《东坡题跋》，浙江人民美术出版社，2016年，第168页。
[2] 苏轼：《书摩诘蓝田烟雨图》，见苏轼：《东坡题跋》，浙江人民美术出版社，2016年，第166页。

之,而传道元衣钵者则绝无其人也。公(苏轼)画竹实始摩诘。"[1]这就解释了东坡为何扬王抑吴。

二

关于形神关系,苏轼画论中所阐发的观点,对后世画论史及审美观念的影响非常深远。且看其《书鄢陵王主簿所画折枝二首》其一:

> 论画以形似,见与儿童邻。赋诗必此诗,定非知诗人。诗画本一律,天工与清新。边鸾雀写生,赵昌花传神。何如此两幅,疏淡含精匀。谁言一点红,解寄无边春?[2]

鄢陵,明显是地名,也可能是郡望。王主簿,是官职,其名不详。邓椿《画继》卷四:"鄢陵王主簿,未审其名,长于花鸟。"这首诗的理论意义远远超出了评价王主簿所画折枝的范围。东坡主张超越形似,以传神为鹄的。如果仅以"形似"为标准来论画,在东坡看来,简直是与儿童的眼光无异!有人认为,苏轼是主张形神并重的,而笔者则以为,苏轼为张扬文人画的审美观念不遗余力,这首诗的主旨,还是明确主张超越形似。他认为王主簿所画折枝,比起边鸾、赵昌的花鸟画,更具有神韵;同时,又特别具有超越于形似之外的不可穷尽的妙处。"天工"即自然之工。"天工与清新",在东坡这里,无论诗还是画,都是上乘之作的表现,而这也是诗画相通之处。接下来的第二首,其实是对上一首诗所作的注脚:"瘦竹如幽人,幽花如处女。低昂枝上雀,摇荡花间雨。双翎决将起,众叶纷自举。可怜采花蜂,清蜜寄两股。若人富天巧,春色入毫楮。悬知君能诗,寄声求妙语。"东坡所描写的画意,是清丽而

---

[1] 《苏文忠公诗编注集成》卷四,引自王水照选注:《苏轼选集》,上海古籍出版社,2014年,第16页。
[2] 《苏文忠公诗编注集成》卷四,引自王水照选注:《苏轼选集》,上海古籍出版社,2014年,第191页。

又高迈的，寄托了士大夫的情怀；同时，又是充满天然生机的。"诗画本一律"，尤能体现出苏轼的文人画审美观念。绘画的文学化，乃是文人画的明显趋势。其对王维绘画地位的推尊，内在的原因即此。对文与可画竹的高度赞赏，也与此密切相关。如其在《题赵㞰屏风与可竹》中所说："与可所至，诗在口，竹在手。来京师不及岁，请郡还乡。而诗与竹皆西矣。一日不见，使人思之。其面目严冷，可使静险躁，厚鄙薄。今相去数千里，其诗可求，其竹可乞，其所以静厚者，不可致，此予所以见竹而叹也。"[1]

在谈到绘画的创作过程时，东坡提出"随物赋形"的命题，在《画水记》中，东坡说：

> 古今画水，多作平远细皴，其善者不过能为波头起伏，使人至以手扪之，谓有窪隆，以为至妙矣。然其品格，特与印板水纸争工拙于毫厘间耳。唐广明中，处士孙位，始出新意，画奔湍巨浪，与山石曲折，随物赋形，尽水之变，号称神逸。其后蜀人黄筌、孙知微，皆得其笔法。始知微欲于大慈寺寿宁院壁作湖滩水石四堵，营度经岁，终不肯下笔。一日仓皇入寺，索笔墨甚急，奋袂如风，须臾而成，作输泻跳蹙之势，汹汹欲崩屋也。知微既死，笔法中绝五十余年。近岁，成都人蒲永昇，嗜酒放浪，性与画会，始作活水，得二孙本意。自黄居寀兄弟、李怀衮之流，皆不及也。王公富人，或以势力使之，永昇辄嘻笑舍去。遇其欲画，不择贵贱，顷刻而成。尝与余临寿宁院水，作二十四幅。每夏日挂之高堂素壁，即凛风袭人，毛发为立。永昇今老矣，画益难得，而世之识真者亦少。如往时董羽，近日常州戚氏画水，世或传宝之。如董、戚之流，可谓死水，未可与永昇同年而语也。[2]

---

[1] 苏轼：《东坡题跋》，浙江人民美术出版社，2016年，第170页。
[2] 蒋述卓等编：《宋代文艺理论集成》，中国社会科学出版社，2000年，第268页。

这篇题跋中，最重要的命题就是"随物赋形"。东坡赞赏蒲永昇所画之水为"活水"而非死水，因为画家"性与画会"。东坡又谈到此前以画水著称的画家如孙位、孙知微，都能画出水的变态，号称"神逸"。《益州名画录》以逸格为最上，置于逸格者仅有一位画家，即是孙位。其称："其有龙拏水泅，千状万态，势欲飞动，松石墨竹，笔精墨妙，雄壮气象，莫可记述。非天纵其能，情高格逸，其孰能与于此邪！"[1] "随物赋形"作为画论的命题，具有重要的美学价值，其所主张之意，一在于画家在创作时要应物随机，不主故常。所画对象作为客观之物，其外在形态，是在自然的变化之中，并非是僵死的、固定的，而是变动不居的。作为画家，应该把握对象的当下形态，水的物态，就是最为典型的。这就使我们对于苏轼所说的"论画以形似，见与儿童邻"有了一个更为客观全面的理解。苏轼并非简单地反对形似，而是认为应该超越形似而得其神理。在《净因院画记》里，苏轼提出常形和常理的问题，他说："余尝论画，以为人禽、宫室、器用皆有常形，至于山石、竹木、水波、烟云，虽无常形，而有常理。常形之失，人皆知之。常理之不当，虽晓画者有不知，故凡可以欺世而取名者，必托于无常形者也。虽然，常形之失，止于所失，而不能病其全；若常理之不当，则举废之矣。以其形之无常，是以其理不可不谨也。世之工人，或能曲尽其形，而至于其理，非高人逸才不能辨。"[2] 所谓"工人"，即指"画工""画师"，而"高人逸才"，是指文人画家。苏轼并非否定形似，而是要在形似中寓含"常理"。二是"赋形"。赋形有充分的主体性，是画家在随物应机中摄取对象之形而予以艺术表现。这同样也使我们可以更为深入地、辩证地理解苏轼的"形神关系"论。"形神"是一对不可孤立、单独看待的美学范畴。不能脱离形似单论神似，也不能拘泥于形似而忽略神似。对于绘画而言，"形"是必不可少的，无形似则无神似！这个形，是画家笔下的形，而非外在物象之形。宗炳在《画山水序》中说："况

---

[1] 段成式等：《寺塔记·益州名画录·元代画塑记》，人民美术出版社，1964年，《益州名画录》第1页。

[2] 蒋述卓等编：《宋代文艺理论集成》，中国社会科学出版社，2000年，第266页。

乎身所盘桓，目所绸缪，以形写形，以色貌色也。"第一个"形"，是画中之形。在绘画的艺术表现中，形是最为关键的环节！谢赫《古画品录》所说绘画"六法"第三法就是"应物象形"。苏轼说的"随物赋形"，与谢赫的"应物象形"相比，一方面更为强调画家与外物的契合程度，另一方面则强化了"形"的主体因素。从这个角度来看，"赋形"与"象形"有了明显的区别。"象形"侧重于对外物的模仿，"赋形"则主张从外物中摄取再加以形构。赋形的主体色彩更为明显。在绘画作品中，"形"与"象"也是不可分离的，形是基础，象是效果。

作为文人画意识的代表人物，苏轼主张传神而超越形似，他所说的"传神"，并非静态的，而是因画随物赋形而生成的效果。如苏轼在《文与可画筼筜谷偃竹记》中所说："故画竹必先得成竹于胸中，执笔熟视，乃见其所欲画者，急起从之，振笔直遂，以追其所见，如兔起鹘落，少纵则逝矣。与可之教予如此。予不能然也，而心识其所以然。夫既心识其所以然而不能然者，内外不一，心手不相应，不学之过也。"所谓"心手相应"，才是"传神"的基础。苏轼又指出人物画的"传神"，不在于其形貌描写之外，别有神韵附焉，而是神韵就在所画人物的自然神态之中，也即在人物的一颦一笑之中。苏轼《传神记》中说道："传神之难在目。顾虎头云：'传形写影，都在阿堵中。'其次在颧颊。吾尝于灯下顾自见颊影，使人就壁模之，不作眉目，见者皆失笑，知其为吾也。目与颧颊似，余无不似者。眉与鼻口，可以增减取似也。传神与相一道，欲得其人之天，法当于众中阴察之。今乃使人具衣冠坐，注视一物，彼方敛容自持，岂复见其天乎？凡人意思，各有所在，或在眉目，或在鼻口。虎头云：'颊上加三毛，觉精采殊胜。'则此人意思，盖在须颊间也。优孟学孙叔敖抵掌谈笑，至使人谓死者复生。此岂举体皆似，亦得其意思所在而已。使画者悟此理，则人人可以为顾、陆。"这里所说的"意思"，即作品中的神韵。"传神"的审美效应，不是在形似之外另有一个"神"。画家达到自由的境界，随物赋形，运斤成风，即会达到"传神"的效果了。

原文发表于《名作欣赏》2020 年第 34 期

"万物一体"思想与中华诗学的审美特征

张 晶

一、从张世英的"人—世界"在世结构谈起

在中国哲学和思想传统中,"万物一体"是一个非常普遍、尤为重要的基本命题。从某种意义上说,"万物一体"是"天人合一"这个总体观念的具体理论表述,体现了中华民族与西方那种"天人二分"迥然有异的独特价值观。它虽然是儒家思想发生到理学阶段的代表性命题,但超越了儒家思想的局限而具有代表中华民族哲学特色的性质。当代著名哲学家张世英教授通过中国哲学的"万物一体"观念揭示了横向超越与纵向超越的中西哲学的差异。他指出:"以'人—世界'结构或'万物一体'为前提的'横向超越'也决不是摒弃概念、普遍性,它只是认为概念、普遍性不是离开感性中的特殊性而独立存在的,所以'横向超越'中的在场的东西和不在场的东西并不只是指简单的个别的东西,而且往往是指包括概念、普遍性在内的复杂的事物,是'理在事中'的事物。"[1] 张世英先生又从"万物一体"观念提出了"相通"和"相同"的不同的本体论思想,而且认为应该以"万有相通"的本体观来认识人类社会和自然万物。从这个角度看,物我两忘的审美境界,应是人生境界中的核心部分。这也就是在张世英的哲学体系中"审美观"占了相当

---

[1] 本文为国家社科基金项目"中国古代文艺理论对文艺美学的建构意义研究"(批准号:10BZW019)阶段性成果。张世英:《哲学导论》,北京大学出版社,2008年,第30页。

重要位置的原因。张世英提出两种人生在世的结构：一是"主体—客体"，另一是"人—世界"。前者是把世界万物看成与人处于彼此外在的关系之中，并且以我为主（体），以万物为客（体），主体凭着认识事物（客体）的本质、规律性征服客体，使客体为我所用，从而达到主体与客体的统一。"人—世界"则是把二者视为血肉相连的关系。人是世界万物的灵魂，万物是肉体，人与世界万物是灵与肉的关系。"人—世界"的在世结构的本体观中，中国哲学的"人与天地万物一体"是最典型的。在这种关系中，人与物的关系是共处和互动的关系。人与万物相通相融。人不仅作为有知识（知）的存在物，而且作为有情、有意、有本能、有下意识等在内的存在物而与世界万物构成一个有机的整体。[1]

所谓"人—世界"的在世结构，即超越主客体两分的关系，而主张人与世界万物融合互动的关系。因此，它天然地与人的审美意识有着"血缘"联系。以往的美学对审美意识有不同的基本看法，有的主张审美意识主要源于主体，有的主张审美意识主要源于客体，有的主张审美意识是主客体的统一。在张世英看来，这三种观点无论哪一种，都逃不出主客关系的模式。而这种模式的特点，在于把主体和客体看成了两个彼此外在、相互独立的实体。而在张世英看来，审美意识是人与世界的交融，用中国哲学的术语来说就是"天人合一"。这里的"天"指的是世界万物。它的具体内涵，体现得最为集中、最为典型的还是在宋明理学以来的"万物一体"观念之中。人与天地万物"一气流通"，融为一体，不可"间隔"，这个不可间隔的"一体"是唯一真实的。[2] 由此我们可以清晰地看到"万物一体"观念与审美意识之间的内在联系。

"万物一体"的命题，是在宋儒的思想体系中得以完善和成熟的，但其思想内涵，则是在孔孟的仁学及易学中就已明显地得以发显的。或者说，"万物一体"是对儒家仁学的一个重要概括。因此，本文在论述"万物一体"思想时，并不限于宋明理学家如张载、程颢、王阳明等人

---

[1] 参见张世英《哲学导论》第一章第一节。
[2] 参见张世英《哲学导论》第十一章"审美意识的在世结构：人与世界的融合"。

的相关论述。

　　作为中华民族的一种基本的人生观、世界观乃至于价值观,"万物一体"的观念表现出独特的观照人生、观照世界的方式,由此必然影响人们的审美观念和审美方式。从中国诗学的理论与创作实践体现出的审美意识看,与"万物一体"观念有内在联系者颇多,本文试图寻绎其间的内在关联。

二、"万物一体"的哲学意蕴

　　"万物一体"所表达的是中国哲学中人与宇宙万物息息相关、构成具有生命力的和一气贯注的整体的思想,是儒家仁学的集中体现。北宋思想家张载明确提出"天人合一"的重要命题,并在其《西铭》中有"故天地之塞,吾其体;天地之帅,吾其性。民吾同胞,物吾与也"的名言,已经表述了"万物一体"的基本内涵。著名理学家程颢非常推崇张载的《西铭》,认为"订顽一篇,意极完备,乃仁之体也"[1],从而明确提出"万物一体"的重要命题。程颢说:"所以谓万物一体者,皆有此理。"[2]张载、程颢等以"万物一体"为仁的基本规定,这也是理学的一个重要特征。程颢又说:"学者须先识仁。仁者,浑然与物同体。"[3]程颢主张,圣人的"至仁"境界,就是将天地万物当成自己的肢体一样,以其与自己为一个有机的整体,其云:"若夫至仁,则天地为一身,而天地之间,品物万形为四肢百体。夫人岂有视四肢百体而不爱者哉?圣人,仁之至也,独能体是心而已,曷尝支离多端而求之自外乎?"[4]二程弟子中最著名者是谢良佐(上蔡)和杨时(龟山),他们的学术宗旨都以"求仁"为目标。杨时以"万物一体"为"仁之体"。

---

[1] 程颢、程颐著,王孝鱼点校:《二程集》,中华书局,1981年,第15页。
[2] 程颢、程颐著,王孝鱼点校:《二程集》,中华书局,1981年,第33页。
[3] 程颢、程颐著,王孝鱼点校:《二程集》,中华书局,1981年,第16页。
[4] 程颢、程颐著,王孝鱼点校:《二程集》,中华书局,1981年,第74页。

他指出:"能常操而存者,天下与吾一体也耳,孰非吾仁乎?"[1] 又答门人问:"万物与我为一,其仁之体乎?曰:然。"[2] 明代大思想家王阳明更从心学的立场出发,来表达"仁者以天地万物为一体"的观点,如说:"夫圣人之心以天地万物为一体,其视天下之人无外内远近,凡有血气,皆其昆弟赤子之亲,莫不欲安全而教养之,以遂其万物一体之念。天下人之心,其始亦非有异于圣人也,特其间于有我之私,隔于物欲之蔽,大者以小,通者以塞,人各有心,至有视其父子兄弟如仇雠者。圣人有忧之,是以推其天地万物一体之仁,以教天下,使之皆有克其私去其蔽,以复其心体之同然。"[3] 这在王阳明的论著中是比比皆是的。

"万物一体"的思想是中国人宇宙论的最为集中的表述,也是宋明理学家们融合儒家和道家关于人与自然的关系的观念之后,对于仁学的重新建构。"万物一体"主要包含了这样一些哲学内涵,同时也是仁学在新儒家阶段的理论进展。一是人与社会、人与自然整体和谐,并以"生生之德"的生命创造作为这种整体和谐的动力;二是以主体的情感和知觉推及他人和万物,使人间及宇宙成一有情世界;三是"一气流行"作为"万物一体"的基本物质元素,形成了人与宇宙万物的统一性。"万物一体"思想的这些哲学内涵,是从有关"万物一体"的相关论述中提炼出来的,但也未始不是带着笔者的倾向,它具有非常丰富而且独特的美学基因,在某种意义上影响了中国美学的一些特质。从"万物一体"思想的哲学内涵来观照其所生成的中国美学特质,也正是本文撰述的初衷所在。

人与万物一体化,人与自然相和谐,而且形成一个有生命关联的整体,这是先秦儒家"仁学"的基本内涵之一。如孔子所说的"天何言

---

[1] 引自陈来:《仁学本体论》,生活·读书·新知三联书店,2014年,第279页。
[2] 引自陈来:《仁学本体论》,生活·读书·新知三联书店,2014年,第279页。
[3] 王阳明:《拔本塞源论》,引自陈来:《仁学本体论》,生活·读书·新知三联书店,2014年,第293页。

哉，四时行焉，百物生焉，天何言哉！"[1]认为宇宙自然以四时运行、万物生长为己任，这是与孔子"仁"的观念相关联的。孔子有"仁者乐山，智者乐水"的名言，也表现出他以自然山水为友生的情怀。蒙培元先生对此所作的阐释使我们从中得到启示，他说："这正是仁智之士热爱大自然的写照，是人与自然和谐相处、从中得到无限乐趣的合伦理与审美而为一的境界。山水之乐无疑是自然美，但是只有当个体的生命情感融入到大自然的山水之中，进入情景交融的状态，才能感受到乐。——仁者不仅爱人，而且热爱大自然，山水是自然界特别是大地的象征，是一切生命的源泉与栖息地，对山水的热爱充分体现了仁者的情怀，也是仁者的生命依托。孔子很重视乐，把心中之乐看成是人生的最高追求；但乐不仅是一种主观感受，而是天人合一境界的最高体验，以山水为乐，就是这一境界的体现。"[2]蒙培元的这番阐释更多的是侧重于生态文明，却也揭明了儒家仁学的本来内涵。孟子发挥了孔子的仁学思想，并且明确提出了"仁民爱物"的仁学命题。"仁民"是对人的同情仁爱，"爱物"则是爱护人之外的动物、植物等。这是从生命的意义上，将人与万物连成一个整体的观念。"仁"在孟子这里不仅是对他人的仁爱，还包括了对于万物的关怀。孟子还提出"万物皆备于我"的命题，也是从"我"的角度，将天地万物纳入人的主体观照之中，也即意味着万物与人成为一个生命的整体。《周易》更为明确地从生命创造的意义上来谈"易"。《易经》中的《系辞上》说"生生之谓易"，以连续不断的创生过程作为"易"的正面解释，可以说揭示了"易"的内在本质。《系辞下》中也说"天地之大德曰生"，也是把"生"作为天地自然的"大德"。

宋明理学进一步彰显了先秦儒家的仁学思想，主要着眼于"天人合一"的基本命题，并加以系统的阐发。"万物一体"在宋明理学中成为"仁"的主要内涵。张载最早明确提出"天人合一"说："儒者则因明致

---

[1]《论语·阳货》，见朱熹：《四书章句集注》，中华书局，1983年，第180页。
[2] 蒙培元：《人与自然——中国哲学生态观》，人民出版社，2004年，第104页。

诚,因诚致明,故天人合一,致学而可以成圣,得天而未始遗人,《易》所谓不遗、不流、不过者也。"[1] 这是理学家对天人关系最为概括的说明。张载还提出了在中国思想史上更具影响力的"民胞物与"的命题:"乾称父,坤称母,予兹藐焉,乃混然中处。故天地之塞,吾其体;天地之帅,吾其性。民吾同胞,物吾与也。"[2] "民胞物与"就是以天下百姓为同胞,以世间万物为友生。张载认为人只是乾坤万物中之一物,而人的主体精神,又能贯通万物而成一体。人与万物之所以能合为一体,在于人性能与万物感通。其后程颢明确提出"仁"即是"万物一体",强调"仁"的精神境界也即"万物一体"的境界。程颢说:"医书言手足痿痹为不仁,此言最善名状。仁者,以天地万物为一体,莫非己也。认得为己,何所不至?若不有诸己,自不与己相干。如手足不仁,气已不贯,皆不属己。故'博施济众',乃圣之功用。仁至难言,故止曰'己欲立而立人,己欲达而达人,能近取譬,可谓仁之方也已'。欲令如是观仁,可以得仁之体。"[3] 程颢的"万物一体",包含的意思是人作为主体与万物形成一个如人的身体一样的有机整体,将自然万物视为自己的身体的一部分,此为"仁"之境界。

"万物一体"的观念是人与宇宙万物相沟通融合,构成一个有机的整体。理学家以此为"仁"的境界,那么,人与万物的沟通又是如何可能的呢?这就在于人作为主体,可将自己的情感和知觉推及万物,由此而与事物相互感通。"万物一体"说将人置身于万物之中,却并未消解人的主体作用,而是以主体的情感或知觉与万物相连通,这就成了"万物一体"的命题的逻辑前提。理学家所说之"心",更多的是指主体的情感或知觉的功能。张载以"感"来说明主体与万物相通的方式:"有无一,内外合,此人心之所自来也。若圣人则不专以闻见为心,故能不

---

[1] 张载:《张子正蒙·乾称篇》,见张载著,章锡琛点校:《张载集》,中华书局,1978年,第65页。
[2] 张载:《张子正蒙·乾称篇》,见张载著,章锡琛点校:《张载集》,中华书局,1978年,第62页。
[3] 程颢、程颐著,王孝鱼点校:《二程集》,中华书局,1981年,第15页。

专以闻见为用。无所不感者虚也,感即合也,咸也。以万物本一,故一能合异;以其能合异,故谓之感;若非有异则无合。天性,乾坤,阴阳也,二端故有感,本一故能合。天地生万物,所受虽不同,皆无须臾之不感,所谓性即天道也。"[1]万物之所以能合而为一,是因其有共同的本根,即天道,因为有了共同的本根,才能将分殊之异合为一体。"合异"的方式与功能,在于主体之"感"。如前所述,程颢将人与万物看作同一个活生生的有机身体,"品物万类"则如同人的"四肢百体",当然是不可分割的。程氏又说:"医书有以手足风顽谓之四体不仁,为其疾痛不以累其心故也。夫手足在我,而疾痛不与知焉,非不仁而何?世之忍心无恩者,其自弃亦若是而已。"[2]"四肢百体"如果麻痹,那就是"不仁";而"仁"则是对于"四肢百体"痛痒的感知。程氏是以这种知觉的功能来说明主体和万物的关系的。

除了主体的情感和知觉功能之外,"万物一体"的实践意义还在于可以落实到物质的统一性,那就是"一气流行"。张载是以"气"作为天地万物的统一性物质的,也就是以往评价张载哲学所说的"气一元"论。张载以"气"为宇宙万物之根本,并称之为"太虚"。而"气"又为运动、变化着的实体,它的聚散絪缊,而造就了万物之殊形。张载指出:"太虚无形,气之本体,其聚其散,变化之客形尔;至静无感,性之渊源,有识有知,物交之客感尔。客感客形与无感无形,惟尽性者一之。"[3]南宋大儒朱熹也是以"一气流行"的观念作为"仁义礼智"的发生之源,如其答弟子说:"郑问:仁是生底意,义礼智则如何?曰:天只是一元之气。春生时,全见是生;到夏长时,也只是这底;到秋来成遂,也只是这底;到冬天藏敛,也只是这底。仁义礼智割作四段,一个便是一个;浑沦看,只是一个。"[4]在朱子看来,作为人的精神境界的仁义礼智,以及作为自然之序的春夏秋冬,其本源都在于"气"。当

---

[1] 程颢、程颐著,王孝鱼点校:《二程集》,中华书局,1981年,第63页。
[2] 程颢、程颐著,王孝鱼点校:《二程集》,中华书局,1981年,第74页。
[3] 《张子正蒙·太和篇》,见张载著,章锡琛点校:《张载集》,中华书局,1978年,第7页。
[4] 黎靖德编,王星贤点校:《朱子语类》,第1册,中华书局,1986年,第107页。

然，在朱子哲学中，理是"气"的本源，"气"是理的表现。如其所说："天地之间，有理有气。理也者，形而上之道也，生物之本也；气也者，形而下之器也，生物之具也。是以人物之生，必禀此理然后有性，必禀此气然后有形。"[1] 朱子哲学中，"理在气先"是其重要的命题。理是形而上的，是宇宙万物之本根；气则是形而下的，是化生万物之具。在朱子的哲学中，"理在气先"是其重要的本体论观念，"理"是天地宇宙的根本，也是世界统一的本体。朱熹是将天地万物看作一个统一的整体的，他所说的"理"或"太极"，是自然与社会总的本根。朱子说："合天地万物而言，只是一个理。"[2] 理是天地万物所形成的一个统一整体的本体，而之所以能够成为一个整体，却离不开气的生化万物的作用。朱熹对于理气关系说了很多，并提出"理在气先"是一种逻辑在先的关系。如说："或问：'理在先，气在后。'曰：'理与气本无先后可言。但推上去时，却如理在先，气在后相似。"[3] 朱熹谈到"气"的化育万物的功能时说："某谓天地别无勾当，只是以生物为心。一元之气，运转流通，略无停间，只是生出许多万物而已。"[4] 万物之所以能够"一体"，"一气流行"是最基本的物质因素。

三、从"万物一体"观念生发出的中华美学气质

"万物一体"的哲学内涵颇为复杂，非本文可以说得清楚。但抽出的上文三个方面，是与中华美学的独特民族气质相关联的。"万物一体"作为一个重要的哲学命题，是在宋代得以提出和确立的，而其丰富的内涵和清晰的脉络，是从先秦时期就奠定了坚实的基础的。中华民族的美学观念和审美方式有其独特的民族特征，且在文学艺术创作中有着广泛

---

[1]《答黄道夫·一》，见朱熹撰，朱杰人、严佐之、刘永翔主编：《朱子全书》，第23册，上海古籍出版社，安徽教育出版社，2010年，第2755页。
[2] 黎靖德编，王星贤点校：《朱子语类》，第1册，中华书局，1986年，第2页。
[3] 黎靖德编，王星贤点校：《朱子语类》，第1册，中华书局，1986年，第3页。
[4] 黎靖德编，王星贤点校：《朱子语类》，第1册，中华书局，1986年，第4页。

的呈现，其中一些重要的特征，与"万物一体"的思想有着深刻的内在联系；或者说，在某种意义上，"万物一体"的思想造就了中国美学的独特气质。粗略来看，大致有这样几个方面可以支持本文的认识：一是"万物一体"的观念使中国人在艺术创作的审美关系上呈现出特殊的样态，审美主客体的关系在更多的时候不是一对一的关系，审美对象呈现为有机性的完整的场域；二是由艺术家审美活动而创造出的文学艺术作品，有着元气淋漓的生命感；三是审美活动的主客体呈现出普遍的主体间性；四是审美主体不是孤立的，而是在对万象的映射中凸显其主体地位的。这几个方面有着非常密切的联系，但又可以分而论之。

审美主体与客体的关系，是一种明显的对象化关系，主体与客体，在审美活动中是彼此对应而又相互依存的。没有主体的全身心对某个对象的投入观照，就谈不上审美对象或云审美客体的产生；反之，如果没有某个对象以其独特的形象、"灿烂的感性"（杜夫海纳语）激活着面对着它的人，审美主体也就无从谈起。黑格尔谈到人与事物之间的对象化，是以审美活动作为出发点的。黑格尔认为，人以两种方式获得对于自己的认识，其一是认识的方式，其二是实践的方式。实践的方式也正是审美活动的本质。黑格尔指出："人还通过实践的活动来达到为自己（认识自己），因为人有一种冲动，要在直接呈现于他面前的外在事物之中实现他自己，而且在这实践过程中认识他自己。人通过改变外在事物来达到这个目的，在这些外在事物上面刻下他自己内心生活的烙印，而且发见他自己的性格在这些外在事物中复现了。"[1] 黑格尔还以著名的例子来说明在艺术的审美活动中的对象化特征："儿童的最早的冲动就要以这种实践活动去改变外在事物的意味。例如一个小男孩把石头抛在河水里，以惊奇的神色去看水中所现的圆圈，觉得这是一个作品，在这作品中他看出他自己活动的结果。"[2] 马克思更为明确地以"对象化"来阐述人与事物之间的关系，从而形成著名的美学论断。他说：

---

[1] 黑格尔:《美学》，朱光潜译，第1卷，商务印书馆，1979年，第39页。
[2] 黑格尔:《美学》，朱光潜译，第1卷，商务印书馆，1979年，第39页。

"一切对象也对他说来成为他自身的对象化，成为确证和实现他的个性的对象，成为他的对象，而这等于说，对象成了他本身。"[1]"对象化"之于审美活动，是一种专属的状态。正如朱光潜先生所说："美感经验是一种极端的聚精会神的心理状态。全部精神都聚会在一个对象上面，所以该意象就成为一个独立自足的世界。"[2]在审美活动中的这种主客体的关系，似乎就应该是这样一对一的关系。因为如果没有主体和客体的这种在特定过程中的相互作用，也就无从谈起审美的发生。

"万物一体"的观念使中国人的审美有着更值得深入关注的特点。首先，中国诗学所体现出的对象化审美，在具体的外在事物作为诗人的感兴点外，还隐含着与之连通的一个具有生命感的整体世界。

从审美活动的方式上看，中国的文艺理论从开始便提出主体和客体之间的对象化关系，如《老子》中所说的"涤除玄鉴"，虽是就体道的方式而言，却对后来的艺术创造和审美活动产生了一以贯之的影响。提出"天地与我并生，万物与我为一"(《齐物论》)的庄子，可谓"万物一体"思想的最早提倡者，他也主张观照过程中的"用志不分，乃凝于神"(《达生》)。这是主体和对象之间构成审美关系的必要条件。徐复观先生就此阐发道："克就某一具体之艺术活动而言，则是忘去艺术对象以外之一切，以全神凝注于对象之上，此即所谓'用志不分'。以虚静之心照物，则心与物冥为一体，此时之某一物即系一切，而此外之物皆忘；此即成为美地观照。"[3]庄子提出的"心斋""坐忘"，之所以那么深刻地影响于后世的文艺理论，原因也在其"用志不分"的对象性观照。南朝大画家宗炳提出的"澄怀味象"，也正是在艺术创造之前的对象化的审美观照。在中国古代文艺理论中，这种说法也是随处可见的，可以看出无论在中国还是在西方，对于审美活动的基本方式，是有着颇为接近的看法。但是本文所要说的不在这个"同"，而在其"异"。这个"异"又在何处？依笔者看来，中国古代的文艺理论或艺术创作中体

---

[1] 马克思：《1844年经济学—哲学手稿》，刘丕坤译，人民出版社，1979年，第78页。
[2] 朱光潜：《文艺心理学》，漓江出版社，2011年，第8页。
[3] 徐复观：《中国艺术精神》，春风文艺出版社，1987年，第106—107页。

现出来的审美关系,往往是在具体的审美对象的背后,有一个连通为一体的整体性世界。审美主体是以具体的物作为感兴点,所感发的审美情感,并非只是对这个具体的事物的投入,而是将与具体对象连通为一体的整体作为内涵了。南北朝时期的著名文论家刘勰提出的"隐秀",至为恰当地揭示了这种特质。刘勰说:"夫心术之动远矣,文情之变深矣,源奥而派生,根盛而颖峻,是以文之英蕤,有秀有隐。隐也者,文外之重旨者也;秀也者,篇中之独拔者也。隐以复意为工,秀以卓绝为巧,斯乃旧章之懿绩,才情之嘉会也。夫隐之为体,义生文外,秘响傍通,伏采潜发,譬爻象之变互体,川渎之韫珠玉也。"〔1〕刘勰所论,似乎从文章学角度来理解更为清楚,而从美学的意义上,"隐秀"论的价值也可以得到阐发。"隐"和"秀"并非分开,而是一体化的。"秀"是作品中突出的亮点,适足以作为审美对象;而"隐"则是将"秀"蕴含的渊深的整体。如果把作品作为审美对象的话,就是要通过对"秀"的感知而体验后面的"隐"之整体。《文心雕龙》的《物色》篇,是说主体在对自然物色的审美中获得创作感兴,也是主张自然物色在诗人眼中是一个"联类不穷"的有机世界。《比兴》篇的赞语中说:"诗人比兴,触物圆览。物虽胡越,合则肝胆。"〔2〕"触物",是指诗人与具体物象的触发感兴,也即审美过程;关于"圆览",鲜有通达而确切的解释。已故著名龙学家牟世金先生释"圆"为"周全",并将"触物圆览"译为"是对事物进行了全面观察"〔3〕。我则认为,"圆览"是指由诗人的偶然"触物"感兴而生成的圆整的审美境界。这可以由后面的两句得到佐证。客观外物可能是胡越分离的,而在诗人的触物观照中,则成为肝胆相连的有机整体。

"万物一体"在物质上的可能性就在于"一气流行",庄子就已经说过"通天下一气耳"(《知北游》)。文艺理论中的"文气"说,正是来源于中国古代的气论哲学思想。诗文之气,使作品产生了鸢飞鱼跃的生

---

〔1〕 刘勰著,范文澜注:《文心雕龙注》,人民文学出版社,1958年,第632页。
〔2〕 刘勰著,范文澜注:《文心雕龙注》,人民文学出版社,1958年,第603页。
〔3〕 陆侃如、牟世金译注:《文心雕龙译注》,齐鲁书社,1995年,第451页。

命感。这在诗歌篇什中是有普遍的呈现的。如陶渊明的《读山海经》:"孟夏草木长,绕屋树扶疏。众鸟欣有托,吾亦爱吾庐。既耕亦已种,时还读我书。穷巷隔深辙,颇回故人车。欢然酌春酒,摘我园中蔬。微雨从东来,好风与之俱。泛览周王传,流观山海图。俯仰终宇宙,不乐复何如?"这样的篇什,充满着宇宙的生命感,诗人与景物连通一气、生机勃勃,众鸟、草木、微雨、好风,都和诗人成一整体。清人王士禛评之云:"时当初夏,草木宜长,扶疏之树,绕我屋庐,不但众鸟欣然有此栖托,吾亦爱吾庐得托扶疏之荫。既耕田,复下种,还读书而候故人。吾庐之乐事尽矣。车大则辙深,此穷巷不来贵人,颇回故人之驾。欢然酌酒,而摘蔬以侑之,好风同微雨,俱能助我佳景,乃得博欢图传,以适我性。如此以终宇宙,足矣。若不知乐,又将如何哉!"〔1〕清人沈德潜在《古诗源》中也评此诗:"观物观我,纯乎元气。"〔2〕都指出了这首陶诗名篇充满生命感的特征。唐代著名诗论家司空图以四言诗的形式作《二十四诗品》,每品都是一种风格境界,如"雄浑""冲淡""高古""劲健"等,而对每一品的描绘,都是充满元气淋漓的生命力量的。明代诗论家谢榛主张"诗有造物",就是指作品中的生命感,他说:"诗有造物,一句不工,则一篇不纯,是造物不完也。造物之妙,悟者得之。譬诸产一婴儿,形体虽具,不可无啼声也。赵王枕易曰:'全篇工致而不流动,则神气索然。'亦造物不完也。"〔3〕

"万物一体"的思想,强调了人与万物之间的和谐共处,并将万物视同有知有情的友生。人与万物浑然一体,在于能够相通;相通的前提在于,人对万物的同格尊重,也就是推人及物。明代大思想家王阳明的论述中就明确指出了这层意思:"大人者,以天地万物为一体者也,其视天下犹一家,中国犹一人焉。若夫间形骸而分尔我者,小人矣。大人之能以天地万物为一体也,非意之也,其心之仁本若是,其与天地万物

---

〔1〕《古学千金谱》卷十八,引自北京大学、北京师范大学中文系教师同学编:《陶渊明资料汇编》,下册,中华书局,1962年,第291页。
〔2〕沈德潜:《古诗源》,中华书局,2006年,第177页。
〔3〕谢榛:《四溟诗话》卷一,见丁福保辑:《历代诗话续编》,中华书局,1983年,第1139页。

而为一也。岂惟大人,虽小人之心亦莫不然,彼顾自小之耳。是故见孺子之入井,而必有怵惕恻隐之心焉,是其仁之与孺子而为一体也;孺子犹同类者也,见鸟兽之哀鸣觳觫,而必有不忍之心焉,是其仁之与鸟兽而为一体也;鸟兽犹有知觉者也,见草木之摧折而必有悯恤之心焉,是其仁之与草木而为一体也;草木犹有生意者也,见瓦石之毁坏而必有顾惜之心焉,是其仁之与瓦石而为一体也;是其一体之仁也,虽小人之心亦必有之。"[1] 王阳明通过这种层层相连的论证,具体地揭示了"一体之仁"的可理解性。这其中不仅"小人"(普通人)可以有一体之仁,孺子也可以有一体之仁。鸟兽、草木也都有"知觉""生意",因此也都有"一体之仁"。这种以人的情感、知觉推及于物,在中国的思想史上,也都是古已有之的。对于中国文学艺术创作来说,"万物一体"的观念,从审美的角度看,呈现出更多的交互主体性(或称"主体间性")。这种交互主体性,在审美过程中,就是审美主体不将对象视为与自己处于外在关系的他物,而是以主体的情感、知觉等推及对象,如同可以互相晤谈的另一个主体。交互主体性作为现代哲学的术语,在现象学中显得尤为重要。胡塞尔是以交互主体性为依据来阐述意向性经验的。他说:"我是在那可变化而又和谐一致的形形色色的经验中把其他人经验为实在地存在着的。而且,一方面把他们看作是世界的对象,另一方面又不能单纯地把他们看作是自然的东西(Naturdinge)(尽管他们在某方面是作为物理的东西)。事实上,我也把他们看成是可以在心理上支配他们各自的自然身体(Naturleibern)的。与其他东西不一样,他们是连同其身体,作为心理—物理的对象在世界中存在的。另一方面,我同时又把他们经验为这个世界的主体。他们同样在经验着我所经验的这同一个世界,而且同时还经验着我,甚至在我经验这个世界和在世界中的其他人时也如此。沿着这个方向继续思考,我就能够解释各种各样的意向对象了。"[2] 交互主体性是指主体将对象看成是和自己一样具有主体意识

---

[1] 王阳明撰,吴光、钱明、董平、姚延福编校:《王阳明全集》,上海古籍出版社,1992年,第968页。

[2] 胡塞尔著,倪梁康选编:《胡塞尔选集》,上海三联书店,1997年,第878页。

和经验的存在。这也是意向性的真正意义。

中国人的审美观念中普遍有着这种类似交互主体性的表述,当然也有许多在作品中的呈现。如刘勰在《文心雕龙》的《物色》篇中所说:"山沓水匝,树杂云合。目既往还,心亦吐纳。春日迟迟,秋风飒飒。情往似赠,兴来如答。"[1] 这段赞语,被清代大学者纪昀称为"诸赞之中,此为第一"。从审美的意义上看,这里所形容的,正是诗人与山水之间往还赠答,也即是互为主体。所谓"感兴",也并非是诗人单方面的情感兴发,而是诗人与对象之间的互为感发。《文镜秘府论》中所载的"十七势"其中"感兴"一势:"感兴势者,人心至感,必有应说,物色万象,爽然有如感会。"所谓"应说",是指"物色"对诗人的回应。此处又以常建和王维的两首诗为例:"如常建诗云:'泠泠七弦遍,万木澄幽音。能使江月白,又令江水深。'又王维《哭殷四诗》:'泱莽寒郊外,萧条闻哭声。愁云为苍茫,飞鸟不能鸣。'"[2] 这两首诗都反映了物色如同有情之人,使诗人得到心灵的回应。李白诗中颇为有名的《独坐》在这方面也是非常典型的:"众鸟高飞尽,孤云独去闲。相看两不厌,只有敬亭山。"诗人与敬亭山,如同两个彼此青睐的知己互相欣赏,亹亹不厌。南宋大词人辛弃疾词中多有这种以物色为友生的篇章,如《鹧鸪天》下片:"宁作我,岂其卿,人间走遍却归耕。一松一竹真朋友,山鸟山花好弟兄。"《菩萨蛮》上片:"青山欲共高人语,联翩万马来无数。烟雨却低回,望来终不来。"《摸鱼儿》上片:"更能消,几番风雨,匆匆春又归去。惜春长怕花开早,何况落红无数。春且住,见说道,天涯芳草无归路。怨春不语,算只有殷勤,画檐蛛网,尽日惹飞絮。"等等。杨春时教授近年来对主体间性进行了系统研究,写出了许多相关的论著,也曾专论中华美学的主体间性问题。杨春时先生指出:"中华美学也具有主体间性。在审美本质观方面,区别于西方美学的认识论,也区别于浪漫主义的表情论,中华美学是感兴论。它认为审美是

---

[1] 刘勰著,范文澜注:《文心雕龙注》,人民文学出版社,1958年,第695页。
[2] 遍照金刚:《文镜秘府论》,金枫出版社,1999年,第61页。

外在世界对主体的感发和主体对世界的感应;而世界(包括社会和自然)不是死寂的客体而是有生命的主体,在自我主体与世界主体的交流和体验中,达到了天人合一的境界。"[1]这种以感兴论作为中华美学的主体间性的代表性理论,是我所认同的。从主体间性的意义来看,中国文艺理论中的"感兴",可说是最为典型的。而感兴的哲学基础,就在天人合一、万物一体等思想观念之中。

"万物一体"的仁学内涵,是以天地万物为一体,是讲人与万物相通为一的。其归结还在于"我"这个主体,而非主体的隐没。"万物一体",是"万物与我为一",无我也就没有所谓"一体"。张载提倡的"万物一体",是在"大其心"的前提之下。其言:"大其心则能体天下之物,物有未体,则心为有外。"[2]"大其心"是张大主体之心的功能,冲破闻见的限制。张载所说的"大其心",是德行之知,所以能超越闻见之知。张载接着说:"世人之心,止于闻见之狭。圣人尽性,不以闻见梏其心,其视天下无一物非我。孟子谓尽心则知性知天以此。天大无外,故有外之心不足以合天心。见闻之知,乃物交之知,非德性所知;德性所知,不萌于见闻。"[3]可见,"万物一体"是以人的主体性为基础的。程颢则直接说:"仁者,以天地万物为一体,莫非己也。认得为己,何所不至?若不有诸己,自不与己相干。"[4]

"万物一体"观念中的主体意识,对于中国文艺理论中关于审美主体地位的认知,是有深刻影响的。人之为主体,是"为天地立心"的主体。主体并非孤立的主体,而是与万物相通相连的主体;万物并非无知无灵的万物,而是在主体的映照洞明中的万物,孔子的"仁者乐山,智者乐水",就是将山水置于仁智之士的情感映照之中了。刘勰在《文心雕龙》的开篇《原道》篇中就从美学的角度将这个问题作为出发点了。刘勰是以"人文"的概念来谈人与天地万物关系的。《原道》篇曰:"文

---

[1] 杨春时:《中华美学的古典主体间性》,《社会科学战线》,2004年1期。
[2] 张载著,章锡琛点校:《张载集》,中华书局,1978年,第24页。
[3] 张载著,章锡琛点校:《张载集》,中华书局,1978年,第24页。
[4] 程颢、程颐著,王孝鱼点校:《二程集》,中华书局,1981年,第552页。

之为德也大矣,与天地并生者何哉!夫玄黄色杂,方圆体分,日月叠璧,以垂丽天之象;山川焕绮,以铺理地之形;此盖道之文也。仰观吐曜,俯察含章,高卑定位,故两仪既生矣。惟人参之,性灵所钟,是谓三才;为五行之秀,实天地之心。心生而言立,言立而文明,自然之道也。傍及万品,动植皆文:龙凤以藻绘呈瑞,虎豹以炳蔚凝姿;云霞雕色,有逾画工之妙;草木贲华,无待锦匠之奇;夫岂外饰?盖自然耳。"[1]有了"人文",才有天文、地文。傍及万品,动植皆文,则是因为人文作为天地之心烛照万物的结果。宗炳《画山水序》开端即言"圣人含道映物",是说天地万物是在"圣人"的"道心"观照之下呈现其美的。宗炳又提出"畅神",也是以主体的"神思"洞烛万物。《画山水序》中说:"峰岫峣嶷,云林森渺,圣贤映于绝代,万趣融其神思,余复何为哉?畅神而已。"[2]如谢朓诗《暂使下都夜发新林至京邑赠西府同僚》《晚登三山还望京邑》等,以吟咏山水著称,然而,"大江流日夜,客心悲未央"的发端,使山水风光都笼罩在诗人的心境之下。杜甫的《江汉》一诗:"江汉思归客,乾坤一腐儒。片云天共远,永夜月同孤。落日心犹壮,秋风病欲苏。古来存老马,不必取长途。"在天地之间,一个自称"腐儒"的诗人形象兀立于万象之间。南宋词人张孝祥的《念奴娇·过洞庭》的意境是最为典型的,词云:"洞庭青草,近中秋。更无一点风色。玉鉴琼田三万顷,著我扁舟一叶。素月分辉,明河共影,表里俱澄澈,悠然心会,妙处难与君说。应念岭表经年,孤光自照,肝胆皆冰雪。短发萧骚襟袖冷,稳泛沧浪空阔。尽吸西江,细斟北斗,万象为宾客。扣舷独笑,不知今夕何夕?"词人与天地万物成一整体,其核心却是词人。"万象为宾客"恰可说明这种审美关系。明代诗论家谢榛指出:"夫万景七情,合于登眺。若面前列群镜,无应不真,忧喜无两色,偏正惟一心;偏则得其半,正则得其全。镜犹心,光犹神也。思入杳冥,则无我无物,诗之造玄矣哉!"[3]

---

[1] 刘勰著,范文澜注:《文心雕龙注》,人民文学出版社,1958年,第1页。
[2] 沈子丞编:《历代论画名著汇编》,文物出版社,1982年,第14页。
[3] 谢榛:《四溟诗话》卷三,见丁福保辑:《历代诗话续编》,中华书局,1983年,第1181页。

四、"万物一体"的当代美学价值

"万物一体"的观念对于当代中国美学的发展具有积极的意义，不仅是理论的，也是实践的；不仅是历史的，也是现在和未来的。

首先是作为哲学资源，"万物一体"观念对生态美学的提升与持续发展能提供中华传统思想的有力支持。生态美学是近年来美学的一个新的重要分支，从美学的角度使我们对人与自然的关系予以重新的理解与认识。面对发生在全球范围内的环境危机，提出了人在精神层面的应对策略。国内著名学者如曾繁仁、鲁枢元、袁鼎生等发表了大量的生态美学的论著，并且数次举办国际或国内的生态美学学术会议，在国际美学界产生了广泛的影响。生态美学主张人与自然应处于一种和谐的共生状态，破除人类中心主义，将主体性发展到主体间性，将人的平等扩展到人与自然的平等，将人的价值扩展到自然的价值。生态美学对于当代中国的生态文明建设，对于资源保护，都提供了相当有力的理论支持，同时，也深刻影响了当代的文学艺术创作。"万物一体"观念作为中国哲学的重要命题，主张人与万物的相通共生，以"民胞物与"的情怀尊重天地自然，这对生态美学而言，是非常重要的哲学资源。

"万物一体"的观念在人与自然的关系上，是以体验为基本方式而非以认识为主要方式，有助于深化理解审美关系的体验性质。"万物一体"观念中，主体与万物的关系，并非是认识性的，而是体验性的。《中庸》引孔子语"体物而不可遗"[1]，就是说由于体察事物而与万物融合，从而产生了生机流行的微妙之感。蒙培元先生对此阐释道："'体物不遗'就是由微之显，显微之间的统一性由此得到说明。神即诚显现于万物，在万物中发生作用，使万物具有生命力，活泼泼地，天地之间充满了生机。"[2] 这里的"体物"，就是在与万物相接中的体验。张载

---

[1] 朱熹：《四书章句集注》，中华书局，1983年，第25页。
[2] 蒙培元：《人与自然——中国哲学生态观》，人民出版社，2004年，第134页。

所说的"大其心则能体天下之物",即是通过主体的体验工夫而与"天下之物"连通。这种体验则是通过耳目身体与外物的相接。张载指出:"耳目虽为性累,然合内外之德,知其为启之要也。"[1]又说:"体物体身,道之本也。身而体道,其为人也大矣。道能物身故大,不能物身而累于身,则藐乎其卑矣。"[2]何谓"物身"?依笔者的理解就是,通过身体体验的途径,连通把握万物。这种在对"仁者以万物为体"的哲学阐发中,前所未有地提高了体验的地位,而且对文艺理论产生了全方位的渗透。中国诗学中最能代表中华民族审美思维特质的感兴论,其实正是最为典型的审美体验,而非认识论。审美价值的产生,正是在这种审美体验之中。在美学的范围内,体验的方式是产生艺术精品的根本之途。对"万物一体"观念的体认,可以深化艺术的审美创造实践,从而贡献出更多的不愧于时代的艺术品。

作为一个在中国思想史上具有重要意义的命题,"万物一体"虽由宋儒正式提出,但其作为仁学主要内涵,直可上溯到先秦时期。不唯儒家,道家如庄子,也明确提出"万物与我为一"。这样一个基本观念,虽然主要由宋明理学家加以系统性的阐发建构,在中国的思想界却是具有普遍的认同感的。"万物一体"作为中国士大夫的价值观、宇宙观,对他们审美思维发生着积极的普遍的影响,因而形成了中国美学的一些特征,这在诗学理论和创作中都有很多呈现。

致谢:本文在思考与写作过程中,受到张世英、陈来、蒙培元诸先生的相关论著的启示,在此致以由衷的感谢和学术的崇高敬意!

原文发表于《江苏社会科学》2016年第1期

---

[1] 张载著,章锡琛点校:《张载集》,中华书局,1978年,第25页。
[2] 张载著,章锡琛点校:《张载集》,中华书局,1978年,第25页。

苏轼"诗画一律"命题立论的三个维度

吴建民　郁薇薇

苏轼在《书鄢陵王主簿所画折枝二首》中提出"诗画一律"说，是古代文艺理论史上为数不多论述文学与艺术具有相通关系的著名命题。所谓"诗画一律"，是说诗与画存在着共同的规律。苏轼在《书摩诘蓝田烟雨图》中以王维诗画为例，提出"味摩诘之诗，诗中有画；观摩诘之画，画中有诗"之论，是可以用来说明"诗画一律"的一个典型案例。在《文与可画墨竹屏风赞》中，苏轼通过对文与可诗文书画的评论而提出了"诗不能尽，溢而为书，变而为画"的观点，诗书画相互关联也体现了"诗画一律"的思想。由此可以看出，在苏轼的观念里，诗文书画即文学与艺术之间具有相通共同性，而"诗画一律"这一命题最鲜明地体现了苏轼的这种艺术观念。

需要对苏轼进行追问的是，为何"诗画一律"？"诗画一律"命题的立论依据何在？这一命题的正确性应该如何进行论证？对此苏轼并未做出任何回答或直接论述，所列举的王维诗画及文与可诗书画两个例证，也并非为了论证"诗画一律"的观点。提出观点而不去论证，这是因为苏轼与古代其他艺术理论家的思维习惯一样，都是凭借自己丰富的艺术经验而提出思想观点、理论命题，并将其直接运用于艺术创作或艺术批评中，而不作任何的阐释、论证。因为中国古人总是确信，凭借切实可靠的艺术经验而提出的思想观点、理论命题是正确可行的，根本不需要进行严密论证和具体阐释。这一点与当代学术规范和学理要求是完全不同的，当代学人认为，凡提出重要的思想观点、理论命题，就必须进行严密的论证，以验明思想观点、理论命题的正确性和合理性，然后才能付诸实践与应用。古今学术规范的这种重大差异，为当代学人研究古代文学艺术理论的思想观点、范畴命题留下了广阔的空间。"诗画一律"就是一个具有深广研究空间的经典美学命题,对这一命题的立论依据进行研究,并对其合理性进行严密论证,既是当代学术规范的需要,也是当下文学艺术理论研究的学理要求。因为此命题的意义特别重大,影响格外深远,涉及古代文学理论与艺术理论的两大领域。对此命题的立论依据进行论证,解开诗画为何一律的理论谜团,有助于解决文学与艺术为何具有相通共同性以及在哪些方面具有相通共同性等重大的理论问题。

从诗画共同性的角度看,"诗画一律"这一命题涉及诗画本体论、诗画创作论及诗画审美特征论等方面内容,从这三个理论维度进行论证和阐释,能够较有效地透视"诗画一律"合理性的立论依据以及支撑此命题生成的理论因素。

一、诗画本体论与"诗画一律"

诗画本体论是"诗画一律"命题立论合理性最基本的理论依据,因为诗画本体论能够为"诗画一律"的合理性提供最有力的理论支撑,原因在于古代诗歌与绘画在本体论方面具有相通共同性。简单地说,诗与画具有共同的本体属性,这种本体属性就是情志人心。比较一下古代诗画理论家对于诗画本体的论述就很清楚了。

对于诗歌本体,最权威的观点就是《尚书·尧典》提出的"诗言志"和陆机《文赋》提出的"诗缘情"两个命题,此后诗论家对诗歌本体的论述基本都是以这两个命题为基础而展开、扩大或深化的。如刘勰《明诗》篇说:"诗者,持也,持人情性。"孔颖达《诗大序正义》说:"诗者,人志意之所之适也。虽有所适,犹未发口,蕴藏在心,谓之为志。发见于言,乃名为诗。言作诗者,所以舒心志愤懑,而卒成于歌咏。"严羽《沧浪诗话》说:"诗者,吟咏情性也。"方东树《昭昧詹言》卷一说:"诗之为学,性情而已。"白居易《与元九书》提出"诗者,根情……实义"说与"缘情""言志"说密切相关。刘熙载《诗概》提出的"文辞志,合而为诗"说仍以"志"为最核心内容。潘德舆《养一斋诗话》提出"诗出本心"之命题,"本心"实以情志为本。在古代诗论家看来,诗歌本体就在于诗人之情、志。而诗人情、志皆为诗人之心,也就是潘德舆所说的"本心"。孔颖达《春秋左传·昭公二十五年正义》云:"在己为情,情动为志,情志一也。"此论表明情与志密切相关,二者"一也",即具有共同一致性,志是"情动"的结果,不管是情是志,都属于诗人之心,正如朱熹《朱子语类》卷九十八所说:"性是体,情是用,性情皆出于心,故心能统之。"朱熹又说:"志也与情相近。"因而,"心"对于情志"能统之",是对情志的概括、统辖,诗以情志为本,也就是以人心为本。所以刘熙载在《游艺约言》中提出"文,心学也"这一命题,是对包括诗歌在内的文学本体的更深刻概括。

对于绘画本体,古代画论家也是强调情性人心是画之本体所在。如宋代韩拙《山水纯全集·论用笔墨格法气韵病》提出:"夫画者,笔也。斯乃心运也。"米友仁《题新昌戏笔图》云:"画之为说,亦心画也。"《宣和画谱》卷七载李伯时语云:"吾为画,如骚人赋诗,吟咏性情而已。"元代倪瓒《跋画竹》云:"余之竹,聊以写胸中之逸气耳。"石涛《苦瓜和尚画语录》云:"夫画者,从心者也。"所谓"心运""心画""从于心""吟咏性情""写胸中之逸气"等,这些论述清楚地表明,在古代画论家看来,绘画之本体就在于画家之情性人心。清代郑绩《梦幻居画学简明》云:"画虽小技,当究用笔、用墨、练形、练意、得气、得神,方是心学。"画与诗一样,也"是心学"。

既然诗与画都以情志人心为本体,都"是心学",那么二者本体的这种相通共同性,也就构成了"诗画一律"立论合理性的理论基础。或者说,诗与画之所以"一律",是因为二者都以情志人心为本,二者具有共同的本体,这是此命题立论的最基本也是最重要的依据。实际上,不但诗画以情性人心为本,在古代艺术理论家看来,乐舞书法等艺术也都如此。如《乐记·乐记》篇云:"诗言其志也,歌咏其声也,舞动其容也。三者本于心。""咏其声"的歌、"动其容"的舞与"言其志"的诗一样,都是"本于心"。《诗大序》云:"情动于中而形于言,言之不足故嗟叹之，嗟叹之不足故永歌之，永歌之不足，不知手之舞之，足之蹈之也。"诗歌"嗟叹之不足"而用音乐表达："永歌之"；音乐"永歌之不足"而用舞蹈表达："手之舞之，足之蹈之"，诗乐舞都以"动于中"的情为本。苏轼《文与可画墨竹屏风赞》云："诗不能尽，溢而为书，变而为画。"诗歌表达不尽而用书法表达，书法表达不尽而用绘画表达。所以，在中国古人看来，诗乐书画都以表现艺术家的情性人心为使命，具有同源共生之特点，这也是古代艺术理论史上"书画同体""诗书同源""诗乐不分"等命题生成的最深刻思想根源。从艺术本体论角度看，不但"诗画一律"，诗与乐舞、诗与书法、书法与绘画等也都具有"一律"之属性。

二、诗画创作论与"诗画一律"

诗歌与绘画在创作论方面也体现出了非常相近的规律和特点，为"诗画一律"的立论提供了重要的理论支撑。

对于诗歌创作，古代诗论家的基本观点是以物为本，感物而生情，咏叹情感而生成诗歌。刘勰在《明诗》篇最简明地论述了这一道理："人禀七情，应物斯感，感物吟志，莫非自然。"此后，类似论述极多，如钟嵘《诗品序》云："气之动物，物之感人，故摇荡性情，形诸舞咏。"孔颖达《诗大序正义》云："诗者，人志意之所之适也。……感物而动，乃呼为志，志之所适，外物感焉。"白居易《策林第六十九》云："大凡人之感于事，则必动于情，然后兴于嗟叹，发于吟咏，而形于歌诗矣。"清代吴乔《围炉诗话》云："人心感于境遇，而哀乐情动，诗意以生。"这些论述所阐释的诗歌创作的基本模式和过程是：感于物—动于情—形于诗。也就是说，诗歌创作是一个由物而情、由情而诗的过程，简言之就是：物—情—诗。在古代诗论家看来，诗源于情，情源于物，诗以情为本，情以物为本，物是诗歌创作的最终本源。

绘画创作也有类似诗歌创作的理论模式和过程，如南朝宗炳《画山水序》云："夫以应目会心为理者，类之成巧，则目亦同应，心亦俱会，应会感神,神超理得。"在宗炳看来,绘画创作以目应外物为起点,而后心有所会,神情感动,精神超脱,最终获得绘画意象而创作出"类之成巧"的绘画作品。类似的论述也有很多,如南朝姚最《续画品》提出"心师造化"之论。唐代张彦远《历代名画记》载张璪之语云:"外师造化,中得心源。"明代王履《华山图序》云:"吾师心,心师目,目师华山。"清代郑板桥提出著名的"眼中之竹""胸中之竹""手中之竹"[1]等。这些论述表明,绘画创作的基本模式和过程为:目应外物—会心感神—类之成画。绘画创作是一个由物而心、由心而画的过程,简言之就是:物—心—画。在古代画论家看来,画源于心,心源于物,画以画家之心为本,画家之心以造化万物为本,大千万物是绘画创作的最终本源。

由上面的分析可以得出这样的结论:诗与画的创作都是以客体外物为最终本源,以艺术家之情之心为关键环节,都是一个由物而心、由心而艺的创作过程。诗画创作论的这种基本模式和作品生成的逻辑程序,构成了"诗画一律"立论的又一理论基础。但是,必须指出的是,虽然诗画创作具有相通类似的理论模式和作品生成过程,而在由情而诗和由心而画这个环节上,却存在着根本性的区别。诗人由情而诗,也就是在审美感情转化为诗歌作品的过程中,需要通过神思妙悟而想象出诗歌意象,再运用赋、比、兴等艺术手法将诗歌意象形诸文字,从而创作出金声玉振的诗歌作品。画家由心而画,也就是在审美感情转化为绘画作品的过程中,需要展开"心存目想""内营丘壑""经营位置"等心理活动,从而营构出绘画意象,再运用或疏或密之笔墨、或浓或淡之色彩、或繁或简之线条、或虚或实之构图等方法,将绘画意象形诸纸上,创作出形神兼备的绘画作品。正是因为二者在艺术媒介、表现方法等方面存在着这种根本性区别,才产生诗与画两种性质不同的艺术作品。但是,诗与画在艺术媒介、艺术方法上的区别,并不影响二者在创作论上的相通性。诗画创作论在基本模式和作品生成过程方面具有相通类似性,是

---

[1] 郑板桥:《郑板桥集》,上海古籍出版社,1979年,第154页。

古代理论家的共识。所以,严羽对诗歌创作的阐释是:"诗者,吟咏情性也。"李伯时对绘画创作的阐释是:"吾为画,如骚人赋诗,吟咏情性而已。""吟咏情性"是诗画创作的共同原则,创作原则、创作模式及创作程序的相通共同性,是构成"诗画一律"命题立论的又一重要依据。

三、诗画审美特征论与"诗画一律"

诗画审美特征论是"诗画一律"立论合理性的又一重要理论依据。诗与画虽然属于不同的艺术样式——诗以语言为媒介,属于时间艺术;画以笔墨为媒介,属于空间艺术——但二者有着多方面的共同艺术特征和审美要求,这些艺术特征和审美要求构成了"诗画一律"的又一立论基础。就其主要方面而言,诗与画的共同审美特征和要求体现在三个方面。

其一,对景物的书写描绘。对景物的书写描绘是诗画作品最突出的共同审美特征和要求,无论是诗歌还是绘画,都离不开对景色物象的描绘书写。就诗歌而言,虽然古代诗歌以"言志""缘情"为本,但写景绘物是古代诗歌必不可少的基本内容。钟嵘强调诗歌创作离不开"穷情写物""因物喻志""寓言写物"[1]等,认为"清晨登陇首""明月照积雪"等写景名句都是"滋味"深厚的优秀之作。刘勰《物色》篇提出"写气图貌,既随物以宛转;属采附声,亦与心而徘徊""以少总多,情貌无遗""物色尽而情有余"诸观点,最适用于诗歌创作。司空图《与极浦书》提出"象外之象,景外之景"之论,不但表明景、象书写是诗歌的基本审美特征,而且强调诗歌必须以有限的诗内之景之象表现出更多的诗外之景之象。欧阳修《六一诗话》提出"状难写之景,如在目前",谢榛《四溟诗话》卷三认为"景乃诗之媒",王夫之《姜斋诗话》提出"情景名为二,而实不离"等,此类论述极多。"情景交融""借景抒情""寓情于景"是古代诗歌最基本的审美特征和创作要求。对于绘

---

[1] 钟嵘著,曹旭集注:《诗品集注》,上海古籍出版社,1994年,第36—39页。

画而言,描绘景物更是不可缺少。虽然绘画也以情性人心为本,但对客体景物进行描绘是绘画作品得以存在的前提条件,所以荆浩《笔法记》曰:"画者,画也。"画家就是要画景绘物,画面上若无景无物,绘画作品也就不会存在。张彦远《历代名画记》载陆机之语曰:"存形莫善于画。"石涛《苦瓜和尚画语录》曰:"夫画者,形天地万物者也。""传神"写意、"气韵生动"等虽然是绘画作品的审美特征和艺术要求,但"传神"写意、"气韵生动"都必须以"写形"为前提,所以顾恺之提出了"以形传神"[1]这一命题,离开对"形"的描绘,"传神"写意及"气韵生动"等也就都是一句空话,根本无从谈起。"穷情写物""因物喻志"等诗歌的审美特点和要求,与绘画"以形传神"的审美特点和要求是相通一致的。苏轼说王维"诗中有画",主要是指他的山水诗,王维山水诗中有大量的景物描写,画面感强,充满画意。

其二,意境之创造。诗有诗境,画有画境,诗与画都有对意境的审美要求,意境是诗画的又一共同审美特征。"意境"本来作为一个诗学范畴,最初是王昌龄在《诗格》中提出来的:"诗有三境,……三曰意境。"之后历代诗论家都有论述,至王国维《人间词话》将意境理论推向了最高阶段。画论家对绘画意境的论述稍晚于诗论,北宋郭熙提出"诗是无形画,画是有形诗。……境界已熟,心手已应,方始纵横中度,左右逢源"之论[2],此处"境界"与意境同义。明代唐志契《绘事微言》云:"若使无题,则或意境两歧。"这是以"意境"论画的最早文献。清代笪重光《画筌》认为,画家创作应做到"其天怀意境之合,笔墨气韵之微",并以"实境""真境""妙境""神境"等区别意境的不同状态。清代布颜图《画学心法问答》论"境界"云:"山水不出笔墨情景,情景者境界也。……情景入妙,为画家最上关捩。"以"情景"阐释绘画"境界"与王国维《人间词话》以"能写真景物、真感情者,谓之有境界"之论阐释诗歌境界完全一致,绘画意境与诗歌意境相通无

---

[1] 陈传席:《六朝画论研究》,江苏美术出版社,1985年,第62页。
[2] 于安澜编:《画论丛刊》,人民美术出版社,1989年,第24页。

异。布颜图把"境界"看作绘画的"最上关捩",王国维《人间词话》强调"词以境界为最上,有境界则自成高格。"在他们看来,意境对于诗画来说,都是最重要的审美因素,意境是诗画艺术的共同审美特征和审美要求。苏轼说王维"画中有诗",主要就是强调王维的山水画富于意境之美。

其三,对"言外之意"与"画外之妙"的追求。构成"诗画一律"的又一重要原因,就是诗与画都追求作品之外的艺术因素,以便让接受者获得更多的审美趣味。在诗论方面,钟嵘《诗品序》提出"文已尽而意有余"之命题,最早强调了诗歌应有文字之外的余意。之后,皎然《诗式》提出"文外之旨"之说,司空图《与李生论诗书》提出"韵外之致""味外之旨"之说,又在《与极浦书》中提出"象外之象,景外之景"的观点,欧阳修《六一诗话》提出"含不尽之意,见于言外"等,此类论述很多,都是要求诗歌必须突破语言媒介的限制,作品应蕴含语言之外的情感意趣,以有限之言表达无限之意,将读者引向作品之外广阔的审美空间。画论中也有类似的要求,如宗炳《画山水序》认为山水画的创作应追求"旨微于言象之外"的审美空间。谢赫《古画品录》评张墨、荀勖的绘画指出:"若取之象外,方厌膏腴。"绘画作品"象外"的审美因素是满足观者审美要求的"膏腴"。郭熙《林泉高致》提出绘画应有"画之意外妙"。苏轼《书黄子思诗集后》提出"妙在笔画之外"的命题。此类论述很多,都是要求绘画作品必须突破媒介形式的限制,表现出无限丰富的意旨趣味。诗与画都要求必须突破形式限制,表现出媒介形式之外更多的艺术意蕴及审美旨趣,都是要将读者引向作品之外广阔的审美空间。清代恽寿平《补遗画跋》云:"诗意须极缥缈,有一唱三叹之音,方能感人,然则不能感人之音非诗也。书法画理皆然,笔先之意即唱叹之音,感人之深者,舍此,亦并无书画可言。"创造象外之意,产生"唱叹之音",具有"一唱三叹"的艺术效果,是诗与画的共同审美要求,也是构成"诗画一律"命题立论的又一重要因素。

如上三方面理论构成了"诗画一律"这一命题立论的基本依据,使此命题的合理性得到了坚实的理论支撑。从本体论、创作论、审美论三个维度进行阐释,使"诗画一律"的正确性得到了有效论证和确认,也使诗画为何"一律"这一追问得到了有效解答。"诗画一律"这一命题自苏轼提出后,为后人广泛接受,即便在今天仍为学人们普遍接受和运用,因为这是一个合理性命题,其合理性就在于二者存在着共同的本体属性、创作模式和审美特征。"诗画一律"强调诗与画即文学与艺术具有相通共同性,对此命题的立论依据进行论证,揭开为何"诗画一律"、诗画在哪些方面"一律"等理论谜团,有助于人们更深刻地认识文学与艺术的共同属性及其关联所在,从而有助于推动当下文学艺术理论共同规律研究的发展和深化。

原文发表于《太原师范学院学报》(社会科学版)2018年第1期

"理一分殊"思想及其诗学价值

张 晶

作为中国哲学的一个非常重要的命题,"理一分殊"有着非常丰富而渊深的内涵,同时在中国哲学史上形成了一个绵延不断的哲学脉系。治中国哲学史尤其是宋明理学的学者们都颇为重视对"理一分殊"的研究。笔者并非哲学门中之人,而一向以文学美学作为研究对象;但又深感"理一分殊"思想对于近古时期的中国思想界有广泛的渗透,并对人们的审美观念发生了积极的影响。有感于此,笔者对"理一分殊"的命题略作推阐,而将着眼点放在其诗学价值方面,如是可以加深对中国诗学某些方面的理解。

"理一分殊"产生于理学思想系统之中,并随着理学的发展而不断深化,成为理学发展史乃至哲学史上的一个完整而充满活力的理论领域。这里借用蒙培元先生的概括来说明这个命题的内涵:"'理一分殊'是说明世界整体和部分、统一性和多样性的一对范畴。'理一'指整体或一般,代表世界的统一性;'分殊'指部分或个别,代表世界的多样性。二者结合起来,就是对整个世界的全部看法。"[1]这可以被认为是"理一分殊"的基本涵义。而其实"理一分殊"这个命题是理学家们在伦理学、方法论和认识论等领域的根本性思想方法。"理一分殊"的观念对于诗学的影响也是颇为深远的。不仅作为"理一分殊"命题集大成者的朱熹以此为思想方法形成了诗论与创作的特色,而且相关的一些诗中之理审美化的价值观,也与"理一分殊"的观念有深刻的内在联系。

---

[1] 蒙培元:《理学范畴系统》,人民出版社,1989年,第77页。

一

理学家以"理"为宇宙自然之本体,同时"理"亦是人伦根本之理。所谓"理一",当然是本体论的。这一点,在二程和朱熹这里是得到充分阐述的。但是,仅讲万事万物的本体,还无法展开理学思想的体系,必须同时说明本体与万物的关系。"理一分殊"的命题,其核心意义在于是。在这个意义上,以"太极"为本体的周敦颐和以"气"为本体的张载,都以其相关论述为"理一分殊"的明确提出开了先河。

周敦颐以"太极"为本体,其经典为《太极图说》。朱熹为《太极图说》作了注说,当然也就阐发了朱氏本人的思想,但尤能见出二者的渊源关系。周敦颐认为太极动而生阴阳,阴阳生五行:"太极动而生阳,动极复静,静而生阴。静极复动。一动一静,互为其根;分阴分阳,两仪立焉";"阳变阴合,而生水、火、木、金、土。五气顺布,四时行焉"。"五行,一阴阳也;阴阳,一太极也;太极,本无极也。五行之生也,各一其性。"[1]朱熹则注说曰:"太极之有动静,是天命之流行也,所谓'一阴一阳之谓道'。诚者,圣人之本,物之终始,而命之道也。其动也,诚之通也,继之者善,万物之所资以始也;其静也,诚之复也,成之者性,万物各正其性命也。……太极,形而上之道也;阴阳,形而下之器也。是以自其著者而观之,则动静不同时,阴阳不同位,而太极无不在焉。自其微者而观之,则冲漠无朕,而动静阴阳之理,已悉具于其中矣。"朱熹又注释"五行"说:"五行具,则造化发育之具无不备矣,故又即此而推本之,以明其浑然一体,莫非无极之妙;而无极之妙,亦未尝不各具于一物之中也。盖五行异质,四时异气,而皆不能外乎阴阳;阴阳异位,动静异时,而皆不能离乎太极。至于所以为太极者,又初无声臭之可言,是性之本体然也。天下岂有性外之物哉!然五行之生,随其气质而所禀不同,所谓'各一其性'也。各一其性,则浑

---

[1] 周敦颐著,陈克明点校:《周敦颐集》,中华书局,1990年,第3—4页。

然太极之全体，无不各具于一物之中，而性之无所不在，又可见矣。"[1] 朱熹固然是以成熟的"理一分殊"思想来阐释周敦颐的太极之说，而周氏之思想又何尝不是包蕴了"理一分殊"的内涵。太极也即程朱所言之"理"，是万物之本体。它是冲漠无朕的，却又体现在万物之中。太极动静而生阴阳，阳变阴合而生五行，五行又造化发育为万物，万物各具一性，推原反本，又在太极。

张载以气为本体，体现了更为明显的客观物质性，"气"不具备二程和朱熹所说的"理"那种作为宇宙万物之本原的精神实体性，却仍然具有本体的意义。张载在《正蒙·太和》篇中说："气之聚散于太虚，犹冰凝释于水，知太虚即气，则无无。故圣人语性与天道之极，尽于参伍之神变易而已"；"由太虚，有天之名；由气化，有道之名；合虚与气，有性之名；合性与知觉，有心之名"。[2] 张载以气为本体，因其具有物质属性，也就具阴阳变化、聚散生灭的运动特征。在张载哲学中，气之本体是通过聚散变化的运动，直接产生世间万事万物的现象的。如其说："太和所谓道，中涵浮沉、升降、动静、相感之性，是生絪缊、相荡、胜负、屈伸之始。其来也几微易简，其究也广大坚固。起知于易者乾乎！效法于简者坤乎！散殊而可象为气，清通而不可象为神。不如野马、絪缊，不足谓之太和。语道者知此，谓之知道；学易者见此，谓之见易"[3]；"气块然太虚，升降飞扬，未尝止息，易所谓'絪缊'，庄生所谓'生物以息相吹''野马'者欤！此虚实、动静之机，阴阳、刚柔之始。浮而上者阳之清，降而下者阴之浊。其感遇聚散，为风雨，为雪霜，万品之流形，山川之融结，糟粕煨烬，无非教也"[4]。张载的哲学思想中已明显地包含了"理一分殊"的观念，如说："造化所成，无一物相肖者，以是知万物虽多，其实一物；无无阴阳者，以是知天地变化，二端而已。""万物形色，神之糟粕，性与天道云者，易而已矣。心

---

[1] 周敦颐著，陈克明点校：《周敦颐集》，中华书局，1990年，第3—4页。
[2] 《正蒙·太和篇》，见张载著，章锡琛点校：《张载集》，中华书局，1978年，第9页。
[3] 《正蒙·太和篇》，见张载著，章锡琛点校：《张载集》，中华书局，1978年，第7页。
[4] 《正蒙·太和篇》，见张载著，章锡琛点校：《张载集》，中华书局，1978年，第8页。

所以万殊者，感外物为不一也，天大无外，其为感者氤氲二端而已焉。物之所以相感者，利用出入，莫知其乡，一万物之妙者与！"[1]

明确提出"理一分殊"哲学命题的则是二程。程颐在与杨时讨论张载《西铭》时指出："西铭之为书，推理以存义，扩前圣所未发，与孟子性善养气之论同功，岂墨氏之比哉？西铭明理一而分殊，墨氏则二本而无分。"[2]这是"理一分殊"命题第一次完整而明确地被提出。然而，二程对"理一分殊"的理解，重点还在于万物归之于一理，如说："所以谓万物一体者，皆有此理，只为从那里来。"[3]正如蒙培元先生所指出的，"在二程那里，还没有明确提出理有层次的思想"[4]。真正使"理一分殊"成为成熟的、具有深刻的思辨意义命题的当属朱熹。

"理一分殊"在朱熹的学说中得到了全面的提升与发展。如果说，程颐所说的"理一分殊"，主要是在伦理学的层面上，那么，到朱熹这里，"理一分殊"已成为涉及本体论、伦理学和方法论等全方位的根本观念了。

朱熹时常以"理一分殊"作为表述关于宇宙本体和万物之性关系的命题。朱熹以"太极"作为宇宙万物的根本之理，认为天地宇宙只有一个太极，而具体事物之中又各有一个太极。如说："太极只是天地万物之理。在天地言，则天地中有太极，在万物言，则万物中各有太极。"[5]朱熹又从理气关系上对"理一分殊"再加阐发："问理与气。曰：'伊川说得好，曰："理一分殊。"合天地万物而言，只是一个理；及在人，则又各自有一个理。'"[6]作为万物本根的"理"或"太极"，与散在万事万物中的"理"或"太极"，并非二事，而前者是体后者为用。朱熹又指出："或问太极。曰：'太极只是个极好至善的道理。人人

---

[1]《正蒙·太和篇》，见张载著，章锡琛点校：《张载集》，中华书局，1978年，第10页。
[2] 程颢、程颐著，王孝鱼点校：《二程集》，中华书局，1981年，第609页。
[3]《遗书》卷二上，见程颢、程颐著，王孝鱼点校：《二程集》，中华书局，1981年，第33页。
[4] 蒙培元：《理学范畴系统》，人民出版社，1989年，第81页。
[5] 黎靖德编，王星贤点校：《朱子语类》，第1册，中华书局，1986年，第1页。
[6] 黎靖德编，王星贤点校：《朱子语类》，第1册，中华书局，1986年，第2页。

有一太极,物物有一太极。周子所谓太极,是天地人物万善至好的表德。"[1]"太极非是别为一物,即阴阳而在阴阳,即五行而在五行,即万物而在万物,只是一个理而已。"[2] 太极是宇宙万物的根本之理,而万物化生都依此理,朱熹明确指出"理一"与"分殊"是体用关系:"自太极至万物化生,只是一个道理包括,非是先有此而后有彼。但统是一个大源,由体而达用,从微而至著耳。"[3] 朱熹对"理一分殊"的建构,主要意义不在于对抽象的宇宙本体的揭示,而在于揭示了宇宙本体之理与万物之性的关系。正如陈来先生的阐释:"'一物各具一太极',这里的太极指性理而不是分理。'理一分殊'在朱熹哲学中的一个重要意义即指作为宇宙本体的太极与万物之性的关系。照这个思想说,总起来看宇宙万物的本体只是一个太极,同时每一事物之中也都包含着一个与那'为一太极而一'的太极完全相同的太极作为自己本性。在这种关系中,'理一分殊'实即指'理一分多','多'之间并无差别。"[4] 陈来的阐析是颇为中肯的。

朱熹对"理一分殊"的高度重视得益于其师李侗。朱熹见李侗之初,特重"理一",而对"分殊"并无特别认识。其本质是用"天下之理一而已"来统合儒释。李侗则引导朱熹务必重视"分殊"。朱熹的孙婿赵师夏(致道)记述朱熹初学于李侗门下时,在治学方面所受到的指点:"文公先生尝语师夏云:'余之始学,亦务为笼统宏阔之言,好同而恶异,喜大而耻小,于延平之言则以为何为多事若是,天下之理一而已。心疑而不服。同安官余,以延平之言反复思之,始知其不我欺矣。盖延平之言曰:'吾儒之学所以异于异端者,理一分殊也。理不患其不一,所难者,分殊耳。'此其要也。"[5] 朱熹初时为学重视"理一"而忽略"分殊",也即只看重根本之理而不重视具体事物的特征。对此,

---

[1] 黎靖德编,王星贤点校:《朱子语类》,第6册,中华书局,1986年,第2371页。
[2] 黎靖德编,王星贤点校:《朱子语类》,第6册,中华书局,1986年,第2371页。
[3] 黎靖德编,王星贤点校:《朱子语类》,第6册,中华书局,1986年,第2372页。
[4] 引自陈来:《朱子哲学研究》,生活·读书·新知三联书店,2010年,第136页。
[5] 引自陈来:《朱子哲学研究》,生活·读书·新知三联书店,2010年,第78页。

李侗是予以明确的纠正的。这为其后朱熹的治学方法和学术理念奠定了最重要的基础。在《延平答问》中，又载李侗写给朱熹的信函："所云'见语录中有"仁者浑然与物同体"一句，即认得《西铭》意旨'，所见路脉甚正，宜以是推广求之。然要见一视同仁气象，却不难，须是理会分殊，虽毫发不可失，方是儒者气象。"[1] 李侗治学中重视"分殊"的思想了然可见，而且是针对朱熹的为学取向作出教诲。这对朱熹的学术道路来说，起了至关重要的扭转作用。

二

朱熹对"理一分殊"的论说，包含了浓重的伦理学内涵。如陈来先生所指出的："程朱理一分殊学说包含了伦理学上的一般原则与具体规范的关系。普遍原理表现为具体原则，具体原则中又贯穿着普遍原理。对于朱熹，是用普遍的同一性与具体的差别性多样性的讨论来说明一般与特殊的关系。"[2]《语类》中有："问：'万物粲然，还同不同？'曰：'理只是这一个。道理则同，其分不同。君臣有君臣之理，父子有父子之理。'"[3] 正是以理一分殊的观念诠释君臣、父子等伦理关系。其根本之理则一，而作为君臣、父子等角色，又都各自承担着自己的义务。朱熹还以"理一分殊"来贯通仁、诚、忠恕等儒家范畴。如说："理，只是一个理。理举着，全无欠缺。且如言着仁，则都在仁上；言着诚，则都在诚上；言着忠恕，则都在忠恕上；言着忠信，则都在忠信上。只为只是这个道理，自然血脉贯通。"[4] 在程朱理学中，"仁"即生生之理，仁者之心即生物之心。朱熹发挥了程子的这个观念，《语类》中说："问：'曩者论仁包四者，蒙教以初底意思看仁。昨看《孟子》"四端"处，似颇认得此意。'曰：'如何？'曰：'仁者生之理，而动之机也。惟

---

[1] 李侗：《李延平集》，中华书局，1985年，第20页。
[2] 陈来：《朱子哲学研究》，生活·读书·新知三联书店，2010年，第140页。
[3] 黎靖德编，王星贤点校：《朱子语类》，第1册，中华书局，1986年，第99页。
[4] 黎靖德编，王星贤点校：《朱子语类》，第1册，中华书局，1986年，第100页。

其运转流通，无所间断，故谓之心，故能贯通四者。'曰：'这自是难说，他自活。今若恁地看得来，只见得一边，只见得他用处，不见他体了。'问：'生之理便是体否？'曰：'若要见得分明，只看程先生说"心譬如谷种，生之性便是仁"，便分明。……"生之性"，也只是状得仁之体。'"[1]程氏说生之性便是仁，朱熹是高度认同的。而关于仁义礼智的关系，朱熹则认为是由"一理"贯之的。《语类》中有："问：'仁者天地生物之心。'曰：'天地之心，只是个生。凡物皆是生，方有此物。如草木之萌芽，枝叶条干，皆是生方有之。人物所以生生不穷者，以其生也。才不生，便干枯杀了。这个是统论一个仁之体。其中又自有节目界限，如义礼智，又自有细分处也。'问：'偏言则一事，专言则包四者。'曰：'以专言言之，则一者包四者；以偏言言之，则四者不离乎一者。'"[2]这是以"理一分殊"的观念来贯通仁义礼智。分者为四，合则为一理统之。朱子又以"理一分殊"的观念来说君臣父子各自的义务，如说："德元问：'万物各具一理，而万理同出一原。'曰：'万物皆有此理，理皆同出一原。但所居之位不同，则其理之用不一。如为君须仁，为臣须敬，为子须孝，为父须慈。物物各具此理，而物物各异其用，然莫非一理之流行也。圣人所以"穷理尽性而至于命"，凡世间所有之物，莫不穷极其理，所以处置得物物各得其所，无一事一物不得其宜。除是无此物，方无此理；既有此物，圣人无有不尽其理者。'"[3]朱子将"理一分殊"落实到了最基本的伦理关系之上。陈来先生揭示了"理一分殊"在伦理学层面的内涵："程朱认为，虽然施行上亲疏有等，但其间体现的道德原则是一致的，即道德基本原理表现为不同的道德规范，具体规范中又贯穿着普遍原理。朱熹进一步说明这种关系是伦理领域中普遍存在的关系，……统一的道德原则表现为不同的具体行为规范，各种道德行为中又包含着统一的普遍原则，这就是'理一分殊'对

---

[1] 黎靖德编，王星贤点校：《朱子语类》，第6册，中华书局，1986年，第2418—2419页。
[2] 黎靖德编，王星贤点校：《朱子语类》，第7册，中华书局，1986年，第2634页。
[3] 黎靖德编，王星贤点校：《朱子语类》，第2册，中华书局，1986年，第398页。

于作为伦理的理的意义。"[1]把这个问题阐述得相当透彻。

"理一分殊"还有重要的方法论意义。这在对"格物致知"的解说上体现得尤为明显。"格物致知"源于《大学》："致知在格物，物格而后知至，知至而后意诚，意诚而后心正，心正而后身修，身修而后家齐，家齐而后国治，国治而后天下平。"[2]"格物致知"是理学中的重要命题，在程朱的理论系统中特别重要。"格物致知"既是认识论，更是方法论。格物，就是通过对事物的体认，而对事物之理达到完全的认识。这个"致知"，主要的还不在于闻见之知，而在于德行之知。因此，程颐阐发"格物致知"说："致知在格物，非由外铄我也，我固有之也。因物有迁，迷而不知，则天理灭矣，故圣人欲格之。"[3]朱熹也特别重视"格物致知"，他却是以理一分殊的方法论来理解格物致知的，如说："器远问：'格物当穷究万物之理令归一，如何？'曰：'事事物物各自有理，如何硬要捏合得！只是才遇一事，即就一事究竟其理，少间多了，自然会贯通。如一案有许多器用，逐一理会得，少间便自见得都是案上合有底物事。一件晓未得，又去看一样，看那个未了，又看一样，到后一齐都晓不得。如人读书，初未理会得，却不去究心理会。问他《易》如何，便说中间说话与《书》甚处相类。问他《书》如何，便云与《诗》甚处相类，一齐都没理会。所以程子说："所谓穷理者，非欲尽穷天下之理，又非是止穷得一理便到。但积累多后，自当脱然有悟处。"此语最亲切。'"[4]"格物致知"其实就是"穷理"。万物虽然有一根本之理，而其分殊则是分有了"理一"，却又各自有其不同。"格物致知"是要对事物"逐一理会得"，而不是以一物之理取代万物之理。但积累久之，则会"脱然有悟"。当年李侗对"分殊"的高度重视，对朱熹触动甚深。朱熹记载李侗的告诫："尝语问者曰：讲学切在深潜缜密，然后气味深长，蹊径不差。若概以理一而不察乎其分之殊，此学者所以流

---

[1] 陈来：《宋明理学》，辽宁教育出版社，1991年，第168页。
[2] 见朱熹：《四书章句集注》，中华书局，1983年，第3页。
[3] 程颢、程颐著，王孝鱼点校：《二程集》，中华书局，1981年，第316页。
[4] 黎靖德编，王星贤点校：《朱子语类》，第2册，中华书局，1986年，第396页。

于疑似乱真之说而不自知也。"[1]这成为朱熹一生治学的方法论的基本依据。"格物致知"在认识论上注重经验直观,认为积累多时自然会"脱然有悟",而不以逻辑分析为方法,这也是在"理一分殊"的前提下进行的。

三

对于宋明理学这一脉而言,"理一分殊"是一个具有根本性意义的命题,它也吸纳了佛教华严宗的观念,故以"月印万川"为喻。这对于宋元之后人们的诗学观念,有着颇为深刻的渗透作用。此论着眼诗人的主体方面,更为注重感悟和体认对象中所蕴含的普遍性哲理;从作品的角度而言,更多地呈现自然"物色"中所蕴含的生命感及个性化特征。

理学家固然有像程子持"作文害道"观念者,但如朱熹则不仅是一位集大成的理学家,而且也是一位优秀的诗人。"理一分殊"的观念,使其非常重视各类具体的知识,他于诗歌创作、评论造诣尤为精深。朱熹所作《诗集传》,是诗经学中的划时代之作,廓清了诗经研究中的许多误区,还《诗经》本来面目。朱熹作诗,并不在诗中抽象言理,并不堕于"理窟",而是在对自然物色的感兴中"随处体认天理",在清新自然的境界中呈现出诗人对"理"的某种感悟。除了我们非常熟悉的《春日》等以外,另如这样一些篇什:"步随流水觅溪源,行到源头却惘然。始悟真源行不到,倚筇随处弄潺湲。"[2]"闻道西园春色深,争穿芒履去登临。千葩万蕊争红紫,谁识乾坤造化心。"[3]"半亩方塘一鉴开,天光云影共徘徊。问渠那得清如许,为有源头活水来。"[4]等等。这些篇什并非抽象言理,也不是在写作之前预设理念,而是在随机的审美感兴中揭示某种人生或宇宙之理。理学家们以体认"天理"为己任,但又

---

[1] 李侗:《李延平集》,中华书局,1985年,58页。
[2] 朱熹:《偶题》,引自钱穆:《理学六家诗钞》,九州出版社,2011年,第74页。
[3] 朱熹:《春日偶作》,引自钱穆:《理学六家诗钞》,九州出版社,2011年,第69页。
[4] 朱熹:《观书有感》,引自钱穆:《理学六家诗钞》,九州出版社,2011年,第70页。

是通过各种具体的事物来感悟。而像朱熹这样具有深厚的艺术修养和艺术创造能力的诗人兼理学家，则是将审美感兴与理思融为一体了。诗史上将朱熹作为"理趣诗"的代表人物，这是很有道理的。理趣诗是一个正面的概念，指那种融审美趣味与哲学思理于一体的诗歌作品。莫砺锋先生于此指出："理趣诗是宋诗异于唐诗的一大特征，也是宋诗得以自立于古典诗歌史上的诸因素之一。然而宋人虽然普遍认识到'幽居默处而观万物之变，尽其自然之理'的重要性，但能够水乳交融地将理趣融入诗歌的作者却不多见。显然，写好理趣诗的必要条件是擅长思辨，即长于把握自然万物的规律和人生百态的底蕴，否则就无理趣可言。然而这还不是写好理趣诗的充分条件，否则的话，理学家中最多格物致知的高手，何以他们并未多少成功的理趣诗来呢？所以要想写好理趣诗，除了具备长于思辨的睿智心性以外，诗人还必须具备形象思维的高超能力，这样才能把精警、微妙的哲理寓于生动具体的艺术形象之中，实现哲学思考和文学表现的完美结合。换句话说，只有当诗歌仅仅通过审美所产生的感染力而使读者自行领悟到其中所蕴含的奥妙哲理，而丝毫不诉诸逻辑上的演绎、推理，这样的诗才算得上是成功的理趣诗。"[1] 我是非常认同莫砺锋先生关于理趣诗的这种分析的。如果诗歌堕于"理窟"，像钟嵘所批评的那样："理过其辞，淡乎寡味。"当然不可能成为真正意义上的好诗，因为它们缺少了诗歌最重要的审美性质。宋人严羽最为推崇的是盛唐之诗，认为盛唐之诗是有着"羚羊挂角，无迹可求"的审美兴趣的："故其妙处，透彻玲珑，不可凑泊。如空中之音，相中之色，水中之月，镜中之象，言有尽而意无穷。"[2] 他对宋诗的批评就在于"尚理而病于意兴"。宋代诗人中理趣诗的代表性诗人，北宋要属苏轼，南宋要属朱熹，他们的诗作，却都不存在"尚理而病于意兴"的问题。理趣诗恰恰可以用"理一分殊"的方法来分析其价值所在。钱锺书先生于此说得相当透彻："散为万殊，聚则一贯。执简以御繁，观博

---

[1] 莫砺锋：《朱熹文学研究》，南京大学出版社，2000年，第54页。
[2] 严羽：《沧浪诗话·诗辨》，见何文焕辑：《历代诗话》，中华书局，1981年，第688页。

以取约,故妙道可以要言,著语不多,而至理全赅。顾人心道心之危微,天一地一之清宁,虽是名言,无当诗妙,以其直说之理,无烘衬而洋溢以出之趣也。理趣作用,亦不出举一反三。然所举者事物,所反者道理,寓意视言情写景不同。言情写景,欲说不尽者,如可言外隐涵;理趣则说易尽者,不使篇中显见。徒言情可以成诗:'去去莫复道,沉忧令人老',是也。专写景亦可成诗:'池塘生春草,园柳变鸣禽',是也。惟一味说理,则于兴观群怨之旨,背道而驰,乃不泛说理,而状物态以明理;不空言道,而写器用之载道。拈形而下者,以明形而上;使寥廓无象者,托物以起兴,恍惚无朕者,著述而如见。譬之无极太极,结而为两仪四象;鸟语花香,而浩荡之春寓焉;眉梢眼角,而芳菲之情传焉。举万殊之一殊,以见一贯之无不贯,所谓理趣者,此也。"[1] 理趣诗与那些堕于"理窟"的诗相比,显然不可相提并论。它们在生灭变化、鸢飞鱼跃的大千世界中获得审美感兴,从中即得到理的感悟。从主体条件而言,诗人应该是悟性颇高的睿智之人,同时,又是具有很强的审美能力之人,如苏轼、朱熹、杨万里、陈献章等。"理一分殊"的思想方法使若干理学家写出了哲理与审美价值熔冶为一的理趣诗。

四

这里我们还要论及诗中之"理"的存在价值。如果以逻辑思维的方式,在诗中抽象地表述"义理",这是不符合诗的审美特征、违背诗歌创作的艺术规律的;但这不等于说诗中不能有理的内涵,更不等于说,诗对理是排斥的。恰恰相反,诗在表达诗人情感的同时,还以其具有浓郁感染力的诗歌语言,呈现出宇宙和人文之理。与其他的文学样式相比,诗歌的价值更多地表现于此。说理固然并非诗歌的优势,单纯的抒情也不是诗歌的唯一功能。我们不妨回想:在经历了千百年来的淘洗而留存至今的诗歌精品中,有多少篇章都是由于道出了宇宙、人生、自然

---

[1] 钱锺书:《谈艺录》,中华书局,1984年,第228页。

之理而流传千古的啊！诗中有理，非但不是什么负面的价值，反而应该看作诗歌的题中应有之义！以主张"诗有别材，非关书也；诗有别趣，非关理也"而著称的南宋诗论家严羽，也在这句话后接着说："然非多读书，多穷理，则不能极其至。"[1]认为要写出具有至高境界的作品，诗人恰恰还要多读书，多穷理。我在多年前发表的文章中提出："诚然，诗者，吟咏性情也。抒写诗人的情感是诗的'专利'，但诗的功能并不止于表现人的情感，还在于诗人以具体的审美表象把不可替代的情感体验升华到哲理的层面。我们在古人的吟咏之中，不仅产生强烈的情感共鸣，而且，在更多的时候也得到灵智的省豁。许多传世的名篇，都在使人们'摇荡性情'的同时，更以十分警策的理性力量穿越时空的层积。诗歌以其幻象化的符号形式荷载了非常密集的情感容量，但是更为震撼人们心弦的又往往是在情感氛围中成为一盏明灯似的理性光亮！中国古典诗歌之所以具有其他艺术种类所无法取代的生命强力，其间以凝练形象的语言、丰富的情感体验所呈现的人生哲理，是其不可或缺的因素。"[2]这也是我对诗中之"理"的价值判断，迄今为止，并无多大的改变。诗中有理，在我看来，恰恰是诗歌的生命力所在。这个"理"，包含了宇宙、人生、自然、社会之理，这些"理"不是抽象地、逻辑思维方式地存在于诗中——倘若是那样，也就没有诗的魅力、诗的感染力了。严羽说的"不涉理路"，并不是说诗中必须无理，而是说不通过理性思维的方式来表达。严羽的意思容易遭到人们的误解，而其实他推崇的是唐诗的"尚意兴而理在其中"[3]。

"理一分殊"思想在陈献章、王夫之、叶燮等具有思想家气质的诗人或诗论家的创作及诗论中有深刻的反映，因而形成了熔感兴与思理于一炉的诗学观念。明代的大哲学家陈献章（白沙子）同时也是大诗人，他的哲学思想多是在诗中呈现出来的，却没有堕于"理窟"的"头巾气"，而是在鸢飞鱼跃的活泼生机中呈现出宇宙自然之理。陈献章非常

---

[1] 严羽：《沧浪诗话·诗辨》，见何文焕辑：《历代诗话》，中华书局，1981年，第688页。
[2] 张晶：《论中国古典诗歌中"理"的审美化存在》，《文学评论》，2000年第2期。
[3] 严羽：《沧浪诗话·诗评》，见何文焕辑：《历代诗话》，中华书局，1981年，第696页。

重视诗的价值与功能，而不同意将诗视为"小技"的看法："先儒君子类以小技目之，然非诗之病也。彼用之而小，此用之而大，存乎人。天道不言，四时行，百物生，焉往而非诗之妙用？会而通之，一真自如。故能枢机造化，开阖万象，不离乎人伦日用而见鸢飞鱼跃之机。若是者，可以辅相皇极，可以左右六经，而教无穷，小技云乎哉？"[1] 陈献章的哲学思想更多的是延伸和发展了陆九渊的心学观念，以心为万物本体，而他更重在揭明此心与宇宙万物的融通涵化。笔者对陈献章的哲学思想有这样的阐述："白沙虽然理论形态上与象山甚为相似，但其内涵是有不同侧重的，他更强调的是心与宇宙万物的融通，心对宇宙万物的知觉与掌握。白沙提出'天地我立，万化我出，宇宙在我'的心学命题，……白沙更重视的是心对宇宙的把握，这个宇宙虽然也是由'理'充塞的，但与象山相比，却少了很多伦理色彩，而更多天地自然的内涵。"[2] 白沙的这种哲学取向，多在诗中呈现，却生机盎然，物象勃然。如《题山泉为林节推》："高崖百丈到沧溟，咫尺寒泉万里清。若道眼中惟见水，老狂何意向诗倾？"《经鳄洲》："夕舫凌大波，北风吹我席。冥冥鳄洲烟，宛对君山碧。来雁知天寒，归人看月色。超超尘外心，浩矣周八极。"此诗就经鳄洲而发感怀，大有万物一体之慨。诗人弟子明代著名哲学家湛若水对此诗所作的阐释是："此诗因行经鳄洲而作，言舫行遇风，见鳄洲之烟景，如见君山。又因天寒月色而兴尘外之想，以周游八极。其托意之远，盖有与天地万物上下同流者矣。"[3]

清初大思想家王夫之论诗主"神理"，认为天情物理就在比兴之间。严羽以降，"妙悟"成为诗论之一大关节。而王夫之则主张，"妙悟"的对象正是诗中之理。他在《古诗评选》中说："王敬美谓：'诗有妙悟，

---

[1] 陈献章：《夕惕斋诗集后序》，见陈献章：《陈献章集》，中华书局，1987年，第10页。
[2] 张晶：《陈献章哲学与其诗歌美学的逻辑联系》，《中国文化研究》，2010年秋之卷。
[3] 湛若水：《白沙子古诗教解卷之上》，见陈献章：《陈献章集》，中华书局，1987年，第714页。

非关理也',非谓无理有诗,正不得以名言之理相求耳。"[1] 又通过对谢灵运诗的评价指出:"谢灵运一意回旋往复,以尽思理,吟之使人卞躁之意消。《小宛》抑不仅此,情相若,理尤居胜也。王敬美谓'诗有妙悟,非关理也',非理抑将何悟?"[2] 王夫之对那种将诗与理对立起来的"无理有诗"的观念是不以为然的,但他认为诗中之理的形态不应是"名言之理"的逻辑思维方式,而应该是在"流行不滞"的比兴之中蕴含,如其所说:"兴在有意无意之间,比亦不容雕刻。关情者景,自与情相为珀芥也。情景虽有在心在物之分,而景生情,情生景,哀乐之触,荣悴之迎,互藏其宅。天情物理,可哀而可乐,用之无穷,流而不滞,空且滞者不知尔。"[3] 清代著名诗论家叶燮以"理、事、情"作为诗歌审美的基本要素,认为任何审美对象都有理、事、情这三者。此中之理,乃是宇宙造化之理在具体事物中的存在。叶燮说:"曰理、曰事、曰情三语,大而乾坤以之定位,日月以之运行,以至一草一木一飞一走,三者缺一,则不成物。"[4] 叶氏又认为,诗中之理不应是那种"能实而不能虚,为执而不为化,非板则腐"[5]的可言可执之理,而以"名言所绝之理"为至理,他说:"子所以称诗者,深有得乎诗之旨者也。然子但知可言可执之理之为理,而抑知能名言所绝之理之为至理乎?子但知有是事之为事,而抑知无是事之为凡事之所出乎?可言之理,人人能言之,又安在诗人之言之!可征之事,人人能述之,又安在诗人之述之!必有不可言之理,不可述之事,遇之于默会意象之表,而理与事无不灿然于前者也。"[6] 叶燮认为这种"不可言之理"才是诗中

---

[1] 王夫之:《古诗评选》卷四,见王夫之:《船山全书》,第14册,岳麓书社,1996年,第687页。
[2] 王夫之:《姜斋诗话》卷一《诗绎》,见王夫之著,戴鸿森笺注:《姜斋诗话笺注》,人民文学出版社,1981年,第30—31页。
[3] 王夫之:《姜斋诗话》卷一《诗绎》,见王夫之著,戴鸿森笺注:《姜斋诗话笺注》,人民文学出版社,1981年,第33页。
[4] 叶燮等:《原诗·一瓢诗话·说诗晬语》,人民文学出版社,1979年,第21页。
[5] 叶燮等:《原诗·一瓢诗话·说诗晬语》,人民文学出版社,1979年,第30页。
[6] 叶燮等:《原诗·一瓢诗话·说诗晬语》,人民文学出版社,1979年,第30页。

之理的"当行本色",这也是根本之理在诗中的"分殊"状态。

"理一分殊"是宋明理学具有根本性意义的命题,笔者在本文中所提及的只是其中几个要点而已,这个命题所涉及的深度与广度远不止于此。"理一分殊"的观念对宋代以还的诗学发展是影响深远的。朱熹当然是表现得最典型的,而其后在"理一分殊"思想影响下的诗学观念,形成了对"诗中之理"的审美化的取向。这一点,可以认为是尤其难能可贵的。

原文发表于《安徽大学学报》(哲学社会科学版)2016年第5期

三个"讲求":中华美学精神的精髓

张 晶

一、中华美学精神:作为中国精神的审美层面

习近平总书记《在文艺工作座谈会上的讲话》使我们对我国文艺事业的发展方向有了更加明确的认识,也有了更具实践意义的文化自信。尤其是"中华美学精神"的命题,无论是对当下的文学艺术创作、文艺批评,还是对中国美学与文艺理论史的研究,都有非常重要的指导意义。

"中华美学精神"于《在文艺工作座谈会上的讲话》的全文背景中凸显了其独特的理论内涵和定位。我们可以看到,中华美学精神是中国精神的重要组成部分,同样也是社会主义核心价值观在审美方面的体现。所谓"中国精神",是中华民族植根于历史、发扬于现在、驰骋于未来的灵魂。中华美学精神是中国精神的审美层面表达,是中华民族审美意识的集中体现。在中华民族的文学艺术史和当下的文学艺术活动中,中华美学精神都有着全面而生动的呈现。中华美学精神的根基源自中国精神,同时,又通过具体的文学艺术活动传递和展示了中国精神。

关于中华美学精神的内涵,不同论者有着不尽相同及不同角度的理解,学界已多有讨论。笔者认为这是完全正常的。中华美学精神可谓博大精深,有待于我们的辨析探讨。习近平总书记在讲话中的这段论述则为中华美学精神作了精准的概括:"我们要结合新的时代条件传承和弘扬中华优秀传统文化,传承和弘扬中华美学精神。中华美学讲求托物言志、寓理于情,讲求言简意赅、凝练节制,讲求形神兼备、意境深远,强调知、情、意、行相统一。我们要坚守中华文化立场、传承中华文化

基因，展现中华审美风范。"这是对中华美学精神的高度提炼。返观中国文学艺术发展的瑰丽长河，我们深感这段论述对中华美学精神的概括切中肯綮，所言确当。习近平总书记这里所说的三个"讲求"和一个"强调"，是对中华美学精神最为精准的表述。"讲求托物言志、寓理于情"，是中国的文学艺术创作中审美运思的独特方式；"讲求言简意赅、凝练节制"，是中国的文学艺术创作中审美表现的独特方式；"讲求形神兼备、意境深远"，是中国的文学艺术作品审美存在的独特方式。不难看出，这三个"讲求"，提摄了中华美学精神的主要内核，有着深刻的内在逻辑联系。

二、托物言志、寓理于情：审美运思的独特方式

从中国的文学艺术创作的普遍情况来看，写物、抒情、言志和寓理是一体化的，而非彼此割裂、互相分离。"情景交融"是中国的诗学和艺术理论的基本命题，但它并不能完全概括中华美学在审美运思方面的独特之处。在中国美学发源的诗骚传统中，就已经以"托物言志、寓理于情"为其审美运思的特点。诗之抒情言志，都是在托物感兴中进行的。"比兴"作为基本的创作思维方式，贯穿于中国诗学漫长历程的始终。"比"和"兴"作为两种诗歌创作手法，虽然路向不同，但都是托物而成的。故《周礼注疏》中说："比者，比方于物也。兴者，托事于物。"[1] 所托之物，主要是自然物色，后来也加入了社会事物。刘勰在《文心雕龙·物色》中揭示了诗人的审美情感与物之感发的关系："春秋代序，阴阳惨舒，物色之动，心亦摇焉。""岁有其物，物有其容；情以物迁，辞以情发。"[2] 西方诗学强调诗的抒情性质，极具代表性的如英国诗人华兹华斯所说："诗是强烈情感的自然流露。"而其所说的诗人情感，并非由外物触发，而是由内心的回忆而来："它起源于在平静中回

---

[1] 郑玄：《周礼注疏》卷二十三，见阮元校刻：《十三经注疏》，中华书局，1980年，第796页。
[2] 刘勰著，范文澜注：《文心雕龙注》，人民文学出版社，1958年，第693页。

忆起来的情感。诗人沉思这种情感直到一种反应使平静逐渐消逝，就有一种与诗人所沉思的情感相似的情感逐渐发生，确实存在于诗人的心中。一篇成功的诗作一般都从这种情形开始，而且在相似的情形下向前展开。"在华兹华斯这样的抒情诗人看来，诗人的天才或灵感，恰恰表现在缺少外在刺激的情况下而能产生诗情。他又说："总括说来，诗人和别人不同的地方，主要在诗人没有外界直接的刺激也能比别人更敏捷地思考和感受，并且又比别人更有能力把他内心中那样产生的这些思想和情感表现出来，但是这些热情、思想和感觉都是一般人的热情、思想和感觉。"[1]这种观念在西方美学中有很大的普遍性。而中国的美学以比兴方式为代表的审美运思，都是托物抒情或托物言志的。《毛诗正义》云："比者，比方于物，诸言如者皆比辞也。兴者，托事于物，则兴者，起也。取譬引类，起发己心，《诗》文诸举草木鸟兽以见意者，皆兴辞出。"[2]在中国美学的长期发展历程中，感兴成为能够代表中华美学民族特征的普遍性发生机制，"触物起情"是诗论中随处可见的说法，最典型的是宋人李仲蒙所说的："触物以起情谓之兴，物动情者也。"[3]感兴思维是中国美学的集中体现，具有鲜明的民族文化特征。陶水平在其论述"中华美学精神"的文章中认为"兴论美学是中华美学精神最生动的集中体现"，是"中华艺术与美学精神的文化原型"，[4]从而着力揭示兴论美学对彰显中华美学精神的重要意义，这是颇有见地的。

"诗缘情"和"诗言志"在中国诗学中被视为两途，前者出于陆机《文赋》中的"诗缘情而绮靡"，后者出自《尚书·尧典》。"诗缘情"被认为揭示了诗歌创作的唯美与抒情的本质，而"诗言志"则认为诗歌具有表达怀抱志意的功能。这在诗学史上是两种不同的诗歌本体观。比较

---

[1] 华兹华斯：《〈抒情歌谣集〉一八〇〇年版序言》，见伍蠡甫、胡经之主编：《西方文艺理论名著选编》，中卷，北京大学出版社，1986年，第53页。
[2] 转引自朱自清：《诗言志辨·经典常谈》，商务印书馆，2011年，第84页。
[3] 参见胡寅撰，容肇祖点校：《崇正辩·斐然集》，下册，中华书局，1993年，第386页。
[4] 陶水平：《深化文艺美学研究 弘扬中华美学精神》，《江西师范大学学报》（哲学社会科学版），2015年第3期。

而言,"言志"有更为突出的理性色彩。实际上,在中国诗学的动态发展中,"志"又往往和"情"兼容并用,所谓"情志一也"。南北朝时期史学家和文学家范晔说:"情志既动,篇辞为贵。抽心呈貌,非雕非蔚。"[1] 文论家刘勰在《文心雕龙·明诗》中谈及诗歌的创作发生时也说:"人禀七情,应物斯感,感物吟志,莫非自然。"[2] 他们都将"情志"合而为一。"托物言志",在笔者的理解中,是情志合一之志,其重心则在"托物"。或是比方于物,或是触物起情,都不是徒言情志,而是在物我合一中抒写襟抱。这的确可以视为中国美学的独特之处。

与此密切相关的是"寓理于情"。这也是中国的艺术创作所体现的审美运思方面的特征。中国美学思想在艺术创作中并不排斥理性的感悟,但反对空言"性理"。诗学史上曾出现过"江左篇制,溺乎玄风""平典似道德论"的玄言诗以及理学背景下的空言性理之诗,但均非诗之主流,且被诗学家痛加诟病,斥之为"理窟""理障"。南宋严羽在《沧浪诗话·诗辨》中的名言"夫诗有别材,非关书也;诗有别趣,非关理也"[3] 成为文论界和美学界争论的焦点。严羽反对空言性理、"以议论为诗"的倾向是明白的。然而,严羽并非主张诗中无理,所谓"诗有别趣,非关理也",是指诗的运思方式不应是理论的逻辑的方式,而应出之以"兴趣"。严羽接着补充说:"然非多读书,多穷理,则不能极其至",又论历代之诗说:"诗有词理意兴。南朝人尚词而病于理;本朝人尚理而病于意兴。唐人尚意兴而理在其中;汉魏之诗,词理意兴,无迹可求。"[4] 严羽论诗,以盛唐之诗为理想范型,"截然以盛唐为法",认为唐诗是"理在其中"。对南朝诗,他认为是"缺理"的,而宋诗则是"尚理",却没有意兴,这都远非理想状态。认为创作中应寓理于情

---

[1] 范晔:《后汉书》,中华书局,1965年,第2658页。
[2] 刘勰著,范文澜注:《文心雕龙注》,人民文学出版社,1958年,第65页。
[3] 严羽:《沧浪诗话》,见郭绍虞校释:《沧浪诗话校释》,人民文学出版社,1983年,第26页。
[4] 严羽:《沧浪诗话》,见郭绍虞校释:《沧浪诗话校释》,人民文学出版社,1983年,第148页。

者,则是大有人在,成为谈诗论艺的主流。明清之际思想家、诗论家王夫之以"神理"论诗,其本质内涵便在于寓理于情。王夫之主张诗中必有理在,但不能以"名言之理"也即概念化的逻辑名理形式存在,如其论诗所说:"王敬美谓'诗有妙悟,非关理也',非谓无理有诗,正不得以名言之理相求耳。"[1] 王夫之不同意将诗与理作对立,而认为诗之妙悟的内涵即是理,只是诗中之理不应是名言之理。"神理"的重要意蕴便是寓理于情,如其论诗所说:"诗入理语,惟西晋人为剧。理亦非能为西晋人累,彼自累耳。诗源情,理源性,斯二者岂分辕反驾者哉?不因自得,则花鸟禽鱼累情尤甚,不徒理也。取之广远,会之清至,出之修洁,理顾不在花鸟禽鱼上耶?"[2] 船山认为,只要是出于自得,诗中的理与情就是可以相因互即的。船山还主张诗中之理应饱含诗人之情,如其评李白《苏武》诗说:"咏史诗以史为咏,正当于唱叹写神理,听闻者之生其哀乐。"[3] 清代诗论家叶燮以"理、事、情"三者作为诗歌的客体因素,并主张三者的相通条贯,他在《原诗》中说:"曰理、曰事、曰情三语,大而乾坤以之定位,日月以之运行,以至一草一木一飞一走,三者缺一,则不成物。文章者,所以表天地万物之情状也。然具是三者,又有总而持之、条而贯之者,曰气。"他又指出:"惟理、事、情三语,无处不然。三者得,则胸中通达无阻,出而敷为辞,则夫子所云'辞达'。"[4] 这都是主张寓理于情。可以认为,"寓理于情"是中国美学中审美运思的独特方式。

---

[1] 王夫之:《古诗评选》卷四,见王夫之:《船山全书》,第 14 册,岳麓书社,1996 年,第 687 页。

[2] 王夫之:《古诗评选》卷二,见王夫之:《船山全书》,第 14 册,岳麓书社,1996 年,第 588 页。

[3] 王夫之:《唐诗评选》卷二,见王夫之:《船山全书》,第 14 册,岳麓书社,1996 年,第 953 页。

[4] 叶燮:《原诗·内篇下》,见叶燮等:《原诗·一瓢诗话·说诗晬语》,人民文学出版社,1979 年,第 21 页。

三、言简意赅、凝练节制：审美表现的独特方式

审美表现的方式，主要是指文学艺术的物化表现，也即运用不同艺术门类的艺术语言或媒介进行构形，从而创造出具有物性的文学艺术作品。习近平总书记在讲话中提到的第二个"讲求"，也即"言简意赅、凝练节制"，则是中国的文学艺术在不同门类中都有明显体现的美学原则。如在诗论中的"以少总多""言不尽意"，都是主张以凝练简约的辞语表现、含蕴更多的情感内容。刘勰在谈到诗的语言表现外在"物色"时说："莫不因方以借巧，即势以会奇，善于适要，则虽旧弥新矣。是以四序纷回，而入兴贵闲；物色虽繁，而析辞尚简；使味飘飘而轻举，情晔晔而更新。"[1] 面对纷繁杂多的物色，刘勰主张以"析辞尚简"的原则进行描写，认为这样不但无碍于对象的表现，反而可以产生虽旧弥新的艺术魅力。刘勰还举了《诗经》中的一些经典例子，如"皎日嘒星，一言穷理；参差沃若，两字穷形。并以少总多，情貌无遗矣"[2]，将其提升到总体的美学原则的层面。唐代司空图在《二十四诗品》的"含蓄"一品中开篇即说："不著一字，尽得风流。"这并不是说写诗无须词语文字，而是应以最简的文字获得极丰的意味。最后两句则是："浅深聚散，万取一收。"[3] 都是主张通过简约的文字产生更大的艺术效用。郭绍虞阐释道："含蓄则写难状之景，仍含不尽之情，也正因以一驭万，约观博取，不必罗陈，自觉敦厚。"[4] "以一驭万"在表现上必须是凝练节制的。中国诗歌之所以"言简意赅"，与其格律形式的严格要求有必然联系。近体诗如七律、五律、七绝、五绝体式短小而又格律谨严，要求诗人能够"戴着镣铐跳舞"（闻一多语）。最短如五言绝

---

[1] 刘勰著，范文澜注：《文心雕龙注》，人民文学出版社，1958年，第694页。
[2] 刘勰著，范文澜注：《文心雕龙注》，人民文学出版社，1958年，第694页。
[3] 司空图：《二十四诗品·含蓄》，见郭绍虞集解、辑注：《诗品集解·续诗品注》，人民文学出版社，1963年，第21页。
[4] 郭绍虞集解、辑注：《诗品集解·续诗品注》，人民文学出版社，1963年，第22页。

句，只有区区 20 个字，仍能成为经典的作品，收到言简意丰的审美功效。如王夫之评唐人崔颢《长干行》说："五言绝句，以此为落想时第一义。唯盛唐人能得其妙。如：'君家住何处？妾住在横塘。停船暂借问，或恐是同乡。'墨气所射，四表无穷，无字处皆其意也。"[1] 中国的音乐也是以简为尚。《礼记·乐记》中有"大乐必易，大礼必简"[2]之语，清人孙希旦阐释道："乐之大者必易，一倡三叹而有遗音，而不在乎幼眇之音也。礼之大者必简，玄酒、腥鱼而有遗味，而不在乎仪物之繁也。"[3]《礼记·乐记》中的易简观念对中国的文学艺术的发展有重要影响。中国古代的文人画，以笔墨简省为艺术追求，认为简率的笔墨反而更能体现造化之功、天地之美。唐代诗人杜甫尤以题画诗著称，其《戏题王宰画山水图歌》开端即说："尤工远势古莫比，咫尺应须论万里。""咫尺万里"后来成为中国画的艺术价值标准。唐代画论家张彦远认为画有"疏、密"二体，他推重疏体为上，在《历代名画记》中，张彦远指出："张、吴之妙，笔才一二，像已应焉。离披点画，时见缺落，此虽笔不周而意周也。若知画有疏密二体，方可议乎画，或者颔之而去。"[4] 宋代文学家苏轼也是文人画的代表，他在诗中评画时所说"谁言一点红，解寄无边春！"[5]，便寓含着笔墨简约而呈现无边春色之意。元代画家倪瓒在笔墨简率中张扬自我怀抱，且标榜"逸笔""逸气"，其言也多为世人所知："仆之所谓画者，不过逸笔草草，不求形似，聊以自娱耳。""余之竹聊以写胸中逸气耳，岂复较其似与非，叶之繁与疏，枝之斜与直哉。"[6] 倪瓒所说的"逸笔"，正是文人画的典型

---

[1] 王夫之：《姜斋诗话》卷二《夕堂永日绪论内编》，见王夫之著，戴鸿森笺注：《姜斋诗话笺注》，人民文学出版社，1981 年，第 138 页。

[2] 孙希旦撰，沈啸寰、王星贤点校：《礼记集解》，中华书局，1989 年，第 987 页。

[3] 孙希旦撰，沈啸寰、王星贤点校：《礼记集解》，中华书局，1989 年，第 988 页。

[4] 张彦远：《论顾陆张吴用笔》，见张彦远：《历代名画记》，人民美术出版社，1963 年，第 25 页。

[5] 苏轼：《书鄢陵王主簿所画折枝二首》，见王水照选注：《苏轼选集》，上海古籍出版社，1984 年，第 189 页。

[6] 倪瓒：《论画》，见沈子丞编：《历代论画名著汇编》，文物出版社，1982 年，第 205 页。

画风，也即用笔简率。明末清初画家、书法家程正揆谈画力主笔墨从简，其《山庄题画》诗中说："铁干银钩老笔翻，力能从简意能繁。临风自许同倪瓒，入骨谁评到董源。"在其《题石公画卷》中，程正揆也说："予告石公曰：'画不难为繁，难于用减，减之力更大于繁。'"[1] "用减"与"用繁"相对，就是指画家作画时呈现在画面上的笔墨简省。然而，我们不难看到，所有主张用笔简率者都不是以简为目的，而恰恰是为了丰富画作的意境与韵味。钱锺书指出："南宗画的原则也是'简约'，以经济的笔墨获取丰富的艺术效果，以减削迹象来增加意境。"[2] 以少胜多、以简驭繁，在中国的诗画或其他艺术中成为通行的美学观念，从而也成就了中华民族独特的艺术风貌。在审美表现这个层面，很多文学家、艺术家都有这种共识。

四、形神兼备、意境深远：作品审美存在的独特方式

习近平总书记在谈到"中华美学精神"时所提出的第三个"讲求"是"形神兼备、意境深远"，在笔者的理解中，这正是中华美学精神体现在文学艺术作品中的审美特征，也是能够在审美形态上充分展示中华文化基因的标志。

形神兼备是中国的文学家、艺术家对作品的至高期许，也是鉴赏家或读者（观众）衡量作品的艺术价值、审美价值的通行标准。这个命题至今都有着不可忽视的现实意义，具有颇为鲜明的民族色彩。诗歌、小说、散文、绘画、书法等领域，都以臻于形神兼备作为精品的标志，文学家、艺术家也都以此作为最高的艺术追求。

形神关系是中国哲学的一个重要问题。从先秦开始，汉代关于"神灭"和"神不灭"的哲学论争已成为焦点。到魏晋南北朝时期，形神之争既是思想界的核心问题，又已延伸到美学理论之中，对当时及后世的

---

[1] 钱锺书：《七缀集》，上海古籍出版社，1985年，第11页。
[2] 钱锺书：《七缀集》，上海古籍出版社，1985年，第10页。

艺术创作形成了至为深远的影响。形神关系本来指的是人的肉体和灵魂的关系问题。形即人的身体，神即人的灵魂或精神。"神灭"论者认为人的身体死亡，灵魂也就随之消亡；"神不灭"论者则主张人死而灵魂不死，即所谓"形尽而神不灭"。如佛教思想家慧远有"形尽神不灭"的专论。形神之争的另一层含义是形神二者的主从关系问题。如《淮南子》主张的"神主形从"说。在形神之争的发展中，神的含义越来越侧重于人的精神，这就为形神关系进入美学领域提供了顺理成章的逻辑进路。

使"形神"论从哲学进入艺术美学的关键人物当属南朝画家宗炳。宗炳是画家，也是佛教思想家。他追随慧远，提倡"神不灭"论，同时写出了第一篇山水画论《画山水序》。在这篇文章中，他提出"至于山水，质有而趣灵"，实际上是提出了"山水有灵"的观念，将"神不灭"的思想转注到山水画的审美思维中。南北朝时期画家顾恺之主张"以形写神"，虽以"传神"为画之旨归，但并非轻形重神。值得指出的一点是，顾恺之所谓"神"，已远非早期形神论中所指之灵魂，而是人的精神气韵。宋代文人画的价值取向则是重神轻形，如苏轼所说的"论画以形似，见与儿童邻"[1]；但这毕竟是较为偏颇的认识。普遍的观点是主张通过形似以传写出神似，也即形神兼备。如明代画家莫是龙所说："看得熟，自然传神。传神者必以形，形与心手相凑而相忘，神之所托也。"[2]他认为画作之神恰是在心手相忘、形神相得中呈现出来的。清代画家布颜图谈山水画时说："盖山川之存于外者形也，熟于心者神也，神熟于心此心练之也。心者手之率，手者心之用，心之所熟，使手为之，敢不应手？"[3]这与莫是龙的观点非常相近，认为心手相应即是形

---

[1] 苏轼：《书鄢陵王主簿所画折枝二首》，见王水照选注：《苏轼选集》，上海古籍出版社，1984年，第189页。

[2] 莫是龙：《画说》，见俞剑华编著：《中国古代画论类编》，人民美术出版社，1957年，第718页。

[3] 布颜图：《画学心法问答》，见俞剑华编著：《中国古代画论类编》，人民美术出版社，1957年，第200页。

神兼备。在艺术作品之中，形为外显的形象，而神则是内在的精神气韵。中国美学注重传神，但又主张形神相即，不可分为二途。

至于意境的重要意义，在中国美学中可谓举足轻重。意境作为最能代表中国美学特色的核心范畴，适足与西方美学之典型论相颉颃，而且它在不同艺术门类中的适用程度，远大于西方美学之典型。正如朱良志所言："画有画境，书有书境，诗有诗境。"[1] 词曲、戏剧、小说之类，各有其境，只是不同的门类是创作者以其各自不同的艺术语言创构而成。作为意境理论集大成者的王国维，有"词以境界（即意境）为最上。有境界则自成高格，自有名句"（《人间词话》）之说，以"境界"之有无为词品高下之准的。王国维也以意境论元曲："然元剧最佳之处，不在其思想结构，而在其文章。其文章之妙，亦一言以蔽之曰：有意境而已矣。何以谓之有意境？写情则沁人心脾，写景则在人耳目，述事则如其口出是也。"[2] 足见意境对不同艺术门类的适用程度。而意境作为中国美学的核心范畴，其内涵首在于形神兼备。这是意境论在初始时就已具备的题中应有之义。

中华美学精神的提出，体现了我们民族的文化自信，同时也亮出了一面耀眼的旗帜。无论是对创作界抑或理论界来说，都有着强劲的吸附力和向心力。《在文艺工作座谈会上的讲话》通过三个"讲求"涵盖中华美学精神的要义，虽是寥寥数语，然画龙点睛之功效，给我们提示了把握其精髓的路径。

原文发表于《文学评论》2016年第3期

---

[1] 朱良志：《中国美学十五讲》，北京大学出版社，2006年，第284页。
[2] 王国维：《宋元戏曲史》，见叶朗主编：《中国历代美学文库·近代卷》（下），高等教育出版社，2003年，第392页。

后 记

寅年春天，全国还是处在严峻的防疫形势之下，虽是艳阳高照，校园里的迎春花、玉兰花都次第绽放了，但还是显得有些寂寥，上课时教师和学生们也都只能在线上"云端"相见。

学术的脚步却不会因此而停下！2021年的秋天，我和团队的各位老师们"协同作战"，获得了国家社会科学基金重大项目《中国古代美学命题整理与研究》的成功立项，这样，我和这些志同道合的学术同仁们，都进入了一种新的研究状态。

本书的各个部分，都是这个研究团队的学者们关于古代美学命题的研究成果，也是我们这个课题的起点。尤为感谢安徽教育出版社的领导和编辑老师，给了我们这个出版的机会，使这些分散的成果凝结成一个整体，呈现在世人面前。

本书的主要作者之一吴建民教授较早地提出了"古代文论的命题研究"这个问题，而且出版了他的《中国古代文论命题研究》这本系统阐述古代文论命题的著作。我对建民的"命题研究"的理论倡导非常欣喜，读之大为振奋，简直要"浮一大白"了。在前几年华东师范大学举办的文论会上，建民教授的发言主题就是关于文论的命题研究，我马上起而呼应。在我的直觉里，命题研究是能够在范畴研究的基础上把中国美学研究向前推进一大步的。2019年的后半年里，我约请了吴建民教授和李昌舒教授，连同我自己，写了一组关于中国古代美学命题的文章，分别是《中国古代美学命题研究的意义何在》（张晶）、《命题与古代美学理论之建构》（吴建民）和《论中国文论的"著文自娱"》（李昌舒），这组文章得到《社会科学辑刊》编辑部的重视，在2020年的开年第一期以"构建中国特色哲学社会科学知识体系·中华美学命题研究"为主题的专栏中全部推出。这组文章在学术界引起了广泛的反响，《新华文摘》全文转载了《中国古代美学命题研究的意义何在》一文，人大复印资料全文转载了《论中国文论的"著文自娱"》一文。我和北京外国语大学的博士后唐萌老师合作了《中国古代文论命题的思维学考察》一文,由唐萌执笔,发表在《南京大学学报》(哲学·人文科学·社会科学)2021年第3期上。2019年下半年,我们和北京外国语大学合作,举办了"2019中华思想文化国际传播研讨会",受会议的启发,我和《中国社会科学报》合作,在该报做了一个特别策划:"命题与范畴:中国优秀传统文化术语研究"(2020年2月28日),刊载了约请的9位学者所撰写文章,我的文章是《作为思想文化术语的中国美学命题》,吴建民教授的是《命题:中华美学的核心基因》,袁济喜教授的是《从"赤子之心"看中国美学》,等等。也是受这次会议的启示,我又从思想文化术语的角度来考虑命题与范畴的理论功能,撰写了《中国思想文化术语的审美之维》一文,得到《暨南学报》的"青睐",刊载于《暨南学报》2020年第7期的头题。2020年底,我为《文学遗产》杂志的"建党一百周年与中国古典文学研究"专栏写了长篇文章《从范畴到命题——从文艺美学回望中国古代文艺理论》,发表在《文学遗产》2021年第2期的头题位置。

"命题"研究作为国家社会科学基金重大项目获批之后,若干学术机构和学术刊物给予课题组以非常热情的支持。《河北学刊》总编把增强先生高度重视,约请我和四位子课题负责人吴建民、李昌舒、张庆利、王永撰写了五篇美学命题研究的本体建构性的论文,在第二期和第三期推出。这组文章在《河北学刊》的头题栏目"中国特色哲学社会科学'三大体系'建设研究"推出,五篇文章的总标题为《中国古代美学命题科学体系理论建构》,第二期是我的"主持人语"及《中国古代美学命题研究有待突破的空间指向》和李昌舒、曹务龙的《美学命题经典化研究需要注意的几个问题》,第三期推出的是吴建民的《中国古代美学命题之本体、结构与应用》、张庆利的《中国古代美学命题的文献甄别与意义阐释》以及王永的《中国古代美学命题功能的理论与方法建构》。这五篇文章,恰是我们这个重大项目的几根"柱子",呈现出了项目研究的几个最基本的维度。这五篇文章有着非常密切的内在逻辑关系，也是本课题的开端之作。我应《光明日报》之约，撰写了《命题在中国美学研究中的建构性价值》一文，在本书中作为书的前言。王永老师执笔，我们又合写了《命题研究的理论体系与功能实践》一文，发表在《文艺争鸣》2022年第6期上。

命题研究并非一时的心血来潮，也非形而上的玄思所得，而是此前很多个案研究的理论总结和规律探寻。很多学者都从命题角度来阐发古代文论或美学思想的当代价值，如王元化、童庆炳、汤一介等先生都有相关的论著。吴建民教授已有数年的关于命题研究的理论思考，我本人此前做过一些关于命题的个案研究，如《入兴贵闲——关于审美创造心态的一个重要命题》《"如在目前"与"见于言外"——中国诗学中的内视美追求及其审美功能》《"凡象，皆气也"——诗学意象观念与气论哲学》《"鸢飞鱼跃"与中国诗学中的审美理性》《"万物一体"思想与中华诗学的审美特征》《"理一分殊"思想及其诗学价值》《三个"讲求"：中华美学精神的精髓》等前些年陆续发表在各个刊物上的文章都是关于命题的个案研究成果。还有我这两年研究画论的数十篇文章里，有一些是从画论提出的命题入手进行探析的，选了几篇进入此书，由此可以看出这些命题在画论中的美学理论价值所在。

其实很多学者也有诸如此类的许多成果，只是本书的编选范围限于我们这个重大项目课题组成员的成果，也就只能"割爱"了。

本书的两位副主编王永和唐萌老师，都是颇富才华而又勤奋多产的青年学者，对于本书的编选，做了大量细致入微的工作，包括书的框架结构、文字核校、细节调整等。我们为本书也专门开了数次会议。有了他们的认真细致编校以及严谨明晰的思理，才有了本书的问世。

更要感谢安徽教育出版社的领导和责编。安徽教育出版社是以编辑出版美学著作而著称于学界的出版单位。何客副总编辑自身就是一位才华横溢的学者，他对美学事业的投入与贡献令人非常钦敬。黄晓宇老师也是一位认真的青年编辑，他作为责编，对于此书的编辑出版，所投入的精力和心血，是很难用一两句话说清楚的。作为作者，对于安徽教育出版社，对于何客先生和晓宇老师的感激之情，是久存于心的。

这本小书算是《中国古代美学命题整理与研究》重大项目的"前奏曲",也是让学界了解它的来龙去脉的"窗口"。春天来了,手把锄犁,开始耕耘,可以期待金秋的收获!

2022 年 3 月 29 日